U0824322

国家社科基金重大项目结项成果（项目批准号：16ZDA062）

“人的城镇化”的法治保障研究

主　编　陈柏峰
副主编　曾　翔　杨子潇　石　建

RESEARCH ON THE RULE OF LAW PROTECTION FOR PEOPLE-CENTERED URBANIZATION

法律出版社
LAW PRESS · CHINA
——北京——

图书在版编目（CIP）数据

“人的城镇化”的法治保障研究 / 陈柏峰主编.
北京：法律出版社，2024. -- ISBN 978-7-5197-9312-8

Ⅰ. D922.297.4

中国国家版本馆 CIP 数据核字第 2024PY2760 号

“人的城镇化”的法治保障研究
“REN DE CHENGZHENHUA” DE FAZHI BAOZHANG YANJIU

陈柏峰 主编

责任编辑 陆帅文
装帧设计 鲍龙卉

出版发行 法律出版社
编辑统筹 法律教育出版分社
责任校对 王晓萍
责任印制 刘晓伟
经　　销 新华书店

开本 710 毫米×1000 毫米　1/16
印张 35　**字数** 662 千
版本 2024 年 8 月第 1 版
印次 2024 年 8 月第 1 次印刷
印刷 唐山玺诚印务有限公司

地址：北京市丰台区莲花池西里 7 号(100073)
网址：www.lawpress.com.cn
投稿邮箱：info@lawpress.com.cn
举报盗版邮箱：jbwq@lawpress.com.cn

销售电话：010-83938349
客服电话：010-83938350
咨询电话：010-63939796

版权所有·侵权必究

书号：ISBN 978-7-5197-9312-8　**定价**：108.00 元

凡购买本社图书，如有印装错误，我社负责退换。电话：010-83938349

前　言

城镇化是现代化的必由之路。它代表着人类社会发展的客观趋势，是国家现代化的重要标志，也是促进社会全面进步的必然要求。自20世纪90年代以来，中国的城镇化进入了高速发展阶段，城镇化推动了城乡社会的转型、行为观念的更新、生活场域的调整、社会结构的转变等各方面的变化，创造了现代社会的生活。然而，也由此带来了诸多社会转型时期的独有难题。例如，大量农业转移人口难以融入城市社会；土地城镇化快于人口城镇化；城镇空间分布与资源环境承载能力不匹配；城市服务管理水平不高；体制机制不健全等。为此，党中央提出，走以人为本、集约高效、绿色智能、四化同步的中国特色新型城镇化道路，全面提高城镇化质量。新型城镇化为城镇化健康发展开辟新道路。而推进新型城镇化建设，其核心在于“人的城镇化”，需要着眼于我国当前农民在城镇化转型过程中出现的关键难题。

法治建设是回应上述问题并保障新型城镇化稳步推进的重要举措。党的十八大以来，以习近平同志为核心的党中央坚持从发展中国特色社会主义全局和战略的高度，定位法治，布局法治，厉行法治，把法治确立为党领导人民治国理政的基本方式，开辟了中国式法治现代化新道路，谱写了全面依法治国新篇章。在此背景之下，法治成为了回应和推进城镇化发展的首要选择与重要方式。一方面，促进城镇化健康发展，不仅需要着力加强制度顶层设计，统筹推进人口管理、土地管理、财税金融、城镇住房、行政管理、生态环境等重要领域的体制机制改革，还需要充分运用法治思维和法治方式稳健、规范、灵活地化解在城镇化进程中产生的大量治理性难题和社会问题。另一方面，新型城镇化背景下的法治建设，关系到新型城镇化能否顺利推进，关系到社会稳定和改革发展的大局，关系到人民群众权益的保障，关系到美好生活秩序的实现。

因此，如何构建与新型城镇化相适应的法治体系，改进国家权力的运作模式，维护公民权益和提升公民法治意识，完善有助于有效推动城镇化进程的法律制度和体制机制，为新型城镇化的积极、稳妥、有序推进提供法治保障，就成为了一个重要的研究内容。

新型城镇化建设的法治保障，它既是一个事关我国社会发展的重大理论命题，也是一个涉及众多体制机制改革的现实难题。面对如此庞杂、繁多的经验现象、机制关联与体制调整内容,如何实现微观现象、中观机制和宏观命题之间的逐级递进、相互衔接,进而实现理论化和系统化的阐述,就成为了本书理论建构的重难点所在。为此,课题组尝试从要素提炼的视角出发,以“人”“地”“事”“权”这四个维度的基础性要素入手,对“新型城镇化的法治保障”这个总体性命题进行分解和细化。在此基础上,本书通过对四个维度之下的突出问题进行因果梳理与机制分析,解析其中的关联要素与症结所在,进而再构建起有关新型城镇化建设法治保障的总体框架。因此,本书有关新型城镇化的法治保障理论需要在“人”“地”“事”“权”四个维度下分别回应不同的突出的现实问题,实现四个维度下社会治理难题的制度化、规范化与程序化。其各自内容如下:

在“人”的维度上,新型城镇化进程的有效推进离不开法治对人民群众民生需求的有效保障。具体来看,户籍身份是民生问题的首要难题,它直接决定了所能享受的民生保障资源和基础公共服务。在新型城镇化的建设进程中,因为户籍限制,农业转移群体和农村居民不能享受到与城市居民同等的民生保障措施和公共服务,难以适应城市生活。因此,需要法律在体制机制上对该问题有所回应。其次,是与民生需求相关的住房保障、劳动保障、教育保障、医疗保障问题。住房是进城农民赖以生存和发展的基本物质资料,劳动是农业转移人口在城市安身立命之本,教育则事关下一代人的城市融入。这些基本的民生需求需要在法治思维与法治方式的指引下,通过完善体制机制逐步加以落实。此外,城乡公共服务均等化也是事关民生、不可忽视的重要问题。服务的均等化有利于进一步促进城乡融合,实现新型城镇化与乡村振兴的双向协同,进一步缩小和化解城乡之间基础建设、要素分配、公共服务的不平等问题。法治同样需要对该问题有所回应。

在“地”的维度上,有序的地权秩序和正当的土地利益分配是新型城镇化稳步推进的前提所在。首先,在新型城镇化推进的背景之下,农村耕地、宅基地大量闲置。其次,土地迅速规模流转的背景下,农地规模经营成为常态与趋势。其中,“资本下乡”的过程侵害了农民的土地权益,对村庄秩序和治理模式产生了较大影响。再次,新型城镇化推进过程中,土地增值收益的分配问题日渐凸显,成为影响社会治理与城乡发展的重要问题。最后,是以土地为财政和发展动力的现实难题。地方为扩充土地财政收入,在农村所推行的“撤村并居”“村改社”“农民上楼”等政策,一定程度上损害了农民的土地权益,不利于新型城镇化的健康发展。为此,国家需要依法合理分配土地增值收益,以法治手段提高宅基地资源利用效率,依法构建自愿有序宅基地退出机制,平衡好宅基地的财产属性和生活保障属性,推进土地财政制度的法治化改革,以此构建合理的地权秩序和土地分配格局。

在“事”的维度上,新型城镇化的稳步推进需要依法有效、多元参与、集体共治、成果共享的社会治理体系。这是有效化解社会转型时期基层治理中多元复杂事务的关键举措。首先,在政府主导化解社会难题难以适应的背景下,我国需要社会自治的力量做有效补充,引导社会组织参加社会治理,在基层治理中形成国家、社会、市场多元参与的治理格局。其次,城镇化进程中,小区及社区成为承载基层群众日常生活的主要场域,陌生化、高密度、集中式的居住方式为基层治理带来了极大的挑战。需要在分类定位小区业主自治的基础上,依法强化物业、业主委员会、居委会多元主体的有效衔接机制,完善业主自治内部监督制度,以实现有效治理。再次,新型城镇化推进过程中网格化管理的基本问题。作为基层治理的创新举措和基础内容,网格化管理产生了信息内卷化、层级增加、管理成本上升等问题。其需要依法强化信息认证能力,厘清治理主体间的信息资源和能力配置,保障财政供给。最后,新型城镇化建设的法治保障需要依赖于城乡基层一线执法活动的落实。目前,由于我国执法权配置纵向"重心过高",横向"分布过散",执法实效还有待提升。为此,需要从执法权配置的优化、执法体制的改革、执法保障的加强、执法互动的改良等方面入手,改善基层执法权的配置。

在"权"的维度上,基层群众培养法治意识、获取法律服务、运用法治救济渠道是实现"以人为核心"的法治保障的重要基础。为此,既需要强化相关职能部门依法治理"结构混乱"、缓解"制度性弱势"的能力,也需要更为合理地配置司法资源,理顺准基层司法"双二元"结构下司法系统的功能定位及内部主体之间的关系。不仅如此,还需要对法治秩序之外的非常规性问题有所关注。一方面,需要优化信访等非诉纠纷解决机制,将其纳入法治化的轨道;另一方面,在应急管理的法治化建设中,还需要时刻关注纠纷和群体性事件问题。通过制度化、规范化、程序化的方式有效化解社会突出矛盾,以合理合法地保障群众的切身利益与基本权利。

由此,"人""地""事""权"四个维度共同构成了本书理解法治回应新型城镇化发展、保障新型城镇化建设的基础理论框架。总体来看,新型城镇化是一项涉及经济、社会、政治、文化等全方位的国家社会发展的制度规划和战略布局,具有时代性、系统性和全局性。"人、地、事、权"的理论框架正是希望在深刻把握和阐释其中内在机制的同时,理解城镇化进程中城乡社会转型的结构性变化,从而实现新型城镇化建设与法治中国建设的体系性耦合。

本书是国家社会科学基金重大项目"新型城镇化建设的法治保障研究"(16ZDA062)的结项成果。书稿由陈柏峰主编,曾翔、杨子潇、石建副主编,张晨宇、丁瀚琨等也承担了编辑任务。项目申报书和书稿写作提纲由陈柏峰拟定,刘杨、于龙刚、印子、刘磊、王裕根等参与讨论和写作。全书写作分工如下:

导论,陈柏峰、杨子潇;

第一章，曾翔；
第二章，曾翔；
第三章，曾翔；
第四章，张妙然、谭萱；
第五章，陆政宽、石建；
第六章，王楚鹏、石建；
第七章，杨雨馨、邓文平；
第八章，刘涵、邓文平；
第九章，崔健、邓豪、刘宇璇；
第十章，谢蕊、乔慧慧、季晴、丁瀚琨；
第十一章，孙明扬、乔慧慧；
第十二章，张姚蕊、卢丽媛、程舒悦；
第十三章，王萌萌、程舒悦；
第十四章，张晨宇、马乐瑶、于龙刚；
第十五章，吕健俊、张晨宇、马乐瑶；
第十六章，陈柏峰、刘杨、丁瀚琨；
第十七章，殷珣、冷正涛；
第十八章，杨子潇；
第十九章，孙冲、童孟君；
第二十章，李树玲、童孟君；
第二十一章，熊丝语、周爽；
结论，张晨宇、杨子潇。

新型城镇化建设注定是一个漫长曲折且持之以恒的过程，其中的问题更是纷繁复杂、层出不穷。本书是对这个重大现实问题进行理论化、系统化、规范化理解的一个尝试，而对现象的观察、问题的理解、理论的提炼还有待进一步磨砺和自省。本书的作者皆处于研究和学习的进程之中，因学识和阅历有限，对问题的理解与思考难免存在疏漏和偏颇之处，望读者海涵。也真诚地希望读者对此种种提出宝贵的意见。

目　　录

第二篇　民生法治保障篇

导 论

一、“人的城镇化”的风险及其法治需求

城镇化是通向现代化的重要途径。它以农业转移人口市民化,农村地域、农业活动非农化为方式,推动我国的政治、经济、社会结构和人民生活向现代化迈进。自20世纪90年代以来,中国的城镇化进入了高速发展阶段。在《国家新型城镇化规划(2014—2020年)》出台后,我国的城镇化建设进入到一个新的时期,其水平也迈上了一个新的台阶。除了在城镇化的物质形态发展上大量倾注人力物力,在以“人的城镇化”为核心理念的指引下,我国还将农村人民群众的社会身份与生活方式转型放在了极为重要的位置,并出台了一系列的改革措施和城镇规划战略,希望通过合理引导人口流动,推动城乡融合发展。“人的城镇化”不仅在于循序渐进地改造生活设施,不断提升现代社会治理水平,更注重人们更好地适应并完成“农民→市民”的转型,从而由内而外地成为现代城镇社会生活的一分子。

这一过程既蕴含着发展的机遇,也有许多前所未有的风险和挑战。新型城镇化需要以不断解决具体问题的方式一路前行。总的来说,我国正处于社会矛盾凸显期。由于城镇化进程中的城乡社会转型涉及观念、行为、制度、结构多个层面,是对城乡各个群体利益格局的重新调整,也是对城乡治理体制的现代化塑造。因此,城镇化建设不仅会触及部分旧有的社会问题,还会产生许多新的矛盾和问题,其过程注定坎坷艰难。同时,因为城镇化进程关系到社会生活的方方面面,其所面临的困境和难题不仅是城镇化建设的推动机制不够健全和完善的体现,更是复杂社会结构和城乡社会治理形势的自然结果。因此,想要解决这些问题,我们就必须从观念行为、社会结构、制度体系、政策运行等多个角度来综合揭示问题的产生原因,分析城镇化进程的复杂形态,并据此提出切合实际的解决方案。

当前,新型城镇化进程中我国所面对的挑战可以归纳为“人、地、事、权”四个方面。

在“人”的维度,问题集中在农业转移人口难以融入城市社会,市民化进程滞后等方面,其影响了我国的城镇化水平和质量。实践中,城乡户籍身份在资

源分配上的不平等是阻碍“农民市民化”的主要因素。城市户口与农村户口间的差异,一方面,使得农业转移群体难以公平地享受到城市的劳动、医疗、教育、住房和社保等资源;另一方面,也影响了城乡之间公共服务的均等化进程。农业转移群体缺乏在城市生活中基本公共资源的平等使用资格,他们也就难以融入城市生活之中,真正形成对城市的归属感。数据显示,农村流动人口在医疗保险和养老保险服务上的剥夺发生率较高,两者是他们基本公共服务的多维贫困主要原因之一。[1] 此外,因我国城乡二元结构历史较为长久,城乡差异也从制度层面的划分演变为思想观念上的“成见”,进而导致了对农民和农民工的偏见,相关问题也因此变得更为复杂。在此情形下,如何统筹城乡资源,逐步化解城乡差异,保障农业转移人口,适应城市社会生活所必需的公共资源,创造和谐友善的社会环境,便成为新型城镇化进程中所必须达成的目标。

在“地”的维度上,相关问题主要集中于农业转移人口土地使用及其增值收益分配的偏差,进而影响了新型城镇化的有效进程。当前,随着进城人口不断增多,农村宅基地闲置和耕地抛荒的问题愈发明显,造成了土地资源的严重浪费。为在宏观层面统筹土地资源,我国广泛实施了城乡建设用地增减挂钩制度。而地方政府为了在占补平衡的前提下实现城区扩展,并增加财政收入,“合村并居”“征地拆迁”等现象随之产生。在此过程中,某些地方政府与村民的利益博弈日渐频繁,进而引发了城镇化进程中的土地问题:一是部分农民土地权益受损问题。由于不同农民对土地的依赖程度不同,而政府的征地行为会忽视这种差异,一些农民的土地权益因此受损。二是低效的被动城镇化。某些地方政府为获得土地指标而进行“合村并居”,一些村民被动城镇化,无法完全适应“上楼”的生活习惯,造成了较为负面的影响。三是社会秩序受到影响。城镇化的过程中的征地拆迁行为与征收补偿是土地增值收益分配的重要环节之一。在此过程中,政府与村民会存在着复杂而频繁的协商过程。土地增值收益的分配会显著影响当地基层社会治理,致使其中不稳定的因素增多。因此,在新型城镇化稳步推进的前提下,必须对这些复杂的问题予以有效回应。

在“事”的维度上,新型城镇化过程中所带来的挑战集中于基层治理场域之中,社会治理体系仍有较大的提升空间。随着城镇化进程的不断加深,越来越多的村民转变为市民,传统农村内生的权威体系与治理体系逐步弱化。与此同时,城市基层社区成为了他们日常生活场所,由此也带来了新的社会治理难题。其一,生活场域转变过程中的规则适应难题。农村转移人员虽然离开了主要的生活场域,但仍存在着部分乡土惯习。在适应城市场域生活规则的过程中,规

---

[1] 参见温兴祥、郑子媛:《农村流动人口基本公共服务的多维贫困》,载《华南农业大学学报(社会科学版)》2019 年第 5 期。

则差异难免会产生各类矛盾冲突,对社会治理产生影响。其二,社会流动对传统社区权威与治理效能产生冲突,传统的“属地管理”模式式微。其三,“空乡村”大量产生,社区内生活的村民日渐稀少,公共服务供给成为难点。如何尽快建立并完善相应的社会治理体系也就成为了新型城镇化过程中的重要挑战。

在“权”的维度上,挑战主要围绕着农业转移人口的权益救济问题。如果说平等获得能够立足于城市生活的各类公共服务资源是农业转移人口的基础,那么,在各类权益遭受侵犯和挑战时,合理的解纷机制与权益救济方案则是他们城镇化进一步的保障。然而,从实践来看,农业转移人口权益遭受侵犯的情况仍时有发生。一方面,我国城市化进程中确实客观存在着一些权益遭受侵害的现象,诸如拖欠农民工工资、农民工就业歧视、租房陷阱等。另一方面,我国的权益救济渠道仍有待完善。尽管国家为农业转移人口开放了多样的权益救济渠道,但这些现代的解纷机制程序复杂、成本过高,城镇化的群体难以适应。其解纷资源在城乡间的配置也不甚均衡。所以,它们很难对农业转移人口的各类权益进行有效回应。正因如此,如何从农业转移人口的实际需要出发,优化和调整权益救济体系成为新型城镇化进程中所必须要解决的问题。

在实践中,法治是回应上述困境并保障新型城镇化稳步推进的重要举措。中共中央《关于全面推进依法治国若干重大问题的决定》指出:“依法治国,是坚持和发展中国特色社会主义的本质要求和重要保障,是实现国家治理体系和治理能力现代化的必然要求,事关我们党执政兴国,事关人民幸福安康,事关党和国家长治久安。”新型城镇化的发展,为中国法治道路提供了新的观察视角,提出了新问题。而作为化解城镇化进程所产生社会矛盾的主要途径和社会的减压阀、安全阀,法治能够通过建立长效的体制机制,将人、地、事、权等方面的社会矛盾纳入制度化、规范化、程序化的体系之中予以解决。这不仅以现代社会中更具合法性的方式保障了农民和农业转移人口的各项权益,农村土地的有效使用和基层社区治理的良好效果,还能够让更多的人分享到新型城镇化带来的改革红利,形成对城市社会的归属感,进而成为城市建设的积极分子。

可见,新型城镇化背景下的法治建设,关系到“人的城镇化”能否顺利推进,关系到社会稳定和改革发展的大局,关系到人民群众权益的保障,关系到美好生活秩序的实现。如何构建与新型城镇化相适应的法治体系,改进国家权力的运作模式,维护公民权益和提升公民法治意识,完善有助于有效推动城镇化进程的法律制度和体制机制,为新型城镇化的积极、稳妥、有序推进,提供法治保障,也就成为了一个重要的研究视角。因此,加强新型城镇化建设的法治保障研究,就显得更为重要。新型城镇化需要通过深入扎实细致的研究,构建适合新型城镇化建设带来的社会转型和治理转型的法治建设的体制机制,实现新型城镇化建设的制度化、规范化、程序化，从而最终走向法治化。基于以上分析，本书以“人的城镇化”的法治保障为研究对象，从新型城镇化的内在规律和实践逻辑出发，分析新型城镇化对法治建设提出的一系列问题和挑战，探寻有助于推进“人的城镇化”的法治保障措施，并提出制度建议。

二、既有研究及其存在的问题

（一）新型城镇化之法治保障的既有研究

研究“人的城镇化”的法治保障，首先要对新型城镇化的既有模式有基本的了解。目前，学界主要从中外城镇化不同模式的比较、新型城镇化的内涵、新型城镇化的道路选择等方面展开研究，以探寻城镇化过程中的社会变革规律，构建与城镇化发展相适应的体制机制。

第一，中外城镇化不同模式的比较是城镇化发展模式研究的重要方面。〔1〕从世界各国城镇化的经验来看，城镇化动力机制大致可分为政府动力、市场动力和公民社会动力这三种，其中占主导位置的是市场主导机制和政府主导机制。〔2〕也有学者将不同的城镇化道路模式划分为城乡相互封闭式发展模式、城市优先发展模式、城乡同质化发展模式、城乡差别协调发展模式等四种不同的模式。〔3〕中国的新型城镇化应该是城乡协调发展的模式。它得益于城乡二元结构、农村基本经营制度、特殊的土地制度，从而形成了稳健的城市化道路。〔4〕

第二，新型城镇化的内涵的研究对中国城镇化的道路选择起到重要的引导作用。新型城镇化的核心在于“人的城镇化”。〔5〕它不是一个简单的城镇人口比重的变化，而是人类现代化的过程和结果。社会生活的民主、就业的相对充分、社会保障的公平、人生价值的多样化实现、生态环境的可持续、法制的契约关系及市场取向等，都是新型城镇化健康发展的内涵和目标。〔6〕在中国城镇化建设过程中，不仅要关注城市物质形态的变化，更要把目光投向市民社会和公共空间的建设上，从人的角色内涵转变和生活方式的转型角度去重新理解和

---

〔1〕参见［美］布赖恩·贝利：《比较城市化：20世纪的不同道路》，顾朝林等译，商务印书馆2010年版。

〔2〕参见李强、陈宇琳、刘精明：《中国城镇化“推进模式”研究》，载《中国社会科学》2012年第7期。

〔3〕参见仇保兴：《新型城镇化：从概念到行动》，载《行政管理改革》2012年第11期。

〔4〕参见温铁军等：《八次危机：中国的真实经验1949—2009》，东方出版社2013年版；贺雪峰：《城市化的中国道路》，东方出版社2014年版。

〔5〕参见贺雪峰：《关于“人的城市化”的三种主张》，载《中国经济时报》2015年2月27日。

〔6〕参见张鸿雁：《中国新型城镇化理论与实践创新》，载《社会学研究》2013年第3期。

规划城镇化战略。[1] 因此,在新型城镇化建设中,民生建设将会成为法治建设的重要内容,需要围绕新型城镇化的战略要求,构建民生法治体系。[2]

第三,新型城镇化的道路选择的研究决定了城镇化过程中重要体制和制度的设置。新型城镇化既有别于以注重小城镇发展的城镇化,[3]也不同于以大城市发展为主的城市化。[4] 它以城市群为主体形态,推动大中小城市和小城镇协调发展。有学者将这样的新型城镇化概括为"复合型的城市化道路"[5]。但是在实践操作中,一些地方对于城镇化的理解和认识存在"城市规模论"和"人口转移论"两种主要误区,简单地把城镇化理解为"造城"和土地开发,认为通过不断扩大城市规模,或者促进农业劳动力转移和人口流动就可以实现城镇化。[6] 对此,有学者提出,要重视人的需求在城镇化中的重大作用,依托地级市和县级城镇,促进人口集聚,并鼓励有条件的小城镇和村庄就地改造,探索就近就地城镇化模式,变被动城镇化为主动城镇化。[7] 新型城镇化要超越城镇化的粗放规模扩张,走资源能源环境可持续发展的新型城镇化道路,避免特大城市的过度膨胀,坚持大中小城市和小城镇的协调发展,提高城镇化质量,促进农民工市民化进程。[8]

以上述城镇化模式的实际运作为基础,当前学界也重点关注了法治在新型城镇化进程中的功能和意义。这些研究有着鲜明的具体问题导向特征,主要探讨了当前城镇化过程中在人、地、事、权四方面出现的一系列法治困境,分析了这些问题的形成原因,并从法律规范、法律制度和法律实施等方面提出了解决方案。

在"人"的维度,随着我国进入城镇化建设的关键时期,有关社会民生的问题日益凸显。民生问题从表面上看是一个社会、经济问题,但其实质则是一个

---

[1] 参见文军:《回到"人"的城市化:城市化的战略转型与意义重建》,载《探索与争鸣》2013 年第 1 期。

[2] 参见付子堂、常安:《民生法治论》,载《中国法学》2009 年第 6 期。

[3] 参见费孝通:《小城镇四记》,新华出版社 1985 年版;中共中央、国务院:《关于促进小城镇健康发展的若干意见》,2000 年 6 月。

[4] 参见童大焕主编:《中国大城市化共识》,东方出版社 2014 年版;童大焕:《中国城市的死与生:走出费孝通陷阱》,东方出版社 2014 年版。

[5] 参见张鸿雁等:《城市化理论重构与城市化战略研究》,经济科学出版社 2012 年版。

[6] 参见章政:《关于我国城镇化发展的道路和方向的思考》,载《北京大学学报(哲学社会科学版)》2014 年第 3 期。

[7] 参见李强:《主动城镇化与被动城镇化》,载《西北师大学报(社会科学版)》2013 年第 6 期;李强、陈振华、张莹:《就近城镇化与就地城镇化》,载《广东社会科学》2015 年第 1 期。

[8] 参见李培林:《新型城镇化道路的思考》,载《前线》2013 年第 12 期。

典型的权利问题,而权利正是法治的要义所在。[1] 对于城镇化建设中的民生法治保障问题,学界已开展了较为深入的研究,并取得了一定成果。城镇化的民生问题在根本上与户籍问题联系紧密。关于户籍制度及其改革的法治研究主要关注当前户籍制度的城乡二元结构特征,强调这种二元结构所带来的一系列福利不平等后果及其引发的社会民生问题。[2] 在中国,户籍制度除了执行人口管理的职能外,还与社会福利的供给和分配密切相关。[3] 城乡二元分割的户籍制度形成了资源分配上的差别对待,造成了户籍权益、社会福利的差异,[4]这些权益和福利涉及劳动收入、教育、医疗卫生、住房等方面,与社会基本公共服务的内容高度相关。[5] 因此,推进户籍制度改革,还需要通过新法予以规范和保障。[6] 以法律手段实现城乡户籍一体化改革,并统筹城乡社会福利体制,[7]进而均等社会福利、保障城镇民生。[8]

在户籍制度之问题的基础上,当前我国基本公共服务均等化的法治体系建构并不完善,存在法治精神缺位、法律制度缺位、效率效能缺位和社会参与机制缺位四个方面的弊端。[9] 要解决这些问题,必须从顶层设计、分权、质量改善等原则出发,加强公共服务法治保障的系统性、民主性和科学性。[10] 如在教育服务方面,由于城乡教育差距拉大,城镇化建设并没有给农村人口、进城务工人口及其随迁子女带来更多的教育红利,[11]需要依法保护农业转移人口的受教育权。在就业保障方面,城镇化过程形成了城乡地区间的不平衡机会结构,产

---

[1] 参见张文显:《民生呼唤良法善治——法治视野内的民生》,载《中国党政干部论坛》2010 年第 9 期;付子堂、崔燕:《民生法治视野下的法律激励功能探析》,载《法学论坛》2012 年第 6 期;付子堂、常安:《民生法治论》,载《中国法学》2009 年第 6 期。

[2] See D. Solinger, *Citizenship Issues in China's Internal Migration: Comparisons with Germany and Japan*, Political Science Quarterly, 1999.

[3] 参见王美艳、蔡昉:《户籍制度改革的历程与展望》,载《广东社会科学》2008 年第 6 期。

[4] 参见朱识义:《户籍制度改革若干思考》,载《河北法学》2014 年第 10 期。

[5] 参见姚秀兰:《论中国户籍制度的演变与改革》,载《法学》2004 年第 5 期。

[6] 参见牟少华、张伟:《论我国户籍制度改革的原则及路径》,载《法学杂志》2013 年第 9 期。

[7] 参见陆益龙:《户口还起作用吗——户籍制度与社会分层和流动》,载《中国社会科学》2008 年第 1 期。

[8] 参见蔡昉:《户籍制度改革与城乡社会福利制度统筹》,载《经济学动态》2010 年第 12 期。

[9] 参见孙旭宁:《基本公共服务均等化法治体系建构与民生底线保障》,载《中国行政管理》2014 年第 8 期。

[10] 参见李德国、陈振明:《公共服务的法治建构:渊源、框架与路径》,载《厦门大学学报(哲学社会科学版)》2015 年第 4 期。

[11] 参见吴愈晓:《中国城乡居民的教育机会不平等及其演变(1978—2008)》,载《中国社会科学》2013 年第 3 期;李春玲:《“80 后”的教育经历与机会不平等——兼评〈无声的革命〉》,载《中国社会科学》2014 年第 4 期;李春玲:《教育不平等的年代变化趋势(1940—2010)——对城乡教育机会不平等的再考察》,载《社会学研究》2014 年第 2 期。

生了同工不同酬的问题和职业隔离等制度性障碍,[1]需要逐步健全我国反就业歧视的法律规控体系。在社会保障方面,城乡社会保障制度呈现出嵌入二元经济社会结构的特征。[2] 应该加快城乡基本养老保险和城乡医保的制度衔接,建立社会保障普通法权利制度的城乡一体化机制,将民生权力化、法律化。[3] 在医疗服务方面,由于我国城镇化过程中城乡基本医疗卫生服务的不均等已成为一个重要的社会问题,需要依法促进城乡公平的医疗卫生发展,保障医疗权利的平等性等。[4]

在"地"的维度,与城镇化相关的地权法治保障研究总体上可以区分为公共政策、法学理论研究和具体土地制度研究三个方面。在地权法治保障的公共政策研究上,目前最具影响力研究集中于对地权制度变革的政策争论。制度替代说对既有土地制度持全盘否定态度,认为在城镇化过程中,国家用行政权力垄断了地利分配,妨碍了土地要素的市场化流通,只有确定农地私有的制度体系,才符合中国城镇化发展中对地权保护的方向。[5] 制度完善说认为,农民需要的并非抽象的土地权利,而是便利的耕作条件。[6] 另外,还有学者明确反对土地开发收益私人所有和集体所有,认为土地开发必须坚持政府管控。但由于政府财政公信力的匮乏,土地财政制度需要被有效替代。[7] 针对城镇化进程中的空心村、宅基地闲置成为宅基地管理的重要对象。城镇化建设中宅基地未批先占先建、私下交易成为宅基地管理的最大难题,有学者认为应该强化对宅基地利用的规划管理,而非一味地主张宅基地流转市场化。[8] 针对进城落户农民的土地权益保护,有学者提出在集体自治原则的基础上,通过实现主体规

---

[1] 参见吴晓刚、张卓妮:《户口、职业隔离与中国城镇的收入不平等》,载《中国社会科学》2014 年第 6 期。

[2] 参见仇雨临、翟绍果、郝佳:《城乡医疗保障的统筹发展研究:理论、实证与对策》,载《中国软科学》2011 年第 4 期。

[3] 参见杨华:《社会保障普通法权利初探》,载《河北法学》2009 年第 2 期;史探径:《我国社会保障法的几个理论问题》,载《法学研究》1998 年第 4 期;魏建国:《城市化升级转型中的社会保障与社会法》,载《法学研究》2015 年第 1 期。

[4] 参见张永梅、李放:《城乡基本医疗卫生服务均等化的综合评价——基于两次国家卫生服务调查数据》,载《贵州社会科学》2010 年第 5 期;满洪杰:《泰国〈全民健康保障法〉及其对我国医疗保障立法的启示》,载《法学论坛》2016 年第 4 期。

[5] 参见周其仁:《城乡中国》,中信出版社 2014 年版;文贯中:《吾民无地:城市化、土地制度与户籍制度的内在逻辑》,东方出版社 2014 年版;蒋省三、刘守英:《土地资本化与农村工业化——广东省佛山市南海经济发展调查》,载《经济学(季刊)》2004 年第 1 期;刘守英:《集体土地资本化与农村城市化——北京市郑各庄村调查》,载《北京大学学报(哲学社会科学版)》2008 年第 6 期。

[6] 参见贺雪峰:《地权的逻辑:中国农村土地制度向何处去》,中国政法大学出版社 2010 年版。

[7] 参见华生:《新土改:土地制度改革焦点难点辨析》,东方出版社 2015 年版。

[8] 参见桂华、贺雪峰:《宅基地管理与物权法的适用限度》,载《法学研究》2014 年第 4 期。

范统一,对具体权益作类型化处理,构造不同类型的行为规范。[1]

在地权法治保障的法学理论研究上,《物权法》(已失效)的颁布是具有标志性的时刻,其在法学界引起了广泛的关注与理论对话。其中,大多数学者都将视野聚焦到物权法律体系的框架之中:有学者认为《物权法》对农村土地制度的规定并不完善,农村土地所有权主体依然虚位,农地承包经营权物权属性较低,宅基地使用权用益物权化程度不充分,因此应该以体系化思维和赋予权利和回归权利的逻辑主线,全面整合并变革农村土地权利制度,强化进城农民的土地权利。[2] 还有学者直接主张赋予集体土地自我城镇化的权能,允许集体建设用地市场化配置。[3] 亦有人提出应深入理解《物权法》规定的“成员集体所有”制度,并开展相关制度设计。[4]

在地权法治保障的具体制度研究上,问题主要集中在城镇规划、征地制度、宅基地管理制度和农地承包经营制度等方面。城镇规划研究对土地问题的讨论主要从空间演化和人口迁移来指涉土地问题,对城镇化趋势、特征的研究优于土地制度本身的分析。[5] 征地制度研究中,有学者认为,土地增值收益分配要从“国家垄断土地一级市场+低征高卖”方式向“市场价格补偿+合理征税”方式转变。[6] 相反的观点指出,城镇化进程中的土地发展增益主要源于外力,是全社会共同用力的结果,而非农地所有产权制度。[7] 我国现有土地增值收益分配制度是土地红利,是中国和平崛起的制度武器。[8] 宅基地管理制度研究的主流观点指出,在城镇化实施之后,农村人口的大量减少会加剧宅基地资源的巨大浪费,应该赋予农民更充分的宅基地使用权,放开宅基地在城乡之间的

---

〔1〕 参见夏沁:《完善进城落户农民土地权益保障的法治机制》,载《法学家》2023 年第 4 期。

〔2〕 参见陈小君:《农村土地制度的物权法规范解析——学习〈关于推进农村改革发展若干重大问题的决定〉后的思考》,载《法商研究》2009 年第 1 期;陈小君:《我国农村土地法律制度变革的思路与框架——十八届三中全会〈决定〉相关内容解读》,载《法学研究》2014 年第 4 期。

〔3〕 参见韩松:《集体建设用地市场配置的法律问题研究》,载《中国法学》2008 年第 3 期;韩松:《新型城镇化中公平的土地政策及其制度完善》,载《国家行政学院学报》2013 年第 6 期。

〔4〕 参见王利明、周友军:《论我国农村土地权利制度的完善》,载《中国法学》2012 年第 1 期。

〔5〕 参见党国英、吴文媛:《土地规划管理改革:权利调整与法治构建》,载《法学研究》2014 年第 5 期;郑德高、闫岩、朱郁郁:《分层城镇化和分区城镇化:模式、动力与发展策略》,载《城市规划学刊》2013 年第 6 期。

〔6〕 参见周其仁:《农地产权与征地制度——中国城市化面临的重大选择》,载《经济学(季刊)》2004 年第 4 期;刘守英:《中共十八届三中全会后的土地制度改革及其实施》,载《法商研究》2014 年第 2 期;崔建远:《征收制度的调整及体系效应》,载《法学研究》2014 年第 4 期;程雪阳:《土地发展权与土地增值收益的分配》,载《法学研究》2014 年第 5 期。

〔7〕 参见陈柏峰:《土地发展权的理论基础与制度前景》,载《法学研究》2012 年第 4 期。

〔8〕 参见贺雪峰:《地权的逻辑Ⅱ:地权变革的真相与谬误》,东方出版社 2013 年版;赵燕菁:《土地财政:历史、逻辑与抉择》,载《城市发展研究》2014 年第 1 期。

市场交易。[1] 相反，有些学者认为，宅基地对于农民而言是重要的生活资料，具有社会保障、社会保险功能，应该限制宅基地市场化交易。[2] 在农地承包经营制度研究上，有学者认为中央农地政策提出的“三权分置”并非所有权、承包权、经营权的叠加并立，而是所有权、成员权、农地使用权三权并立。[3] 有的学者表示反对，认为农业生产问题的关键是农业生产便利和农业发展公共品供给问题，而非农地产权清晰化问题。农地制度需要解决人地分离问题和农地细碎化问题，只有坚持并完善农地集体所有制，才能实现“耕者有其田”。[4]

在“事”的维度上，城镇化社会治理事务的法治保障与法治社会紧密关联。相关研究总体侧重于从对中央法治建设文件的政策解读切入，对城镇化社会治理法治保障的战略理论、制度建设提出了见解。在城镇化社会治理法治保障的战略理论研究中，社会治理包括社会管理和社会自治两个方面。其中，社会管理更强调党委政府的主体的凸显，强调社会管理活动的依法进行，[5] 构成了对社会治理的法治保障。同时，法治社会建设以及法治社会与法治国家之间的关系获得高度关注，不少学者从“国家与社会关系”的视角来展开剖析，认为法治社会与法治国家是互补与合作的关系，两者互为支持且应该协同发展。[6] 此外，还有研究指出，健全社会管理创新的法律体系、践行以人为本的执法和司法理念、完善社会管理的法律服务机制是倡导社会治理法治化实践的题中之义，社会管理法治化需要完善法治环境、推进社会行政、健全社会法制、强化公众参与。[7] 这些研究从政法话语层面来展开对社会治理法治保障的阐释、分析和构想，有利于对中央法治精神的普及和总体把握。

---

[1] 参见刘俊：《农村宅基地使用权制度研究》，载《西南民族大学学报（人文社科版）》2007 年第 3 期；韩康：《宅基地制度存在三大矛盾》，载《人民论坛》2008 年第 14 期；高圣平：《宅基地性质再认识》，载《中国土地》2010 年第 1 期；北京大学国家发展研究院综合课题组、周其仁：《还权赋能——成都土地制度改革探索的调研研究》，载《国际经济评论》2010 年第 2 期。

[2] 参见孟勤国：《物权法开禁农村宅基地交易之辨》，载《法学评论》2005 年第 4 期；陈柏峰：《农村宅基地限制交易的正当性》，载《中国土地科学》2007 年第 4 期。

[3] 参见高飞：《农村土地“三权分置”的法理阐释与制度意蕴》，载《法学研究》2016 年第 3 期。

[4] 参见贺雪峰：《地权的逻辑：中国农村土地制度向何处去》，中国政法大学出版社 2010 年版；张路雄：《耕者有其田：中国耕地制度的现实与逻辑》，中国政法大学出版社 2012 年版。

[5] 参见邓联繁：《社会管理概念的法规范分析》，载《中国法学》2012 年第 2 期；徐汉明：《社会管理法治化论纲》，载《法学评论》2013 年第 6 期；唐皇凤：《法治建设：转型中国社会治理现代化的战略路径》，载《江汉论坛》2014 年第 9 期。

[6] 参见徐汉明：《推进国家与社会治理法治化》，载《法学》2014 年第 11 期；郭道晖：《论法治社会及其与法治国家的关系》，载《中共中央党校学报》2015 年第 1 期。

[7] 参见黄伦宽：《社会管理创新法治化路径研究》，载《人民论坛》2013 年第 23 期；范旭斌：《社会管理创新的法治化路径》，载《扬州大学学报（人文社会科学版）》2012 年第 4 期；王纪文：《论社会管理体制法治化》，载《学习与实践》2013 年第 3 期；张华民：《理念与路径：我国社会管理法治化探析》，载《湖北社会科学》2013 年第 6 期。

在社会治理法治保障的地方实践研究中,既有研究以地方社会治理经验为基础,讨论法治条件下城镇化社会治理问题的法律制度保障和建设问题。有学者区域比较了地方社会治理的阶段性任务、府民互动程度与居民参与度、群众利益表达和实现方式以及政府对社会的回应与反馈状况,并从立法、社区参与和法治文化建设提出了法治保障建议。[1] 有的学者以城镇化背景下的农村社会治理法治需求为基础,系统分析了农民权利保护的利益分配机制、资源共享机制。[2] 更经验化的研究以城市街道/社区治理为样本,从社区党建一体化模式、公权干预柔性化模式、政府引导市场化模式等模式出发,对城镇化社会治理法治保障进行深描。[3] 不过,虽然它们具有一定实证色彩,但依然侧重于平面化论述地方社会治理中的法治问题。

社会治理法治保障的制度研究以真实问题为导向,包含城镇街面治理、城乡规划交叠区社会治理与和城镇社区治理三个方面。城镇街面治理法治保障研究从警察执法面临的社会弹性结构展开,讨论城管执法的积极功能、负面形象及其所面临的嵌入式执法结构,[4]并从乡镇政府功能定位出发,探讨执法权向乡镇延伸的可能性。[5] 还有研究较为系统地分析了警察一线行政执法中的执法裁量权、盘查权、相对人协助义务和警察权自由裁量模式,发现现有行政执法模式难以与社会治理需求相适应,需要以“自由权和社会权—公共行政权”为主轴的行政新形态成为新的法治保障要求。[6] 城乡规划交叠区社会治理法治保障研究主要以建设执法和土地执法以及土地冲突为主,前者本质上属于国家能力在基层执法中的直接体现;[7]后者集中于土地冲突治理方面,不过由于土

---

[1] 参见陈荣卓、颜慧娟:《法治视域下的社会治理:区域实践与创新路径》,载《江汉论坛》2013年第12期。

[2] 参见刘同君:《新型城镇化进程中农村社会治理的法治转型——以农民权利为视角》,载《法学》2013年第9期。

[3] 参见汪习根、武小川:《社会治理的法治实践模式构建——以武汉为样本的实证分析》,载《法学论坛》2014年第3期。

[4] 参见陈柏峰:《基层社会的弹性执法及其后果》,载《法制与社会发展》2015年第5期;陈柏峰:《城管执法冲突的社会情境——以〈城管来了〉为文本展开》,载《法学家》2013年第6期;刘磊:《街头政治的形成:城管执法困境之分析》,载《法学家》2015年第4期。

[5] 参见陈宏光、戴传利:《基层经济社会发展与中国乡镇执法职能》,载《经济法学评论》2011年第00期。

[6] 参见宋华琳:《基层行政执法裁量权研究》,载《清华法学》2009年第3期;余凌云:《对不确定的法律概念予以确定化之途径——以警察盘查权的启动条件为例》,载《法商研究》2009年第2期;余凌云:《盘查程序与相对人的协助义务》,载《北方法学》2011年第5期;余凌云:《行政裁量的治理——以警察盘查为线索的展开》,载《北大法律评论》2009年第2期。

[7] 参见陈柏峰:《城镇规划区违建执法困境及其解释——国家能力的视角》,载《法学研究》2015年第1期;刘磊、王会:《谋利空间的形成:对城管违建执法困境的分析》,载《华中科技大学学报(社会科学版)》2015年第4期。

地冲突大多发生在村民自治范畴,村民自治成为土地冲突社会治理的主要领域,所以强化村民自治的立法和制度建设是最重要的法治保障课题。[1] 城镇社区治理法治保障研究主要从物业管理法和建筑物区分所有权制度展开。关于这方面的研究主要集中在物业纠纷和建筑物所有权方面,需要从业主自治、物业管理和建筑物区分所有权法律制度的完善入手,体系化地应对城镇化进程中的社区治理法治保障问题。[2]

在"权"的维度上,运用法律方式化解城镇化建设中的各类矛盾纠纷是推进法治城镇化建设的重要保障,而健全的法律服务体系和多元化权益救济方式是推进法治城镇化建设的重要举措。在城镇化建设的权益救济与法律服务体系研究中,从权益救济的方式看,有学者认为公力救济是现代社会的主要形态,[3]另有学者认为,私力救济也是正义的实现方式。[4] 而在城镇化背景下,针对诉讼难以满足社会主体对解决各类纠纷的需求时,有学者提出要构建多元化的纠纷解决机制。[5] 而关于法律服务的研究提出,公共法律服务旨在保障公民基本权利,维护公民合法权益,实现社会公平正义,需要从公民权利的确认、政府职责的规制与公共服务的优化这三个方面进行开展。[6] 实现法律服务的城乡一体,则是新型城镇化下的法律服务体系发展的主要目标。[7]

城镇化建设中的突出问题尤以劳资关系、征地拆迁、房地产纠纷以及环境诉讼问题为重。劳资关系研究方面,有学者从劳动过程的角度分析了工人的主体身份的构建及其中国语境。[8] 有学者从基层政府化解劳资纠纷的经验、检

---

[1] 参见郭亮:《土地征收中的"行政包干制"及其后果》,载《政治学研究》2015 年第 1 期;赵东喜:《和谐社会下新农村村民自治制度的法律思考》,载《政治与法律》2007 年第 4 期;秦小建:《村民自治立法的定位:现实检讨及未来走向——以 2010 年新〈村民委员会组织法〉为对象》,载《四川师范大学学报(社会科学版)》2011 年第 4 期。

[2] 参见谭玲、胡丹缨:《物业管理相关问题再探析》,载《现代法学》2006 年第 6 期;关淑芳:《物业管理合同的性质及其法律适用》,载《当代法学》2007 年第 4 期。

[3] 参见贺海仁:《从私力救济到公力救济——权利救济的现代性话语》,载《法商研究》2004 年第 1 期。

[4] 参见徐昕:《通过私力救济实现正义——兼论报应正义》,载《法学评论》2003 年第 5 期。

[5] 参见范愉:《诉讼社会与无讼社会的辨析和启示——纠纷解决机制中的国家与社会》,载《法学家》2013 年第 1 期。

[6] 参见刘炳君:《当代中国公共法律服务体系建设论纲》,载《法学论坛》2016 年第 1 期;蒋银华:《政府角色型塑与公共法律服务体系构建——从"统治行政"到"服务行政"》,载《法学评论》2016 年第 3 期。

[7] 参见王亚新:《农村法律服务问题实证研究(一)》,载《法制与社会发展》2006 年第 3 期;傅郁林主编:《农村基层法律服务研究》,中国政法大学出版社 2006 年版。

[8] 参见姚先国、赖普清:《中国劳资关系的城乡户籍差异》,载《经济研究》2004 年第 7 期;杨柳:《农民工劳资关系问题研究——基于劳动过程的视角》,载《北京社会科学》2016 年第 1 期。

察机关支持农民工起诉等角度分析城镇化背景中劳资关系处理的实践经验。〔1〕征地拆迁研究方面，有学者提出，征地拆迁是城镇化建设的重要手段，但当前房屋拆迁制度调整缺失，公益拆迁与非公益拆迁混杂，形成了众多民生与民权问题。尤其在发展需要与征地拆迁补偿出现冲突时，如何平衡公共利益与个人要求成为了该问题的关键。〔2〕此外，大量土地征收与房屋拆迁，导致农民“被上楼”，在相关法律和配套设施无法跟进的情况下，依法规划的缺位容易导致民众的土地权益被侵犯。〔3〕农民权益受损还会引发农民上访，需要对上访与政治责任的关系、分类治理、维权等问题进行研究。〔4〕房地产纠纷研究方面，有学者对城镇化建设中因政府调整政策而履约不能的情况中如何应对房地产纠纷作了分析。〔5〕有学者从经验层面分析了因房地产公司履约不能带来的群体性事件及其发生机制。〔6〕环境诉讼问题研究方面，由于环境诉讼已成为一种公益诉讼，其理论基础、社会权属性以及整体的制度构建成为学界关注的主要焦点。〔7〕

在城镇化建设中法治观念与普法教育研究方面，有学者提出法治观念是实现现代法治国家的观念基础，并认为法制观念需要在传统文化背景中培育。〔8〕有学者指出，普法有助于树立公民法治观念，提高干部队伍法律知识水平、法律

〔1〕参见张永宏：《争夺地带：从基层政府化解劳资纠纷看社会转型》，载《社会》2009年第1期；曹国华、陶伯进：《农民工劳资纠纷司法救济的困境与破解——检察机关支持起诉的视角》，载《河北法学》2012年第6期。

〔2〕参见张素华：《房屋强制拆迁制度存在的问题及对策——兼评〈国有土地上房屋征收与补偿条例〉》，载《法学评论》2012年第3期；冯玉军：《权力、权利和利益的博弈——我国当前城市房屋拆迁问题的法律与经济分析》，载《中国法学》2007年第4期；徐海燕：《公共利益与拆迁补偿：从重庆最牛“钉子户”案看〈物权法〉第42条的解释》，载《法学评论》2007年第4期。

〔3〕参见黄学贤、齐建东：《农民“被上楼”是喜还是忧——以农村城镇化进程中的依法规划为视角》，载《东方法学》2011年第3期。

〔4〕参见胡荣：《农民上访与政治信任的流失》，载《社会学研究》2007年第3期；陈柏峰：《农民上访的分类治理研究》，载《政治学研究》2012年第1期；田先红：《从维权到谋利——农民上访行为逻辑变迁的一个解释框架》，载《开放时代》2010年第6期；陈柏峰：《征地拆迁上访的类型与机理》，载《华中科技大学学报(社会科学版)》2016年第1期。

〔5〕参见陈树森、王连国：《政策调整致履约困难的房地产纠纷的司法解决——兼论情势变更制度在合同法领域的适用》，载《法律适用》2007年第9期。

〔6〕参见陈柏峰：《群体性事件的发生机理：权利视角》，载《法学研究》2014年第1期。

〔7〕参见张明华：《环境公益诉讼制度刍议》，载《法学论坛》2002年第6期；白平则：《论环境权是一种社会权》，载《法学杂志》2008年第6期；齐树洁：《环境公益诉讼原告资格的扩张》，载《法学论坛》2007年第3期；史玉成：《环境公益诉讼制度构建若干问题探析》，载《现代法学》2004年第3期。

〔8〕参见刘作翔：《现代法律观念的培植是实现法治国家的观念基础》，载《法学研究》2007年第4期；陈福胜：《当代中国法治观念的价值及培育》，载《学术交流》2004年第7期。

素质,进而为新型城镇化建设的法治保障提供意识基础。特别是在新型城镇化这一体制转型和社会转型进程中,运动式的普法教育工作是一种政治动员和社会动员,体现了体制与社会法治建构互动。[1] 但同时,普法教育工作一直存在缺乏社会个体能动参与的问题,容易产生忽视民众的知识偏好的弊端。现代法治观念为内涵的普法运动与传统乡村地方性知识存在巨大悖论,单向度的普法运动并不利于新型城镇化建设的法治进程发展。[2] 这些最终体现为普法之"体"不足和普法之"道"乏力的困境。[3]

(二)既有研究存在的问题

总体上来看,当前学界对于新型城镇化建设的研究非常丰富,分布在法学、经济学、社会学、政治学等多个学科领域,构成了本项课题重要的研究基础,但是仍存在一些不足,有进一步研究和扩展的空间。

首先,既有文献触及了诸多法治保障的具体问题,但缺乏系统性研究。这主要体现在以下几个方面:第一,没有站在整体的法治体系的层面审视法治保障中面临的一系列具体问题。许多研究的法治视野较为局限,多是只从制度构建的角度探究某一具体问题的法治保障问题,没有通盘考虑法律制度体系和法律实施体系之间的复杂互动关系,没有充分研究科学立法、依法行政、公正司法、法治社会等层面如何有效衔接。第二,没有站在整体的政治和社会系统的层面把握新型城镇化建设的法治保障问题。不少研究中形式主义法律观的特点比较明显,缺乏对于法律手段的功效与局限的全面理解,忽视了对法律制度有效实施所依赖的政治条件和社会基础的深入探究。

其次,既有文献对新型城镇化建设的体制机制作了多方面分析,但是仍可进一步细化推进。我国的新型城镇化战略的实施以及随之而来的社会转型和治理转型,是观念、行为、制度、结构等方面的全方位的变革和转型,必然是一项系统性的工程,对法治保障的需求也是系统性的需求。既有研究多从宏观层面对新型城镇化战略作出了分析,考察到了新型城镇化对观念、行为、制度、结构等层面的深刻影响,但是对于如何将法治保障体系的建设与新型城镇化所带来的观念、行为、制度、结构等层面的因素相结合,对于如何准确定位党委、政府、社会组织、公民等多个相关主体在法治保障体系中的关系,还需要进一步研究。有一些研究讨论了新型城镇化建设中的法治应对举措,但多是从特定的法治理念出发,而缺乏对实践经验层面的细致关注,特别是对于我国法治建设过程中

---

[1] 参见卓泽渊:《中国"普法"二十年:回顾与前瞻》,载《探索》2006 年第 1 期。

[2] 参见凌斌:《普法、法盲与法治》,载《法制与社会发展》2004 年第 2 期;宋晓:《普法的悖论》,载《法制与社会发展》2009 年第 2 期。

[3] 参见付子堂、肖武:《普法的逻辑展开——基于 30 年普法活动的反思与展望》,载《社会科学战线》2017 年第 6 期。

逐渐形成的具有鲜明中国特色的“系统治理、依法治理、综合治理、源头治理”的体制机制在新型城镇化的法治保障建设中的作用和功效的经验把握及理论认知还需要进一步加强和推进。

再次，既有文献提出了新型城镇化建设中一系列有针对性的对策建议，但是还需要从法治化的层面进行进一步整合。既有研究对完善新型城镇化建设的体制机制作出了研究，提出了有针对性的对策建议，但是多分散在多个学科，且因我国地域差异大、城乡差异大，这些对策建议比较零散，与法治化的要求还不太适应。有的研究对于一些具体的体制机制有比较细致深入的把握，但是对于如何将这些体制机制问题提升到全面推进法治建设的要求上来，将一些实践经验上升到法治规范的层面，则还普遍缺乏深入细致的研究。部分研究从新型城镇化推进过程中的一些具体的问题入手，考察了应对措施，但是总体来说还比较零散，缺乏整体性的法治化层面的实践整合和理论整合。如何改进和完善城镇化建设过程中的体制机制，促使其向着以法治化的方式保障新型城镇化建设的方向发展，以更好地回应新型城镇化建设中出现的各种问题，成为了非常值得研究的重要问题。

又次，既有文献从相对具体的层面丰富了对新型城镇化建设的法治保障问题的认识，但是没有从法治国家、法治政府、法治社会一体建设的高度考察新型城镇化建设中的诸多体制机制问题。新型城镇化建设必将带来全方位的社会转型和治理转型，既有社会结构层面的转型，也有国家权力运行模式的转型，还有公民行为和观念的转型，这种全面的转型对法治的要求也是全方位、多层次的。新型城镇化建设的法治保障体系，是依法治国重大战略部署的重要组成部分，体现在法治国家建设、法治政府建设和法治社会建设等多个层面，不能孤立地看待每个层面的法治保障建设，而是需要建立起各个层面的法治保障要求之间的有机联系，要把各个层面的法治保障要求相互结合才能构建起比较完整的有利于促进新型城镇化建设的法治保障体系。需要结合法治国家、法治政府、法治社会层面的基本框架和体制来认识新型城镇化建设的具体部署，从完善法律体系、推进依法行政、保证公正司法、增强全民法治观念、加强法治工作队伍建设、加强和改进党的领导等多个方面建立健全新型城镇化建设的法治保障体系。

最后，既有文献有涉及新型城镇化建设中法治保障的社会基础研究，但是这方面的研究总体来说还比较薄弱。新型城镇化建设是在一定的社会条件下运行的，新型城镇化的法治保障体系也是在一定的社会条件下运行的，对于这个问题的认识不能脱离特定的社会政治经济条件，不能脱离人们特定的思想观念、意义价值世界。同时，新型城镇化建设的开展以及相应的法治保障体系的实施，也必定会对社会方方面面产生很大的影响，并且会对人们的思想意识产生深刻的影响,对生活秩序、意义世界都会有复杂的影响。只有深入细致地研究认识法治保障的社会基础层面诸多影响因素和存在的问题,才能为新型城镇化建设及相应的法治保障体系建设提出更为务实可行的路径选择,才能有助于更好地回应新型城镇化建设过程中出现的许多现实问题。因此,特别需要加强对中国新型城镇化所带来的转型期诸多方面特征的研究,既包括对体制转型及其影响的研究,也包括对社会结构转型及其影响的研究,这样有助于在全面推进依法治国和实施新型城镇化的要求下,将法治保障体系建设当作一项社会系统工程推进,使得新型城镇化建设的法治保障体系与整个社会系统相适应,促进社会各个方面的健康、协调地发展。

三、本书的研究思路、方法与基本观点

基于上述对我国当前新型城镇化进程之法治需求及其保障状况的大致把握和对既有研究的梳理、分析、借鉴、反思,本书将以实践主义的基本立场,通过综合运用理论分析、机制分析、制度分析方法,从人、地、事、权这四个在新型城镇化进程中需求法治的主要方面切入,研究城乡社会转型真实状况,以及新型城镇化建设法治保障的理论、体制机制和制度,从而系统性地构建新型城镇化建设的法治保障体系,并揭示法治对于我国新型城镇化进程的重要作用和发挥该作用的机理,最终提出基于中国实践的新法治理论。

在研究维度上,无论是从我国新型城镇化所面临的具体问题还是从既有研究成果所侧重的研究对象来看,我国新型城镇化的法治保障都脱不开人、地、事、权这四个基本维度。可以说,只有运用法治的方式解决好民生、地权、社会治理和多元权益保障方面存在的各类困难,弥补当前的制度缺陷,构建起保障新型城镇化发展的长效机制,我国的新型城镇化进程才能走得稳妥,才能真正同时实现物质的城镇化和人的城镇化。因此,本书也将从民生法治保障、地权法治保障、社会治理的法治保障、法律服务和权益救济这四个方面的突出问题切入,针对具体问题来全面构建新型城镇化建设中全方位、多层次的法治保障机制,促使新型城镇化沿着科学化、规范化的方向发展。同时,由于构建新型城镇化建设的法治保障体系是属于全面推进依法治国的重要组成部分和有力抓手,是法治国家、法治政府、法治社会一体建设的有机构成,既涉及国家总体法治框架结构问题,也涉及政府权力规范有效行使问题,还涉及培育健康的法治意识、设置多元化的权利救济机制的问题。因此,新型城镇化建设的法治保障体系,是一项全方位、系统性的法治建设工程。对人、地、事、权四个维度的研究,最终都要"统"在一起,形成一个能够回应新型城镇化建设总体需要和全面推进依法治国总体要求的系统性成果。

在研究对象上,想要在上述维度完成研究任务,笔者需要对以下对象展开

细致入微的研究。第一,以城乡社会的转型为研究对象。城镇化推动了城乡社会转型,包括行为观念的更新、利益格局的调整、社会结构的转变等。城乡社会转型构成法治保障体系的社会基础,构建法治保障体系需要对城镇化进程中的社会转型具有深入理解。只有将其研究清楚,才能够厘清新型城镇化及其法治保障的社会基础是怎样的。第二,以新型城镇化建设法治保障的相关理论为研究对象。构建法治保障体系,需要深厚的理论基础作为指引。新型城镇化建设法治保障的相关理论包括政府、市场、社会的角色及关系;法治保障城镇化的基本模式和一般规律;法治保障城镇化与法治中国建设的逻辑关系等。第三,以新型城镇化建设体制机制为研究对象。新型城镇化建设由政府推动,法治保障体系体现为一系列的法律规则和制度设计。推动新型城镇化建设,需要通过法治方式构建高效、灵活的制度体系,化解城镇化进程中的各种难题,保障城镇化建设的快速、平稳和有序。第四,以新型城镇化建设法治保障机制为研究对象。新型城镇化建设是一项系统工程,需要从科学立法、依法行政、公正司法、全民守法四个角度构建完善的法治保障机制,助推新型城镇化建设。

在研究的层次上,由于从获取“饱和”的经验入手,逐层归纳提炼研究对象的特征/特性、因果机制和其中蕴含的理论,是一个真正奉行实践主义之立场的研究所必经的过程。[1] 所以,想要搭建起与我国当前的新型城镇化实践相符的法治保障体系,提出新的法治理论,研究者就必须从经验、特征、因果机制、理论四个层次递进式地展开研究:

一是要获取经验材料,客观认识我国城乡社会结构转型的实践,以及实践过程中面临的难题,揭示新型城镇化建设法治保障所存在的不足。新型城镇化建设推动了城乡社会结构转型,新型城镇化建设的法治保障必须回应城乡结构转型,适应结构转型所引发的治理转型。新型城镇化建设的法治保障也受到来自主观和客观各方面的因素的影响和制约。这些影响因素是新型城镇化建设法治保障必须面对而无法回避的因素。因此,必须获取足够的经验材料,了解法治保障机制所面对的实际社会状况以及需要回应的治理任务,并认识和理解影响法治保障机制的各种影响因素,厘清各种因素之间的关联。以此为基础,研究者才能提炼经验现象所蕴含的特征,并从中观层面建构新型城镇化建设的法治保障机制,解决新型城镇化建设所面临的问题。

二是要提炼特征,把握我国新型城镇化建设进程的主要特点。新型城镇化建设是一项涉及经济、社会、政治、文化等全方位的国家社会发展的制度规划和战略布局,具有时代性、系统性和全局性。新型城镇化建设的法治保障机制是法治中国建设背景下化解新型城镇化建设进程所遇到的突出问题,推动新型城

---

〔1〕 参见陈柏峰:《法律经验研究的微观过程与理论创造》,载《法制与社会发展》2021年第2期。

镇化建设的根本方式。新型城镇化建设的法治保障机制具有回应性、整体性和治理性。建构法治保障机制既要坚持问题导向,又要从新型城镇化建设和法治中国建设的全局出发。建构法治保障机制关键是要深刻理解城镇化进程中城乡社会转型的结构性特征,深刻把握和阐释其中的各种机制。

三是要提炼机制,为新型城镇化建设探寻切实可行的路径,构建更为完善和系统的法治保障系统。新型城镇化建设由政府引导、市场主导和全社会参与。目前城镇化建设所存在的各项突出问题反映出政府、市场和社会三个主体之间的关系还未理顺,存在政府角色过于突出,市场监管不足,社会参与缺位的深层次问题。构建法治保障机制,需要从科学立法、依法行政、公正司法和全民守法四个层面理顺政府、市场和社会之间的关系,规范政府权力运行机制,完善市场监管体系,建立和完善公民参与城镇化建设以及社会治理的渠道和方式,化解新型城镇化建设所存在的突出问题。

四是要提炼新型城镇化建设法治保障的基本理论,提升对法治建设的理论自觉和理论自信,探索符合中国所需的法治理论。当前对法治建设领域诸多问题的认识,总体上还比较缺乏理论自觉,多是以西方法治理论所构建的法治应然状态来认识中国的法治社会建设进程。之所以如此,原因在两个方面,其一缺乏对于中国社会现实问题的深入全面细致的整体性经验认知;其二缺乏基于丰富经验认知基础上的理论总结和提升,制约了看待中国法治问题的理论视野。因此,在推动社会主义现代化这一时代背景下,深入扎实研究新型城镇化建设的法治保障,将法治研究与时代主题相结合,将经验研究与理论提炼相结合,有助于对中国法治建设进行本土性的理论总结,也有助于形成中国法治自主型进路的系统化的理论总结,提升出中国特色的法治理论。

在研究方法上,为配合上述研究维度、对象和层次,本书主要采用访谈观察法、文献研究法、类型分析法、抽样问卷法、比较分析等具体方法和手段,借鉴国内外最新研究成果,通过理论部门和实践部门的紧密结合与高效互动,定性研究与定量研究相结合,理论研究与政策研究相结合,微观研究与宏观研究相结合,展开完善和推进新型城镇化建设法治保障问题的针对性研究。

本书中最为基础的方法是访谈观察法。从根本上说,新型城镇化建设的法治保障首先是实践性的问题,因此访谈观察法在对法治保障的研究中具有毋庸置疑的重要性,它是提炼和把握问题的重要前提条件。本课题组成员深入不同地区的城市和农村地区的个案调查点,从个体、村庄、社区、单位、社会组织、基层政府等多个方面开展调研,通过对调查点内的基层干部、地方精英、普通民众等不同群体进行访谈,收集不同成员的口述史资料,了解城镇化进程中不同主体的观念和行为,以深入把握城镇化建设各个领域的基本情况。还以基本公共服务、土地制度、社会治理、法律服务与权益救济为重点,通过观察收集有关具体制度实践的场景、过程,形成了“事件流”备忘录。

在此基础上,文献研究法、类型分析法、抽样问卷法、比较分析法等方法也能够助力研究者在访谈观察之外更好地了解和分析新型城镇化进程中的法治保障状况,从而建构更为合理的保障体系,提出新的法治理论:通过搜索既有文献资料,检视新型城镇化建设过程的变迁,从资料中寻找社会实证研究的探索性和印证性材料,研究者可以从更广泛的范围内了解新型城镇化建设各个领域的法律制度的运行状况;通过划分类型,研究者能够对各地城镇化建设进行“谱系分析”,形成关于新型城镇化建设实践的系统认识,进而描述、解释、区隔和论证关于现象的内在联系,建构特定知识体系的样式;通过抽样问卷法,研究者可以经由对大范围数据的分析来验证和完善理论模型;通过比较不同国家和国内不同地方城镇化建设法治保障实践的具体状况,和不同时期城镇化建设及相关法治保障举措的实践经验以及它们各自的功能和优缺点,研究者也能更为全面地了解信息,加深对研究对象的认识,发现新问题,提出新主张。

综上,运用上述研究思路和方法对我国新型城镇化进程的法治保障体系进行研究,课题组发现:法治化是促进城镇化水平和质量稳步提升、城镇化格局优化、城市发展模式科学合理、城市生活和谐宜人以及城镇化体制机制的不断完善的重要抓手。[1] 一切城镇化进程中所面临治理问题的有效化解,也都离不开法治的手段。法治社会建设与新型城镇化建设两者之间联系紧密。法治社会建设要为新型城镇化建设保驾护航,需要坚持系统治理,加强党委领导,发挥政府主导作用,鼓励和支持社会各方面参与,实现政府治理和社会自我调节、居民自治良性互动,从而既认识清楚城镇化进程中大量涌现的重点问题和新问题,又有效提升基层治理法治化的水平,着力改进法治手段和方式,增强法治保障机制的灵活性、高效性。

以法治来保障新型城镇化,需要从人、地、事、权这四个基本维度切入。从“人”的维度来看,新型城镇化所面临最为突出的问题是农业转移人口无法与城市户籍人口均等地享受民生保障和公共服务。因此,需要依法维护农业转移人口在住房、教育、医疗、劳动等方面的权益,通过具有合法性的制度优化,实现城乡之间基本公共服务均等化。从“地”的维度来看,新型城镇化所面临的主要是农业转移人口的土地权益得不到充分保障,耕地浪费、建设用地使用粗放低效,城市发展过于依赖土地财政等问题。对此,应当依法合理分配土地增值收益,以法治手段提高宅基地资源利用效率,依法构建自愿有序宅基地退出机制,平衡好宅基地的财产属性和生活保障属性,推进土地财政制度的法治化改

---

〔1〕 参见《国家新型城镇化规划(2014—2020年)》,载中国政府网,http://www.gov.cn/zhengce/2014-03/16/content_2640075.htm。

革。从“事”的维度来看,新型城镇化需要处理好“农业转移人口如何有效融入城乡社区”和“如何有效治理复杂风险社会”等问题。想要解决这些问题,应依法构建起国家、社会、市场、人民群众共同参与的多中心协同治理体系,推动综合执法体制改革、司法改革和应急处突体制改革,尽可能减轻纠纷造成的社会影响,维护人民切身利益。从“权”的维度来看,在新型城镇化的进程中,人民群众的各种权益应当得到有效保护和救济,而这需要通过建立多渠道、法治化的维权机制和培养人民群众法律意识等方式来达成。

综上所述,法治在新型城镇化进程中发挥的保障功能主要有两个:一方面,法治能以其规范性和约束性,为能够推动“人的城镇化”迅速发展的机制和手段增添合法性。另一方面,法治能以执法、司法和其他法治化的社会治理手段为新型城镇化“兜底”,在城镇化引发社会剧烈变动的情况下,保障社会秩序的基本稳定。可见,想要实质性推动“人的城镇化”,必须以经济社会发展合法化和国家社会治理的法治化作为前提。

第一篇　基础理论篇

“政之所兴，在顺民心。”[1]新型城镇化承载着中华民族实现伟大复兴的宏伟使命，是人民大众的生活基石，是立国安家、守业治世的重要载体。法治是保障城镇化发展的关键要素，是新型城镇化的题中之义。新型城镇化的建设，需要在党的领导下，以法治化的方式，统合政府、市场与社会，勠力同心，共同促成。实践离不开理论的指导，想要以法治手段保障新型城镇化的稳步推进，就需要对理论进行探索、发掘、借鉴和吸收。一方面，我们必须对我国的新型城镇化理论有所认识，厘清法治为党、政府、市场、社会与公民供给规则的机制，提炼涉及民生权益、土地权益、基层社会治理、权益救济等方面的中国理论；另一方面，也需要借鉴城镇化先发国家的经验，去糟粕，取精华，最终将其为我所用。

党是新型城镇化的领导者、组织者和协调者，发挥了指引城镇化目标，统合治理资源，弥合分歧、凝聚共识，强化责任压力的作用。政府是新型城镇化的具体执行者和多元共治局面下的主导者、监管者，承担着具体规划、实施、监督新型城镇化进程，引导社会风气，兜底风险等职能。市场是新型城镇化发展所必不可少的一个场域，发挥着优化要素资源配置、促进专业分工、释放社会生产潜能、满足群众多元需求的职能。社会是党领导人民奋斗的舞台，是承载人民美好生活的基石，也是推进新型城镇化的重要载体。党、政府、市场、社会，这些新型城镇化的主要参与主体，都有强烈的法治需求：党的领导作用的充分发挥，需要以法治来保障；构建权责对等的政府管理体系同样需要法治为基础；市场需要法律提供较为稳定的交易环境，保障市场的繁荣与活跃性；维系社会秩序与激发社会主体的活力，同样需要法治保障体系发挥建设性和基础性的作用。这都使得法治化成为了新型城镇化的题中之义。

新型城镇化建设之法治保障的核心内容主要是由民生权益、土地权益、社会治理及权利救济四方面组成的。“人”“地”“事”“权”共同构成了新型城镇化之法治保障建设的展开维度。“人的城镇化”是新型城镇化建设的核心。城镇化进程需要以法治手段来保障人民群众的户籍、住房、劳动、教育、医疗等民生

---

[1] 《管子·牧民》。

大事。土地利益的合理分配是推进新型城镇化的重要动力。土地财政问题、土地增值收益分配问题、宅基地规范与管理问题、农地农民规模经营问题，都需要通过法治手段予以解决。“事”是城镇化主体的活动历程与生活内容，是新型城镇化建设成果的具象展现。需要通过法治化的社会治理创造稳定有序的社会环境，城镇化的主体才能构建他们所意欲寻求的美好生活。权利是人民群众在城镇化进程中必须要维护之事务，更是农民进城的立足之本。构建多元化的权益救济体系，既需要人民养成善于用法的法治意识，也需要国家提供规范和多元化的权益救济渠道。根据城镇化先发国家的法治经验，想要在“人”“地”“事”“权”四个方面对新型城镇化进行法治保障，需要以创制法律的方式使城镇化的各方面都有法可依；通过执法和司法两端，起到解决纠纷、维护秩序的作用，并培养国家、社会、个人共同遵守法律法规的意识。因此，我国有必要从科学立法、公正司法、依法行政、全民守法四个维度借鉴城镇化先发国家的法治经验，完善自身的法治保障机制。

第一章　新型城镇化建设中的党、政府、市场与社会

新型城镇化建设是推动经济发展、实现产业转型升级、解决农村问题、推动社会实现现代化的必由之路,是以人为核心的城镇化建设工程。“人的城镇化”不仅体现在城镇市民的自我发展过程中,更表现于促进农业转移人口融入城市、实现共享发展的过程中。由于城镇化是系统性、全方位的,整个工程的推进需要在党的领导下,通过有效发挥政府、市场与社会的力量,促成各方合力来共同完成。因此,理解党在其中的领导作用并明确政府、市场与社会各自的边界与功能,厘清各者之间的相互关系,便是形成法治保障基础、促成多方合力的重要前提。

在新型城镇化的建设中,党、政府、市场和社会都是不可忽视的主体。党是凝聚各方共识,促成各方合力的重要基础,是领导、组织与协调各方的核心力量。它既是民族价值理念的承载者,又是美好蓝图的计划者;既是多元社会的协调者,又是领衔城镇化建设的组织者。只有在党坚强的政治领导下,我国才能汇聚各方合力,稳步推进城镇化建设。有效政府与健康市场是推进新型城镇化建设的重要法宝。在党的领导下,两者相辅相成、相得益彰。作为推进新型城镇化建设的急先锋,党领导下的政府发挥着核心力量,承担着主要责任。它既需要贯彻执行城镇化的建设任务,也需要尊重市场与社会的发展规律。市场是社会发展建设中的重要力量,是政府在推进新型城镇化建设中的“有力帮手”。社会则是新型城镇化建设的主要载体,也是城镇建设发展的主要目的。新型城镇化的建设不仅需要发挥政府与市场的力量,更需要在党的领导下,激活社会自身的组织活力,以最大限度激活发展潜能。同时,政府行为需要受到社会的监督与制约,市场观念需要受到社会伦理的规范和约束,党领导的成果则需要由社会加以检验和传递。新型城镇化进程中的党、政府、市场与社会至关重要,缺一不可(见图 1-1)。

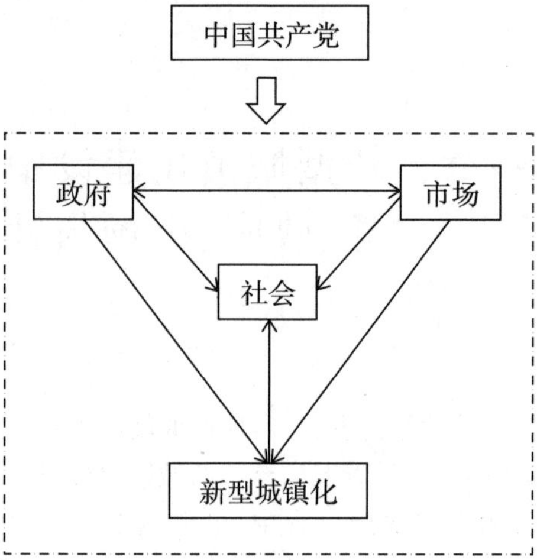

图 1-1 新型城镇化进程中党、政府、市场、社会的关系

第一节 新型城镇化进程中党的政治领导

新型城镇化建设是中国奔向现代化、实现国家富强、民族复兴、人民幸福的必经之路。在新型城镇化的道路上,党带领着全国各族人民践行社会主义理念、实行社会主义制度、建设社会主义国家,以服务人民、不忘初心的价值理念作为自身前进的动力。党的政治领导成为了推进新型城镇化的重要保障。推进新型城镇化的过程中,党扮演着领导者、协调者、核心组织的角色,发挥着统合治理资源、助力市场发展、开展社会建设的重要功能。党的这些身份使命与其承担的角色功能为新型城镇化建设奠定了坚实的基础。

一、党在新型城镇化进程中承担的角色

新型城镇化建设,不仅是整个国家社会全局性、系统性的变迁过程,更是以“人”作为核心与目标导向的建设过程。在这个过程中,国家既需要兼顾城镇化推进过程中引起的系统性风险,也需要将整个城镇化向更加公平合理的方向推进,直面农业转移人口在城镇化过程中所遇到的突出问题。党的领导在其中发挥着重要作用。党既是推进新型城镇化的领导者,又是政府、市场和社会多方主体间的协调者,还是推进城镇化发展的组织者。它统领着新型城镇化的事业,左右着城镇化的发展方向。

首先,党是新型城镇化的领导者。“党政军民学,东西南北中,党是领导一切的。”在推进新型城镇化建设的过程中,党扮演着重要的领导角色。它是稳步推进城镇化建设,把握发展大局的主心骨。从国家整体发展节奏来看,党领导

全局发展,将新型城镇化放在国家全面发展的整体层面加以考量,统筹考量城市发展资源,适时出台制定国家新型城镇化规划,分阶段、分步骤,稳步推进城镇化建设。从发展的方式来看,党总结城镇化发展不同时期的历史特点,针对性地提出了以人为核心的发展战略,为新时期城镇化建设定下了“以人为本”的主基调。从区域发展平衡来看,作为大国政党,党协调不同区域之间的发展利益,平衡东部、中部、西部区域发展,统筹全国范围内大小城市群的发展情况,推动新型城镇化全面、协调、可持续发展。作为领导者的党,统筹全局,为新型城镇化把方向、明意义、定基调、控进度,是新型城镇化建设中重要的政治保障力量。

其次,在推进新型城镇化建设的过程中,党还是整个城镇化发展过程中平衡各方利益的协调者。随着城镇化的发展,社会利益分化加快,群众利益诉求日益多元,传统的利益调节机制逐步减弱,党作为扎根于社会的组织力量,承担着协商各方利益,共谋发展的重任。在新型城镇化的建设过程中,利益分化显得更加突出:既有农业转移人口与城镇市民间的利益冲突,也有农业转移人口内部的利益冲突;既有基于生活面向的权益冲突,如教育、医疗、劳动等,也有基于重大财产利益分配的社会矛盾。党作为扎根社会、串联各方的主要力量,是重要的利益的协商者、代表者。在协商的过程中,党主动设置议程,呈现各方的利益诉求,表达各方的利益主张,共商大事,共谋发展,从而凝聚了社会力量,形成了最大合力。在新型城镇化建设过程中,党扮演着重要的协调角色。

最后,党是新型城镇化的核心组织者。党的政治保障不仅体现在其身为领导者谋大局、顾长远、定方向的宏观把控能力,更体现在推进新型城镇化建设过程中的组织力和执行力。一方面,党政组织通过“中心工作”“领导小组”“专项行动”等灵活的工作方式,来打破僵化的科层壁垒,克服部门间的利益结构,整合分散的行政权能与治理资源,从而有效应对潜在社会问题、补足发展短板、有针对性地推进农业转移人口城镇化。另一方面,基层党组织是党协调、组织和推进各项新型城镇化任务的重要抓手。由于基层党组织积极深入各行各业各个社会单位,扎根于大江南北的城乡社区之中,党因此能时刻保持同社会、群众间的有机联系,并促使新型城镇化的各项方针政策获得社会的积极响应与群众的充分支持。总的来说,在治理结构上,党政组织整合了政治权力和各类有助于推动城镇化的资源,并积极深入到了社会基层中,凝民心、聚民力,组织汇聚了多方力量。这都为我国应对新型城镇化中的社会变迁和挑战提供了坚实保障。

二、党在新型城镇化进程中秉持的价值导向

作为使命—责任型的政党,[1]中国共产党一直以来将为社会谋发展、为人民谋幸福、为国家谋复兴作为自己的价值理念,并将其传递到城镇化建设的各个环节之中,为城镇化定下了想长远、顾大局的政治基调与历史使命。“不谋万世者,不足谋一时。”整个新型城镇化不是一时的城镇化,不是自生自发的发展过程,不是为了城镇化而城镇化。它是在党的领导下,统筹考量、计划推进、分步实施的过程。新型城镇化是14亿人民实现现代化的主要载体,是实现国家富强、民族复兴、人民幸福生活的主要场所,是中国特色社会主义制度的基石。在物质上,它是日常生活的主要空间。在精神上,它承载着多样民族的历史文明。城镇化的建设需要放在整个国家发展的大局中,放在中华民族绵延的历史之中加以考量。党的领导赋予了新型城镇化发展的历史使命与传承接续文化的历史责任。

中国共产党是人民的政党。在党的领导下,“为人民服务”的政治伦理也随之一并贯彻到城镇化建设的过程之中。城镇化的建设不仅是社会各阶层城镇化的建设,不同地域的城镇化建设,社会、市场、政府合力共谋的城镇化建设,更是人民群众的城镇化建设。新型城镇化建设与党的发展交相辉映。在群众生活的重心逐步转向城市的过程中,党也从过去萌生于乡土中国之中的传统政党,逐步发展成为面向城市文明的新政党。政党因社会的整体变迁焕发出新的生机。新时期下的政党建设,同时面向城市中国与乡土中国,致力于城乡融合的发展路线。城乡中国下的新群众同样需要依靠党的坚强领导。

党领导的新型城镇化建设同样需要践行群众路线,为群众谋发展。这表现在新型城镇化建设之中,便是如何做到城镇化建设为人民,城镇化建设依靠人民,城镇化建设的成果由人民共享。在这样的要求下,城镇化建设是面向人民群众基本的生活需求的,是满足人民群众发展的社会需要的,它关心社会弱势群体,给予每一个个体成长的机会和资源,践行公平公正的价值理念。可以说,党领导下的城镇化建设,就是人民大众的城镇化建设,是新时代下体现人民价值,践行“为人民服务”伦理规范的城镇化建设。

三、党在新型城镇化进程中发挥的重要功能

从政治上看,党具有依靠政治职能在新型城镇化过程中统合治理资源,强化责任压力的作用。新型城镇化建设下党领导的政治功能,一方面表现在,党

[1] 参见唐亚林:《使命—责任体制:中国共产党新型政治形态建构论纲》,载《南京社会科学》2017年第7期。

通过整合分散的体制资源和行政权力，克服科层限制，共同推进城镇化建设。以“领导小组”为例，在以“领导小组”为形式的党政统合模式中，领导小组高效地集中并重新分配了体制内既有的治理资源，从而使资源能够有效对应到各个治理事务当中。[1] 该模式也存在于新型城镇化建设的过程中。从2013年国家召开中央城镇化工作会议时起，全国各地县市便纷纷成立新型城镇化工作领导小组，[2]并根据地方发展态势有针对性地统筹资源，推进新型城镇化建设。基层党政体制，在统合型的治理方式之下，通过设置行政目标、实行责任连带、开展行政包干，将治理事项化整为零，层层推进，[3]进而稳步完成了城镇化的建设任务。另一方面表现在，党政制度将“为人民服务”的责任伦理嵌入了科层体系，并表现在城镇化建设的工作当中。在群众话语的要求之下，科层部门在推进城镇化的建设任务时，就不能仅以完成体制任务为目标，还需要维护干部和群众之间的关系。政治伦理的要求强化了行政科层职员身上的责任和压力，使其以更高的政治理论要求自我，并以实际行动回应城镇化建设中群众提出的合理诉求。

从经济上看，党在新型城镇化建设中的功能表现在以下三个方面：首先，在党的领导下，中国践行社会主义市场经济，允许市场发展配置社会资源，以服务于城镇化建设。党领导下的政府部门、各企事业单位通过市场竞争、购买服务、开展ppp项目等多种方式，灵活参与市场，以市场交易的思维和方式完成城镇化建设，助推城镇化发展的任务目标。而党通过深度参与市场，引导市场资本在追逐利益的同时，也能够服务和实现人民的利益与福祉。其次，党基于“为人民服务”的政治使命和政治伦理，能够引导市场行为，规范市场伦理，防止市场私利侵害公众利益。市场本身不是目的，仅是用于发展的手段之一。党领导下的社会主义市场经济以服务人民群众，建设社会主义，最终实现共同富裕为主要目的。这要求作为手段的市场与参与市场的资本决不能凌驾于党、人民和国家之上。因此在党培育市场、发展市场、参与市场的过程之中，市场及其主体的行为便会受到调整和规范，以保障国家主权与人民福祉。最后，党能够弥补市场的缺陷，通过反市场规律的方式，保障社会公正与人民群众的利益。市场以趋利避害，获得最大利润的方式自发运作。有效利用市场经济，可以实现市场与社会的共赢。但社会部分地区，尤其是中西部城乡，市场并不具有盈利的空

[1] 参见赖静萍、刘晖：《制度化与有效性的平衡——领导小组与政府部门协调机制研究》，载《中国行政管理》2011年第8期。

[2] 参见武汉市人民政府办公厅：《市国家新型城镇化综合试点工作领导小组成立》，载《武汉市人民政府公报》2016年第5期。

[3] 参见张丹丹：《统合型治理：基层党政体制的实践逻辑》，载《西北农林科技大学学报（社会科学版）》2020年第5期。

间。这些地区是市场运作的“真空地带”。党往往会通过反市场的方式,通过国家行为向这些“真空地带”输送资源,创造潜在的市场机会,实现城镇化的均衡发展。

从社会治理上看,党在新型城镇化建设中凸显的功能同样表现在三个方面:首先,党能够发挥协调者的身份优势,协调城镇化的多元主体,平衡社会中的多元利益。城镇化的发展,是社会变迁、阶层分化、利益多元、矛盾加剧的过程。变动的社会秩序,分化的社会利益需要新的调节机制加以规范和完善。党领导下的社会,具有着独特的优势,其能够发挥党作为协调者的身份,尝试运用新的制度机制,构建新的协调手段,以缓解社会冲突,解决社会问题,化解城镇化建设过程中潜在的社会风险。其次,党能充分调动社会大众,积极回应社会治理与城镇化建设。作为广泛扎根于基层的社会主义政党,党领导社会的初衷便是为了群众,依靠群众,服务群众。党的基础组织广泛扎根于社会各处,是党同社会时刻保持联系的重要基础。通过党的领导,基层党组织及其所联系的社会群众能够被调动起来,积极参与社会治理,实行基层自治,回应新型城镇化的建设需求。最后,党还能弥合分歧,凝聚共识,促进社会整合。在推进城镇化建设的过程中,党不仅需要化解社会中不同群体之间可能产生的矛盾与社会风险,还要凝聚不同群体之间的共识,形成最大的社会向心力,共同致力于新型城镇化建设的目标。在此过程中,党不仅需要发挥其作为协调者、组织者的身份,以制度的形式完成利益的协商与资源的统合;还要发挥其领导者的地位,宣传、营造契合于城镇化建设的社会气氛与舆论氛围,使群众“心往一处想,力往一处使”,一同推进新型城镇化建设。

第二节 新型城镇化进程中权责对等的政府管理体系

政府是新型城镇化建设中重要的一极,是党和国家实现自身意志的主要抓手。构建权责对等的政府管理体系,对推进新型城镇化有着重要的促进意义。在现代社会,政府承担着多重身份,其分别包括执行者、合作者、服务者与监管者。这些身份赋予了政府监管、供给、服务等方面的职能,使政府能起到维系社会秩序、推动公私合作、引导社会风气的作用。与此相对的,新型城镇化建设中,政府也需要承担多重责任,包括财政支持责任、规划实施监督责任、风险兜底责任等。

一、政府在新型城镇化建设过程中扮演的角色

新型城镇化建设中政府角色定位不同于过去的社会管理者。改革开放前,为集中力量建设国家,政府更多承担着社会管理者的角色。时下,在新型城

镇化的建设与发展中,社会治理更加强调多元与合作。因此,为了更好地进行社会治理,政府扮演起了多元的角色。在课题组看来,它主要肩负着执行者、合作者、服务者以及监管者四重身份。

首先,政府承担着执行者的身份。无论社会治理模式如何变化,政府始终是社会的管理者,承担着管理部分公共事项的任务。实践中,各级政府作为国家的行政机关,需要执行各项治理任务,以回应社会的治理需求。在党政体制的要求下,政府还需贯彻党的方针、政策,执行党的路线,引导社会向党的治理目标靠拢。由于新型城镇化是新时期党和国家实现社会发展、完成社会建设的重要手段。因此,在推动城镇化的过程之中,各级党委政府也就需要在中央政策的统合之下,完成各项分解的指标任务,实现本辖区或本部门职能范围内的建设目标。它们也就成为了新型城镇化建设中的主力军。

其次,政府具有与其他社会主体合作的身份。现代社会,为更好地实现社会治理和社会建设职能,执政者往往会选择多元共治的模式。因此在新型城镇化的建设任务中,政府也仅是诸多治理主体中的一员:新型城镇化的建设事项涉及各个方面,不仅包括道路交通基础设施的建设与维护,也包括基础的教育、医疗、养老等民生资源的投入,还包括基层社会综合事项的治理与秩序的维系,仅靠政府一方难以承担。所以,政府需要与其他社会主体相互合作,将任务分摊于各个治理主体,发挥各主体的优势与特长,实现最优的治理效果。

再次,政府在新型城镇化的过程中具有服务者的身份。在多元共治的治理模式下,政府虽是多元治理中的一方,但与其他治理主体仍有部分差别。一方面,政府作为社会的管理者实质性地享有更多的权力;另一方面,作为党领导下的人民政府,政府嵌入了政治伦理,被赋予了更多政治的政治责任。它要求政府官员、国家干部密切联系群众、引导群众、服务群众,当好人民的公仆。在城镇化建设的过程中,纷繁复杂的社会矛盾是不可避免的,而拥有实际权力并承担主要治理责任的政府便需要担任化解矛盾、排解困难的“急先锋”,承担起服务群众和引导各方力量参与城镇化建设的重任,从而促进农业转移人口实现“人的城镇化”。

最后,政府在新型城镇化的过程中还充当着监管者的角色。多元共治的治理模式之下,政府需要对其他主体展开监督。由于企业、社会组织等治理主体都客观存在自身的利益偏好和价值取向。在推进城镇化的建设目标时,如果缺乏监管,他们基于自身利益的行动就可能会损害公共利益,致使城镇化建设偏离预期的目标。因此,作为城镇化建设的主力军,党政领导下的各级政府就需要承担起监管者的角色,约束各方主体行为,使其在合理限度内实现各方的目的。

二、政府在新型城镇化建设过程中发挥的职能

政府在新型城镇化中扮演的多重角色,决定了在多元共治的社会治理模式中政府所需履行和承担的各项社会职能。身为监管者和执行者的政府,承担着维系社会秩序,监督管理社会组织、企业与个人的职能。从合作者的视角出发的政府,承担着推动公私合作,向社会提供优质公共品的具体任务。而从服务者的视角出发,政府更需要转变治理方式,尊重一般社会主体,引导社会风气,服务社会建设。

(一)维系社会秩序,履行监管职能

在现代社会中,政府所应履行的监督管理职能是城乡基层治理中所不可缺少的一部分。尤其是在推进新型城镇化建设,实现城乡转型的过程中,社会更加依赖和需要政府所供给的公共秩序。一方面,日常生活中,政府只有向社会持续供给基本的秩序,才能保障城乡主体的社会活动,实现城乡社会的整体运转。另一方面,高速推进城镇化致使社会流动性加剧,社会内生秩序呈现出削弱、待恢复的状态,亟需政府从外部提供新的秩序资源。因此,对城乡社会的管理与监督,对基本秩序的维系仍然是政府最核心的职能。

在政府行使监督管理职能的过程中,企业、社会组织与一般公民是主要的被管理对象。管理关系的存在,天然地赋予了政府较强的行政权力,使其有能力约束社会主体的行为。随着现代社会的发展和政府行为研究的日益精进,政府权力的公私边界愈发受到人们的关注。[1] 政府的管理行为也只有在满足公共利益,符合法律要求,为群众所支持的情况下,才具有行使的正当性。因此,权力行使的过程中,需要避免执法者的个人利益俘获公共权力,也需要避免被管理者的权利诉求过度膨胀,损害政府所欲达致的公共利益。这样,推进新型城镇化建设的过程中,社会需要的不是被约束了权力的“小政府”,而是能合理有效发挥行政权力作用,维护公共利益,保障弱势群体、守住社会底线的“有为政府”。

(二)推动公私合作,调控供给服务

现代社会对政府的要求日益多元化,政府除提供必要的管理职能外,还要发挥服务者的功能,承担向社会供给公共服务的职能。一般而言,政府所提供的公共服务事项包括公共教育服务、公共医疗卫生服务、公共就业服务、公共社会保障服务等。而这些基本的民生保障,正是农业转移人口所需求的社会公共服务。在供给公共服务的过程中,政府一方面要依靠自身的资源和能力供给公

---

[1] 参见宋华琳:《中国行政法学总论的体系化及其改革》,载《四川大学学报(哲学社会科学版)》2019年第5期。

共品,如生产生活事项的监督管理、公共基础设施的修建和维护、为边缘群体提供的社会保障等。另一方面,由于推进城镇化建设的过程中,仅靠政府所供给的公共服务不足以满足建设过程的需求。且政府过于追求“全能”,不仅会因治理事项繁多糅杂而被牵扯过多的精力,损耗过多的治理资源,还会因服务效率低、服务能力落后而招致社会的诟病。因此,政府也需要与其他社会主体进行合作,向社会供给部分公共服务。除政府以外,企业、社会组织、公民等其他社会主体都是提供公共服务和推进城镇化建设的潜在力量。通过将部分治理事项移交于其他合作主体,政府的治理潜能便能得到充分释放。

在推动公私合作的过程中,政府需要更加专注于合作的方式,明确身为合作者与监督者的角色定位。其一,政府需要对服务的质量、过程、结果予以适当的监管,以回应作为管理者的需要。其二,政府也需要注意与合作对象的互动方式,更加注意调控过程,通过非命令、非管制的方式,以更加柔和、弹性和便捷的过程达到调控目的;通过公私合作,专注发挥调控职能,最大限度地激活公共资源的潜力。

(三)引导社会风气,履行服务职能

从总体控制到社会管理,再到社会治理,服务者身份的转变是现代民主政府的主要特色。在向社会供给服务的过程中,政府不仅需要通过推动公私合作的方式向社会供给优质的公共品资源,更需要转变治理理念、思维和方式,划分事务的属性与类别,从而针对不同的治理事项,重新界定政府与社会大众间的一般关系。在推进新型城镇化的过程中,面对不适应城市生活的农业转移人口,政府更应倡导服务群众的工作理念,履行自身的服务职能。

在履行服务职能的过程中,政府需要厘清自身权力的边界和效度,最大限度发挥政府行为的社会价值。同时,也需要积极引导社会风气,营造一个清朗气正的社会氛围。现代社会中,随着公民个人权利意识的觉醒,一股假借权利之名过度放纵私欲,轻视个人责任的不正之风也甚嚣尘上。私权话语与群众话语的滥觞,造成了政府“有责无权”“寸步难行”。[1] 无理上访便是如此。[2] 这些与新城镇化伴生的社会现象与风气耗费了大量的社会治理资源,也影响了新型城镇化进一步的推进。因此,积极引导社会风气,压倒过度索取、强调私欲的歪风邪气,也就成为正确处理政府与公民关系,保障公民利益,服务社会大众的重要前提。

---

〔1〕 参见陈柏峰:《基层重建:权责失衡的十年》,载《文化纵横》2018 年第 6 期。

〔2〕 参见陈柏峰:《无理上访与基层法治》,载《中外法学》2011 年第 2 期。

三、政府在新型城镇化建设过程中承担的责任

(一)财政支持责任

在政府承担的诸多管理责任中,其首先应承担的是财政支持责任。充分的财政支持是建设城镇基础设施,促进社会公平和效率,推进农业转移人口城镇化的重要保障。在城镇化发展的历程中,新中国先后经历了工业城镇化、土地城镇化,以及当下以人为核心的城镇化(新型城镇化)这三个发展阶段。[1] 工业城镇化中工业产业链的成熟为中国带来了丰饶的物质资料,支撑起了群众的生产生活。土地城镇化阶段,城市空间的快速扩张为农业人口的转移奠定了坚实基础。而当下,以人为核心的“人的城镇化”,则是在于公共产品消费的占比提升,侧重对社会财富的再分配,通过缩小贫富差距实现社会效率和公平的双向促进。[2] 在这一阶段,政府的财政支持责任便显得尤为重要。

新型城镇化的过程,是国家用财政工具改善基础民生,助推农业人口转移的过程。城镇化所涉及的公共医疗、公共教育、劳动培训、养老保障等方面的资源,都需要政府财政加以支持。缩小社会贫富差距,提升社会基础设施,改善公共品的消费占比等关键任务,也只有政府才有能力和义务完成:城市基础设施的建设、公共品的投入都是一个投资量大、耗费周期长、收益缓慢的过程,市场主体和公民个人难以负担。只有政府以及它主导下的投融资平台,才能够做出信用担保并承担漫长的建设和成本回收周期。[3] 同样,也只有由政府主导公共设施的基础投资,才能通过投融资杠杆撬动潜在的社会资本。更何况,作为社会主义政党领导下的人民政府,本身就有责任践行保障民生、缩小贫富差距促进共同富裕的要求。因此,政府也就必须在新型城镇化过程中负担起财政支持的责任,做到通过财政工具支持公共品建设,在能力范围内改善和缩小贫富差距。以此为基础,城镇化才能够稳步推进。

(二)规划、实施、监督责任

在推进城镇化建设的过程中,政府还应当承担规划、实施与监督的责任。规划、实施与监督是中国建设城镇化的主要方式,是政府主导城镇化的一般过程。从“一五”计划开始,一直到2021年出台的“十四五”规划,在不同的发展阶段中,政府都会围绕各发展阶段的特点,针对性地采取不同的建设方案。[4] 毫

---

[1] 参见周飞舟等:《从工业城镇化、土地城镇化到人口城镇化:中国特色城镇化道路的社会学考察》,载《社会发展研究》2018年第1期。

[2] 参见赵燕菁、刘昭吟:《从公共服务看“以人为核心”》,载《小城镇建设》2015年第3期。

[3] 参见黄奇帆:《推进新型城镇化的思考与实践》,载《行政管理改革》2014年第8期。

[4] 参见吴莹:《新中国成立七十年来的城镇化与城乡关系:历程、变迁与反思》,载《社会学评论》2019年第6期;《中华人民共和国国民经济和社会发展第十四个五年规划和2035年远景目标纲要》,载《人民日报》2021年3月13日,第1版。

无疑问,在城镇化的建设过程中,政府一直肩负着主要的建设任务。各阶段城镇化规划的实施、监督和评估事项,也主要是由政府来承担的。

《国家新型城镇化规划(2014—2020年)》是新型城镇化的总指南,它从转移人口民生保障、城市布局、城市产业发展、城乡融合发展等方面设定了新型城镇化的建设目标,并明确了衡量不同方面发展水平的各项具体指标,如城镇化率、基本公共服务覆盖率、基础设施建设比率、资源环境人均占比等。在该规划实施过程中,各部委及各级政府会依据规划的具体内容,将任务层层分解,在各自的时间表中细化关于实施、监督和评估的各项责任。以负责统筹和督导的国家发改委为例,根据每年新型城镇化的工作进展状况,发改委在2017年、2018年、2019年先后出台了"关于实施201×年推进新型城镇化建设重点任务的通知"文件,将本年度的任务指标分别交由其他部委单位加以落实。各级部委再将所涉及的事项下划到各地承接的部门,从而使各项指标任务得以逐步推进落实。

(三)风险兜底责任

党政领导下的政府还应承担风险兜底的管理责任。城镇化是一个伴随着巨大风险的社会变动过程。在这个过程之中,政府是承担风险的第一责任人。例如,在社会发生结构性的变迁和利益变动的情况下,部分主体的权益难免受损。他们极易成为社会之中的边缘群体和社会中潜在的不安定的因素。而政府作为推进城镇化建设的第一责任人,在一定程度上需要为这些利益秩序变动下的弱势群体买单,承担起民生兜底、社会救济、化解风险的底线任务。

另外,城镇化建设过程中,政府也有可能出现内部风险,这既包括政府以及承担建设任务的其他社会组织、企事业单位内部的贪污腐败风险,也包括推进城镇化过程中因治理工具、治理手段不合适而引发的整体性风险。例如,以土地作为融资抵押手段募集资金进行城镇化建设的行为,便有可能引发系统性的金融风险。无论是政府下属的执行单位、推进建设的合作方,还是政府自身引发的风险,最终都会转嫁到作为治理主体的政府身上。因此,政府承担着新型城镇化建设中风险兜底的责任。

第三节　新型城镇化进程中的市场经济

市场经济对新型城镇化的推进过程有着重要的影响。成熟市场的活跃与专门化特性,为推进新型城镇化提供了更为高效与多元的服务,能够补充、优化政府治理的各个环节。但同样,由于不稳定与趋利的特性,市场无法完全契合于民生建设和社会保障,不能作为单独的方式参与新型城镇化建设。因此,有效利用市场的功能与特性,理性界定市场的边界,规避市场的缺陷,促进市场与政府、社会的深度结合,是推进社会主义市场经济健康发展的重要前提。合理充分地激发出市场的作用,新型城镇化才能推进下去。

一、市场在新型城镇化进程中所表现出的特性

从本质上讲,市场是买卖双方相互作用并得以解决其交易价格和交易数量的一种组织形式和制度安排。[1] 活跃性、专业性、不稳定性以及趋利性是市场在新型城镇化进程中所表现出的主要属性和特点。

首先,市场具有活跃性。市场的活跃性可以从开放多元、社会创新与制约限制三个方面加以理解,其分别对应为活跃的内容、活跃的结果与活跃的边界。开放是指市场准入资格的开放,表现为市场参与的机会平等。理想状态下任何主体都可以自由加入或者离开市场,并且在市场交易的过程中,交易的主体都享有法律赋予的平等的资格权益,承担对等的社会义务。多元是指市场交易内容的多元,表现为市场交易内容、交易过程、交易方式的多样。开放多元的活跃特性使得市场具有充分的潜能创造不同的供需空间,满足不同主体的社会需求,提高资源的利用效用。它也使得市场主体都有机会在市场中创造自己的价值,实现自己的社会意义。社会创新表现为市场活跃的结果。活跃的市场交易行为,培育了社会创新的空间与动力,在无数次试错行为下,遴选出“试对”的供给产品。在充分的市场交易过程中,无数潜在的社会需求得以满足。通过市场交易行为,市场对发掘、满足需求的行为主体予以回报和嘉奖,创新性行为得以巩固和发展。

需要注意,由于存在因趋利而导致公共利益受损的风险,市场的活跃往往会受到限制。市场仅为一种交易方式,是社会生活组织和安排的结果,需要服务于国家、社会与民族的利益。当市场主体的行为危害到国家安全、社会公共利益和社会伦理时,国家和社会都会在不同程度上对其予以限制:主动加以管制,或是拒绝参与该市场交易。在主权、公益乃至文化要素的限制下,并非所有的市场都能且应该达到理想的市场状态。而且随着市场的发展,凌驾于市场规则之上的垄断群体也会逐渐出现,造成市场交易模式的异化。因此,国家也需要借由其他力量对市场加以控制,以在维护市场的活跃特性的同时保证市场的稳定。

其次,专业性是市场更为重要的特质。专业分工与市场交换相辅相成、共同促进。通过专业分工,生活所需求的各类物资在最大限度得到生产。随着分工的细化和精进,生产方式也持续得到改进。据此,市场便能够生产出具有更高价值的产品,有效满足社会的潜在需求,市场交换变得更加旺盛。可以说,专业分工与活跃的交易行为造就了市场的繁荣,丰富了社会的物质生活,使得市

---

[1] 参见高志文、方玲主编:《微观经济学》,北京理工大学出版社 2018 年版,第 124 页。

场成为社会发展过程中不可或缺的一环。这种专业性，正是推进新型城镇化中最为需要的品质。实践中，借由这种市场的专业性，政府便能够通过市场购买服务的方式，来获得城镇化建设所需求的更优质物质资料或公共服务。这样，专业化的服务极大改善并促进了政府的公共服务水平，也就优化了城镇化的建设质量。并且，随着现代社会发展与技术进步，社会连接度日益提高，无数区域市场被逐步整合，社会整体市场的规模与体量越发膨胀。在市场规模与体量提升的背景下，精细化的需求有机会得到展现，并催生出了无数细分市场，形成了更加专业和精细化的社会职业。如细分市场 App 开发、个性化的网络商品订购、细微领域的咨询服务等。这些精细化的市场主体，会作用于城镇化建设各个细微的环节，共同起到推进新型城镇化进程的作用。

再次，市场也具有不稳定的特性。市场高度开放、多元、自由、活跃的交易过程，使得任何交易行为、交易过程、交易内容、交易对象、交易方式、交易预期都存在显著的不确定性。即使市场主体可以通过设定部分交易措施来稳定部分交易对象、规模与时间，但单次少量的市场交易行为仍无法影响市场整体供需的变化趋势。不稳定性始终是市场交易的显著特征。在这样的情况下，市场主体无法承担城镇化建设的主要责任，兜底任务一般由政府承担。

最后，趋利性是市场另一核心特性。市场交易结构性地存在，造就了市场追逐利润的唯一目的。原本，满足交易双方的供需价值是市场最主要的目的。但由于中介货币的存在，市场交易主体在时空安排上被货币从供需两端分离，而货币嵌入了整个庞大的市场结构之中，成为了分配占有财富的权利凭证。在市场之中，拥有越多的货币，需求便可以得到越多的满足。因此，货币成为市场主体竞相追逐的对象。可以说，逐利性是随市场伴生的特性。参与市场的主体都是以追逐利润、获取货币为唯一目的。逐利特性的存在，既催生了市场主体积极的竞争行为，使创新得以可能，同时，它也深刻强化了市场主体的逐利意识，使得部分市场主体私欲无限放大，为追逐利益而不择手段。因此，合理约束和利用市场逐利的特性，是发挥市场功能，使其服务于城镇化建设的关键所在。

二、市场在新型城镇化进程中的功能

首先，在推进新型城镇化建设的过程中，市场发挥着优化要素资源配置的功能，它通过符合商品交换的价值规律实现了资源的优化配置。[1] 从长期来看，通过残酷的市场筛选机制，劣质的市场资源配置模式会因失去竞争力而遭到淘汰，相对优质模式则会得以保存。而在这一过程中，市场所生出的产品变

---

〔1〕 参见邱海平：《使市场在资源配置中起决定性作用和更好发挥政府作用——中国特色社会主义经济学的新发展》，载《理论学刊》2015 年第 9 期。

得更为优质,资源的配置也更为合理。随着新型城镇化建设的逐步推进,国家对于市场的价值及配置资源的功能也越发重视。在党的十八届三中全会上,中国首次将“发挥市场基础性的作用”改为了“决定性的作用”,并提出了“使市场在资源配置中起决定性作用和更好发挥政府作用”的关键表述。[1] 会议要求既要利用好市场配置资源的特殊优势,同时也要发挥政府的职能作用。随后,在多个国际会议、外交场合、改革会议与工作会议中,习近平总书记多次谈及活跃的市场对于培育创新、优化配置资源的重要意义。[2] 2020 年 5 月 11 日,国务院出台了《关于新时代加快完善社会主义市场经济体制的意见》。[3] 该意见着力于进一步完善既有的社会主义市场经济体制,理顺政府与市场的关系,改善城乡要素资源流动与配置的状况,激活市场的潜能。同时,该意见从城乡用地市场、土地权益配置、户籍制度改革、民生保障建设多方面阐述了具体的改革方向,为进一步完善新型城镇化,促进城乡融合指明了方向。

其次,市场发挥着促进专业分工,释放社会生产潜能的功能。社会中的专业分工是市场形成的前提。分工最早在亚当·斯密的《国富论》中便被系统地予以论述。亚当·斯密提道,分工对于社会劳动力的提升,劳动技术的精进都有着巨大的影响。分工与交换联系密切,市场交换促成了分工的倾向,分工也成为了市场交换的前提。据此可以说,市场的大小(交换度)决定了个人专精(分工度)的程度。市场规模过小,个体就无法专精于某项事业,因为所提供的产品或服务无法交换而获得价值。[4] 反之,市场越大,个人便能更加专精于某项技术,也能在更大程度上释放社会生产的潜能。

得益于专业分工释放的生产潜能,中国城镇化的硬件设施发展迅速,公共道路、城市建筑、电网水网、通讯设施在数十年内大规模增加。例如,人均拥有道路面积从 1990 年的 3.1 平方米增加至 2019 年的 17.4 平方米,排水管从 5.8 万公里增加至 74.4 万公里。[5] 而城镇化的进一步发展,也促使城市居住人口比重提高,社会联系增密,创造出了规模更加庞大的社会市场。更大的市场规模之下,市场需求也得到了进一步的释放。市场专业化程度不断提高,社会职业种类日益增多。庞大的社会市场在释放社会生产力的同时,也创造了大量劳

[1] 参见《中共中央关于全面深化改革若干重大问题的决定》,载《人民日报》2013 年 11 月 16 日,第 1 版。

[2] 参见中共中央文献研究室编:《习近平关于社会主义经济建设论述摘编》,中央文献出版社 2017 年版。

[3] 参见《中共中央国务院关于新时代加快完善社会主义市场经济体制的意见》,载《人民日报》2020 年 5 月 19 日,第 6 版。

[4] 参见[英]亚当·斯密:《国富论》,郭大力、王亚南译,商务印书馆 2015 年版,第 3-18 页。

[5] 参见国家统计局编:《中国统计年鉴 2020》,中国统计出版社 2020 年版,25-3 城市公用事业基本情况。

动岗位,成为农业转移人口扎根城市的重要支撑。

最后,新型城镇化建设中所培育的市场,也具有激发创新,满足群众多元需求的功能。城镇化后所形成的市场参与者众多,市场内容多元,交易和组合方式多样。在自由市场丰富的专业主体和交易活动中,诞生了种类繁多的产品和服务。满足市场偏好的产品和服务将被市场选择并予以回报,创新在其中诞生。随着新型城镇化的推进与发展,规模更为庞大的市场也随之产生。市场经济下,更加精细的需求和创造也会在市场之中获得回报,产品和服务的层次更加精细和多元。新型城镇化下的市场创造出了越来越多细分市场,使得不同主体生产生活中多方面的需求得以满足,农业转移人口的生活也因此变得更加美好。

三、市场在新型城镇化进程中的局限

第一,市场欠缺自我调节能力。如同波兰尼所言:"自我调节的市场的观念乃是彻头彻尾的乌托邦。除非消灭社会中人的和自然的实存。否则这样一种制度将无法长期存续。"[1] 虽然在法律上,每个市场主体被赋予了同等的权益,但是实际中,市场主体的情况并不均质。每个主体的能力、机遇、先天资源禀赋都不相同,其在市场之中的发展演变路径同样存在差异。而处于优势地位的市场主体,基于对不稳定市场的担忧,会利用既有资源无限扩展自己的优势地位,最终形成事实上的垄断,改变市场的规则。同时,在这个过程之中,因为路径依赖严重,追求盲目地扩展,扩大生产规模,生产及用于生产的资源被大量浪费,形成了远超市场实际需求、大量无效供给的产品。也正因于此,在市场中主体会主动开拓市场,资本主义下的市场经济自发向全球蔓延。

可见,仅仅作为一种交易组织形态的自由市场并没有能力自我调节和自我约束,市场内部存在自我瓦解的运行逻辑和破坏社会的倾向。盲目扩张的市场,不仅会造成生态资源的严重破坏,也会引发社会的保护与反抗。故而,如同波兰尼所言,缺乏自我调节能力的市场需要重新嵌入社会之中,由社会规范所约束。在中国推进城镇化的过程中,市场发挥了重要作用。但同样,市场内生的弊端也在其中暴露无遗,保护性反向运动随之兴起。[2] 经验表明,只有保持社会主义市场经济良性健康的发展,才能有效保障新型城镇化建设。我国城镇化的推进,需要通过政府和社会的互补性措施,调节规范市场,补充市场所欠缺的自我调节能力,着力化解因过度重视市场而引发的社会矛盾,从而达到市场

---

〔1〕［英］卡尔·波兰尼:《大转型:我们时代的政治与经济起源》,冯钢、刘阳译,当代世界出版社2020年版,第3页。

〔2〕参见王绍光:《大转型:1980年代以来中国的双向运动》,载《中国社会科学》2008年第1期。

与社会的均衡。

第二,市场自发的逐利机制也会排斥均等的公共服务,有违新型城镇化建设的初衷。在市场运行过程中,市场主体都是因获得利润而加入市场的。由于通过付费的方式获取相应的产品或服务,是市场运行的基本逻辑。因此,市场会自然地向利益密度大的地区聚集,自发地远离利益稀薄的“市场郊区”。同时,在利益密度大的区域内,市场主体也更加倾向于同付费能力更强的对象合作和交易,而排斥市场能力、资源、禀赋较差的主体。长此以往,市场便会在区域之中及区域内部形成不均质的交易过程。依靠市场而获得的公共服务也因此而无法均等,最终形成“优者更优、劣者更劣”的社会现状。

但是,新型城镇化是以人为核心的城镇化。这里的“人”并非社会中的少数群体,而是所有的社会公民。对所有人的重视,使得新型城镇化更加强调普惠均等的公共服务,包括教育、医疗、环境、劳动、养老等各个方面。由是,在推进新型城镇化建设的过程中,尤其是提供公共服务方面,市场仅能作为辅助性的手段方式,而不能作为主要的提供方式。因此,政府需要利用市场、培育市场来提供社会服务,但不能依赖于市场。国家可以通过转移支付的方式引导资源向利益稀薄地区倾斜,培育新市场,但不能将其作为推动城镇化的主要手段。

第三,在道德伦理方面,市场的膨胀会扭曲个人行为观念和价值取向。不可否认,在市场繁荣发展的数十年中,企业家敢于尝试、大胆冒险、挑战自我的精神在社会发展中有着重要的价值与意义。但是,对社会大众而言,市场也将私人权利和个人欲望带到了高峰。随着市场在社会中的扩展、蔓延,追求自我财富增值、精于计算的市场理性人群体越发庞大。受其影响,个体离散的状况愈演愈烈,共同体社会难以凝聚共识。追求自身的财产和价值无可厚非,但是在市场权利观念蔓延过程中,也需要塑造社会共同体的价值观念。社会主义市场经济,既是市场,也是社会。公益价值、民族情感、国家情怀,这些超越个体的价值观念才是维系和保存社会共同体的基础。因此,作为观念的市场价值与市场精神应该受到社会规范和社会伦理的约束。市场观念需要重新嵌入社会内部,以社会的伦理改造市场精神,促进社会主义市场经济健康发展,推动新型城镇化走向对的方向。

第四节　新型城镇化进程中的社会与社会主体

社会既是党领导人民奋斗的舞台,也是承载国家进步的基础,既是承载人民美好生活的基石,也是推进新型城镇化的重要载体。新型城镇化的建设与社会的发展相辅相成、相互促进。城镇化的建设需要在社会之中进行,社会也需要凭借新型城镇化的推进得以重新调适、组织和发展。稳定的社会环境有利于新型城镇化的逐步落实,农业人口的有序转移也有利于社会发展的渐进稳固。在实现“以人为核心”的城镇化的背景之下,社会主体成为了区别于市场与政府之外的又一力量,在推进城镇化的过程中发挥着重要作用。

一、新型城镇化进程中的社会及其特征

新型城镇化影响下的社会是一个不断建设的社会。一般来说,中国的社会建设可被归类为五大板块,分别为社会事业建设、社会组织建设、社区建设、社会管理建设和利益调节机制的建设。他们具体界定了社会建设的主要内容,指明了新型城镇化的主要推进方向。而这五大板块的建设,对于稳定社会秩序、推进农业转移人口融入城市社会有着重要意义。

新型城镇化影响下的社会是一个不断变迁的社会。在这一过程中,社会关系发生变化,社会秩序消解、适调、恢复,社会分层不断加剧。个人社会关系的变化有两个特点。首先,“人是社会关系的总和”,社会关系是人生活中的重要组成部分。城镇化是个体改变生活方式,重新搭建自身社会关系的过程。在其中,人不仅在地理空间上发生了转移,也在社会空间上发生了转移,人的社会关系也因此流动、重组和联系。道格·桑德斯笔下不同国家的个体经历便印证了这一点——他们由于社会联系的断裂而无法返回乡村。[1] 不过,既有的社会关系也并非都会消解。个体在流动过程之中,也会将新旧的社会关系结合起来构建新的社会网络,抑或者说再造一个新的社会空间,例如项飚所记述的流动人口聚集区的故事。[2] 其次,城市不同于乡村,高密度、异质性的特点决定了城市社会关系的总量比乡村更加庞杂。城市地域所能容纳的社会关系的密度远超个体交往的极限,个体只能进行有选择的社会交往。这种交往行为造就了城市陌生化的特征,工作种类、生活空间、劳动时间、组织关系就已经潜在设定了个人社会关系的范围。个体选择自己的工作、生活、劳动空间和组织体系的范围,也同时选择、重塑了自身的社会关系。

新型城镇化之下的社会变迁过程也是社会秩序消解、紊乱、调适和恢复的过程。社会秩序有着这样的特征:“生活在秩序状态下的人们可以对自己的行为作出一定的预期判断,重复的同一行为不会在短时间内遭受到不同的后果。”[3]在可预期和社会环境下,个体会通过频繁且稳定的交往模式形成稳定

---

[1] 比如,[加]珍·布维尔、[英]道格·桑德斯:《落脚城市:最后的人类大迁徙与我们的未来》,陈信宏译,上海译文出版社2014年版,第五章第一波人口大迁徙:西方今日面貌的形成。

[2] 参见项飚:《传统与新社会空间的生成——一个中国流动人口聚居区的历史》,载《战略与管理》1996年第6期。

[3] 王启梁:《基层农村的规范体系与社会秩序的实现——基于法律人类学的视角》,载《广西民族学院学报(哲学社会科学版)》2006年第1期。

的社会关系，进而完成稳定社会秩序的再生产。而快速城镇化所带来的人的转移和社会关系的变化则从根本上影响了既有的社会秩序。人口转出地会因为个体流失而失去了互动机会，稳定的习惯规则无法维系，行为预期不再可靠。人口转入地则因为新成员的加入，需要调整和适应新的互动关系而同样处于频繁“试错”的状态。这在现实中有着深刻的反映。既有研究表明，人口流动性每提高1%会导致犯罪率上升3.6%。[1] 犯罪率的变化表明了社会秩序因人口流动处在重新调适和恢复的阶段。城市化与社会秩序之间的关系也可通过量化数据展现出来。蒋立山的研究表明，两者之间函数呈现为“先正相关、后负相关”的S形曲线（见图1-2）。不仅是城市秩序陷入紊乱，乡村社会同样如此。部分乡村地区会因为人口流出、财政紧缩、国家权力退出等因素而陷入了治理困境。人口流动成为社会结构失衡的基础性因素，社会治理出现真空。

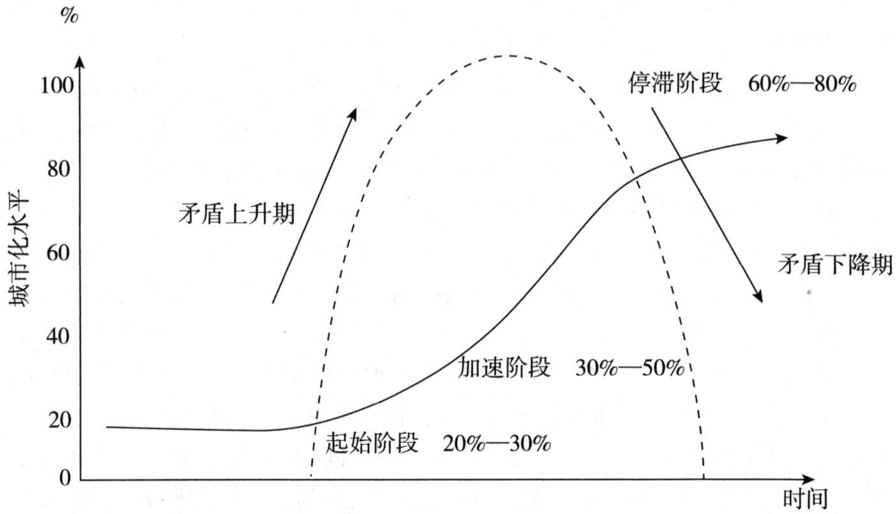

图1-2 城市化发展的S曲线与转型秩序的冲突曲线叠加示意

［资料来源：蒋立山：《中国的城市化与法律问题：从制度到秩序（精减稿）》，载《法学杂志》2011年第S1期］

推进新型城市化建设的过程中，社会分化也日益明显。随着城乡交流日益密切，农业转移人口持续增长，社会联系变得日益密切，市场规模越发庞大。越来越多的社会群体被逐渐整合至不同层级的市场之中，在市场中迁徙、流动、经营和生活。不同的社会主体的能力、社会关系、物质财富、生活际遇不同，便会

[1] 参见陈刚、李树、陈屹立：《人口流动对犯罪率的影响研究》，载《中国人口科学》2009年第4期。当然，这并不能证明犯罪是流动人口所造成的，也不应对流动人口形成刻板的偏见。但是，犯罪率的变化至少表明社会秩序因人口流动处在重新调适和恢复的阶段。

组合成不同的职业、社会、趣缘群体、地域、利益、组织群体，并形成了不同的身份意义和阶层认同，社会群体多元分化趋势愈发显著。例如，以职业群体为例。在农村，农民因职业工作的不同，分为了干部、企业主、农村个体户、打工者、兼职务农者、纯务农者和无业者。[1] 而在城市之中，近十年来，新的就业形式发展迅速，形成了一大批以直播、代购、短视频制作、“慕课”等为主的自由职业者。这些职业者与过去的工人、干部、中小民营企业主、职业技术人员、企事业单位职员共同构成了当下的社会职业生态。[2] 在高度链接的城乡社会之中，社会利益高度汇聚，利益结构越发复杂，多元群体间的冲突便不可避免。而在此过程中，传统社会结构中的利益调节机制因社会结构的变化而逐渐失灵。社会流动、市场化改革、社会分化与利益调节机制的缺失，使得社会秩序面临挑战。因此，在推进新型城镇化的过程中，构建、推进和完善多元主体间的利益协商机制，便成为化解社会冲突，维系社会秩序的重要保障。

新型城镇化的建设，不仅在于一城一地的改造，更在于培育和整合城市社会，形成新的城市生活共同体。一方面，城镇化的建设客观上带来了社会的分化，新阶层新职业不断涌现，社会结构和利益群体更加多元。如何整合多元群体之间的利益，凝聚共识成为当下社会的挑战。另一方面，群体多元与社会分化打破了原先固化的社会利益结构，为逐步实现民主政治转型奠定基础。[3] 党和国家如何领导社会，优化和改善民主协商机制，充分表达各社会群体利益，尊重市场的利益需求，整合平衡各群体间的利益诉求，将成为未来推进新型城镇化发展的重要内容。

二、新型城镇化进程中的典型社会主体及其功能

民营经济体与社会组织是在新型城镇化进程中最为重要的两种社会主体。民营经济体是社会经济的重要组成部分，在社会建设中发挥着重要力量。在2019 年的两会报告中有着“56789”之说，即民营经济贡献了中国经济 50%以上的税收，60%以上的 GDP，70%以上的技术创新成果，80%以上的城镇劳动就业，企业数量占 90%以上。[4] 在残酷的市场竞争和筛选过程中，民营经济体能够提供较为专业和优质的产品和服务，并且有着充足的动力改进自身的产品质

---

[1] 参见王春光、赵玉峰、王玉琪：《当代中国农民社会分层的新动向》，载《社会学研究》2018 年第 1 期。

[2] 参见李培林、崔岩：《我国 2008—2019 年间社会阶层结构的变化及其经济社会影响》，载《江苏社会科学》2020 年第 4 期。

[3] 参见房宁、丰俊功：《城市化率与亚洲政治转型》，载《文化纵横》2018 年第 5 期。

[4] 参见《“56789”，民营经济有“分量”》，载新华网，http://www.xinhuanet.com/comments/2019-03/09/c_1124214167.htm。

量和服务水平。在与政府的合作中,民营经济体在基础设施、民生建设、公共服务、社会治理各个方面均能发挥出重要的力量。从成本分担的角度来讲,在推进新型城镇化建设的过程中,民营经济体承担了农业转移人口实现城镇化的部分成本,包括替职工缴纳五险一金,以及社会医疗、养老、培训等方面的开销。

社会组织也是重要的社会主体。相较于民营经济体,社会组织在推进新型城镇化建设的过程中发挥着更为基础性的作用,是实现社会多元共治,凝聚社会共识的重要载体。其一,社会组织能有效地分配资源,实现个人供给和需求的有效对接。在配置社会资源过程中,政府可以为城镇化的主体提供相应的资源,市场会根据基本的经济规律配置资源。但是政府和市场都有着自身的局限性。在市场方面,因为由市场配置的资源并不均衡,弱势群体难以得到有效保障。而在政府方面,政府能力有限,不能顾及治理环节过程中更为琐碎的细节。而社会组织可以有效弥补市场和政府的不足。一方面,与企业不同,社会组织不以营利为主要目的,能够保证资源供给于社会微末和利益稀薄之处。另一方面,社会组织与政府也不相同,其参与治理的事项更为微观,相较于政府有更多的能力和资源处理琐碎的社会需求。其二,社会组织能够真正深入社会,组织群众参与社会治理,形成多元共治的社会格局。成熟的社会组织是群众自发组织和建立的团体,其正是来源于社会,扎根于社会,自我服务的重要力量。群众通过组织形成合力,表达利益诉求、监督政府行为、丰富多元文化活动、参与基层公益,在政治、文化、环境等多个层面发挥自身的积极价值。同时,社会组织在一定程度上充分发挥了各行业社会主体自我管理、自我促进的功能,有助于社会传播法治和民主精神,构建社会基层的民主法治意识,进而鼓励更多群众参与其中,形成政府治理、社会规范、居民自治的良性互动,促进社会多元共治。

综上所述,新型城镇化需要在“一体多元”的建设格局之下共同推进。党是坚强的领导力量。社会是主要的力量源泉,政府与市场是推动建设的重要方式。想要达成新型城镇化的宏伟目标,就需要在党的坚强领导和意识统合之下,由党和国家充分整合政治权力和治理资源,实现政府职能与市场功能的有效互补,凝聚多元社会的一般共识,促成社会合力,共同推动城镇化建设。

第二章　新型城镇化建设需要法治保障

新型城镇化需要在党的领导下汇集政府、市场、社会及公民多方的力量，合力向前推进。而法治是串联起各方的有机成分，是新型城镇化建设中所不可缺少的关键要素。通过实施城镇化法治保障工程，党的领导得以贯彻，有效政府的力量得以发挥，社会市场经济得以活跃，社会秩序得以稳固提升，公民生活得以和谐美满。城镇化法治保障工程的实施需要从两方面着手。一方面是对既有社会资源的调控和分配，其涉及城镇化保障工程中的“土地权益分配（地）”与“民生权益落实（人）”的问题。另一方面是对日常生活的体察和关注，其涉及城镇化保障工程中的“基层社会治理（事）”与“多元权益救济（权）”。“人”“地”“事”“权”共同构成了城镇化法治保障工程的重要内容，是法治保障新型城镇化建设的主要维度。

第一节　法治化是新型城镇化建设的题中之义

在全面依法治国的大背景下，新型城镇化既是以人为核心的城镇化，也是以人为核心的法治化。法治的内涵蕴含于新型城镇化的内涵之中：面向新型城镇化的法治化呈现为一种稳定的社会秩序、恰当的权利义务关系、高效的制度体系与文明的法治精神，它们都是新型城镇化建设所必需的品质，是新型城镇化建设的题中之义。在法治的治理方式下，新型城镇化进程中的社会秩序更为稳定、协作更为顺畅、社会更为整体、共识更为凝结。

一、面向新型城镇化的法治化

城镇化过程中的法治化，是一种生活中的法律秩序，是一种通过系统、整体地使用政治组织的强力来调整和安排行为的制度，[1]是一种通过整套制度体系加以进行社会治理的方式，是一种凝聚社会一般共识的制度载体。推进新型城镇化，就是促进农业转移人口公民化、城市治理秩序法治化、民主与法治建设

〔1〕 参见吕世伦主编：《现代西方法学流派（上）》，黑龙江美术出版社2018年版，第302页。

常态化的过程。[1]

首先,城镇化语境下的法治就是呈现在生活中的法律秩序和实现法律秩序的制度。秩序是永恒的话题,任何社会共同体的协调与运转都需要秩序,秩序混乱的共同体难以稳定地存续和发展。不同的社会共同体有着不同的方式、传统和规则来组织协调个体之间的交往过程,维护彼此之间的秩序。当协调秩序的规则由法律加以背书之时,共同体的一般秩序就成为了法律下的秩序。也正如喻中所言:“法哲学就是关于秩序原理的学问。”[2]秩序是法律最本质和最基础的呈现,而不同时代、不同地域、不同地区法律秩序的介入密度和程度都会有所不同。在现代社会中,随着新型技术的革新与发展,法律已经日益深入社会。法律秩序的现象变得更为显著。它已经成为了日常生活中无法避免的组成部分。城镇化下的社会共同体更是如此。在其中,法律赋予着每个人(包括农业转移人口)应有的权利,并成为了他们日常生活与交往的基础。

其次,法治是一种由政治组织强力保证的、调整和安排个体行为的制度体系,旨在引导社会共同体向某一方向发展。在当前的法治实践中,国家通过权利、义务及责任的基础规范框架来调整和安排个体的行为,起到对公民的规训作用。在这种规训下,公民会不自觉地做出符合法治要求的行为,借由这些行为助推社会共同体走上规训目标所引导的发展方向——这是法律塑造社会秩序下的理想状态。在这个过程中,新的城市个体需要时间来理解、消化和适应既存的法律秩序,才能成为现代社会下的法治公民。

最后,法治也是凝聚社会一般共识的制度载体。城镇化下的法律不仅是一种社会秩序,更体现为一种人心秩序。只有在稳定的秩序之下,人心才能有所安顿。而法律是实现和寄托这种稳定共识的代表。它促使个体在相互交往过程中,对违背法律而受惩罚的行为有所预期。法律既是行为方式的共识,也是行为预期的共识;既是分工协作的共识,也是纠纷化解的共识。总之,法律是社会(尤其是城市社会)个体间相处的基本行为准则,是一种体现共识的制度载体。当然,这种共识也并非一成不变。它会随着社会发展而变化。城市共同体对于城市发展的期待和精神文化诉求会通过法律来加以表达。例如,当生态环境成为社会发展的瓶颈之时,环保法便成为社会的共同诉求。当疾病暴发之时,防疫法迅速提上立法日程。当野生动物可能成为疾病传播源头之时,野生动物保护法便加紧修订。法律不仅是惩罚约束性的规则制度,也是一种宣示性的制度文本。它作为一种共识性的制度文本,会不断地吸纳社会共同的精神诉求,回应社会的共同期待。法律设立、实施、遵守的过程,也是回应社会共识,凝

---

[1] 参见马长山:《农业转移人口公民化与城市治理秩序重建》,载《法学研究》2015 年第 1 期。

[2] 喻中:《和谐秩序原理:向世界解释中国》,载《法学论坛》2010 年第 3 期。

聚集体法律意识的过程。

二、法治在新型城镇化进程中的功能定位

法治在新型城镇化的过程中扮演着重要角色。不论从空间、国家、社会还是从个体的视角来看，法治在城镇化过程中都发挥着稳定社会秩序、促进社会整合、凝聚社会共识的功能，具有十分重要的地位。

从物理空间的视角来看，城镇空间是法律现象的主要载体。在新型城镇化过程中，"法"随着人的转移而转移，城镇因人的汇聚成为了法律现象的新载体。这既包括散落在城市空间之中，伴随着日常生活而时刻发生的日常法律行为，如商品买卖、行政管理、服务承诺等；也包括集中呈现在专业机构之中，由社会分工下的专业机构具体协调处理的突出法律现象，如公、检、法、律师所办理的法律案件。城镇空间是所有法律现象得以呈现的载体。只有物理空间的存在，才有衍生出社会交往行为与社会秩序的可能。另外，新型城镇化的过程也是城镇空间与社会空间形成的过程。城镇土地扩张、外来人口不断汇聚、互动，城镇空间与社会空间也就随之发生了剧烈的变化。其中，法治起到了对空间利益进行具有合理性的重新分配与界定的作用。人们更容易接受这种分配，社会秩序也就更加稳定。

从国家能力的视角来看，法律是贯彻国家意志的主要方式。随着城镇化水平的提升，国家能力日益增强，国家机构也就更能将意欲实现的秩序价值，通过立法、执法、司法等制度措施落实到社会之中。这既包括日常交往中所需求的一般秩序规范，也包括社会共同体发展所要面对的新挑战。它们引导着城镇主体的行为，构建城市共同体所需的一般法律秩序。

从整体社会秩序的视角来看，法律维持了城市社会的正常运转。城市共同体由于人的聚集，形成了拥挤但专业分工、协作配合的生活格局，而这注定了法律需要有机协调不同个体及组织间的交往行为。实践中，法律制度通过权利、义务和责任等方式来协调他们的关系，并规训他们依照法律的要求做出行动。而外来人口融入城市社会的过程，也正是他们受到规训而被约束、影响、同化的过程。经由这一过程，法律成为城市社会正常运转和市民生活不可或缺的一部分，社会秩序因为人们对法律的遵守而变得稳定。

从个人社会关系来看，法律补足了陌生人关系的不可靠性，提升了城镇化进程中人与人之间的信任感。在传统社会，由于有大量的规范共同约束着人与人之间的关系，人们的信任感相对较高。然而，在城镇化的过程中，原有的内生规范逐步瓦解，个体也都脱出了乡村规范的适用范围，原有的秩序和社会关系不足以支撑他们在城市中的生活。留给他们的，只有不熟悉的城市社会规范和大量陌生的社会关系。而法律的作用就在于，它能够通过权利、义务及责任的

分配,调整不同主体之间的权利义务关系,促进不同主体之间的交流协作,以实现预期的目的。这样,不同陌生者间的行为变得可预测,他们对彼此的信任感也就会提升。

综上可以看到,城镇化与法治在现实中相遇有其必然的内在机理。法治为城镇化进程提供了稳定的社会秩序,使不确定的城市生活变得相对确定,整合了各种社会主体和社会利益,形塑了共同体中个体成员的一般行为,并提升了个体之间的信任感。由此,法治化是新型城镇化的题中之义。

第二节 新型城镇化建设主体的法治需求

既然法治化是新型城镇化的题中之义,那么在城镇化的过程当中,就一定会产生大量的法治需求。而想要达成城镇化的目标,国家也就需要供给法治产品来满足这些需求。在我国,新型城镇化的推进要以党的领导为前提,以充分发挥政府、市场、社会的各方力量为方式,以构建“一体多元”的建设格局为目标——这都离不开对法治这一建设性要素的重视。只有通过法治手段来保障党的领导,促使政府权责匹配,实现社会主体市场健康发展,维系社会稳定大局并激发社会主体活力,满足党、政府、市场、社会各方不同面向的法治需求,新型城镇化进程才能够得到稳步推进。

一、党在新型城镇化进程中表现出的法治需求

在推进新型城镇化建设的过程中,党的领导作用的充分发挥,需要以法治来保障。随着现代社会民主观念日益深入人心,法治意识逐步提高,公民的权利观念越发凸显,借助民主法治的手段来保障每一位公民的合法权益,成为了社会大众的共同诉求,也成为了党和政府提升其行为合法性的主要方式。

党的领导对法治的需求主要体现在党和国家政府,党和市场,党和社会的关系之中。从党与国家政府的关系来看,“党的领导”对法治的需求在于,如何使党的方针、路线、政策以合法的方式上升成为国家的政策和法律,并在全国上下加以贯彻和执行。在中国的政治体制中,通过党的领导,党与国家机关高度整合,各机构之间分工而不分立。如果能够建设和完善党内法规,国家体制内的政治生态就能够得到优化,腐败问题也可以得到整治,中央和地方的良性互动得以保持,干部不作为与乱作为的现象得以纠正等。[1] 由此,在良好的政治生态下,党就能够更好地领导城镇化进程,制定出更符合实践需要的城镇化方针,并通过党的方针与国家法律、政策的转化,以合法的方式在国家体制内贯彻

〔1〕 参见陈柏峰:《党内法规的功用和定位》,载《国家检察官学院学报》2017年第3期。

和执行。这样，如何完善党内法规以提升其决策合法性，党的决策如何与国家法律有效衔接，也成为法治保障党的领导权的重要内容。

从党与市场的关系来看，"党的领导"对法治的需求在于，党需要借助法治渠道具有合法性地介入市场运作，并领导市场朝着有益于新型城镇化和人民利益的方向发展。党领导社会主义市场经济，在于尊重市场、保障市场与补足市场，充分发挥市场规律，建设市场。因此，政党的意志并不能直接介入其中。只有将自身决议和想法通过合法的途径转变为国家和政府的决策，并经由政府的具体行为对市场施加影响；或将自身的意志传递到国有企事业单位及大型企业的党组织中，使其按照党的要求，在遵守法律规范和企业规章的情况下进行市场运营，党才能够介入市场活动中。可以看到，法治是党实现对市场的领导的重要渠道。党以合法的方式领导、影响市场，才能获得市场主体的尊重，并使后者按照其方针进行市场活动，为新型城镇化添砖加瓦。

从党与社会的关系来看，"党的领导"对法治的需求在于，借助法治渠道约束党自身，进而更好地深入社会、参与社会发展、维护社会稳定。一方面，在党的内部，党需要完善党内法规，夯实基层党组织的建设，从而深入社会、服务人民、联系群众，以更严格的标准要求自我、参与社会建设，起到推进新型城镇化发展的作用。另一方面，基层党组织在参与社会的过程中，也需要以法治规范其自身，从而更好地联系群众，做到边界适度。

二、政府在新型城镇化进程中表现出的法治需求

在推进新型城镇化建设的过程中，构建权责对等的政府管理体系同样需要法治建设加以保障。在现代社会之中，社会治理已从过去管制和管理型的治理模式转向了多元共治，即实现政府治理、社会引导、居民自治的有机结合。在此背景之下，政府治理必须符合民主法治的规范要求。只有在法治规范的范围，正当合理地行使政府管理职能，才能最大发挥公权力的效度。政府推进在城镇化过程中扮演了多重角色，包括执行者、合作者、服务者及监督者。而政府治理中的法治需求正体现于政府对不同角色身份的扮演中。

因为政府是执行者，构建权责对等的政府管理体系就需要规范政府行为，厘清政府行为的边界，规定政府所需承担的责任。而法治是达致这一目的的有效手段。行政权力具有扩张的特性，如果不用法律加以规范和限制，在执行的过程中它就可能会侵害到公民的权益。在这个公民权利意识高涨、媒介多元化的社会中，频繁损害公民的权益会损害政府的公信力，不利于远期的社会治理。而法律规定了政府行为的空间和边界，赋予了政府行为的正当性与合理性。在法律所授予的空间内行为，政府便能充分执行目标政策，其公信力也不会受到严重损害。

因为政府是合作者,构建权责对等的政府管理体系就需要推动政府依法与各类社会主体进行互动。一方面,政府和民营企业除合作关系外,也存在事实上的管理关系,权力地位并不相等。如无法律规范的约束,民营企业难有信心参与合作。此时,权责对等政府管理体系的构建对法治的需求便体现出来。另一方面,无论由政府还是社会主体提供新型城镇化所需要的公共服务,政府都是最后事实上的责任承担者。由于推进市场合作的过程中难免会存在风险意外,而合规行事更有可能规避风险,因此,政府也就对法治化有着较为强烈的需求。

因为政府是服务者,构建权责对等的政府管理体系就需要政府能够有效向社会提供公共服务,法治能够在其中发挥重要的保障作用。当下,服务型政府的观念日益深入人心,社会大众与政府自身都会以“人民公仆”的方式看待政府。当群众以服务者的话语作出要求之时,政府,尤其是基层政府承担了巨大的社会压力。法治建设,在限制政府权力的同时,也规范和管理公民的权利和义务。其使得政府能在权责对等的治理环境中提供更为优质的社会服务,政府对法治的需求也由此而来。

因为政府是监管者,构建权责对等的政府管理体系就需要政府能有效履行监管职责。而这就需要以法治作为保障。推进新型城镇化的过程是多方共同参与的过程。但由于不同的企业、社会组织都存在自身的利益倾向,需要政府予以监督。而只有通过法律授权监督,政府行为才具有监督的效力和正当性,才能真正约束和规范不同主体超越职业伦理、行业规范和法律规则的行为。因此,政府也就对法治建设产生了更高的需求。

三、市场在新型城镇化进程中表现出的法治需求

在推进新型城镇化建设的过程中,社会主义市场经济的健康发展也需要法治作为保障。法律与工商社会有着天然的渊源。法律通过赋予市场主体平等的权利与义务,使他们能适应自由多变的市场环境并形成较为稳定的交易预期,来保障交易的顺利进行。那么既然法律能够提供较为稳定的交易环境,保障市场的繁荣与活跃性。市场便也表现出了对于法治建设的强烈需求。

在新型城镇化建设的过程中,行业监督、交易规范、市场引导等社会主义市场经济健康发展所必备要素的形成均离不开法治要素的参与。行业监督方面,法律赋予市场中各行业内部管理协会部分权责,促使行业内部积极开展自我规范、自我管理、自我服务、自我建设的活动。同时,政府依法积极监督行业协会的运作情况,确保后者的管理章程、运作程序、参与主体、活动情况符合法律要求。交易规范方面,通过法治建设,公开透明的营商环境才能够形成。借由积极的执法、司法活动,市场主体的财产权益才能够获得保障,破坏市场的投

机分子才能够受到严厉打击。市场引导方面，积极宣传法治理念，传播有益于社会风尚的文化观念，弱化市场中以“利”为唯一的价值观念，社会主义市场经济的良性发展才可能达成。

四、新型城镇化进程中的社会建设对法治的需求

首先，在推进新型城镇化的过程中，维系社会秩序与激发社会主体的活力同样需要法治保障体系发挥建设性和基础性的作用。新型城镇化推进和建设的过程中，人员的流动、社会内生秩序的消解不可避免。而只有社会秩序稳定，社会各方主体才能充分发挥自身的力量，投身于新型城镇化的建设之中。因此，维系社会秩序，实现社会安定有序的变革也就成为城镇化发展的重要前提。在这个过程中，法治建设必不可少。法治是供给外部秩序，稳定社会预期，培育社会形成内生秩序的重要保障。随着社会内生秩序的消解、转换、重新培育，作为外部秩序的法律的重要性被凸显了出来。作为新型城镇化建设的“压舱石”，法治几乎是秩序供给唯一有效的来源。因此，法治被广泛运用在维系社会秩序，激发社会主体活力的过程中。社会建设对法治的需求也由此体现出来。

其次，法治有助于稳定社会秩序、化解社会冲突、维护社会稳定。一方面，新型城镇化的过程，是社会利益秩序急剧变动的过程。在此过程中，纠纷、信访、群体性事件大量涌现。这些矛盾纠纷明显危及既有的社会秩序。针对已有的矛盾，国家需要引导矛盾主体通过法治的方式处理和化解纠纷。另一方面，治理社会不仅需要化解矛盾，更需要铲除矛盾产生的根源。想要达到这一目的，需要通过法治的方式搭建并完善利益表达和协商机制，充分畅通表达渠道，吸纳各方意见。同时，还要以法治为依托，真正治理好产生社会矛盾的社会环境，从而在根源上化解冲突发生的可能性。

五、新型城镇化进程中的公民对法治的需求

在新型城镇化建设中，每个社会公民都是城镇化建设的参与者，同样他们也都是法治要素的需求者。涂尔干曾言：“社会分工越发达，个人便越能成为‘个人’，获得更大自由发展的空间。”[1]而法治正是维系社会分工，促成社会有机整合，使个人更自由的关键所在。在公民参与城镇化的建设历程中，法治为他们供给着外部的社会秩序，促进着社会整合，保障着社会权益，引导着生活风气，培育着社会信任，消解着社会摩擦。因为法治的存在，公民才能作为一个整体推进新型城镇化建设，共享城镇化建设所带来的社会红利，体验多元丰富的美好生活。法治是公民美好社会生活的重要基础。

---

〔1〕［法］埃米尔·涂尔干：《社会分工论》，渠东译，生活·读书·新知三联书店2000年版，第91页。

具体来看,城镇居民、农村转移人口、农村居民都有着不同的法治需求。对于城镇居民而言,法治为他们提供了安全稳定的社会环境,保障了他们的生命财产安全,成为他们日常生活所不可缺少的一部分。对于农业转移人口而言,法治为他们的城镇化提供了安定有效的秩序空间,赋予了他们享有公共资源的一般权益,促使他们顺利实现从农村到城镇生活的顺利转变。对于农村居民而言,在转移人口大量进城的背景下,在村农民获得了更多发展的空间与资源。城镇化的发展也将带动农村地区的建设,实现城乡融合,共生共荣的发展局面。在此过程中,法治赋予了农村居民的合法权益,保障要素自由流通,使他们通过法治化的方式分享新型城镇化建设的发展红利。

第三节 法治回应各类需求的两种方式

法治在新型城镇化进程中的保障功能可以从资源分配与日常生活两个视角展开。资源分配是实现人的城镇化的物质基础,要求国家与社会实施和运用更加公正的制度措施,为城镇弱势群体兜底,使人民群众分享发展福利。这既包括对基本土地权益的保障,也包括对住房权益、劳动权益、教育权益等公共资源的再分配。法治的作用就在于更有合法性地保障了资源分配的合宜。日常生活是个体生命不可避免的活动历程,“人”的城镇化只能在其日常生活中动态完成。因此,农业转移人口只有能够有效参与城市社会生活,且其个体权益的获取、保障、救济获得保障,他们才能真正融入城市。而法治正起到了引导他们适应城市社会规则,保障、维护其权益的作用。

一、方式Ⅰ:有效分配社会资源

物质资源是农业转移人口得以在城市中生活的基础,只有在拥有基本的物质保障后,社会主体才能持续安稳地生活。城镇化的早期,工业基础薄弱,社会创造物质财富的能力较低,分配并非社会发展的核心问题,如何增加财富的总量才是社会发展的关注对象。而当“资本—货币”较为充裕,不再成为城镇化发展的外部限制条件时,[1]如何通过分配满足和实现人的一般物质需求则成为考量的重点。在以人为本的目标下,“人的城镇化”对社会资源的再分配提出了更高的要求。而资源分配的过程中,土地利益的再分配则成为了其中的核心环节。为了更好地进行物质资源分配尤其是土地权益分配,在现代社会中更具合法性的法治的参与是必不可少的,法治对新型城镇化的保障功能也正体现于此。

---

[1] 参见赵燕菁:《伟大的七十年——中国城市规划演进的资本—货币视角》,载《城市规划》2019年第9期。

新中国的城市建设史的核心就是土地制度变迁的历史。[1] 土地财政制度的兴起促使土地成为城镇化过程中重要的经济要素。在此背景之下,土地被赋予了影响和调节城市收益的重要功能。它对社会资源的分配有着举足轻重的影响。实践中,土地是与"人的城镇化"相关的重要变量之一。理解并处理好城市化建设中土地利益的问题,是完成社会资源再分配,促进"人的城镇化"发展的核心环节。

土地作为一种经济要素,与国家、地方政府以及个人的利益密切相关。首先,对于国家而言,土地是组成和定义国家的要素之一,土地资源具有不可再生性、稀缺性以及不可替代性,[2]对保障国家安全和经济发展尤为重要。其次,对于地方政府而言,土地作为一种财政收入来源,与其利益也紧密相关。过去几十年里,土地成为了地方政府筹措建设资金的主要手段。通过土地征收、开发、出让以及融资抵押等方式,地方政府获得了大量的财政收入,其重要性也就不言而喻。[3] 最后,对于个人而言,土地既是财富也是生存空间。土地城镇化阶段及以后,土地被赋予了金融融资的功能,其上的城市商业住宅成为了土地融资的"金融票证"。这样,拥有城市房屋的主体可以享受到城市当下及未来公共服务增长所带来的租值,房屋因土地被额外赋予了金融投资属性。[4] 同时,居住仍是房屋最为重要的基本职能,直接关系到城市主体生存空间的问题。正是由于土地既是城市扩展的空间,也是生产生活的基本资料,更是地方政府获取城镇化建设资金的重要来源。因此,城镇化建设无法绕开土地问题,土地权益也就成为城镇化进程中必须谨慎对待的重要权益。

实践中,土地收益的多少在很大程度上取决于土地开发权的分配。国家通过土地发展战略、城市规划、供应政策来影响土地价值和各主体所能分得的土地收益,就是依靠对土地开发权益的分配来达成的。在我国,私人持有土地开发权益是不被允许的,[5]土地更需要由国家统一规划、统一管理。而在土地被统一管理的背景之下,不同区位的土地能得到多大程度的开发,也就成为了影响土地收益的关键因素。而由于土地开发权往往是不均质的分布,[6]不同地

---

〔1〕 参见何艳玲、赵俊源:《依地而治:土地制度变迁如何影响中国城市治理》,载《社会科学》2020年第5期。

〔2〕 参见周诚主编:《土地经济学》,农业出版社1989年版,第274页。

〔3〕 参见周飞舟:《"土地财政"的两种模式——浙、陕的两个案例研究》,载《中国制度变迁的案例研究》2010年第00期。

〔4〕 参见赵燕菁:《土地财政:历史、逻辑与抉择》,载《城市发展研究》2014年第1期。

〔5〕 即使是在私有产权神圣不可侵犯的国家,土地开发权一样受到了严格的约束和管控。详情参见华生:《城市化转型与土地陷阱》,东方出版社2013年版。

〔6〕 有的是事实上已经建设完成,有的是处于国家规划建设之中。详情参见陈柏峰:《土地发展权的理论基础与制度前景》,载《法学研究》2012年第4期。

方的土地也就呈现出不同的价值。那么,到底开发哪块土地?如何开发?如何确定土地的价值?如何分配价值?也就成为了国家、地方政府和个人在城镇化进程中获取土地权益所必须关注的问题。

土地相关权益的分配必须通过法治化的方式进行。一方面,在全面依法治国战略实施的背景下,法治化已成为国家治理、政府管理、市场运转、公民生活中所不可或缺的要素,是社会发展的有机组成部分。[1] 而作为推进新型城镇化建设,实现社会发展的关键内容,土地收益的分配势必无法绕开法治要素,其必须在法治规范下统一进行。另一方面,法治所具有的保障功能有助于各个环节的资源分配。从分配的整体环境来讲,法治有利于社会秩序的整体稳定,它使得利益诉求能在安定的社会环境中通过理性的方式加以表达,而不至于陷入无休止的争斗。从分配过程来讲,民主法治有利于构建多元协商的对话平台,使各方利益诉求可以被充分表达、消化、吸收和平衡,并平衡利益和消解非理性的情绪。从分配方式来讲,权益可以通过法治权利加以表达、占有和施行。在这一过程中,利益得以正当化,并受到国家、社会及其他公民的认可。从分配的监督来讲,法治化的监督手段更具正当性与合理性,既能帮助弱势方约束强势的社会主体,也能增强分配的公信力与透明度,形成示范效应。

想要有效推进新型城镇化,土地收益最终需要公平地落实到每一个居民身上,体现在他们居住、教育、医疗、劳动、娱乐等日常生活之中。换言之,资源分配的目的在于保障民生。民生是人民的生存、生活、生计,是人民的生存权、发展权和社会福利权,是政府必须提供的一种公共服务和制度保障。[2] 民生建设是“人的城镇化”过程中的重要环节:“人的城镇化”需要农业转移群体能够在城市实现再生产,而民生建设所涉及的住房、治安、环境、公共服务等方面,正是个体实现再生产所必需的要素。良好的民生保障,有助于增进外来移民与本地居民的互动,使他们更容易适应和融入新的生活环境。[3] 因此新型城镇化必须保民生,资源的分配必须倾斜于民生。

其中,土地利益的分配是民生资源分配的基础。在新型城镇化的推进和建设过程中,土地利益的分配表现为土地价值的增值和土地租赁收入。这些利益会由城市政府、开发商、土地占有者、银行、外来务工人员共同享有。而政府在土地利益分配的过程中起到了重要影响。在不同时期,城市政府的不同治理取向,决定了土地利益用于民生建设的资源占比。而无论是工业化主导时期的“土地划拨—调配型政府”,还是市场化主导时期的“土地出让—增长型政

[1] 参见陈柏峰:《中国法治社会的结构及其运行机制》,载《中国社会科学》2019 年第 1 期。

[2] 参见王美玉:《中国民生建设研究(1949—1956)》,知识产权出版社 2016 年版,第 5 页。

[3] 参见刘志林、冯叶:《住房、社区与“乡—城”移民的社会融入——基于四大城市群流动人口问卷调查的实证研究》,载《规划师》2016 年第 11 期。

府”,抑或城市化主导时期的“土地担保—投资型政府”,它们为实现自身的治理目标,都不约而同地选择降低公共服务标准。民生领域投入的减少在事实上降低了城市对农业转移人口吸纳的空间,延缓了新时期城镇化的发展。[1] 在新型城镇化建设时期,土地利益的分配必然要倾向于民生服务,只有这样,“以人为核心”的发展目标才可能实现。

而且,民生建设本应是普遍公正且以人类一般需求为导向的,[2]但在基层实践中,呈现于微观个体中的民生,却往往是“补缺型”的。从需求者的角度来看,每个个体所具有的财富资源,所享有的身份地位,所处在的生命历程各不相同,他们所需求民生资源的类型也有着轻重缓急之分。例如,耄耋之年的老者更需要养老、医疗资源,而进城务工的年轻小伙则更需要劳动、住房的保障。推进新型城镇化,开展民生建设,既需要通过平衡区域收益,调整城市建设资金的分配,吸纳农业转移人口,建设均等化的公共服务等多种方式在宏观层面补齐城乡之间整体上的差距,也需要通过具体的、灵活的、有针对性的制度设计来均衡个体的生活差距,尤其需要注意保障弱势群体的权益。而不论是哪一种,这都需要政府、企业、个人三方共同努力。经济成本上,黄奇帆曾根据以往重庆市的建设经验做过估算。他认为如果人均转户成本为 10 万元,这些成本由企业补助社保缺口、政府提供基础设施、居民自担部分,按照 4 : 3 : 3 的比例分配,是完全可以接受的。并且,诸如社保、养老、医疗等社会成本一般需要缴纳一二十年,分摊到每年,城镇化的压力都会减轻不少。[3] 不少相关研究也对城镇化的建设成本进行过测算,以“政府+企业+个人”这样三位一体的成本分摊方案总体上是可行的。[4]

另外,民生保障的特点还在于它的复杂性与多元性。以城市就业为例,由于农业转移人口的素质、技能、资本、学历是参差不齐的——有人能熟练应对城市生活中的问题,有人字都不识一个——如何兼顾他们的民生需求,特别是如何在城市正规经济体系下接受、管理大量的非正规经济,为他们都留出生存的空间和缝隙,便成为了一个极为重要的问题。同时,在留出“口子”的情况下,如何尽可能地将民生问题规范地管理起来,使农业转移人口能够逐渐适应规则的、陌生化的城市生活,也是国家必须考虑的问题。

---

[1] 参见何艳玲、赵俊源:《依地而治:土地制度变迁如何影响中国城市治理》,载《社会科学》2020 年第 5 期。

[2] 参见岳经纶、方珂:《从“社会身份本位”到“人类需要本位”:中国社会政策的范式演进》,载《学术月刊》2019 年第 2 期。

[3] 参见黄奇帆:《推进新型城镇化的思考与实践》,载《行政管理改革》2014 年第 8 期。

[4] 参见王西、刘维刚:《农业转移人口市民化成本测算及分担机制研究》,载《经济纵横》2016 年第 12 期。

就新型城镇化建设中的民生保障而言,法治有着显著的促进作用。一方面,民生与法治有着天然的契合性,民生问题实质上就是一个典型的权利问题。在现代法治社会之下,民生问题看似是一个经济和社会问题,其核心仍是权利分配的问题。[1] 个体的权利贫困使得民生资源无法有效落实到公民身上,阻碍了“人的城镇化”的推进。另一方面,民生问题也是整个制度体系设计、协商、实施和监督的问题。新型城镇化建设中的民生问题不仅关系到农业转移人口的社会保障,也关系到城镇与农村居民的福祉。它是一个广泛、整体、系统性的福利供给工程,需要平衡各方利益,以制度化的措施加以实现。民生资源只有在法治程序的轨道上分配,才能最大限度地化解分歧、凝聚共识,实现资源的合宜分配。

二、方式Ⅱ:化解公民日常生活中的风险与纠纷

想要达成新型城镇化,需要促使农业转移人口适应城市社会,并获得安定的城市生活。这主要包含了两个层面:一是要有良好的社会治理,使农业转移人口能够适应、维系和改善自身在城市当中的日常生活,并积极参与到城市的建设过程中。二是要使他们在面对生活中存在的纠纷时,有能力排除风险和纠纷的干扰,维护自己的利益,保持日常生活的稳定。而不论是哪个层面,法治的保障都是不可或缺的。

首先,农业转移人口融入城市生活的前提是能找到舒适的生活氛围,好好“过日子”。而这需要以有效的基层社会治理作为保障。基层社会一直是国家与民众共同塑造的空间,国家力量主导性的计划性秩序与基层社会中的自发性秩序是基层社区秩序生产的重要来源。它们之间衔接和融合的过程决定了基层秩序的最终形态,良好的基层秩序就来源于两者间的有机融合。[2] 农业转移人口想要融入城市,就要融入这种基层秩序。一方面,他们需要依照其所处社会组织的要求来调整自身,将自己规训成市民应有的模样。另一方面,他们也需要改变自身行为,逐渐适应城市社会的生活秩序,融入基层社区,并积极参与到社会治理之中,从而找到归属感。

法治在以上方面起着重要的保障功能。在前一个方面,国家以法律、规章、行为规范为蓝本,借助科层组织、政治动员将城市生活所需要的各类规范传导到基层的社会生活之中,引导并意图实现希望所达到的社会秩序。例如,国家通过工商、食药监、城管、公安等一线执法队伍,维系着基层社会生活中各方面

---

〔1〕 参见付子堂、常安:《民生法治论》,载《中国法学》2009年第6期。

〔2〕 参见李娜:《基层社会的秩序生产能力——从计划性与自发性秩序的关系切入》,载《学术月刊》2018年第8期。

的基本秩序。在重大公共卫生事故期间,基层政府依照法律,通过压实属地责任,建立网格制度,实现了对基层社区的精细化管理。在这个过程中,生活在城市的农业转移人口受到法律的规训,也就逐渐适应城市生活。在后一个方面,国家依法确立了大量社会自治的制度,创制了与之相关的平台。这些制度与平台当中,人的参与感和积极性得到提升,对城市的归属感也随之增加。新型城镇化进程得以推进。

其次,农业转移人口融入城市生活,需要有能力保障自身权益,排除风险和纠纷对其日常生活的干扰。人的城镇化的过程中难免伴随着不同种类、或大或小的纠纷。虽然它们极为常见,但如若处理不好,很容易造成权益损失,降低利益受损者对城市社会生活的认同度。特别是对弱势群体而言,其利益受损的可能性更高,对城市社会的好感度也更容易受到影响。此时,一套有效的权益救济机制就显得十分重要。而我国以诉讼为主,由多元解纷机制共同构成的权益救济系统在其中起到了较好的定分止争效果。

"多元一体"的解纷机制,在化解纠纷的过程中有着显著的优势。一方面,多元的方案可以更好地应对复杂多元的社会矛盾。新型城镇化的建设时期,也往往是社会转型、矛盾多发的时期。由于社会流动加快、人际交往复杂、利益症结冗杂,社会矛盾纠纷也更为复杂多元,难以在单一的体系内行之有效地化解。因此,社会需要多种化解纠纷、保障权益的处理方案,以从中获得化解纷争的最优措施。[1] 而以规则为主导、多种措施并存的解纷机制是有效处理复杂社会矛盾的重要方式。

另一方面,多元的解纷体系可以更好地对接城镇化主体的现实需求。实证研究表明,基层民众在化解纠纷之时,并非仅采用一种解纷手段,而是多种解纷策略并存。其中,非制度化方式,如私人协商、寻人和解,往往是首选。只有当这些方式无法有效化解纠纷之时,才会转而寻求制度化的解纷资源,包括行政投诉、司法调解、司法诉讼等。[2] 其中,司法诉讼发挥着主导作用,有效地保护了民众和当事人的权益。[3] 以诉讼为主的多元解纷机制可以有效满足城镇化主体的解纷需求,通过多层次、多层级的制度组合,保障个人权益,维系日常生活的和谐安宁。

---

〔1〕 参见陆益龙:《快速转型期城市社会易发矛盾纠纷及其化解机制》,载《人文杂志》2013 年第 12 期。

〔2〕 参见梁平:《多元化纠纷解决机制的制度构建——基于公众选择偏好的实证考察》,载《当代法学》2011 年第 3 期。

〔3〕 参见范愉:《人民法庭是基层社会治理的中枢》,载《中国审判》2014 年第 8 期。

第三章　新型城镇化建设之法治保障的展开维度

从宏观上看,新型城镇化建设之法治保障的核心内容主要是由民生权益、土地权益、社会治理及权益救济四方面组成的。其中,土地权益是城镇化过程中的关键变量,是一切变化的基础性资源;民生权益是一切社会资源在所有社会个体上的微观呈现;社会治理是个体在日常生活过程中详细展开的具体内容;权益救济是日常生活过程中维持安定生活的基本保障。“人”“地”“事”“权”共同构成了新型城镇化之法治保障建设的展开维度。

第一节　人的维度:农业转移人口民生权益的法治保障

“人”是新型城镇化建设的核心与要义。推进新型城镇化就是要将社会发展的红利公平地惠及到每一个人,尤其是城镇化过程中的农业转移人口。红利分配以社会资源为基础,以民生权益为载体,以个体需求为导向,以人民福祉为结果,涉及户籍、住房、劳动、教育等各个方面。民生权益的法治保障正是从户籍、住房、劳动、教育等各个维度所展开的,从实现公共服务均等化的视角来推动新型城镇化建设。

一、民生权益问题在新型城镇化进程中的重要性

新型城镇化是“人的城镇化”,是人民大众的城镇化。“民为邦本,本固邦宁”,只有人民都能享有新型城镇化建设的成果之时,新型城镇化才能继续推进。推进“人的城镇化”就是要让发展带来的社会福利公平地惠及所有城镇主体。日常生活中,它表现为城镇化主体所能享有和获得的社会资源,是民生权益在社会个体上的微观呈现。民生,乃人民之生活。民生权益,乃人民生活之基本权利,城镇化主体日常生活之基础。只有拥有了生活中所需求的物质资料,城镇化的主体才有机会真正参与到城市生活之中。只有当每个城镇化的主体都能公平地享有民生权益之时,“人的城镇化”才真正落到实处。民生权益对新型城镇化的重要性不言而喻。

农业转移人口的城镇化需要以充足的生活物质和所能享受的公共服务为

基础。因此,保障物质资源和公共服务的供应,也就成为了推进新型城镇化的应有之义。这涉及住房、教育、劳动、医疗、社保等多个方面,关乎农业转移人口的基本民生。在城镇之中,每一个城镇市民都是享有城市公共服务的“权利股东”,分享城镇中各项公共服务资源。而农业转移人口不具备或仅具备部分分享股东权益的资格,很难获取到更多的生活物质资料和公共服务。生活物质资料和公共服务是民生之所系。所以,保障农业转移人口的民生问题,首先就要保障为他们提供足够的生活物质与公共服务供给。

二、民生权益之法治保障的展开维度

民主法治社会之下,资源的分配与利益的归属主要表现为权利的分配。因此,民生问题也就能够成为一个典型的权利问题,[1]需要通过法治建设来构建出更完整的合作、发展和分配机制,使农业转移人口能够在城镇生活中获得包含“股东权益”的公民权利。民生权益的法治保障主要包括以下几方面:首先,户籍制度的法治化改革。户籍制度是分享“股东权益”的制度载体。户籍制度的法治化改革就是需要通过具体的制度设计渐进式地改变以户籍为基准的公共资源分配方式。其次,各项具体公共服务供给的法治需求。具体项目的服务供给需要有效整合市场、政府和社会的力量,在既向农业转移人口提供兜底式基本服务的同时,也能通过市场向其供应差异化的需求产品。这不但需要通过法律制度赋予人们获取基本服务的权利,还需要通过监管制度和制约机制保障市场及社会服务供给的秩序和透明度。最后,公共服务均等化的法治改进。即通过具体的制度设计重新调配公共资源,缩小城市内部、城乡之间、区域之间的服务资源差异,缓解区域发展间的不均衡。

(一)通过依法保障户籍权益来保障生活物质与公共服务合理供给

户籍制度在新中国的建设中发挥了重要作用,但也因其形成的城乡二元结构与呈现出的社会不平等现象为人所诟病。由于城市的生产效率要远优于传统农村,二者的经济、人口和社会自然分化,城乡二元结构便因此逐渐出现。[2]倘若任由其自由发展,社会的失衡便会带来秩序的混乱。为了避免这一状况出现,我国实行了城乡户籍制度,通过国家统一分配城乡所能获得的资源并限制人员流动,来维持经济的发展和社会的稳定。诚然,这使社会中部分公民的发展机会受到限制。但我们也必须看到,它也限制了城乡资源人口自由流动可能带来的社会失序。发展至今,城乡二元结构下的资源和公共服务配置方式已从

---

〔1〕 参见付子堂、常安:《民生法治论》,载《中国法学》2009年第6期。

〔2〕 参见夏柱智、贺雪峰:《半工半耕与中国渐进城镇化模式》,载《中国社会科学》2017年第12期。

事实上的“剥削型”转变为了“保护型”。受其影响,农户也就可以发挥自身的主动性,从既有的城乡二元结构中作出更合理的生活决策。[1]

综上所述,户籍承载着分配公共资源和服务的重任,农业转移人口对户籍权益的法治需求,亦因此主要体现在如何运用法律手段、渠道保障公共资源与服务分配上的公平性与合法性。当下,法律规定的以居住证为核心的制度设计是对户籍制度重要补充,[2]它通过法律合理分配公共服务和资源,以在事实上消解“户籍壁垒”,而非在形式上简单地改变或打破城乡二元结构,保障了基本公共服务均等化的需求。

(二)依法保障住房权益

保护农业转移人口的住房权益是实现新型城镇化的首要条件。因为只有拥有居所,人们才有在城镇中生活下去的长久预期。房屋不仅是在空间上开启新生活的物质载体,也是个体在价值意义上的寄托,象征着家庭的存在。在城镇之中所拥有的产权空间,是实现城镇与个人联结的起点和媒介,是个人及其家庭完成日常生活再生产的保障,是“家”文化符号的具象呈现。因此,只有切实保障农业转移人口的住房权益,才可能实现农业转移人口的城镇化。然而在实践中,居住困难成为了绝大多数农民工融入城镇生活的主要障碍。无论是住房还是租房,其花费都是他们难以承受的。高额的租房加剧了他们的生活负担,延缓和影响了他们城市化的进程,他们始终无法融入城市的生产生活体系之中。[3]

城镇化的住房保障供给需要以法治为基础,通过在法律的引导、兜底作用下充分发挥政府、市场及社会的多方力量来实现。其中,作为新型城镇化引领者和推动者,政府需要承担主要的责任。它们应通过具体的制度设计,例如保障房制度、住房公积金制度、租售同权制度、先租后售制度等,来合理分配资源,化解农业转移人口短期的住房支出压力。由于农业转移人口的购房能力也不尽相同,针对其中的多元购房群体,也仍需构建多元的法治保障体系,以保证他们的居住权益。

(三)依法保障劳动机会、资料的获取与劳动权益

工业化和城镇化背景下的社会转型期,农民已经普遍形成了“半工半耕”的

---

[1] 参见林辉煌、贺雪峰:《中国城乡二元结构:从“剥削型”到“保护型”》,载《北京工业大学学报(社会科学版)》2016 年第 6 期。

[2] 参见《韩正出席全国户籍制度改革推进电视电话会议并讲话》,载新华网,http//www. xinhuanet. com/politics/leaders/2019-07/18/c_1124770872. htm。

[3] 参见张翼:《关注重点人群的民生福祉(治国理政论坛)》,载《人民日报》2016 年 12 月 8 日,第 10 版。

家计模式。[1] 农业转移人口多是依靠“半工半耕”的兼业模式积累实现城镇化的资本。当下,务工不仅是农民实现城镇化的要素之一,更是他们在城镇社会中维持日常生活的重要保障。若没有劳动权益的保障,农民则无法通过务工积累实现城镇化,也无法在居所转移后稳定生活。农业转移人口只有通过劳动加入现代产业分工之中,才能分享现代工业社会的增值收益。可以说,加入城镇组织体系之中,通过务工劳动实现积累,是城镇化最核心的环节。对劳动权益的保障,是农业转移人口主要的法治需求之一。

我国 1994 年就制定了《劳动法》,并赋予了劳动者相应的法定权利。但随着社会的变迁,权益发生了“名”与“实”的分离。农民工等非正规经济从业者,被排除在劳动关系之外。[2] 实践中,务工农民始终处于劳资关系中较为弱势的一方。在多方利益博弈之下,《劳动法》的执行往往会在事实上衍生出一种“次标准”,并将违法行为塑造为常态,持续侵犯务工农民的合法权益。[3] 既有研究表明,对劳动权益的持续侵害会显著降低农民工城镇化的意愿。[4]

因此,作为融入城镇社会生活的重要组成部分,劳动权益的法治保障不可或缺。而真正实现农业转移人口的劳动权益,同样需要政府、市场与社会三方合力来共同完成。需要企业依法自觉履行社会责任;政府依法积极作为、积极监督;社会群体,尤其是社会组织积极发挥能动的监督作用,有效协助政府,保障城镇化主体的劳动权益,以促进新型城镇化的发展。

(四)依法保障教育权益

教育是农业转移人口实现城镇化的重要影响因素,是促动他们实现城镇化的主要动机。子女后代是否能够接受良好的教育,是整个家庭实现阶层跃迁的重要基础。因此,一方面,国家需要让农民与农民工子女有机会接受更好的教育,以推动新型城镇化;另一方面,不少农村居民和农民工也愿意通过进城的方式来让自己的孩子获得更好的教育机会。可见,在城镇化的过程中,教育权益的保障极其重要。

法治作为一种制度化的资源调配方式,在保障教育权益中发挥着重要作用。其具体表现在两个方面。在宏观上,需要以法治的方式完成城乡间的教育

---

[1] 参见夏柱智:《转型期农民的阶层分析——以半工半耕概念为中心》,载《中共宁波市委党校学报》2017 年第 6 期。

[2] 参见黄宗智:《重新认识中国劳动人民——劳动法规的历史演变与当前的非正规经济》,载《开放时代》2013 年第 5 期。

[3] 参见郑广怀、孙中伟:《劳动法执行中的“次标准”——基于 2006—2010 年对珠江三角洲农民工的调查》,载《社会科学》2011 年第 12 期。

[4] 参见王晓峰、温馨:《劳动权益对农民工市民化意愿的影响——基于全国流动人口动态监测 8 城市融合数据的分析》,载《人口学刊》2017 年第 1 期。

资源配置,也包括不同城市间的教育资源配置。当下,现有的区域教育之间存在显著的资源差异。地区不均衡形成了明显的“马太效应”,加剧和固化了不同区域间的资源差距。在这种情况下,国家应通过具体的制度设计加以引导和调整,改善教育资源的流动趋势,以形成相对合理的资源布局。[1] 在微观上,法治的方式也可以保障农民工子女获得同等的入学机会和学习资源。由于这两个方面涉及城市内部市民与农村转移人口间的资源分配问题,因此需要结合未来城市发展的趋势,教育供需的变动情况,来依法合理配置内部资源,设计具体制度。

(五)依法保障基本公共服务均等化

基本公共服务均等化对推动新型城镇化有着重要作用。公共服务具有显著的规模效应,规模越大,平均成本也就越低。因此,促进公共服务均等化,便增加了集体消费(公共品的消费)而降低了个人支出,有效减少了集体需求不可避免的效用损失,同时降低了公民获得服务所需付出的成本。[2] 显然,这有助于给付能力没有那么强的农业转移人口享受更好的服务,从而有利于他们在城市当中生存与发展。

促进公共服务均等化也要以法治手段加以保障。首先,由于实施的公共服务项目需要财政预算的支持,而我国目前基本公共服务面临财政投入总量不足,分配不均的问题,[3]这就需要通过法治化的方式对政府财政予以统筹管理,明确各部门的财政权限。其次,为保障公共服务项目的公正配给与实施,需要通过法治化的方式赋予各级政府及部门相应的管理权限,并规定与之对应的责任义务,设置相应的监督机制。最后,公共服务均等化还需要政府通过法治化的方式,联合不同的社会主体,引导和要求大中型社会企业承担更多的社会责任,履行相应的社会义务,实现政府、企业、社会组织的协同治理。

第二节　地的维度:新型城镇化建设中的地权法治保障

“地”是新型城镇化的症结与焦点。土地利益的合理分配是推进新型城镇化的重要动力。只有处理好新型城镇化中关涉土地利益的矛盾与纠葛,合理保障每个城镇化主体所享有的土地权益,才能顺利推进新型城镇化建设。土地财政问题、土地增值收益分配问题、宅基地规范与管理的问题、农地农民规模经营

---

〔1〕 参见文军、顾楚丹:《基础教育资源分配的城乡差异及其社会后果——基于中国教育统计数据的分析》,载《华东师范大学学报(教育科学版)》2017 年第 2 期。

〔2〕 参见赵燕菁:《从供给到需求:城市化动力的转变》,载《广西城镇建设》2013 年第 8 期。

〔3〕 参见项继权、袁方成:《我国基本公共服务均等化的财政投入与需求分析》,载《公共行政评论》2008 年第 3 期。

问题，都是土地法治所重点关注的方向，需要通过法治手段予以解决。

一、土地权益问题在新型城镇化进程中的重要性

土地问题是新型城镇化建设中的核心问题。中国城镇化自始至终都无法绕开土地的问题，城镇化的发展史便是以土地为线索展开的。[1] 土地利益的分配是城镇化发展所必须面对的现实问题。土地汇集了各方利益，分配和平衡变动的土地利益，既关涉到社会公共秩序的稳定，也影响到国家地区的发展状况。不同时期城镇化的价值导向与建设目标，既决定了土地利益的分配方式，也决定了城镇发展的一般逻辑。若要推进以人为核心的新型城镇化，势必同样要面对土地问题。对土地收益的分配，也将会成为新型城镇化建设的重要基础。

土地问题也是国家、地方政府、社会公民关注的焦点。土地既关涉中央对国家资源的整体调控和整体利用，也关乎地方城市的建设与个人的生存和发展。对政府而言，在财政约束的背景下，土地是获取财政收入的重要资源。对个人，尤其是农民而言，土地既是生存的空间，也是安身立命的基础。而随着新型城镇化的建设与发展，国家规划、地方建设、人口流动使得全国范围内不同区位土地的用途、权属及价值发生了显著的变化。

这些变化带来了多方面的影响：一方面，因某些特定区位土地利益高度密集，大量因逐利而起的社会冲突便发生在它们周边。这些冲突既有民间不同社会群体之间的对抗和争斗，也有地方政府与基层民众间的冲突和纠纷，严重影响着社会秩序和城镇化的发展。另一方面，土地的变化也改变了以往社会利益的分配格局。特定区位的土地，如城郊村、城中村，能因土地收益的自然增值，坐享其成，收获大量的增值红利。与此同时，农业转移人口，尤其边缘地区的大田农民，无法获得这些城市发展的红利。而由于利益分配机制的缺失，农民和农民工无法享受城镇发展的社会福利，便会在自身的社会发展层面遭遇瓶颈，从而导致城镇化迟迟无法实现。面对以上问题，国家需要通过法治化的手段，包括立法、执法、司法、监督等方式，来改善并化解这些由土地权益问题造成的社会矛盾。

二、土地权益之法治保障的展开维度

总的来说，土地权益的法治保障表现在这样几个方面：一是土地财政问题的法治化改进，即通过法治化的方式，渐进地消解土地财政的社会问题，同时运

---

〔1〕 参见何艳玲、赵俊源：《依地而治：土地制度变迁如何影响中国城市治理》，载《社会科学》2020年第5期。

用法治化的方式规范地监督土地城镇的运作过程。二是土地增值收益二次分配。一方面,国家需要通过发挥法治分配资源的功能,保障城镇化主体能合理地享受到城市发展所带来的增值收益。另一方面,在具体的制度环节中,需要规范土地征收的过程,通过稳定的制度、规范的流程、合理的权责分配及适时的解决方法,化解在城市高速扩张过程中政府、企业及地权人所面临的土地利益纠纷,稳定社会秩序。三是土地生产生活要素的法治需求。由于城镇化所带来的城乡人员变动问题,农村部分土地资源无法得到有效利用。在保障个人权益的前提下,为合理高效地利用土地资源,需要通过具体的制度机制设置,激活农村部分闲置的土地和宅基地资源。

(一)土地财政问题及其法治改进

土地财政是中国城镇化发展历程中所独有的历史现象,它是随着历史改革所衍生出的意外产物。土地财政的本质是融资而非收益,所花费和预支的是未来城镇发展的现金流收益。由于分税制的改革给地方政府带来了财政上的困境;伴随着乡镇企业的式微与财税结构的改变,地方政府可支配收入大幅下降,亟须开辟新的生财之道。于是,土地成为了地方政府的“救命稻草”。通过开发土地、出让土地、抵押土地,地方政府获得了大量的融资资源和可支配收入。随后,政府又借由土地财政来进行道路整修、城市开发、基础设施建设、招商引资,进而经营城市,土地也就成为了中国经济发展的重要支柱。但显然,作为融资手段的土地财政并不可持续,所透支的信用总有归还的时刻。并且,以土地作为财富的错误示范也极大误导了社会观念,诱发了大量的社会矛盾。

在这种情况下,以土地作为路径依赖的发展模式亟须通过法治化的方式加以改进。从政府方面来讲,其应做到公开公平公正。政府需要通过民主法治的方式,充分与社会协商,同时也需要保证信息的公开透明,做到收支两清。在财政运作的各个环节中,政府行为应满足程序化的要求,受到法治的规范和管理。从社会方面来讲,社会需要普及事关于土地财政的一般常识,消除对土地财政的“刻板印象”和“负面标签”。此外,还需要培养民众的法治意识,鼓励民众通过法治的手段和方式积极监督土地财政的运作状况。

(二)土地增值收益分配的法治化改进

土地增值收益的分配是土地利益分配的核心问题。从整体层面来看,城市土地所产生的巨额增值收益是全社会共同产生的结果。在土地增值收益分配的环节中,政府是唯一具有合法性的分配主体。其合法性来源是对于土地收益的公平分配。政府需要将其用之于民,平等合理地分配到无数大田农民及他们中可能产生市民的身上。因此,国家需要通过法治的手段,设计具体的分配制度,分配主体的权利、责任、义务,建立公开明确的监督机制。例如在全国范围内普遍设立“土地发展补贴”用以补助大田农民,或是从土地财政中设立“风险防范基金”,以补充城镇化的过程中遭遇风险变故的家庭。[1]

土地收益分配绕不开土地征收、土地开发、土地经营这些过程。其中,土地征收涉及政府与群众的接触,是土地问题的矛盾聚集点。由于存在巨大的利差空间,土地征收过程中会存在复杂的利益博弈关系。[2] 因此诸如被征地农民的权益受到侵害,农民向政府索取高额补偿,或农民因趋利而擅自违建扩建住宅等问题便时常出现。这些问题都亟待法律规范和约束。为此,国家需要规范土地征收活动,明确各方主体的权利、义务和责任,保障征地过程的合法合理性。土地征收也需要在法治的规范框架下,运用多种现实策略,平衡不同的权力关系,促使征地活动在整体上稳定有序。

(三)宅基地利用与管理的法治化

宅基地既是农民广泛持有的一种财产性的权益,也是农民重要的生活居所,还是农民乡愁的载体。农民持有宅基地的属性,会因个人城镇化的适应度而有所变化。农民城镇化的程度越高,越能适应城市生活,宅基地的财产属性会更加凸显,而居住和情感寄托的功能则会弱化。相反,农民若不能较好地适应城市生活,宅基地的社会保障属性和情感属性也会变得更加重要。农民进城的风险大小决定了他们对宅基地的态度及依赖程度。而对国家和地方政府而言,宅基地则是一种闲置的土地资源,理应得到充分的利用。

实践中,因农户受利益驱使,普遍存在农民违规建房、建新不拆旧、超占、“一户多宅”的情况,造成了大量土地资源的浪费。因此,在农民持有宅基地的问题上,需要采取法治化的方式加以保障和调整。在这个过程中,政府既需要保障农民持有宅基地的自主权利,给予农户合理的补偿退出机制,也需要探索针对超持、多持宅基地的情形的惩罚性措施。

(四)农业规模经营中农民土地权益的法治保障

新型城镇化的持续发展和推进,既是为了让农民成为市民,获得在城市生活中所应享有的公共服务和基本资源,也是为了缓解农村人地紧张的社会现状,实现农民规模经营,以推动农村发展。随着新型城镇化的深化发展,越来越多的农业转移人口进入城市。人进城,土地随之被闲置。为保证土地资源的合理利用,传统的农业经营模式势必会发生改变。由此,规模经营成为了政府发展地方农业产业的首选模式,也是小农实现发展的主要手段。

然而,实践中,资本经营主体与地方政府的联合往往会挤压小农户的生存空间。这个过程中,问题矛盾多发。如何保证不同农民(如承包者、经营者等)的权益,如何充分利用土地资源,有序推进土地集中,培育新型农业经营主

---

[1] 参见陈柏峰:《土地发展权的理论基础与制度前景》,载《法学研究》2012 年第 4 期。

[2] 参见林辉煌、欧阳静:《土地征收中的权力博弈与制度重构》,载《当代财经》2015 年第 6 期。

体,如何促进土地有序流转,都需要通过法治化的方式对这些过程有所界定和调整,使其步入统一正规的发展轨道之中。另外,因地域、村庄类型的不同,法律介入村庄生活的程度也会有所不同。法律如何融入村庄生活之中,并在事实上成为其各项权益的有力保障,也有待继续探索。

第三节 事的维度:新型城镇化建设中的基层治理法治化

“事”是新型城镇化的秩序基础,是城镇化主体的活动历程与生活内容,是新型城镇化建设成果的具象展现。只有在稳定有序的社会环境中,城镇化的主体才能构建他们所意欲寻求的美好生活。基层治理法治化是实现农业转移人口主体身份转变的基础。其中,如何实现基层社会组织与民间社会组织的治理功能,如何落实基层执法、如何用网格重新组织起社会是实现基层法治秩序的重点方向。

一、基层社会治理法治化在新型城镇化进程中的重要性

新型城镇化推进涉及诸多环节,包括顶层设计、地方规划、多方合作、监督改进等。但无论多少环节,城镇化的结果最终一定是落实在基层。基层是推进新型城镇化建设的主要场域,是承载农业转移人口的主要场域。基层社会的治理,相关治理事项的达成,是稳步推进新型城镇化的重要保障,也是城镇化主体参与城镇生活的基础条件。只有维持基层社会秩序的稳定,农业转移人口才能实现“生活的再生产”。只有实现基层社会的有效治理,才能促使农业转移人口有意愿融入城市生活秩序之中。

“街道社区共同体”是承载城镇化个体的基本单元,是社会与国家力量紧密交织、相互渗透的特殊场所,也是进行社会治理的重要空间。[1] 由于国家主导的计划性秩序和基层社会生成的自发性秩序在此处交汇,[2]秩序环境便表现出“多元秩序紧密交织,互相干预影响”的特征。在其中,不同主体的权利、权力、义务及责任的不明晰,秩序之间的关系混乱,各类问题也就层出不穷。又因为人的城镇化几乎都要在这些具体的街道、社区内完成,以法治的方式维持基层治理单元的稳定,对推进新型城镇化进程而言也就显得尤为重要。

---

〔1〕 参见仇叶:《实体主义与关系主义视角下社区治理研究的分殊与融合》,载《南京农业大学学报(社会科学版)》2016年第1期。

〔2〕 参见李娜:《基层社会的秩序生产能力——从计划性与自发性秩序的关系切入》,载《学术月刊》2018年第8期。

二、基层社会治理法治化的展开维度

(一)依法发挥基层社会组织的治理功能

理论上,以村委会和居委会为代表的基层群众自治组织,能够在促进农业人口城镇化、化解基层纠纷、维系区域内的社会秩序的过程中发挥着重要作用。同时,社区治理中涌现出的新兴社会组织,包括业主委员会、物业公司、"活动承包商"等,也会不同程度地参与处理社区事务的过程,发挥治理作用。此外,以"基层社会组织+潜在的社区积极分子"构成的主辅结构仍是目前社区治理的主要力量。[1] 它们均对我国的基层社会治理有着积极影响。

然而实践中,与之相关的问题是显而易见的。其一,基层社会组织存在过度行政化的倾向,村、居委会尤甚:基层大量管理事务从乡镇、街道转向村庄、社区,村、居委会的人事任命与工作考核也受街道影响。[2] 由于事务和管理行政化倾向明显,居委会无法有效联系群众和服务群众,基层社区整合较为困难。其二,基层社会组织之间的关系混乱。如居委会与物业公司及业委会之间权责不清的问题就颇为常见。在处理社区事务时,他们相互推诿责任、争权夺利,使得部分社区治理效率低下。[3] 因此在基层社区治理中,需要法律制度更为清晰地调配基层群众自治组织的权力与责任,也需要科层组织重新定位基层组织的任务和责任,以促进基层组织自我管理、服务群众和整合社区。

(二)网格化管理的功能定位及法治改进

网格化管理是基层应对转型时期社会治理压力,创新社会治理的主要方式之一。它对于城镇化时期的基础社会秩序有着重要意义。其一,它重构了治理单元,延伸了属地责任,基层的秩序单元被进一步细化。网格化将基层社会逐步细化为更小的片区,明确了片区的治理任务,细化了片区的责任主体,形成了"点上有人管、线上有人巡、面上有人控"的治理格局。[4] 其二,它突破了科层体系,整合了治理资源,最大限度地释放了国家治理能力。借助于细分的网格,党政将重新整合的人力、财力、物力按照治理需求重新分配到各个网格之中,实现了党政力量下沉,有效克服了政府碎片化的问题,激活了科层体制内的

---

〔1〕 参见王德福:《主辅协作:社区治理的基本结构与运作机制——基于若干社区案例的讨论》,载《湖湘论坛》2019 年第 1 期。

〔2〕 参见陈科霖、张演锋:《政社关系的理顺与法治化塑造——社会组织参与社区治理的空间与进路》,载《北京行政学院学报》2020 年第 1 期。

〔3〕 参见陈朋:《权责失衡的社区治理——基于上海市的实证分析》,载《国家行政学院学报》2015 年第 5 期。

〔4〕 参见陈柏峰、吕健俊:《城市基层的网格化管理及其制度逻辑》,载《山东大学学报(哲学社会科学版)》2018 年第 4 期。

闲置资源。[1] 其三,在责任细化的基础上,它重塑了干群关系,实现了国家与社会的微观衔接。网格内的治理事务具有模糊性、综合性、不规则性、剩余性的特征,既有的科层体系难以触及社会深处。城镇化转型时期更是如此。通过网格化治理,以“事”为核心的科层体系转变为了以“人”为核心的治理体系,工作事项由“事”及“人”。网格内的剩余事务得以消化,网格内的个体化需求得以满足。干部和群众进一步连接,国家更加深入社会,群众路线得以在基层呈现。

但是,网格化治理在运行中同样也出现了一些问题,如信息内卷化、组织适应限度等。[2] 尤其当智慧社会来临之时,问题的表现越发凸显。基层网格治理呈现出了物理中心主义、政府中心主义、地域中心主义和技术中心主义的特征,限制了基层社会法治化的水平。[3] 城镇化转型时期,网格治理法治化更加需要明确网格化制度在治理过程中的功能定位和技术价值,不能“唯网格论”。网格治理始终是一种国家权力深入基层的技术工具。在社会治理中,更应发挥网格制的长处,使其与基层治理有效衔接,实现共治共建共享的法治秩序。

(三)一线执法的法治改进

街区一线的执法对于城镇化社区有着重要意义。一方面,地方政府通过执法向城乡社区供给社会公共品,包括稳定的市场秩序、安全的食药商品、顺畅的公共空间、安定的社区环境等。另一方面,随着城镇化进程的深入,城市社会的基层治理面临着外来人口庞杂、治安问题频繁等大量问题,居民对良性的社会秩序有着迫切的需求。而执法力量合理有效地介入是维系社区秩序的重要保障。但从实践看,街区一线执法人员长期处于权责失衡的状态,公共品的供给面临能力不足的困境。[4] 这表现在两个方面。首先,一线执法者需要承担着过高的责任。这种责任既来自法律规范和职业规范,也来自群众话语中潜在的政治压力。[5] 其次,执法权力实质上受到压缩,执法过程演化出多种形态,包括选择性执法、折扣执法、一线弃权等。因此,需要重新调配一线执法人员的权力与责任,尤其是明确其责任的限度,赋予其更充分的自由裁量权利。

---

〔1〕 参见叶敏:《迈向网格化管理:流动社会背景下的科层制困境及其破解之道》,载《南京社会科学》2018 年第 4 期。

〔2〕 参见陈柏峰、吕健俊:《城市基层的网格化管理及其制度逻辑》,载《山东大学学报(哲学社会科学版)》2018 年第 4 期。

〔3〕 参见马长山:《智慧社会的基层网格治理法治化》,载《清华法学》2019 年第 3 期。

〔4〕 参见魏程琳:《城管执法的能力构成及其实践困境——国家治理能力的视角》,载《云南行政学院学报》2016 年第 1 期。

〔5〕 参见刘磊:《街头政治的形成:城管执法困境之分析》,载《法学家》2015 年第 4 期;于龙刚:《法治与治理之间——基层社会警察“解纷息争”机制分析》,载《华中科技大学学报(社会科学版)》2016 年第 3 期。

(四)民间社会组织的功能定位与法治保障

除基层群众自治组织外,社会组织还包括民间自发组成的社会组织。以社区场域为界,其可以分为两类,分别是内生于社区的内生型民间组织和社区之外的外生型民间社会组织。作为存在于政府和市场之外的第三方力量,它们对于城镇化社区同样有着重要的作用。其一,能缓解部分社区治理压力。社会转型期间,大量外来人口涌入社区,基层社区面临大量治理性的事务,依靠社区内既有的资源难以应付。例如,很多老旧小区人员流动性大,社区缺少物业管理,小区内垃圾及保洁问题无人处理。基层政府通过外包服务的方式,将此类事务承包给外生型社会组织,如专业的社工机构,在一定程度上缓解了小区治理的压力。其二,能作为辅助性的治理资源。社区内存在大量的内生型社会组织,如老年人协会、舞蹈协会、棋牌协会、花友会等。它们承载着社区内高密度的关系网络,有着大量地方性知识和信息渠道。凭借于此,这类组织可以极大地召集、激励、动员、整合社区内闲散的治理资源,以对接社区需求。〔1〕其三,能增加农业转移人口的社会资本。内生型民间组织也是接纳外来人口,增强社区内部组织化的平台。农业转移人口加入这些组织,会最大限度地拓展自身的社区关系网,有利于他们参与社区治理,表达个人意见,增进对社区的归属感。

然而,这些民间社会组织也面临着不同程度的现实困境。这些困境包括行动的空间环境和制度环境受限、治理和角色认知的欠缺、公共信用的缺失与腐败问题还包括对传统发展路径的依赖等。〔2〕基层法治建设与社会组织共生共荣,法治建设可以在一定程度上改善这些困境。在基层场域中,法治建设可以为这些组织拓宽在城市场域的行动边界,为它们搭建和设置前提性的规则和包容性的机制。与此同时,基层社会组织也将成为基层共建共享社会秩序的参与者、法治观念的传播者、法治建设的承载者。通过制度的设置适当拓宽组织行动的边界范围,完善和实施更具体系的社会组织法,以及设计更加严格和合理的制度监管体系等,基层社会组织能够更好地参与到城镇化的法治保障事业当中。

---

〔1〕参见耿羽:《内生型社区社会组织的公共服务能力研究》,载《云南行政学院学报》2017年第2期。

〔2〕参见马长山:《从国家构建到共建共享的法治转向——基于社会组织与法治建设之间关系的考察》,载《法学研究》2017年第3期。

第四节 权的维度:新型城镇化建设中的多元化权益救济体系

“权”是新型城镇化中的基本保障。多元权益救济使得城镇化主体所享有的权利更加完整,权利在日常生活中得以真正落至实处。而构建多元化的权益救济体系,既需要城镇化主体养成善于用法的法治意识,也需要国家提供规范和多元化的权益救济渠道。其中,协调诉讼与非讼的纠纷化解渠道、规范信访与群体性的利益表达、合理配置司法资源是构建多元一体纠纷化解机制的重要内容。解决了这些问题,新型城镇化才能够稳步推进。

一、推进新型城镇化进程需要多元权益救济体系

权益救济的法治保障是维系农业转移人口城镇日常生活的重要机制。现代社会中,法律权利是人在城市中生活所不可或缺的要素。无论是分配资源、分配何种资源、怎么分配资源、怎么运用这些资源,都需要以“有权利”作为“身份证明”。权益救济则是这种能力的重要保障,它使权益拥有者能够依照其拥有的权利获益。哪怕利益受损,也有相应的救济措施。

在我国,权益救济的体系是多元性的,这是为了能够更好地应对新型城镇化进程中复杂而又不规则的各类纠纷和侵权现象。城镇化建设所带来的社会转型,一方面培育和造就了类型繁多的职业群体,促成了社会的分化与多元。另一方面也极大增进了社会流动,扩展了不同社会主体间交往的可能性,社会主体的行为也日益多元。由此,纠纷势必会变得更加繁杂且多元。面对日益复杂的纠纷,多元的解纷机制与救济体系成为了应然之选。[1] 因其有利于切实化解社会矛盾、优化纠纷解决方式、提高解纷资源利用率,它也成为了稳定秩序、实现救济、保障权益的重要制度,对城镇化主体的权益保障有着显著的促进作用。只有当权益救济落到实处,城镇化主体才真正具备了享受各种权益的资格,从而有可能融入城市生活之中,于生活细微之处实现“人的城镇化”。因此,社会需要通过保证社会整体基本秩序,维护多元、差异化个体权益来维持社会稳定,稳步推进新型城镇化。新型城镇化也就呼唤建成多元一体的权益救济体系。

---

〔1〕 参见陆益龙:《纠纷管理、多元化解机制与秩序建构》,载《人文杂志》2011 年第 6 期。

二、权益保障与多元救济的展开维度

(一)法律服务的普及与法治意识的培育

培育法治意识是人们规范自身行为,保障自身权益的前提。法治社会的运行需要公民尊法、信法、用法、守法,以法作为化解纠纷的总纲领。城镇化的个体从乡村到城市的过程中,乡土社会运行的规则经验仍深嵌在他们的身上。然而,场域瞬时变化短期内无法改变留存在个体身上的惯习。[1] 在遇到纠纷、权益受到侵害之时,他们仍可能以私力报复、游行、越权上访等方式维护自身的权益。这既与生活习性有关,也与法治不成熟、制度供给不充分有关。显然,这些方式既会扰乱社会秩序,也会徒增社会治理的成本,即使可以在个案中发挥效用,但对整个社会而言也不可持续,无法持续有效地化解纠纷、维护个体权益。

普法和法治意义的培育旨在改善这些现象。法律普及的目标不仅是有效化解纠纷,通过依法维权培育城镇化主体的法治意识,更是需要超越"维权"范畴,帮助个体退却身上的"乡土性",建立统一的"法治共同体"意识,以维系和链接整个社会。[2] 权益救济只有在法治轨道内实施才能最大范围内兼顾个体和集体的利益。这是构建法治中国,实现社会整合不可缺少的一环。因此,法律的普及、法律意识的培养便极为重要:它不能仅仅停留于言语文本的宣传,还要具备充分的制度能力,实现"知法—用法—守法"过程的良性循环。

(二)司法资源的合理定位与有效配置

有效的权益救济需要理顺现实中的多种救济方式,使其在法治规范下并行不悖地运转,以达到"多元一体"的秩序状态。"多元一体"的秩序状态,既需要强调多元,也需要兼顾一体。就多元而言,一方面,纠纷、侵权行为的多元是存在于社会共同体中的客观现象,不因任何描述、叙述或知识形态而改变。[3] 在社会剧烈变化的城镇化进程中则更是如此。因此,国家需要通过建构多元的救济渠道来解决多元的纠纷和侵权问题。另一方面,由于多元的制度资源都可能被纳入当事人的考量范围,当这些救济方式相互间无法有效衔接之时,便会出现多元系统和制度间的冲突与紊乱。例如,当司法、行政与社区调解制度无法有效衔接之时,纠纷会变得更加复杂。当事人会选择对自身更有利的解纷方式。原本可能在社区内"消化"的纠纷,反而会涌入行政、司法等系统之中,过度损耗治理资源。因此,权益的救济机制还需要具有一体性。

---

〔1〕 有关惯习、场域的理论,详情参见[法]皮埃尔·布尔迪厄:《实践理论大纲》,高振化、李思宇译,中国人民大学出版社 2017 年版,第 213-249 页。

〔2〕 参见吕明:《在普法与守法之间——基于意识形态"社会黏合"功能的意义探究》,载《南京农业大学学报(社会科学版)》2012 年第 3 期。

〔3〕 参见王启梁:《国家治理中的多元规范:资源与挑战》,载《环球法律评论》2016 年第 2 期。

明确司法的性质与地位,合理安放司法的体系地位,对于合理配置司法资源、保障权益救济、促进新型城镇化的发展具有显著作用。在“多元一体”的秩序之中,司法既是“多元”中极为重要的权益救济机制,也是“一体”下最终的兜底制度。定分止争是司法的“本职工作”,但“统率”整个多元纠纷制度体系对化解社会矛盾、稳定社会秩序、实现社会和谐更加重要。实践中,相对过高的司法成本、城乡间不均的法律资源供给、社会阶层所拥有法律资源的差异,使得司法并不能有效保障所有主体的权益,尤其是城镇化中的弱势群体。因此,基层司法更应在多元社会治理中发挥枢纽作用,〔1〕协调、整合并嵌入多元的权益救济体系之中,通过与其他治理资源的衔接和沟通,最大限度地保障和实现城镇化主体的一般权益。

(三)信访制度的功能、定位与法治改进

信访制度是司法系统之外解决纠纷的典型代表。在中国,信访制度有着深厚的社会文化基础。其是根植于中国传统、随着党的群众路线而被逐步改造的制度。〔2〕 正因于此,信访制度成为了群众反映和解决纠纷、保障自身权益的重要形式。尤其在法治建设的过程中,群众路线和属地原则所赋予地方行政的压力,往往使得上访能更有效地实现当事人的目的。城镇化的过程中,信访也是农业转移人口保障自身权益的重要方式。例如,在农民工被拖欠工资、拆迁农民因土地征收而引发利益冲突时,他们更多地会以上访的方式解决问题。这一方面加剧了信访系统自身的负担,弱化了法治的权威。另一方面,信访制度也吸纳并处理了大量无法进入法治体系的剩余事务,对既有法律体系进行了有效的补充。〔3〕

因此,在城镇化的发展过程中,社会既需要信访制度以保障当事人的权益,也需要处理好它与执法、司法制度间的关系。信访制度的法治需求表现在内外两个方面。在信访系统内,它表现在信访行为及工作机制的法治化,〔4〕不仅要求干部尊法、守法、用法,也需要干部引导群众遵守法治规则。在信访系统外,法治需求则表现在如何与法律体系相互衔接,通过对信访案件进行类型化的梳理、甄别与分流,实现“法律事法律办”,强化司法的权威。〔5〕

(四)城乡群体性事件的利益表达和应急法治

随着新型城镇化的深入推进,社会利益持续变动。在传统利益调节机制失

〔1〕 参见范愉:《人民法庭是基层社会治理的中枢》,载《中国审判》2014 年第 8 期。

〔2〕 参见陈柏峰:《缠讼、信访与新中国法律传统》,载《中外法学》2004 年第 2 期。

〔3〕 参见桂华:《论法治剩余的行政吸纳——关于“外嫁女”上访的体制解释》,载《开放时代》2017 年第 2 期。

〔4〕 参见陈柏峰:《信访制度的功能及其法治化改革》,载《中外法学》2016 年第 5 期。

〔5〕 参见刘旭:《信访法治化进路研究——以信访的司法分流为视角》,载《政治与法律》2013 年第 3 期。

灵和新利益调节机制缺失的情况下,持续变动的利益不可避免地会引发激烈的社会性冲突,群体性事件在所难免。[1] 显然,在群体性事件中,行动者们往往会有着自己的利益诉求和行为指向。而集体行动者们希望通过共同行动的方式,来扩大自身行为的影响,最终达致所欲实现的目的。这些目的既包括合法正当的权利诉求,也有着非正当的诉求。但无论如何,集体行动者们都是希望通过对社会秩序的"胁迫",来以极端和非正常的方式实现自身的目的。无序的诉求表达会影响社会正常秩序的运转,过度耗散社会的治理资源。因此,需要将群体性事件纳入法治发展的轨道之中。

在法治规范群体性事件的过程中,需要"疏堵结合"。从"堵"的角度来讲,治理群体性事件既需要政府运用较强较快的能力快速化解群体性事件所造成的社会混乱,恢复社会秩序的稳定,也需要时刻注意对公权力的使用,保障权力行使合理合法,符合法治的规范性要求。从"疏"的角度来看,社会的治理者既需要反思既有的纠纷化解机制是否存在阻塞的"堵点",以驱使行为人采取"群体闹事"这种极端的表达方式,也需要对事件本身进行分析,对诉求的内容进行甄别。对于正当合理的利益诉求,可将其引入多元的法治化轨道中加以疏导和保护。对于非正当与不合理的诉求,则需要用法治化的方式坚决地予以遏制和打击。

---

〔1〕 群体性事件是指特定群体或不特定多数人聚合临时形成的耦合群体,通过没有合法依据的规模性聚集,以语言或肢体行为上的冲突来表达诉求、争取权益、发泄不满、制造影响,对社会秩序和社会稳定造成影响的事件。参见陈柏峰:《群体性事件的发生机理:权利视角》,载《法学研究》2014 年第 1 期。

第四章　城镇化建设法治保障的世界经验与启示

纵观世界经济社会发展历程,城镇化是各国现代化的必经之路。历经百余年的发展,世界各国尤其是城镇化先发国家已经积累了大量的经验和教训。由于法治是在当代最具现代性、合理性的国家治理方式,城镇化的法治保障已成为全世界城镇化实践当中浓墨重彩的一部分,其经验教训值得各国实践者与研究者重点关注。本章将从"城镇化建设法治保障的世界经验与启示"这一视角出发,通过梳理、分析典型国家和与中国情况类似国家的城镇化历程、面临的主要问题,以及保障城镇化进程的法治手段,来在其中寻找有益于中国城镇化发展的发展经验、方法与路径,为我国新型城镇化的法治保障建设提供参考意见。

在城镇化过程中世界各国在民生权益、土地权益、社会治理、权益救济四个领域都面临许多严峻的问题。各国在以法治手段治理这些问题的过程中,涌现了如完善城市规划法治、妥善治理城市贫民窟、创设土地发展权、规范处理征地纠纷程序、法治化处理社会矛盾、治安体制改革、发挥民间自治团体作用、完善法律服务与救济体系以及增强全社会法治意识等一系列宝贵经验。城镇化的推进需要法治保驾护航。而要实现法治保障,则需要从立法、执法、司法、守法四个维度来共同达成。通过对上述经验的分析,我国要建设新型城镇化法治保障体系,在立法上要既吸收先发国家原生立法的立法经验,又吸收后发国家的有效移植经验;执法上要以合理、高效的执法手段来落实法律政策并进行社会治理;司法上先要对司法体制进行改革,切实提升新时代人民法院司法能力水平,对行政权力进行合理约束,同时要注意正式司法手段与非正式司法手段的配合;守法上需要在全社会形成浓厚的守法氛围,这既需要发扬优良的法治文化,又需要引导公众对立法、执法、司法活动的有序参与。

第一节　世界典型国家的城镇化问题与治理经验

世界各国在城镇化过程都遭遇到了众多棘手的问题,根据问题涉及的不同领域,它们可以被大致分为四类,分别涉及民生权益领域、土地权益领域、社会治理领域以及权益救济领域。而各国在治理这些问题的过程中创造出了一大批独特的经验。因为我国在城镇化过程中也将面临同样问题,我们也就有必要深入研究各国对于这些问题的治理经验。

一、民生权益领域所面临的问题与治理经验

先发国家的城镇化所面对的民生问题主要集中在城市规划混乱导致生活空间混乱和贫民窟林立,流浪人员、失业人员权益保障不足等方面。首先,在各国的城镇化过程中,城市规划的混乱是普遍存在的,它致使人们的生活空间变得无序,也因此产生了大量的民生问题。之所以会出现城市规划和生活场景的混乱,主要原因在于当时的城市规划体系无法应付层出不穷的工业化、城市化问题:大量农村劳动力离开乡村涌向工厂,城市被迫进行扩建以容纳越来越多的人口,但由于这种扩建具有急迫性的特征,其只能被动地适应需求,所以有关部门也很难对此进行科学规划。

英国的城镇化过程就是一个典型的例子。从 18 世纪中叶到 19 世纪中叶,曼彻斯特和利物浦成为英格兰北方工业城市的代表。但是在大量农村劳动人口因工业发展对劳动力的需求而涌入城市后,城市面貌变得十分不堪。街道拥堵、建筑物杂乱无章、缺乏绿化,被形容为像是英国文学家狄更斯的著作《艰难时世》中的“焦炭城”。更严重的是,因城市规划中没有考虑到新增人口对公共设施的需求,英国当时出现了严重的卫生问题。生产废料和生活垃圾无人打扫,随意堆放。工业废水和生活污水未经处理便排放到河流中,传染性疾病如天花、猩红热等蔓延开来,并最终形成了 1832 年、1848 年和 1866 年席卷英国的三次大规模霍乱。除此之外,居民用水等基本需求也长期无法得到保障。甚至有的地方一个星期一半以上的时间缺水,低收入者需要到中产阶级家里乞讨才能获取基本的生活资料。

英国的城市规划混乱问题之所以会出现,除了有“资源城市化”落后于“人口城市化”这个“城市病”〔1〕的普遍性原因外,地方财政能力的不足则是另一大因素。由于地方政府财力弱小,又得不到中央财政补贴,政府的土地开发项目便因支付不起高额的赔偿金而多次作罢,城市规划难以实施。这导致地方政府即使意识到了城市公共设施的缺失等问题,也没有能力进行解决。同样的原因,在缺钱的情况下,政府进行城市规划也会更有趋利性,“无论是为规划限制还是强制性征收所支付的补偿费用,必须根据土地利用最大化的原则来决定”〔2〕。由此,出于获得短期利益的考量,一些项目即使不利于城市整体的发

〔1〕 高德步:《英国工业革命时期的“城市病”及其初步治理》,载《学术研究》2001 年第 1 期。

〔2〕 [英]巴里·卡林沃思、[英]文森特·纳丁:《英国城乡规划》(第 14 版),陈闽齐等译,东南大学出版社 2011 年版,第 20 页。

展,也能顺利获得批准,这加剧了城市规划的混乱。

贫民窟、失业人员、流浪人员问题也是伴随城镇化出现的主要民生问题。以巴西为例,巴西国内的贫富差距非常大。1%的富人占据了社会50%以上的财富,而占总人口20%的贫困家庭只拥有社会2.5%的财富。[1] 巴西的失业率也常年保持在10%以上,工资水平却在20世纪90年代大幅下滑。再加上该国还存在过度城市化的问题,许多农村转移人口或城市居民在找不到正式工作,得不到基本救济的情况下难以回到乡村,他们便只能委身于贫民窟中,[2] 以低标准和贫穷的状态生活在这种高密度的人口聚集区中。贫民窟在巴西的数量十分庞大。2000年,贫民窟的总数便达到3905个,遍及所有大城市。现已发展到了中等城市之中。

贫民窟内的居住环境十分恶劣。按照巴西《经济研究》杂志的统计数据,在巴西城市的永久性住宅中,有近30%没有自来水,超过10%没有照明设备。[3] 而作为非永久性住宅的贫民窟,则更是既达不到基本的卫生标准,又缺乏生活的必要设施。此外,由于缺乏有效的社会治理手段,贫民窟内部帮派林立,犯罪不绝。有的犯罪团伙自备大量武器,能与警察分庭抗礼。[4] 贫民窟内的大部分居民被团伙控制,甚至形成合作关系,这也常让警察的行动无功而返。[5] 对此,虽有亨廷顿等学者表示,贫民窟会因内部居民从农村到城市的满足感和消极政治习惯而保持稳定。[6] 但从实践来看,贫民窟的存在确实为巴西的社会动乱提供了土壤。[7]

面对城镇化过程中的上述问题,各国通过多样的法治化治理手段进行了回应,留下了丰富的可供借鉴的经验。在整治城镇规划混乱问题的过程中,英国形成了一套法治化的规划体系。1909年,英国颁布了《住房与城市规划诸法》,“城市规划”这一概念在世界范围内首次在法律上得以确认。该法授予地方政府根据当地实际情况编制规划方案的权力,用以管控城市住宅的兴建,提升城市的卫生环境。不过,该法的实施遭遇了多方面的阻碍,一是握有规划许

---

〔1〕 参见李瑞林、李正升:《巴西城市化模式的分析及启示》,载《城市问题》2006年第4期。

〔2〕 参见吴殿廷、杨春志、钱宏胜:《中国新型城镇化战略及其推进策略》,东南大学出版社2014年版,第20页。

〔3〕 参见李瑞林、李正升:《巴西城市化模式的分析及启示》,载《城市问题》2006年第4期。

〔4〕 参见程洪、陈朝娟:《论20世纪拉美城市化进程及其对中国的启示》,载《拉丁美洲研究》2006年第2期。

〔5〕 参见张宝宇:《巴西城市化问题刍议》,载《拉丁美洲研究》1999年第2期。

〔6〕 参见[美]塞缪尔·P. 亨廷顿:《变化社会中的政治秩序》,王冠华等译,三联书店1989年版,第254-258页。

〔7〕 参见贺雪峰:《地权的逻辑:中国农村土地制度向何处去》,中国政法大学出版社2010年版,第207页。

可权的地方政府委员会制定了较为繁琐的程序,二是第一次世界大战的爆发。之后,英国于1919年出台了新的《城市与住房规划法》。该法首次动以国家力量保障了工人阶级的住房条件,确定了住房补贴政策,开启了全国范围内的政府住房修建计划。为了应对城市扩张问题,英国在1932年又出台了《城乡规划法》,授予政府对已开发和未开发的土地的规划权力。同时,为了控制交通线发展带来的城市过度扩张,英国还出台了《限制带状开发法》,来管制交通道路沿线的开发活动。〔1〕

并且,由于城市规划和生活区域的混乱,伦敦、曼彻斯特和利物浦等工业发达城市曾出现严重的卫生问题,极大地影响了人们的健康状况。为解决这一问题,1837年,英国成立注册总局,开始统计并公开各个城市具体的卫生情况。此后,在两份关于公共卫生的政府报告的建议下,英国于1848年出台了《公共卫生法》,规定在中央成立卫生部,并授权地方建立卫生局,拉开了英国在全国范围内对城市化问题进行管理的序幕。1855年,《消除污害法》出台。1866年,《环境卫生法》出台。1868年,英国又通过《托伦斯法》,授予地方政府要求房产所有权人修缮或拆除没有达到卫生标准的住所的权力。1875年,通过《克罗斯法》授予地方政府根据当地实际情况,制定规划以改善卫生状况不佳的低收入人群住宅区的权力。同年,新的《公共卫生法》公布,构建出基本的地方法规框架用以管理城市卫生和建筑,并将乡村的卫生情况纳入监管范围。〔2〕

在治理贫民窟、流浪人员、失业人员方面,巴西等国家的经验能够提供一定的借鉴作用。其一,改善基础设施,修建安置房。在2007年,巴西推出旨在加强基础设施建设的"加速增长计划",并将贫民窟的基础设施建设列入重要计划当中。不仅如此,自2007年至2010年,政府总共投入了约600亿美元用于城市住房项目,其中包括贫民窟的拆迁与安置。〔3〕 其二,减少贫困,开展职业教育。2003年上台的巴西政府推出了"家庭救济金计划",对低收入人群提供基本的资金扶持。2006年,又创立了"基础教育持续与发展、职业教育增值基金"和"联邦技术教育网络扩展计划",以期提高低收入人群的职业技能,使他们有能力离开贫民窟,在别处安家。〔4〕 其三,发展农业。巴西政府成立了协调发展委员会和基金会,专门支持农村发展,并逐步推进土地制度改革。巴西还颁布了《土地法》,规定政府可以通过公正赔偿的方式,对于占地较多却不予耕种的土

---

〔1〕 参见[英]巴里·卡林沃思、[英]文森特·纳丁:《英国城乡规划》(第14版),陈闽齐等译,东南大学出版社2011年版,第17-20页。

〔2〕 参见仇保兴:《国外城市化的主要教训》,载《城市规划》2004年第4期。

〔3〕 参见周志伟:《巴西城市化问题及城市治理》,载《中国金融》2010年第4期。

〔4〕 参见国家发改委城市和小城镇改革发展中心研究员:《巴西:过度城市化带来多方面问题》,载《经济参考报》2013年12月10日,第5版。

地进行征收。对于无地、无其他收入的农民,政府发放 20 年的长期优惠贷款,用以支持其日常生活。[1] 这样,巴西的贫民窟和流浪人员、失业人员数量增长也都得到了一定程度的遏制。

二、土地权益领域所面临的问题与治理经验

先发国家城镇化中的土地问题主要集中在农地流失、土地公私利益冲突等方面。首先是农地流失的问题。由于在资本主义国家的城市化进程中,大部分土地投资追随资本指挥棒。因此,为追求更高的利益,土地不仅被“碎片化”分割开发,原本的用途和将来的规划也被忽视。这一点在城市化的早期就已经体现得非常明显。由于土地所有者追逐土地带来的利润是英国历史上圈地运动的主要动力,土地的用途也就随着市场的需求而发生变化。[2] 在圈地运动的早期,农地被畜牧业所蚕食,而后又逐步转为工业用地与城市建筑用地。随着这一过程的发展,农地的面积逐步减少。美国的城市化同样存在这种问题。在所谓“商业精神”的感召下,资本家一方面强调正规和可计算,另一方面又强调投机冒险和大胆扩展,把土地、街道作为可以买卖的对象。[3] 再加上从 20 世纪 20 年代初见端倪的郊区化现象,农地被大量蚕食。到 2000 年,美国城市用地的面积已是 1950 年的 3 倍。而同时,美国的农业用地减少了近 105 万平方公里。[4]

其次,在典型的城镇化先发国家,土地公私利益冲突的问题也十分严重。20 世纪中叶时,英国的城市规划出现了“价值漂浮”与“价值转移”两种现象。根据 1942 年出台的《英国建设与规划部补偿与增值专家委员会最终报告》,“价值漂浮”是指城市在外扩过程中,如果东南西北四个方向上的边缘地块都有开发潜力,在政府作出规划限制城市外扩时,各地块所有者便都有权要求政府补偿其丧失的潜在土地开发收益。而由于开发的可能性、所能获得的收益都是不确定的,因此这是一种期待的、漂浮的价值。它会导致政府在进行城市规划与土地征收时被迫付出更高的成本,给政府管制土地开发造成更大的财政压力。而“价值转移”是与“价值漂浮”紧密联系的一种现象,是对因城市规划和土地征收而受损的利益的过多补偿。不过,政府的这部分利益并没有因此消失,而

---

〔1〕 参见周志伟:《巴西城市化问题及城市治理》,载《中国金融》2010 年第 4 期。

〔2〕 参见高麦爱:《18—19 世纪中叶英国土地流转的特点——以科克家族的地产经营为中心的考察》,载《史学月刊》2016 年第 10 期。

〔3〕 参见[美]刘易斯·芒福德:《城市发展史:起源、演变和前景》,倪文彦、宋峻岭译,中国建筑工业出版社 1989 年版,第 314-317 页。

〔4〕 参见吴殿廷、杨春志、钱宏胜:《中国新型城镇化战略及其推进策略》,东南大学出版社 2014 年版,第 17 页。

是发生了转移。毕竟,限制某地块的开发,降低该地块价值,便会提高其余地块获得开发的概率,并提升它的地价。但问题在于,政府需要对降低的土地价值进行补偿,但它却很难获得其他地块提高的土地价值,这造成财政上的巨大压力,使得英国地方政府都不愿行使法律赋予的征地权和规划控制权。[1]

这两种现象的根源在于法律没有妥善处理好土地上的公共利益与私人利益的冲突。政府出于公共利益的考量,通过规划与征收的方式进行土地管理,这不可避免地会对土地所有者的私人利益产生影响。而由于资本主义国家对私有财产权的过度保护,政府承担了过重的赔偿义务,使得正常的土地管理受阻,最终损害了公共利益。

面对这一问题,英国政府通过创设土地发展权制度,来尽可能地兼顾土地管理中公共利益与私人利益的共同实现。1947年,首次执政的英国工党政府更新了《城乡规划法》,标志着英国的城市规划由单纯的调节走向主动的引导和管理。根据该法案,工党政府通过在中央设立城乡规划部和在地方将规划权力赋予郡议会的方式,实现中央与地方的城市管理联动。同时,该法案引入规划许可制度,将所有开发项目纳入控制。这部法律还参考了1942年《英国建设与规划部补偿与增值专家委员会最终报告》中的改善金制度和地价价值变化分配的观点,将私有土地发展权收归国有,即在承认土地私有的前提下,将土地在未来变更用途的权利由私人享有转为国家占有,私人仅能在原有用途上行使占有、使用、收益以及处分的权利。而国家以外的主体想要改变土地用途的,则需向国家购买土地发展权。如果因由国家采取的用途变更导致土地价值下降,也会由国家予以赔偿。该法颁布之后,英国土地开发得到控制,乡村农地萎缩的情况得到缓解。[2] 不过需要指出的是,该项立法活动在英国引起了巨大的争议,也在一定程度上导致正规土地市场萎缩、土地黑市活跃,影响了“二战”后“重建英国”的进程。[3] 因此,保守党政府在20世纪50年代上台后便修改了《城乡规划法》,取消了建筑许可制度。[4] 随后,土地增值收益的分配政策就随着两党交替执政更迭频繁。[5]

美国联邦政府在吸收了前文所述的英国土地发展权思想的基础上,发展出了带有自身特色的土地发展权制度,即土地发展权移转和土地发展权征购并行的模式。土地发展权移转在1968年由美国纽约市出台的《界标保护法》中首次

---

〔1〕 参见彭錞:《土地发展权与土地增值收益分配　中国问题与英国经验》,载《中外法学》2016年第6期。

〔2〕 参见刘国臻:《论英国土地发展权制度及其对我国的启示》,载《法学评论》2008年第4期。

〔3〕 参见刘国臻:《论英国土地发展权制度及其对我国的启示》,载《法学评论》2008年第4期。

〔4〕 参见唐子来:《英国城市规划核心法的历史演进过程》,载《国外城市规划》2000年第1期。

〔5〕 参见程雪阳:《土地发展权与土地增值收益的分配》,载《法学研究》2014年第5期。

得到官方采用,并在新泽西州出台的《土地发展权移转法令》中得到专门规定。根据土地移转制度,土地所有权人可以将其因用途管制而受限的土地发展权出卖给受让人,受让人可以将获得的土地发展权与自己所有的土地上的发展权叠加,据此获得对自己所有土地的额外开发权。该制度受到欢迎并被推广,至2003年已有160个州建立了土地移转制度。土地发展权征购模式于1974年由美国纽约州下的一个县率先推出,后被马里兰州、马萨诸塞州参考建立。该制度规定政府可出资购买土地所有权人的土地发展权,使土地所有权人不能改变土地用途,使政府可以以不使用购得的土地发展权的方式保护农地。至2003年,已有23个州建立了该制度。

此外,世界各国在治理因征地而产生的纷争的过程中,也涌现出了一大批值得借鉴的经验。本课题将其总结为具有正当的法律程序、公平补偿、通过司法程序达到动态平衡的三大要素的征地拆迁纠纷解决制度。

1. 正当的法律程序,即征地拆迁过程中,必须严格遵守相应的法定程序。比如,美国的征地拆迁程序包括以下方面的内容:(1)预先通告程序。政府征地拆迁必须预先通告相关人员或组织。(2)对被征收财产的评估程序。政府在征地拆迁前期,必须对被征收和拆迁的财产进行有效的评估,并以此作为补偿的基础。(3)向被征收方送交评估报告并提出补偿价金的初次要约。在这个过程中,被征收方可以提出反要约。(4)召开听证会。在听证会中,政府要说明征收行为的必要性和正当性。如果被征收方对征收行为提出质疑,其可以通过提出司法裁决来迫使政府放弃征收行为。(5)法院裁决。能够进入法院裁决过程一般是在两种情况下:第一,政府和被征收方在补偿数额上无法达成协议,这种情况下通常由政府方将案件送交法院处理;第二,被征收方对政府的征收本身提出质疑,提交法院裁判。在此过程中,依法设定的程序保证了双方平等协商补偿金的机会,促进了良性沟通。

2. 保障补偿的公平性,主要包括主体、客体、估价的公平性。它能够保障与财产有关的利益人(如承租人)之利益,客体的全面性(如土地及其附加物和其他无形资产),以及最后估价的公平性。该制度主要通过聘请有专业背景的评估师来进行,还可以请求法庭陪审团进行裁定。

3. 通过司法达到动态平衡。比如,美国的《重要空间法》不仅保证了政府可以获得土地,并给予了公民就赔偿金额讨价还价的权利。同时,它还保证了居民对拆迁理由提出质疑的权利。不仅如此,美国还存在专门代表普通居民对滥用拆迁特权进行上诉的民间法律机构,如坐落于美国白宫附近的美国司法学院。除此之外,还存在多个民间组织和法律机构,监督并纠正征地特权滥用的行为。因此可以说,美国民间的法律组织在保护公民权益,完善和发展美国征地拆迁制度上有着举足轻重的地位。[1]

三、社会治理领域面临的问题与治理经验

先发国家城镇化进程中所出现的社会治理问题主要集中在社会分化加重、政局动荡、社会不稳定等方面。首先，随着城镇化的深度发展，美国出现了去中心化的现象。市场化的郊区迁移不仅使得城市中心逐渐失去了凝聚经济、政治、金融资源和社会共识的作用，也使美国人的住宅区被分为富人区、中产区、底层区，彼此互不相见。这一方面导致传统向心性的单一中心城市格局演化为了离心性多中心的大都市区格局，社会分化进一步加深，不同种族和经济阶层的隔离加剧，对各种问题的态度两极分化。[2] 另一方面，这也致使底层聚居区因缺少资源、机会、公共设施和足够的治安力量，违法犯罪问题频发；同时，富人区却愈发舒适而安全。其次，由于城镇化的过程往往是伴随着多种利益的冲突与斗争而进行的，这些冲突与斗争还会引发社会动荡，甚至导致极端的政治动乱。

由于社会分化与利益冲突的加剧，世界各国在城镇化的过程中大多出现过犯罪率剧增、社会治安恶化的阶段。英国就是一个典型的例子，其犯罪率在18世纪后半期已开始缓慢上升，到18世纪末至19世纪初，开始出现快速增长的趋势；19世纪20—40年代，形势最为严峻，达到高峰期；直到19世纪中后期才出现好转迹象。[3] 可以发现，犯罪率高速增长的时期正好与英国工业化与城镇化迅速发展的时期是相吻合的。

这种犯罪率的剧增主要因为两点：一是贫困的加剧，这种贫困根本上是源于"资源城镇化"水平落后于"人口城镇化"水平，"在一定的发展阶段，某一特定城市的生存资源是有限的，城市环境所能容纳的人口规模是限制人口数量的一个重要'瓶颈'。超容量人口规模的膨胀必然加剧生存资源的竞争，并使资源分配陷入困境"[4]。而城市的工作岗位正是一种重要的生存资源。在当时的英国，一方面，新一轮的圈地运动导致乡村底层劳动者进一步赤贫化，农村劳动力被迫进城寻找务工机会；另一方面，企业的新增用工需求无法消化那么多的劳动力，因为频繁的经济萧条甚至会产生大规模的失业潮。据美国霍普金斯大学调查，失业率每增加1%，杀人、盗窃犯罪率会增加5.7%，进监狱的人数会增

---

[1] 参见彭开丽、李洪波：《美国的土地征用补偿制度及其对我国的启示》，载《农业科技管理》2006年第6期。

[2] 参见[美]布赖恩·贝利：《比较城市化：20世纪的不同道路》，顾朝林等译，商务印书馆2010年版，第61页。

[3] 参见许志强：《英国工业化时期的犯罪问题及其社会成因》，载《世界历史》2015年第2期。

[4] 李锡海：《工业化、城市化与犯罪》，载《法学论坛》2009年第1期。

加4%,失业加剧贫困而诱发犯罪是共同的客观规律。[1] 二是传统社会结构的解体,当时的英国由于城市化进程中大量流动人口的出现,传统的教区管理体制已经难以应付,再加之糟糕的城市环境与不良风气对传统道德观念的侵蚀,[2]造成了犯罪率的迅速上升与社会治安的极度恶化。最典型的例子是治安官制度的解体。当时的英国城市治安由治安官所维护,治安官都是城市居民兼职,不仅人数少,力量薄弱,而且领不到薪俸,工作积极性不高。在流动人口很少,城市居民大多都是熟人的情况下还能起到作用。在城镇化水平迅速提升后,面对涌入的人口及飙升的犯罪率,兼职的治安官最终被专职的警官所取代。

由上可知,城镇化是一场重大的社会变革,伴随着利益结构的复杂调整,必然要触及相关者的切身利益,导致尖锐激烈的利益矛盾冲突,引发各类社会治理问题。因此,城镇化能否健康、有序推进,一套能够有效治理社会,将矛盾消灭于萌芽状态的机制和平台便至关重要。而从典型国家的经验看,法治在其中起着至关重要的作用。以美国为例:一方面,通过颁布《出版自由法》《表达自由法》等法律文件,美国为公民的利益表达提供了多元渠道,使社会的各种不满、怨恨和愤慨得到一定的显现和释放。[3] 另一方面,从1803年开始,美国就先后针对社会动荡、恐怖袭击等制订了一系列专门的法律,并建立了一套从联邦到地方的涉及各个领域的社会治理法规体系,以确保政府能够分工明确、行动有力、措施高效地维护社会秩序稳定。

面对上文所提到的社会治安恶化问题,英国通过多管齐下、综合治理的手段加以应对。主要有:在经济上通过济贫法救济贫民,并为他们提供工作机会;在立法上出台一系列抑制暴力活动的立法,并通过重刑化的法律严惩犯罪;在文化上与教会等社会组织合作,通过道德、宗教教育,重塑社会价值观。其中最主要贡献在于最早建立了高效、规范的专业警察制度,在打击、预防犯罪方面发挥了重要作用。这一体制成为现代警制的滥觞,后来为各国所效仿。[4] 这支警察队伍不仅取代了已经无法发挥作用的兼职治安官们,惩治了犯罪,维护了社会治安,并且还承担了扶困救灾等公共服务职能,这与当时其他各国的武装力量截然不同,更受平民的支持,消除了民众对于强化政府武力的抵抗情绪,从而化解了英国政府在实现社会秩序与保证民众自治之间的两难境地。

日本在城镇化过程中通过建立警民共治防控机制,从而防控犯罪,维护社

---

[1] 参见李锡海:《工业化、城市化与犯罪》,载《法学论坛》2009年第1期。

[2] 参见许志强:《英国工业化时期的犯罪问题及其社会成因》,载《世界历史》2015年第2期。

[3] 参见李俊、唐芳、聂应德:《城镇化和工业化互动视域下维稳的域外经验及对中国的启示》,载《政治学研究》2014年第1期。

[4] 参见许志强:《英国工业化时期的犯罪问题及其社会成因》,载《世界历史》2015年第2期。

会治安。日本"在刑事司法的许多方面都确实看到民众广泛的合作与参与",[1]民众的合作与参与往往是通过各类民间组织的,这些民间组织不仅产生了犯罪预防的效果,更是社区自治的主要主体,为中国社会的基层社会治理与社区社会组织建设提供了可资借鉴的范例。町内会是其中最重要的民间组织。

町内会自1889年开始萌芽、20世纪初逐渐形成、1947年被取消、1952年恢复、1991年获得法人资格,是指把居住在同一社区内的所有家庭户和企业组织起来,共同处理社区中发生的各种(共同的)问题,能够代表社区并参与社区(共同)管理的居民自治组织。[2] 在日本,以町内会为代表的自治团体,一方面起到团结社区居民,促进社区团结的作用;另一方面也动员社区居民,开展如清扫卫生、美化环境、防范宣传等集体活动。[3] 相较于我国的村民委员会和居民委员会,町内会虽然与地方政府有着密切合作,但是在人、财、物方面都是严格独立,不受行政干预的,这与村级治理行政化的我国有着很大不同,政府交办的事务由政府支付费用。政府有专门负责联系町内会的人员,但不发号施令。总体来说,这些自治团体自我管理、自我服务,不仅在防控犯罪、维护治安上有重要作用,更是整个社会治理体系的重要补充。

四、权益救济领域面临的问题与治理经验

推进新型城镇化建设,涉及新旧利益格局的调整和重组,如何回应各类利益诉求,并在法治框架内协调各方关系,是城镇化建设中面临的重大课题。要使城镇化进程中各类权益在法治轨道上得到保障,前提是要有完善的法律服务体系。同时,在城镇化的进程中,公民权益往往会受到多方面的侵害,要通过完善的法律救济体制来保障新型城镇化建设中各方群体的合法权益。最后,实现新型城镇化建设中的民众权益保障,除了要完善法律制度,还要增强社会自身的法治意识,让公民善于通过法律途径维护自身权益。

首先是法律服务体系,在各国城镇化的初期,法律服务体系往往还不完善,公民的基本法律服务需求长期无法得到保障。因此,在公民权利遭到不法侵害抑或将受刑事审判时,要么付出高额的代价,聘请专业律师为自己提供法律服务;要么无奈地参与到陌生的司法程序中,等待难以到来的正义,更有甚者则是放弃通过法律程序寻求正义的期望,苦涩地接受于己不利的结果。

---

〔1〕 参见[美]路易丝·谢利:《犯罪与现代化——工业化与城市化对犯罪的影响》,何秉松译,群众出版社1986年版,第88-89页。

〔2〕 参见崔月琴、胡那苏图:《日本地域社会治理及社区志愿者组织发展的启示——以名古屋市"南生协"的社区参与为例》,载《福建论坛(人文社会科学版)》2019年第12期。

〔3〕 参见李海金:《城镇化进程中的基层治理:日本的经验与启示》,载《社会科学战线》2016年第7期。

对此,各国纷纷建立了法律援助制度,为无法负担高昂律师费用的平民提供廉价甚至免费的法律服务,促使他们得以更好通过法律途径维护自己的权利。法律援助最早源于英国,1495 年亨利七世统治期间,英国议会就通过一项旨在保证贫穷的民事诉讼当事人获得免费的律师帮助及免除所有费用的法律。[1] 在当时,法律援助只被视为是国王偶尔的恩赐,并不是国家应对公民承担的义务。在资产阶级革命后,随着权利观念的深入人心,法律援助也逐渐从“恩赐”转变为作为国家公民天生应具有的一项权利。20 世纪以来,尤其是“二战”后,随着社会本位思想的发展,法律援助不仅被视为一种权利而且被视为国家福利的组成部分。纵览世界各国经验,其在实施法律援助的机构及其人员方面主要有以下三种模式:(1)专职律师模式;(2)司法保障模式;(3)混合模式。[2] 专职律师模式强调法律援助人员的专业化,不利于吸引优秀律师从事法律援助工作;司法保障模式允许当事人自由选择律师,法院支付律师费用,但不利于国家对法律援助工作的管理。因此,目前各国将专职律师与司法保障相结合,在此基础上发展混合模式,以求更加灵活应对不同类型法律援助案件的需求。

进入 21 世纪后,以计算机、网络和通信技术为代表的信息技术的发展,似乎为法律援助施援方式的改革提供了可能,不少国家开始利用信息技术重构均等化与普惠性公共法律服务体系。[3] 一是通过立法推动公共法律服务的信息化改革,如 2012 年 12 月,英国司法部公布的《数字计划》,这部法案正是要求对英国法律援助系统进行信息化改造。二是完善公共服务的硬件设施,如荷兰法律援助委员会陆续在全国范围内建立了 30 家法律服务柜台,这 30 家法律服务柜台共享同一个网络和电话服务中心,每个柜台至少配有 6 名专职法律援助人员。[4] 三是开发多样化的网络法律服务,更好服务不同类型人群的需求,如英国考文垂法律中心网站使用语音浏览器为盲人、弱视和其他视力障碍群体提供无障碍化访问。[5]

其次是法律救济体系。生态权益的侵害是城镇化过程中出现的主要权益救济问题之一。因此,本章以生态问题的形成与权益救济为例,论述各国在治

---

[1] 参见彭锡华:《法律援助的国家责任——从国际人权法的视角考察》,载《法学评论》2006 年第 3 期。

[2] 参见胡玉霞、胡晓涛:《对国外法律援助模式之比较与借鉴》,载《华中科技大学学报(社会科学版)》2006 年第 3 期。

[3] 参见黄东东:《公共法律服务与信息技术:域外经验与中国问题——以法律援助为例》,载《电子政务》2017 年第 1 期。

[4] 参见郭婕:《网络技术视野下国外法律援助亮点透视》,载《中国司法》2012 年第 3 期。

[5] 参见黄东东:《公共法律服务与信息技术:域外经验与中国问题——以法律援助为例》,载《电子政务》2017 年第 1 期。

理生态问题过程中是如何建设一套完善的法律救济体系的。城镇化对环境与生态的破坏在19世纪的英国便可见一斑。在工业革命以前,非集约型、规模型的工厂并不会对环境造成不可逆转的伤害。然而,蒸汽机改变了工厂生产的动力,使工业和人口的大规模集中成为可能,而集中在某一地域的大规模污染就超出了当地环境的自我调整能力。[1] 在当时,许多大城市都因严重的环境污染背上恶名,伦敦被称为"雾都",曼彻斯特则被称为"黑乡"。[2] 除了工业发展,城市中因人口集中居住而产生的生活垃圾、废水也对城市环境造成的严重破坏,泰晤士河沦为了漂满垃圾和排泄物的污水河。在城镇化的中后期,去中心化对郊区生态环境的破坏又成为了新的问题。这一点在美国体现得最为明显。当时,由于城市中心环境恶化以及交通通达度的提高,制造业、零售业等各行各业随着人口向郊区转移。它导致原始环境被新的居住区或者工商业区代替,自然原野和乡村大片消失,甚至原本生存在当地的物种也逐渐灭绝——郊区环境受到了不可逆的破坏。[3] 之所以产生了如此严重的生态破坏以及对生态权益的侵害,一方面是由于资本永恒的逐利性,另一方面也是公民缺乏完善的法律救济体系,无法以法律手段维护自身生态权益。

面对严峻的环境生态问题,各国通过建立完善的法律救济体系来保障生态权益。如日本针对城市化发展过程中的各个环境和公害问题,从中央到地方出台了大量的法律和行政规章。1993年,日本还正式颁布实施了《环境基本法》,以基本法的形式保障民众的环境权益。类似地,巴西在1981年出台了《国家环境政策法》,并在1989年予以修订,成为巴西专门针对环境保护问题颁布的第一部综合性法律。该法构建了全国范围内的环境管理体制,不仅设立了国家环境委员会、环境部等中央级别的机构,还明确了中央与地方政府在环境执法上的关系,形成了协同机制。1998年,巴西又出台了《环境犯罪法》,少有地将环保问题纳入刑事制裁领域。巴西的检察机构对于环境保护的贡献也较为明显。1981年的《国家环境政策法》赋予了检察机构基于公共利益提起和介入民事诉讼的权力。1985年的《民事公益诉讼法》明确了环境保护是公共利益的一部分,赋予了包括公民、环保组织和检察机构提起公益诉讼的权利。1988年的《巴西联邦共和国宪法》更是将检察机构置于国家法治、民主体制和公民权利守护者的地位,提升了其独立性,扩大了职权范围。据此,巴西的检察机构可以通过展开调查、庭外调解、公益诉讼和指控犯罪的方式履行其环保职责。[4]

---

[1] 参见[美]刘易斯·芒福德:《城市发展史:起源、演变和前景》,倪文彦、宋峻岭译,中国建筑工业出版社1989年版,第337-350页。

[2] 参见仇保兴:《国外城市化的主要教训》,载《城市规划》2004年第4期。

[3] 参见仇保兴:《国外城市化的主要教训(续)》,载《城市规划》2004年第5期。

[4] 魏茹霞:《巴西检察机关介入环境公益诉讼的法、术、势》,吉林大学2017年硕士学位论文。

最后是社会的法治意识。在城镇化过程中，大量农村劳动力进入城市，从农民转变为城市居民，由于他们的受教育水平相对较低，因此法治意识也相对较差，在合法权益遭到损害后，无法通过法律手段来维护自身权益。

为了提升全社会的法治意识，形成“学法、知法、守法、用法”的良好社会氛围，各国普遍采取的措施是从青少年抓起，通过学校的法治宣传教育，使得下一代养成良好的法治意识，这一方面是等他们走入社会后，社会的法治意识自然而言得以提升，另一方面也是通过对青少年的法治教育，从而影响其所在的家庭，让他们更加亲近法律，自觉“学法、知法、守法、用法”。对青少年进行法治教育的经验主要在以下几个方面：(1) 丰富教学资源，例如在美国，从事法治教育的教师可以在美国律师协会公共教育分会设立“法治教育网络”找到所需要的一切教学资源，并且该网站检索非常便利。(2) 推动教育界与司法实务界的合作，美国律师协会的青少年公民教育特殊委员会在此过程中发挥了重要的作用。本书在资源平台部分中提到的《法治教育快讯》也是由该委员会所创。2010 年，该委员会还通过决议，鼓励所有的律师将参与对学生的普法教育作为自己最基本的责任。[1] 通过形式丰富的法治实践，美国的大学把依法治校的工作实践与法治教育有机结合起来，让学生能够参与校内立法、管理、监督和自治活动，使校内法治实践的过程也成为法治宣传和教育的过程。[2]

第二节　典型国家治理城镇化问题的法治经验

从各国的经验来看，城镇化的推进需要法治保驾护航。而要实现法治保障，则需要从立法、执法、司法、守法四个维度来共同达成，形成一个系统。首先，从前文经验材料看，先发国家往往会以创制法律的方式使城镇化的各方面都有法可依。其次，它们还将创制的法律在城镇化进程中真正施行，通过执法和司法两端，起到解决纠纷、维护秩序的作用。最后，城镇化的顺利推进也离不开国家、社会、个人共同遵守法律法规。也正是因此，我国有必要从科学立法、公正司法、依法行政、全民守法四个维度借鉴城镇化先发国家的法治经验，从而完善自身的城镇化法治保障机制。

一、立法方面的经验

城镇化进程需要以适宜的立法作为法治保障的依据。由于不同的国家城镇化历程有先后之分、速度有快慢之别、效果也有好坏的差异，所以他们的立法

---

[1] 张冉：《践行法治：美国中小学法治教育及对我国的启示》，载《全球教育展望》2015 年第 9 期。

[2] 赖雪梅、肖平：《美国高校本科生法治教育路径分析》，载《比较教育研究》2018 年第 8 期。

实践也各不相同。最明显的,先发的国家大多需要创造性地探索城镇化的法治保障手段,而后发的国家则要考虑如何有效借鉴、移植他国的措施,防止移植失败。因此,我们在借鉴这些国家的立法经验时,就有必要将其分为原生立法与移植立法两种,既吸收先发国家原生立法的立法经验,又吸收后发国家的有效移植经验。

原生型立法的代表国家是英国,英国是工业革命的发源地,也是第一个走上城市化历程的国家,目前城市化率高,城乡面貌良好,社会福利保障较为齐全。但正因为其是城市化"首发"国家,无法参照他国做法来解决城市化发展中所面临的问题,所以走了不少弯路。不过,英国也享受着"首发"国家几无外界干扰、发展时间充裕的优势,能够以问题为导向,摸索着进行法律的创制,稳步促进城镇化问题的解决和城镇化进程的推进。[1] 在工业革命以后,面对城镇化初期日益严重的卫生和住房问题,罗伯特·欧文等人在城镇规划立法方面提出了"理想城市""新和谐村""花园城市"的构想。他们强调城市是经济和社会活动组成的大系统,需要进行整体规划,由此将英国城镇化立法活动引向了更具弹性和适应性的方向。[2] 再如,在几场卫生和住房问题造成的疾病肆虐后,英国当局先是针对卫生问题制定了《公共卫生法》等法律,又针对住房问题制订了《工人阶级住宅法》等法律,尔后将二者结合并延伸到城市规划方面,制定了《住房与城市规划诸法》,并最终通过《城乡规划法》将规划立法从地方上升到中央层面。英国还是世界上第一个以立法方式将土地发展权从土地所有权中分离出来的国家。"二战"之后,英国首先提出了土地发展权概念,并在1947 年制定的《城乡规划法》中将发展权与所有权分离,创造性地使得土地权利具有了静态和动态两个维度。[3] 上述这些立法共同组成了英国城镇化问题之法治保障的基本框架。

移植型立法的代表国家是日本。作为城镇化后发国家,日本在历史上有过三次重大的法律移植浪潮,即公元 7 世纪的"大化改新"、公元 19 世纪末的"明治维新"、第二次世界大战战败后的法律改革。这三次法律移植,使当时的日本在法律制度建设上取得了巨大的成就,对其社会发展也产生了巨大的影响。[4] 在城镇化过程中,日本不否认城镇化共性的存在,既不一味地追求特色,也不机

[1] 参见李冈原:《英国城市病及其整治探析——兼谈英国城市化模式》,载《杭州师范学院学报(社会科学版)》2003 年第 6 期。

[2] 参见仇保兴:《19 世纪以来西方城市规划理论演变的六次转折》,载《规划师》2003 年第 11 期。

[3] 参见刘国臻:《论英国土地发展权制度及其对我国的启示》,载《法学评论》2008 年第 4 期。

[4] 参见张闻笛:《从日本公司法人格否认制度的形成透视日本法律移植》,吉林大学 2011 年博士学位论文。

械、教条地照搬城镇化的一般规律,而是在遵循一般规律的基础上,充分考虑本国国情,制定出最佳的城镇化方略。可以说,日本的法律移植成功之处就在于,它建立在对本国城镇化现实状况的考量之上。

在保障城镇化的立法所应遵循的取向上,不同的先发国家也给出了不同的经验,需要我国根据自身实际情况予以取舍。比如英国更注重公平。英国1947年实施的《城乡规划法》规定了“流通价值制度”和“改善金制度”。通过它们,英国在土地发展权方面明确了公共部门的主体地位,以此来防止地价异常波动,避免产生“土地食利者”及可能引起的利益矛盾或串通勾结。[1] 这极大地反映出英国在地权制度的设计上更为注重公共利益的特点。同样是面对城镇化进程中的土地问题,美国在立法内容上则更注重效率。基于美国的土地发展权制度,无论土地所有权人的交易对象是政府还是私人开发商,都要以市场机制进行运作。尤其是土地移转制度,交易价格完全根据所有权人和开发商的合意确定。这样,土地所有权人能够在出卖土地发展权的过程中获益颇丰,通过土地流转的资源配置效率也大大提升。可见,相比英国对公共利益的重视,美国更希望通过市场机制来提升交易和资源配置效率。

二、执法方面的经验

城镇化进程需要以合理、高效的执法手段来落实法律政策并进行社会治理。之所以要强调执法的合理性,是因为城镇化是一个前所未有的利益重新布局、分配和创造的过程。在这个过程中,国家需要施加干预的事务迅速增加,包括制定全国和地方层级的城市发展规划、投资城市基础设施和公共房屋建设、实施现代化的城市管理等。这意味着政府社会管理和城市建设职能的扩大,有不当谋利乃至失控的风险。因此,有必要以完备的法律规范体系来对这种扩大划定的职责范围和相应的权力进行约束,以防止这样的状况发生。在这方面,英国十分强调依法行政。比如在城市规划上,自《城乡规划法》颁布以来,英国政府便严格按照该法对规划流程的硬性规定照章办事,从而获取行为的合法性。同样,由于美国《权利法》明文规定“没有经过正当的法律程序,任何人……不能剥夺生存、自由、财产的权利;没有适当的补偿,私人财产不能被侵占”,而城镇化发展过程的重点之一就是土地的开发。所以,在土地开发涉及私人财产权的情况下,美国政府也往往不会对此进行轻易干涉。[2] 他们还通过立法的方式明确了区划权力的来源:既赋予了行政机关权力,也划定了行政机

---

〔1〕 参见刘国臻:《论英国土地发展权制度及其对我国的启示》,载《法学评论》2008年第4期。

〔2〕 参见[英]巴里·卡林沃思、[英]文森特·纳丁:《英国城乡规划》(第14版),陈闽齐等译,东南大学出版社2011年版,第9-11页。

关权力的边界。如果超出这个范围,就可能构成违宪。

执法的有效性也极为重要。只有不断提升国家的有效执法能力,才能够真正将法律和政策予以落实。执法有效性的重要性体现在英美等城镇化先发国家所走过的弯路上。英国在1947年通过《城乡规划法》明确了土地发展权国有化的政策,但该政策在实施中遇到了许多困难。由于土地增值收益收归政府,土地所有权人保护土地的积极性和开发热情便大打折扣,又因为被政府监管的土地市场不再活跃,政府的执法监管力量又不充足,土地黑市反而繁衍起来,进一步破坏了土地所有权人的权益。[1] 美国在施行土地发展权移转和土地发展权征购制度之前,其所采用的土地用途管制也因执法能力的缺失而没有完全奏效。这导致美国的土地利益几乎都被资本家拿去。英美两国的经验可以看出,相比于文本中的法,行动的中的法更应该重视。没有有效的行政执法,即使政府依法行政,也有可能达不到预期的结果。

三、司法方面的经验

首先,正如前文所述,城镇化加剧了各种利益之间的冲突,造成了大量的社会纠纷,而司法在定分止争中起到了非常重要的作用。然而,面对种类繁多、数量剧增的司法案件,旧有的司法体制已经无力应对,各国纷纷进行司法体制改革,以应对城镇化过程中出现的"诉讼爆炸"的情况,提高司法体制定分止争的能力。

日本20世纪60年代第二次司法改革正是最好的例子。这段时期正好是日本"二战"后经济开始腾飞的时候,随着经济发展,城镇化水平也在高速提升,与此相伴的是诉讼案件的飞速上升。与1957年相比,在1961年的案件中,民事诉讼案件未审结的增加了40%;刑事诉讼案件未审结的也增加了12%。除此之外,在传统的司法体制下,审理周期太长、效率太低与前者共同导致了饱受当时民众诟病的诉讼迟延问题。[2] 而立志成为裁判官的人员减少,不能满足裁判所人员设置的需要,[3] 又产生了"案多人少"的情况,加剧了上述的问题。

对此,日本改革措施主要集中在如何提高诉讼效率和提高裁判官数量和质量,以更好应对经济发展与城镇化水平提高后产生的"诉讼爆炸"现象。由来自国会、政府、法院、检察厅、日本律师联合会及法学研究家(学者)等6个方面的知名代表人物组成"临时司法制度审议会",这个审议会在存在的两年间组织了

---

〔1〕 参见程雪阳:《土地发展权与土地增值收益的分配》,载《法学研究》2014年第5期。

〔2〕 参见邓曾甲:《20世纪60年代日本的司法改革》,载《外国法制史研究》2002年第00期。

〔3〕 参见潘剑锋:《从日本第三次司法改革看我国司法改革存在的问题》,载《法学》2000年第8期。

大量的社会调研、召开了几十次审议会议,还奔赴英、美等多国进行考察,最终在1964年制作了《临时司法制度审议会意见书》。在提高诉讼效率方面,一是要简化诉讼程序,推行“判决书的简易化”“集中审理”“审前准备”“当事人不出庭场合”等简易程序。二是要改革简易法院,扩大它的受案范围。在建设裁判官队伍方面,最核心的是“法曹一元化”制度,其基本的内容是经过司法统一考试合格者必须首先成为律师,在执业10年,积累了丰富的社会经验与法律实务经验后,经过日本律师联合会的推荐,从其中的优异者中选任为法官。当然,除了律师之外,法学研究家、检察官等如果符合条件也可以担任法官。〔1〕

其次,由于城镇化是一个动态的、变化的过程,非常规的情况与困境层出不穷,因此,城镇化进程中的权力行使往往需要一定的灵活度。但也需要注意,如果对权力的管制过于宽松,权力的滥用可能会导致新的负面影响。所以,如何在保证权力灵活度的情况下对其进行约束,就是实践中必须要回应的问题。从英美等城镇化先发国家的经验看,司法是约束政府权力,确保城镇化进程中权力运用“不失底线”的重要手段。在美国的勒克陶诉剑桥市一案中,联邦最高法院明确指出,政府干预土地所有权人基本权利的权力不是无限的,如果原土地所有权人行使权利与公共利益没有明显关联,政府不能对其进行限制。不过如果不属于上述情况,政府则具有灵活使用权力的合法性。〔2〕 这实际上是司法权对不正当合理的行政权的规制,是司法权对行政权范围的界定和对行政权行使的监管。可以说,面对城镇化过程中的利益纠纷,美国的司法制度划定了公权的范围,阻止了政府专断弄权,同时也使这一底线范围之上的权力行使具有灵活性。同样,日本在治理城镇化过程中行政机关的失职或违法问题时,也主要运用了司法的手段。日本对保护环境不力、不作为的行政机关追究国家赔偿责任的做法,就是从20世纪70年代的公害审判中确立的,这在当时是一个“划时代的进步”〔3〕。

最后,从城镇化先发国家的经验看,想要有效治理城镇化进程中出现的各类社会问题,还需要正式司法手段与非正式司法手段相配合。比如,巴西法院在应对城镇化过程中的环境纠纷时,除了会运用到在法庭进行的常规诉讼手段,还常常通过实地调查、庭外调解、司法监管等方式来化解矛盾。检察机构也常与环保机构合作来获得与案件相关的专业资料,并在此基础上与被调查对象签订“行为调整协议”,明确补救措施,规定违约责任。这既节省了司法成本,又

〔1〕 参见邓曾甲:《20世纪60年代日本的司法改革》,载《外国法制史研究》2002年第00期。

〔2〕 See Nectow v. City of Cambridge, 277U. S. 183(1928).

〔3〕 参见梅泠、付黎旭:《日本环境法的新发展——〈环境法的新展开〉译评》,载《环境资源法论丛》2002年第00期。

更容易达成双方合意，提升社会效益和环境效益。[1]

四、形成守法氛围方面的经验

以法治保障城镇化的稳步发展，需要在全社会形成浓厚的守法氛围。而从城镇化先发国家的经验看，这首先要有良好的法律文化作支撑。英国有着自己独特的法治文化传统，这一传统经历了从习俗到普通法再到现代法治的漫长过程才得以形成。它有力地推动了英国的社会稳定和发展。[2] 在英国的法律文化传统中，“人民的同意”是法律得以产生合理性和实效性的重要原因。[3] 而英国在资产阶级革命后颁布的《人身保护法》《权利法案》《王位继承法》，也体现出了法律保护人民基本权利的文化特征。由此，英国的法律文化相对而言符合社会成员的需要，他们也就乐于积极主动地遵守法律。[4] 作为英国历史上的殖民地，美国也吸收了英国的法治文化。在独立之后，由于美国社会上不存在一个集权的传统封建制度，如托克维尔所说“无须民主革命即实现了民主”，其法治的文化传统也就得以持续深化。[5]

从城镇化先发国家的经验看，公众对立法、执法、司法的有序参与也是形成良好守法氛围、促进社会稳定的重要手段。在城镇化初期的英国，在还未进行卫生立法的情况下，工商企业和居民便自行集资保护公共卫生环境，并积极对立法建言献策，最终迎来了《公共卫生法》的颁布。同样，市政公司协会、英国皇家建筑师协会、测量师协会以及市郡工程师协会等许多行业协会参与到中央的城市规划立法过程中，使该立法能够兼备实务部门的经验和理论界的思考。[6] 类似地，日本的非政府组织、公民集体甚至公民个人会时常参与到立法、执法、司法的过程当中，为国家的法治发展建言献策。日本的《城市规划法》和《环境基本法》则直接规定了公众参与制度，要求政府有关部门在进行城市规划和环评时召开听证会向公民说明情况，公民也可在这一过程中提出书面意见。通过这样的方式，一方面，公民自身的权利意识得以提升；另一方面，由于保障了群

---

[1] 参见李挚萍：《环境公益保护视野下的巴西检察机构之环境司法》，载《法学评论》2010 年第 3 期。

[2] 参见陈晓律：《从习俗到法治——试析英国法治传统形成的历史渊源》，载《世界历史》2005 年第 5 期。

[3] 参见张彩凤：《英国法治研究》，中国人民公安大学出版社 2001 年版，第 8-10 页。

[4] 参见司马俊莲：《略论英国法治发达之成因》，载《法学评论》2006 年第 4 期。

[5] 参见[美]塞缪尔·P. 亨廷顿：《变化社会中的政治秩序》，王冠华等译，三联书店 1989 年版，第 113-123 页。

[6] 参见[英]巴里·卡林沃思、[英]文森特·纳丁：《英国城乡规划》(第 14 版)，陈闽齐等译，东南大学出版社 2011 年版，第 17-18 页。

众参与,人们遵守这些法律、政策、规划的意愿也就大大提高了。[1]

而巴西则提供了相反的经验。自 1889 年帝制结束,受到欧洲启蒙运动与美国独立战争影响,巴西便始终效仿西方进行政治体制构建,强调法律的重要性。[2] 但即便如此,由于缺乏法治文化土壤和人民的有效参与,巴西的守法文化一直没能形成。巴西的中央政府与大地主阶级关系紧密,[3] 因此,政治上,虽然巴西以民主法治的“包装”增加了政权的合法性,但内里却几乎无视了人民的诉求,甚至以法律的方式逐渐排除了自上而下彻底改革的可能性。[4] 经济发展上,有关于市场的行政命令之效力也远大于法治手段。[5] 文化上,社会价值观念则严重割裂,远未形成共识。[6] 因此,即便巴西“面儿上”的法治要素甚多,但其现代法治文化的积淀过程却一再中断。[7] 而这也造成守法氛围的缺失,社会中的暴力、失序屡见不鲜。

第三节　世界经验对依法保障中国新型城镇化的启示

综合以上经验可以看出,法治在典型国家的城镇化进程中发挥着举足轻重的作用,其经验教训对中国新型城镇化建设有着重要启示。在立足我国国情的基础上,我们需要参考城镇化先发国家的经验,通过科学立法,原生立法与移植立法并举,兼顾公平与效率;严格依法有效执法,充分利用有合法性有力度的执法、行政手段;公正司法,正式/非正式司法手段相配合;营造法治文化与全民守法氛围等方式,形成一整套的新型城镇化法治保障机制。只有如此,我国的新型城镇化进程才能够走得更稳健。

一、通过科学立法保障新型城镇化

相比于城镇化发展的现实需求,中国城镇化的立法建设仍有较大的提升空

---

[1] 参见钱蓓蓓:《日本行政法中的公众参与制度研究》,载《行政法学研究》2015 年第 2 期。

[2] 参见杨建民:《美国“促进民主”的拉美政策辨析》,载《国外社会科学》2009 年第 4 期。

[3] 参见[巴西]路易兹·瓦斯孔塞洛斯、[巴西]瓦尼娅·库里:《巴西:五百年的历史》,王以铸译,载《国际社会科学杂志(中文版)》1993 年第 4 期。

[4] 参见[美]塞缪尔·P. 亨廷顿:《变化社会中的政治秩序》,王冠华等译,三联书店 1989 年版,第 113-123 页。

[5] 参见[美]布赖恩·贝利:《比较城市化:20 世纪的不同道路》,顾朝林等译,商务印书馆 2010 年版,第 85-91 页。

[6] 参见李俊、唐芳、聂应德:《城镇化和工业化互动视域下维稳的域外经验及对中国的启示》,载《政治学研究》2014 年第 1 期。

[7] See Huntington S., *The Third Wade*, *Democracy in the Late Twentieth Century*, University of Oklahoma Press, 1991, p. 10-35.

间。尤其是在土地制度、户籍制度、社会保障制度、城乡融合等涉及城镇化核心领域的方面,相关立法仍需要进一步完善和优化。城镇化法治保障不完善导致城镇化陷入无法可依的窘境,也使我国在城镇化过程中出现了规划混乱、地方保护主义泛滥、城乡发展不均衡等现实问题。这都阻碍了我国城镇化的健康发展。[1]

历史上,我国的文化和法治"独自创发,非从他受"。不过,虽然中华文化成为世界上唯一存留下来的古文化,但中华法系却随着帝制的结束而黯淡。[2]近代我国开始学习西方的法治,但却长期产生"水土不服"之现象。究其原因,就在于强调稳定、精确、理性化、概念化、形式主义的所谓普世的西方法律体系,难以应对我国城镇化实践中存在的巨大城乡差异、地方差异、个人差异和复杂迅速的社会变化,产生了"南橘北枳"的状况。因此,在进行有关城镇化的立法时,我国不能单纯移植西方的法律,而是需要依照实际情况自主立法,同时参考国外的优秀经验。只有这样,才能确保我国城镇化进程有合适之法可依。

比如,我国在城镇化的过程中,面临着比英国、美国、日本等国家更大的人口转移压力。我国城市化率每增加1%所可以转移的人口数量,可以相应提高英国22%、美国4.5%、日本10%的城市化率。[3] 如果中国完全学习欧洲和美国、日本的路径进行城镇化的土地征收,将有极大可能引发严重的社会问题。[4] 因此,想要在短时间内实现发达国家长期发展才能实现的城镇化和现代化目标,并同时在这一过程中保持社会稳定,我国就必须创造性地开辟出不同于欧美日和亚非拉城镇化类型的第三条城镇化道路,将我国现阶段的土地制度、城乡二元结构等要素考虑进去,在立法上予以关照。

根据城镇化先发国家的经验,我国的立法工作还需要兼顾效率与公平。20世纪中叶,英国规定土地发展权国有化的《城乡规划法》,体现了注重公平和公共利益的立法价值取向;同样,在美国逐渐建立起土地移转和征购制度的过程中,也形成了通过市场机制来调解土地开发中效率和私权之关系的制度。[5]随着我国城镇化发展进入关键阶段,社会面临着更深的转型,效率与公平的协调问题也变得愈发重要。特别是城镇化带来的阶层与利益的分化使得不同群

---

[1] See Bai X. M., Shi P. J. & Liu Y. S., *Realizing China's Urban Dream*, Nature, Vol. 509: 7501, p. 423-425(2014).

[2] 参见梁漱溟:《中国文化的命运》,中信出版社2010年版,第32页。

[3] 参见吴殿廷、杨春志、钱宏胜:《中国新型城镇化战略及其推进策略》,东南大学出版社2014年版,第18页。

[4] 参见贺雪峰:《新乡土中国》,北京大学出版社2013年版,第194页。

[5] 参见杨红朝:《城镇化进程中农村土地权利的法律保护》,法律出版社2017年版,第246-247页。

体发出了多元的利益诉求,也就有可能导致关系复杂、种类多样的社会矛盾。因此,为了回应社会分化产生的种种问题,一方面,立法活动需要兼顾来自不同地区、部门和群体的不同利益;另一方面,立法也需要关怀社会上的弱势群体。[1]

以例示之,我国现行的农地发展权主要由《土地管理法》和《物权法》规制。1998年的《土地管理法》在第43条和第47条分别确认了建设用地必须使用国有土地以及土地征收按原用途补偿的制度,将土地发展权由农村集体所有完全转为国家所有。[2] 而随着城镇化发展的逐步推进,农地面积随城镇化进程不断减少,土地开发增值收益的归属也产生巨大争议,效率与公平的矛盾开始体现出来。一方面,据《土地管理法》的规定,我国的土地补偿费并非针对土地用途变更的补偿,国有土地使用权的转让也非土地发展权的对价,土地开发的增值收益由政府和开发商共享,“剥夺了本应属于农民集体的农地发展权”。[3] 这容易引起土地财政的泛滥和开发商的暴利,也削弱了农户保护土地的积极性,农地抛荒现象日渐严重。[4] 想要将抛荒地流转,土地流转又受制于农村普遍存在的公私产权不清问题,易出现效率低下的问题。[5] 因此,我国需要提升对农户之土地权益的保护,并提升流转效率。另一方面,土地公有、地利共享、消灭土地食利者是中国土地制度的宪法秩序。[6] 我国城镇化进程中的土地增值主要是外力增值,[7]是全社会共同用力的结果,如果将这部分利益仅分配给占有土地使用权的农户,对社会投资财富的创造者来说又是不公平的,[8]甚至容易在农村公共事业的建设上遭遇“反公地悲剧”。[9] 因此,我国农地发展权制度应该如何创建,在立法取向上更偏向注重效率还是公平,是采用市场化方式还是在现有制度上改良的方式,便是一个极为重要的问题。相关的立法改革必须对二者均有所关注。

---

[1] 参见马怀德:《预防化解社会矛盾的治本之策:规范公权力》,载《中国法学》2012年第2期。

[2] 参见陈柏峰:《土地发展权的理论基础与制度前景》,载《法学研究》2012年第4期。

[3] 参见杨红朝:《城镇化进程中农村土地权利的法律保护》,法律出版社2017年版,第247-252页。

[4] 参见吴殿廷、杨春志、钱宏胜:《中国新型城镇化战略及其推进策略》,东南大学出版社2014年版,第5-6页。

[5] 参见贺雪峰:《新乡土中国》,北京大学出版社2013年版,第4-194页。

[6] 参见贺雪峰:《地权的逻辑Ⅱ:地权变革的真相与谬误》,东方出版社2013年版,第34页。

[7] 土地的外力增值,指通过社会性的如政府、企业的投资引起的土地价值增长。自力增值与外力增值相对,是通过土地所有权人自己的劳动和投资产生的土地价值增长。

[8] 参见陈柏峰:《土地发展权的理论基础与制度前景》,载《法学研究》2012年第4期。

[9] “反公地悲剧”(the tragedy of the anticommons)概念由美国经济学家黑勒(Michael Heller)提出,指“公地”上存在很多权利所有者,为达到某种目的,每个权利者都有权组织其他人使用该资源或相互设置使用障碍,导致没有人拥有有效的使用权,导致资源的闲置和使用不足,造成浪费。

二、通过合理有效执法保障新型城镇化

法律的生命力在于实施和执行。回望英国、日本等发达国家的城镇化经验，其政府在行使行政权力的过程中基本做到了合理、有效执法。这确保了法律文本能够落到实处，从而为其城镇化进程的稳步推进提供了保障。执法首先要具有合理性，依法依规依程序进行。当前，在我国推进新型城镇化的过程中，灵活的、运动式的行政运作容易偏离规范的法治轨道，展露出未被关在“笼子”里的威胁。[1] 我国各级政府在行使权力时，会出现行政决策概念不一、法律规制范围不清、公众参与不实、法律责任不明等问题，导致执法的合法性受到质疑。[2] 因此，政府依法行政就显得格外重要。根据城镇化先发国家的经验，一方面，政府需要明确其权力的来源，清楚其权力的边界，通过厘清并公开权力清单，来让政府官员和公众都清楚政府的职能范围。[3] 另一方面，要强调正当程序的重要性，使权力的行使变得可预估、可计算，可监督。[4]

其次，执法还需要有力度、有效果。法令行则国治，法令弛则国乱。随着城镇化的展开，我国的农村与城市都面临着许多新问题，也带来了诸多新且复杂的治理难题。较之英美诸国，我国不拥有在漫长的时间中推进工业化与城市化的先发优势。[5] 因此，在以行政权力推动城镇化进程的时候，我国就必须有足够高效有力的执法手段来处理复杂多样的社会转型问题。比如在征地拆迁上，一方面，不少农民期盼通过被征地拆迁来获得比务农或流转土地高得多的收入。为此，他们往往会拒绝政府提出的补偿条件，“狮子大开口”地寻求高报价。而如果不能满足，他们则往往会抵抗拆迁，甚至因此违法犯罪。另一方面，政府为了完成拆迁任务，有时也会利用不恰当的，甚至违规的方式推动拆迁，老百姓的利益受到损害。这些直接触动多方重大利益困境，没有足够的力量和手腕是解决不了的。只有政府有足够的能力对“抗拆”群体进行治理，运用凌厉手段打击拆迁中的违法犯罪问题，并严格约束有关部门的行为，才能够有效化解上述问题，从而推动城镇化向前发展。此外，根据先发国家的经验，为了追求更好的执法效果，有关部门还需要克服法条主义，合理配置行政资源，考虑

---

〔1〕 参见孙莉：《论城镇化政府主导推进的程序规制》，载《法学》2015 年第 4 期。

〔2〕 参见肖北庚：《行政决策法治化的范围与立法技术》，载《河北法学》2013 年第 6 期。

〔3〕 参见程祥：《习近平“16 字方针”开创依法治国新局面》，载人民网，http://politics. people. com. cn/n1/2017/0913/c1001-29531815. html。

〔4〕 参见孙莉：《论城镇化政府主导推进的程序规制》，载《法学》2015 年第 4 期。

〔5〕 See BLUMIN S. , *Driven to the City: Urbanization and Industrialization in the Nineteenth Century*, OAH Magazine of History, Vol. 20:3, p. 47-53(2006).

执法的成本和效益,能动地处理各类事项。[1] 只有这样,我国的执法力度效度才能够得到质的提升。

三、通过公正司法保障新型城镇化

首先,面临伴随城镇化而激增的社会矛盾,通过司法途径来定分止争是非常重要的,应该对司法体制进行改革,切实提升新时代人民法院司法能力水平,从而更好地通过司法途径解决纠纷。上文提到日本在20世纪60时代遭遇到了"诉讼爆炸"以及"案多人少"的问题,加之诉讼程序的繁复导致了严重的诉讼迟延。当今我国新型城镇化中同样出现了"诉讼爆炸"与"案多人少"的问题,因此有必要以日本第二次司法改革的经验作为借鉴,推动这两个问题的解决。一方面要简化诉讼程序,这一点在我国基层法院主要体现为推行实质上的独任审判与减少合议审判以及简易程序包括小额诉讼程序的适用;[2]另一方面则是加强法官队伍建设,一是通过法官员额制改革,完善司法人员分类管理,提升法官待遇与职业认同感,当时日本在第二次司法改革中也非常重视法官待遇的提高,如创设了最高法院法官的退职金制度、配备了法官专用公务汽车、增添了法官工作室的图书资料等;[3]二是从律师和法学专家中公开选拔法官,这正与日本当时提出的"法曹一元制"有异曲同工之意。

其次,城镇化先发国家的经验表明,以司法手段作为底线来约束行政部门的行为,能够让城镇化的步伐迈得更稳健。在这一点上,美国的做法对我国具有一定的参考价值。在审理与市政规划有关的案件时,美国联邦最高法院往往会针对政府的规划和执行权力专门划定范围,有效地促进了政府行为的合法性。巴西的经验也有可借鉴之处。在城镇化发展过程中,面对行政权过大的问题,巴西采用检察机构的"横向问责制"与法院的合宪性审查,来对行政权力形成了约束。不过,合宪性审查制度的滥用也会引发一系列的问题。比如在巴西,"政治司法化"即法院、检察院基于宪法的授权干预政治的现象较为严重。[4] 这种现象既反映在法院依托司法审查权宣布法律无效上,也反映在检察院通过公益诉讼败诉要挟政府的问题中。这也是我国通过司法手段约束行政行为时需要警惕的。我国还需要改变司法机关在财政和人事权上不自足的情况,厘清司法手段与其他权力主体的关系。

最后,我国需要综合运用正式/非正式的司法手段来应对各式各样的城镇

---

〔1〕 参见苏力:《法治及其本土资源》,北京大学出版社 2015 年版,第 103-111 页。

〔2〕 参见左卫民:《"诉讼爆炸"的中国应对:基于 W 区法院近三十年审判实践的实证分析》,载《中国法学》2018 年第 4 期。

〔3〕 参见邓曾甲:《20 世纪 60 年代日本的司法改革》,载《外国法制史研究》2002 年第 00 期。

〔4〕 参见杨建民:《拉美国家的法治与现代化》,载《拉丁美洲研究》2011 年第 5 期。

化问题，妥善解决矛盾、化解纠纷。一方面，在实践中，正式的司法手段的承载力十分有限，如果在处理社会转型过程中的矛盾纠纷时对其过于依赖，司法机关往往会导致司法背负上“难以承受之重”。而这时如果有非正式渠道能够分担工作量，司法系统的压力便可以得到减轻。另一方面，城镇化进程中剧烈变化的社会会产生大量不规则的事务和问题，正式的、规范的司法手段难以将其有效解决。此时，非正式的手段也能够起到补充作用。比如，在处理城乡之间以及乡村内部的纠纷时，不少当事人习惯于运用其所属生活场景中的情理观念、内生秩序来看待、应对纠纷，而不适应运用专门化程度较高的司法手段，正式的诉讼途径及其得出的结果在他们心中可能并不那么妥帖。此时，想要有效地定分止争，司法系统就可以通过能动利用法律条文、民间习俗、情理观念来解决纠纷，而这往往会取得更好的效果。

四、通过全民守法保障新型城镇化

在通过全民守法保障新型城镇化方面，要根据国情形成并维持良好的法治文化。当下我国法治文化的发展需要解决两类冲突，即异质性文化的冲突与同质性文化的冲突，或者说中西文化的冲突与古今文化的冲突。异质性文化的冲突主要是中国与欧美之间的法治文化差异造成的。同质性文化的冲突则是中国自身的法治底蕴与中国当下意欲建立现代法律制度之间的矛盾。[1] 解决这两种冲突，有效培养法治文化，需要综合利用自古以来的各类法治文化资源。这要求我国不仅要习得现代法治理念，还需要从当下我国的实际情况出发，充分发掘蕴藏在中国历史与社会主义革命当中的法律实践优秀经验，实现法治与人文互动，依法治国与以德治国相结合。只有如此，民众基于传统熟悉的道德观念而更易理解和遵守现代法律，全民守法的氛围才更容易形成。[2]

此外，从历史经验看，民众积极参与法治活动是形成守法氛围的重要渠道。我国也需要在该方面着重努力。尤其是随着我国的城镇化进入关键阶段，不少改革、规划会对群众的生活与利益产生更加深刻的影响。如何与民众沟通、充分听取意见，使政府行为得到理解与配合便显得愈发重要。甚至可以说，尊重公民的知情、表达、参与和监督权，使不同的利益主体在立法、执法、司法活动中都能有充分表达权利诉求的机会，已变为全社会的迫切需求。[3] 在这方面，不少城镇化先发国家的做法值得参考。据此，在设立风险评估、听证、公开征求意

---

〔1〕 参见宋春香：《论中国当代法治文化生成中的人文困境及其突围路径》，载《中国政法大学学报》2009 年第 4 期。

〔2〕 参见胡建淼：《习近平新时代中国特色社会主义思想对依法治国基本方略的全面深化》，载《国家行政学院学报》2018 年第 1 期。

〔3〕 参见马怀德：《预防化解社会矛盾的治本之策：规范公权力》，载《中国法学》2012 年第 2 期。

见、听取和采纳意见情况说明等制度外,我国还需要细化程序规定,避免过于原则性的文字表达创造出制度漏洞。同时,如何使基层政府的决策更符合当地居民的需要,如何促使政府与群体、个人开放包容地进行沟通并达成共识,也值得进一步探索。[1]

---

〔1〕 参见孙莉:《论城镇化政府主导推进的程序规制》,载《法学》2015年第4期。

第二篇　民生法治保障篇

自20世纪90年代以来，中国的城镇化进入了高速发展阶段。而随着我国进入城镇化建设的关键时期，社会民生方面的问题日益凸显，主要集中在现行的户籍制度，以及以教育、就业、社保、医疗和住房为主要内容的城镇基本公共服务领域中。从表面上看，民生问题是一个社会、经济问题，但其实质是典型的权利问题。而权利正是法治的要义所在。[1] 因此可以说，依法保障人民群众的切身权益，是保障新型城镇化建设中的民生需求、解决当前诸多城乡民生问题的重要可行路径。保障公民的劳动报酬权、就业劳动权、社会保障权、受教育权等，应当成为法治保障民生的关键和核心。[2]

在我国，民生问题是与户籍身份息息相关的，它直接决定了人们所能享受的民生保障资源和基础公共服务是什么样的。由于我国的城乡身份管理制度将人民群众分为农村户籍与城市户籍，且与户籍挂钩的资源严重向城市户籍倾斜，农业转移人口和农村居民并不能享受到与城市居民同等的民生保障措施和公共服务，也就难以适应城市生活，完成人的城镇化。因此，需要通过加强法律制度供给，提升政府促进城乡利益分配均等化的能力和动力等方式来解决这一问题，进而推动城镇化的进程。

在此基础上，住房是进城农民赖以生存和发展的基本物质资料，劳动权益是农业转移人口在城市安身立命之本，教育权益关系到下一代农民工能否有能力在城市立足，医疗权益关系到最基本的生命健康权，它们都必须得到有效保障。为达到上述目的，我国要完善并落实涉及社会民生的相关法律、政策和制度，以制度化、规范化的法治思维来指导民生工作的开展和民生问题的解决，进而实现民生资源的有效供给和公平分配，切实维护人民群众的切身权益。这样，城镇化进程中的民生状况才会得到进一步改善。而城乡公共服务的均等化有利于城乡融合发展，消除城乡二元格局之下基础建设、发展要素分配、公共服务的不平等。为此，我国需要通过城镇化的法治建设，督促政府履行公共服务职责、引领公共服务供给机制转型。

---

〔1〕 参见付子堂、常安：《民生法治论》，载《中国法学》2009年第6期。

〔2〕 参见何士青：《通过法治迈向民生保障》，载《政治与法律》2008年第5期；何士青：《保障和改善民生的法治向度》，载《法学评论》2009年第3期。

第五章　城乡身份管理制度的运行状况及其法治改进

城乡身份管理制度是以城乡身份为划分标准,集证明识别、管理控制、利益分配以及区隔等多重功能于一体的综合性社会管理体系。它以户籍管理制度、居民身份证制度、居住证制度为主要内容,在证明居民身份、城乡人口管理、社会秩序控制、利益资源分配等方面发挥作用,对居民的生产生活产生重大影响。当前,户籍管理制度、居民身份证制度以及居住证制度是我国城乡身份管理制度的三大支柱;城乡分割性、制度粘连性和身份差异性是城乡身份管理制度的重要特征;城乡教育不平等、医疗保障失衡以及城镇流动人口住房保障缺失等则是城乡身份管理制度导致的主要社会问题。解决以上问题,需要改善因城乡身份管理制度导致的资源配置差异、户籍权益分配差异和制度惯性。通过加强法律制度供给,提高治理主体依法治理的能力,强化公民法治意识,能够较好地缩小资源、权益分配的城乡差异,提升公共服务供给的公平性。

第一节　城乡身份管理制度的内容及其特征

新中国成立以来,我国逐步建立起了城乡二元的经济社会结构体系。这种体系在国家工业化战略的推进下不断巩固,对国家建设和社会管理产生重要影响。户籍管理制度是城乡身份管理制度的主要内容,它与居民身份证制度、居住证制度共同构成城乡身份管理制度体系。居民身份证制度是适应人口流动变化趋势而逐步建立的身份管理体系,它对于转变社会治理方式具有重大意义。暂住证到居住证的管理方式变化,体现的是由管控向服务的治理理念更新,有利于保障城镇人口自由平等权利的享有以及利益资源的公平分配。从城乡身份管理制度的内容上看,其具有城乡分割性、制度粘连性以及身份差异性的特征。

一、城乡身份管理制度的内容

户籍管理制度、居民身份证制度、居住证制度是城乡身份制度的主要内容。其中,户籍管理制度是以城乡身份为划分标准,对居民进行社会控制的制度体系。居民身份证制度、居住证制度是在户籍管理制度的基础上设立的,它们在人口管理和公共服务方面发挥了重要作用。

户籍管理制度是新中国成立后,国家为了优先发展重工业的发展战略背景下逐步建立完善的一套行政管理制度。随着制度的实施和发展,它在实践中演化为国家进行有效管理、保证社会安全有序运行的重要制度。[1] 这一制度通过限制农民在城乡之间迁徙和严格管控人口流动,在支持工业化发展、维护城乡生产生活秩序、保障城乡基本生活供给、控制城市规模方面发挥重要作用。[2] 由于户籍管理制度能够将城乡人口分布和劳动力配置相结合——这已经远远超出了通常意义上的人口信息登记职能——所以,它成了居民“身份”和享受相应福利待遇、社会公共服务的标志。户口管理条例是这一制度的主要载体,它从法律层面巩固了以城乡身份为标识的人口管控模式。

居民身份证制度具有双重属性的身份证明作用。从加强社会管理的层面来看,身份证起着识别城乡居民身份的作用;从公民个人权利保障的层面来看,身份证是身份证明的有效载体。居民身份证制度优势不仅体现在精准识别公民身份、有力保障公民权利以及便利公民社会交往等方面,而且它还“突破个人身份依附于户或家庭世袭性的取向,使个人的独立人格和公民权利得以突出和尊重”[3]。不过,居民身份证制度也存在不完善的地方。由于个人安全保护制度的缺失,冒用身份证、通过网络手段泄露身份信息、侵害个人信息安全犯罪等现象频发。[4]

居住证制度是将城镇外来人口逐步纳入城市社会管理和公共服务范围的制度,是介于常规户籍管理和暂住户籍管理之间的一种人口管理方式。居住证制度作为城乡身份管理制度改革的过渡性政策,意味着城镇中仍存在户籍人口与非户籍人口、城乡二元户籍管理以及常住人口城镇化率与户籍人口城镇化率的差别。[5] 2016 年 1 月 1 日正式实施的《居住证暂行条例》以行政法规形式,规定了居住证的申领范围、申领程序、服务范围和便利事项等内容,以期能够指导全国的新型城镇化建设,推动农业转移人口稳定落户城市,保障公共服务和社会保障的均等化。可以说,该条例是以人为核心的城镇化建设的成果,是城乡身份管理制度法治化的体现。

---

〔1〕 参见陈映芳:《“农民工”:制度安排与身份认同》,载《社会学研究》2005 年第 3 期。

〔2〕 See Tie jun Cheng & Mark Selden, *The Origins and Social Consequences of China's Hukou system*, The China Quarterly, Vol. 139:9, p. 644-668(1994).

〔3〕 参见陆益龙:《户籍制度——控制与社会差别》,商务印书馆 2003 年版,第 153 页。

〔4〕 参见杨云峰:《居民身份证安全管理改革刍议》,载《宁夏大学学报(人文社会科学版)》2017 年第 1 期。

〔5〕 参见许经勇:《居住证制度的过渡性特征及改革路径》,载《湖湘论坛》2020 年第 2 期。

二、城乡身份管理制度的特征

城乡身份管理制度具有城乡分割性、制度粘连性以及身份差异性的特征。城乡分割性体现在地域阻隔、限制流动等方面,这对于维护社会稳定、推进国家建设具有重要作用,但也造成了城乡居民在社会地位上处于不平等状态。制度粘连性是城乡身份管理制度对城乡居民资源利益进行分配的制度体现,反映了城乡身份管理制度的利益分配属性。身份差异性是城乡身份管理制度的显著特征,其本质属性就是以城乡身份为标准。

城乡身份管理制度以城乡身份为标志,对城乡居民以农业户口和非农业户口为户籍标准进行管理,造成了城乡区隔状态。首先,这种分割性体现在地域阻隔上。城乡身份管理制度通过人为划分户籍身份,把个人限制在一定的地域范围之内,减少某一地域的人的流动,使地域之间形成了某种隔阂,地域差异呈现出固定性状态。其次,这种分割性体现在身份差异上。城乡身份管理制度把社会人群划分成不同地域的人群,在享受资源利益方面,各个地域的居民能够获取的程度不同。城乡身份管理制度把一定地域的人限制在一定的行动范围,界定不同的身份属性,这在某种程度上体现了一种不平等的身份对待。最后,这种分割性体现在限制流动方面。城乡身份管理制度的一个重要制度作用就是限制居民任意流动迁徙。随着经济社会的发展,城乡身份管理制度的控制作用日益减弱,人们不再像以前那样受制于流动限制,但人口迁徙在一定程度上还处于管控状态。

城乡身份管理制度的粘连性是指城乡身份管理制度与其他社会经济制度互相关联、互相作用的制度特性。因此,城乡身份管理制度也是利益分配制度体系中的重要内容。城乡身份管理制度自建立以来,就与国家战略的推行和经济社会的发展相连接。经过几次大的调整和改革之后,虽然放宽了城乡居民流动迁徙的限制,但是并没有让其脱离经济利益的黏附。有学者认为,制度本质上是一种利益分配机制,决定各种经济行为主体之间的利益分配格局或政治权利关系。[1] 我国的城乡身份管理制度本质上也是一种利益分配机制,这种利益表现为主体的生存发展权利和其他合法权益。当前,户籍制度改革的重点是调整户籍与社会保障和公共服务等利益分配的关系,随着改革的深入,城乡身份管理制度与其他社会经济制度的黏附将会逐步淡化,身份证明和社会管理的本质功能将得到重新确认。

权威机构对身份事实的确认和掌握,构成身份管理制度的基础。身份管理

---

[1] 参见张国胜、陈明明:《我国新一轮户籍制度改革的价值取向、政策评估与顶层设计》,载《经济学家》2016 年第 7 期。

的重要内涵就是依据身份属性进行社会管理。因此,城乡身份差异性是城乡身份管理制度的重要特征。一方面,城乡身份管理制度建立之初就把城乡居民隔离开来,从而生成一种身份层级结构。这种等级化的结构,后来演变成城市居民与农村居民之间的权利差异。另一方面,城乡身份管理制度把社会人群划分成不同地域的人群,把一定地域的人限制在一定的行动范围,界定不同的身份属性,各个地域的居民能够获取的利益资源不同。这在某种程度上体现了一种身份对待上的差异,这种身份差异损害了公民获取生存发展的初始机会。随着经济社会的发展,这种等级化的结构正在发生变化,城乡界限被削弱,城乡居民流动迁移增加,这种等级化更多体现在城乡居民享受的社会保障和公共服务上面。

第二节　城乡身份管理制度的发展过程

我国的城乡身份管理制度自20世纪五六十年代诞生,至今仍在发挥着重要的治理作用。随着历史的发展和经济体制改革的逐步推进,制度环境发生着变化,城乡身份管理制度也正不断变迁。在城乡身份管理制度历经建立和巩固阶段、调整和改革阶段、深化和拓展阶段的过程中,法律制度的不断完善始终与城乡身份管理制度的运行密切相连,成为制度良性运行的重要保证。《户口登记条例》是城乡身份管理制度开始运行的标志,也是城乡管控模式的法律确认,为稳定社会秩序和维护国家安全奠定了制度基础。《居民身份证条例》(已失效)的实行,使城乡身份管理制度的运行从以户为主的管理方式向以人为主的治理方式转化,为公民证件化管理提供了法律依据。《居住证暂行条例》以行政法规的形式,保证以人为核心的城镇化建设稳步推进,不断提升城乡身份管理制度运行的法治化和规范化水平。而《关于进一步推进户籍制度改革的意见》的出台,标志着新一轮的改革更加注重调节城乡身份管理制度背后的利益关系和格局,为完善制度运行提供重要遵循。

一、城乡身份管理制度的历史沿革

从历史发展过程来看,城乡身份管理制度经历了建立和巩固阶段、调整和改革阶段、深化和拓展阶段。在此过程中,一个显著的特征是:城乡身份管理制度与相关社会经济制度的关系不断变化。城乡身份管理制度因国家建设需要而形成,每一次变革起因于社会发展出现新形势。当前,城乡身份管理制度因新型城镇化的推进而不断深化和拓展,为实施国家发展战略、维护社会秩序、保障城乡居民利益分配公平发挥着重要作用。

（一）建立和巩固阶段

城乡身份管理制度的建立是从城市到农村逐步展开的。20 世纪 50 年代，公安部出台了对特种人口进行管理的规定，目的是控制反革命分子的活动范围，维护社会安定。随后，政府出台《城市户口管理暂行条例》（已失效），对城市户口登记管理事务进行统一规定，这是新中国成立以来有关户籍管理的第一部法规。1954 年 12 月，公安部、内务部、国家统计局联合发出《关于普遍建立农村户口登记制度的通知》，要求在农村地区建立户口登记制度，并且对登记工作进行分工，农村地区和其他地区的登记事项分别由民政部门和公安部门负责。国务院颁布《关于建立经常户口登记制度的指示》（已失效），标志着统一的户口登记制度在全国各地建立起来。1956 年年初，国务院规定公安部负责城乡户籍登记和人口信息统计工作。随后，我国首次户口工作会议初步规定了户口迁移和落户制度，部署了户籍管理工作和任务，并且明确了户籍管理的几项重要功能：证明识别公民个人身份信息，便利公民权益保障，为国家提供精准的人口信息统计资料，促进国家的国防建设、经济建设、文化建设，配合打击反革命分子和犯罪分子的各种斗争活动。在这一时期，城乡身份的分割还未显现。

在社会主义建设时期，工业化是国家建设的首要目标，也是经济社会发展的重要动力源。由于城市粮食供应出现紧张，国家实行农产品统购统销政策。城市与农村的利益差别激发了农村人口对城市的向往，农村居民大量进入城市区域，加剧了城市的资源供应压力。[1] 国务院发布《市镇粮食定量供应暂行办法》（已失效），规定将户籍与粮食分配相挂钩，城乡身份管理制度开始与利益分配相联系。随后，国务院对城乡划分标准进行了规定，按照农业人口与非农业人口的划分标准进行人口统计，城乡二元身份管理体制逐渐形成。

《户口登记条例》确立了以城乡身份为主要区分标准的户口登记制度，标志着以户籍管理为核心的城乡身份管理制度建立。条例明确规定两类身份属性的户口——城市户口和农村户口，并明确两者在户籍管理、供应分配、就业务工和社会保障等方面的差异。与此同时，该条例规定了迁移审批和落户的条件，农村人口向城市迁移、小城市向大城市迁移受到严格限制。因此，城乡身份管理制度在形成之初就具有限制人口流动的作用。此一时期的户籍制度一方面通过限制农业人口流动保障了稳定的农业生产，另一方面通过高福利保障城市就业，契合了国家工业化发展的战略需要。不过，这同样在一定程度上也阻碍了城市化和工业化的同步发展。1964 年 8 月，国务院批转了公安部对户口迁移的规定，并对农村人口迁往城镇、城镇人口迁往其他城市、小城市人口迁往大

〔1〕 参见王海光：《当代中国户籍制度形成与沿革的宏观分析》，载《中共党史研究》2003 年第 4 期。

城市作出相关规定。随后,许多与户籍管理相配套的制度相继制定出台,这类带有较强倾向性(保护城市居民利益)的制度规定,使得户籍管理从单纯的身份管理向社会经济各方面综合管理延伸。户籍管理制度开始逐渐影响城乡居民的教育、医疗、就业务工、劳动保险以及其他福利供给,城乡居民的身份差异导致的福利保障、资源利益分配差异逐渐凸显出来。

综上所述,城乡身份管理制度是随着我国社会主义工业化的推进而逐步建立起来的,是为了保障新生政权的安全稳定和社会秩序有序运行而建立起来的。在建立之初,城乡身份管理制度的主要内容是户籍登记、人口统计和保障经济平稳发展。在此之后,我国工业化发展利用工农业产品剪刀差的方式完成自身积累。因粮食紧缺,国家实行农产品统购统销制度,开启了城乡身份管理制度与利益分配相关联的发展历程。受城乡二元经济社会结构的影响,城乡身份管理制度以城乡身份为标准,对城乡居民的物质生产资料、教育、住房、劳动保障、就业等方面进行资源分配。而《户口登记条例》的颁布,为城乡身份管理制度的正式建立提供了法律支撑,由此确立了城乡二元的身份管理制度。

(二)调整和改革阶段

改革开放后,为了更好服务于经济发展与社会进步,城乡身份管理制度也作出相应调整,主要表现在流动迁徙条件的松动。1978 年 12 月党的十一届三中全会召开,国家的工作重心转移到了经济建设上来,开始施行改革开放政策。作为涉及城乡居民流动迁徙和利益分配的重要制度,以户籍管理为主要内容的城乡身份管理制度作出相应调整,从而更好地推动社会主义现代化的建设和发展。出于稳定社会秩序、循序渐进实现改革目标的考虑,国家对城乡身份管理制度的调整力度较小、速度较为缓慢。国家首先对局部环节进行调整,例如,因建设需要,允许交通、邮电、水利、电子、航天等特定部门及下属管理局跨区域调动科学技术人员和行政管理干部;解决夫妻双职工分隔两地和一些专业技术干部的农村家属户口迁往城镇的问题;针对一些艰苦的特殊行业,实施农业户口转非农业户口调高措施;在经济特区、经济技术开发区等特定地区,允许城市单位招聘的人员落户此地,或者不迁移户口而借调员工,允许城镇流动中的暂住人口在城市就业等。1980 年 7 月 1 日起,全国统一的户口准迁证开始办理。这标志着以往对人口流动迁徙、户籍管理限制逐步松动,亦表明城乡身份管理制度控制作用的式微。

随着经济社会的发展和城镇化的持续推进,城乡居民流动速率逐渐加快,流动迁徙的规模也愈加扩大。城乡身份管理制度对新时期人口流动管理的需求回应不足。于是,在科技人员流动、特定地区人员流动、“农转非”调整、实行身份证等方面,一些相应的改革举措陆续出台,户籍管理迎来新的变革。1983 年开始,国家鼓励科技人员从相对富裕闲置地区、部门和单位流向相对缺乏和急需的地区、部门和单位,减少了对科技人员的流动限制,“打破了人才归属某一单位、区域或省际所有的传统模式,为人才的合理流动创造了更为宽松的条件”[1]。这一时期,经济特区、经济开发区和高新技术产业区陆续建立。为了鼓励经济特区的发展,满足改革开放的人才需要,国家对于该地区的人口流动和迁移出台了诸多优惠举措,形成了以技术、投资、人才等要素为依托的移民政策,为这些地区破除城乡二元结构束缚提供了重要基础。1984 年,国家允许在城镇务工、经商、办服务业的农民自带口粮落户,这为农村人口进入城镇落户开辟了一条路径,意味着以往限制农村人口向城镇迁徙严格限制的状况发生了变化。

1985 年 7 月,公安部颁发《关于城镇暂住人口管理的暂行规定》(已失效),城市对流动人口的管理进入一个新的阶段,流动人口以暂住的形式被纳入到城市治理当中。1985 年 9 月,《居民身份证暂行条例》颁布实施。该法律规定,符合年龄条件的公民均须申领居民身份证。这意味着人口管理制度得到进一步完善,从以户籍为载体逐渐演变为以个人身份证形式的管理模式。这丰富了城乡身份管理制度的内涵,促进了户籍管理方式革新。从深层次来理解,这是身份管理理念的更新。以往的户籍管理以户口登记为主要形式,需要各单位开具证明才能流动;而身份证管理无须经单位同意就可以自由流动,并且它注重个体性,体现了公民的主体意识,推动了管理理念与时俱进。

随着社会主义市场经济体制逐步确立,计划经济体制下的“大锅饭”“铁饭碗”逐渐成为历史。人口的流动规模进一步扩展,促使城乡身份管理制度的改革步伐加快。20 世纪 90 年代初,公安部发出通知,决定在小城镇以及特殊经济发展区域进行户口制度改革,用以解决落户需求与进城指标之间的紧张关系。1994 年以后,国家不再以商品粮作为户籍类型划分标准,建立了以常住、暂住、寄住三种管理模式的户口登记体系。1997 年,国家开始逐步允许拥有固定住所和合法收入的流动人口在小城镇落户。20 世纪 90 年代以来,地方政府为了引进投资和吸引人才,纷纷出台政策,对因投资、技术等方面而进入本地区居住迁徙,给予政策支持。上海是进行“蓝印户口”管理改革的先行地区。1994 年 2 月,《上海市蓝印户口管理暂行规定》施行。依该规定,在上海具有一定投资规模的人口或购买一定面积商品房的非户籍人口,以及在上海有固定住所及合法稳定工作的流动人口,都可以向当地申请办理蓝印户口,经过一定时限可转为本地常住户口。资本、技术、房屋和收入成为户籍身份转换的重要因素。

城乡身份管理制度经过一系列的调整,逐步从阻碍城乡居民流动变成调节

[1] 参见王海光:《当代中国户籍制度形成与沿革的宏观分析》,载《中共党史研究》2003 年第 4 期。

城乡居民迁徙的制度设置,并且逐渐剥离了附着在户籍管理制度上的物资供给制度。在此期间,地方政府为了促进经济发展,通过制定各种优惠户籍政策,来吸引投资和人才。城乡身份管理制度变革为地方政府获取投资和智力资源提供了一定支持,地方政府利用户籍管理设置门槛,对于符合条件的申请者来说是一种利好,但对于门槛之外的人来说,在城市落户就显得困难重重。

(三)深化和拓展阶段

进入21世纪,城乡身份管理制度进入深化阶段。国家出台《关于促进小城镇健康发展的若干意见》,规定拥有合法住所、职业或生活来源的农村居民可根据本人的落户意愿,在县级范围内将农业户口转为非农业户口。[1] 城乡身份管理制度对于小城镇内人口迁徙的限制逐步放开。2001年5月,国务院批转了公安部《关于推进小城镇户籍制度改革意见》的通知,进一步放宽了农村居民落户小城镇的限制。一些省市先后开始实施取消农业户口和非农业户口,统一为“居民户口”的改革举措。江苏省率先在全省范围内取消农业与非农业户口以及其他类型的户口形式,统一归入居民户口的行列。

在国家政策的指导下,各地进行了许多针对身份管理制度的局部探索与创新。其中,上海建立居住证制度、郑州实施“一元制”户籍改革是具有代表性的城乡身份管理制度的改革举措。在上海的户籍制度改革探索中,对具有较高职业等级的专门技术人才和具有丰富经验、能力卓著的管理人员给予一定的优厚待遇,实行工作居住证制度。随后,针对一定学历或特殊才能的人才实行居住证制度。2009年,上海市出台有关政策,为达到一定条件的居住证持有人员办理当地常住户口;2013年,居住证积分管理办法开始在上海施行,用达到一定积分分值的方式来界定享受相应的公共服务的范围,并在此基础上建立起由居住证到常住户口的转换通道。[2] 2003年郑州市在全市范围内实行“一元制”户口管理,大量的外地人口短期内进入城市,给城市基础设施和公共资源供给带来巨大的压力,有关公共服务的财政支出迅速增加。2004年,郑州市推行仅一年多的户籍管理制度改革被迫终止。[3] 总体来说,各地的城乡身份管理制度改革效果并不理想。上海市居住证积分落户改革因门槛较高以及落户数量限制,导致落户效果有限;郑州市户籍制度改革因配套改革不完善而终止进行。[4]

---

〔1〕 参见林浩:《中国户籍制度变迁——个人权利与社会控制》,社会科学文献出版社2016年版,第324页。

〔2〕 参见侯力:《户籍制度改革的新突破与新课题》,载《人口学刊》2014年第6期。

〔3〕 参见胡燕:《制度环境视角下户籍制度改革的行政法治逻辑解析——兼论国内几种不同的户籍制度改革模式》,载《四川师范大学学报(社会科学版)》2012年第2期。

〔4〕 参见侯力:《户籍制度改革的新突破与新课题》,载《人口学刊》2014年第6期。

党的十八大以来,城乡身份管理制度的改革力度不断加大,改革程度不断深入。2014 年国务院出台《关于进一步推进户籍制度改革的意见》,拉开了新一轮户籍管理制度改革的序幕。该项文件对户籍管理制度改革中的基本原则、发展目标、户口迁移、人口管理、保障农业转移人口及其他常住人口合法权益等内容进行了规划部署。其中明确规定建立居住证制度,对于符合申领条件的公民颁发居住证,并且保障其基本公共服务权利和其他服务便利。2015 年,国务院颁布实施《居住证暂行条例》,以行政法规的形式确立了居住证制度,从而为进城居民享受城市公共福利提供法律保障。此外,2016 年 2 月,国务院出台《关于深入推进新型城镇化建设的若干意见》,细化了农业转移人口市民化的各项措施,对重点人群落户条件、落户限制设置、基本公共服务常住人口全覆盖以及农业转移人口市民化激励等方面进行详细安排。2016 年 9 月,国务院办公厅印发《推动 1 亿非户籍人口在城市落户方案的通知》,提出到 2020 年,全国户籍人口城镇化率提高到 45%,各地区户籍人口城镇化率与常住人口城镇化率差距比 2013 年缩小 2 个百分点以上。文件对重点群体落户限制,对超大城市、特大城市、大中城市的落户政策等内容进行详细规定,并且将责任分配到各部委,以此来推动方案有效落地。另外,文件规定城区常住人口 300 万以下的城市不得采取积分落户方式,放宽中小城市落户限制,推动实现非户籍人口落户目标。目前,据公安部数据显示,1 亿人落户任务提前完成,数以亿计的农业转移人口自愿有序实现了市民化。2013 年户籍人口城镇化率为 35.93%,到 2019 年,户籍人口城镇化率提高到 44.38%。[1] 新型城镇化建设加快了农村转移人口市民化的步伐,也因此对城乡身份管理制度的改进提出了新要求。

新的历史时期,身份管理制度在限制人口流动和户口类型转变方面的作用减弱。从放松城市落户条件限制及对各户口类型的统一化探索来看,这一时期的身份管理制度一定程度上鼓励人口迁徙。不过,在放宽落户限制的过程中,一些落户的门槛条件使得其仍然发挥着限制人口迁徙的作用。这突出体现在发达地区"落户难"的问题上,比如一些地区对科技人员以及具有一定学历的人员采取落户优惠措施,一般人员落户则享受不到这些优惠政策。各地也在不断探索城乡身份管理制度的新型改革措施,以此更好地推进城镇化的发展和均等化保障城乡居民福利。党的十八大以来,我国更加注重推进城镇化的质量效果,逐步形成以人为核心的城镇化建设理念,对城乡身份管理制度改革进行全面规划,稳步提升城镇人口中外来人员的落户比例,推进农村转移人口市民化进程。《居住证暂行条例》的颁布,表明国家以行政法规的形式确立了居住证制

---

[1] 参见熊丰:《城镇化率 44.38%:我国提前完成一亿人口落户目标》,载新华网,http://www.xinhuanet.com/2020-10/07/c_1126580082.htm。

度,为进城流动人口享受城市公共服务提供法律保障。由此,城乡身份管理制度进入不断深化和拓展阶段。

二、城乡身份管理制度的机制演变

法律与政策是窥探城乡身份管理制度演变的主要路径。《户口登记条例》《居民身份证条例》《居住证暂行条例》《关于进一步推进户籍制度改革的意见》等文件的先后出台,反映了城乡身份管理制度一直处在不断的动态调整之中,一系列法律与政策的出台揭示了城乡身份管理制度机制的演变过程。

(一)管控模式的法律确认

城乡身份管理制度的建立,与当时计划经济模式、重工业优先发展战略密切联系,是社会主义建设时期进行社会管控的重要制度设计。1958 年 1 月 9 日,第一届全国人大常委会第九十一次会议通过了《户口登记条例》,确定了在全国实行以户籍管理制度为主要内容的城乡身份管理制度,以法律的形式,对户籍登记的管理主体、户口登记范围、户口申报、注销、迁移及手续、常住人口与暂住登记等方面都作了明确规定,标志着全国城乡统一户籍制度的正式确立,从此形成了阻碍人口迁移和劳动力流动的制度框架。[1] 该条例设置了户籍管控的主要程序内容,利用城乡两类不同性质的户口进行社会管理。

《户口登记条例》的公布实施,标志着城乡身份管理制度的正式建立。公安部原部长罗瑞卿在《户口登记条例草案的说明》中指出,之前的户口登记工作,在社会主义建设、保护公民权益、维护社会秩序方面起到了重要作用。然而,其在运行过程中出现了城乡不统一、制度内容缺漏以及制度规定需废或改等问题。此外,一些机关、企业单位私自招工,没有认真执行紧缩城市人口的方针,给城市建设和正常社会生活秩序带来了很多隐患,使城市中的基础设施和资源分配出现了供应紧张。因此,制定条例的另一目的是制止农村人口向城市的盲目流入,维护社会秩序,保障城市物资供应正常。对于某些约束性规定,《户口登记条例草案的说明》认为这些规定同公民的居住和迁徙自由没有抵触,而是根据国家统筹安排的方针,本着对人民负责的态度而作出的,其目的是保护公民的政治经济权利。

《户口登记条例》对国家及时准确掌握全国人口的分布、增减和变动情况,有计划地进行社会主义建设,编制国民经济计划,正确贯彻统购统销政策,统筹安排劳动就业和劳动力调配等措施提供了人口资料。同时,该条例对控制城乡居民的流动迁移进行规定,形成了以城乡身份为主的管控模式。该条例的出台,既是对以往制度规定的总结,也是对当时现实状况的一种有

---

〔1〕 参见王美艳、蔡昉:《户籍制度改革的历程与展望》,载《广东社会科学》2008 年第 6 期。

效回应。[1]

(二)治理方式的转变

随着经济体制的转变,我国城镇化进程加快,人才流动和人口流动速率日益加快,对城乡分割的户口迁移政策和一户一簿的户口管理方式提出了新的挑战。为了适应新的发展要求,以户籍制度为主要内容的身份管理制度开始发生变化,出现了一些相应的改革举措。其中,身份证制度的推行,使"以户为主"的管理模式开始向"以人为主"的治理模式转化,为人口证件化管理打下了基础。[2]

我国居民身份证制度确立于20世纪80年代,1983年5月,公安部向中央提交的《关于加强和改革公安工作的若干问题》的报告中正式提出,"提请国家立法,实行公民证制度"。在党中央、国务院决定实施居民身份证制度以后,公安部制定了《居民身份证制度试行条例》(已失效),并经国务院批准,于1984年5月7日公布,在北京进行了首次试点。1985年7月公安部颁布了《关于城镇暂住人口管理的暂行规定》(已失效),决定对流动人口实行暂住证、寄住证制度,允许暂住人口在城镇居留,这些规定对《户口登记条例》中关于超过3个月的暂住人口要办理迁移手续或动员其返回常住地的条款,作了实质性的变动。

1985年9月6日,第六届全国人大常委会第十二次会议通过了《居民身份证制度试行条例》,并于当日起在全国颁布施行,我国居民身份证制度得以确立。2003年6月28日,第十届全国人大常委会第三次会议通过了《居民身份证法》,将原居民身份证条例修改为居民身份证法,进一步完善了居民身份证制度,对推进我国人口管理法治化、规范化将产生深远的影响。2011年10月29日,第十一届全国人大常委会第二十三次会议通过了《关于修改〈中华人民共和国居民身份证法〉的决定》,对《居民身份证法》的有关内容进行完善,新《居民身份证法》第3条第1款规定了居民身份证登记的项目内容;第3条第3款规定了身份证的领取、换领、补领事项。

随着居民身份证法律制度的不断发展,居民身份证所能发挥的功能不断扩展。1985年,《居民身份证条例》(已失效)出台,第一代身份证开始发放。此时的居民身份证具有证明公民身份与维护社会管理的作用。2004年1月1日,《居民身份证法》正式实施,第二代居民身份证开始实行。其中,该法第3条第2款规定:"公民身份号码是每个公民唯一的、终身不变的身份代码……""身份

---

〔1〕 参见陆益龙:《1949年后的中国户籍制度:结构与变迁》,载《北京大学学报(哲学社会科学版)》2002年第2期。

〔2〕 参见王海光:《当代中国户籍制度形成与沿革的宏观分析》,载《中共党史研究》2003年第4期。

号码的唯一性标志着每个公民的不可替代性和权力的不可被任意代表性，是对公民宪法地位与人格权利的肯定和巩固。”[1]通过户口登记和居民身份证管理所建立起来的公民身份号码制度，是国家加强社会管理、实现社会信息化管理的重要措施。2011年《居民身份证法》规定了指纹信息的采集，有效防止了冒用、伪造、擅自变更他人居民身份证等违法犯罪行为的发生，并且对于实现各行政管理部门的信息共享具有重要作用。[2]

（三）服务职能的保障

从暂住证到居住证的改变过程，同样是城市管理向城市服务转变的过程。改革开放之前，受计划经济体制的影响，城镇人口的社会流动受到限制。改革开放之后，国内社会经济环境发生变化，农村居民开始大量流向城市，城市的人口管理工作面临重大挑战。继深圳推出暂住证制度之后，北京、上海、广州等地也建立起了暂住证制度。1985年公安部颁布《关于城镇暂住人口管理的暂行规定》将暂住证的管理方式推向全国。暂住证是改革开放初期流动人口大量进入城市后人口管理方式的重要体现，并且在维持社会秩序，加强人口管控等方面发挥了重要作用。

随着人口流动规模扩大，实践中人口管理因身份差别出现了不少歧视现象，暂住证管理已经越来越不适应于城市的发展，各地开始陆续探索改革管理制度。2008年，深圳试行居住证制度，随后，广东全省实行居住证制度。2009年，上海开始实施《持有〈上海市居住证〉人员申办本市常住户口试行办法》。郑州、沈阳、重庆也陆续取消暂住证推行居住证。经过几年的试行，居住证制度的运行效果得到检验，基本具备在全国推广的条件。2014年，中共中央、国务院印发《国家新型城镇化规划（2014—2020年）》，要求全面实施居住证制度。2015年10月21日，国务院召开国务院常务会议，通过了《居住证暂行条例（草案）》，规定在全国建立居住证制度，目的在于以法治推动新型城镇化发展，建立流动人口管理体制。2016年1月1日，《居住证暂行条例》正式实施。

《居住证暂行条例》实施的一个重要目的就是为流动人口享受居住地基本公共服务提供便利，这是城乡身份管理制度服务职能的体现。流动人口通过申领居住证，可以享受居住地的义务教育、基本公共就业、公共卫生和计划生育、公共文化体育以及国家规定的其他基本公共服务，并且当地政府在出入境证件办理，居民身份证补换，机动车登记和驾驶证办理，职业考试报名和资格申请授予等方面会提供相应便利。

---

〔1〕 杨晓青、魏新科：《论居民身份证功能的扩展与公民隐私权的保护》，载《黑龙江社会科学》2012年第4期。

〔2〕 参见杨晓青、魏新科：《论居民身份证功能的扩展与公民隐私权的保护》，载《黑龙江社会科学》2012年第4期。

《居住证暂行条例》规定居住证上载有常住户口所在地住址、居住地住址等信息。前者指的是申领人的户籍地址，后者是指申领人进入城市后的居住和生活地址。居住证制度未脱离户籍管理的范畴，它的职能主要体现在保障流动人口能够在居住地享受基本公共服务，即资源利益分配功能。该条例的实施有利于有效推进户籍管理的改革，保障居住证制度稳定运行，从而"推动城市治理理念从管理型向服务型转变"〔1〕。

（四）统筹改革的顶层设计

党的十八大以后，中国经济社会形势发生了明显改变，为了适应经济转型、城乡结构调整等不断变化的外部条件，基层社会治理模式急需创新，这就对户籍制度改革提出了更高要求。与此同时，大量流动人口并未真正融入城市，没有完全享受到现代化和城镇化带来的巨大红利，这就意味着我国城镇化还处在较低的水平。为了解决这一弊端，党中央、国务院提出以人为核心的新型城镇化战略，提升流动人口融入城市过程中的获得感。

2014 年 7 月，国务院印发《关于进一步推进户籍制度改革的意见》由此开始新一轮户籍制度改革。该意见就进一步推进户籍制度改革提出了调整户口迁移政策、创新人口管理和切实保障农业转移人口及其他常住人口合法权益等三个方面的内容，在解决落户限制问题、建立城乡统一的户口登记制度、扩大基本公共服务覆盖面、加强基本公共服务财力保障等方面提出具体要求。该意见的实施，标志着我国户籍制度改革进入整体推进阶段。这次城乡身份管理制度的调整是由各相关部门共同配合、配套执行的改革，涉及"整个国家政策体系的调整和不同政府部门的联动"〔2〕，是一次总体性的制度构建。该意见强调要坚持统筹配套、提供基本保障的原则，统筹推进户籍制度改革和基本公共服务均等化，不断扩大教育、就业、医疗、养老、住房保障等城镇基本公共服务覆盖面。因此，以户籍制度为主要内容的城乡身份管理制度的改革对其他各领域的改革具有牵引作用。与此同时，改革涉及广泛的领域，其背后的经济利益格局十分复杂，城市与农村之间、地区与地区之间、城市与城市之间的户籍利益具有显著的多样性特征。〔3〕因此，这次户籍制度改革注重综合性、系统性，从整体上推进各项制度体制改革。

就中央层面和地方层面的政策文件来看，这些文件都强调稳步推进城镇基

---

〔1〕参见杨菊花：《浅议〈居住证暂行条例〉与户籍制度改革——兼论居住证与新型城镇化》，载《东岳论丛》2017 年第 3 期。

〔2〕参见刘金伟：《新一轮户籍制度改革的政策效果、问题与对策》，载《人口与社会》2018 年第 4 期。

〔3〕参见张国胜、陈瑛：《我国户籍制度改革的演化逻辑与战略取向——以农民工为例的新政治经济学分析》，载《经济学家》2014 年第 5 期。

本公共服务对常住人口的全覆盖等目标。这种价值取向回应了以农民工为主体的流动人口的利益诉求,并围绕“利益协调与重组”推进新一轮户籍制度改革。〔1〕因地方政府对利益协调带有“选择性”,地方户籍制度改革在取消排他性不当利益方面并未取得多少进展,他们更多强调的是地区户籍利益的选择性条件。这种协调方式可以降低改革的阻力,但无法全面满足以农民工为主体的流动人口的利益诉求。《关于进一步推进户籍制度改革的意见》更偏向于利益调整,改革措施也并未打破东部地区与大城市的户籍利益。户籍改革的速度,西部快于东部,中小城市快于大城市,地区户籍利益与改革速度呈现出一种反向关系——地区户籍利益越高户籍改革速度推进越慢,反之则相反。〔2〕

第三节 城乡身份管理制度的功能

新时期下,社会治理的事项和内容更加复杂,流动人口高度的流动性更进一步提升了管理的难度;重大疫情、意外事件等社会风险日益增加。因此,只有不断探索并深化城乡身份管理制度的功能,才能更好回应时代需求,提升基层治理能力。实践中,城乡身份管理制度具有证明识别、管理控制、利益分配以及区隔等功能。其中,证明识别功能是城乡身份管理制度的基本功能,侧重于对公民身份信息的确认和识别;管理控制功能强调的是身份管理制度对流动人口和社会秩序的维护作用;基于不同身份进行资源、利益分配,是利益分配功能的表现;国家通过身份管理制度及相关的配套制度,形成地理空间层面的区隔和政治、经济、文化等社会层面的区隔,则是区隔功能的主要特征。

一、证明识别功能

所谓证明识别,一方面指的是运用权威机关登记的事项来表明公民身份的真实性;另一方面,指在身份上区分城市、农民居民,以此来确定政府管理和资源利益分配的程度和范围。户口簿、居民身份证和居住证上都记载了有关个人和家庭的众多信息,如姓名、出生地、民族、籍贯、出生日期、住址等内容。身份信息是城乡身份管理制度运行的基础,这些公民个人信息通过政府等权威部门的登记与确认,形成了一种有关个人身份的社会事实,被赋予了权威性和合法性,并由此获得了一种形式上的真实性。户口簿、居民身份证和居住证等都是城乡身份管理制度的重要载体,它们承载着公民在不同时空下的状态,代表着

〔1〕参见张国胜、陈明明:《我国新一轮户籍制度改革的价值取向、政策评估与顶层设计》,载《经济学家》2016年第7期。

〔2〕参见张国胜、陈明明:《我国新一轮户籍制度改革的价值取向、政策评估与顶层设计》,载《经济学家》2016年第7期。

城乡居民的权利资源归属。“身份的意义在于把一个人与另一个人区分开来,不至于彼此混淆,引起紊乱。”[1]每一个人都具有自己独特的身份信息,这构成了自身与他人的重要区别。政府等权威机关通过公民个人信息记录来识别个体公民,进行社会管理或提供公共服务。此外,在司法程序中,各种民事权利和责任的判定,也都离不开民事关系或社会关系的确认。可以说,具有权威机构参与的户籍材料,是人事和亲属关系辨认的重要依据,也是司法取证的重要途径。

综上所述,由于公民的身份信息对于人员交往、身份证明、司法认定以及民事关系确认等方面具有重要作用。在当代社会,社会关系和亲属关系的证明,也就成为个人权益保护所能够囊括的重要内容。因此,证明识别功能是城乡身份管理制度的基本功能。

二、管理控制功能

管理控制是指在城乡身份管理制度运行过程中,对管理社会秩序和控制人口流动方面产生的作用和影响。新中国成立不久,反革命分子伺机阴谋破坏社会稳定,给国家安全和社会秩序造成严重威胁。公安部分别于1950年和1951年颁布了《关于特种人口管理的暂行办法》和《城市户口管理暂行条例》,对打击反革命活动、维护新生人民政权发挥了重要作用。防范和打击违法犯罪活动是城乡身份管理制度管控功能的重要表现。1958年《户口登记条例》规定指出,户籍制度主管部门是公安机关,若在管理过程中发现犯罪分子活动,“应当提请司法机关依法追究刑事责任”。再如《户口登记条例》规定,在原居住地以外城市暂住超过3日的人,“向户口登记机关申报暂住登记,离开前申报注销”。限制人口迁移是城乡身份管理制度管制功能的又一个重要方面。城乡身份管理制度形成以来,城乡居民在个人迁徙自由方面逐渐受到一定的限制,以至于身份被固化,在城乡之间造成一种隔阂。这种隔阂与利益资源分配相关联,使这种差异化更加凸显,身份等级化程度加深。管控功能的发挥稳定了当时经济和社会秩序,产生了积极的影响,但在某种程度上限制了人们的迁徙自由。

当前,管控功能的内涵发生了变化。从之前的严格控制城乡人口流动,到当前的引导农村人口有序进入城市落户,这种变化是城乡关系的重大调整,也是保障公民迁徙自由权利的必然要求。学者们多从“社会管制论”和“自由流动论”两种不同的视角进行分析解释这种变化,目的是希望身份管理制度能更好地适应人口流动形势,将附着在户籍上的社会福利逐步剥离,使其回归其本质功能。管控功能在我国城乡身份管理制度的运行过程中处于重要地位,国家

[1] 陆益龙:《户籍制度——控制与社会差别》,商务印书馆2003年版。

通过不断调整该制度的限制程度,达到控制社会秩序的治理效果。

三、利益分配功能

利益分配功能,是指在实践当中,城乡身份管理制度往往成为各个地区进行利益资源分配的基础。因此,除了身份识别、管理控制之外,利益分配亦是城乡身份管理制度的附加性功能。城乡身份管理制度的初衷,是推进我国工业化建设,保障国家战略的有序推行。它在"为工业化低成本汲取农业剩余和保持工业部门的低工资成本进行资本积累、防止农业剩余劳动力冲击城市和工业发展秩序,按计划推进工业化和城市化方面发挥了巨大作用"[1]。该制度把农村人口限制在农业的生产范围,在发展农业的同时,保证工业和城市的有序发展。因此,城乡身份管理制度将全体居民分为农村人口和城市人口两个群体,使城乡居民处于两个不同的经济领域,并且限制城乡人口流动,在利益资源的分配方面采取偏向城市的制度设置。这种分配差异主要体现在对粮油生活必需品的供应,以及住房、医疗、养老、劳动保护、教育、就业、兵役等方方面面。

随着计划经济体制向市场经济体制的转变,国家逐步向市场转移了以往对城市居民承担的劳动就业、消费品和住房供给、医疗卫生、社会保障等附加性制度功能的责任,逐步放开城乡居民自由流动的限制,农民开始可以走出农村进入城市。进入21世纪,城乡身份管理制度的利益分配功能集中体现在推进基本公共服务均等化方面。随着社会主义市场经济的逐步完善,城乡居民自由流动的制度设置进一步放宽。在进城务工过程中,农业转移人口对自身的生存发展需要提出更高的要求,如缩小与城镇居民社会福利的差距,改善福利条件。因此,国家提出统筹城乡经济发展,在利益资源分配、公共产品供给以及发展成果分享方面均衡布局。此时的利益分配功能主要表现为由政府部门提供的、与城乡户籍有关的、具有排他性的公共服务。不同户籍的劳动力在就业机会选择、工资晋升、劳动关系等方面存在较大的差异,出现"同工不同酬、同工不同权"的现象。

在全面深化改革的背景下,我国全面推行居住证制度,这是推进户籍制度改革的重大举措。居住证制度的推行对消除城乡户籍差异,逐步剥离附着在户籍上的权益,保障城乡居民平等享受基本公共服务和社会管理权益有着重要作用。可以在社会救助、义务教育、政治权利、退役安置等方面缩小城乡之间的差距,体现新时期城乡身份管理制度的利益分配功能。基本公共服务均等和便利内容涉及城乡居民权利保障和利益分配,其背后的经济利益格局复杂多样,中

---

[1] 参见辛宝海:《户籍制度利益分配功能的形成及改革思路探讨》,载《齐鲁学刊》2008年第1期。

央政府与地方政府、流入地政府与流出地政府、非户籍人口群体与户籍人口群体的需求存在明显不一致。因此，新一轮户籍制度改革强调中央全面主导，有利于推动户籍利益的协调与重组。[1] 自分税制改革以来，城乡身份管理制度中的利益分配责任由中央政府转移到了地方政府，而后者出于财政压力和自身发展利益的考虑，会严格控制和缩小提供服务的范围，使得利益分配责任不能充分得到履行。因此，此次改革突出中央统筹协调推进，有利于打破城乡间、地区间利益壁垒，促进城乡身份管理制度利益分配功能的发挥。

四、“区隔”功能

在城乡身份管理制度的运行过程中，城市居民和农村居民被分隔成两种既相互联系又各有不同的制度分层体系，形成一种制度性区隔安排。这种制度区隔与户籍或职业密切相关，它形成于新中国成立之后土地改革全面推行以及社会主义改造时期。当时，人们根据出生地以及父母的户籍身份决定自己属于城市居民还是农村居民，以此来决定自己的职业选择、定居地区、国家福利分配以及享受或履行各种权利义务的范围和程度。而随着社会主义改造的基本完成，城市的工业功能和农村的农业功能更加固定，人们的职业逐渐演变为从事农业生产的农民、从事工商业生产经营的工人、从事专业技术工作的知识分子和从事行政管理工作的干部四个阶层。这些阶层具有身份属性，且具有继承性。国家为了维系这种制度区隔，保证工业化建设的进行，还相继建立了统购统销制度、城市住房配给制度、工农产品价格制度、城乡用工制度、劳动人事制度等，从而形成了一种政治、经济、社会区隔与地理上的空间区隔相重合的制度化区隔。[2]

区隔作用主要体现在三个方面。第一，城乡区隔是其最主要的功能。户籍制度运行的社会效果之一就是在城乡之间建立一种区隔状态。这种区隔状态有利于维系农业生产和城市福利的供给的稳定，服务于国家工业化的整体目标。与此同时，这种制度区隔限制城乡居民的阶层流动，固化了不同社会阶层的社会地位及福利分配关系，形成了一种身份等级状态。第二，户籍地与居住地的区隔。居住证表示持证人并非本地户籍人口，而是作为流入地的外来人员，是一种外来人员享受城镇基本公共服务和便利的身份证明。居住证制度的基础仍是城乡户籍身份管理制度。由此可以看出，城镇中存在户籍地与居住地的区隔状态。这种区隔状态有利于转变流动人口治理理念，变管理为服务，提

[1] 参见张国胜、陈瑛：《我国户籍制度改革的演化逻辑与战略取向——以农民工为例的新政治经济学分析》，载《经济学家》2014年第5期。

[2] 参见陈光金：《身份化制度区隔——改革前中国社会分化和流动机制的形成及公正性问题》，载《江苏社会科学》2004年第1期。

升城市治理水平。同时,这种区隔状态也造成了城镇人口中户籍人口与非户籍人口在权益保障方面的差异。第三,内地定居与非内地定居之间的区隔。《居民身份证法》第9条规定,港澳台同胞迁入内地定居、华侨回国定居以及外国人、无国籍人在中国境内定居并被批准加入或者恢复中国国籍的,在办理常住户口登记时,应当申请领取居民身份证。这表明居民身份证制度形成了一种内地定居与非内地定居的区隔。

第四节　城乡身份管理制度存在的问题及其成因

城乡身份管理制度同样存在一系列的问题。随着城乡身份管理制度与社会经济发展的联系愈发紧密,利益分配功能的重要性逐渐显现。城乡之间、城市之间的分配差异使城乡身份管理制度的不平等分配状况日益凸显,从而形成制度运行的实施困境。而社会保障法律制度缺位;某些地方政府为了追求政绩而缺乏均等化城乡资源分配的动力,是导致当前城乡身份管理制度面临诸多问题的重要原因。

一、城乡身份管理制度面临的主要问题

我国城乡身份管理制度在城乡之间树立了一道“户籍墙”,使得城乡身份管理制度的影响范围越来越广泛和深入。城乡身份管理制度把全体公民分为农村居民和城市居民,并且赋予这两种身份以悬殊的福利待遇,从而形成了城乡身份歧视现象。改革开放以来,由于身份歧视,[1]农村户籍人口在城市就业选择和权益保障方面与城市工人存在很大的差距,出现“同工不同酬、同工不同时、同工不同权”的就业和劳动歧视现象。

此外,在进行跨区域流动的过程中,劳动力对于教育资源的需求日益显现。这种需求一方面表现为城乡劳动力自身的技能提升,另一方面表现在流动人口子女受教育权的保障。一般来说,流动劳动者和其子女获得教育资源的多少,直接关系到其未来的发展空间,对我国劳动力市场的技能结构改善也会产生重要影响:获取教育资源较多的劳动者群体及其子女,可以提升自我的发展潜力,通过教育实现阶层跃迁;技能水平较少、获得教育资源较少的劳动者则无法实现城镇化。然而,以城乡身份为区别的身份管理制度限制了外来劳动力群体获取城镇教育资源的途径,造成城乡居民接受教育机会的不平等状态,妨碍了外来劳动力自身技能的提升以及子代教育的优化。这种状况是“户口偏向型

[1] 参见冯虹、杨桂宏:《户籍制度与农民工就业歧视辨析》,载《人口与经济》2013年第2期。

的教育资源分配矛盾”[1]的产物。

随着社会经济的不断发展，农村劳动力不断进入城市，成为城市建设的重要力量。然而，因城乡身份管理制度的限制，农民工不具有城市户口，无法享受到与城市居民同等的社会保障和公共服务，如就业、教育等方面的福利待遇。我国大量的资源利益集中在城市，大城市的利益资源多于中小城市以及农村地区，这就使得城市之间以及城乡之间的社会保障和公共服务分配并不均衡。城乡资源利益的不均衡造成城乡居民在享有社会保障和公共服务方面存在差异，无法使城乡居民享有同等的社会保障待遇，进而导致了城乡身份不平等。农民工的就业、养老、医疗等社会保障权益受到很大限制。

二、问题的主要成因

（一）社会保障法律制度缺位

城乡二元结构的存在，衍生了城乡二元的身份管理制度和社会保障制度。城镇和乡村实行着彼此独立的社会保障法律制度。具体而言，在城市地区，伴随着工业化与城镇化的发展，各地方相继建立了较为完善的社会保障法律体系；农村社会保障法律制度体系在诸多方面处于落后的状态，导致了城乡居民享受资源利益分配的不平等。

城乡社会保障法律制度的最高表现形式是宪法。《宪法》规定，国家建立健全同经济社会发展水平相适应的社会保障制度；当公民在年老、疾病或者丧失劳动能力的情况下，有从国家和社会获得物质帮助的权利；国家对公民享受这些权利所需要的社会保险、社会救济和医疗卫生事业予以支持。《宪法》的相关规定着重从公民平等的角度论述，因此，城市居民和农村居民都有享有同等福利保障的权利。

然而在部门法上，相比于城镇，农村社会保障法律制度的立法层次较低，大多属于政策措施，专门针对农村社会保障的“法律”，尚属于缺位状态。例如，在农村养老保障方面，《老年人权益保障法》规定了农村地区根据实际情况建立养老保险制度。在农村医疗保障方面，中央层面发布《关于进一步加强农村卫生工作的决定》，对中国农村卫生工作作出了具体规划。财政部、民政部也印发《关于加强农村最低生活保障资金使用管理有关问题的通知》，对低保的标准设置，受保对象的确定，低保资金的筹集、申请、审批和发放等内容进行了详细规定。但是，这些规定、意见、通知等都处于政策措施层面，缺乏必要的法律依据。农村社会保障工专门立法的缺位，使得地方政府在制定本地区的农村社会保障措施时，没有可以参照的上位法，降低了推进农村社会保障的积极性，由此使农

[1] 赵颖、石智雷：《城镇集聚、户籍制度与教育机会》，载《金融研究》2017年第3期。

村居民的社会保障权益受到损害。

再如,居住证制度是当前实现城镇外来人口与本地人口享受公共服务均等,推进新型城镇化的重要改革措施。《居住证暂行条例》是国家以法律法规的形式对城乡身份管理制度调整改革的法律确认和制度设置。在外来人口享受的基本公共服务范围内,教育资源无疑是重要的内容。该条例规定了持有居住证的流动人口子女在流入地享受义务教育的权利和政府的相应义务。但该条例中对治理主体的相关法律责任规定不详细。除此之外,该条例也存在治理主体自由裁量范围过大的问题。[1] 该法律文本对义务教育权利的范围明确不够,只是授权各地政府结合“区域经济社会发展需要及落户条件等因素”制定政策措施,而不准确的法律规范会造成治理主体推脱责任或者规避责任。另外,该条例中一些灵活性规定也容易产生执行偏差,导致法律实施效果不佳,无法保障居住人的合法权益。如该条例规定,在城市居住半年以上,具有稳定就业、住所或符合连续就读条件的公民可以申请居住证,享受相应的公共服务。然而,从实际情况来看,由于各地经济社会发展状况不同,各地可提供给流动人口的服务范围和项目并不相同。一些地方政府设置高门槛,对申请人落户条件进行限制性规定,在流动人口享受公共服务之前需要提供较长时期的社会保险缴纳证明。可见,由于我国有关社会保障的法律在文本和执行上缺位,城乡身份管理制度造成的资源分配不均问题逐步暴露出来。

(二)地方政府缺乏城乡利益分配均等化的动力

城乡身份管理制度与社会保障、公共服务等方面相互关联,在资源利益分配方面发挥重要作用。地方政府治理主体,其责任动力强弱关系到城乡居民利益分配是否均等化。但当前,在央地分税制体制下,地方政府作为相对独立的利益主体,在城乡均等化服务方面出现了责任动力不足现象,导致了城乡福利保障的不平等分配状况。自身利益考虑和财政支出考虑是治理主体承担责任动力不足的两个重要因素,也是城乡身份管理制度运行过程中出现不平等现象的重要现实原因。

地方政府身份具有两重属性,一方面是自身利益的代言人,追求自身的利益;另一方面是国家的代理人,促进公民权益的实现。地方政府作为政府机关,它的行为目的是为公众服务,以公民整体利益为重,进行各种管理和服务。与此同时,在与市场主体进行社会互动的过程中,地方政府也有其自身的各种利益考虑和利益追求,主要体现在地方政府工作人员的个人利益、地方政府部门小集团利益以及地方政府组织整体利益等方面。在中央层面对社会保障、公

[1] 参见付昌奎、邬志辉:《居住证制度下随迁子女受教育权实现的法学分析——以权利的存在形态为视角》,载《教育科学》2017 年第 4 期。

共服务均等化作出规划和部署后，地方政府会出台落实政策的具体措施。中央层面解决户籍制度改革问题是从整体角度进行考虑，而地方政府在执行政策的过程中会考虑其自身的处境和解决问题的实力，一般会从整体中的局部角度考虑和制定政策。就推进城乡居民福利保障均等享有方面，地方政府利益与中央层面的制度安排之间可能存在一定的张力。地方政府一方面需要执行中央的政策，逐步放开现有的户籍阻隔，为外来人口提供与城镇居民同等的福利保障待遇；另一方面也考虑到自身发展利益，设置落户门槛或标准，抑制城市外来务工人员的过快增长。这种自身利益和公共利益的博弈，使城乡居民利益分配均等难以顺利执行，也加剧了城乡居民的差异和不平等存在。

投入和产出，是地方政府推行政策措施的重要考量因素。在城乡身份管理制度运行过程中，对人员和资源的投入主要表现在政策实施方面，不论是促进城乡居民的社会保障，还是公共服务均等的实现，都离不开各个部门相互配合，资源的有效供给和大量的人员投入。因此，人力、物力、财力投入是实现城乡居民福利保障平等享有的必要保证。在制度改革的进一步深化过程中，政府提供的城市公共服务范围会越来越广泛和深入，覆盖的人群会越来越多，这就需要地方政府拥有足够的财政支持。而当前地方政府在贯彻中央政策的过程中，很难形成充足的资金保证，致使城乡居民利益分配均等化出现困境：由于在一般情况下，中央层面很少有优惠支持措施，地方政府需要自己承担对城乡居民利益进行调整过程中产生的成本。城乡居民利益调整涉及的部门众多，利益错综复杂，需要统筹协调的事务相当广泛。进城劳动力需要享受公共服务和相应社会保障，政府提供服务的成本会逐渐上升，但政府的收入却并没有大幅增长，满足不了城市人口的发展需要，因此会限制流动人口落户城市，使得城镇人口在资源利益分配上存在本地人与外地人的差异待遇，造成一种不平等现状。

流动人口也会对城市的市容和社会秩序维护产生一定的压力。政府需要保证城市秩序的稳定和城镇居民的发展权益，这就需要政府投入维护成本。而财政上的困难在一定程度上使政府不愿投入过多的资金来推动调整利益分配格局，由此也造成了地方治理主体承担制度调整和政策执行的动力不足的局面。

第五节　城乡身份管理制度的法治改进

法治是国家治理的有效方式，是维护社会秩序和保障公民自由平等权利的重要形式。城乡身份管理制度是国家治理体系的一部分，其运行状况反映出国家治理的有效性和规范性。城乡身份管理制度产生实施困境，需要进行制度修正。保障有效的法律制度供给、提高治理主体依法治理的能力、提高公民法治意识，是解决城乡身份管理制度实施困境，提升公共服务和社会保障的均等化水平的法治进路。

一、加强法律制度供给保障

随着中国社会进入社会转型的新阶段，部分城乡身份管理制度体系已严重滞后，然而新的相关法律制度供给却明显不足。城乡身份管理制度供给保障改进，就是用法律制度增量促进存量调整，从提高供给质量出发，推进有关法律结构调整，矫正法律要素配置扭曲，使要素实现最优配置，促进法律制度资源整合，实现法律制度资源优化配置与优化再生。

从历史进程上看，法治作为国家治理的重要方式，在城乡身份管理制度的建立、发展和运行过程中提供了重要的制度支撑。1958 年全国人大常委会通过的《户口登记条例》，标志着城乡身份管理制度的正式确立。《户口登记条例》对户口登记工作的主体、适用范围、登记类型进行规定，并对公民迁徙流动的管理工作进行了规制。这对于维护社会秩序，保障公民合法权益方面起到了关键作用。进入新时期，一系列的人口流动松动政策陆续出台，为改革开放的发展提供了重要动力。人口的流动带来了转变社会控制方式的需要。全面推行居住证制度，是城乡身份管理制度在新的历史条件下进行的重大改革举措。《居住证暂行条例》的实施，标志着城乡身份管理制度推动福利保障均等化得到了法律确认，为城乡居民平等享受公共服务、保障公民合法权益提供了法律保障。身份管理法律制度的不断发展完善，为缩小城乡居民身份差别、促进基本公共服务均等化等方面提供了有利条件。

可见，优秀的、适宜城镇化发展现实状况的法律制度是缓解乃至解决上文所述问题的重要方式。因此，城乡身份管理法律制度需要得到进一步的发展完善。优化法律制度的供给，才能改善城乡身份管理制度产生的城乡资源利益不均等的状况，从而更好地运行城乡身份管理制度。

二、提升政府促进城乡利益分配均等化的能力和动力

改革过程中，城乡身份管理的方式由政府的单一管理向政府、社会等多元管理转变，身份信息管理的利用广度和深度不断提升。这样，想要有效实现城乡利益分配均等化，政府各方面的治理能力和治理意愿也就需要相应提高。尤其是，之前的城乡治理是单线型的，现在信息的整合程度、利用程度都发生很大变化，要求各部门能够应对更多更复杂的问题，政府的能力与动力自然需要更强。而所有的这些，都需要依靠给地方政府更多的资源，并对其进行“松绑”来达成。第一，让地方政府具有促进城乡利益分配均等化的动力，需要使地方政府能够在这一过程中有效获益。这既需要中央在顶层设计上给地方政府更多

的利益，也需要使地方政绩与城乡的均等化发展相挂钩，并保证城乡均等化所形成的利益能够切切实实地运用在本土本乡。第二，让地方政府具有促进城乡利益分配均等化的能力，需要地方政府拥有充足的人力、物力、财力去提供城乡均等的公共服务，把服务扩展到城乡的每一个角落。同时，还需要强调改进政府的服务水平与服务方式，尤其是可以通过政府购买优质服务并发放到相对应地区的方式，来综合提升公共服务水平。

三、明确制度所涉及各方的权利义务

城乡身份管理制度是由国家建立的一套政府管理制度，其以政府管理为主，辅之以其他主体进行管理。公共服务与社会保障关系到每一个公民的切身利益，政府管理与社会管理相结合是优化服务和保障质量的双重保障。一方面，政府部门是主要的管理主体，公共服务和社会保障涉及多方面的内容，亦涉及诸多政府部门，包括教育、就业、医疗、养老等领域。另一方面，随着社会经济的发展，社会提供的服务业相继产生。福利保障与社会提供的服务的关系越来越密切。这有助于缓和城乡身份阻隔带来的公共服务不均衡的局面，但与政府提供的福利保障相比，其服务成本会相应增加。因此，公民在享受社会提供的服务时，所支付的费用也较高。但是，社会经济的发展带来了这些服务行业的兴起，也带动了经济社会的持续发展。福利保障作为公民在城市与农村生活的基本保障，它们的成本过高，会给居民带来很大的生活成本。因此，福利保障均等的实现，一方面有赖于经济社会的发展提供的物质财富，另一方面也要依靠政府在福利保障职能履行中进行各种形式的平衡，维系最基本的公共服务和福利保障。

权利义务作为法律运作与实施的重要内容，在调整各方主体关系，规定各方主体的职责方面具有重要意义。在法治环境下，治理各方的权利义务得到明确，有利于城乡身份管理制度和社会保障制度得到有序运行，避免各方权责不清造成的制度运行不畅。明确治理各方权利义务关系，是推进城乡身份管理制度有效运作的重要基础内容。经济社会发展变化，不仅要求政府管理方式发生转变，也要求社会等各方治理主体承担职责，推动公共服务和社会保障的均等实现。

四、提高公民维护自身合法权益的意识

城乡身份管理制度的核心内容是福利保障均等化。福利保障均等化，主要包括关系到城乡居民个人切身利益的生存权利和发展权利，比如生命健康权、劳动权和劳动保障权、受教育权等权利。这些权利是公民进一步提升自身能力、获得自身发展的基础保障。我国宪法和相关法律中有关于生存发展权益的

具体规定。这表明,公民的人身权利和生存保障权利得到国家根本法和相关法律的确认。在法律层面上,无论是城市居民,抑或农村居民,都具有作为公民的人身权利和生存保障权利。

然而,法律层面的权利,仅仅是一种法律意义上的权利,而并非一种现实的权利。将法律意义上的权利转变为现实意义上的权利,还取决于城乡居民的法律意识的提升。不同的地域范围,居民交往的方式和逻辑不同。例如,在农村社会,村民遵循一种熟人社会的生活方式,受到乡土社会内生性规范的约束和制约。在现代社会的发展中,法治意识与法律思维是公民需要具备的基本思维意识。城市化的推进,让城市规模不断扩张,城市人口不断增加,城市生活方式逐步确立。城市中的人进行社会交往的原则与农村场域内的原则有所不同。

外来人口的流动带来了城市发展的动力,也带来了城市人口的迅速增加。大量外来人口进入城市生产生活,行为习惯、思维方式等会有所不同。城市人口的扩张造成原来社会规则的适用群体发生变化,社会规则要求容纳更多人的实践要求和行为方式,而这种社会规则要具有权威性和强制性,这样才能得到有效运行。法治就是这种规则运行的重要保证。随着城镇化的推进,农村转移人口进入城市,需要运用不同于乡村的规则进行行动。因此,在逐步融入城市的过程中,维护自身合法福利保障权益的法治意识,是城镇居民获得福利保障平等享有的重要条件。在自身生存发展环境变化的情况下,城镇居民需要提高法治意识,运用法律维护自身的生存发展权益,促进公共服务和社会保障的均等实现。

第六章　住房保障制度的运行状况及其法治改进

住房是人类赖以生存和发展的基本物质资料，是社会民生保障的重要内容。居住权益是人在城镇化中最重要、最基本的权益，关乎人的生存、发展权益，亦是实现“人的城镇化”的重要指标。当前，中国新型城镇化建设进入高速发展阶段。城镇化，不仅标志着经济形态由农业为主向工业为主转移，更意味着大规模人口向城镇的流动和集中，这个过程必然导致城市住房需求的激增。新中国成立以来，我国住房制度经历了 70 多年的变化与发展，住房公共福利分配和市场化分配等方式也在探索与实践中不断成长。当前，我国形成了市场与保障并存的住房供应体系。其中，保障性住房由经济适用房制度、公租房制度和棚户区改造房制度等多层次的保障制度构成。由于商品房经济的蓬勃发展，保障房制度在执行过程中容易出现执行偏差的现象，包括政策制定和执行管理环节的偏差，以及管理工作人员、被保障对象的偏差。而对偏差行为的矫正需要从住房保障制度运行的各环节入手。推进住房保障制度的法治化运行，加强中央及地方的立法建设和行政建设，并推动社会力量的参与，是住房保障法治化的可行路径。

第一节　新型城镇化进程中的住房困境

改革开放以来，我国加快推进了城镇化的脚步，城镇第二产业及第三产业的发展对于劳动力资源有着迫切的需求，在城乡发展不均衡下，海量的农村人口涌入了城镇。人口呈现出由农村到城镇的大规模流动，给我国的城镇人口管理、公共服务建设提出了挑战，也为城镇地方政府的民生保障工作提出了新要求，农村人口的规模化流动与迁徙引发了城镇住房需求的激增。伴随人口的迁徙，住房需求的增加成为地方政府所面临的重要民生问题。人口短时间在城市的过度集中使得人地矛盾凸显。在建设土地的稀缺性以及各地政府土地财政的共同刺激下，城市中房价在市场机制的运作逻辑下不断上涨，造成了部分人尤其是低收入群体住房困难。在通过市场方式难以解决居住需求的同时，住房保障制度的建设和发展却远远落后现实的需求，不仅导致农业转移人口难以进城落户,甚至使得部分城市居民也难以解决住房问题,严重影响到了城镇化的质量。

一、新型城镇化进程中的住房供求

改革开放以来,我国加快推进了城镇化的脚步,在城乡发展不均衡的大背景下,大量的农村人口涌入了城镇。伴随人口的迁徙,住房需求的增加成为地方政府所面临的重要民生问题。一方面,城镇人口增加,对住房的需求量大;另一方面,住房商品化程度加深,无法满足低收入群体的住房需求。

(一)城镇住房需求总量增加

改革开放后,为了促进我国工业发展和城镇建设,我国调整了此前严格限制人口流动的户籍制度,从农村场域中释放了大量的劳动力到我国的城镇中去。因此,全国范围内的人口呈单向流动的特点:从广大乡村向城镇据点聚集,从广大农业区向非农地区聚集,从落后地区向发达地区聚集。人口在区域空间呈现不均衡分布的特点,然而“房屋却无法通过空间上的调配实现供需平衡”〔1〕。

根据国家统计局数据,2010年至2019年,我国城镇人口由6.7亿人上升至8.5亿人,10年间新增人口2亿多人,这同时也是我国城镇化发展速度较快的阶段。2019年,中国常住人口城市化率为60.60%,但非农业户口人口比重仅为44.38%,二者相差16个百分点,涉及人口近2.2亿人,这部分人口主要是农民工及其家属子女。〔2〕

如表6-1所示,我国城镇人口的变动情况自2010年至2019年呈上升趋势。其中,没有实现“农转非”的农村人口,属于人户分离的“候鸟”式群体,但是长远来看,他们依然有落户城镇的需求,会在城镇固定地生活和工作。〔3〕不论城镇新增人口是否实现户籍上的转移和身份上的变动,其工作和生活行为的地点都在城镇,而住房是其必不可少的生活所需,因此,对城镇住房的需求量大大增加。

表6-1 中国城镇人口变动情况

年份	城镇人口数/万人	城镇人口比重/%	新增城镇人口数/万人
2010	66,978	49.95	2466
2011	69,079	51.27	2101

〔1〕参见杨华磊、何凌云:《人口迁移、城镇化与住房市场》,载《中国软科学》2016年第12期。

〔2〕参见国家统计局编:《中国统计年鉴2020》,中国统计出版社2020年版,第31页;国家统计局:《中华人民共和国2020年国民经济和社会发展统计公报》,载国家统计局网2021年2月28日,http://www.stats.gov.cn/tjsj/zxfb/202102/t20210227_1814154.html。

〔3〕参见帅友良:《中国人口城市化对城镇住宅市场需求的影响》,载《统计研究》2005年第9期。

续表

年份	城镇人口数/万人	城镇人口比重/%	新增城镇人口数/万人
2012	71, 182	52. 57	2103
2013	73, 111	53. 73	1929
2014	74, 916	54. 77	1805
2015	77, 116	56. 10	2200
2016	79, 298	57. 35	2182
2017	81, 347	58. 52	2049
2018	83, 137	59. 58	1790
2019	84, 843	60. 60	1706
合计	—	—	20331

[资料来源:《中国统计年鉴 2020》]

(二)土地财政与住房价格上涨

城镇化的背景下,土地财政的政府行为,亦影响住房的价格。1994 年,我国开始实行央地分税的二元体制改革,规定地方土地出让的全部收入归地方所有,这标志着中央将土地使用权出让资金的归属权完全下放给地方。随着 1998 年《土地管理法》的出台,在面临城镇化建设和刺激地方经济的双重需求下,地方政府发展土地财政的动力更为积极。

分税制集中财权使地方政府逐渐走向以土地征用、开发和出让为主的发展模式,从而形成了土地财政。[1] 就土地财政的运作过程而言:地方政府对土地一级市场的垄断地位—低价格取得农业用地—平整、开发,高价格出让—获取土地出让金—再征收土地或者结合金融资金开展城市建设。因此,土地财政不仅能大幅增加政府预算内、预算外的收入,而且能够迅速扩大基础设施投资、吸引外资、改变城市面貌,推动地方经济的发展。[2]

但是,地方政府发展土地财政的同时,会影响住房的价格。从地方政府与开发商的互动来看,由于辖区商业用地的稀缺性,地方政府往往根据人口流入规模、地价涨幅分阶段出让,以调控人口与土地的供需关系(供给小于需求);开发商则将土地使用权的成本,转移至房屋售价,以获取高额利润。与此同时,住房本身的刚性需求、房屋的投资属性,使得消费者对房屋采取投资或投机行为。诸多因素,共同导致了房价的上涨。

更何况,地方政府过度依赖土地财政将会导致城镇化的不协调发展。虽然

---

〔1〕 参见孙秀林、周飞舟:《土地财政与分税制:一个实证解释》,载《中国社会科学》2013 年第 4 期。

〔2〕 参见周飞舟:《生财有道:土地开发和转让中的政府和农民》,载《社会学研究》2007 年第 1 期。

财政分权对中国城镇化进程有刺激作用,但是地方政府税收体系不完善迫使地方政府执行“土地城镇化”的发展模式,而不是新型城镇化所要求的“人的城镇化”发展模式。[1]

(三)保障性住房供应不足

公共设施完善和行政体系的膨胀向地方政府的财政能力提出了更高的要求,尤其是在广大中西部地区,土地财政的运作模式成为多地开展经济建设的首选,土地出让金成为了丰富地方财政库存的第二税收,保障性住房等公共设施建设受到了严重挤压。商品房和保障性住房的建设离不开地方政府对土地资源的投入,为了充盈地方政府的财政库存以及加快城镇化的发展,地方政府都有更强的意愿将土地划拨为商品房的建设用地,而非保障性住房用地。

为了照顾收入水平偏低的城镇居民,地方政府仅能采取低价协议或无偿划拨的方式供应保障性住房的建设用地。[2] 然而,一定时期内的城市建设用地资源总量是有限的,这意味着地方政府在划拨保障性住房建设用地的行为具有较高的可选择性。一旦决定了某块土地的保障性住房建设用途,则代表放弃了通过该块土地获得土地出让金和相关税费的收入。

根据我国现行的土地制度,地方政府具有一级土地市场的绝对垄断权。在土地财政和城镇化建设的驱动下,地方政府会尽可能地规避保障性住房建设用地的机会成本。其一,直接压缩保障性住房的土地资源;其二,将保障性住房的建设用地向产权性质的保障房房型进行倾斜,如经济适用房、限价房等,因为租赁型保障房所能带来的土地出让收益微乎其微;其三,将保障性住房的建设用地规划到成本较低、离城镇中心地段较远的土地上,减少保障房建设对城镇优质土地的占用。相较于地方政府对商品房建设的积极态度,对于保障性住房的建设和土地划拨则显得消极被动。

二、供求关系失衡下的住房困境

在国家城镇化的高速发展的背景下,人口快速向城区聚集,单位场域内的住房需求显著增加。与此同时,因地方土地财政的特别需求,形成了商业化住房对保障性住房的替代。在供需两端的内在张力之下,低收入人群的住房困境逐步加剧。以住房和长期在城市居住为类型划分基点,可以将低收入人群分为内生型群体与外生型群体。其中内生型群体包括长期生活而存在住房困境的

---

[1] 参见王敏、曹润林:《分税制改革、城镇化进程与地方税体系完善研究》,载《财政研究》2015年第8期;彭旭辉、彭代彦:《中国城镇化发展的变结构协整分析:财政分权视角》,载《武汉大学学报(哲学社会科学版)》2017年第1期。

[2] 参见李勇辉、林森、刘孟鑫:《土地财政、地方政府行为激励与保障性住房供给》,载《湘潭大学学报(哲学社会科学版)》2020年第4期。

下岗失业职工、棚户区居民,而外生型群体中的典型代表有进城的外来务工人员与大学毕业生。

(一)内生型低收入群体的住房困境

1. 下岗职工等失业人员的住房困境

在国企改制背景下,诸多受到学历、年龄限制的职工,成为被裁员的失业者。其在职时,企业提供各种条件、福利,生活条件相对优越。但是随着改革开放不断深化,大量国有企业或集体企业改制,导致这些学历不高、就业面较为狭窄的职工大多被迫下岗或提前退休。由于这些人在岗时期的工资不高,生活的主要来源依靠企业提供的各种福利,没有充分的积蓄,下岗时年龄又偏大,再就业的机会渺茫,他们也就沦为没有收入来源或收入微薄的困难群体。而且,由于收入水平较低,他们难以负担市场化改革后新建的商品住房。他们所属单位也不再提供住房,所居住的老旧小区又人均面积少、公共设施落后、居住环境差,因此随着年龄的进一步增长,这些人成为了住房和收入的双重困难群体。更严重的是,这种住房困难的压力会传导到下一代,形成家庭规模代际化的住房困难。[1]

2. 棚户区居民的住房困境

随着城镇化进程的推移,城市的建设面貌开始逐步走向都市化和现代化。棚户区房屋作为整个城市建筑群的一部分,因其落后的建筑外观和潜在的灾害隐患,难以匹配城镇化所追求的目标,成为走向现代化城市中落后的房屋群落。为了适应城市的发展,改善城市面貌,提升棚户区居民的居住环境和房屋质量,地方政府一般会对棚户区的房屋进行原址改造或拆迁还建。不过由于棚户区内本身的住户通过自建房屋实现了自身的居住需求,形成了一定的居住习惯,对改变其居住环境的意愿并不高。同时,由于其家庭结构的代际延续,增加的家庭成员在异地搬迁后需要更多的房屋。并且,因为地方棚户区改造需要消耗大量的财政支出,国家所能够提供的还建房屋数量有限。是以,住房需求与还建房的供给数量之间存在较大差距。这种张力会反映到拆迁的推进过程中,如前几年在新闻媒体上看到“钉子户”“暴力强拆”等现象都与此有关。拆迁工作受困于相关单位和棚户区居民频繁交涉和谈判的你来我往之中,住房环境改善进度也趋于迟滞。

(二)外生型低收入群体的住房困境

1. 外来务工人员的住房困境

外来务工人员以农民工群体为主,是从农村或欠发达地区迁徙至发达地区

---

〔1〕参见范雷:《当前中国住房状况与住房不平等》,载《山东大学学报(哲学社会科学版)》2016年第6期。

的务工人员。我国改革开放后,由于农村和城市地区二元结构差异化发展,中西部农村人口大量迁入东南部城市地区。随着时间推移,迁入结构、数量发生变化,以往的个人迁徙扩大到夫妻迁徙或者举家迁徙。尤其是在义务教育的广泛开展和普及后,新一代农民工在进城的过程中,往往秉持拖家带口、携老扶幼进城,外来务工人员数量大量增加。[1]

农民工进城后,为城市的建设和发展提供了重要力量,但是由于其经济收入薄弱,文化水平较低,付出的劳力和所得不对等,在面临高额的城市商品房价格时,很难通过购买商品房来解决居住需求。在这种情况下,他们选择与自己的同乡群体抱团,形成农民工聚居区,通过比较简陋的方式满足住房需求。但是,这对城市安全和社会稳定带来一定的隐患。农民工群体流动性大,工作不稳定,户籍也并没有被纳入城市管理体系中,所以对他们开展住房保障的工作具有一定的统计难度和实施难度。[2]

2. 大学毕业生的住房困境

21世纪初的大学扩招政策,导致大学生群体的数量和规模猛增。随着大学生群体日益增多,城市的知识人口也开始趋于丰满,知识岗位逐渐形成饱和,使得大学生的学历和文化优势逐渐消失,在城市的竞争力也开始下降。如今的大学生群体,正在逐渐演化为新一代的“知识民工”,能够获得高额薪资的人数也寥寥无几,甚至谋得一份满意的工作也难上加难。因此,现实经济压力和强烈留城欲望的矛盾下,租房成为了大学毕业生群体最现实的选择。由于无法承受高租金的城市中心地段,他们不得不租住在城市外环的地段,通勤时间长成为了他们的现实困扰。同时,通过市场手段来租赁住房也会产生很多问题,他们随时面临房东对房租的任意提升或驱赶,寄人篱下的居住环境并不稳定。[3]即便如此,大学毕业生群体也依然前赴后继地选择在城市租房居住,由于学历的自尊和生活习惯的差异,他们很难接受保障性住房的环境和定位。

第二节　应对住房困境的住房保障制度及其运行状况

我国从计划经济体制转化为社会经济体制的改革过程中相应调整了住房制度体系,住宅商品化、私有化格局也经历了一个曲折与复杂的变化过程。自

〔1〕参见罗锐:《转型时期中国住房保障政策研究——基于农民工、大学毕业生、城市内生型低收入群体三位一体视角》,武汉大学2015年博士学位论文。

〔2〕参见张黎莉、严荣:《农民工在流入地住房困难的代际差异研究——基于“中国社会状况综合调查”的数据》,载《华东师范大学学报(哲学社会科学版)》2019年第1期。

〔3〕参见蔡鹏、严荣:《新市民的住房问题及其解决路径》,载《同济大学学报(社会科学版)》2020年第1期。

新中国成立以来,我国的住房制度经历了公共福利分配、商品化和市场化改革等路径探索,目前形成了市场与保障并行的住房制度。从具体的住房保障制度来看,我国现行的住房保障制度由经济适用房制度、廉租住房制度、公共租赁住房制度、棚户房改造制度等构成,以期为低收入的住房困难人群提供多层次、多方式的保障手段。

一、经济适用房制度

经济适用是国家为中低收入家庭所提供的具有保障性质的政策性商品住房。1980 年邓小平同志提出城市居民购买公房的理念和开放民间房地产投资渠道的改革框架,形成了经济适用房的渊源"三三制集资住宅"。这种政府、企业、个人各出资三分之一的"三三制集资住宅"便是当前经济适用房的雏形。[1] 1994 年 7 月 18 日,国务院发布了《关于深化城镇住房制度改革的决定》(已失效),指出"各地政府要重视经济适用住房的开发建设,加快解决中低收入家庭的住房问题。对经济适用住房建设项目,要在计划、规划、拆迁、税费等方面给予政策扶持"。这一文件,首次明确"经济适用房"的定义,并明确了经济适用房的保障对象和建设纲领。2007 年 8 月,国务院公布的《关于解决城市低收入家庭住房困难的若干意见》中规定,经济适用住房供应对象为城市低收入住房困难家庭(要与廉租房保障对象衔接),在房屋面积上规定了 60 平方米的建设标准。2007 年 12 月,原建设部等七部委联合发布《经济适用住房管理办法》,正式对经济适用房的各类建设和管理细则进行了明确规定,尤其是房屋建筑标准和退出准入机制。[2]

经济适用房制度完善了我国的住房保障体系,解决了大量中低收入家庭的住房问题,有效缓解了社会矛盾。与此同时,由于其具备商品住房的性质,在保障住房需求的同时,亦能够增加税收和扩大内需。各省市地区根据其实际情况,因地制宜实行了经济适用房制度。哈尔滨市自 2005 年以来积极推行经济适用房建设,建设量达住房总量的 20.69%,进一步优化了住房结构,有效满足了中低收入家庭的住房需求。同时,该市推进"补砖头"和"补人头"相结合,向千余户保障对象发放货币补贴,进行了补贴机制上的政策创新。自 2011 年以来,上海市逐步推进经济适用房的建设工作,有序建立经济适用房的审核、分配和管理机制。

此外,各地对经济适用房制度落实进行了因地制宜的调整,结合当地实际

---

〔1〕 参见宋庭敏、陶树人:《有关我国经济适用住房建设问题的认识和建议》,载《经济问题探索》2000 年第 1 期。

〔2〕 参见姜雪梅:《中国住房社会保障:历史梳理与未来趋势》,广东经济出版社 2019 年版,第 60 页。

情况在产权定位、供应方式上进行了创新。例如,北京市第一批经济适用房供应采取“有限产权”模式,规定购房人在购房5年内不得进行上市交易,5年后须缴纳相应的土地出让金和税费才可进行上市交易;再如,杭州市采取经济适用房供应的租售并举模式,申请人可先通过租赁方式进行入住,在5年租赁期内付清房款后可获得住房产权,若在租赁期内无法付清房款,政府将回收房屋,购房人可以申请退还原支付款。总的来说,我国经济适用房制度在各个地区的实施取得了不尽相同的成效,一定程度上满足了中低收入人群的住房需求,缓和了住房矛盾。

二、廉租住房制度

廉租房是政府和单位以租金补贴或者实物配租的形式,向城镇低收入家庭提供租金相对低廉的租赁型保障住房。廉租房制度是针对住房困难的最低收入家庭实施的一种社会救助,是住房保障制度的兜底环节。我国廉租房的渊源始于1994年的国务院《关于深化城镇住房制度改革的决定》。决定中除了提出公房租金改革、经济适用房和商品房供应体系建设之外,还提出了“对经济困难户实行减、免、补政策”。这是我国廉租房最早的制度设计雏形。廉租房制度的实际推行最早始于1998年,作为住房货币化分配制度改革的配套措施,和经济适用房一起被推广。

2005年7月原建设部、民政部联合印发《城镇最低收入家庭廉租住房申请、审核及退出管理办法》,对廉租房的准入资格和条件以及审核程序和退出机制作了比较细致的规定。至此,廉租房制度的发展上了一个新台阶。2007年公布的《廉租住房管理办法》和《廉租住房保障资金管理办法》,进一步丰富和完善了廉租房制度的相关配套政策,特别是其中的决算管理和审计监督政策可以有效促进廉租房制度的加速建设和健康发展。2009年5月,住房和城乡建设部(以下简称住建部)等三部委出台《2009—2011年廉租住房保障规划》,对廉租房制度建设任务提出加码,明确从2009年起到2011年止,争取在3年内基本解决747万户城市低收入住房困难家庭的住房问题。至此,廉租房制度建设全面普及,明显改善了低收入群体的居住条件。2013年12月,住建部等三部门联合公布《关于公共租赁住房和廉租住房并轨运行的通知》,自2014年起,各地公共租赁住房和廉租住房并轨运行,并轨后统称公共租赁住房。

廉租房制度是针对低收入人群的租赁型住房保障制度,保障对象是住房严重困难的家庭或个人。主要保障举措包括实物配租、租金补贴、租金核减和房屋置换的方式。[1] 我国大部分地区的廉租房制度的保障方式主要以租赁补贴

---

〔1〕 参见朱多刚、胡振吉:《中央政府推进政策扩散的方式研究——以廉租房政策为例》,载《东北大学学报(社会科学版)》2017年第4期。

为主,以实物配租为辅,实施对象主要为低保对象等困难家庭。随着经济水平和社会保障水平的不断提高,各地区根据当地情况对廉租房的保障指标进行了相应调整,如大连市的廉租房人均面积从2002年的6平方米增加到了2011年的12平方米,面积补贴和租金补贴也进行了调高。截至2011年,大连市4112户符合条件的家庭受到了廉租房政策的救助。再如上海市在供应模式上进行了创新,允许保障对象对实物配租或租金补贴两种方式进行自由选择,灵活运用租金补贴的方式,可以让受保群体结合自身实际需求,灵活选择保障方式,更加有针对性,也有利于受保群体能够更好地融入城市,不会因为居住地域的单一受到身份上的歧视和不公。廉租房制度有效地改善了城镇低收入困难家庭的住房问题,取得了阶段性成就。但是需要注意,因廉租房制度对户籍的严格限制,对流动人口的保障效果不足,也容易产生"夹心层"现象。

三、公共租赁住房制度

(一)公共租赁住房制度及其发展历程

公共租赁住房是指由国家提供政策支持,政府、社会各种主体通过新建或者其他方式筹集房源、专门面向中低收入群体出租居住的保障性住房。公租房制度是我国住房保障制度的重要组成部分,其目的是弥补长期以来"夹心层"住房政策的缺位。随着廉租房、经济适用房和棚户区改造房等制度建设和不断完善,城市低收入家庭的住房条件得到较大改善,但是"夹心层"问题日益突出。出现"夹心层"主要有两个方面的原因:一是,2004年开始我国城市房价快速上涨,尤其是大中城市的商品住房价格居高不下;二是,原有住房保障制度体系所能覆盖的范围比较小。

2010年9月,财政部等发布了《关于支持公共租赁住房建设和运营有关税收优惠政策的通知》(已失效),对公租房建设和运营中的多项税收政策给予政策优惠,并且再次明确公租房房源的认定标准。同年,住建部下达全国兴建37万套公租房的任务,督促各地9月底必须全面开工,并定下年末基本建成60%的任务。北京、上海、重庆等地先后出台地方公租房建设意见,开始了公租房供应的全面布局。2011年开始,公租房的建设和供应开始受到空前的重视,住建部要求重点发展公租房,加快解决低收入和中等偏下收入群体、新就业职工和外来务工人员住房问题,公租房的落实和建设问题也成为了当年两会代表谈论的焦点问题之一。2012年5月,住建部公布了《公共租赁住房管理办法》,对公租房的管理、分配、运营与退出机制进行了详细的规定,一系列促进保障性安居工程筹资和建设的相关政策也陆续到位,使得公租房的建设和管理逐渐步入了规范化的轨道。

(二)公共租赁住房制度的运行状况

公租房满足中低收入阶层的多元化居住需求,并且向非户籍人口开放。作为租赁型保障房制度,公租房制度发展较为顺利,其发展具有独特模式、优势和潜力。

以北京市为例,北京优先向本市中低收入的住房困难家庭配租,剩余房源采取集体租赁、新北京人专项配租等方式,截至 2017 年 9 月累计建设筹集公租房 20 万套,已分配 14.7 万套,分配率达到 73.5%。[1] 同时,全国各地结合具体情况,实现多元化的公租房供给模式,广泛吸纳社会资金和力量,通过盘活闲置的存量房源,有效提高了资源配置的效率。北京市黄村镇政府设立的公司托管代租农民回迁安置房小区的富余房源,面向社会“无差价”转租房屋。贵州省贵阳市成立了公租房服务中心,创造性地发明了“政府支持、社会参与、企业运作、实现多赢”的“房屋银行”模式,充分盘活了存量资源,迅速形成公租房的有效供应,节省了大量的建设成本。广州市利用财政租金团组“三旧”改造复建安置房和租赁市场现有房源作为公租房,以低于同地段同类住宅市场租金价格向符合条件的保障对象出租。[2]

此外,部分地区吸引民营企业参与公租房建设,多样化创新混合开发、投资运营等建设模式,丰富了公租房建设的资金和房源。以青岛市黄岛区辛安公租房项目为例,除青岛市政府直属的海西城市投资有限公司外,青岛瑞源工程集团和山东兴华建设集团两家民营企业参与投资该项目,负责开发 3/4 的总工程量,作为回报,该企业内部员工可通过该公租房解决住房困难。公租房制度在全国各地的蓬勃发展,补充了廉租房制度和经济适用房制度的保障疏漏,有效改善了长期以来的“夹心层”现象。

四、棚户区改造房制度

“棚户区”一般是指城市以及周边的简易房屋和棚厦房屋集中区,具有居住环境拥挤、道路绿化和公共活动场地建设滞后、房屋结构简陋、抗灾性差等特点。我国的棚户区是特定历史发展遗留的产物,其与国外贫民区存在较大差异。我国棚户区改造的历史渊源可以追溯到中华人民共和国成立初期,此后经历了漫长的过程。在 1949 年至 2004 年,棚户区改造进展相对缓慢,直到 2005

---

[1] 参见朱开云:《北京已分配公租房 14.7 万套,分配率达到 73.5%》,载《北京青年报》2017 年 9 月 22 日,第 A11 版。

[2] 参见姜雪梅:《中国住房社会保障:历史梳理与未来趋势》,广东经济出版社 2019 年版,第 123-125 页。

年,大规模的棚户区改造才开始进行。[1]

"十一五"期间,我国开始全面启动棚户区改造。首先在东三省试点,而后推广至全国。2005年,我国率先在辽宁省开展规模化的棚户区改造工作。辽宁省政府发挥主导作用,通过政府补贴、政策减免、个人集资和企业筹集等多种筹资形式推进棚户区改造工作。同时,辽宁省政府借助其独有的土地一级转让权,将棚改项目融入商业地产的开发项目之中,将其作为土地出让的竞标前提,有效激励地方企业参与棚改项目的积极性,把民生保障项目和经济建设发展合理衔接。2005—2011年,辽宁省棚户区改造面积超过4000万平方米,融资规模达700余亿元,200多万人口因此受益,棚户区居民的住房问题得到妥善解决。[2]

其他各省市地区在开展棚户区改造的工作中,分别结合各自地区实际情况,发挥地方政府的主导作用,广泛筹集资金和开展多样化的房屋建设形式,探索出了不同的运作模式。比如杭州萧山将当地的棚户区改造项目设计成金融投资产品,筹集的款项用于支付本地城中村居民的拆迁赔偿,再将改造后土地的拍卖资金作为兑付到期的理财收益,灵活运用了社会资金的金融功能。长沙市政府自2008年对棚户区居民发放货币补贴,实现了从"补砖头"到"补人头"的创新机制,同时对所有棚户区的原住户推出了经济适用房货币补贴的改革尝试,将不同的保障房制度巧妙运用到改善居民居住环境的民生工程之中。此外,多地还将棚户区改造与文化地产相结合,例如北京的南锣鼓巷、上海田子坊、西安大明宫遗址等,都是棚改工作将改善居民居住环境和优化城市建设布局相结合的典型案例。[3]

2008年中央启动保障性安居工程,将国有林区棚户区、国有垦区危房、中央下放地方煤矿棚户区改造作为重要内容,加快了改造步伐。2008年,中央支持贵州省率先开展农村危房改造试点工作。"十二五"期间,我国将棚户区改造纳入住房保障的核心工作。2012年12月,住建部等七部门下发联合通知"加快推进棚户区改造",把棚户区改造作为城镇保障性安居工程的重要内容。2015年,国务院提出了货币化安置的棚户区改造补贴方式,为其工作的加速推进提供了创新性的资金保障。

我国自2005年大规模启动棚户区改造房工作以来,全国范围内的棚户区

---

〔1〕 参见涂缦缦:《住房权适足标准的界定——城镇保障性住房制度变迁的视角》,载《江西社会科学》2015年第4期。

〔2〕 参见高广春:《棚户区改造的融资模式研究——基于中国辽宁的案例分析》,载《财贸经济》2014年第2期。

〔3〕 参见潘在怡、罗茜、王守清:《我国棚户区改造常用开发模式比较、建议及案例应用》,载《地方财政研究》2016年第4期。

改造加码、加速推进，迄今为止取得了显著成效。截至2017年年底，全国累计开工改造各类棚户区住房3907万套，近1亿居民的居住环境得到了改善，民生保障水平大幅提升。同时，棚户区改造的货币补贴模式，消化了2014—2017年约7.38亿平方米的商品房库存。[1] 棚户区改造房制度不仅改善了其居民的居住条件和生活环境，同时也对美化城市面貌和优化城市布局起到重要作用。

第三节 住房保障制度的实践困境

当前，我国建立了多层次、多方式的住房保障制度，对保障城镇低收入人群的居住权发挥了重要作用。但是在具体工作开展过程中亦存在一些问题，主要表现在政策的制定、贯彻落实、执行等政策运作的各环节。在政策制定过程中，住房保障制度的困境主要表现为：保障范围和对象偏离，房屋选址缺乏规划。由于保障性住房要让步于商品房的建设，整体来看，保障性住房的公共设施配套较差，且多位于偏远地区。而在地方政府贯彻落实住房保障制度的过程中，住房保障中财权、事权不匹配，土地财政影响下的政府又没有动力保障房建设的空间——这双重因素共同影响住房保障制度的实际贯彻。此外，在住房保障的具体分配实践中，还存在着虚报信息、职务侵占、恶意拖欠和利用保障性住房牟利等现象。这些问题的存在，极大限制了住房保障制度的实践效果。

一、住房保障政策制定不合理

我国各地出台住房保障政策时，由于决策缺乏民意的采纳和社会的参与，往往会出现保障范围和住房建设选址不合理的现象，影响制度保障的实际运行效果。

保障范围是住房保障制度的重要组成部分，其限制条件通常包括户籍、收入、原住房人均面积等信息。保障范围设定的科学性、合理性，将影响保障的实际效果：如果保障范围设定得过宽，那么有限的保障房资源则会受到挤兑；如果保障范围设定得过窄，那么应保对象则会被排斥在保障范围之外。如廉租房作为住房保障制度的重要组成部分，其目的旨在通过出租的方式为收入偏低的个人及家庭提供住房保障，解决其居住需求。但很多地区对于廉租房申请对象的户籍要求十分严格，必须要求其为该城镇的户口。在城镇化的背景下，大量外来人口尤其是农民工涌入城镇生活和工作，他们经济能力较差，收入水平较低，本来理应属于住房保障政策的对象，却由于户籍限制被排除在保障对象之

[1] 参见朱亚鹏、丁淑娟：《政策属性与中国社会政策创新的扩散研究》，载《社会学研究》2016年第5期。

外。这即是政策的疏漏之处。

大连市作为我国东北地区相对较发达的城市之一,一直吸引着大量的外来人口的涌入,据大连市人口统计网站数字显示,截至2010年3月,大连市的流动人口已超过100万人,接近城市总人口的1/5。然而大连市当年的廉租房管理办法中第1项申请资格即为具有大连市城镇居民户口。大连市廉租房申请条件的第1条,就将不具有大连户籍的流动人口等群体排除在外,这与廉租房政策的目的相悖。因此从这一方面来看,大连市该廉租房政策的保障范围有失合理。全国各省市地区廉租房政策大致都存在同样的问题。

除了保障范围有失合理性外,地方在制定政策时的规划选址上也会出现不科学的现象,呈现出"空间布局边缘化"的特点。如部分经济适用房选址偏远、环境较差、附属设施不完备、公共服务设施缺位、生活配套设施如超市或菜市等不健全、交通不便利,加重居住人群的生活、医疗、教育等成本,导致经济适用房并不经济的现象。而且保障房建设的区域与城市中心功能区分离带来的不便,容易造成地域歧视、贫富差距扩大、社会不稳定等问题。[1]

有些地方政府对于经济适用房的地址选择和投资建设比较消极。由于经济适用房属于保障性住房,对于当地政府是一笔不小的财政支出,尤其是相较于市场化商品房高昂的土地出让金而言更是如此。同时,经济适用房制度本身的产权式属性所能够起到的保障功能是一次性的,无法像租赁型保障房资源那样循环使用。因此,地方政府对于建设经济适用房一般比较消极被动,不会将其选址放在土地价值相对较高的城镇中心地段,而选址在城郊区域,居住者的生活成本也会随之上升。

二、保障制度落实困难

在分税制的体制背景下,央地税制结构形成。中央缺乏充分支持地方财政的能力,导致保障任务和财政投入的不匹配。同时,在土地财政的运作逻辑下,商品房和保障房悬殊的投入产出比,也使得地方政府秉持消极的保障房供给模式。

(一)住房保障中不匹配的财权、事权

我国的住房保障工作推进一直是党中央国务院牵头,通过国务院有关部门适时颁布系列政策和工作文件,再由地方政府和人大根据该地区实际情况制定相关规章制度并进行政策落实和工作推进。我国为了适应市场经济体制改革的大背景,加强各地区的经济发展建设,自1994年推行了中央与地方的分税体

---

[1] 参见连宏萍、何琳:《保障性住房政策网络的结构性问题与优化路径》,载《新视野》2020年第4期。

制。分税制极大地激活了全国各地区经济发展的活力和动能,实现了各地区的相对财政自主权,但是一定程度上也影响了中央对地方的财政干预和地方的任务落实。[1] 在分税体制改革的内容中,很大一部分税种的收支都被划拨到了地方税务系统,作为地方的财政收入来源,其中就包括城镇土地使用税、耕地占用税、土地增值税和房产税这类较高的税种来源。这种税收划拨模式极大地增加了地方的财务权力和财政能力,拓宽和增加了地方财政的收支来源,壮大了地方政府的经济实力,弱化了中央政府的财政能力,在“金权”掌控的松弛下,缺乏事权下移的经济基础。

在我国现阶段,中央和地方两级政府的保障性住房供应行为存在一定程度的目标差异。中央政府的目标在于住房分配公平和维护社会稳定,而地方政府更加追求政治绩效和经济发展。[2] 同时,由于地方政府掌握精确的土地、人口等信息,中央政府更偏向于将社会保障等责任下压,地方政府成为了具体责任的承担者和落实者。但是,地方政府还要承担本地公共品和基础设施的建设,这也是一笔庞大的财政开支。然而,中央政府下拨的保障房财政补贴往往有限,以 2014 年为例,截至当年 5 月,700 万套保障性安居工程投资需要近 1.1 万亿元,当年的中央财政拨款仅 1193 亿元,足以见得地方财政在保障性住房的资金缺口之巨大。[3]

因此,中央政府在分税制模式的运行下,能够为地方政府提供的财政支撑十分有限。地方政府在承担具体民生保障责任的同时,还要发展地方经济建设,财政支出显得捉襟见肘,从而形成了保障任务和财政投入的不匹配现象,导致住房保障制度落实困难。

(二)土地财政对保障房建设的挤压

一般情况下,地方政府对当地的经济发展和城市建设尤为重视,这会对保障房建设形成某种程度上的挤压。对 GDP 政绩与财政收入的追求,使得地方政府着眼于增加 GDP 的经济活动,而对公民的基本权利保障体系的建设比较迟滞。具体到住房保障来看,地方政府还要承担基础设施和公共服务等财政投入,商品住房所能够带来的税收和土地出让金都能够充实地方政府的财政盈余。因此,在缺乏强有力的上级管理和政绩考核的情况下,地方政府对住房保

[1] 参见贾春梅:《财政分权、晋升竞争与保障房供给——基于江苏县级面板数据的实证分析》,载《理论月刊》2014 年第 6 期。

[2] 参见葛扬、贾春梅:《廉租房供给不足的事实、根源与突破路径——基于转型期中国地方政府行为视角的分析》,载《经济学家》2011 年第 8 期。

[3] 参见李静:《权利视角下保障性住房建设中的政府法律责任》,载《兰州大学学报(社会科学版)》2015 年第 2 期。

障制度的建设及其工作开展的态度则会变得相对消极。[1]

在社会保障的建设方面，地方政府大多投入医疗、教育、养老等民生方面，这些方面的投资建设具有比较高的公共性，比如修建一所学校或医院，都能够辐射大范围的被保障对象，投入和产出比相对较高。而对于居住权的保障只能通过兴建保障性住房来完成，并且工作繁杂，比如采集住房困难者的个人信息和家庭信息，保障性住房的后续社区管理等，都是不小的财政投入，但是产出和回报却屈指可数。

而且，同一块土地，地方政府更愿意将其配置成商业用地或者商业住宅，进而形成直观的经济收益，获得高额的财政收入和土地出让金。保障性住房的全面建设广泛铺开，势必会影响商品住房的销售和房地产企业的利润。在这样的日积月累下，地方政府发展地产经济的意愿也变得非常强烈，自然而然地忽视了保障性住房的建设。

三、住房保障政策执行异化

在住房保障政策执行中，同样也会出现很多问题。这主要表现在不符合保障标准、资格的人群入住保障性住房，以及保障房资源的私人化占用。

严格的审查审批机制，是保障性住房公平分配的关键。但是，由于房管部门的审批松散及疏漏，会造成实际不符合保障标准的人群在审批阶段蒙混过关，最终违规占据保障房的资源，使得真正需要被保障的群体的权益受到侵害。

众所周知，保障性住房面向的是中低收入家庭。但是在很多地方却出现了经济状况较好的家庭购买并入住经济适用房小区的情况。例如，在 2010 年的年初，有媒体披露深圳经济适用房小区桃源镇三期（深圳市 2007 年的经济适用房项目）停着相当一部分 20 万元以上的车辆。[2] 而深圳市当年保障性住房政策规定申请家庭的可支配年收入应连续近两年低于 23, 252 元，并且截至 2007 年 12 月 25 日相关申请家庭的总资产不得超过 28 万元。显然有相当一部分业主不符合当年的经济适用房审批标准。[3] 在准入机制较为模糊的前提下，富人群体通过审批阶段的权力寻租行为进行违法违规操作，在实质上侵害了住房困难群体的居住权。

审查环节的纰漏，一方面来源于房管等部门工作人员的疏忽，另一方面则

---

〔1〕 参见郭亮：《"土地财政"中的地方政府权力运作机制研究》，载《华中科技大学学报（社会科学版）》2017 年第 1 期。

〔2〕 参见齐建东：《福利权保障背景下我国给付行政的发展趋向》，载《中共福建省委党校学报》2012 年第 11 期。

〔3〕 参见于明山：《记者探访深圳经适房：车库里竟停着奔驰》，载腾讯网，https://news.qq.com/a/20100309/003720.htm。

是民政等相关部门合作不到位,缺乏公民信息的联动共享机制,如住房保障、民政、公安、工商、地税、社保、银行、证券、住房公积金、车管等部门未实现信息互通共享,使得分散在各部门的信息无法整合,存在信息不对称的情况,进而导致保障性住房申请人的收入、存款等资产情况无法核实。[1] 由于我国尚未建立起居民收入统计的实时跟踪系统,因此对处于保障房覆盖范围边缘应予纳入或剔除的政策敏感型对象和“夹心层”群体缺乏有效的识别方法,而这使得管理部门在保障性住房资格准入审核方面无所适从。[2] 这创造了财产转移、瞒报等作弊空间,导致房管部门工作人员面对弄虚作假的材料信息无法进行正确判断,造成实际不符合保障标准的群体入住保障房的现象。

在政策执行过程中,除了出现不符合保障标准人群违规入住保障房外,还会出现房管部门单位人员滥用公权力,利用政策集资建房的现象。“保障房”异化成了“行政福利分房”,成为了地方有关部门和企事业单位的“福利盛宴”。这导致稀缺的保障房资源被大量非政策受益目标群体所占用,而真正的保障对象却被排挤在制度红利之外。[3] 这一公共资源私人化的现象曾多次出现。2011 年,媒体曾报道过湖南衡山县电力局、安徽电力出现以保障性住房名义集资建设别墅的新闻;同年,新华社还曝出福建龙岩市经济适用房被某些公职人员“团购”,机关事业单位的工作人员申购者比例近 20%;此外,还有山西忻州市首例限价房项目成为当地干部福利房的新闻。[4]

作为政府的一项准公共服务产品,经济适用房属于国家福利行政的范畴,根本目的在于解决城市中低收入人群的住房问题。[5] 本来应该严格按照地方政府确立保障范围严格分配的保障房资源,却在很多地区变成了政府公职人员的私人福利,主要有以下几点原因:

保障房分配权力的相对集中,我国各地的保障房分配工作一般交由当地的住房保障部门或房管部门实行,权力相对集中,这就衍生了部门内部关系的权力运作空间。缺乏监督亦是重要原因。多地的保障房制度的管理办法中,缺少分配结果社会公示的规定,同时对相关公职人员滥用权力的法律责任和后果也不明确,造成行政约束力不足。同时,社会监督的缺乏,使得相关公职人员有了

[1] 参见孙守纪、孙洁:《完善我国社会保障性住房制度:基于政府视角》,载《中国行政管理》2013 年第 10 期。

[2] 参见邓海峰:《城市化进程中城镇居民住房保障法律制度重构》,载《法商研究》2016 年第 4 期。

[3] 参见邓海峰:《城市化进程中城镇居民住房保障法律制度重构》,载《法商研究》2016 年第 4 期。

[4] 参见邓建胜:《保障房不能成为“翻版福利房”》,载《人民日报》2011 年 5 月 18 日,第 9 版。

[5] 参见凌维慈:《保障房租赁与买卖法律关系的性质》,载《法学研究》2017 年第 6 期。

更大更灵活的操作空间，也为其违法违规行为的实施提供了便利。此外，各级政府住房保障部门的设立结构松散，无法进行上下级统一管理，也导致了其工作缺乏职能监督的部分。

四、被保障对象行为异化

在住房保障制度的运作中，被保障对象也会出现违规行为。一方面，其对保障性住房性质和功能的认识不足，通过保障性住房谋利；另一方面，被保障对象脱离保障范围后，仍然违规侵占保障房，使得有限的资源无法循环利用。

保障性住房属于政策性住房，其价格较市场上的商品房、租赁房低。所以部分保障对象在成功申领保障性住房后，通过该房型与市场上商品房的差价进行牟利，这种行为完全背离了保障性住房的设立宗旨和目标，影响了保障性住房资源的公平分配。2018 年就有媒体报道北京石景山区京原家园、朝阳区双桥家园等公租房小区出现了租户违规转租其承租的公租房行为，并且该盈利行为长达数年，直到产权单位进行入户排查时才发现。[1] 被保障对象通过保障房进行售卖、出租等营利行为，不仅违反了相关管理规定，也在一定程度上损害了社会公共利益，破坏了保障性住房的功能性和公平性。[2] 究其原因：

第一，对于保障性住房的认知不足。住房保障制度是国家和政府的一项民生保障工作，保障性住房的本质是公共资源和保障性资源，理应为符合保障范围的群体和对象所享有，而不应该成为个人盈利的生产资料。被保障对象有改善自身经济水平和增加收入的目标的需求，但不应该通过公共资源进行个人牟利。而且，保障房的操作和分配主体应该是政府的相关房管部门，不应该是作为社会个人的被保障对象。

第二，房管部门工作人员未履行及时清退的动态管理职责。售卖或出租保障性用房的主体，往往已购置或租赁其他地点的商品房，已不符合保障房管理办法中的保障条件，理应被清退出保障房小区。但是，由于房管等部门工作人员的履责不足，未能及时发现被保障人群的经济水平的变化，导致被保障对象在脱离保障范围后仍然居住在保障房内，损害了保障性住房的功能，降低了其资源利用的循环性和保障性。

在住房保障制度的运作过程中，被保障对象拖欠租金的现象也时有发生，一般出现在租赁型保障性住房的运作之中。据有关报道，湖北省黄石市金广厦小区公租房承租户蔡某于 2015 年向黄石市住房保障部门申请配租公共租

---

〔1〕 参见张景：《北京市住建委通报两起公租房转租行为》，载央视网，http://news.cctv.com/2018/09/26/ARTIOghxXqOK6GDKk1G41k9s180926.shtml。

〔2〕 参见王蒙：《经适房违规出租的合同效力与法律效果——兼论比例原则在合同效力认定中的运用》，载《华东政法大学学报》2019 年第 6 期。

赁住房,截至新闻报道的2020年时,已拖欠租金长达46个月之久。其间众邦公司多次催告蔡某补缴租金,蔡某都置之不理。[1]

同样的事件在我国其他地区也有出现。据有关报道,2009年,银川市阚某经过申请,获得配租五里湖畔小区一套建筑面积48.96平方米的公共租赁住房,房屋租金每月23.68元。自配租后,阚某拒绝缴纳房屋租金,工作人员多次上门催缴、下发整改通知,他不仅拒不缴纳,还辱骂工作人员。2016年阚某退休,每月领取退休金2000多元。2019年银川市住房和城乡建设局将他起诉至法院判决后,阚某仍拒不缴纳。经过申请法院强制执行冻结账户,阚某这才缴纳了2009年至2018年欠缴的租金。[2]

被保障对象恶意拖欠租金的行为破坏了保障性住房的运作秩序,影响了保障房的管理运行。这是多重因素的产物:其一,其秉持“光脚不怕穿鞋的”心理状态,认为自身是低收入群体、弱势群体,进而拖欠租金;其二,对弱势群体的管理措施具有弹性化特征,缺乏强制力;其三,保障房管理办法缺乏相关的责任规定;其四,司法诉讼和审查时间周期较长,需要履行判决书下达清退和罚没程序,造成这期间内的资源浪费,影响其他应保障对象的权益。

第四节　住房保障制度的法治改进

新型城镇化提出以“人”为中心,而以人为中心的根本就是在推进城市现代化和工业化的同时,也要格外注重到处在进程中的个人的基本权利的保障和发展成果的共享。住有所居是每一个人在任何时空场景下最基本的生活需求和保障目标。在住房资源的分配和住房保障工作推进的过程中,可能存在住房保障政策、制度制定不科学、不合理问题或者执行过程中的偏差运作等问题。

法治是制度有效运作的重要保障,依法治国是实现我国治理能力和治理体系现代化的必经之路。完善中央立法、加强法律实施和推动地方治理法治化,是加强住房保障制度法治化运作的重要举措和路径。具体而言,首先,构建居住权的宪法基础,建立并完善以居住权为核心的法律体系,尤其是围绕《民法典》用益物权编有关居住权之规定,进一步探索并完善居住权的法律规范。其次,要优化税制分配结构,保证地方政府推进住房保障实施的积极性和主动性,并且要做到事中监管与事后监管并举。最后,要健全公众参与保障性住房政策决策的机制,提升保障性住房的政策效率。

---

[1] 参见《公租房欠租不退法院强制腾退追租金》,载澎湃新闻网2019年8月29日,https://www.thepaper.cn/newsDetail_forward_4289520。

[2] 参见王婧雅:《宁夏13年清退不符合条件住房保障对象4.4万余户》,载搜狐网2021年2月24日,https://www.sohu.com/a/452510024_120930510。

一、进一步完善有关住房保障的法律体系

当前,住房保障制度运作的实践偏差,是国家法律、地方行为、保障对象等多重因素相互作用的共同结果和产物。为此,应通过立法的手段对各主体的行为进行规制和指引,进一步完善住房法律体系,更好地引导住房保障制度在法治轨道上运行。

从法理来看,住房困难问题是居住权得不到充分保障的体现。所谓居住权,是指公民有通过各种途径获住宅的权利。[1] 这样一种权利属于基本权利的范畴,是"人之所以为人"最基本的自然权利。因此,其也应该成为一种法定和现实权利。在宪法法律规范层面,居住权有着双重内涵,即宪法上的居住权与民法上的居住权。

首先是宪法层面的居住权。《宪法》是"母法",是国家的根本大法。它不仅是其他法律法规的依据和渊源,也是公民权利的基本保障。《宪法》所确立的内容事关国家政治经济社会生活中最重要和最根本的事项。宪法层面,居住权可被视为生存权的延伸权能,是一种生命延续权。它具体是指"人作为人应当具备的基本的生存条件,如衣、食、住、行等方面的物质保障"[2]。不过,虽然居住权在《宪法》的内容中有所指涉,但是鉴于居住权在当今社会的重要地位,可以考虑做进一步宣誓和明确。通过加强居住权在宪法中的规范意涵,能够进一步强化居住权的宪法法律基础,明确国家政府责任,并向公民传达居住权的重要理念。由此,达成共识,强化认知,进一步推动住房问题的化解。

其次是民法层面的居住权。仅以《宪法》难以维护住房困难群体的住房权利以及解决其家庭成员的住房问题。公法和社会法在调整并由国家以有偿的方式提供保障方面缺乏可操作性的具体措施。同时,它也难以应对灵活多变的社会问题,不能从根本上解决居住权纠纷层出不迭的问题。因此,还需要考虑民事层面的居住权。[3] 2020 年 5 月,《民法典》表决通过,并相继颁布实施。居住权得以顺利入典,对于社会民众居住权的保障具有重要现实意义。不过,从法律规定来看,《民法典》物权编第十四章关于居住权的规定既有模糊之处,又有规范缺失,需要进一步完善和讨论。与此同时,《民法典》物权编关于居住权的不少规定趋于保守,寥寥 6 个条文也难以涵盖居住权制度的全部规则, 尤其是伴随债之关系。因此,随着司法实践的深入,有关居住权的法律适用

---

〔1〕 参见朱福惠、李燕:《论公民住房权的宪法保障》,载《暨南学报(哲学社会科学版)》2009 年第 2 期。

〔2〕 参见冯源:《论民法典对居住权的立法干预方法》,载《学术论坛》2019 年第 5 期。

〔3〕 参见王者洁:《论居住权权利框架体系的构建》,载《江西社会科学》2016 年第 2 期。

问题需要进一步深化和完善。[1]

除居住权保障以外,还需要通过具体操作性的《住房保障法》予以兜底。早在 2008 年 1 月,《住房保障法》就已经列入全国人大常委会的五年立法规划之中,并形成了初步的征求意见稿。但迟迟未有进展,工作推进缓慢。

住房保障领域具有较强的政策性,目前我国的住房管理仍以政策意见为主。通常,我国的住房保障工作由党中央确立发展方向,国务院及相关部委出台管理办法和意见。再自上而下由各级政府结合实地情况进行政策规划、制度建设和工作落实。正因如此,住房保障领域各类举措稳定性较差,同时欠缺对该制度运行的法律后果和责任的界定。在行为规范上,其对公民的行为也缺少具体的规定和指引,缺乏基础的统一性和完备性。

2023 年,中共中央、国务院颁布了《关于规划建设保障性住房的指导意见》,住房保障问题再次引起社会广泛重视。以此为契机,可以考虑结合该意见的试点经验,进一步积累有关《住房保障法》的立法经验,适时推出《住房保障法》,以更好地化解社会住房问题。一方面,从法律层面确定其基本框架,加强制度的权威性和统一性;另一方面,从《住房保障法》的内容入手,通过对原则、定位、相关方权责义务的规定,明确制度的基本措施、运行程序和基本职能。同时,对各类主体的法律后果予以界定,明确个人、组织及各类行政主体的各类违法成本以法律的方式对各类违法行为进行震慑和约束。

再次,建立健全保障性住房用地制度。住房“需要以土地作为承载物”和“无法移动”的特殊性使得其无法实现空间上的运输与调配。土地的规划与使用决定了住房所能发挥的效用和实现的价值。当前,我国现行的土地法律已经形成了由基本法、行政法规和部门规章组成的较为完善的运行体系,但是因为缺乏保障性用地的相关法律规范,导致诸多保障性用地关系脱离于法律之外,甚至与现行制度相背离。地方政府作为住房保障的责任主体,热衷于出台政策和部门文件以进一步细化法律的内容,提高相关政策、法律文件在当地的适用性和可实施性。但是,在保障民生义务与地方经济发展、开发商的财产性收益权利相冲突的情况下,缺乏合理、强制的土地制度,则难以激励、督促行为主体履行民生保障责任。

我国 1986 年颁布的《土地管理法》虽然经过多次修改,但依然秉持着经济发展优先的立法理念,进一步强化地方政府在规划和使用土地上片面发展经济的观念,实质上阻碍了土地功能的有效发挥和利用。[2] 因此,要加强构建保障性住房的用地制度,彰显其民生和社会公平属性,实现其优先保障和独立运行

---

〔1〕 参见申卫星:《〈民法典〉居住权制度的体系展开》,载《吉林大学社会科学学报》2021 年第 3 期。

〔2〕 参见郭洁、赵宁:《论保障房用地法律制度的创新》,载《法学杂志》2014 年第 1 期。

的职能，与开发建设用地的地方发展和财产收益功能相区隔。保障性用地的建设必须符合公共利益目的，排斥“面子工程”“政绩工程”的规划理念，凸显其实现公平、正义的民生保障理念。

加强保障性用地制度在《土地管理法》中的确立，能够有效规避地方政府在使用土地时过于注重经济发展和片面追求财政收益的现象，更好地实现土地增益服务于低收入人群，包括住房需求的基本生活保障。发挥土地实现经济发展和社会民生功能的平衡，为保障性住房的建设提供土地资源保障。[1]

最后，建立涵盖居住权利的社会法体系。社会法是调整在国家保障自然人基本生活权利过程中发生的具有国家给付性的社会关系的法。[2] 我国目前的社会法主要由《未成年人保护法》《妇女权益保障法》《老年人权益保障法》等构成。在市场交易中，购房需要一定的经济条件支撑；然而，不断增加的城镇化人口，却对住房有着极大的需求。作为居住权的承担载体，住房不同于医疗保障的突发性需求，也不同于养老和教育保障的年龄层差异化需求，而是覆盖面广、需求量大的全民刚性需求。

居住需求的实现对其个人和家庭的生存与发展至关重要，适足住房的缺乏则无法实现生产生活的正常运行，现阶段公民通过自身努力实现居住权还存在一定难度。在这种情况下，国家和政府应当通过给付手段保障公民的居住权，尤其对于残疾人、老年人这类极端弱势群体而言。因此，要将居住权纳入现行的社会法体系之中，明确政府为公民提供有限住房的给付责任，将住房保障涵盖到社会法中公民基本权利的范畴之内，尤其是针对弱势群体提供相应的给付保障。

二、增强地方落实住房保障制度的能力

在加强中央立法的完善程度的基础上，还要通过优化税制分配结构、建立绩效考核问责和督查信访等手段，通过加强行政体系各环节行为的法治化运作，进一步提升住房保障制度的实效。良好的财政运转是住房保障制度实施的重要经济基础。1994 年分税制改革以来，滋长了地方政府对土地财政的依赖，同时也弱化了中央政府的财政能力。土地出让金作为地方政府的预算外收入，缺乏监督和管控，导致了地方政府在执行上级政策时出现回避和消极行为。中央政府由于财政收入的削弱，导致“金权”旁落，无法完成事权有效地向下延伸。

在完成各项工作时，资金是基础性要素。因此要优化分税制，完善现有的

---

〔1〕 参见陈柏峰：《土地发展权的理论基础与制度前景》，载《法学研究》2012 年第 4 期。

〔2〕 参见郑尚元：《社会法的定位和未来》，载《中国法学》2003 年第 5 期。

税收结构,削弱地方政府对土地财政的依赖,进一步解放土地财政对地方政府保障性住房建设的抑制。[1] 首先,要调整中央和地方的财政关系和税收划拨比例,增加中央对地方土地收益的占比。中央要将企业所得税等产业税收的来源让利于地方政府,引导地方政府以土地财政为主向“税收收入”为主的转变,形成良性的央地财政分配模式和运行机制,从而纠正地方政府对土地财政盲目追求和依赖的扭曲行为。在此基础上,要加大中央对地方的财政投入,尤其要为地方分担教育、医疗、基础设施等全国性公共产品的财政支出,进一步缓解地方发展压力。[2] 优化税收结构不仅能够有效延伸中央对地方事务的干预力度,还能够有效减缓地方政府的财政压力,减少对土地财政的依赖,健全和完善产业结构。同时更好地实施住房保障的制度建设,改观地方政府对保障性住房建设任务的消极态度。

其次,除了优化税制结构,强化住房保障制度的财政基础外,把地方住房保障工作作为地方治理绩效的重要考察对象,并纳入地方相关官员的晋升机制中,促使地方政府调整财政支出结构,增加保障性住房的建设和供给,也是相对可行的举措。同时,国家可将保障房工作的公众满意度纳入地方官员的绩效考评体系,把辖区内居民对保障性住房供给的满意度与地方官员的晋升机会相挂钩。要加强同级地方人大的行政问责力度,将保障性住房的建设、分配和管理工作纳入问责范围,对于执行住房保障制度不力的地方政府,要追究其相应的行政责任并进行处罚,以起到警示和引导作用,从根本上规制地方政府行为。对于工作任务完成较好的地方,可给予适当的奖励措施。此外,还可将调控市场房价平稳运行作为对地方的补充考核指标,更进一步地敦促地方政府重视住房资源分配工作的整体把控,摆脱对土地财政的过度依赖。通过建立绩效考核和问责机制,并赋予其相当程度的权重作为政绩考核的重要指标,能够有效激发地方主要领导开展民生保障工作的积极性,在大力推动地方经济建设的同时,补齐民生工作的短板。

最后,建立有效的督察信访机制。中央在政策制定层面的一统性,与地方执行灵活性甚至偏差(如消极被动和钻政策漏洞)之间存在张力。[3] 二者存在信息不对称的情况。在政策执行的过程中,督查信访机制是监督工作开展绩效的可行路径。

---

[1] 参见葛扬、贾春梅:《廉租房供给不足的事实、根源与突破路径——基于转型期中国地方政府行为视角的分析》,载《经济学家》2011 年第 8 期。

[2] 参见黄文君:《土地财政视角下保障房的供给困境及对策研究》,载《现代经济信息》2019 年第 7 期。

[3] 参见周雪光:《基层政府间的“共谋现象”——一个政府行为的制度逻辑》,载《社会学研究》2008 年第 6 期。

2019年4月中旬,国家信访局会同相关部门,针对群众反映的各类问题,派出6路中央信访督查组,分赴河北、辽宁、内蒙古、山东、河南和湖北等地,对48个保障性住房相关的信访事项展开实地督查。每路督查组均有媒体记者、全国人大代表等一同参与。[1] 督查结果中的48个案例中,大部分都存在涉事群体广泛、相关部门处理意见含糊、群众对事项办理评价不满意等问题;在住房保障的工作开展中,出现了拆迁户不能回迁、拖欠过渡安置费等种种现象;地方政府存在相关职能部门之间推诿踢皮球,地方政府自身监督不力、责任不落实等问题。事后,对各地有关职能部门,不作为和违规作为的相关人员进行了问责。同时,对于督查过的事项,地方需按期上报整改进度,国家信访局将据此进行监督,定期跟踪各地的落实情况,并对重点督查的案件"回头看";对于实体存在重大问题、严重侵犯群众合法权益的事项将启动问责,并向社会公开曝光。[2]

地方政府各部门往往因为利益相关或裙带现象对工作中产生的问题相互遮掩和推诿。因此,应当加强中央对地方的住房保障工作方面的督查信访的常态化,回应群众诉求,对相关单位违法违规的工作人员及时惩戒处理,防止地方政府长期不作为,使得困难人群居住权被侵害的情况频繁发生和长期搁置。

三、依法创新住房保障手段

各省市地区是开展住房保障工作的一线,承担着政策制定、具体执行和后续管理三个环节的重任。地方在开展住房保障工作时,要广泛提升民众在政策制定时的参与度,要善于在治理中运用科学技术的手段,同时加强对具体工作的监督。

(一)提升地方政策的公众参与度

地方各省市是推进住房保障开展工作的主战场。目前,各地区的住房保障政策呈现出保障范围不合理、准入和退出机制不健全等问题。地方性政策制定是住房保障工作的关键一环,对上承接政策文件精神,对下规定具体实施方案。提升地方政策的公众参与度,是完善住房保障制度的科学化、民主化举措,这同时也是我国国家层面民主、科学立法精神的彰显。

我国各省市地区目前现行的住房保障制度大多由地方政府制定,缺乏对民意的采纳和收集。地方住房保障制度的被保障群体,一般来说以当地民众居多,尤其是经济条件较差,收入水平较低的公民。如果相关单位闭门造车,必然会造成部分政策脱离实际,无法和被保障对象的需求合理对接。

因此,制定地方住房保障制度时,应合理收集并采纳民意,可以通过邀请公

---

[1] 参见顾远山:《别等督查组来了才撸起袖子干》,载《中国纪检监察报》2017年5月23日,第2版。
[2] 参见黎晓武:《论我国城市居民住房权的实现保障》,载《法学论坛》2010年第5期。

民代表参与到地方立法的提案、建议环节。同时,也可以通过政府公众号、官网等渠道广泛征求民意,集中民智。这样,可以更有利于加强地方政府及其相关部门科学和民主决策,也有利于住房保障制度的有力推进和有效实施。通过提升社会各界的参与度,不仅可以实现科学民主的决策制定,还能兼顾宣传住房保障工作的重要性和内容,加强社会各界对该工作的认同与配合,也有利于后续保障工作执行和管理。

(二)创新数据治理在审查和管理环节上的运用

审批环节是对被保障对象的信息材料进行核准的重要环节,它决定着该对象能否被纳入保障的范围。因此,出现在审批环节时的问题往往偏多,人们会通过权力寻租、信息瞒报等手段蒙混过关,也导致了一些本不属于保障范围的群体申领到了保障房,实现了房屋配租与购买,这实际上侵害了真正应被保障群体的权益。由于以往的信息壁垒和技术落后,使得这样的现象时有发生,导致了保障性住房资源分配不公平化。[1]

近年来,科学技术的发展日新月异,数据化管理的方式也延伸到了全社会的每一个角落。因此,在推进住房保障工作时,应当加强政府各部门的信息联通和数据联动,尤其是民政、税务等部门对公民信息的掌握,要及时与房管部门进行资源共享。同时,在保障性住房的后续管理环节,依然要及时通过信息的比对,合理筛选出保障对象是否处于保障范围、是否符合保障资格,及时清退不符合保障标准的对象,实现公共资源高效、可持续的循环利用。

(三)加大行政处罚力度,强化监督机制

城市住房本身属于稀缺资源,具有市场价格高、社会需求量大等特点。保障性住房则更为稀缺,相对于市场环境下的商品房具有低价格的优势,在公职人员具有掌握其资源的集中权力下,这样可观的利润也导致出现公权私用、铤而走险挪用公共资源的现象。因此,要不断完善住房保障工作的监督机制,各省市地区的检察院和纪委监委要充分履行其职能,加强对住房保障工作的法律监督和纪律监督。[2] 住房属于紧张和稀缺的社会资源,更应该受到监督机制的重点关注,尤其是在当下住房矛盾尖锐的情况下,住房资源的公平分配对社会稳定和民生保障起到至关重要的作用。对于在工作中出现违法违规的现象,要第一时间进行查处和惩戒。同时,要加大对有关工作人员在违规、渎职时的处罚力度。尤其是在立法的环节,要明确相关工作人员的法律责任和法律后果,通过加大处罚力度、增强震慑作用,保证相关工作的顺利开展。

---

〔1〕 参见刘法杞、陈柏峰:《技术平台对科层体制的重塑及其治理效应》,载《河南大学学报(社会科学版)》2020年第6期。

〔2〕 参见李静:《权利视角下保障性住房建设中的政府法律责任》,载《兰州大学学报(社会科学版)》2015年第2期。

第七章　进城农民工劳动权益的法治保障

在新型城镇化建设过程中,农民工是最不可忽视的一类群体。2020 年全国农民工总量为 28560 万人,其中外出农民工数量达到 16959 万人。[1] 数量庞大的农民工群体有力地促进了新型城镇化的建设。但是,对于进城务工的农民工而言,其劳动权益受损是新型城镇化建设过程中十分突出的问题,在一定程度上阻碍了新型城镇化的推进。因此,在新型城镇化推进的过程中,我们有必要深入研究进城农民工劳动权益受损这一问题,并思考如何保障进城农民工的劳动权益。

要研究农民工劳动权益受损这一问题,我们首先需要了解农民工进城务工的基本情况。以雇佣单位和农民工之间是否建立劳动关系为标准,可以将雇佣单位对农民工的雇佣分为正规用工和非正规用工。农民工进城务工时,雇佣单位主要通过非正规用工的方式雇佣农民工。在非正规用工方式下,农民工的休息休假权、劳动安全权、劳动报酬权常常受到损害。

对于农民工劳动权益受损的实际情况,本章主要从不同主体的角度进行解释。首先是劳资双方在法律意识和法律救济方面不对等。在劳资双方不对等的情况下,一方面,劳动监察部门和地方政府等权力主体对资方的监管不足,另一方面劳动仲裁机构和法院等权力主体对劳方的救济不足。所以,权力主体没能很好地发挥平衡劳资关系的作用。这不仅使资方容易侵害劳方的劳动权益,还使劳方的劳动权益受到损害以后,无法得到充分的救济。最终,导致劳动者的劳动权益受损。为此,本章主张运用法治的方式,保障农民工的劳动权益。具体而言,一是增强农民工的法治观念和维权意识;二是通过细化法律规定、明确法律概念,完善相关法律规范;三是通过完善劳动争议仲裁和诉讼制度、改革劳动监察模式、完善法律援助制度,健全法律救济渠道。

---

〔1〕 参见《中华人民共和国 2020 年国民经济和社会发展统计公报》,载国家统计局,http://www.stats.gov.cn/tjsj/zxfb/202102/t20210227_1814154.html。

第一节 农民工的雇佣类型及其工作状况

对进城农民工劳动权益受损的问题进行研究，我们首先需要了解农民工的雇佣类型。以雇佣单位和农民工之间是否建立劳动关系为标准，可以将雇佣单位对农民工的雇佣分为两类，一类是正规用工，另一类是非正规用工。在非正规用工中，根据劳务派遣机构是否参与，又可分为两类，一类是两方非正规用工，即雇佣单位直接用工；另一类是三方非正规用工，即劳务派遣用工。

一、正规用工及其工作状况

在正规用工中，雇佣单位与农民工之间建立了劳动关系。雇佣单位与农民工签订了正式的具有法律效力的劳动合同，按照国家规定给农民工安排工作时间和休息休假时间，并为农民工缴纳社会保险费。然而，在用工实践中，正规用工的农民工在被雇佣的农民工中占比并不高。第一，从市场经营主体来看，公有制企业、股份制企业、三资企业中农民工签订劳动合同的比例超过50%，而个体工商户中农民工签订劳动合同的比例仅有20%。第二，从行业来看，在建筑业、交通运输业、批发零售业、住宿餐饮业、居民服务业等农民工就业集中的行业，农民工签订劳动合同的比例都只有20%左右。第三，从工种来看，专业技术人员签订劳动合同的比例远高于普通工人。第四，从受教育程度来看，农民工受教育程度越高，签订劳动合同的比例越高，受教育程度在大专以上的农民工签订劳动合同的比例达到70%。第五，从年龄来看，青壮年农民工签订劳动合同的比例较高，年龄偏小或偏大的农民工签订劳动合同的比例较低。[1] 由此可见，雇佣单位与农民工签订劳动合同的比例，与雇佣单位的规范程度、农民工受教育程度、农民工的技术水平成正比。

对于农民工与雇佣单位签订劳动合同比例不高的原因，我们可以分别从以下方面进行分析。

第一，从农民工的角度来看，部分农民工外出务工时间呈现出季节性、短期性的特点。由于部分农民工需要兼顾务工和农业生产，[2]在这种情况下，他们对工作时间的灵活程度要求较高。因此，这部分农民工不愿意签订固定期限劳动合同。

第二，农民工在城市就业竞争中处于弱势地位。农民工远离家乡来到城

---

〔1〕 参见刘范一：《中国农民工经济状况及其制度改进》，经济管理出版社2012年版，第111-112页。

〔2〕 作者在2016年、2017年调研的湖北咸宁市的钱庄村以及河南商丘市的前苗村，这两个村庄里的部分外出打工的农民工在农忙时会回到家里耕种。特别是前苗村，以种植经济作物——西瓜为主，因此，到了种西瓜收西瓜等农忙时节，无论远近的农民工都纷纷回家干农活。

市,举目无亲,面对城市中高昂的生活费用,首先需要考虑如何赚到钱,让自己能够在城市中生存下去。因此,对于农民工而言,重要的是找到工作,是否签合同则是次要的。只要找到一份自己满意的工作,签不签订合同又有什么关系呢?"那你不怕别人跑了,不给你工资吗?""这怕什么?我们都知道他家在哪里?再说他不会因为这点小钱跑了。"这是笔者与一位农民工的谈话,这位农民工在一家私人开办的耳塞工厂工作。这个工厂很小,工厂老板是位"90 后"。这位农民工告诉笔者,因为这位老板曾带他们这些在工厂工作的工人去自己家里吃过饭,所以工人们对老板比较信任。这也使得工人们认为没有必要和老板签订劳动合同。

第三,部分农民工是通过亲朋好友、老乡的介绍找到工作的,比如在建筑工地工作的农民工,一个包工队中农民工与包工头或多或少有着血缘或者地缘关系。在陌生的城市里,他们彼此信任。农民工如果与包工头签合同,反而显得自己"无情无义""没有人情味"。农民工与雇佣者之间的信任感和熟悉感,使得农民工认为没有必要签订劳动合同。

第四,部分农民工缺乏签订合同的意识。对于部分农民工而言,既不知道什么是合同,也不知道为什么要签合同。他们缺乏对合同的了解,也没有认识到和雇佣单位签订劳动合同的重要性。部分农民工甚至认为签订合同完全是多此一举。因此,部分农民工没有充分认识到签订劳动合同对保护自身劳动权益的重要性。在这种情况下,部分农民工也就没有与雇佣单位签订劳动合同。

而从雇佣单位的角度来看,雇佣单位为降低成本而不愿与农民工签订劳动合同。《劳动合同法》对雇佣单位与劳动者签订劳动合同的规定,增加了雇佣单位的成本。雇佣单位与农民工签订劳动合同以后,雇佣单位需要给农民工缴纳社会保险、遵守八小时工作制、按时给农民工发放工资等。雇佣单位若想解雇农民工,还需要支付相应的经济补偿金给农民工,这显著增加了企业的成本,因此企业不愿意与农民工签订劳动合同。

二、非正规用工及其工作状况

在非正规用工中,雇佣单位与农民工之间未建立劳动关系:雇佣单位与农民工未签订正式的具有法律约束力的劳动合同,雇佣单位没有按照国家规定给农民工安排工作时间和休息休假时间,而且没有按照国家规定给农民工缴纳社会保险费。非正规用工具有以下特点:

一是不透明。在国家公开的统计数据中,我们难以了解到非正规用工的基本情况。由于非正规用工不签订劳动合同,也不给劳动者办理社会保险,相关部门难以掌握非正规用工的基本情况。而且非正规用工中,劳动者的工作时间和地点都比较灵活,很难确切地了解非正规用工中劳动者的数量。日本原大藏省的渡边大臣曾说:“如果要问,非正规经济有多大规模,我们是无从回答的,因为无法了解到。而正因为无法知道,所以才称为非正规经济。”[1]同样,如果非要问我们国家有多少非正规用工的劳动者,我们是无从回答的。

二是关联性。非正规用工具有一定的关联性,比如非正规用工和正规用工有时候是相互联系的。当劳动者与企业签订了正式的劳动合同,企业也按照国家规定为劳动者缴纳了社会保险时,劳动者是通过正规用工的方式被雇佣。而当这一劳动者在下班以后或是节假日期间担任临时工、小时工时,这一劳动者又是通过非正规用工的方式被雇佣。所以,非正规用工和正规用工有时候相互联系。

在非正规用工中,根据劳务派遣机构是否参与,又可分为两类,一类是两方非正规用工,即雇佣单位直接用工;另一类是三方非正规用工,即劳务派遣用工。

(一)两方非正规用工:雇佣单位直接用工

在两方非正规用工中,农民工与雇佣单位没有签订劳动合同。非全日制用工是两方非正规用工中的一种类型。在非全体制用工中,劳动者的报酬以小时为单位进行计算,而且用工时间短、用工形式灵活。两方非正规用工中,劳动者和雇佣单位之间存在的事实劳动关系难以认定。在两方非正规用工中,雇佣单位虽然没有与劳动者签订正式的劳动合同,但却与劳动者形成了事实劳动关系。也就是说,雇佣单位和企业之间形成了无书面合同或无有效书面合同的劳动雇佣关系,以及口头协议达成的劳动雇佣关系。

根据《关于确立劳动关系有关事项的通知》规定,劳动关系的确立符合三个条件:一是用人单位和劳动者符合法律、法规规定的主体资格;二是用人单位依法制定的各项劳动规章制度适用于劳动者,劳动者受用人单位的劳动管理,从事用人单位安排的有报酬的劳动;三是劳动者提供的劳动是用人单位业务的组成部分。[2] 劳动关系双方可以通过以下凭证证明劳动关系的存在:(1)工资支付凭证或记录(职工工资发放花名册)、缴纳各项社会保险费的记录;(2)用人单位向劳动者发放的“工作证”“服务证”等能够证明身份的证件;(3)劳动者填写的用人单位招工招聘“登记表”“报名表”等招用记录;(4)考勤记录;(5)其他劳动者的证言等。其中,第一项、第三项和第四项的有关凭证均由用人单位负

---

[1] 刘洪:《中国非正规经济:运行机制、测估方法与实证分析》,中国统计出版社 2011 年版,第 11 页。

[2] 参见《关于确立劳动关系有关事项的通知》,载中华人民共和国人力资源和社会保障部,http://www.mohrss.gov.cn/ldgxs/LDGXzhengcefagui/LDGXzyzc/201107/t20110728_86296.htm。

举证责任。[1]

但在两方非正规用工中,雇佣单位主要包括个体营业户、乡镇小企业等主体。这些雇佣单位雇佣农民工时,农民工和雇佣单位难以提供相应的证据,证明农民工和雇佣单位建立了劳动关系。具体而言,第一,这些雇佣单位主要通过亲友介绍、发放招聘广告单等方式雇佣农民工,而不会让农民工填写与招聘相关的表格,所以这些雇佣单位无法提供劳动者填写的雇佣单位招工招聘"登记表""报名表"等招用记录,从而无法证明双方存在劳动关系。第二,这些雇佣单位雇用农民工时,基本不会与农民工签订书面劳动合同,所以农民工无法提供书面劳动合同,证明双方存在劳动关系。第三,这些雇佣单位雇用农民工以后,缺乏统一的制度管理农民工,所以,这些雇佣单位无法提供考勤记录,农民工也无法提供雇佣单位向自己发放的"工作证""服务证"等能够证明身份的证件,从而无法证明双方存在劳动关系。第四,这些雇佣单位多是通过给付现金的方式向农民工发放工资,所以这些雇佣单位无法提供工资支付凭证或记录(职工工资发放花名册),从而无法证明双方存在劳动关系……因此,在这些情况下,农民工和雇佣单位难以提供相应的证据,证明双方存在劳动关系。

(二)三方非正规用工:劳务派遣用工

劳务派遣是指依法设立的劳务派遣机构和劳动者订立劳动合同后,依据与接收派遣单位订立的劳务派遣协议,将劳动者派遣到接受派遣单位工作。[2]作为一种非正规用工方式,劳务派遣用工涉及三方主体,分别是派遣机构、被派遣劳动者和要派单位。其中,派遣机构与要派单位之间的关系是平等的民事关系,派遣机构与被派遣劳动者之间的关系则是具有从属性质的雇佣关系。[3]派遣机构是用人单位,要派单位是用工单位,被派遣劳动者与要派单位之间的关系是非正规的劳务关系,而不是正规的劳动关系。

在劳务派遣用工中,劳动力的雇佣和使用相分离。劳动者与劳务派遣公司签订劳动合同,建立了劳动关系。但实际上,劳动者被劳务派遣公司派遣至雇佣单位工作,劳动者与雇佣单位之间形成了"有劳动无关系、有关系无劳动"的状态。[4] 雇佣单位"只用工,不用人",雇佣单位与被派遣的劳动者之间只有劳

---

〔1〕 参见《关于确立劳动关系有关事项的通知》,载中华人民共和国人力资源和社会保障部,http://www.mohrss.gov.cn/ldgxs/LDGXzhengcefagui/LDGXzyzc/201107/t20110728_86296.htm。

〔2〕 参见李海明、白永亮编著:《劳务派遣法律规制的理论与实务》,法律出版社2017年版,第138页。

〔3〕 参见常凯主编:《劳动关系学》,中国劳动社会保障出版社2005年版,第10-11页。

〔4〕 参见李海明、白永亮编著:《劳务派遣法律规制的理论与实务》,法律出版社2017年版,第138页。

务关系而没有劳动关系。这种情况实际上分割了合同签订与实际管理,以及劳动者和劳动者的工作。[1] 总之,劳务派遣公司只与劳动者签订劳动合同,雇佣单位则主要负责管理和使用劳动者,雇佣单位的管理行为被置于一个既不属于合同法律中也不属于劳动法的适用范围的法律黑洞中。[2]

为了从立法上规范劳务派遣,从而保护劳动者的劳动权益,《劳动合同法修正案》(以下简称《修正案》)对劳务派遣的相关规定进行了修改:第一,提高了劳务派遣业务的准入门槛,如注册资本的提高、引入行政许可等;第二,进一步阐释了同工同酬的含义;第三,将劳务派遣的适用限定在“临时性、辅助性、替代性”的工作岗位;第四,提高了罚款数额,修改了连带赔偿的规定。《修正案》尽管对劳务派遣的相关规定做出了上述修改,但实际上并没有从根本上解决用工与用人分离、“有劳动无关系,有关系无劳动”的情况。雇佣单位由于没有和劳动者建立劳动关系,解聘劳动者不适用经济补偿和支付双倍工资的法律条款,雇佣单位可以不受约束地解除劳务关系。

《劳动合同法》中关于劳务派遣的规定,使得劳务派遣用工合法化。从实际情况来看,劳务派遣的用工方式日益普遍,无论是国有企业,还是私营企业,或是个体户,为了减少成本,规避法律责任,都普遍通过劳务派遣的方式用工。但是,《劳动合同法》并没有充分保护劳务派遣用工中劳动者的合法权益。《修正案》虽然在一定程度上规范了劳务派遣用工,但也只是一种堵塞型立法,仅规范了劳务派遣用工中备受异议的弊端,多数规范最终体现在行业管制上,诸如设置劳务派遣业务准入门槛等。[3]

从我国劳务派遣用工的发展来看,我国劳务派遣用工的发展经历了三个阶段。第一个阶段是20世纪70年代末至20世纪90年代中期,这一阶段的劳务派遣用工主要是对外劳务合作,具体是指政府指定的涉外劳务派遣公司,向外国企业及组织在中国的驻华机构派遣劳动者。[4] 第二个阶段是20世纪90年代中后期至21世纪初,随着国有企业改革的推进,下岗职工日益增多,为了缓解就业压力,劳动行政部门、国有企业开始设立劳务公司为下岗职工提供再就业机会。第三个阶段是21世纪初期以后,劳务派遣用工方式被各类企业广泛采用,大量农村剩余劳动力通过劳务派遣的用工方式进入用工市场。

---

[1] 参见黄宗智:《中国的劳务派遣:从诉讼档案出发的研究(之一)》,载《开放时代》2017年第3期。

[2] 参见黄宗智:《中国的劳务派遣:从诉讼档案出发的研究(之一)》,载《开放时代》2017年第3期。

[3] 参见李海明、白永亮编著:《劳务派遣法律规制的理论与实务》,法律出版社2017年版,第15页。

[4] 参见左春玲:《劳务派遣下的劳动关系》,知识产权出版社2014年版,第13页。

2012 年《劳动合同法》修订前夕，中华全国总工会对全国劳务派遣用工的一项调研表明，我国企业中的劳务派遣工约有 3700 万人。我国第三产业普遍使用劳务派遣工，其中金融业，水利、环境和公共设施管理业，信息传输、计算机服务和软件业中，使用劳务派遣工的企业占该行业企业总数量的比例分别高达 68.3%、66.7%、60.0%。劳务派遣用工以农民工为主体，劳务派遣工中农民工占 52.6%。[1] 而 2017 年我国劳务派遣工规模为 8060.44 万人。[2]

劳务派遣用工的发展，在一定程度上拓展了农民工的就业渠道，帮助农民工实现就业。农民工从农村来到城市以后，在就业过程中面临着以下难题：第一，农民工对城市不熟悉，获取就业信息的渠道比较单一，主要依靠亲友的介绍获取就业信息。第二，农民工来自五湖四海，数量众多且人员庞杂，这不利于雇佣单位直接雇佣农民工。第三，农民工在就业过程中常常受到歧视，合法权益常常受到侵害。第四，农民工受教育程度不高、缺乏职业技能。这些问题阻碍了农民工顺利就业。

在这种情况下，作为"蓄水池"的劳务派遣公司在一定程度上能够帮助农民工解决上述就业难题。具体而言，在劳务派遣用工中，劳务派遣公司是派遣工人和用工单位信息的"蓄水池"，[3] 劳务派遣公司一方面收集用工单位的用工信息，另一方面又掌握劳动者的求职信息。在这种情况下，劳务派遣公司通过匹配用工单位的用工信息和劳动者的求职信息，向用工单位和劳动者提供服务方案。双方达成一致以后，一方面，劳务派遣公司与用工单位签订劳务派遣协议，向用工单位提供招聘服务，双方确定录用人员及上岗日期。另一方面，劳务派遣公司与农民工签订劳动合同。用人单位支付相关费用以后，农民工便去用工单位工作，农民工的工资由用工单位发放。这种用工方式既能满足农民工的求职需求，也能满足用工单位的用工需求。

此外，劳务派遣机构可以为农民工提供职业技能培训，提高农民工的就业竞争力。农民工受教育程度低、缺乏职业技能，阻碍了农民工进城以后顺利就业。通过职业技能培训掌握职业技能，是提高农民工就业竞争力，促进农民工就业的重要方式。家政服务业的劳务派遣公司有偿为农民工提供家政方面的技能培训，帮助农民工掌握职业技能，从而促进农民工就业。因此，劳务派遣用工成为农民工就业的重要方式。

---

[1] 参见全总劳务派遣问题课题组：《当前我国劳务派遣用工现状调查》，载《中国劳动》2012 年第 5 期。

[2] 参见《〈2019 年中国劳务派遣行业现状调研与发展机遇分析报告〉调研更新工作完成》，载行业经济研究网 2019 年 4 月 22 日，http://www.chinaiern.com/aboutus/bzdt/242.shtml。

[3] 参见张然、唐静：《劳务派遣：农民工就业的新模式》，载《商业研究》2008 年第 4 期。

第二节　农民工劳动权益受损现状

从上述分析中我们可以看到，虽然农民工的雇佣类型包括正规用工和非正规用工，但实际上正规用工中农民工的数量较少，农民工主要是通过非正规用工的方式被雇佣。而在非正规用工中，农民工的劳动权益常常受到损害。具体而言，非正规用工中，农民工劳动权益受损主要表现为农民工的休息休假权、劳动报酬权和劳动安全权受损。

一、农民工休息休假权受损

休息休假权是指劳动者在法定工作时间外自行支配时间的权利，劳动者自行支配的时间包括劳动者每天休息的时长、节假日、年休假等。休息休假权是劳动者的一项基本权利。我国《宪法》《劳动法》《劳动合同法》均规定劳动者享有休息休假权。《宪法》第43条第1款规定：“中华人民共和国劳动者有休息的权利。”《劳动法》第36条规定：“国家实行劳动者每日工作时间不超过八小时、平均每周工作时间不超过四十四小时的工时制度。”我国劳动者的休息休假权具体是指劳动者享有法律规定的休息时间总量的权利；享有在法定节假日休息休假的权利，《劳动法》中规定春节、劳动节、元旦、国庆节等法定节假日，劳动者有休息时间；享有法律规定的年假时间的权利；享有在法律规定的特定时间内休息的权利，《劳动法》规定，用人单位应当保障劳动者每周至少休息一日。

但是，从统计局调查的情况来看，2016年日从业时间超过8小时的农民工占64.4%，周从业时间超过44小时的农民工占78.4%。[1] 由此可见，农民工工作时间长，农民工的休息休假权普遍得不到保障。此外，从现实情况来看，农民工受教育程度不高，缺乏职业技能，多从事重体力活。在这种情况下，一方面，雇佣单位为了实现高产量、高效益，降低成本，从而延长农民工的工作时间。另一方面，农民工为了多赚钱，也愿意延长工作时间。有学者在调研珠三角和长三角的农民工时，发现农民工加班是一个不争的事实，并且农民工是出于自觉性和目的性的自愿加班。自觉性是由教育程度决定的，目的性则是指农民工愿意为了经济效益加班。[2] 但实际上从法律的角度来看，农民工的休息休假权受到了损害。

---

〔1〕参见《2016年农民工监测调查报告》，载国家统计局，http://www.stats.gov.cn/tjsj/zxfb/201704/t20170428_1489334.html。

〔2〕参见刘林平等：《农民工权益保护理论与实践研究》，经济科学出版社2015年版，第175-177页。

二、农民工劳动报酬权受损

劳动报酬权是劳动者的一项基本权利。农民工的劳动报酬权受损主要体现在两个方面,一方面是农民工工资水平偏低,另一方面是农民工工资被拖欠。

首先,农民工工资水平偏低。全国农民工人均月收入为4072元,[1]据此可算得全国农民工人均年收入为48864元。而城镇非私营单位就业人员年平均工资为90501元。[2] 由此可见,城镇非私营单位就业人员年平均工资接近农民工人均年收入的2倍。这表明,与城镇单位就业人员的工资相比,农民工工资水平偏低。其次,拖欠农民工工资的情况较为普遍。国家重视解决农民工工资拖欠问题,出台了一系列法律法规确保农民工工资正常发放。在这种情况下,拖欠农民工工资的情况虽然有所减少,但是并未根除。2016年农民工被拖欠的工资总额达270.9亿元,人均被拖欠的工资达11433元,比上年增加1645元,增长16.8%,拖欠农民工工资的行业主要集中在制造业、建筑业、交通仓储与邮政业。[3]

三、农民工劳动安全权受损

部分农民工工作时所处的环境恶劣,雇佣单位既没有按照职业安全规定对农民工进行安全培训,也没有采取相应的安全措施保护农民工的安全,这使得农民工的劳动安全权受损。国家卫健委的抽样调研结果显示,我国约有1200万家企业存在职业病危害,超过2亿劳动者接触各类职业病危害。[4] 截至2018年年底,我国累计报告职业病97.5万例,其中,职业性尘肺病87.3万例,约占报告职业病病例总数的90%。[5] 2019年,全国共报告各类职业病新病例19428例,其中职业性尘肺病15898例,[6]占职业病总新增的81.83%。我国罹患尘肺病的农民工人数较多。在农民工集中就业的建筑业中,农民工工作时所处的环境中充斥着噪声、粉尘和含有有害物质的空气,这使农民工患有

[1] 参见《中华人民共和国2020年国民经济和社会发展统计公报》,载国家统计局,http://www.stats.gov.cn/tjsj/zxfb/202102/t20210227_1814154.html。

[2] 参见国家统计局编:《中国统计年鉴-2020》,中国统计出版社2020年版,第124页。

[3] 参见《2016年农民工监测调查报告》,载国家统计局,http://www.stats.gov.cn/tjsj/zxfb/201704/t20170428_1489334.html。

[4] 参见《国家卫健委:我国累计报告职业病97.5万例》,载央视网,http://news.cctv.com/2019/07/30/ARTIztjhDCCpAJwYB12HcOOR190730.shtml。

[5] 参见《国家卫健委:我国累计报告职业病97.5万例》,载央视网,http://news.cctv.com/2019/07/30/ARTIztjhDCCpAJwYB12HcOOR190730.shtml。

[6] 参见《2019年我国卫生健康事业发展统计公报》,载中国政府网,http://www.gov.cn/guoqing/2021-04/09/content_5598657.htm。

比较严重的尘肺病。长期专注于尘肺病领域的公益组织“大爱清尘”于2020年开展的调查显示，绝大多数尘肺病农民工为男性，受教育程度普遍不高，尘肺病农民工大多长期从事高粉尘工作，他们的务工经历呈现高流动性、劳动关系不明确的特点，直接或间接地导致了劳动保障的缺失和合法权益的受损。[1]

虽然我国先后公布了《职业病防治法》等一系列法律法规、规划和职业卫生标准，职业病防治能力和服务体系持续加强，诊断服务的可及性和诊断水平不断提高，但是部分雇佣单位不履行防治主体责任，健康监护不到位，加之部分农民工缺乏职业防护和维权意识，农民工罹患尘肺病的势头并没有得到有效控制。农民工患尘肺病后得不到及时诊断和救治。罹患尘肺病的农民工大多没有签订劳动合同，而且超过80%的尘肺病农民工没有购买工伤保险，这使他们在患病以后无法获得相应的赔偿和救助。患有尘肺病的农民工面临着健康受损、维权艰难、经济困难等多重困境。

四、农民工社会保障权受损

农民工享有的社会保障权包括社会保险权、社会福利权和社会救助权等权利。进城务工以后，农民工的社会保障权也在不同程度上受到损害。首先，从宏观层面来看，农民工参保的人数较少。以工伤保险为例，2020年，全国农民工的总人数为28560万人，但是参加工伤保险的农民工仅为8934万人，占比为31.28%。[2] 由此可见，农民工参保的人数较少。其次，从微观层面，在实践中雇佣单位雇佣农民工以后，为农民工缴纳五险一金的情况少之又少，部分雇佣单位甚至没有为农民工购买任何社会保险。“劳动者是否是有‘社保’缴纳的劳动者，劳动者是否是能够退休的劳动者，是衡量劳动法上劳动者的试金石。”[3]作为劳动者的农民工未得到劳动法的切实保障，实际上没能享受任何社会保险。这表明农民工的社会保障权受到损害。

第三节　农民工劳动权益保障不力的原因

针对农民工劳动权益受损的现实情况，本节从不同主体的角度解释农民工劳动权益保障为何不力。首先，劳资双方在法律意识和法律救济方面不对等。

---

[1] 参见《中国尘肺病农民工调查报告》，载大爱清尘，https://www.daqc.org.cn/public/uploads/files/20210301/42_202103011725518234a.pdf。

[2] 参见《中华人民共和国2020年国民经济和社会发展统计公报》，载国家统计局，http://www.stats.gov.cn/tjsj/zxfb/202102/t20210227_1814154.html。

[3] 郑尚元：《家政工纳入养老保险制度及家政工劳动权益之保护》，载《社会科学家》2020年第6期。

其次，在劳资双方不对等的情况下，一方面，劳动监察部门和地方政府等权力主体对资方的监管不足；另一方面，劳动仲裁机构和法院等权力主体对劳方的救济不足。所以，权力主体没能很好地发挥平衡劳资关系的作用。这不仅使资方容易侵害劳方的劳动权益，还使得劳方的劳动权益受到损害以后，无法得到充分的救济。最终，导致劳动者的劳动权益受损。

一、劳资双方依法维权的意识和能力严重不对等

（一）法律意识上劳资双方不对等

在法律意识上，资方法律意识较强，懂得如何规避法律，实现自己的最大利益。但是，劳方法律意识不足，既不知道也不能够运用法律维护自己的劳动权益。在这种情况下，劳动者的劳动权益常常受到损害。

虽然《劳动合同法》规定了一系列保护劳方劳动权益的条文，但是法律意识较强的资方却能够通过一系列方式规避法律。《劳动合同法》中关于经济补偿金、最低工资标准、加班费等规定，保护了劳动者的劳动报酬权、休息休假权等一系列劳动权益，但也增加了用人单位的成本。雇佣单位为了降低成本，保持自己的竞争优势，会有意识地规避《劳动合同法》的相关规定。为规避《劳动合同法》的相关规定，雇佣单位主要会采取以下方式：

第一，雇佣单位倾向通过劳务派遣的方式雇佣农民工。通过劳务派遣用工，雇佣单位能够避免与农民工建立劳动关系，从而无须承担《劳动合同法》中关于用人单位的一系列义务。这有利于雇佣单位降低成本。

第二，雇佣单位避免与农民工签订无固定期限合同，而是与农民工签订短期劳动合同，甚至不与农民工签订劳动合同。与签订劳动合同相比，农民工更注重劳动报酬，一些企业抓住农民工这一心理，通过双倍工资的方式，不与农民工签订劳动合同，[1]从而规避《劳动合同法》。

第三，部分雇佣单位为了符合《劳动合同法》签订劳动合同的规定，主动与农民工签订劳动合同，但是不将书面劳动合同给农民工。农民工拿不到劳动合同，意味着农民工的合法权益受损以后，难以拿出劳动合同证明自己与雇佣单位建立了劳动关系。所以，这实际上是雇佣单位规避法律责任的一种方式，也表明雇佣单位规避法律责任的意识很强。

第四，《劳动合同法》规定用人单位若安排劳动者加班，需要按照相应的标准支付加班费。为了节约成本，用人单位大多在非国家节假日期间让农民工加班，采用调休的方式弥补工人加班。但事实上，工人调休能否成功取决于用人

---

〔1〕 参见廖秋子：《构建新型和谐的劳动关系——〈劳动合同法〉在泉州实施情况的调查分析》，载《福建论坛（人文社会科学版）》2009 年第 2 期。

单位是否批准。

雇佣单位通过上述一系列方式规避《劳动合同法》的相关规定，实际上表明雇佣单位的法律意识很强。雇佣单位具有的较强的法律意识，使得雇佣单位能够通过上述一系列方式规避《劳动合同法》的相关规定，从而降低成本，保持自己的竞争优势。

与雇佣单位相比，农民工的法律意识却并没有那么强。农民工的法律意识不强主要表现在以下几方面：其一，农民工不愿意签订劳动合同。农民工缺乏与企业签订劳动合同的积极性和主动性。有学者对鄂豫川三省农民工的调查显示，34.2%的农民工认为“签了劳动合同太麻烦，想辞工也辞不掉”〔1〕。有学者在宁夏、四川、云南、河北、重庆的五县的调查结果表明，部分农民工主动要求不与雇佣单位签订劳动合同，甚至还向雇佣单位出具了不签订书面劳动合同证明书。〔2〕其二，与签订合同相比，农民工更注重工资水平。部分农民工只注重工资而不在乎是否签订劳动合同，哪家企业的工资高就去哪家，甚至有农民工认为不签劳动合同能拿工资何乐而不为呢？〔3〕其三，农民工不注重收集证据。农民工既没有认识到劳动合同是维护自身合法权益的重要证据，也没有意识到应该保留工资条、工牌等能够证明自己在雇佣单位工作的材料。农民工在维权时由于无法提供证据证明自己与雇佣单位建立了劳动关系而败诉的案例比比皆是。〔4〕因此，与雇佣单位相比，农民工的法律意识明显不足。

（二）法律救济中劳资双方不对等

区别于私力救济和社会救济，法律救济是指在法律法规的指导下，经过严格的程序以及专业人士的参与，规范化地解决社会纠纷。因此，法律救济要求纠纷双方了解法律法规，并且能够在具体的程序中运用法律法规。此外，由于法律救济根据纠纷双方提供的证据进行审理和裁决，纠纷双方需要具备保留、搜索、运用证据的能力。

对于农民工而言，农民工受教育程度低，既没有系统地学习法律法规，也不能熟练地运用法律法规。受制于此，农民工仅凭自身的力量无法通过法律救济维护自身的合法权益。在这种情况下，农民工若想通过法律救济维护自身的合法权益，需要其他力量的帮助。

---

〔1〕孙大雄等：《农民工权益的法律保障研究》，知识产权出版社2011年版，第91页。

〔2〕参见肖进成：《〈劳动合同法〉实施效果研究——以保护农民工的合法权益为视角》，载《调研世界》2011年第9期。

〔3〕参见廖秋子：《构建新型和谐的劳动关系——〈劳动合同法〉在泉州实施情况的调查分析》，载《福建论坛（人文社会科学版）》2009年第2期。

〔4〕参见黄宗智：《中国的劳务派遣：从诉讼档案出发的研究（之一）》，载《开放时代》2017年第3期。

我国建立了以农民工为保障对象,旨在保护农民工合法权益的农民工法律援助制度。农民工法律援助制度为农民工提供了一种途径,使农民工能够通过法律救济的方式维护自身合法权益。但是目前农民工法律援助制度面临着一系列困境,具体包括:立法层次不高与制度普适性不强的制度困境、诉讼程序繁杂成本高与执行难的过程困境、经费保障不足的经费困境、农民工素养水平低的素养困境,这使得农民工法律援助制度所发挥的作用并不理想。〔1〕

在这种情况下,农民工若想通过法律救济的方式维护自身的合法权益,则可以在市场上购买法律服务,通过花钱聘请律师的方式参与法律救济。但是,在这种情况下,农民工需要承担律师费、诉讼费、交通费等一系列费用。这对于农民工而言,经济压力太大。而且,农民工还需要承担败诉的风险。因此,在法律救济中,无论是法律能力还是经济实力,农民工都处于弱势地位。

与农民工相比,企业在法律救济中处于优势地位。具体而言,企业拥有雄厚的经济资本,这使得企业能够聘用专业的法务人员,设立法务部以应对企业与劳动者之间的纠纷。在这种情况下,与农民工相比,企业在法律救济中具有明显的优势。具体而言,企业不仅熟悉各项法律法规,还具有强大的能力搜集和运用证据。比如,企业能够掌握员工表等一些关键性的证据,而农民工却无法掌握这些关键性的证据,这可能导致农民工在法律救济中无法维护自己的合法权益。此外,企业也有足够的时间和精力参与法律救济。比如,在一裁二审的司法救济中,企业如果不服仲裁和一审判决的结果,还可以选择上诉。从仲裁到一审再到二审,整个过程耗时近一年时间。这对于农民工而言,无论是在时间上,还是在精力上,或是在金钱上都无法承受。因此,在法律救济中,劳资双方不对等。由于劳资双方在法律救济上不对等,处于弱势地位的劳方难以通过法律救济维护自己的劳动权益。

二、公权力主体对资方的监管不力

对于用工市场上资强劳弱的情况,作为劳动执法主体的劳动监察部门对资方的监管不力,使得劳动监察部门没能够发挥平衡不对等劳资关系的作用,劳方的劳动权益得不到保障。

首先,用工市场上呈现出资强劳弱的情况。这主要表现在以下几个方面:一是在经济实力上,企业拥有雄厚的经济资本,农民工的经济资本则严重不足。在这种情况下,农民工迫切需要找到工作以获得稳定的经济收入,从而让自己能够在城市中生存下去。二是在可选择范围上,与劳方相比,资方在用工市场

〔1〕 参见张若恬、周敏:《我国农民工法律援助制度:意蕴、困境与优化路径——基于西安市区农民工生存状况的调查研究》,载《当代经济科学》2013年第6期。

上可选择的范围更大。具体而言,一方面,农民工从农村大量涌入城市,为城市的用工市场提供了丰富的廉价劳动力,使得城市用工市场上廉价劳动力供过于求。另一方面,农民工受教育程度不高,缺乏职业技能,只能从事一些体力工作。农民工工作的企业以劳动密集型企业为主。[1] 这使得农民工的可替代性强,雇佣单位在用工市场上可选择的范围更大。在这种情况下,雇佣单位在用工市场上占据主导地位。在用工市场上,企业掌握着话语权。

其次,在资强劳弱的情况下,作为劳动执法主体的劳动监察部门本应该平衡不对等的劳资关系,对资方进行监管,从而保障劳方的合法权益,但实际上可能存在对资方监管不力的情形。劳动监察部门负责监察用人单位,发现和纠正用人单位的违法行为,并依法对作出违法行为的用人单位进行行政处罚。劳动监察是维护劳动者权益的重要保障。目前,我国劳动监察中碎片化的权力结构、单中心的监管秩序、属地管理体制,影响了劳动监察部门进行劳动执法,导致劳动监察部门在劳动执法时,对农民工救济不足,进而导致农民工权益受损。

第一,碎片化的权力结构导致劳动监察部门对雇佣单位的监管低效。计划经济时期,我国是职能一体化的劳动监察模式,由劳动行政部门统一行使劳动监察权。改革开放以后,劳动监察模式转变为碎片化的权力结构模式,劳动监察权由五个行政部门行使。其中,人力资源社会保障部门负责城镇就业人员的劳动监察,农业部门负责农民工、农业劳动者的劳动监察,建设部门负责建筑行业从业人员的劳动监察。此外,根据监察内容的不同,又可以将劳动监察分为专门监察与一般监察。专门监察主要涉及与劳动者“人身”有关的工作环境和职业卫生,一般监察的内容则是专门监察内容以外的,涉及劳动者的“非人身”性权益。[2]

这种碎片化的监察模式造成劳动监察部门对雇佣单位的监管低效。其一,劳动监察职能划分给不同的执法主体,当某些事务处于不同执法主体监察范围的交叉地带时,容易出现监管困境。比如,在建筑工地工作的农民工,其合法权益受到侵害时,需要劳动保障监察部门和建设部门联合处理,联合处理降低了劳动监察部门解决纠纷的工作效率。其二,在不同劳动监察主体负责不同事务的情况下,多种事务的共同影响导致农民工劳动权益受损时,由于不同劳动监察主体只负责自己职责范围内的部分事务,农民工在寻求救济时难以判定哪一劳动监察主体是最佳投诉机构。所以,这种碎片化的劳动监察模式使劳动监察机构无法高效监管雇佣单位。

---

〔1〕 参见苏燕平:《农民工权益保护研究》,中国农业出版社 2012 年版,第 171 页。

〔2〕 参见黄国琴、姜赢:《我国碎片化劳动监察模式的困境、挑战与发展》,载《中国劳动》2016 年第 18 期。

第二,单中心的监管秩序导致执法力量孤立。人社部下设的劳动监察局负责劳动监察工作的实施与监督管理。各地方人社部门也都建立了劳动监察组织。此外,我国劳动监察部门还委托了劳动保障监察事业编机构。这一事业编机构在省市县分别是劳动保障监察总队、支队、大队。因此,我国劳动监察部门由劳动保障监察机构和委托机构共同组成。具体包括中央人社部劳动监察局、省人社厅劳动保障监察处和劳动保障监察总队,市(县)人社局劳动保障监察科和劳动保障监察支(大)队。[1] 由于人社部承担了劳动保障监察事业编机构执法的法律后果,劳动保障监察机构的监管模式是单中心监管模式。在单中心监管模式下,劳动执法力量不足。在执法资源有限的情况下,劳动执法部门面对复杂的劳动争议案件和雇佣单位不配合的情况,难以通过劳动执法监管雇佣单位的违法行为。

第三,属地管理体制致使地方政府影响劳动执法。我国劳动监察部门受地方政府和主管部门的双重领导,地方政府管理劳动监察部门的人财物,主管部门管理劳动监察部门的工作事务。在这种管理体制中,地方政府在对劳动监察部门的管理中掌握着主导权。地方政府的首要目标是发展经济,当发展经济与劳动执法出现冲突时,地方政府可能执行"经济要上、执法要让"的行动原则。由于地方政府管理劳动监察部门的人财物,地方政府能够影响劳动监察部门的劳动执法工作。在这种情况下,一些地方政府通过影响劳动监察部门的劳动执法活动,维护雇佣单位的利益,从而促进地方经济的发展。但这使得劳动监察部门在劳动执法过程中,无法充分监管雇佣单位。

总之,在碎片化的权力结构、单中心的监管体制以及属地管理体制的共同影响下,劳动监察部门在劳动执法过程中无法充分监管资方。最终劳动监察部门对资方的监管呈现出监管不力的局面。在劳动监察部门对资方监管不力的情况下,劳动监察部门无法平衡不对等的劳资关系,这使得处于弱势地位的劳方的劳动权益得不到保障,进而导致劳方的劳动权益受损。

三、公权力主体对劳方的救济不足

(一)劳动仲裁机构对劳方的救济不足

我国劳动争议处理程序按照"仲裁前置、先裁后审"的方式进行。具体而言,农民工和雇佣单位之间出现劳动争议以后,农民工首先要去劳动仲裁机构申请仲裁,由劳动仲裁机构作出受理或不受理的决定。农民工根据仲裁不受理的决定或者仲裁受理以后作出的裁决,才可以选择是否再去法院提起诉讼。这

---

[1] 参见黄国琴、姜赢:《我国碎片化劳动监察模式的困境、挑战与发展》,载《中国劳动》2016 年第 18 期。

表明劳动仲裁机构在解决劳资双方的争议中扮演着十分重要的角色,发挥着十分重要的作用。但随着我国经济的快速发展,劳资双方的劳动争议不但越来越多而且日益复杂。在这种情况下,劳动仲裁机构在为农民工提供救济的过程中,也出现了一些不足。这具体表现在以下几个方面:

首先,实践中劳动仲裁机构进行劳动仲裁的范围有限,从而无法为部分农民工提供救济。《劳动争议仲裁调解法》规定劳动仲裁的范围有六大类,包含劳动者与用人单位可能发生的一切劳动争议的情况。但实际情况却并非如此。关于湖南省某劳动人事争议仲裁委员会的调查表明,该仲裁委在2012年到2016年间,平均每年不受理的案件比例为16.85%,不受理的原因除管辖以外,就是企业注销、申请人达到了退休年龄以及无法证明劳动关系。[1] 非正规用工下,农民工既没有与雇佣单位签订劳动合同,也没有收集能够证明自己与雇佣单位建立了劳动关系的证据,因而农民工常常无法证明自己与雇佣单位建立了劳动关系。这也使得劳动仲裁机构无法为农民工提供救济。

其次,劳动仲裁机构进行劳动仲裁的时效较短,农民工难以把握劳动仲裁时效。《劳动争议调解仲裁法》规定劳动仲裁时效为1年,自当事人知道或者应当知道其权利被侵害之日算起。从农民工的特点来看,农民工的流动性较强,农民工经常往返于流出地和流入地,难以把握1年的仲裁时效,从而导致农民工无法通过劳动仲裁获得救济。

此外,劳动仲裁中一裁终局的规定,难以维护农民工的合法权益。针对小额劳动争议,以及关于工作时间、休息休假、社会福利等国家有明确规定的劳动争议,劳动仲裁机构仲裁时遵照一裁终局的规定。但在实践中,由于劳动争议适用一裁终局的标准模糊,以及劳动仲裁机构对一裁终局规则的慎用,使得一裁终局的规则在实践中适用的情况较少,因此难以通过一裁终局维护农民工的合法权益。总之,劳动仲裁过程中所存在的上述不足,使得劳动仲裁机构无法为劳动权益受损的农民工提供必要的救济,从而无法保障农民工的劳动权益。这使得农民工的劳动权益容易受到损害。

(二)法院对劳方的救济不足

法院能否为民众提供及时充分、便利与公正的司法救济,是衡量一个国家法治水平的重要标准。农民工群体是社会上的弱势群体,当农民工的合法权益受损时,法院对农民工的司法救济是维护农民工合法权益的重要方式。但是,在实践中,法院为农民工提供的司法救济也存在一定的不足。这主要体现在以下几个方面:

---

〔1〕 参见黄鸿丹,刘文华:《关于劳动人事争议仲裁不予受理的分析报告——来自湖南省某劳动人事争议仲裁委员会的调查》,载《中国劳动》2017年第10期。

第一，农民工诉讼不便。劳动争议诉讼管辖的原则是“原告就被告”，农民工在劳资纠纷中若选择司法救济的方式维护自己的合法权益，则需要到雇佣单位所在地提起诉讼，这对于农民工而言十分不便。农民工的流动性较强，哪里有活干就去哪，所以，农民工所在的地方是不固定的。劳资纠纷产生以后，农民工需要前往雇佣单位所在地提起诉讼，这给农民工造成了极大的不便。

第二，诉讼程序复杂且诉讼成本过高。一裁二审的程序安排，在一定程度上增加了农民工的维权成本。具体而言，仲裁前置的规定要求劳资双方的劳动争议首先需要经过劳动仲裁，在劳动仲裁以后，若劳资双方对劳动仲裁结果不服，才可以提起民事诉讼。我国民事诉讼的程序是二审终审制，一审判决以后，相关主体对判决结果不服，可以提起上诉申请二审。从时间上看，从提起仲裁申请一直到结束仲裁，至少需要 45 日，一审和二审的时间则更长，若算上仲裁机关和审判机关衔接的时间，走完一裁二审所有程序需要近一年时间，这一年时间中还不包括申请执行的时间。劳资纠纷处理的时间越长，劳资双方所需要付出的成本越大。对于农民工而言，通过司法救济维护自己的合法权益，需要承担诉讼费、律师费、交通费等费用。这使得农民工通过法律救济维护自身合法权益的成本太高。

第三，法院执行难。在司法救济中，农民工即使胜诉以后，也面临着执行难的问题。在执行过程中，雇佣单位没有财产可供执行、雇主为躲避债务而逃匿……这些情况都可能导致法院执行难的出现。法院执行难的情况，使得农民工在付出大量成本以后，只收到一张“法律白条”。这在一定程度上表明法院给农民工提供的救济不足，无法切实维护农民工的合法权益。总之，法院在为农民工提供司法救济过程中，存在的上述不足，使得农民工的劳动权益受损以后，无法得到充分的救济。这在一定程度上也使得农民工的劳动权益受损。

第四节　依法保障农民工劳动权益的路径

围绕农民工劳动权益受损的现实情况，本节主张运用法治的方式，保障农民工的劳动权益。具体而言，一是增强农民工的法治观念和维权意识；二是细化法律规定、明确法律概念，完善相关法律规范；三是通过完善劳动争议仲裁和诉讼制度、改革劳动监察模式、完善法律援助制度，健全法律救济渠道。

一、增强农民工的法治观念和维权意识

要想维护农民工的劳动权益，首先要增强农民工自身的法治观念和维权意识。农民工在知法、懂法以后，才能更好地守法、用法。通过普法等一系列活动，有助于农民工掌握相关法律法规，从而逐渐增强农民工的法治观念和维权

意识。农民工受教育程度不高,部分农民工甚至都没听说过《劳动合同法》,部分农民工即使听说过也不理解相关法律条文。在这种情况下,更谈不上让农民工运用法律维护自己的劳动权益了。因此,要想维护农民工的劳动权益,首先需要增强农民工自身的法治观念和维权意识。这可以从普法做起。通过向农民工宣传、讲解与其劳动权益相关的法律法规,帮助农民工认识和理解相关法律规定,使农民工知晓相关法律规定具体如何保护他们的合法权益,以及在何种情况下通过何种方式能够维护自己的劳动权益。农民工在参与普法活动的过程中,也能够在一定程度上增强自身的法治观念和维权意识。这有助于农民工通过法律途径维护自身的合法权益。

二、完善劳动权益保障法律体系

要想维护农民工的劳动权益,还需要完善相关法律规范。“非正规就业者的地位弱势,与劳动法律政策的覆盖缺失或不足有密切关联,应当根据社会保护的需求,对非正规就业人员给予合理、灵活保障。”[1]关于劳动者劳动权益的法律法规是农民工劳动权益得以维护的重要保障,但由于相关法律规范并不完善,实践中农民工的劳动权益受到侵害的现象时有发生。比如,《劳动合同法》中部分概念比较模糊,使得雇佣单位在实践中得以逃避相关法律规定的义务,从而侵害农民工的劳动权益。在实践中,雇佣单位多以非正规用工的方式雇佣农民工。有的雇佣单位不与农民工签订劳动合同;有的雇佣单位与农民工签订了劳动合同,却不将劳动合同文本给农民工;有的雇佣单位通过劳务派遣的方式雇佣农民工,不与农民工建立劳动关系,从而规避相关法律对劳动者劳动权益的规定。在这种情况下,为维护劳动者的劳动权益,首先需要完善相关法律法规,明确相关法律概念。

具体而言,《劳动合同法》中部分法律概念模糊,部分法律条文存在歧义,需要进一步明确。

第一,对《劳动合同法》的完善,需要明确劳动关系这一法律概念,在一定程度上甚至应该扩展劳动关系这一法律概念。比如,将雇佣单位只用工不用人的情况,也视为劳动者与雇佣单位之间建立了劳动关系。

第二,《劳动合同法》的部分条款,增加了用人单位的负担,影响了用人单位的发展,用人单位会通过各种方式避免承担责任,导致农民工的劳动权益受损。比如,《劳动合同法》中关于无固定期限劳动合同的规定,将用人单位与劳动者签订无固定期限劳动合同,作为对用人单位的一种惩罚方式。为此,用人单位

---

[1] 翁玉玲:《我国农民工地位弱化的制度反思——以非正规就业法律规制为视角》,载《农业经济问题》2018年第6期。

与农民工签订的劳动合同呈现出短期化的特点，甚至在劳动合同期满以后不再与农民工续签劳动合同，从而损害了农民工的劳动权益。用人单位对劳动者的雇佣期限应该享有自主权，而不应通过法律的强制规定，使用人单位与劳动者签订无固定期限的劳动合同。因此，应该修改甚至废除无固定期限劳动合同的法律规定。

第三，《劳动合同法》中关于同工同酬的规定，同酬的含义并不清晰。职工的劳动报酬包括基本工资、奖金、福利等。《劳动合同法》第 63 条规定劳务派遣工与用工单位劳动者享有同工同酬的权利，但是却没有界定同酬的具体含义是指基本工资相同，还是指基本工资、福利、奖金等都相同。

第四，关于同工的规定，同工是指同类工作，但同类的含义并不清晰。对于不是同类工作的，参照相近岗位。这一规定过于宽泛，实际中难以操作。《劳动合同法》中模糊的法律概念，直接影响了法律在实践中的适用，不利于维护农民工的合法权益。因此，应该进一步明确《劳动合同法》中模糊的法律概念、存在歧义的法律条文。从而，让农民工能够理解法律，运用法律维护自己的劳动权益。

三、健全劳动权益法律救济渠道

（一）完善劳动争议仲裁和诉讼制度

目前，劳动争议解决机制存在一系列问题，具体包括一裁终局的时效性差、一裁二审的程序复杂、诉讼成本较高且不便、仲裁受理案件范围有限等。这使得当前的劳动仲裁机构和法院等权力主体对农民工的救济不足。因此，要维护农民工的劳动权益，需要健全法律救济渠道。具体可以从以下几个方面着手：

第一，完善劳动争议仲裁制度，为司法诉讼减压。我国设立劳动争议仲裁制度的目的之一是减轻法院审理劳动争议案件的压力。当前，法院审理劳动争议案件时仍然面临案多人少的难题。为减轻法院的压力，需要完善劳动争议仲裁制度。具体可以从以下几个方面着手：

首先，拓宽劳动争议的受理范围。劳动仲裁机构不予受理的情况包括劳动者与用人单位间的劳动关系无法证明、农民工达到退休年龄、企业注销、超过仲裁时效。《劳动争议调解仲裁法》采取列举和有限兜底的形式，规定劳动仲裁案件的受理范围。这种规定方式难以涵盖所有的劳动争议情形。具体而言，劳动争议仲裁制度将劳资双方劳动关系的建立作为劳动争议仲裁的前提，这使得不少农民工无法证明自己与雇佣单位建立了劳动关系，因而也无法通过劳动争议仲裁获得救济。因此，应该拓宽劳动争议仲裁的范围，不将劳动者与雇佣单位之间劳动关系的建立，作为劳动争议仲裁的前提条件。此外，部分农民工虽然超过了退休年龄但是仍在外务工，有统计显示 2016 年超过 50 岁仍然在外务工的农民工在所有在外务工的农民工中占比达到19.2%,[1]这部分农民工的劳动权益同样应该得到保护,而不应被排除在劳动争议仲裁的范围外。

其次,劳动仲裁机构应该提高劳动仲裁员的业务素质,促使劳动仲裁员认真、负责地审理劳动争议案件。劳动仲裁是诉讼的前置程序,劳动仲裁中还涉及先予执行与一裁终局的劳动争议案件。这要求劳动仲裁机构的仲裁员应该认真、负责、专业地处理劳动争议案件。但在实践中,我国劳动争议仲裁员分为专职仲裁员和兼职仲裁员,大部分劳动争议仲裁员没有法律专业背景。这难以保障劳动仲裁的裁决效果。因此,应该提高劳动仲裁员的业务素养,促使劳动争议案件能够通过劳动争议仲裁制度得到有效处理。

第二,应该简化一裁二审的诉讼程序,方便农民工参加诉讼。目前,劳动争议案件的处理需要经过一裁二审的程序,这使得劳动争议案件处理时间较长、成本较高,农民工由于缺乏时间、精力、金钱而无法通过法律救济的途径维护自己的劳动权益。针对这一情况,笔者认为可以通过或裁或审的程序处理劳动争议案件。也就是说,对于劳资双方的争议,农民工既可以选择向劳动仲裁机构申请仲裁,也可以选择直接向法院提起诉讼而不向劳动仲裁机构申请仲裁。但是,农民工只能从这两种纠纷解决方式中选择一种,若选择向劳动仲裁机构申请仲裁则不能再向法院提起诉讼,若选择向法院提起诉讼则不能再向劳动仲裁机构申请仲裁。

对劳动争议案件设置或裁或审的程序以后,还应该严格规定直接进入诉讼程序的劳动争议案件类型,具体标准可以依据案件涉及金额的大小、工伤的轻重、性质的恶劣等因素进行确定。同时,标准要明确、具体,不能含混不清。在农民工劳动争议案件中,如果农民工去雇佣单位所在地提起诉讼确实存在困难,可以允许农民工在目前所在地或者户籍所在地就劳动争议提起诉讼。

此外,应该加大劳动争议案件的执行力度,放宽农民工申请先予执行的条件。在劳动争议案件中,农民工为了维护自身的劳动权益向法院提起了诉讼,并且拿到了胜诉判决,但是法院在执行判决的过程中,却由于种种原因无法顺利执行。对于农民工而言,其选择法律救济的最终目的是维护自己的劳动权益,从而拿到相应的钱款。但是法院在执行过程中出现的执行难问题,还是无法帮助农民工拿到相应的钱款,维护自己的合法权益。因此,为了维护农民工的合法权益,法院应该加大执行力度,对于不履行判决结果的雇佣单位,法院在必要的时候应该采取强制手段。此外,法院应该让雇佣单位缴纳保证金,确保农民工的合法权益能够得到维护。对于劳动争议案件中农民工申请先予执行

[1] 参见《2016年农民工监测调查报告》,载国家统计局,http://www.stats.gov.cn/tjsj/zxfb/201704/t20170428_1489334.html。

的情况，雇佣单位应该承担相应的费用。

（二）改革劳动监察模式

当前，我国碎片化的劳动监察模式无法充分保障农民工的劳动权益，为维护农民工的劳动权益，还应该改革劳动监察模式。具体而言，可以通过建立一个综合性的劳动执法机构，整合各种劳动监察资源，形成拉丁式的劳动监察模式。在这种劳动监察模式下，由一个劳动执法机构统一领导，劳动监察员在监督用人单位时，能够全面协调各种劳动监察力量，执行所有的劳动监察活动。这种拉丁式的劳动监察模式意味着彻底改革现有的碎片化的劳动监察模式，这在短时期内难以完成。因此，需要逐步完善现有的碎片化的劳动监察模式。具体可以从以下几方面着手：

第一，改革当前劳动监察机构接受"双重领导"的管理模式，让劳动监察机构只接受上级主管部门的垂直领导而不受地方政府的领导。劳动监察机构的人财物都由上级主管部门直接管理，而不再由地方政府负责管理。这既能减少地方政府对劳动监察机构的干预，又能促使劳动监察机构向更加专业的方向发展，依法依规地监督雇佣单位，维护农民工的劳动权益。

第二，建立多方参与监督的劳动监察合作机制。仅仅依靠政府的力量，无法最大限度地收集雇佣单位的违法信息，也容易造成劳动监察机构的低效运转。因此，应该建立多方参与监督的劳动监察合作机制，利用除政府以外的其他力量，提高劳动执法的效率。具体而言，多方参与是指政府起带头负责、企业与职工共同参与、社会各界协同，从而将单中心监管模式转变为多方参与的监管模式，激发包括被监察对象在内的多元主体的积极性，利用各方主体收集的相关信息，发现违法行为，从而维护农民工的劳动权益。

第三，提高对雇佣单位违法行为的处罚标准。雇佣单位做出一系列侵害劳动者劳动权益的违法行为，违法成本较低是很重要的一点原因。因此，劳动监察机构在劳动监察执法过程中，应该严厉打击雇佣单位的违法行为。目前，我国的劳动监察模式主要发挥纠错的功能，这实际上既难以震慑违法者，又无法给劳动者提供充分的救济。因此，劳动监察机构在执法过程中，应该提高对雇佣单位违法行为的处罚标准，大力打击雇佣单位的违法行为，给劳动者提供充分的救济，从而保障劳动者的合法权益。

（三）完善法律援助制度

为保护农民工的劳动权益，还应该完善农民工的法律援助制度。农民工受教育程度普遍不高，缺乏相应的法律知识，无法通过法律途径维护自己的劳动权益，对此，法律援助制度能够给劳动权益受损的农民工提供一定的帮助。统计数据显示，我国获得法律援助的农民工人数呈逐年增加的趋势，从2010年到

2014年，获得法律援助的农民工增加了206840人。[1] 完善农民工法律援助制度，有助于保障农民工的劳动权益。

完善农民工的法律援助制度，可以从以下几方面着手：扩展法律援助申请对象与案件范围、法律援助机构设置、保障法律援助经费与监督管理法律援助等。

首先，拓宽法律援助对象的范围。我国《法律援助条例》规定有经济困难的公民才能申请法律援助。但何为经济困难呢？实际上标准并不明确。在实践中，申请法律援助的农民工，证明自己经济困难的方式是回老家开贫困证明。但是回老家开贫困证明对于农民工而言需要耗费不少的时间、精力和金钱，这在一定程度上影响了农民工获得法律援助。因此，应该对申请法律援助制度的条件进行修改，扩展法律援助对象的范围，使更多农民工能够通过法律援助，维护自己的劳动权益。

其次，建立法律援助机构。借助政府的力量，并且鼓励和支持社会团体、企事业单位等组织参与，动用一切可以动用的政府资源与社会资源建立法律援助机构，从而为农民工提供法律援助。从而，将社会资源和政府资源相结合，拓展农民工申请法律援助的渠道，满足农民工维护劳动权益的需求。

最后，应该保障法律援助的经费。政府在加大经济投入支持法律援助的同时，还可以借助于媒体的宣传，呼吁社会大众进行捐助，拓宽法律援助的经费来源，从而为法律援助机构的持续运转提供经济支持。但同时，也需要对法律援助机构进行监督。具体而言，主要应该监督法律援助案件的办理，保证法律援助的有效性。

无论是增强农民工的法治观念和维权意识，还是完善相关法律规范，或是健全法律救济渠道，从根本上看都是运用法治的方式保障农民工的劳动权益。“劳动权益获得对农民工城镇定居意愿有显著的正向作用。”[2] 农民工的劳动权益得到切实维护以后，才会有越来越多的农民工愿意进城务工，并且能够通过务工获得相应的经济收入，这不仅能够为农民工及其家人的生活提供经济支持，还能够让农民工积累一定的经济资本。农民工积累的经济资本，一方面能够帮助农民工在城镇购置房屋，从而帮助农民工实现城镇化；另一方面也能够用于农民工子女的教育，通过支持子女的教育，帮助子女从农村走向城市，从而实现城镇化。

---

〔1〕 参见陈宜、张涛：《接近正义：农民工法律援助生态分析及路径建构——以1767个农民工法律援助案件为样本》，载《学习论坛》2017年第9期。

〔2〕 张抗私、王亚迪：《劳动权益获得对农民工城镇定居意愿的影响——基于就业质量改善视角》，载《财经问题研究》2020年第8期。

第八章　农民工子女受教育权的法治保障

农民工子女是城镇化过程中出现的规模比较庞大的弱势群体，在城镇化过程中需要特别关注。对于农民工子女而言，通过接受教育从农村进入城镇，是实现城镇化的重要途径之一。因此，在新型城镇化建设的过程中，必须充分保障农民工子女的受教育权。研究农民工子女受教育权的现状及保障，对于推进新型城镇化具有十分重要的作用。农民工子女受教育权的既有研究多关注农民工随迁子女受教育权的保障情况，而对留在农村上学的农民工子女受教育权的保障情况关注不足。为弥补既有研究的不足，本章以义务教育阶段在农村小学、初级中学上学的农民工子女为主要研究对象，以农民工子女隐性辍学这一现象为切入点，探究农民工子女受教育权的现状和保障情况。

以学籍是否终止为标准，辍学可分为显性辍学和隐性辍学。在教育教学实践中，虽然终止学籍的显性辍学现象基本消除，但是保留学籍的隐性辍学现象却日益凸显。以时间先后和程度深浅为标准，本章将隐性辍学分为四种类型，分别是有心无力型、消极应对型、以错逃学型和三方合谋型隐性辍学。无论是何种类型的隐性辍学，实际上都表明农民工子女的受教育权受到了损害。

对于农民工子女受教育权受损的原因，本章主要从法治的角度展开分析。首先，在法律制定方面，我国义务教育法律体系不健全，导致农民工子女的受教育权受损。其次，在法律实施方面，义务教育法律法规在教育教学实践中难以适用和执行，使得义务教育法律法规难以应对农民工子女隐性辍学的情况，导致农民工子女的受教育权受损。此外，在法律遵守方面，受市场经济的影响，农民工日益增强的经济理性弱化了其对教育的重视程度，进而导致农民工子女受教育权受损。

法治是防控农民工子女隐性辍学，保障农民工子女受教育权的重要方式。因此，本章主张运用法治的方式保障农民工子女的受教育权。具体可以从以下三个方面展开：一是进一步完善家庭教育和学校教育的法律规定；二是通过加强义务教育法律规定的执法力度和建立义务教育公益诉讼制度，落实义务教育法律规定；三是通过法治教育强化民众的法治观念。

第一节　义务教育阶段农民工子女辍学现状

为研究义务教育阶段农民工子女受教育权的现状及保障，课题组从农民工子女辍学的情况切入进行分析。以学籍是否终止为标准，我们可以将辍学分为显性辍学和隐性辍学。显性辍学是指辍学者中断学业离开学校，意味着在学籍管理上学习进程的终止状态。隐性辍学则是由于政府控辍保学的压力，辍学者在学籍管理上处于正常的在学状态，但实际上辍学者只有少部分时间，甚至是只有上级部门检查时在学校，辍学者的学业实际上处于中断状态。[1] 随着国家将义务教育控辍保学作为教育脱贫攻坚战的重大任务，义务教育阶段农民工子女终止学籍的显性辍学现象基本消除，但是保留学籍的隐性辍学现象却日益凸显。

一、终止学籍的显性辍学基本消除

2011年，《国家中长期教育改革和发展规划纲要(2010—2020)》(以下简称《纲要》)颁布。《纲要》提出到2020年基本实现区域内义务教育均衡发展的目标，明确把“巩固提高九年义务教育水平作为教育发展的重要任务”。2019年，《中国教育现代化2035》印发实施。其中，作为部署的十大战略任务之一，文件提出要实现基本公共教育服务均等化在县域义务教育均衡的基础上，进一步推进优质均衡。随着我国持续常态化开展义务教育控辍保学工作，义务教育阶段显性辍学的现象已经得到了大幅改善，保障了义务教育阶段的学生“有学上”“在上学”，学籍终止的显性辍学现象基本消除。

从官方公布的数据来看，截至2020年6月，全国义务教育阶段辍学学生人数由2019年年初的60万人减少至6781人，下降了近99%，其中建档立卡贫困家庭辍学学生人数由20万人降至97人；52个未摘帽贫困县辍学学生人数由8.2万人减少至433人，下降了99.5%。[2] 通过进一步完善综合控辍保学机制，健全辍学高发区重点监测制度，九年义务教育巩固率达到了94.8%。[3] “指标合格了，人民群众不满意，这不是真合格；只有指标和人民群众满意度双

---

[1] 参见赵明仁、陆春萍：《从外控逻辑到内生逻辑：贫困地区义务教育控辍保学长效机制探究》，载《教育研究》2020年第10期。

[2] 参见《教育部等十部门印发〈关于进一步加强控辍保学工作健全义务教育有保障长效机制的若干意见〉》，载教育部，http://www.moe.gov.cn/jyb_xwfb/gzdt_gzdt/s5987/202006/t20200629_468952.html。

[3] 参见《中国教育概况——2019年全国教育事业发展情况》，载教育部，http://www.moe.gov.cn/jyb_sjzl/s5990/202008/t20200831_483697.html。

合格,才是真正的优质均衡。"[1]"数字式"的发展不是真正的发展,也不能真正体现质量的提升。要真正了解学生辍学的情况,我们不能仅把握宏观的数据变化,还需要关注微观层面学生学习的基本情况,从而理解教育教学实践中隐性辍学的具体情况。

二、保留学籍的隐性辍学日益突出

虽然终止学籍的显性辍学现象基本消除,但是保留学籍的隐性辍学现象日益突出。隐性辍学是由于政府控辍保学的压力,辍学者在学籍管理上处于正常的在学状态,但实际上辍学者只有少部分时间,甚至是只有上级部门检查时在学校,辍学者的学业实际上处于中断状态。[2] 义务教育阶段农民工子女隐性辍学是指,户籍在农村的6周岁至16周岁且在农村的小学或初级中学就学的农民工子女,有辍学的前期或后期表现,毕业时未能完成规定课程的学习,但仍然保留有学籍的农民工子女的教育状况。

2019年5月,笔者在冀中地区某达到普九标准的初中学校——D中学调研时,发现学校存在不少隐性辍学的学生。这些学生处于厌学状态,虽然人在学校但是心却不在学业上。上课期间,这些学生大都处在"陪读"的状态,有的学生趴在课桌上睡觉,有的学生和同学讲话,甚至还有学生低头打手机游戏。此外,这些学生在校期间常常扰乱教育教学秩序,影响其他同学学习,甚至成群结伙地打架斗殴,不仅欺负同学,甚至还殴打学校的教师、保安。隐性辍学的学生群体是一个以"差生"为核心、以厌学为主要表现、以辍学为主要归宿的特殊学生群体。

目前,尚无关于"隐性辍学"的宏观调查数据,但我们可以根据学业成绩不合格学生、厌学学生占学生总人数的比例,对隐性辍学学生的数量进行大致的估算。首先,从学业成绩不合格学生占学生总人数的比例来看,杨润勇在河北省小康农村地区做的抽样调查表明,初三毕业时,7525名初中生中只有2247名初中生的学业成绩合格,学业成绩合格的学生占学生总人数的29.86%,超过70%的学生位于学业成绩不合格的"差生"之列。[3] 这个调研虽然已经过去十多年,但也在一定程度上表明农村学生隐性辍学的情况比较普遍。其次,教育部发布的数据显示,厌学已经成为义务教育阶段学生辍学的主要影响因素,由

---

[1] 柴葳、焦以璇:《义务教育均衡发展的历史新征程——从基本均衡到优质均衡的推进之路》,载《中国教育报》2019年12月18日,第1版。

[2] 参见赵明仁、陆春萍:《从外控逻辑到内生逻辑:贫困地区义务教育控辍保学长效机制探究》,载《教育研究》2020年第10期。

[3] 参见杨润勇:《农村地区初中学生辍学现象产生的根源研究》,载《教育实践与研究(中学版)》2007年第9期。

厌学或学习困难辍学的学生可能占辍学学生的60%以上。[1] 俞雪强对吴江区农村240名初中生的调查表明,195名(81%)学生认为学习不快乐,135名(56%)学生不知学习的目的,23%的学生上课常常会注意力不集中。[2] 此外,根据中国民主促进会海南省委员会对海南三个县农村学校的调研发现,海南农村初中学校存在“隐性辍学”倾向的学生总体比例在20%左右,突出集中在乡镇中学,尤其是贫困、民族地区的乡镇中学,比例甚至达到25%—30%。[3]

义务教育阶段农村中小学学生隐性辍学的情况比较普遍,这容易造成一系列负面后果。第一,不利于学生的健康成长,影响学生的长远发展。学生接受教育是提高自身社会化程度的重要方式,只有“个体的自然生物属性在个体的社会发展中获得了社会的存在和发展的形式时,个体才转化为个人”。[4] 青少年时期是学生心理发展的重要过渡时期,在一定程度上也是“危险期”。农民工子女陷入隐性辍学的状态,实际上是表明农民工子女的心理健康出现了不同程度的问题。这不利于农民工子女的健康成长。对于隐性辍学的农民工子女而言,一方面外出务工家长的关爱和帮助比较缺乏,另一方面教师的管教和约束也逐渐放松。在这种情况下,隐性辍学的农民工子女容易演变为问题少年。“由旷课、逃学、辍学所表征的学校联系紧密度与未成年人犯罪之间具有高度的相关性”。[5]

第二,降低义务教育阶段的教育质量。隐性辍学情况的存在,对学校的学风、班级的班风具有巨大的负面影响。在隐性辍学学生的影响和带动下,许多未处于隐性辍学状态的学生也容易向隐性辍学的状态转变。从而,使义务教育阶段隐性辍学的学生逐渐增多,这逐渐降低了义务教育阶段的教育质量。此外,隐性辍学情况的存在,影响了义务教育阶段教师个人成就感和价值感的提升。这对教师的从教热情和教学积极性,也会产生一定程度的负面影响。从而,不利于义务教育阶段教师教学质量的提升。无论是隐性辍学学生数量的逐渐增多,还是教师教学质量的下降,都恶化了学校的教育生态。学校教育生态的恶化,使教育生态中的各个主体无法充分利用各类教育资源,导致整个教育系统低效运转,降低了义务教育阶段的教育质量。

---

[1] 参见盛梦露:《教育部:厌学取代贫困,成义务教育辍学首因》,载财新网,http://china.caixin.com/2017-09-05/101140865.html。

[2] 参见俞雪强:《农村初中生厌学的原因及对策——以吴江区莘塔中学为个案》,华中师范大学2014年硕士学位论文。

[3] 参见《关于高度警惕并尽快消除农村初中学生“隐性辍学”现象的建议》,载中国民主促进会海南省委员会2021年2月1日,http://www.hainanmj.org.cn/a/4996.html。

[4] 参见杨汉平:《教师与学校权益法律保护》,西苑出版社2001年版,第46页。

[5] 参见赵军、祝平燕:《学校联系紧密度与未成年人犯罪因果性经验研究——以旷课、逃学、辍学为指标》,载《教育研究与实验》2012年第1期。

第三，加剧了教育不公。公平具有社会历史性，保障义务教育公平发展的法律制度受到特定时期经济基础的约束。它“始终只是现存经济关系或者反映其保守方面、或者反映其革命方面的观念化的神圣化的表现”，〔1〕人们关于公平的观念认知处于发展变化之中。人们对公平的理解存在多重维度。一是规则平等，比如法律面前人人平等；二是机会均等，这种均等要在规则平等基础上通过干预调控改变资源的社会历史性差异才能实现；三是分配公平；四是基于最终消费平等的结果平等。由于分配正义具有社会历史性，其标准受到自然、历史条件的不平等而形成了结果上的不平等，这种情况下只有通过国家干预来追加机会均等并实现结果平等。〔2〕

公平是教育发展的基本要求。“均衡”与“质量”在《义务教育法》均出现六次之多，提升质量亦是均衡的主题。关于义务教育质量体现在哪些方面，学界一直有争论。中共中央、国务院《关于深化教育教学改革全面提高义务教育质量的意见》(2019 年)是我国首个关于全面提高义务教育质量的重要文件。该文件突出了义务教育质量要坚持素质教育导向的特点。具体涉及县域义务教育质量、学校办学质量和学生发展质量。质量的最终体现也是学生发展质量。然而隐性辍学的情况表明学生发展质量堪忧，体现出学习条件与学习过程的不公平。义务教育阶段农民工子女中隐性辍学情况的出现，不仅会加剧中学阶段教育不平等的情况，还会进一步加剧农民工子女接受高等教育的机会不平等和结果不平等，导致不少农民工子女在受教育这条路上早早出局。

第四，弱化了阶层流动。教育不仅具有教书育人的功能，还具有阻断贫困代际传递、促进社会阶层流动的重要功能。但是农民工子女中隐性辍学情况的存在，则使得农民工子女无法在教育竞争中凭借自己的学习成绩脱颖而出，进而无法通过接受教育，实现自身的阶层跃迁，导致贫困的代际传递。此外，教育还具有提升人力资本的重要作用。通过延长受教育的年限，提高受教育的质量，有助于提高社会人力资本。但是农民工子女中隐性辍学情况的出现，既使农民工子女受教育的情况中断，也使义务教育阶段的教育质量降低，从而不利于社会人力资本的提升。这也导致农村的人力资本形成恶性循环，从而加剧了阶层固化。

隐性辍学问题是义务教育发展的一面镜子，镜子中是不知学为何物的农民工子女，是奔波忙碌、在外务工的农民工，是文化凋敝、失去活力的广大乡村，是我国义务教育法治保障体系建设过程中难啃的“骨头”。而且，义务教育阶段农民工子女中隐性辍学情况的存在，既不利于学生的健康成长和长远发展，又降

〔1〕 参见《马克思恩格斯选集》(第 3 卷)，人民出版社 1995 年版，第 212 页。

〔2〕 参见强世功：《法理学视野中的公平与效率》，载《中国法学》1994 年第 4 期。

低了义务教育的质量,还加剧了教育不公,更弱化了阶层流动。由于农民工子女隐性辍学情况所具有的这一系列负面影响,我们有必要深入探究农民工隐性辍学的详细情况。

第二节 隐性辍学下农民工子女受教育权受损

针对农民工子女隐性辍学的现实情况,本节以时间先后和程度深浅为标准,将隐性辍学分为四种类型,分别是有心无力型、消极应对型、以错逃学型、三方合谋型隐性辍学。有心无力型隐性辍学和消极应对型隐性辍学是隐性辍学的早期表现。在这种情况下,由于教育主体不恰当的教育,逐渐形成了以错逃学型隐性辍学和三方合谋型隐性辍学。无论是何种类型的隐性辍学,实际上都违反了教育法律法规中关于义务教育阶段学生受教育权的相关规定,也都表明农民工子女的受教育权受到了损害。

一、农民工子女隐性辍学的类型

案例1:学生BJX与BRX是一对14岁大的双胞胎姐妹,在冀中地区D中学读初中二年级。父亲B常年在外打工,母亲S平时照顾孩子,有时候也去周边村庄做些零工。初二下学期,两姐妹就不去上学了。之后在学校的动员下,两人才勉强回学校。两姐妹到学校以后,在教室的角落默默玩手机游戏,一直混到放学。这也使得两姐妹每次考试都不及格。

案例2:学生XW是一名14岁的男生,在冀中地区D中学读初中二年级。XW的父母常年在北京务工,XW则留在家中跟爷爷、奶奶一起生活。在学校期间,XW上课不认真听讲,还经常打架,既打学生,又打老师,还打保安。因此,XW是老师们眼中的“问题少年”、典型的“校园小霸王”,同时也长期受到老师们的“冷暴力”。

案例3:学生YX是一名15岁的男生,在冀中地区D中学读初中二年级,小学因成绩太差,曾降级一年。YX的父母经常在外务工。中学时期,YX无论是学习能力还是学习心理都存在困难,这也使得YX的心思不在学习上。虽然YX的学籍还在学校,但实际上YX本人以“长期请病假”的名义而长期不在学校。平时,YX在周边村庄打零工。

案例4:学生WN是一名19岁的女生,曾是冀中地区D中学学生,在学校上学期间成绩优异。2015年,WN读初中二年级的时候,由于WN的父亲经常和WN说上学没用,WN虽然保留了学籍但是没有回到学校继续上学,而是开始在村中的超市务工。毕业时间到了以后,WN回到学校领取了初中毕业证书。WN受访时说自己很后悔,所以,现在重新回到中专,学习幼儿教育专业。

从调研所了解的情况来看,与十年前“唯升学”的隐性辍学相比,目前在教育教学实践中隐性辍学呈现出新的类型。以时间的先后、程度的深浅为标准,我们大致可以将隐性辍学分为四种类型,分别是有心无力型、消极应对型、以错逃学型和三方合谋型隐性辍学。

(一)有心无力型隐性辍学

有心无力型隐性辍学是隐性辍学的初级形态,也是隐性辍学的学生想改变隐性辍学现状时所处的状态。有心无力型隐性辍学是指学生虽然在学习态度上比较端正,但受限于自身学习能力等因素的影响,在学业上无法取得较高的成就。这使得学生在学习上感觉心有余而力不足,从而开始出现不愿意学习的情况。

有心无力型隐性辍学具有以下特点:第一,学生求学态度积极但并不坚定;第二,对于老师在课堂上所讲授的知识,学生学不进去;第三,在老师和家长充分的关爱和指导下,学生有望早日摆脱隐性辍学。实际上,在家长和教师的教导下,有心无力型隐性辍学的学生能够意识到学习的重要性,心里面也想着要好好学习。这些学生虽然在学习态度上向着好好学习的方向转变,但是受限于自身的学习能力和学校的教学水平,在学习上难以获得明显的长进。所以,有心无力型隐性辍学的学生,在学习方面常常是心有余而力不足。

如果家长能够花费比较多的时间和精力指导有心无力型隐性辍学的学生,那么有心无力型隐性辍学的学生能够摆脱隐性辍学的状态。但对于农民工子女而言,父母作为农民工常年在外务工,既没有时间也没有精力指导子女学习。在这种情况下,有心无力型隐性辍学的学生,其学习状态进一步恶化,隐性辍学的程度进一步加剧。

(二)消极应对型隐性辍学

消极应对型隐性辍学是有心无力型隐性辍学的升级版。与有心无力型隐性辍学的学生相比,消极应对型隐性辍学的学生学习状态进一步恶化。消极应对型隐性辍学是指,受周围相关主体负面评价的影响,学生对待学业的态度比较消极,且这种消极的态度持续的时间较长。在这个过程中,学生逐渐放弃了好好学习的想法,开始将自己的时间和精力花费在非学业方面,采取消极的态度应付与学业相关的事情。在农民工子女隐性辍学的情况中,消极应对型隐性辍学是一种更加普遍的隐性辍学的状态。

消极应对型隐性辍学具有以下特点:第一,学生求学的态度消极;第二,学生消极的求学态度持续的时间较长;第三,学生丧失学习的信心。来自家长、教师、同学等多元主体的负面评价,使学生感觉自己在学习上的付出得不到别人的肯定、自己在学习上无法取得更好的成绩,从而逐渐放弃了好好学习的想法。于是,学生在学校期间不再将自己的时间和精力放在学习上,而是做一些与学习无关的事情。比如,在上课的过程中,学生开始睡觉、和同学说话,以及胡思乱想。学生开始消极应付一切与学习有关的事情。从而,逐渐成为消极应对型隐性辍学的学生。

案例1中,这对双胞胎姐妹在学校期间的状态就属于比较典型的消极应对型隐性辍学。她们虽然在学校的动员下,最终都回到了学校上学,但是在学校期间是以一种消极的态度对待学业。在学校期间,她们多将自己的时间耗费于玩手机游戏,而非用于学业。这也使她们在学业上无法取得很好的成绩,进而让她们丧失了学习的信心,并且以沉迷手机游戏的方式进行逃避。从而,形成了消极应对型的隐性辍学。

(三)以错逃学型隐性辍学

以错逃学型隐性辍学是消极应对型隐性辍学的升级版,也是隐性辍学的进阶形态。以错逃学型隐性辍学,是指学生犯错以后,教师重复使用“训导—叫家长—回家反省”的方式教育学生,但无论教师如何管教学生,学生总是无法在学校安心学习,总是会犯各种各样的错误,最终,教师放弃对学生的严厉管教,学生则由于厌恶学习而不断犯错以逃避学习。

在教育教学实践中,对于犯错误的学生,教师采取“训导—叫家长—回家反省”这样一种固定的方式进行处理。如果同一位学生多次犯错误,教师在对这位学生进行教育的过程中,则不断地重复“训导—叫家长—回家反省”这种教育方式。但是,教师总是无法让学生专心学习。于是,对于这部分“难以搞定”的学生,教师不再对他们提出学习上的要求,而仅仅对他们提出最低限度要求——遵守纪律。教师受访时说“只要不影响其他同学,上课不乱讲话,睡觉都可以”。在这种教育方式下,部分学生由于缺乏学习的兴趣和热情,甚至对学习产生厌恶,往往不断犯错从而逃避学习。因而,形成了以错逃学型的隐性辍学。

案例2中,学生XW在学校期间的所作所为则属于典型的以错逃学型隐性辍学。学生XW在学校期间,不仅上课时不认真听讲,还经常做出比较出格的事情,比如和同学打架,甚至打学校的老师、保安。在学生XW三番五次犯错误而且屡教不改的情况下,教师们对学生XW也不再有更高的教育期待,只要求他不影响其他愿意学习的学生即可。而且,老师常常采取回家反省的方式对他进行教育。这使得他通过不断犯错来逃避学习,从而形成了以错逃学型的隐性辍学。

(四)三方合谋型隐性辍学

三方合谋型隐性辍学是当前隐性辍学的终极形态。三方合谋型隐性辍学是指,对于多次犯错且屡教不改的学生,家长、学校都对学生的教育不再抱有希望,家长、学校、学生三方经过协调,默许学生以长期请病假等名义不在学校。

由于部分学生多次犯错且屡教不改或者是其他原因,无论是家长,还是学校,都不再对学生的学习抱有期望,不再奢求学生能够好好学习,也不再为了学生的学习付出更多的时间和精力。但受限于义务教育阶段学校不能够开除学生,于是在三方协调下,学生以"连续、长期请病假"之名行中途辍学之实。通过这样一种方式,能够帮助学校在依法控辍、辍学问责的政策环境下,逃避政府的追责。

案例3中学生YX和案例4中的学生WN,则属于三方合谋型隐性辍学的学生。在案例3中由于学生YX学习能力不如一般学生,而且心思也不在学业上,无论是家长还是学校,对他的学习也不再抱有期望。在这种情况下,学校为了在控辍保学方面不被问责,而依然保留学生YX的学籍。虽然学生YX的学籍在管理上处于正常的在学状态,但实际上在家长、学校、学生三方的合谋下,学生YX本人以"长期请病假"的名义而长期不在学校,而是在周边村庄务工。从而,形成了三方合谋型的隐性辍学。

在D中学进行田野调查期间,笔者对一个班级进行了重点调研。这个班级学籍在册的学生有55名,通过对这些学生进行观察和逐一访谈以后,笔者发现有心无力型隐性辍学的学生有10名,消极应对型隐性辍学的学生有18名,易错逃学型隐性辍学的学生有3名,三方合谋型隐性辍学的学生有2名。据相关老师透露,这个班级的学生在历次期末考试中,考试总分达到及格线的学生不超过10名。考试成绩虽然不能作为评价学生学习情况的唯一标准,但能在一定程度上反映学生的学习情况。这些长期游离于课堂状态的学生,大部分处于隐性辍学的状态。

二、农民工子女受教育权受损状况

义务教育阶段农民工子女隐性辍学这一情况的出现,实际上违反了《宪法》《教育法》《义务教育法》等教育法律法规的相关规定,没有让农民工子女真正"完成义务教育",没有保障义务教育阶段农民工子女的受教育权。受教育权既是公民享有的一项权利,也是公民应该履行的一项义务。公民接受并按照要求完成义务教育,具有法律意义上的强制性。农民工子女隐性辍学情况的存在,实质上表明农民工子女的受教育权受损。

受教育权的核心内涵可以追问至自由和平等。受教育即接受教育,受教育本身就是学习,"受教育的行为和学习的行为在本质上是相同的,受教育不是学习的手段,而是学习本身,受教育权就是一种学习的权利"。[1] 农民工子女享有受教育权,国家、学校、教师、家长等主体,应该积极行动,提供各类资源,并且采取各种方式,帮助和支持农民工子女接受教育。从而,充分保障农民工子女

---

〔1〕 参见马岭:《对受教育权性质的评析》,载《中国青年政治学院学报》2009年第4期。

的受教育权,使农民工子女能够真正在学校接受教育,认真上课、专心听讲,让自己全身心地投入于学习中。

根据受教育权产生和发展的时间顺序,可以将受教育权划分为三个阶段的“子权利”,即开始阶段的“学习机会权”、过程阶段的“学习条件权”和结束阶段的“学习成功权”。[1] 在实践中,学校主导下形成的学校、家长、学生三方合谋的“三方合谋型隐性辍学”,实际上是一种变相的开除。而且,在学生犯错以后,学校和教师重复使用让学生回家反省这一教育方式,实际造成的效果也近似开除。所以,这实际上使学生的学习机会权受到损害。此外,虽然消极应对型隐性辍学和以错逃学型隐性辍学的学生,在一定程度上违反了校规校纪,但是教师通过不闻不问等“冷暴力”的方式,对待隐性辍学的学生,实际上也表明教师在教育学生的过程中没有切实履行自己应尽的义务,从而使得学生的学习条件权和学习成功权受到损害。

对于隐性辍学的学生而言,学习过程的实质性中断、义务教育阶段学习目标的落空,以及义务教育阶段学习机会权、学习条件权、学习评价权在不同程度上受损。这实际上都表明隐性辍学学生的受教育权实质上没有得到保障,从法律意义上看,隐性辍学学生的受教育权受到了损害。

第三节　农民工子女受教育权受损的法律诱因

面对义务教育阶段隐性辍学下农民工子女受教育权受损的情况,我们要想充分保障农民工子女的受教育权,需要从法治的角度,分析隐性辍学下农民工子女受教育权受损的具体原因。首先,在法律制定方面,我国义务教育法律体系不健全,导致义务教育阶段隐性辍学下农民工子女的受教育权受损。具体而言,我国义务教育法律体系不健全主要表现在两个方面,一是家庭教育立法不足,二是学校教育立法不足。其次,在法律实施方面,义务教育法律法规在教育教学实践中难以适用和执行,使得义务教育法律法规难以应对义务教育阶段农民工子女隐性辍学的情况,因而导致农民工子女的受教育权受损。最后,在法律遵守方面,受市场经济的影响,农民工日益增强的经济理性弱化了其遵守教育相关法律的意识。经济理性支配下的农民工,对子女的教育期望越来越低,希望子女能够早日务工赚得更多的经济收入,因而对子女出现隐性辍学情况以后,不但不劝诫其专心上学,反而怂恿其早日外出务工。这在一定程度上,也导致农民工子女受教育权受损。

---

[1] 参见龚向和:《受教育权论》,中国人民公安大学出版社 2004 年版,第 37 页。

一、家庭教育和学校教育立法不足

(一)家庭教育立法不足

家庭教育作为教育体系中的重要组成部分,是每一个体接受时间最早、影响力最大的教育,也是学校教育和社会教育的基础、补充和延伸。[1] 家庭教育是人接受义务教育的基础,直接影响个体接受义务教育的效果,在人的教育过程中具有十分重要的作用。因此,家庭教育对于学生义务教育阶段在学校受教育的情况具有十分重要的影响。在家庭教育立法方面,我国《宪法》《未成年人保护法》《义务教育法》等法律法规中都有涉及家庭教育的相关规定。但是我国家庭教育的法律规定还存在不足,具体表现我国家庭教育法律规定未明确规定家庭教育权,而且家庭教育的法律规定比较模糊,缺乏针对性。

首先,我国家庭教育法律规定未明确规定家庭教育权。家庭教育权虽然历史比较久远,但是目前我国法律中并没有明确规定。比如,在《宪法》中仅规定了家庭的"义务",《教育法》规定父母应让子女在公共教育机构中接受和完成教育。这实际上意味着家庭教育只是作为公共教育的补充而存在。调研过程中,多位农民工受访时表示"教孩子是学校的事,学校都教不好,我们能怎么办"。法律规定中关于家庭教育权的缺失,实际上也在一定程度上使得农民工漠视家庭教育,而未有效地对子女隐性辍学的情况进行干预,最终导致子女的受教育权受损。

其次,与家庭教育相关的法律法规,对家庭教育主体责任的规定比较模糊,而且农民工子女的监护人缺乏能力承担相应的责任。但与家庭教育相关的法律法规,未明确界定家庭教育主体所应该承担的责任。并且,家庭教育能力的具备与家庭文化资本、经济资本等因素密切相关。作为农民工的父母常年在外务工,既没有时间,也没有精力,更没有财力按照《未成年人保护法》中关于家庭保护的相关要求,行使家庭教育的权利和履行家庭教育的义务,隐性辍学的现象也就由此发生。由于父母常年在外务工,隐性辍学的农民工子女往往是由祖辈进行照料。祖辈在照料孙子女的过程中,常常只能够顾及孙子女的基本生活需求,对孙子女的衣食住行进行照料。而在孙子女的学业发展、心理健康等层面,祖辈无论是在能力上还是在意识上,都不能或无心提供太多的帮助和支持。

此外,受限于自身的教育能力和教育意识,部分农民工遵循"过日子"的逻辑,对于子女的教育预期不高,只要孩子能够达到了"会识字、能算账"的程度就行,这样就能够早点赚钱、补贴家用,这比读书更实在。总之,对于孩子在受教

---

[1] 参见陈徐奉:《家庭教育,立法!》,载《学习时报》2021年4月28日,第2版。

育过程中遭遇的一些事情导致心理所发生的一些变化,农民工子女的监护人既无法理解,也无心干预,更无力指导。最终,使农民工子女隐性辍学的程度日益加深,进而导致农民工子女受教育权受损。

(二)学校教育立法不足

学校的管理水平和教学质量,对于学生受教育权的实现具有直接而深刻的影响。学校若不积极履行自己的教育责任和教育义务,就可能导致学生的受教育权受损。当前由于法律法规对学校教育的规定不足,使学校在教育学生的过程中,出现权责模糊、权责不对等的情况,进而无法充分保障学生的受教育权,最终导致学生的受教育权受损。

调研期间,笔者通过和D中学的副校长P的访谈以及对学生的观察,发现学校中存在不少与案例1中学生BJX与BRX情况一样,属于消极应对型隐性辍学的农民工子女。在老师们看来,这种情况虽然并不乐观,但还比较好处理,“这些学生虽然自己学不下去,但是他们不惹事、不添麻烦,顶多口头批评教育下”。此外,学校中还存在与案例2中学生XW、案例3中学生YX、案例4中学生WN情况一样,属于以错逃学型和三方合谋型隐性辍学的农民工子女。当学生出现以错逃学型隐性辍学的情况以后,学校会要求老师和学生进行一次深入的交谈。对此,D中学的副校长P受访时说,交谈的内容主要是“告诉他上学的重要性,读完初中是法律规定的,没有初中毕业以后都不好找工作之类,不上完不给毕业证之类的,总之连哄着带吓唬,把他们弄到学校里来上课就行”。对于那些无论教师如何劝说都不来学校上学的农民工子女,学校领导则会亲自和学生的家长进行沟通。

但除了采取沟通和劝说的方式,学校也缺乏其他的手段进行处理和应对。D中学的副校长P受访时说,对于那些在学校滋事的隐性辍学的学生,“处理起来最麻烦,往往把人打伤,或者损坏了财物,叫家长,家长不来,好不容易来了,家长对老师态度也不好,有的家长还会打老师”。D中学的老师表示,“老师们在教育学生的事情上现在打也打不得,骂也骂不得,学生维权意识很强,有的学生提着《义务教育法》:‘你有本事开除我、打我,开除我你也别干了。’这种环境下,老师们工作价值感很低”。因此,在教育学生的过程中,对于冥顽不灵的隐性辍学的学生,学校和教师也缺乏有力的手段进行处理和应对。由于法律上对学校教育的法律规定不足,学校在教育隐性辍学的学生时,也只能够采取言语劝说的方式对学生进行教育。对于不听劝告的学生和家长,学校和教师也缺乏强有力的手段进行处理和应对。在这种情况下,当学生出现隐性辍学的情况,进而导致学生的受教育权受损时,学校和教师也无能为力。

在法律规定对学校教育规定不足的情况下,学校和教师的权责不对等,无论是学校还是教师,都无法对隐性辍学的学生采取相应的措施进行管理和教育。对于学生隐性辍学情况的出现和隐性辍学程度的深化，学校和教师也缺乏强有力的手段进行管理和干预。最终，导致学生的受教育权受损。

二、义务教育法律规定难以实施

（一）义务教育法律规定难以适用

在教育教学过程中，义务教育法律规定面临难以适用的情况。对于教育教学实践中农民工子女受教育权受损的情况，现行的义务教育法律规定实际上难以适用，难以保障隐性辍学的农民工子女的受教育权。义务教育相关法律规定具有一定的模糊性，比如《义务教育法》第一章第5条规定："适龄儿童、少年的父母或者其他法定监护人应当依法保证其按时入学接受并完成义务教育；依法实施义务教育的学校应当按照规定标准完成教育教学任务，保证教育教学质量。"对于这一法律条文中"完成义务教育""教育教学质量"等语词的含义并不明确。在教育教学实践中，学生拿到初中毕业证表明其完成了义务教育。但实际上，接受义务教育的学生只要学籍在册，满足了规定的学习年限，最终都能够领到毕业证。可学生受教育的情况和质量却不尽如人意，隐性辍学的学生中考试成绩一二十分的情况比比皆是。虽然教育教学实践中学生受教育的情况并不如意，但在达到规定的学习年限以后，还是认定学生完成了义务教育，并且给学生发放了初中毕业证书。这实际上表明我国缺乏完善的义务教育质量评价标准。

虽然我国为提高义务教育质量，制定了不少法律法规，但实际上只有为数不多的法规真正在实践中适用。某直辖市政府法治部门统计调查各个部门的执法状况后，发现市教委一年之内没有作出过处罚，甚至都没有进行过执法活动。[1] 这实际上表明教育教学实践中，教育领域的法律法规在教育教学实践中适用的情况并不如意。现行的义务教育法律规定难以适用，无助于形成良好的教育氛围，从而导致学生的受教育权受损。

（二）义务教育法律规定难以执行

在教育教学实践中，义务教育法律法规在执行过程中面临多重困境。这在一定程度上导致学生的受教育权受到损害。义务教育相关法律法规的具体规定存在一定的缺失，进而使执法活动面临多重困境。

首先，在执法过程中，作为执法主体的教育行政执法机构，在缺乏相关法律规定的情况下，根据自身的主观意志开展执法活动。而且在执法活动中，既未能根据实际情况有针对性地开展执法活动，又没有公平公正地进行执法，而是

---

〔1〕 参见马怀德：《教育法治四十年：成就、问题与展望》，载《国家教育行政学院学报》2018年第10期。

偏袒一方权益而忽视另一方权益,最终无法有效保障农民工子女的受教育权,导致农民工子女受教育权受损。

其次,执法者在执法活动中存在有法不依、执法不严、选择性执法的情况。对于某些明确划定责任的法律规定,执法主体在适用相关法律规定的时候,存在需要时靠前、不需要时靠边的情况。对于地方政府违反法律法规的情况,执法主体难以进行执法。比如,《义务教育法》要求地方政府的义务教育财政投入须达到“三个增长”,虽然部分地区“三个增长”不落实的情况仍长期存在,[1]但相关主体却没有受到相应的惩罚。从而,使得保障学生受教育权的相关举措无法真正得到落实,不能够真正发挥作用,最终导致学生受教育权受损。

最后,教育行政执法制度中的处罚规定尚不完善。比如,《义务教育法》虽然规定了监护人的教育责任,但是对于监护人不严格履行教育责任的情况,缺乏相应的处罚规定。这影响了《义务教育法》的执行。在教育教学实践中,对于家长违反义务教育法的情况,常常是由执法部门采取批评教育、责令限期整改、罚款等方式进行处理。但采用批评教育与责令限期整改的举措,常常不能从根本上维护农民工子女的受教育权。而采用罚款的举措,由于没有明确规定罚款的数额,很容易引发群众的不满,也使农民工子女的受教育权无法得到保障,从而导致农民工子女的受教育权受损。

三、经济理性弱化农民工的守法意识

“法作为一种社会现象,作为社会的一个有机组成部分,是以社会为依托和环境的,对法律的理解和探究不能脱离开社会。”不考察社会及社会文化观念,就“不可能对寄身其中的法有真正的把握和理解”。[2] 农民工在城市务工时受到市场化的影响和冲击,逐渐形成的“经济理性”弱化了自身的守法意识,以至于不少农民工怂恿子女退学外出务工。这导致农民工子女受教育权受损。

(一)打工经济之“诱”与读书无用之“惑”

改革开放后,随着社会主义市场经济的蓬勃发展,打工潮逐渐兴起,越来越多的农民离开农村,前往城市务工。在外出务工的过程中,农民工的价值观受到了极大的冲击,农民工逐渐遵从和信奉实用主义价值观。在日常生活中,农民工常常以工具理性的思维看待周围的人或事。这种价值观与思维方式突出表现为,以“是否有用”为标准去判断周围的一切,而“是否有用”具体是指“是

---

[1] 参见祁占勇、王君妍、司晓宏:《我国西北地区义务教育均衡发展的现实困境与政策选择——基于国家教育督导〈反馈意见〉的研究》,载《中国教育学刊》2017年第10期。

[2] 参见刘焯主编:《法社会学》,北京大学出版社2008年版,第125页。

能否挣钱”。这种价值观念非常强调眼前的利益，注重以金钱衡量周围的一切。在这种价值观的影响下，产生了“读书无用论”。区别于过去的“读书无用论”，新一轮“读书无用论”是农民工在实用主义的价值观的影响下而逐渐形成的价值判断。

过去农业经济收入是农村家庭经济收入的主要来源，但是现在情况已经发生了极大的变化，目前农业收入仅仅占农村家庭总收入的很小一部分。以冀中平原地区的农民为例，农民通过种植粮食作物，每年的收入在五六千元左右，这无法满足当前家庭日常生活的各项开支。为此，农民或主动或被动地走出农村，开始外出务工。在这个过程中，逐渐形成庞大的农民工群体。通过外出务工，农民工每月收入能有3000元至5000元，部分前往沿海地区务工的农民工，每月收入甚至能够达到6000元至8000元。外出务工所获得的经济收入，已经成为农村家庭的重要经济收入。在务工过程中，农民工多集中在劳动密集型产业。劳动密集型产业对劳动力的受教育程度要求不高，这为受教育程度不高的农民工群体提供了众多的务工机会。

此外，随着农村优质教师的流失，农村教育日益凋敝。在农村学校上学的农民工子女若想通过教育实现阶层的跃迁，不仅需要在教育方面投入大量的时间和金钱，还需要参与日益激烈的教育竞争。与教育这条路上“看不到的未来”相比，眼前通过务工获得的经济收入更加实在。

因此，受实用主义价值观的影响，在眼前实实在在的务工收入的诱惑下，农民工对子女教育的功利性投资态度使他们从经济上不愿意支持子女读书，[1]而是怂恿子女早早外出务工，从而获得更多的务工收入。这在一定程度上也使得农民工子女受教育权受损。

（二）阶层固化之“病”与读书无望之“痛”

知识改变命运。这句话常常用来激励学生好好读书，通过读书改变自己的命运。这实际上表明教育是社会阶层流动的重要渠道，底层的孩子通过接受教育能够实现自身阶层的上升流动。但现在，改革开放已经经过40多年，社会各阶层固化的态势越来越明显。农民工子女要想通过教育实现自己阶层的跃迁已经变得越来越难了。

受经济理性的影响，越来越多的农民工注重追求经济利益。加之，社会各阶层固化的趋势日益显著，于是农民工也越来越不奢望子女通过读书实现自身社会阶层的跃迁。父母较低的教育期望使他们对子女的学历要求呈现出“无所谓读到哪儿，能读多少就多少”的心态，子女如果辍学打工，父母也不会强加干

---

〔1〕参见熊静、单婷、钱梦菊：《农村青少年的辍学行为研究——基于家庭文化资本的视角》，载《中国青年研究》2016年第3期。

预,这就强化了子女放任自我、厌学弃学的念头。[1] 而且,对教育不抱希望的农民工,希望子女能够早早进入市场,通过务工获得更多的经济收入,这才是更加实实在在的。因此,受经济理性的影响,农民工子女的受教育权进一步受到损害。

随着我国经济的发展,国家通过“两免一补”等多种方式发展义务教育,经济因素看似已经不再是农民工子女受教育权受损的影响因素。但通过上述分析我们可以发现,农民工子女若想要在日益激烈的教育竞争中胜出,依然需要付出巨大的经济资本。而且,即使农民工付出了巨大的经济资本,子女也并不一定能够通过教育实现阶层的跃迁。在子女的教育上投入巨大的经济资本,实际上也是一场风险投资。在教育这场风险投资中,包含着巨大的不确定性。在这种情况下,受经济理性支配的农民工,更注重把握当下的经济利益。因此,与其将巨额的经济资本投入于子女的教育,让子女通过教育去争取不确定的阶层跃迁,不如把握好当下实实在在的经济利益,让孩子早早务工,获得更多的经济收入。因此,农民工的经济理性消解了守法意识,导致农民工子女受教育权受损。

第四节 农民工子女受教育权的法治保障路径

基于对农民工子女受教育权受损的法律诱因的分析,运用法治的方式保障农民工子女的受教育权可以从以下三个方面展开:一是完善家庭教育和学校教育的法律规定。二是通过加强义务教育法律规定的执法力度和建立义务教育民事公益诉讼制度,落实义务教育法律规定。三是通过法治教育强化农民工的法治观念。

一、进一步完善家庭教育和学校教育的法律规定

2019年,针对现阶段教育问题,党的十九届四中全会报告提出,“推动城乡义务教育一体化发展,健全学前教育、特殊教育和普及高中阶段教育保障机制,完善职业技术教育、高等教育、继续教育统筹协调发展机制。支持和规范民办教育、合作办学。构建覆盖城乡的家庭教育指导服务体系”。[2] 随后,国家先后修订、制定、颁布了一系列关于教育的法律法规文件,包括《家庭教育促进

〔1〕 参见熊静、单婷、钱梦菊:《农村青少年的辍学行为研究——基于家庭文化资本的视角》,载《中国青年研究》2016年第3期。

〔2〕 参见《中共中央关于坚持和完善中国特色社会主义制度 推进国家治理体系和治理能力现代化若干重大问题的决定》,载《人民日报》2019年11月6日,第1版 。

法》、《教育法》(2021年修正)、《职业教育法》(2022年修订)、《爱国主义教育法》。这些法律规范填补了家庭教育、爱国教育等方面的制度空缺,构建了多方协同育人的制度框架,进一步完善了我国的教育法制体系。不过,具体来看,在这些法律颁布、修订后,家庭教育及学校教育范围内仍存在许多有待深化和完善的制度内容。这需要进一步通过相关的配套文件和实施细则,对这些具体内容做进一步细化和规范。

(一)完善家庭教育法律规定

针对家庭教育方面的立法不足导致学生受教育权受损的情况,为维护学生的受教育权,2022年1月,《家庭教育促进法》正式生效并加以实施。从体例结构来看,《家庭教育促进法》共55个条文,分为6个章节。其分别是总则、家庭责任、国家支撑、社会协同、法律责任以及附则六章。从条文规定的详细内容来看,该法具有如下显著的特点:第一,未成年人的受教育权是贯穿法律的主要内容和线索。该法设立的目的就是促进未成年人健康成长,保障其接受教育的基本权利。法律规范正是以未成年人的受教育权为基础,为父母、其他家庭成员、各级人民政府及其职能部门、社会机构、市场服务主体等设置了相应的教育责任、管理责任及激励措施。第二,条文将家庭教育放在首位,着重突出了家庭及父母所应承担的教育责任。以父母为基础的家庭教育构成了该文的核心部分,从具体内容来看,第14条至第23条依次设定了主体责任、家庭建设责任、教育引导内容、教育方式方法、自我能力提升等方面的规定。第三,父母之外,由国家承担支持,包括教育资源供给、家庭能力补充、教育责任兜底等方面的职责。各级人民政府需要着力于教育资源的配置,并由相应的职能部门在各自的职责范围内承担相应职责形成合力供给和支持家庭教育。第四,社会组织各司其职。其中中小学校、幼儿园是家庭教育的重要支撑力量,而其他社会组织如村(居)委会、婴幼儿照护服务机构、早期教育服务机构、医疗保健机构、公共文化服务机构承担能力范围内的辅助职能。中小学校、幼儿园与父母家长相互协作,联系、指导、督查、帮助家庭承担起教育职责。第五,各方责任协同,以口头督促、颁布家庭教育令、机构罚款、负责人处分为主要内容构建起责任体系。其中,国家强制力为支撑的家庭教育令是家庭教育领域职能完善的重大突破。[1]

从《家庭教育促进法》的内容设置来看,家庭教育领域还需要重点关注这样一些问题:

第一,如何补充家庭教育资源和塑造家庭的教育能力。家庭教育是国民教育中的重要组成部分,对保障学生的受教育权具有十分重要的作用。理论

---

〔1〕 参见叶强、胡阳:《家庭教育令案》,载《荆楚法学》2022年第2期。

上,父母或其他监护人是家庭教育的主体。然而,事实上并不是所有监护人都能给孩子提供良好的家庭教育。比如,在农民工子女所在的家庭中,由于父母常年在外务工,常常是由祖辈负责照顾和教育孙子女。在这种情况下,家庭教育的能力和资源相对不足,农民工子女所受到的家庭教育也相对较弱。如何为这部分能力及资源弱势的家庭兜底,是制度设计及实施细则需要重点考量的。

第二,进一步明确政府在家庭教育中的保障性作用,建立健全家庭教育的督导和评估工作。家庭教育的法律法规鼓励地方政府、基层群众自治组织在农村探索建立家庭教育帮扶机制。政府需要承担起一定的责任,发挥相应的作用。具体措施包括:整合资源扎实推进农村家长学校和家庭教育指导机构的建设工作,安排专业的机构和人员对农民工子女的监护人进行家庭教育培训,为农民工子女的健康成长营造良好的家庭氛围,让农民工子女也能够获得良好的家庭教育。比如,地方政府、村民自治组织可以通过招募志愿者或者购买市场服务等形式,让具有丰富家庭教育经验的家长和专业人员担任农村家庭教育爱心帮扶员,对农民工子女中家庭教育存在困难的家庭予以集中帮扶,从而让农民工子女也能够得到较好的家庭教育,进而保障农民工子女受教育权。

第三,国家还应着重关注农民工子女的受教育权问题。相较于城市家庭,农民及农民工的家庭教育能力更为薄弱,更容易引发养而不育、教而不当的教育困境。家庭教育中,国家应保护未成年人受到良好的家庭教育,避免受到不正当的家庭教育的伤害,并创造条件促进其实现。[1] 国家应积极推动农民工子女家庭教育的质量提升,通过各种途径宣传家庭教育知识,提高家庭教育服务指导工作的覆盖面,最大限度预防家庭教育误区,切实维护农民工子女的受教育权。

(二)完善学校教育法律规定

除了需要完善家庭教育的法律规定,还应该完善学校教育的法律规定。学校教育法是对所有有关学校及学校事务进行法律规范的实体法。[2] 对于农民工子女受教育权受损问题中学校教育主体权责不对等的情况,应该通过制定学校教育法律法规的方式进行完善。当前,我国教育法律法规体系基本形成。但是,在教育法律法规体系中却仍旧有一定的缺漏和不足,具体包括原则性内容多、实用性内容少,理念性内容多、可操作性内容少等。在对相关主体法律责任的规定中,相关主体无论是违反权利性规范,还是违反义务性规范,都应该承担相应的法律责任。此外,还要提高法律规定的可操作性,明确学校在保障学生

---

〔1〕 参见杨乐:《家庭教育立法中国家义务的法律规制及实现路径——基于未成年人受教育权保障视角》,载《人文杂志》2021 年第 2 期。

〔2〕 参见黄欣、吴遵民、杨婷:《我国〈学校教育法〉为何难以制定》,载《中国教育学刊》2017 年第 10 期。

受教育权中所应该承担的法律责任。

学校教育法的缺席使政府管理权与学校的办学自主权、课程设置、教学及质量评估等问题总体上处于模糊状态。对该管的事项不管，以办学自主权为由推脱责任；对于不该管的事项乱管，以政府责任为由推卸责任。在缺乏法律依据的情况下，实施教育问责、调整权责关系，又容易导致权责监管与保障不足。处理学校教育问题必须要有学校领域的专门法——“学校教育法”，才能明确责任归属、规范处理流程，同时给学校一份基于法律的保障。[1] 因此，通过制定“学校教育法”，明确各级各类学校的性质，界定监督者、管理者的构成及其职权范围，进一步划定教师权责的边界等，对于保护农民工子女的受教育权大有裨益。

二、落实义务教育法律规定

（一）加强义务教育法律规定的执法力度

《义务教育法》虽然规定了监护人的教育责任，但是对于监护人不严格履行教育责任的情况，缺乏相应的处罚规定。这影响了《义务教育法》的执行。对于义务教育法律法规缺乏可操作性、执法不力等问题，应加强对学生受教育权受损的执法力度，保障学生的受教育权。

具体而言，一方面，需要完善义务教育法律法规的责任体系，加强义务教育法律法规执行的程序建设。比如，为了防范三方合谋型隐性辍学，保证农民工子女的受教育权，在控辍保学的执法活动中，遇到学生不在学校的情况，教育执法人员在校园取证的基础上，还应进行家庭取证和社会取证。另一方面，应该加强义务教育法律法规的执行力度，依法追究隐性辍学学生监护人的教育责任，采取严厉的处罚措施，充分运用法律维护农民工子女的受教育权。[2] 对于教育教学实践中，出现的各类隐性辍学的情况，教育执法部门应该提高执法能力，在准确识别的基础上，加大执法力度，切实保障农民工子女的受教育权。

（二）建立义务教育民事公益诉讼制度

为保障农民工子女的受教育权，还可以建立教育民事公益诉讼制度。[3] 从建立教育民事公益诉讼制度的可行性和必要性来看，农民工子女的受教育权属于特殊的公共利益的范畴，所以保障农民工子女的受教育权，既是为了维护公民个人的权利，也是为了实现义务教育的法律目标。因此，这不仅关系到社

[1] 参见黄欣、吴遵民、杨婷：《我国〈学校教育法〉为何难以制定》，载《中国教育学刊》2017 年第 10 期。

[2] 参见赵明仁、陆春萍：《从外控逻辑到内生逻辑：贫困地区义务教育控辍保学长效机制探究》，载《教育研究》2020 年第 10 期。

[3] 参见李军、娜迪拉：《教育民事公益诉讼相关问题研究——以新疆为视角》，载《社会科学研究》2017 年第 2 期。

会的稳定和发展,也与国家利益密切相关。但目前,农民工子女的受教育权的司法保护体系还需完善,公民、社会团体和相应国家机关本可以提起公益诉讼来保护处于公共利益层面的受教育权以及通过诉讼形成教育政策法规、完善受教育权保护体系的路径被堵截。[1] 对此,有必要通过教育公益诉讼的方式,对侵害农民工子女受教育权的行为提起公益诉讼,从而保护农民工子女的受教育权。

具体而言,其一,在实践中,我国实际上认可了乡镇政府具有诉讼主体的资格,因此可以以乡镇政府或者县级教育行政部门作为诉讼主体。其二,义务教育民事公益诉讼制度的目标是弥补行政措施的缺陷,而诉讼所耗费的时间、精力往往较高。所以,义务教育民事公益诉讼制度的建立,应该在现有法律规定基础上进行探索。按照《义务教育法》第 58 条的规定,可以先由当地乡镇人民政府或县级政府教育行政部门,对侵害农民工子女受教育权的主体进行批评教育,责令限期整改。若这一措施无法产生实际效果,则可以通过提起义务教育民事公益诉讼,维护农民工子女的受教育权。

三、通过法治教育强化守法意识

为保护农民工子女的受教育权,还应该加强法治教育,强化相关主体的守法意识。受到经济理性的影响,不少农民工的守法意识逐渐弱化,以至于对于子女隐性辍学的情况不闻不问,有的农民工甚至希望孩子早日外出务工,从而获得更多的经济收入。针对农民工的经济理性弱化守法意识的情况,应该基于农村义务教育发展的实际情况,开展义务教育专项法治教育,强化农民工的守法意识。

首先,应该注重过程与目标的统一,改变以往泛化的教育方式,提高法治教育的精准性,改变空洞的说教,注重案例说法。对于农民工子女,要循循善诱,告诉其接受义务教育的重要性,向其表明接受义务教育既是一项权利,也是一种义务;对于监护人,需要表明家庭教育的重要性,以及保障孩子的受教育权是法律规定的一项义务,提高监护人的守法意识。

其次,要多措并举构建、协同发力,多途径、多渠道提高民众的守法意识。一是要强化乡镇政府、村委会进行法治教育的职责,充分利用高音喇叭、宣传车、标语等方式进行义务教育法律宣传,提高民众的守法意识。二是推进法治教育资源下沉,市、县组织宣传教育工作小组,深入农村普及义务教育法律知识,增强民众的法律观念。三是提高基层法律行政部门利用新媒体技术推广法治教育的意识与能力,利用微信、QQ 等进行义务教育法律宣传。四是对于典型

---

〔1〕 参见崔玲玲:《教育公益诉讼:受教育权司法保护的新途径》,载《东方法学》2019 年第 4 期。

的侵害农民工子女受教育权的案件进行公开审理,发挥司法的教育功能,提高农民工的守法意识。从而,保障农民工子女的受教育权。

总之,法治是保障农民工子女受教育权的重要方式。为保障农民工子女的受教育权,首先,在法律的制定方面,健全我国义务教育法律体系,完善家庭教育立法和学校教育立法。其次,在法律实施方面,一方面需要加强义务教育法律规定的执法力度,另一方面可以建立义务教育民事公益诉讼制度,推动义务教育法律规定的实施。最后,在法律遵守方面,通过加强法治教育强化民众的守法意识。在运用法治的方式保障农民工子女受教育权的过程中,关键还是要发挥法治所具有的强制力,为农民工子女的受教育权提供强有力的保障。

第九章　城乡公共服务均等化的法治促进

基本公共服务均等化是经济社会发展到一定阶段的必然要求，是实现城乡居民全面发展的必要举措，是实现“人”的城镇化不可忽视的一环。自2006年“十一五规划纲要”中首次明确提出“基本公共服务均等化”概念以来，国家对公共服务不断提高重视程度，加大投入力度。我国的基本公共服务建设也取得了长足进步。尤其是2012年，党的十八大报告明确提出“到2020年基本公共服务均等化总体实现”的目标之后，城乡基本公共服务均等化的发展步伐加快。2014年，国务院发布了《关于建立统一的城乡居民基本养老保险制度的意见》，开始统筹发展城乡居民养老保险，在全国范围内建立城乡统一的居民养老保险制度。2015年，国务院发布了《关于进一步完善城乡义务教育经费保障机制的通知》，对城乡义务教育一体化发展作出部署。2016年，国务院通过制定《关于整合城乡居民基本医疗保险制度的意见》，开始对城乡居民基本医疗保险制度的一体化发展进行探索与尝试。截至2020年，我国已经基本建成涵盖义务教育、医疗卫生、劳动就业、养老服务、社会保障等多项内容的基本公共服务体系，城乡均等化的目标也在持续推进。

尽管如此，公共品供给过程中的“搭便车”行为、城乡二元结构及其供给模式的差异、国家权力与自治权的张力等阻碍均等化目标彻底实现的因素仍然存在。基于此，保护城乡公共服务均等化的阶段性成果并在此基础上提升均等化水平，是当下仍需回应的问题。具体而言，首先，应明确城乡公共服务均等化的需求；其次，应分析城乡公共服务差异的现状及成因，在此基础上探讨促进均等化目标实现的举措。城乡公共服务的需求、差异、成因及改进举措均具有多样性，作为基础和保障，法治贯穿上述问题研究的始终：法治的需求从何而来？哪些领域需要法治加以改进？如何通过法治促进城乡公共服务均等化的实现？上述三个连续的问题是本章的另一线索。

第一节　新型城镇化对城乡基本公共服务均等化的需求

城乡基本公共服务均等化问题，实际上是在我国经济社会快速发展的背景下,城乡、区域经济发展失衡所引起的社会公平问题。城镇化的快速发展所造成的“虹吸效应”使乡村地区逐渐衰落,人口、资源不断外流,农村逐渐“空心化”,城乡之间的发展差距不可避免。城乡公共服务的均等化有利于进行城乡融合发展,消除城乡二元格局之下基础建设、发展要素分配、公共服务的不平等。缩小城乡差距,是新型城镇化要求的必经之路。一方面,城乡基本公共服务均等化,是实现“人”的城镇化的必要举措;另一方面,要实现城乡基本公共服务均等化,离不开法治保障。通过法治举措,督促政府履行公共服务职责、引领公共服务供给机制转型,是城乡基本公共服务均等化对法治需求的彰显。

一、新型城镇化为何需要城乡基本公共服务均等化

城乡二元结构,决定了城乡公共品供给的差异化。城乡基本公共服务均等化,是破除农村公共品供给难、促进城乡融合发展的必要路径。

(一)促进城乡融合发展

马克思曾论述过城市的特点,“城市本身的单纯存在与仅仅是众多的独立家庭不同。在这里,整体并不是由它的各个部分组成。它是一种独立的有机体”〔1〕。与之相对,费孝通指出乡村中“差序格局”的秩序结构,是与城市所不同的“熟人社会”。城乡之别,表现为城市与乡村质的不同。这种差异在长期历史中形成,而社会主义制度不仅不创造差异,并且为消除城乡差别不断创造条件,在此基础上为城市和乡村的协同发展提供可能,城乡趋于一体是社会主义现代化进程中的必然现象。〔2〕城乡融合与公共服务均等化的关系是相互促进的,具体而言表现在以下两个方面:

一方面,城乡融合要求城乡基本公共服务水平差距缩小。当前,城乡基本公共服务表现为城乡供给不均衡、城市供给优于农村。如何提高农村基本公共服务的供给质量,在农村建立有效的公共服务供给机制,是缓和这一差异化供给现状的必要举措。农村公共品供给也是农业、农村、农民全面发展绕不过的问题,公共品供给的质量与效率直接影响农村社会经济发展的速度和农民生活的质量。现阶段虽然农村公共品供给在制度设计上日益多样化且越来越完善,但由于我国城镇化进程的加快以及农民生活和消费观念的转变,新制度在具体落实的过程中出现异化。因此,最终的供给方式以及供给效果和制度设想也有较大差异。

另一方面,城乡基本公共服务均等化的实现依赖城乡融合配套机制的完

〔1〕 参见[德]卡尔·马克思、[德]弗里德里希·恩格斯:《马克思恩格斯全集》(第46卷上),中共中央马克思恩格斯列宁斯大林著作编译局译,人民出版社1979年版,第480页。

〔2〕 参见徐勇:《城乡差别的中国政治》,社会科学文献出版社2019年版,第174页。

善。城乡融合涉及多个领域,户籍制度、教育制度、医疗卫生制度的改革都表现为对城乡二元供给结构的缓和。与之相对应,基本公共服务亦涵盖多个方面,以村庄公共品为例,其至少包括道路、农田水利、饮用水、生活环境治理、电力供应、农业技术推广等。这些公共品的性质各有不同,供给的主体和方式多样,并且同一种类的公共品在不同地区、城乡之间还有差异。这意味着统一供给模式、集中供给或单一主体供给都行不通,而多主体、分散化、多元化供应意味着主体之间相互配合,机制之间相互协调。在这一过程中,城乡融合配套机制的完善有助于基本公共服务均等化目标的实现。

(二)破解农村公共品供给难问题

农村公共品供给表现出分散性、多样性和依赖性的特点,在某种程度上增加了城乡公共服务均等化的实现难度,共同导致了城乡公共服务均等化的困境。具体而言:

第一,分散性。由于我国农村地域辽阔,且农业生产集约化程度较低,农民的生产生活具有较高的离散性,这决定了农村公共品供给异于城市,表现为一定程度上的分散性。这增加了公共服务的供给难度。是以,城乡之间的二元结构,延伸至公共服务供应,表现为公共服务供给的二元性。一方面,公共服务均等化,旨在消除二元体制的弊端,缓和城乡二元结构导致的公共服务供给失衡;另一方面,城乡的二元结构,是当前城乡关系的表现形态并将持续存在,意味着城乡公共服务均等化的过程需要长期探索。

第二,多样性。我国各地区经济发展水平的差异化(如东部、中部和西部不同的经济发展水平),和各区域的自然条件、社会条件差异,使得不同区域的居民对于公共品供给的种类、质量、数量等需求不同,呈现出差异化、多样化的需求。除此之外,不同地区间公共服务的供给方式、经验、模式等无法统一,地方政府需要结合本地实际条件、基础提供相应的公共服务。这诸多因素形塑公共服务的供给差异和多样性,在某种程度上增加了公共服务均等化目标实现的难度。

第三,依赖性。相比城市地区,农村地区的基础设施较为薄弱,意味着农民对村庄公共品供给有着较强的需求和依赖性。这种需求,主要彰显于两个方面:其一,农业生产、生活对公共品供给的依赖性。当前,农村的农业生产,仍然是以家庭经营为主的小规模生产经营模式。农户个体对水利设施、电网设施、农业技术、病虫害防治等农业生产条件供给能力有限,且需求较大。其二,从供给主体来看,政府是农村公共品供给的主要主体,农村公共品供给对政府表现出强依赖性。村集体供给不足、村民个体供给不足、市场供给不足,使得农村公共品的供给不得不依赖政府这一单一化的供给主体。

二、城乡基本公共服务均等化离不开法治

城乡基本公共服务均等化，需要多方主体协调发力、多元化供给机制协同推进。在这一过程中，供给主体的关系互动、供给机制的完善优化，对法治提出了相应的需求。就前者而言，无论是政府、市场、社会这些外部主体的互动，抑或政府内部诸多部门的职责分工，都需要相关法律规定厘清服务职责。就后者而言，通过法治，确定供给主体、供给方式、供给内容、供给程序、供给责任等供给机制的具体内容，有利于提升城乡基本公共服务质量，促进城乡基本公共服务供给和需求的契合。

（一）督促政府履行公共服务职责要求法治

从"生存照顾"的"国家德性观"到保障公民安全和发展的"国家内在秉性观"，是公共服务理念转变的过程。[1] 在建设"服务型"政府的背景下，政府作为基本公共服务的供给主体，积极履行公共品供给的责任。基本公共服务具有排他性、非竞争性，单纯市场供给的方式，容易陷入"公地悲剧"的境地。市场运转失灵的基本原因在于，价格信号并非总能充分反映社会边际效益和社会边际成本。[2] 个体供给无力、市场供给缺陷，影响了基本公共服务的供给效果，然而，基本公共服务又是居民生产发展、社会进步的必要基础和条件，是以，政府积极履行供给基本公共服务的职责，积极推进基本公共服务均等化。

政府作为基本公共服务均等化的主体，承担相应的服务职责。在具体的服务过程中，需要法律厘清政府内部的事权、财权，亦需要法律合理划分政府、社会和市场在提供基本公共服务过程中的权责范围。首先，要明确政府内部责任，合理划分各级政府在城乡公共服务均等化中的事权责任，完善政府间财政转移支付制度；其次，要合理划分政府、社会、市场三者在基本公共服务及其城乡均等化发展过程中的权责范围，在调动社会力量和市场力量参与公共服务建设的过程中，构建行之有效的城乡基本公共服务供给模式，促进城乡基本公共服务均等化。

（二）法治引领公共服务供给机制转型

虽然政府是基本公共服务供给的主体，然而，公共服务关乎城乡居民的切身利益，需要政府、社会、市场、个体等多方主体协同发力。以村庄公共品供给为例，单一化的政府供给模式可能存在公共品供给与村庄、村民需求失衡的状况，即政府提供的服务与村民、村庄的实际需求存在较大张力。然而，村庄内部

---

〔1〕 参见陈云良、寻健：《构建公共服务法律体系的理论逻辑及现实展开》，载《法学研究》2019 年第 3 期。

〔2〕 参见高培勇编著：《公共经济学》，中国人民大学出版社 2004 年版，第 9 页。

的供给机制，无论是基层群众自治制度，抑或具体的村民民主协商机制，都无法发挥有效供给的作用来解决村庄公共品的供给难题。明确供给主体、供给内容、供给程序，明晰基本公共服务中人、地、事、权四个维度的问题，有利于优化基本公共服务供给机制，缓和单一化主体供给的困境和潜在问题，而法治是其中的重要举措。

第二节　当前城乡基本公共服务的非均等化

前文分析指出，城乡融合的目标及农村公共品供给难的问题催生了均等化需求。然而，城镇化发展过程中面临各种问题，需要通过推动城镇化的发展和法治来解决。非均等化现状反映的问题是法治发挥作用的主要领域，本节分别对比城乡公共服务的供给主体、数量、质量，试图呈现城乡基本公共服务非均等化的全貌。

一、城乡基本公共服务供给主体存在差异

城乡基本公共服务的供给主体存在很大差异，相比城市的多主体参与供给，农村地区都是依靠政府作为单一主体供给的，这是城乡基本公共服务非均等化的重要表现之一。

（一）城市基本公共服务供给主体多元化

我国基本公共服务领域的多元化供给改革方兴未艾，政府仍是某些基本公共服务的单一提供主体。因部分基本公共服务的特殊性质，其必须要由政府直接供给，才能给予全体公民最大化的保障。因此，从城市基本公共服务来看，由于公共卫生和基本医疗、义务教育、社会救济等公共服务都是由政府及事业单位作为主体提供的，政府供给仍然是基本公共服务供给的基本方式。

伴随我国社会主义市场经济的完善，国内市场的逐渐开放以及以简政放权、放管结合、优化服务为主线的“放管服”改革等一系列改革措施的推进，部分公共服务向市场主体开放，市场主体成为城市基本公共服务的供给主体之一。尤其是在基础教育、医疗卫生、公共文化等领域，市场主体成为重要的参与方，为城市公共服务供给主体的多样化提供了可能。另外，近年来在公共服务建设中兴起的“PPP 模式”，即政府和社会资本合作模式，也充分体现了市场主体对城市公共服务供给体系的参与。

社会组织也是城市基本公共服务的供给主体之一。因城镇化的快速发展、社会经济发展水平的提升和国家治理理念的变革等原因，“市民”“市民文化”以及由此展开的社会组织被孕育出来。社会组织也即第三部门，一般包括公益性组织、互益性组织、信仰性组织和倡导性组织，他们积极利用自身的资源、专

业性等优势,或与政府合作或单独成为公共服务的提供主体。比如各类志愿者组织在城市社区提供的对于孤寡老人等弱势群体的关爱活动就可以说是城市基本公共服务的内容,他们也因此成为供给公共服务的主体。

(二)农村基本公共服务供给主体单一

与城市基本公共服务逐渐演变为以政府为主的多元供给模式相比,农村基本公共服务多元供给模式难以形成,仍旧主要依赖政府供给:一方面,村级组织作为供给主体力量不足;另一方面,以市场和社会力量为代表的多元主体供给在农村难以实现。

1. 严重依赖政府供给

近年来,政府不断放宽公共服务领域的市场准入,通过政府购买、特许经营等方式支持和引导民间资本与社会力量参与公共服务的供给,以期打破政府垄断公共服务供给的弊端,形成公共服务多元供给的模式。但多元化的基本公共服务供给模式更多地是在城市展开,而农村地区依然停留在由政府作为单一供给主体上。

当前,项目制已经成为农村公共服务的重要供给模式,地方基层政府通过项目制的方式向农村供给公共服务,以履行其公共服务的政府职能。在农业税费改革之后,中西部欠发达地区基层乡镇政府的财政资金来源锐减,已经难以支付基本的公共服务财政支出,加上辖区内经济发展困难,难以通过市场化的手段筹措资金,只能通过“跑项目”的形式承接中央政府的财政转移支付资金,以履行提供公共服务的职能。然而,项目制并非一种普遍惠及的基本公共服务供给方式。依靠项目制的方式供给基本公共服务,本身就很容易造成基本公共服务供给失衡。再加上不同村庄、不同乡镇在争取项目与承接项目的能力上存在差异,使项目供给也会出现很大差异。

2. 自我供给难以组织

在计划经济时期,农村的公共服务是由人民公社统一组织和安排的。人民公社是当时农村公共服务供给的重要主体,人民公社主要通过采用“集体提留”或扣减“农民工分”的方式自筹资金,统一调配集体资源并承担农村基本公共服务的各种费用。改革开放以来,伴随农村家庭联产承包责任制改革对村集体经济的削弱、分税制改革对乡镇基层政府财政汲取能力的削弱以及彻底取消农业税对村集体经济来源的削弱,村集体供给公共服务的能力日渐式微。在村民自治制度逐步建立之后,为了提升村民自治组织对公共服务的供给能力,2007 年农业部(现为农业农村部)《村民一事一议筹资筹劳管理办法》的出台以及 2018 年《村民委员会组织法》的修订,为村民合作供给的一事一议奠定了制度和组织基础。一事一议制度,几乎成为村委会组织村民供给村庄公共品唯一制度化的供给方式。但由于一事一议操作程序的复杂性、公共品供给过程中“钉子户”和

“搭便车”等问题的存在，一事一议制度并未促进村庄公共服务自行决策与自我供给。自我组织的方式难以满足村庄基本公共服务需求。

3. 多元供给实现困难

多元供给，一般指政府、市场、社会多主体参与供给的模式，而在农村公共服务体系中，市场和社会主体几乎是缺位的。虽然资本下乡已经成为当前热潮，但下乡企业大多参与生产性投资，而非村庄公共服务的供给。这一方面是因为，农村公共服务市场利益稀薄，盈利空间较小，使得进村的企业缺乏投资热情；另一方面，农村居民生活观念尚未完全转变，城市化的市场供应体系并不完全适应农村现实情况，可能导致公共服务中供需错位问题。至于社会力量参与农村公共服务供给更是十分困难，村庄中缺乏组织、动员的社会基础，社会组织较少，提供公共服务的社会组织较为匮乏。

二、城乡基本公共服务数量存在差异

近年来，国家加大了公共服务领域的财政投入力度，尤其随着“脱贫攻坚”战略的推进，农村地区获得更多的资源倾斜，城乡基本公共服务不断向均等化的方向迈进。然而，从整体上来讲，城乡基本公共服务的供给数量仍存在较大差异，难以满足农村居民对于基本公共服务的需求。下文以《“十三五”推进基本公共服务均等化规划》所确定的基本公共服务项目中的基本公共教育、基本医疗卫生、基本公共文化体育公共服务为例，讨论城乡基本公共服务在供给数量上明显的非均等化现象。

（一）基本公共教育服务中的城乡差异

基本公共教育服务中城乡供给数量失衡，主要体现在两个方面：一是作为“软件”的专业人才上，二是教育服务硬件设施上。前者主要表现为镇区教师数量少，农村及镇区优质教师流失等，后者表现为农村地区多媒体服务以及互联网教学设施少，其他校园硬件设施数量与质量整体低于城市地区等。

根据教育部公布的 2019 年全国教育统计数据，目前在校的小学学生人数总数为 16,479,006 人，在校初中学生人数总数为 14,540,936 人。小学教师数量为 5,852,646 人，初中教师数量为 3,747,429 人。[1] 就师生比例而言，农村地区无论是初中还是小学都高于城市地区，其中镇区师生比例最低（见表 9-1、表 9-2、表 9-3）。[2] 师生比例反映的是区域内学生与老师的数量特征，通常而言，师生比例高意味着教学质量更高，老师的注意力资源有限，师生比例越高意

[1] 参见《2019 年教育统计数据》，载中华人民共和国教育部网站，http://www.moe.gov.cn/s78/A03/moe_560/jytjsj_2019。

[2] 参见《2019 年教育统计数据》，载中华人民共和国教育部网站，http://www.moe.gov.cn/s78/A03/moe_560/jytjsj_2019。

味着每个学生可能分配到的注意力资源越多。农村地区由于该年龄段儿童基数少,加之城市与镇区的吸纳,故而师生比例较高。但这并不意味着优质教育资源向农村倾斜,尽管教育部未公布城乡地区教师学历结构分布,但通常而言,城市地区的教师门槛更高,在岗位竞争更为激烈的情况下,相对优质的专业人才才能留在城市。镇区的低师生比例反映出当前城乡基本公共服务面临的困境:镇区就读的学生数量多,老师数量少,城镇化的推进要求镇区教育服务体系完善,教育服务人才的缺口一定程度上阻碍了城镇化的进程。

表 9-1　2019 年全国中小学师生数量及师生比分布

区域	小学学生/人	小学教师/人	初中学生/人	初中教师/人	小学师生比	初中师生比
城市	5,808,787	1,927,815	5,260,041	1,376,624	0. 33	0. 26
镇区	6,568,879	2,129,484	7,263,166	1,812,525	0. 32	0. 25
农村	4,101,340	1,795,347	2,017,729	558,280	0. 44	0. 28
合计	16,479,006	5,852,646	14,540,936	3,747,429	0. 36	0. 26

表 9-2　2019 年全国初中分课程专任教师情况

单位:人

区域	合计	语文	数学	英语	政治	历史	地理	化学	生物	物理	美术	音乐
城区	3,747,429	238,021	232,756	226,204	84,844	69,749	51,819	58,396	55,540	92,916	35,789	37,076
镇区	1,812,525	322,633	310,574	282,645	119,776	96,444	74,452	76,541	77,529	120,563	48,088	49,080
乡村	558,280	99,759	94,137	81,957	36,946	29,175	23,233	24,375	24,031	37,475	15,546	15,723

表 9-3　2019 年全国小学分课程专任教师情况

单位:人

区域	合计	语文	数学	英语	社会	体育	科学	音乐	美术	信息技术
城区	6,269,084	759,315	541,079	198,408	69,760	155,881	78,596	107,778	101,702	55,383
镇区	2,200,899	797,245	665,985	176,466	93,109	133,769	85,416	94,722	90,154	66,697
乡村	1,825,757	651,665	542,017	129,361	70,804	90,690	59,235	61,581	57,906	95,014

硬件设施的建设同样是基本公共服务的重要内容。教育、医疗、体育等一些公共服务都需要有硬件设施作为依托来开展服务,硬件设施建设差异对于城乡基本公共服务均等化已经形成阻碍。就公共基础教育来说,农村地区还存在大量的中小学教学点,这些教学点与学校的硬件设施相比有明显差距。另

外，教学使用的电脑、智能化的多媒体教室和图书等许多配套硬件设施也存在巨大的差异（见表9-4）。[1]

表 9-4 2019 年全国中小学硬件设施城乡差异

项目	中学/小学	城区	镇区	乡村	合计
教学用电脑/台	初中	3,027,621	3,312,076	1,144,218	7,483,915
	小学	4,507,659	3,979,043	3,505,161	11,991,863
多媒体教室/间	初中	534,002	626,747	218,674	1,379,423
	小学	887,920	885,853	834,258	2,608,031
图书/册	初中	615,957,334	839,417,655	281,899,354	1,737,274,343
	小学	892,397,258	902,914,461	697,163,442	2,492,475,161

（二）基本医疗卫生服务中的城乡差异

医疗卫生服务关系到居民的生命健康问题，“看病难、看病贵”亦是社会顽疾。统计资料显示，我国每年的卫生总费用（无论是政府、社会，还是个人卫生支出）一直在增长。数据统计显示：2018 年卫生总费用为 59121.91 亿元，其中政府支出 16399.13 亿元，社会支出 25810.78 亿元，个人支出 16911.99 亿元，共占 GDP 的比重为 6.57%。[2] 同时根据统计数据，城乡居民医疗保健支出也在逐年增长，无论是城市还是农村地区，这项支出占消费总支出的比重大。比较而言，农村地区医疗支出占总支出的比重更大。加之农村地区人口收入低于城市地区，对医疗费用的负担降低了城乡居民的幸福感，农村居民是“看病难，看病贵”问题影响最大的群体（见表 9-5）。[3]

表 9-5 2015—2019 年城乡居民医疗保健支出

年份	城镇居民			农村居民		
	人均年消费支出/元	人均医疗保健支出/元	医疗保健支出占消费性支出/%	人均年消费支出/元	人均医疗保健支出/元	医疗保健支出占消费性支出/%
2015	21,392.4	1443.4	6.7	9222.6	846.0	9.2

---

〔1〕 参见《2019 年教育统计数据》，载中华人民共和国教育部网站，http://www.moe.gov.cn/s78/A03/moe_560/jytjsj_2019。

〔2〕 参见国家卫生健康委员会编：《2020 中国卫生健康统计年鉴》，中国协和医科大学出版社 2020 年版，第 93 页。

〔3〕 参见国家卫生健康委员会编：《2020 中国卫生健康统计年鉴》，中国协和医科大学出版社 2020 年版，第 96 页。

续表

年份	城镇居民			农村居民		
	人均年消费支出/元	人均医疗保健支出/元	医疗保健支出占消费性支出/%	人均年消费支出/元	人均医疗保健支出/元	医疗保健支出占消费性支出/%
2016	23,078.9	1630.8	7.1	10,129.8	929.2	9.2
2017	24,445.0	1777.4	7.3	10,954.5	1058.7	9.7
2018	26,112.3	2045.7	7.8	12,124.3	1240.1	10.2
2019	28,063.4	2282.7	8.1	16,020.7	1420.8	8.9

因医疗机构的特殊性，主要医疗服务机构基本集中在城镇地区，农村地区的医疗服务体系较为薄弱。我国农村地区的医疗服务体系主要由县级医院、镇卫生院和村卫生室构成。村卫生室目前承担了许多公共卫生服务的任务，例如居民健康档案建设、传染病防治宣传、计划生育政策宣传等，而日常的诊疗服务限于开药、输液等基础性内容。统计数据表明，截至 2019 年，城市和农村的医疗卫生机构床位数分别为 4,351,540 张和 4,455,416 张，但在每千人医疗卫生机构床位数上城市和农村的数据分别为 8.78 张和 4.81 张，每千农村人口乡镇卫生院的床位数更是仅为 1.48 张，[1]而且城市医院的入院人数和病床使用率都远高于乡镇卫生院。此外，2009 年至 2019 年城乡地区每千人口卫生技术人员数的数据显示，尽管城乡地区卫生技术人员数量持续上升，但农村地区单位人口卫生技术人员、执业（助理）医师、注册护士数量均远低于城市地区（见表 9-6）。[2]

表 9-6　2009—2019 年城乡地区每千人口卫生技术人员数

单位：人

年份	卫生技术人员			执业（助理）医师			其中：执业医师	注册护士		
	合计	城市	农村	合计	城市	农村		合计	城市	农村
2009	4.15	7.15	2.94	1.75	2.83	1.31	1.43	1.39	2.82	0.81
2010	4.39	7.62	3.04	1.80	2.97	1.32	1.47	1.53	3.09	0.89

---

[1] 参见国家卫生健康委员会编：《2020 中国卫生健康统计年鉴》，中国协和医科大学出版社 2020 年版，第 84-85 页。

[2] 参见国家卫生健康委员会编：《2020 中国卫生健康统计年鉴》，中国协和医科大学出版社 2020 年版，第 36 页。

续表

年份	卫生技术人员			执业(助理)医师			其中:执业医师	注册护士		
	合计	城市	农村	合计	城市	农村		合计	城市	农村
2011	4.58	7.90	3.19	1.82	3.00	1.33	1.49	1.66	3.29	0.98
2012	4.94	8.54	3.41	1.94	3.19	1.40	1.58	1.85	3.65	1.09
2013	5.27	9.18	3.64	2.04	3.39	1.48	1.67	2.04	4.00	1.22
2014	5.56	9.70	3.77	2.12	3.54	1.51	1.74	2.20	4.30	1.31
2015	5.84	10.21	3.90	2.22	3.72	1.55	1.84	2.37	4.58	1.39
2016	6.12	10.42	4.08	2.31	3.79	1.61	1.92	2.54	4.75	1.50
2017	6.47	10.87	4.28	2.44	3.97	1.68	2.04	2.74	5.01	1.62
2018	6.83	10.91	4.63	2.59	4.01	1.82	2.16	2.94	5.08	1.80
2019	7.26	11.10	4.96	2.77	4.10	1.96	2.30	3.18	5.22	1.99

由此可见,不论是从人员配置还是从机构床位数来讲,基本医疗卫生服务城乡供给数量上的差距是十分失衡的。此外,在医疗技术中,农村卫生室、乡镇卫生院和县级医院之间的差距也是十分巨大的。村卫生室的诊疗功能逐步退化,而渐成扮演公共卫生服务的角色。

(三)基本公共文化体育服务中的城乡差异

乡村社会与城市社会文化形式的不同也意味着城乡文化需求的差异,供给不对口意味着有效供给数量低。城市伴随工业化时代的到来而兴起,法兰克福学派的第一代代表人物霍格海默和阿道尔诺在目睹商业与工业发达的美国后,对文化发展表现出深深的悲观心态:制片公司、广播公司、出版公司实现了文化的工业化生产,使大众接受甚至支持一种隐藏在生活背后抑制人们追求幸福的社会系统。[1] 如果说城市陷入了文化的工业化,那么乡村过去作为文化的沃土,如今也悄然发生变化。首先,不可否认的是国家一直在加大对乡村文化公共服务建设的投入,以平衡农村地区文化供给不足的状况。截至2019年,群众文化机构总数达到44,073个,从业人员总数190,068人;其中乡镇文化站机构总数为33,530个,占总数的76%;从业人员为109,630人,占总数的58%。组织文艺活动共135.9万次,其中乡镇72.5万次,占总数的53%。此外,农村广播节目人口覆盖率为98.84%,电视节目人口覆盖率为99.19%。[2]

〔1〕 参见[德]马克斯·霍克海默、[德]西奥多·阿道尔诺:《启蒙辩证法:哲学断片》,渠敬东、曹卫东译,上海人民出版社2006年版,第107-109页。

〔2〕 参见国家统计局:《2019年中国统计年鉴》,中国统计出版社2019年版,第741、753页。

尽管如此,农民的文化需求仍然无法真正得到满足,究其原因,供给与需求的不匹配使国家的预期落空,公共文化体育服务投入陷入低效率的困境。

有学者在华北农村调研时发现一种"文化现象":在红白喜事中,诸如"脱衣舞"之类的低俗文化蔓延。这类文化类型一方面符合农村对"热闹"的需求,另一方面呈现乡村文化的异化现象。农村文化的异化,并非自发的结果,而毋宁有着深厚的社会基础。村庄内部对低俗文化的调节能力式微,乃至维护和支持低俗文化的蔓延。加之,随着村庄共同体的消亡,对于文化的评价机制也无法建立起来。[1]

城乡基本公共文化服务供给的重心在农村,但政府作为基本文化服务的提供者,秉持行政的思维提供文化产品,往往与村民的文化需求存在较大差异。文化的缺失某种程度上加剧了农村伦理的解体,伦理所承载的是人的意义世界和心灵秩序,当秩序无法建立,乡村便不再使人看到生活的希望。村庄自身无法解决文化的重建与维系任务,故而这种失衡状况需要外来规则的嵌入和调适。

三、城乡基本公共服务供给质量存在差异

城乡基本公共服务供给质量的差异,主要表现在农村地区公共品供给质量不足上。具体而言,农村公共品的供需错位,影响公共品的供给质量。项目制的供给模式、基层协调民主的缺位这内外双重因素共同型塑这一现象。

(一)协商民主缺失导致供需不匹配

基本公共服务关乎城乡居民的最切身利益,从逻辑上来看,居民应是主要的参与主体。然而调研经验表明,很多村委会所进行的"四议两公开""一事一议"等程序往往沦为过场与形式,并未发挥群众动员、公众参与的作用。举例来说,对于扶贫专款的使用,由于缺乏村庄内部的协商民主,村委会往往会改变原有的项目资金运作方式,转而采取保守式投资的方式使用项目资金,而未发挥其发展集体经济、壮大村庄产业等效用。

实际上,村民会议中的人员,大部分是村委会成员、在村党员、种田大户以及村民小组组长,普通村民被排斥在外。村民会议的人员组成结构,进一步形塑协商民主的形式化、过场化。而在落实项目制供给模式时,由于村级组织行政化倾向和弱势地位,大部分村委往往秉持一种消极决策机制,遵循"不作为"理念和风险最小原则,在落实项目时不顾村庄实际而逢迎基层政府的意志。

---

[1] 参见吕德文:《大国底色:巨变时代的基层治理》,东方出版社 2021 年版,第 190-192 页。

上述现象,彰显出在村庄公共品供给过程中两种治理模式的强行嫁接。[1]乡政府项目制供给实际上采取的是一种技术治理的模式,通过整体的规划和安排实现一种专业化和理性化的治理效果;而村庄的一事一议制度、“四议两公开”制度则属于村民自治制度在公共品供给中的具体运用,它们通过集体讨论与协商的形式,最终达到一种具体的和可以被大多数村民接受的治理效果。但是这两种治理手段不能进行强行嫁接,如果强行嫁接,作为强势一方的技术治理手段必然占据优势地位。而技术治理本质上又排斥民主运作,所以作为弱势一方的村委会和村民的民主治理手段自然“议不起来”,很多时候往往转化为机械地记台账,流变为形式化的程序。

(二)项目制供给模式难以满足农民需求

通过在河南等中部欠发达地区农村的实地调研,笔者发现当下农村很大一部分农村基础设施公共品,比如大型水利工程、农村基础道路、路灯、文化广场等都是采取项目制的供给模式,即县乡政府的项目发包制或村干部跑项目的形式。项目进村之后,即开始资源分配过程。而资源具体的分配,本应遵循分配型民主决策的程序。因为项目进村的过程中,其并非对接具体的农户,而是以项目、指标的形式进入村庄。进村资源的使用方式、使用地域等问题,均需要村庄范围内的民主协商来确定。

然而,中西部农村协商民主处于缺位状态。一方面,村庄空心化、老龄化。“半工半耕”的家计模式,意味着年轻人在外务工、老年人在村务农。年轻人向外流动,在村时间少,无法参与项目、资源分配的民主决策程序。另一方面,村民参与的积极性不高。项目进村的过程,是资源对接村庄的过程,而非对接具体的农户。由于缺乏一定的切身利益性,村民参与的积极性下降。这样,项目资源进村的过程更多是基层组织决策的过程,而非民主协商的过程。项目的运作服务于基层组织的需求和治理理念,而非服务于基层民主的实际需求。

除此之外,项目制的资源进村模式,往往具有非均衡性的特征。项目资源的有限性和村民、村庄需求的普遍性存在一定的张力。具体而言,项目的数量是有限的,然而村庄对于公共服务、公共品的需求确实是普遍存在的。项目制在运作的过程中,存在一种差序化的分配模式:越是典型的村庄,领导的注意力越集中,资源投放得越多;反之,领导注意力小,资源投放的积极性就不足。那么,在项目制背景下,资源并非均等化地在村庄分配。更为吊诡的是,资源差序化的投放,背离了实际需求,而是服务于“造典型”的治理需求。

---

〔1〕 参见刘凤伟:《多中心治理理论在我国农村公共物品供给中的适用性及局限性》,载《郑州轻工业学院学报(社会科学版)》2016 年第 1 期。

第三节　城乡基本公共服务非均等化的原因

城乡基本公共服务非均等化的表现多样，形成该状况的原因同样复杂多样。而想要通过法治促进城乡公共服务均等化的实现，就需要明晰现实中的弊病，了解清楚法律应当在哪些主要领域发挥调整作用。本节从人、地、事、权四个维度分析其成因。在人的维度，个别人“搭便车”的行为阻碍了公共品供给；在地的维度，城市供给体系难以在农村直接套用；在事的维度，公共品供给模式与村务民主治理机制不相配套；在权的维度，国家权力与自治权之间存在较大张力。

一、个别人“搭便车”行为阻碍公共品供给

村庄公共品的供给，往往并非对接个体农户，而是通过协商民主的方式，经由基层自治组织，先行在农户中运用民主协商的方式确定一个共同的利益需求，再由供给方进行统一供给。虽然在市场经济的背景下，这一手段能够将农户组织起来共同分享利益、承担风险，增强了个体性农户的话语权。但是，任何层次的公共性都要面临一定的“搭便车”难题。随着市场化进程的加快和大规模农地流转，农民的在村利益与对公共品的需求方面产生了极大的差异，这就导致了村民自组织在对接市场化公共品供给模式时，只能在高度竞争的市场末端获得不多的利润空间。而且，在市场经济条件下，离开了强制性和组织，小农合作也会因为农民高度原子化和相互之间利益计算的短期化而使得成本极高。[1]

高合作成本和低合作收益使农户自发组织的经济合作组织很难持续下去，这也是当前农村公共品供给中农户之间难以形成利益共同体的根本原因。不仅如此，在税费改革后，国家希望传统的乡村组织退出农村公共品生产合作领域，而单纯地依靠农民自发组织的诸如用水协会、用电协会等一类组织来解决供给中的对接问题，但通过调研和上述问题分析可以看到在我国中部欠发达地区农村大多数用电、用水协会都难以实现其原本的设计效用，最终运作失灵。总的来说，在农村公共品供给领域“官退”是很容易做到的，但在市场经济的冲击下，完全依靠自愿的“民进”却很难实现。[2]

---

〔1〕 参见黄胜忠：《转型时期农民专业合作社的成长机制研究》，载《经济问题》2008 年第 1 期。

〔2〕 参见贺雪峰：《经济合作组织：高合作成本低合作收益如何解决》，载《人民论坛》2006 年第 17 期。

二、城市供给体系难以在农村直接套用

首先,城乡不同的基础和条件,使城乡公共品供给的体系存在差异,即二者遵循不同的公共品供给体系。如自来水供给,就需要着眼于农村的社会基础,充分发挥村委会等村民自治组织在监督村民行为、降低治理成本等方面的作用,而不能单纯地模仿城市供水体系,让自来水厂和个体农户直接对接。当前存在很多对俱乐部式公共品供给过程和结果的研究,但是这些研究都没有着眼于中国农村市场俱乐部式公共品选择的背景,分析中国特色市场经济体制下农村俱乐部式公共品供给主体和供给方式之间的特殊性。

其次,应该注意区分政社合作供给模式与市场化供给模式之间适用条件的不同:采取政社合作模式的农村公共品供给,其前期的资金投入以及供给体系建立后配套管理维护的成本都相对较高,在中部欠发达地区单凭市场本身很难有效供给。因此,必须依靠政府在前期资金投入方面的支持以及村民自治组织在日常管理维护方面的配套协调,它才能实现。

最后,农村自来水厂的经费就是来源于政府项目,其运作又深受政府政策的引导。如果运作经费不足,它会通过向政府部门打报告等形式,期望政府继续进行投资。可见,它从设立到运行都没有遵循市场化的运作逻辑,所以,我们也很难期待它可以遵循市场化的盈利逻辑来维持自身运作。就农村的供给逻辑来看,自来水厂对于农民拒绝交水费的行为并没有太多的可控手段进行约束,并且无法像城市那样通过技术治理的手段实现治理成本向个体消费者转嫁。这就导致其治理成本非常高,而这种治理成本是以企业为形式的农村自来水厂无法承担的。所以农村自来水公司必须要依靠村民自治制度,积极地和村委会、村民小组进行协商与对接,将自己的部分治理成本向基层乡村组织进行转移,降低其与具体用水村民协商收取水费所付出的管理成本。因此只有通过完善相关制度规范的方式来弥合政企、民企之间断裂的关系带,才能使政社合作供给模式的作用得到真正发挥。

三、公共品供给模式与村务民主治理机制不相配套

农村公共品的供给属于村级民主治理实践的具体内容,村庄公共品供给“最后一公里”问题本质上属于治理问题。“最后一公里”问题能否有效解决,取决于村务民主治理机制是否健全。若要实现农村公共品的有效供给,就必须发挥民主治理的作用,而任何形式的治理活动都必须以一定的物质资源为基础。在村民民主自治的总体框架之下,乡村组织获得和拥有资源的情况决定着供给的质量。在资源匮乏的情况下,村民自治主要起到从分散的个体农民中提取和整合资源的作用,而在村庄接受了上级政府的转移支付,吸引资本下

乡,拥有了较为充足资源的情况下,村民自治则要发挥实现资源分配相对公平,保证资源有效利用的作用。所以,基于中部欠发达地区村庄集体资源配置的状况,本书将在其供给实践中的村民自治主要分为动员型民主机制与分配型民主机制两种。

20 世纪 80 年代,我国开始在全国推广村民自治制度,村庄公共品供给则是其重要的表现形式之一。但是,直到农业税费改革时期,农村公共品供给相对落后的局面仍未得到根本性改善,村民的负担也愈发严重。这表明该段时期的村民自治没有实现其原本设计的基层治理目标。在公共品供给中,民主治理的理想形态应该为:在每个利益主体诉求得到有效表达的基础上,能够凝聚集体共识,并可以依此达成供给方案。在农业税费改革之前,以村民自治方式开展的基层治理活动,主要是向农民提取剩余生产资料,完成农业税的收取任务,属于典型的动员型民主治理机制。然而根据实地调研经验,在实际工作中村民自治组织很难成功动员所有的村民自愿缴纳相关费用,其可能由于缺少具有法律规定保障的执法权而无力管理。在动员型民主机制失效的情况下,很多村庄村委会等基层组织日益朝着去民主化方向发展,甚至出现了许多通过私人暴力强制征收的情况。

随着农业税的取消,村庄公共品的主要供给成本实现了由农村向国家的转移,国家通过财政转移支付和项目下乡等方式解决了村级资源长期缺失的问题。国家惠农政策、资源的进村,是一种分配型的模式,虽然在某种程度上解决了村民农业负担的问题,但也消解了以“一事一议”制度为代表的村民合作供给模式在动员型民主治理上的作用。其他的主要供给模式,无论是项目制供给模式、市场化供给模式还是政社合作供给模式,本质也都是一种分配型民主治理机制。但笔者在调研中发现,它们并没有因为乡村组织掌握资源的增多而被激活。究其原因,则是上级政府和下乡企业的决策伴随资源输入而来,消解了基层组织民主化运转的空间,或者根本不和村民组织发生联系,从而在村庄公共品供给中架空了村民组织。项目制供给模式下,惠农资金主要以“直补”和“专项资金补贴”两种方式输入农村,前者采取“一卡通”的方式直接补贴到农户手中;后者作为一种专项补贴,其资金往往由县水利局、农业局或土地整治中心等垂直领导部门层层下拨,并且实行台账制度严格控制资金的支出与使用。由上可见,这两种资源输入方式要么直接与个体农户对接,要么直接转化为基于政策指标的标准化纯公共品,基层组织无须充当将它们联系起来的中介,也不让农民表达个性化意见,这使得基层村务民主治理机制没有发挥作用的空间与机会。正是这样一种公共品供给模式与村务民主治理机制不相配套的现象,使国家与农民对接的“最后一公里”问题依然存在。

四、国家权力与自治权的张力

当前,农村公共产品供给体系中存在两种相对独立的权力,一种是国家自上而下的权力,体现在党政领导下乡镇政府的行政权力运作中,其功能完成公共品供给的要求;另一种是蕴含于农村自治组织中的村民自治权,其功能是在《村民委员会组织法》等相关法律的规范下,以自治的形式组织村民实现对公共品的内生性供给。[1] 政府公权力天然具有无限扩张性与排他性的特点,其在与村民自治制度发生管辖权竞合时,势必运用自身行政或技术治理的手段排斥村民自治。

从理论上讲,乡镇管理权与村民自治权的管辖范围是相对明确的。前者属于“政务”范畴,后者则属于“村务”范畴,二者并行不悖。然而,现行立法方面的缺陷,却导致基层政府、自治组织的公共品供给权责不明,为乡政府采取行政化手段干预村民自治提供了制度空间。比如2018年修正的《村民委员会组织法》规定,村委会应承担“办理本村的公共事务和公益事业”“组织实施本村的建设规划,兴修水利、道路等基础设施,指导村民建设住宅”的职责。这就和《地方各级人民代表大会和地方各级人民政府组织法》中有关乡镇政府的农村公共品供给职能存在重合。虽然《村民委员会组织法》第5条,确定了基层政府和基层自治组织之间为指导、支持和帮助关系,而非干预、领导关系。然而,其对公共品供给等这种职责范围交叉的事项缺乏细化规定,这样就使得乡镇政府能够以“指导”之名,实行“干涉”之实,如通过村财乡管、村政镇管等方式,让村委会去承担本不属于其职责范围的公共品供给工作。

从“乡—村”关系来看,村级组织的行政化,使其不再扮演“当家人”的角色,而日益成为乡政府在农村基层的“代言人”。整个村委会俨然成为乡镇政府的下属机构,因此其往往不再关注并反映农户的具体供给需求,而是单纯地推行上级政府的供给指令,最终架空了农户的利益诉求反馈渠道,使村民自治制度在公共品供给中的作用难以发挥。

第四节　通过法治保障城乡基本公共服务均等化

法治是现代社会建设的应有之义,也是现代社会的根本保障。[2] 在构建城乡基本公共服务体系时,法治化保障亦是实现城乡基本公共服务均等化的必

---

〔1〕 参见徐勇:《中国农村村民自治》,华中师范大学出版社1997年版,第212-213页。

〔2〕 参见徐汉明:《论现代社会治理法的法律地位——社会治理法应当是独立的法律部门》,载《社会科学家》2015年第9期。

要举措。当前，法治已经成为国家治国理政的基本方略，城乡基本公共服务均等化的法治化发展也就应运而生。分析城乡基本公共服务均等化的立法基础，完善城乡公共服务均等化的法律体系，加强城乡基本公共服务均等化的法律实施，为城乡公共服务均等化发展提供完善的法治保障体系，促进城乡基本公共服务的发展。

一、完善城乡基本公共服务均等化的法律体系

古希腊先哲亚里士多德认为，"法治应包含两重意义：已成立的法律获得普遍的服从，而大家所服从的法律又应本身就是制定得良好的法律"。[1] 完善的法律体系可以为城乡基本公共服务均等化的发展奠定坚实的制度基础，使得其在发展过程中能够做到有法可依。具体而言，一方面，完善关于城乡基本公共服务均等化的专门立法；另一方面，完善关于城乡基本公共服务均等化发展的配套法律体系。

（一）制定城乡基本公共服务均等化的专门法律

我国在公共服务方面采分散立法模式。具体来说，我国有关于公共服务各个方面的法律，比如教育方面的《教育法》《教师法》《义务教育法》等，医疗卫生方面的《医师法》《基本医疗卫生与健康促进法》等，尚且没有统一的基本公共服务方面的立法。当前，中央层面对基本公共服务均等化进行规制，主要还停留在公共政策层面，如《"十三五"推进基本公共服务均等化规划》《关于建立健全基本公共服务标准体系的指导意见》等。有必要制定"基本公共服务保障法"，将城乡基本公共服务均等化问题纳入法治框架，发挥法的指引、预测、评价、激励功能，促进我国城乡基本公共服务均等化的发展。

1. 明确城乡基本公共服务均等化的范围和标准

第一，要明确基本公共服务均等化的发展目标。在《"十三五"推进基本公共服务均等化规划》中，有专门的"主要目标"这一节，并且提出了"学有所教、劳有所得、病有所医、老有所养、住有所居"的总体发展目标。[2] 参照上述规划，并结合社会发展现实需求和预期，纵向上设立国家整体的基本公共服务均等化发展长期和短期目标，横向上设立不同地区的建设目标，为城乡基本公共服务均等化发展指明具体的建设目标。第二，要确定城乡均等化发展中具体的基本公共服务项目。对公共服务项目进行分类，并具体划分为中央政府保障的公共服务、地方政府保障的公共服务与中央和地方共同保障的公共服务，这样

---

〔1〕 参见[古希腊]亚里士多德：《政治学》，吴寿彭译，商务印书馆1965年版，第199页。

〔2〕 参见《"十三五"推进基本公共服务均等化规划》，载中国政府网，http://www.gov.cn/zhengce/content/2017-03/01/content_5172013.htm。

不仅能够使得公共资源的投入更加集中,而且有助于重点领域专项立法的完善。第三,要确定均等化的标准。由于各地区发展差异的客观存在以及均等化标准的发展性,所以在中央统一的专门立法中应就均等化标准确立的原则、方法以及底线标准进行规定。

2. 明确各方主体的权利与义务

在宪法相关规定的基础上,法律应明晰政府、公民、市场及社会组织等各方基本公共服务参与主体的权利与义务。首先,政府不仅是基本公共服务的主要提供者,还是均等化政策的制定者和具体的执行者,所要承担的责任最为重大。因此,在专门立法中要对政府的权责进行规定,明确政府的权力边界,把责任和权力具体落实到各级政府和各个政府部门,避免出现“有权无责”或者“有责无权”的状况。其次,就公民而言,应明确其享有公共服务的权利,赋予其对均等化政策执行的监督权与有关决策的建议权,促进城乡基本公共服务供给中的民主参与和民主监督。最后,对市场主体和社会组织等社会主体来说,适当地引入市场力量和培育公共服务的竞争机制,以充分发挥市场在资源配置中的作用、促进公共服务质量提升,推动基本公共服务供给主体多元化、提供方式多样化。

3. 明确法律责任

法律责任是法律权威性的重要保证,能够有效地促进法律的实施。基本公共服务均等化的专门立法,作为服务基本公共服务这一社会事务的法律制度,具有明显的社会治理法的特征。其涉及的法律责任以民事法律责任和行政法律责任为主,要注重民法、行政法、社会法等部门法之间的衔接,以处理好法律责任在认定、归结、承担等方面的程序性事务,避免法律失效。另外,因基本公共服务涉及政府、市场、社会组织、公民等多元主体,故应明晰各主体具体的法律责任,尤其是政府主体。应明确政府的权力边界,以法律条款的形式划分政府在均等化发展过程中所应承担的职责,同时要完善对政府责任监督的法律条款,使得政府的法律责任条款能够切实得到施行。在公共服务市场化改革的背景下,政府购买公共服务等政社合作的模式方兴未艾。故一方面要对政府责任进行明确,以避免可能出现的权钱交易等现象;另一方面,也要厘清政府的民事法律责任,以应对可能出现的合同纠纷等民事法律纠纷。

(二)健全城乡基本公共服务均等化的配套法律体系

城乡基本公共服务均等化的配套法律体系,主要包括三个方面:第一是财政转移支付的法律法规;第二是政府事权和财权划分的法律;第三是相关的地方立法。

转移支付对于城乡基本公共服务均等化的重要意义在之前已经有所论述,它需要有法律法规加以规制。党的十八届三中全会公报和中央政治局会议审议通过的《深化财税体制改革总体方案》,都对财政转移支付的规范化发展提出新的要求。国务院《关于改革和完善中央对地方转移支付制度的意见》,则为转移支付制度的进一步发展制定了具体方案。2018 年 12 月 29 日完成修正的《预算法》明确规定,"国家实行财政转移支付制度。财政转移支付应当规范、公平、公开,以推进地区间基本公共服务均等化为主要目标",为财政转移支付制度的立法完善提供了直接的法律依据。

鉴于目前国家发展对我国财政转移支付提出的法治化、规范化、专业化的需求,笔者认为可以通过制定行政法规的方式,如制定"政府间财政转移支付办法",来规制我国的财政转移支付制度,推动我国财政转移支付制度的改革。首先,要明确我国财政转移支付的具体类别,将我国的财政转移支付具体分为一般性转移支付、专项转移支付及共同财政事权转移支付三种类别,对每一类别转移支付的设立标准和审批程序加以明确规定,使其更加规范化。其次,要优化转移支付的结构,明确一般性转移支付为主、专项转移支付和共同财政事权转移支付为辅的原则,适当提高一般性转移支付与共同财政事权转移支付的比例,共同保障我国政府纵向和横向间的财力均衡以及各地区公共服务的均等化发展。最后,要加强对转移支付的监督管理,对转移支付有关的预算编制与审批、预算下达和安排使用等进行明确规定,[1]同时强调法律责任与监督主体,保障转移支付资金的落实与依法依规使用。

政府间的事权和财权划分,对于城乡基本公共服务均等化亦产生影响。有必要完善政府间事权和财权划分的法律法规,明确各级政府与政府各部门具体的权责划分。

第一,要明确政府在基本公共服务中的主导作用。一方面,根据中央财政事权、地方财政事权以及中央与地方共同财政事权三种情况,进一步明确基本公共服务领域中央与地方政府间的支出责任及承担方式。如全国性公共服务由中央财政直接负责,区域性公共服务主要由省级财政承担,合理界定各级政府间的公共支出责任。此外还要明确划分中央与地方共同财政事权中各级政府的支出责任,避免出现含混不清的状况。另一方面,政府要不断完善基本公共服务供给体系,使其发展能够与经济社会的发展水平相适应,从而满足城乡居民基本的生存和发展需要。

第二,优化地方政府内部事权和财权的划分,要逐步改善事权下沉而财权上移的局面,给予基层政府部分财政支持,完善区县基层政府的公共服务职能,使区县基层的公共服务项目服务不仅质量得到保障与提升,而且范围能够覆盖周边农村地区,从而提高农村居民所享受公共服务的质量。

---

[1] 参见杨磊:《我国财政转移支付制度立法改革研究》,载《公共财政研究》2019 年第 6 期。

第三,要完善公共服务均等化地方政府政绩评价体系。在相关立法中,应设计一套完备的公共服务提供水平及区域均等化保障方面的指标体系和评估体系,对于公共服务保障水平提高幅度大和均等化保障水平实现程度好的地区,可以设立相应的奖励制度,激励地方政府促进本地区公共服务均等化保障的实现。

第四,要发挥地方立法的补充作用。因各地区发展差异较大,而且公共服务涉及的范围广泛,基本公共服务均等化的标准并非一成不变,而是随着发展水平而有所变化。所以,中央统一立法确立的均等化内容和标准,并不是对于地方的限制,而是一种激励,帮助低水平地区尽快达到中央统一标准。首先,各地可以出于执行中央立法的需要,根据地方具体情况制定地方性法规,推行基本公共服务均等化。其次,也可以参考国家标准、行业标准、地方标准和企业标准四类标准,在中央立法中关于基本公共服务兜底性的均等化标准的基础上,因地制宜制定高于国家基础标准的地方标准,按程序报上级备案后执行,高出部分所需资金自行负担。此外对于某些国家标准尚未覆盖的公共服务事项,发达地区可结合实际情况制定地方标准,待具备条件后由中央制定国家基础标准。需注意的是,地方立法可以扩张范围和提高标准,但不得为地方保护主义张目,限制和打压外来人口获取本地基本公共服务,这是与上位法的立法精神相悖的。

二、加强城乡基本公共服务均等化法律的实施

“法律的生命不在于逻辑,而在于经验”。党的十八届四中全会公报亦指出,“法律的生命力在于实施,法律的权威也在于实施”。要切实加强城乡基本公共服务均等化的法律实施,服务于城乡基本公共服务均等化的实现。概括而言,在城乡基本公共服务均等化的推进过程中,政府应严格依法行政,各主体应加强执法监督。此外,还应完善救济制度,以应对公共服务建设过程中可能发生的矛盾纠纷。

(一)严格依法行政

在城乡基本公共服务均等化的推进过程中,政府扮演着一个主导者的角色,所以政府在其具体的行政执法过程中要带头守法,严格执法,切实做到依法行政,扮演好城乡基本公共服务均等化过程中的多重角色。

首先,作为基础教育、社会保障等部分类型基本公共服务的直接供给者,政府内部应明确责任分工,合理划分中央、省级、市县各级政府的主要职责,保障政府直接提供的公共服务能够适应社会发展形势,满足城乡居民的基本生存和发展需要。

其次,政府还是多元供给主体的监督者,我国的全面改革目前已经进入深

水区,基本公共服务领域也开始面向市场开放,进行市场化改革,以期形成更加多元的基本公共服务供给方式。但市场主体的趋利性与基本公共服务的公共性存在矛盾之处,如何在二者之间达成有效的平衡,既能通过市场化的改革促进基本公共服务领域的竞争,又能保证市场主体所提供的基本公共服务满足居民需求,就需要政府积极适应其在改革过程中的监管者角色,制定基本公共服务的准入标准与均等化标准,加强对基本公共服务供给过程中多元主体的监督与管理。

最后,政府还是基本公共服务供给中多元主体的培育者,要积极推进事业单位改革,在基本公共服务市场竞争中营造公平的市场环境,促进社会组织的成长和发育,发挥社会组织的独立监督和在基本公共服务供给中的补充作用。[1]

(二)加强执法监督

法律的有效实施离不开对具体执法过程的监督。公共服务监督体系的建设,是建设法治政府和服务型政府的客观要求。[2] 目前我国的基本公共服务监督体系尚不完备,所以要在完善城乡基本公共服务均等化法律体系的同时,对其监督体系也加以系统化,加强对其法律执行的监督。首先,在基本公共服务的决策中,决策部门要充分调查,积极借用便利的电子政务等手段拓宽民众参与民主决策的渠道与途径,促进决策更加民主化,使具体的建设项目能够真正满足城乡居民的公共服务需求。其次,在提供基本公共服务的过程中,政府主建的项目或者政社合作的项目要参照政务公开的要求,对有关信息主动公开公示,接受群众与社会的监督,压缩“权钱交易”的生存空间。对于在具体建设过程中的政府财政行为,例如财政预算与支出、财政转移支付等,还要严格控制流程,明确具体账目,接受上级部门与审计部门的监督。最后,对基本公共服务的结果进行监督。国家有关部门要结合相应的建设标准与均等化的具体标准,完善政府的政绩考核方式,转变政府唯生产总值论的考核方式,将基本公共服务与基本公共服务均等化的建设结果纳入考核范围,从而促进政府由发展型政府向服务型政府转型,提高政府内部对基本公共服务的重视。

总之,要将基本公共服务的决策、过程与结果全部纳入相应的监督体系,以完备的监督措施来促进城乡基本公共服务均等化法律的具体实施。

(三)完善救济制度

完善的救济方式是确保法律得到有效实施的必要条件。因城乡基本公共

---

〔1〕 参见蒋牧宸:《地方政府公共服务供给机制改革研究——基于公共治理的视角》,武汉大学2014年博士学位论文。

〔2〕 参见张凤凉、周颖:《公共服务监督法制化及其评价》,载《华南理工大学学报(社会科学版)》2016年第3期。

服务均等化涉及政府、市场、社会和公民等多方主体,故其救济方式也涵盖行政和司法等多种方式。首先是信访的方式。信访制度是极具中国特色的一种社会治理制度,是维护我国公民合法权益的重要制度补充。面对其具体建设过程中可能产生的多元主体之间的纠纷,尤其是在当前我国基本公共服务相关法律体系尚不完善的情况下,充分发挥信访制度纠纷解决机制替代功能、法律和政策协商功能、社会剩余事务兜底功能,[1]无疑是一种有效的救济方式。因此需要为城乡居民提供切实可行的救济,促进法律的具体实施。其次是行政复议的方式。政府是城乡基本公共服务均等化具体建设过程中的主导者,许多项目的建设都直接或间接地需要政府作出行政决定。而当具体的行政决定出现错误或者侵犯到公民的正当权益的时候,可通过行政复议的方式来纠正行政决定的错误之处和维护公民的正当权益。最后是诉讼的方式。为维护在公共服务项目建设过程中遇到侵害主体的权益,要做好诉讼和行政复议、信访等救济方式的有效衔接。通过构筑完善的救济体系,来维护公民的合法权益,促进基本公共服务均等化法律的实施。

---

〔1〕 参见陈柏峰:《信访制度的功能及其法治化改革》,载《中外法学》2016年第5期。

第三篇　地权法治保障篇

随着城镇化的进程推进，大量农业人口转为城市人口，土地权益问题也随之凸显。首先，城镇化建设给农业转移人口提供了大量的就业机会，许多农民不断涌入城市，并有相当一部分的农业转移人口在城市定居，而这部分人在农村仍有宅基地，存在农村宅基地大量闲置的情况。其次，在土地流转规模迅速增长的背景下，地方政府不断推动农业规模经营期望实现农业现代化的转型。但在农业规模经营的过程中，“资本下乡”的过程实质上侵害了农民的土地权益，对于村庄的原有秩序和治理模式也产生了影响。再次，随着城镇建设规划不断扩大，土地增值收益的分配成为影响社会治理与城乡发展的重要问题。地方政府与城郊农民的土地利益博弈成为常态化现象，“钉子户”“拆二代”情况越来越普遍。最后，地方政府为了增加城市建设用地指标，扩充土地财政收入，在农村推行“撤村并居”“村改社”“农民上楼”等政策，以腾出建设用地指标，实行城乡建设用地增减挂钩和占补平衡，满足城镇化建设的用地需求，这也导致农民土地权益受到损害。上述现象错综复杂地交织，产生了许多社会问题。

农村宅基地在我国建设用地中占比很大，面临诸多违法用地的乱象，诸如宅基地乱占乱建、“小产权房”问题、宅基地的私下交易、农民“被上楼”等。实践研究表明，不同宅基地面临的问题不同。根据土地财产属性的强弱及成因，村庄一般可分为农业型、市场导向型、政策导向型三种类型。一般农业型村庄人财物流失严重，村庄社会结构迅速解体，政府管理动力弱，集体权能虚化严重，农村宅基地利用走向放任自流。市场导向型村庄的土地逐渐剥离生产功能。一些村集体、农民受到经济利益的驱动，与开发商达成合谋，在宅基地上违法建立、出售“小产权房”，以之分享土地增值收益。政策导向型村庄同样容易出现农民土地权益被侵犯的情况。由于增减挂钩政策本身存在偏失，与农民多元化的诉求形成张力，且村级组织做动员工作中存在诸多不规范之处，未依法引导农民自愿退出，农民“被上楼”“被村改居”的问题凸显。

城镇化建设带来了巨大的土地增值收益，为个体与社会的发展提供了重要的资源。合理的土地收益分配秩序是以保障土地权利为核心，兼顾分配效果,实现公平与效率的分配秩序。土地增值收益分配法律制度模式是对土地增值收益分配制度根本特征的归纳和总结,是土地增值收益分配的核心内容所在,体现了土地增值收益的分配原则。根据涨价归公、涨价归私和公私兼顾三种不同的土地增值收益分配思想,我国土地增值收益分配的法律制度模式可以概括为三个主要类型,分别为国有模式、私有模式和公私兼顾模式。当前土地增值收益的分配塑造了一批土地"食利阶层",给社会的发展与平衡带来了负面影响。如何通过法治的方式塑造更加公平的土地增值收益分配制度,成为城镇化法治保障中的重要一环。

地方政府在"土地财政"约束下行为,容易屏蔽不同农民对土地的依赖程度,可能忽视不同农民的土地权益。一方面,地方政府通过"土地财政"的形式不断改善基础设施,发展城市房地产经济,吸引产业聚集,不断推进城镇化建设。另一方面,地方政府需要采取措施增加城市建设用地指标,以维持"土地财政"的正常运转。但资本下乡挤压了部分农民土地经营权益的增长空间,部分农民的土地权益没有得到充分保障。另外,地方政府推行农村宅基地复垦、撤村并点可能引发更多的治理问题。伴随征地拆迁活动,许多土地拆迁纠纷涌现,"土地食利阶层"诞生。如何在法律制度上回应城镇化进程中的土地权益以及分配好土地财政,是新型城镇化建设中不可回避的问题。

第十章　新型城镇化建设中的农村宅基地管理与利用

宅基地的管理与利用是城镇化进程中的一个核心组成部分，也是土地改革的重要领域。但当前，我国对宅基地的管理利用存在比较明显的问题，比如宅基地低效利用、“小产权房”、土地增值收益分配失衡、农民“被上楼”等，它们掣肘了城镇化建设的进程。因此，我们有必要研究当前宅基地管理制度的制度规定、现实运作，并在此基础上认识宅基地管理问题，分析其原因以针对新型城镇化建设提出解决方案。

当前，我国的农村宅基地管理制度主要由审批、使用、监管、退出制度构成。实践中，不同类型的村庄面临的宅基地管理问题也不尽相同。在对村庄进行类型化划分的基础上我们发现，一般农业型村庄的宅基地管理问题主要集中在宅基地的低效利用上；市场导向型村庄主要面临“小产权房”的交易买卖以及土地增值收益分配不均问题；政策导向型村庄需要应对土地增减挂钩政策异化，“农民被上楼”现象突出问题。而以上问题的核心都在于未能平衡好宅基地财产属性和社会保障属性，村集体自身的管理能力过弱，国家管理系统不堪重负等。因此，如何在面临不同社会状况和发展要求的村庄时，平衡好宅基地财产属性和社会保障属性的关系，恢复村集体的组织、动员、管理能力，促进城镇化飞速发展并保持社会稳定，是新型城镇化进程中农村宅基地管理制度的主要制度目标。借助法治力量，这一目标能够得到更好的实现。

第一节　新型城镇化进程中的农村宅基地管理制度

通过梳理与宅基地审批、使用、监管、退出相关的制度和规定，课题组发现，宅基地的管理是顶层设计与政策制定实施的重要环节，虽然宅基地制度变迁历经了一个复杂的过程，但总体而言，我国政策对宅基地使用权的享有、流转与退出进行了较为明确的规定，对于保障宅基地有效利用有着鲜明的立场。

一、宅基地审批制度

通过宅基地的审批制度是宅基地取得的主要方式。根据相关规定，宅基地审批的程序为:农民申请宅基地、乡(镇)政府审核、县政府批准,农村集体经济组织向申请宅基地的人无偿提供。如果涉及农用地,需依据法律规定办理农用地转用审批手续,该手续由省政府审批。中共中央办公厅、国务院办公厅《关于农村土地征收、集体经营性建设用地入市、宅基地制度改革试点工作的意见》指出对宅基地审批制度的改革,需要充分发挥村民自治组织的民主管理作用。为了对审批程序进行简化,减少审批环节、缩短审批期限,2018年第十三届全国人大常委会第七次会议上通过的《关于延长授权国务院在北京市大兴区等三十三个试点县(市、区)行政区域暂时调整实施有关法律规定期限的决定》中规定了将审批权限下放,存量建设用地使用的审批主体为乡(镇)政府,新增建设用地使用的审批主体为县级人民政府。一方面,在审批宅基地时,政府需要对申请者的用途进行审查,判断其使用是否符合规划。另一方面,由于集体土地归集体经济组织所有,在宅基地的分配与使用中集体也应发挥重要作用。[1]

宅基地的审批是分配宅基地的主要途径,根据现行法律规定,宅基地的审批带有一定的管制色彩。[2] 在总量平衡的要求下,宅基地的使用规模受到控制,例如控制指标、面积标准、“一户一宅”等政策;同时审批程序日趋严格,于改革开放之初确立的审批制度,最初的依据为规划用地需要,从向生产队申请到向村集体申请,从公社管理委员会批准到人民政府审批,逐渐严格的审批程序形成了对宅基地使用的约束,限制了宅基地使用的肆意性。

二、宅基地使用监管制度

宅基地具有特殊性,具体体现在它拥有复杂的权利结构。首先,宅基地所有权归集体。宅基地所有权的归属有深刻的历史沿革,它是集体化的产物,是在宅基地资源稀缺的情况下进行的福利性分配。村集体有权决定宅基地使用者,宅基地的申请需要经过集体组织决定。而宅基地的使用者具有集体成员身份,若缺乏集体成员资格,则无法申请宅基地。其次,集体成员对宅基地只有使用权。村民可以通过在土地上建造房屋和附属设施行使使用权。但集体成员的使用权受到限制,“一户一宅”政策限制了集体成员宅基地的拥有数量,宅基地的使用面积也不能超过总体上的土地规划;农民也不能肆意买卖宅基地。

基于宅基地的特殊性质,法律规定对于宅基地使用进行严格限制,例如不能超出土地总体规划,禁止私下流转、买卖宅基地等规定。但实践中,在宅基地使用权上出现了宅基地买卖、转让、一户多宅等乱象,甚至成为普遍趋势。比如在沿海发达地区,农民在自己的宅基地上盖成多层住宅进行出租;在中西部农

〔1〕 参见高圣平:《宅基地制度改革政策的演进与走向》,载《中国人民大学学报》2019年第1期。

〔2〕 参见高圣平:《农村宅基地制度:从管制、赋权到盘活》,载《农业经济问题》2019年第1期。

村,农民外出打工甚至在外有了稳定的收入来源与居住场所后仍然占有农村宅基地,即使宅基地废弃、闲置也不退出,使得宅基地利用效率低,也无法进行再次分配。[1]

针对这些现象,政府试图通过制度设计对宅基地实现更加严格的管理。首先,依托现有的管理人员,加强对宅基地的管理,通过土地管理人员在总体上对各乡镇各村庄进行宅基地管理。其次,将村集体纳入管理体制。由于村集体有权决定宅基地使用者,是宅基地实施监管的主要力量,将其吸纳进入宅基地监管体制内并有效发挥村集体的监管作用,可以有效提升监管效果。而根本意义上的管理,则需要对农民的宅基地观念进行更新。农民惯有的认知将宅基地视为自己的所有物,是自己的“资源”与财产,也是自己的“生存保障”。农民赋予了宅基地很高的期待,也使宅基地扩张出多重属性。这也是难以在实践中通过权利行使范围的界定、宅基地使用行为的约束实现宅基地管理目的的主要原因。

三、宅基地流转与退出制度

从现行制度来看,宅基地之间的流转是受限的,但全国各地根据自己的实际发展情况,对于宅基地是否可以流转表现出了不同的态度。上海、重庆等试点允许宅基地使用权之间的直接流转,但烟台、昆明等地则明确禁止宅基地流转。[2] 允许流转的方式也不尽相同,上海允许通过“置换”的方式进行流转,成都则是以“房屋联建、出租”方式进行宅基地的流转,而重庆宅基地流转的方式更加多样化,包括出租、转让、转租等。

根据2018年的中央一号文件,实施宅基地的“三权分置”制度以及在政策上适度放活宅基地流转,宅基地的流转加速将成为必然趋势。但仍需对流转方式与规则进行限制,避免在宅基地流转的过程中出现问题。即使中央提出对宅基地使用权之间的流转“放活”,但怎么放活、如何进行制度调试都将影响宅基地使用权流转的实践效果。从现实情况看来,同一集体内的成员之间相互流转宅基地的使用权并未在法律规定中受到严格限制,而农民若想将自己的宅基地转化成建设用地则要受到限制且要缴纳一定的收益金。社会资本注入农村宅基地,与农民共建共用,则是用租赁的方式而不改变宅基地使用权的主体。[3]

近年来,集体成员之外的人尤其是城镇人员购买农房的现象时有发生,但《民法典》《土地管理法》等都并未正面规定农民在宅基地上所建房屋是否可以流转。《土地管理法》第62条第5款规定若农民出售自己的住房,则不予批准

---

〔1〕 参见刘守英:《农村宅基地制度的特殊性与出路》,载《国家行政学院学报》2015年第3期。

〔2〕 参见黄忠:《城乡统一建设用地市场的构建:现状、模式与问题分析》,载《社会科学研究》2018年第2期。

〔3〕 参见陈小君:《宅基地使用权的制度困局与破解之维》,载《法学研究》2019年第3期。

宅基地的重新申请。在宅基地上建造房屋是行使宅基地使用权的体现，但因为出售房屋会造成宅基地使用权性质的改变，且宅基地是基于集体成员身份无偿获得的，所以，现行政策反对农民通过流转宅基地使用权的方式进行财富积累，避免宅基地的存量在村庄内部进行消耗。

针对不合理利用宅基地的现象，顶层建筑试图通过设定、推进“宅基地退出”制度来促进农村土地的节约利用。[1] 宅基地退出制度随着土地改革的深入而提出，随着宅基地属性的延展，即宅基地不仅承担生产生活功能，还产生了财产价值和生活保障价值，城乡经济发展，农村劳动力外流，改变了农民依托土地的生产生活方式，农民与土地之间的联系日趋松散，农村闲置了很多宅基地。政府鼓励农民有序退出宅基地，实施“增减挂钩”政策，将农民宅基地指标置换成建设用地指标，为农村宅基地实现财产价值提供了一定可能。

第二节　农村宅基地管理制度的运行现状与现存问题

从制度层面来看，国家以实现宅基地的保障功能、财产功能为目标来实行统一的宅基地管理；从实践层面来看，随着城镇化进程的不断推进，我国农村宅基地使用的实践形态愈发复杂，不同宅基地会被赋予不同的价值属性，这也导致了统一的土地管理制度安排、管理目标与当前宅基地的分化形态之间存在张力。因此，讨论农村宅基地管理的前提是必须对现今宅基地的复杂实践作出细致理解。我国宅基地的实践类型主要受到自然、政策、市场三个因素的交互影响，并据此形成一般农业型村庄、市场导向型村庄、政策导向型村庄三种类型，呈现出不同特征。

一、农村宅基地管理的制度运行现状

宅基地的使用、流转以及退出均会受到外部环境的影响。其中，自然因素会影响宅基地的基本使用形态，市场因素影响宅基地的变现能力，政策因素影响宅基地的退出情况。不同类型的村庄受到外部因素影响的程度也不尽相同，根据宅基地的财产属性可对村庄类型作基本划分：一般农业型村庄、市场导向型村庄、政策导向型村庄。

（一）影响农村宅基地价值的复杂要素

1. 自然因素影响宅基地的使用形态

地形、气候等自然因素的多年作用形成了宅基地的基本实践形态。这种类

---

[1] 参见黄健元、梁皓：《农村宅基地退出制度的源起、现实困境及路径选择》，载《青海社会科学》2017年第6期。

型宅基地实现的主要是土地的使用价值,产生使用价值的途径包含两方面,一方面来自宅基地本身,另一方面来自宅基地与耕地的互动。

首先,自然因素作用于宅基地本身。从总体来看,宅基地在农民的生活中会发挥生产、生活的使用功能。但在各地地形、气候等自然条件的差异下,宅基地的使用形态也会因地制宜,产生不同。例如,在陕西高原和关中平原地区的农村,主要以聚居的形式分布,形成了窑洞与庭院相结合的空间模式。窑洞是村民住房的基本建筑,约占宅基地面积的三分之一,剩余部分为庭院。窑洞中的布局简单,炕是主要部分,连通炉灶,炉灶既可以做饭,也用于烧炕。在当地农民的生活习惯中,炕集合了卧室、厨房和客厅等多种功能。庭院面积较大,主要用于饲养家禽、放置农机农具、堆放柴火、搭建厕所等。在当地,由于种植苹果,村民多在庭院中挖造地窖,用于储存苹果。[1] 在湖北丘陵和平原地区的农村,主要以堰塘式聚居的形式分布,形成了平房与庭院相结合的空间模式。靠近堰塘是为了获得足够的生产生活用水,农民在自己的住宅范围内养家畜、家禽,在堰塘养鱼,在房前或是屋后种菜、种树。园地里的菜和剩菜剩饭可以用来喂养家畜、家禽;猪粪鸡肥也可以用来肥田和菜园地。由此可见,农民对宅基地的认知首先建立在宅基地是否能满足其生活和生产需求基础的两个要点上,一是满足农民居住和生活空间的需求,这体现的是宅基地的生活性价值;二是满足农民生产的需求,通过庭院实现农副业的生产与发展,补充农民的家庭经济形式,这体现的是宅基地的生产性价值。

其次,自然因素作用于宅基地与耕地的互动关系。在农民的眼中,宅基地与耕地在性质上存在一致性,一定条件下可以通过替换来补足。当家里人口变少,建房需求变小时,农民为了保障家庭生产、生活,可以把宅基地复垦为耕地。在农民的观念中,宅基地也是耕地的一部分,宅基地和房屋是用来居住的,交易价值低,使用价值却很高,可以充分利用房前屋后的宅基地满足生产生活需求,实现低成本的自给自足。宅基地与耕地仅有的不同之处在于,其各自所满足的农民需求不同。宅基地所满足的是农民生活空间和生产便利的需求,耕地所满足的是农民的基本生产需求。在自然因素不断作用的过程中,宅基地与耕地可以根据家庭的实际需要进行调整。

2. 市场因素影响宅基地的变现能力

由于城镇化进程的不断推进,土地受到市场化经济的冲击越来越大,部分农村土地通过国家征收实现了土地增值,导致部分地方宅基地的基本实践形态被打破,宅基地变现能力发生分化。土地是位置不能移动、不可再生的资源,当前的农村实际上有两种完全不同的土地,一是转化为非农使用的建设用地,二

[1] 参见杜姣、郑晓园:《陕西关中香积寺村宅基地调查报告》。

是只能用于农业用途的农地。在国家进行土地管理的过程中,建设用地指标可以形成巨大的利益,这也致使土地非农用产生的极差收益远高于用于农业用途的农地。随着二、三产业的发展,城市需要更多的建设用地,若允许用于建设的土地少于需求,建设用地就能获得更多收益,若建设用地供给充分,土地极差收益就较少。当土地位置靠近二、三产业的发展区,该地的价值则高。因此,在经济发达的沿海地带或城市郊区由于建设用地紧缺会使得土地快速升值,例如沿海发达地区引发部分出嫁妇女土地权利的争论,她们之所以要回来争夺土地权利,就是因为土地权利能带来巨大收益。

对于沿海发达地区及城中、城郊的农民而言,他们虽然失去了用于农作的土地,却获得了巨大的收益与发展机会,这包括自己原有宅基地和住房的大幅升值,以及土地补偿费等。与此同时,二、三产业的发展吸引了大量外来人口,他们不仅要租住房屋,还为发展第三产业提供了机会,当地农民也借此获得诸多谋利可能。因此,这部分农民的经济水平较高,甚至远高于部分城市居民收入。

对于一般农业型地区的村庄而言,城市化、工业化发展水平仍旧不高,缺少土地非农用的需要,农民难以从土地上分享土地非农用所产生的收益。例如湖北沙洋的农民即便将土地使用权永久流转出去,其价格也只有 2000—3000 元/亩,贵州湄潭最多有 6000 元/亩。[1] 因此,这一类型地区的农民主要依靠外出打工收入,土地上的农业收入则更多作为一种基本生存保障。

3. 政策因素影响宅基地的腾退情况

在宅基地受到自然因素、市场因素的双重影响下,其财产属性日益凸显,于是越来越多的人认为应当开发并实现宅基地丰富的财产价值。在这种背景下,部分地方的宅基地受到政策因素的外力作用,原有实践形态发生变化,具体表现为多地实行“增减挂钩”政策所引发的宅基地腾退状况分化的现状。重庆、成都的地票制度、河南的宅基地复垦券都是具体的实践方法,也造成不少农民因此退出宅基地。增减挂钩政策指的是在特定区域内,以退出一定面积的宅基地换得同等面积的城市建设用地指标。退出的部分复垦为耕地,形成增减挂钩指标,这个指标成为城市新增建设用地指标,从而可以在城郊特定地块征收占用同等数量的农地。退出的宅基地面积与城市建设征收占用特定区块农地面积相等,就相当于在没有减少耕地面积的情况下将农村建设用地调整到城市近郊。因为城市近郊建设用地具有的区位优势市场价值远高于宅基地,这便产生一个认知:只要通过增减挂钩政策将农村建设用地置换成城市建设用地,就可

---

[1] 参见贺雪峰:《地权的逻辑:中国农村土地制度向何处去》,中国政法大学出版社 2010 年版,第 24-25 页。

以产生巨额土地增值收益,因此只要农民退出宅基地就可以获得收益,从而使得不少地方政府积极实施该政策。

出台增减挂钩政策的目标之一是要借相对偏紧的新增建设用地指标供给来保护土地资源。同时,这一政策又通过增减挂钩来促使农民退出宅基地,以减少农村建设用地,增加耕地面积。但实践中,地方政府不顾宅基地本身的性质,机械地将城市建设用地与农村建设用地等同,通过让农民退出宅基地并复垦为耕地来增加城市建设用地指标,以释放出巨大的土地收益,为城市筹措大量财政资金。其具体实践则包括重庆推行的地票制度,成都推行的土地制度改革,山东、河南、河北、江苏等地推动的“农民上楼”等相继实行的宅基地退出政策。

而没有政策的一般农业村庄,农民退出宅基地的情况并不多,甚至有很多地方还出现“一户多宅”的现象,也无人管理。在湖南永村,许多人常年外出打工,很多宅基地已经废弃,房屋坍塌,但当地的农民也没有退出。

(二)农村宅基地管理制度实践的类型划分

虽然当前农村宅基地均受到自然、市场、政策三种因素的影响,但不同村庄的宅基地受到三种因素的影响程度存在区别。在自然因素发挥主导作用的村庄中,宅基地仍旧保持其基本属性,但随着乡村人财物流失、空心化现象愈发严重,许多宅基地空置、房屋倒塌。在市场因素发挥主导作用的村庄中,农民通过征地获得土地增值收益。在政策因素发挥主导作用的村庄中,虽然宅基地本身不能直接参与市场,但在土地经济的压力下,地方政府常常以行政需要对农民宅基地进行强制规划,农民宅基地经过行政系统内部的“土地交换”被动退出。因此本书根据宅基地财产属性的形成原因将村庄分为一般农业型、市场导向型、政策导向型。

1. 一般农业型村庄

一般农业型村庄指的是土地价格由自然因素主导形成的传统农业型村庄,具体主要指分布在中西部等偏远地区的村庄。这类地区农村的宅基地,也是我国广大地区的宅基地普遍样态,并不具有实现“巨额财富”的客观条件。一般农业型村庄宅基地附着价值主要通过宅基地的基本功能转化,依附于耕地。其受市场交易的影响低微,也缺乏国家政策的推动变现。像这样的村庄并不在少数,例如湖南N县F镇永村,村庄位置偏远,山路崎岖,交通不便,常年多雨。村庄面积大,房屋分布散,大多分成几块沿着路口、溪边分布,但现在只剩很多荒废的老宅基地留在原址。湖南Y镇阳泉村,由于农民季节性回村,一年一次或者几次,疏于管理,当地审批手续简单,农户占地现象比较严重,造成一户多宅现象严重。

这类村庄的共同点是经济发展水平较低,受城市化、工业化影响较小,主要发展种植业、养殖业等,农民收入不多,但较为稳定。这些地方包括不少扶贫地区,有的农民早已迁出,但仍然保留老宅基地,有的农民在村乱占乱建,村庄“空心化”现象、宅基地浪费现象较为明显。

2. 市场导向型村庄

市场导向型村庄主要指的是土地受到市场化影响后升值的村庄,这主要包括城中村、城郊村,以及沿海发达地区的村庄。二、三产业的发展带来土地增值,土地的非农使用可以获得巨大的极差收益,因此形成高价土地。例如,湖北D市坝陵村,地处D城区沮河北岸的城郊地带,共8个村民小组,1227户,3810人。在村人口较多,主要从事种植业、养殖业、商业。许多农户将房子改成多间租屋,出租给外来打工者。还有苏南E镇新村。新村地处E镇北部城郊,距离城镇近,交通方便,经济发达。全村面积约4.8平方千米,共有12个村民小组,本村村民3021人。除此之外,本村还有外来人口约1700人。村民基本不再务农,当地以彩印印刷工业为特色。

这类村庄的共同点是城市化进展快,农民的非农化程度高,人口密度大,移民人数众多。由于土地紧缺,土地的价值很高,宅基地空置情况极少。首先,地理区位优势使周边的城市基础设施与工业园区快速建设,带来了大量就业机会,形成人口聚集;其次,村镇建设与公共服务设施的配套满足人性化、功能化的需求,形成较强的居住吸引;最后,为了控制城市发展所带来的征地冲突和拆迁成本,使农民对征地预期不断提高、对土地经济价值的认知不断强化。加之村庄建设用地紧张与需求之间的客观张力,最终形塑土地交易中不断高涨的土地价格。正是因为土地的财产属性极为凸显,农民、村集体、地方政府、开发商等多方主体将宅基地看作一种资源,并展开一场关于利益争夺的博弈,这场博弈带来了宅基地的私下交易、“小产权房”等大量违法用地的乱象。

3. 政策导向型村庄

政策导向型村庄是由于国家政策的运作而使本无财产价值的宅基地大大升值的村庄,例如实施“增减挂钩”政策的村庄。它们主要通过有偿退出的方式进行,即依据土地利用总体规划和挂钩规划,对低效利用的农村建设用地实施退出复垦,对农村居民点重新布局规划、集中还建,将节约出来的建设用地指标调剂到城镇使用。胡村就是这类村庄的一个缩影。

胡村属于江苏省P县X镇,是当地的远郊村,距离县城15千米,位置偏僻、交通不便。全村宅基地850宗,占地面积1600亩,其他建设用地面积420亩,村庄闲置房屋大概28宗,闲置宅基地大概69宗。江苏省1995年进行农地调整,并推行“宅田合一”政策进行村镇规划,“宅田合一”即宅基地与自留地(或者耕地)挂钩占补平衡。胡村在2004年已停止宅基地审批,于2006年建设胡村新村集中居住点1、2期工程,2008年完工,已有603户入住。[1] 再如,江苏省F县C镇的裴庙村,裴庙村距乡镇6公里,属于远郊,现有村民578户2252人,村民主要经济收入来源包括种地和打工。2018年裴庙村开展新农村建设,下辖小郭村、郭庙村以及朴村三个自然村被拆迁,106户村民搬迁至农村集中居住点,拆迁面积215亩,集中居住点占地27亩,节约土地188亩。[2]

这类村庄的共同点是一直承续传统的农业生产,相对分散、土地利用低效。由于城市化发展,大量人口向外流出,宅基地呈现周期性闲置状态。不少地方政府为了达成获得土地指标、促进新农村建设的双重目标,对这些土地进行整理,并引导村民对闲置土地进行补贴收回。政策导向型村庄最大的特点在于该地区宅基地所形成的财产价值并非由土地自动参与市场交易获得,而是经过地方政府运作形成。其财产价值的建立基础包括两点:第一,宅基地要处于项目区,退出才有价值,这就限制了项目区外的宅基地价值,并不是宅基地退出就会值钱。第二,宅基地的价值并不是经过市场化运作,而是利用当前的土地用途管制及偏紧的建设用地供给政策造成城市建设用地稀缺,通过行政性规定带来农村宅基地的指标价值。如此一来,若是没有"增减挂钩"项目,偏远或不发达地区农民的宅基地就几乎没有价值;实行"增减挂钩"项目之后,政策人为地规定宅基地的价值,且大多数时候其高于自由市场交易的价格,才形成现在"房屋不值钱,宅基地反而值钱"的局面。

简言之,宅基地本身并没有产生财富,这一类宅基地是通过复杂的制度设计将其他地方的资源转移到了农村。由于农业型村庄的农民已产生分化,对宅基地存在不同的诉求,而不少地方政府为了获得土地指标所带来的经济收益采取了许多激进措施,两者之间产生的张力则会引发农民"被上楼"等非自愿退出宅基地的问题。

二、一般农业型村庄宅基地管理中存在的问题

在一般农业型村庄的宅基地管理中,存在房屋乱建、违建、一户多宅等宅基地现象,在土地的使用、流转、退出环节往往会发生宅基地低效利用等问题。而这些问题多是由我国在一般农业型村庄中难以对宅基地利用乱象实现有效的土地行政管理,农村空心化严重、村庄社会结构迅速解体,村集体对宅基地管理的能力减弱,以及传统地权观念与新地权制度存在张力等因素造成的。

在一般农业型村庄的宅基地管理中,存在乱建、违建、一户多宅等房屋问题。在一些偏远的中西部农村,大部分人外出务工,房屋闲置与村民违建的情

---

〔1〕 参见魏程琳:《江苏沛县农民集中居住的两种模式比较——徐州沛县宅基地调研报告》。

〔2〕 参见周欣:《民主协商能力的形成基础及其边界——裴庙村调研报告》。

况并行。有数据反映,从1997年到2008年的10年间,农村人口减少约14%的同时,农村用地增长约4%。[1] 在湖南衡阳的一些村庄,一方面,宅基地审批宽松导致宅基地新增数量居高不下;另一方面,对于旧宅基地放任不管导致宅基地闲置数量随之逐年增加。湖北省襄州区城建部门工作人员也曾提及“骑路建房”现象,即农村建设产生向公路沿线迁移的普遍趋势,不少地区的省道、国道两旁都建满房屋,占用耕地建房、挤占道路建房、围墙圈层等现象层出不穷。

“人减地增”现象的背后深刻反映了宅基地的低效利用问题。宅基地的低效利用主要包括两种情形:第一种多发生于农民的宅基地使用、流转环节,在这一环节中最突出的是一户多宅和宅基地面积超标问题。一户多宅现象的来源包括集体成员内部购买或赠与的宅基地、继承所得宅基地、弃旧建新三大类。近年来,国家为了落实耕地保护政策、加强建设用地指标管控,很多农村已不再向农民划分宅基地。从部分调研数据来看,桂华等人曾在3省16个村的宅基地调研中发现只有递午村、荆马村等4个村仍能批地,其他村不能划分宅基地的主要原因是“无地可批”,农民向本村村民购买、继承、自行占用土地的情况越来越多。不少农民弃旧建新的主要原因是原有的宅基地逐渐失去使用价值,农民只好从偏远的村内向村口附近搬迁、山上的向山脚搬迁,在客观上形成一户多宅的局面。而宅基地面积超标现象则一般在偏远的村庄,造成该种现象的主要原因是过去实践中遗留的历史问题。由于宅基地制度中面积并没有全国统一标准,由各地根据实际情况划分,而农民对宅基地并无明确概念,这就为政策执行留下空间。例如在沙洋地区,村民认为宅基地的面积不仅是指房屋的占地面积和建筑面积,还包括附属房屋、苗圃、堰塘等。另一是村民主动原因,例如为了扩建而私自多建、多占造成的宅基地超标。

第二种主要发生于务工农民迁入城市后的宅基地退出环节。由于一些农民已外出打工多年,在城市买房定居,但其户口并未迁出,因此在村中的宅基地也并未退出,从而使得宅基地长期闲置。随着城镇化的发展,村里地多人少的现状使得不少在村人占用宅基地的现象也十分常见,最终就会导致“空心村”现象与“人减地增”现象的并存。

三、市场导向型村庄宅基地管理中存在的问题

对于市场导向型村庄而言,土地财产属性增强,农民对宅基地的要求相应提高,宅基地的利用、管理方式也随之发生很大的变化。具体而言,市场导向型村庄在宅基地管理中的主要问题就是“小产权房”问题和利益主体聚集与土地增值收益分配失衡问题。

---

[1] 参见王旭东:《中国农村宅基地制度研究》,中国建筑工业出版社2011年版,第125页。

首先是“小产权房”问题。随着城镇化、工业化的快速发展，在国家保持偏紧的土地供给政策的背景之下，经济发达地区以及城郊、城中地区的土地升值，这些地方的农村同样也因区位优势享受了城镇化发展带来的福利。另一方面，伴随大量劳动力转移到城市，城市房屋市场供不应求。这时，城中、城郊的农村因基础设施较为完善、集体土地的福利性质可以低成本开发房产，“小产权房”应运而生。

“小产权房”现象的实质是土地增值收益分配失衡的问题。具体而言，目前部分农民分享到的土地增值收益过多，与土地制度所坚持的“涨价归公”之间形成张力。土地增值收益指的是农业用地转为建设用地并进行相应开发后，达到建设用地的利用条件从而产生增值，在法律上表现为土地发展权。[1]“涨价归公”是中国土地制度的一大特点，国家垄断城市建设用地一级市场，放开土地使用权二级市场。国家按被征收土地原有用途给农民补偿，按城市建设用地价值向市场供地，农地非农用形成的增值收益归国家所有。

其次是利益主体聚焦与土地增值收益分配失衡，部分农民过度分享土地利益形成利益主体聚集，同时也导致土地增值收益分配严重失衡。面对土地升值，农民一般有两种做法：第一种是通过土地征收的方式交出宅基地，并依法获得一定数额的土地补偿金、青苗费、过渡安置费等。第二种便是通过法律或政策的漏洞，与其他农民、当地开发商等合谋建立小产权房，进行出租或出售，出租或出售对象包括涌入城市的打工者、部分城市居民，形成地租收益。这类农民把宅基地看成一种资源，并试图用“以房生钱”来实现宅基地的财产价值，“小产权房”的产生、交易极有可能制造一个新的“土地食利阶层”。沿海发达地区，城中、城郊地区，处在城市经济辐射圈之内，宅基地具有超出自住的使用价值，“小产权房”获得政策制造出来的增值收益，这一部分农民也凭此成为土地食利者，在城镇化的进程中就会构造出一个独特的三元结构：土地食利集团、市民和农民。[2]

四、政策导向型村庄宅基地管理中存在的问题

国家实施“增减挂钩”政策是希望通过土地指标市场化，打通城乡建设用地市场，以政府财政的再分配使远郊村庄获得宅基地复垦收益，来实现促进城乡协调发展、提高农民生活水平的目标。但许多政策导向型村庄过度追求土地指标产生了农民“被上楼”问题，违背了农民意愿，加重了政府负担，改变了经济、生活形态，增加了治理风险。同时，农民“被上楼”还会延伸出宅基地非自愿退

---

〔1〕 参见陈柏峰：《土地发展权的理论基础与制度前景》，载《法学研究》2012 年第 4 期。

〔2〕 参见贺雪峰：《地权的逻辑》，东方出版社 2014 年版，第 69 页。

出问题,“被上楼”本质上反映了农民非自愿退出宅基地。

近年来,不少地方为了得到更多的城市建设用地指标,将农村宅基地腾退与城市用地增减平衡作为宅基地制度的变迁方向。这些地方打着新农村建设、城镇化等旗号,强制性地让农民搬出平房,上楼居住。在经济利益的驱动之下,当地政府不切实际地搞“一刀切”管理,最终将“增减挂钩”政策实践为一种激进式的土地管理模式。

第三节 农村宅基地管理制度所面临问题的成因

一、一般农业型村庄宅基地管理所面临问题的成因

一般农业型村庄之所以会产生宅基地低效利用问题,存在以下几个原因:

首先,土地行政管理难以回应现实需求。随着宅基地管理不断纳入法治化轨道,现有的违建现象主要依靠国土部门进行技术治理与土地执法,但实践效果甚微。从技术治理的层面来看,通过实行土地用途管制与借助航拍执法,虽然加强了垂直部门对基层管理的有效监控,减少了科层体制内部信息不对称问题,但通过图像只能对违建现象进行发现与定位,进行事后管理,无法从源头控制农民的占地行为,从而进行有效的治理。

从国土部门执法的层面来看,国土部门没有强制执法权,大多数情况下只能对农民先行制止并劝说,如若农民固执己见继续违法建房,执法人员只能通过向法院起诉、由法院进行审理、判决,最后向法院申请执行。此过程耗时较长,最终往往违建行为已完成但程序尚未走完。而且,运用司法途径成本较高,难以有针对性地回应一般农业型村庄“点多面广”的违建问题。一般农业型村庄的分散性使运动式执法难以实现。

其次,村级组织管理能力衰弱。宅基地管理服务于村庄建设与发展,显然村级组织在宅基地管理中的作用尤为重要。虽然宅基地归村集体所有,由政府计划配置,但农村与农民的分化使不同农民有不同的宅基地诉求,政府计划与农民诉求之间并未对接。因此,政府的不少规划与村庄实际状况不符,一些村庄不断增批,对旧址放任不管;一些村庄多年未分配宅基地,迫使农民私建房屋,村级组织对于宅基地的管理大多处于虚化状态。以湖北乐山村为例,20世纪80年代乐山曾规划过集中居住区,但基础设施不好、交通不畅,村民没有在规划区建房。当地土地不平整,不利于集中规划,且若集中居住不利于土地耕种。人地关系宽松,部分村民外流,部分村民大量开荒,农民与村委都没有管理土地的积极性。分田到户以后土地无法进行调整,村干部也不能站在村庄规划的角度为村民分配宅基地。

但如果村级组织能够基于对村庄的了解，让农民在符合自己的居住习惯和生产生活用途的基础上进行村庄建设，那么实践效果就会好很多。襄阳市下涂村，经过自主规划和集中居住，不仅形成了两处集中居住点，而且将宅基地复垦为耕地1000余亩。在村组织的强力规制下，下涂村在2005—2010年完成第一个居民点的二批200户建设；2013年1—7组和10组居民全部搬迁至集中居住点，成为一个小型社区。8组和9组坐落于村庄偏远处，2010年以前无法实施集中居住。下涂村在村组织的带领下，实施统规自建模式，并于2013年年底完成主体建设。村组织发挥了管理积极性，以较低的管理成本实现村民复杂诉求与村庄整体规划的良好对接。不仅分批完成集中居住，同时提高了土地利用效率。相比之下，若无村组织的统筹规划，宅基地管理极易处于瘫痪状态，上述两个案例即为明显对比。

最后，传统地权观念与新地权制度存在张力。偏远村庄的农民大部分对土地保留着传统认知，他们的土地观念相对保守，缺乏节约用地的意识，这让他们认为宁愿“空着”也要“占着”。在传统地权观念中，“祖宅观”占据一席之地。例如在苏北F县康庄村、王庄村等，河南G县王寨村，湖北D市坝陵村调研时，我们发现农民有着浓厚的祖宅观。他们将祖宅视为自己的根基，即使搬进城市生活，老宅基仍旧是自己家的产业，不可以被占用，更不能退出。甚至有村民将宅基地看作一种固有的血缘地缘符号。

农民对于国家政策保留着自己固有的认知。在正式制度层面，宅基地无偿取得、无期限使用的规定早已深入人心。农民深知宅基地是国家通过政策安排给予自己的福利，因此长久占有宅基地合法、合理，这种认识降低了宅基地取得和保有成本，使农户们即使空置、废弃也不愿意退出宅基地。与此同时，“一户一宅、面积限定”的规定与宅基地可在集体内部买卖、继承的规定相矛盾，通过强制手段收回宅基地的行动受到制约。

偏远村庄的农民，不像城中村、城郊村抑或“增减挂钩”村一样可以实现宅基地等资产资本化的经济诉求，农民对于自己宅基地的价值心知肚明，偏远村庄的土地财产属性极弱，农民知道它们不值钱。但城镇化进程使征地工程愈演愈烈、“增减挂钩”、新农村建设以及惠农政策的影响提高了农民的期待，希望“本不值钱”的宅基地随着城市发展与规划变成一个“金饽饽”。这种心理预期使农民即使到城镇居住也不会出售房屋，留待以后的惠农政策实施、对土地进行征收时实现宅基地的财产价值。

除以上三个主要原因之外，农民还可能有很多其他考量。比如“面子竞争”、炫耀财富，或者相信风水之说，一旦家里出现不可思议之事就归因于宅基地所处位置，从而搬至其他空地建房，抑或在宅基地放置杂物，这些原因同样会导致宅基地低效利用的规模不断扩大。

二、市场导向型村庄宅基地管理所面临问题的成因

市场导向型村庄宅基地管理所面临问题的主要成因在于土地财产属性增强,农民对于宅基地的预期不仅包括生活保障的预期,还有获利的预期;原有村庄集体管理结构进一步瓦解,对宅基地的管理能力式微,而现代性、市场性制度并未完全建立。

市场导向型村庄的农民过度分享了土地利益,这部分住在城郊的农民与一般农业型村庄的农民有了明显的差别。这里的农民虽然仍是“农民”身份,但脱离务农生活良久,逐渐适应了城市发展,他们更渴望实现宅基地的财产性价值,通过这种方式分享城市发展带来的收益。宅基地的财产属性较强,农民对土地的经济诉求不断扩张,衍生出宅基地利用逻辑的区别。把土地当成资源,倍加珍惜,并通过机会主义的方式获得土地收益。市场导向型村庄的村民对土地的需求溢出生产生活之外,产生“逐利”动机,并在互相攀比的环境中愈演愈烈。“小产权房”体现出每个人都试图扩大自己的利润空间,但空间有限,个人不断开发的行为互相挤压了彼此的生存空间。

村级组织在宅基地管理中起到的作用愈发微弱,甚至有些村级组织违法参与“小产权房”的开发与经营,与村民形成共谋关系。例如在深圳的沙井、横岗、南湾地区,2003 年深圳因实行农村城市化将全部土地收归国有,为了发展集体经济,深圳给原来的村委、村小组预留了一部分土地,但之后他们将这些存留土地开发建设成大型住宅小区。在北京通州区 S 镇小堡村,村集体将村辖区内的土地集约起来,通过村委会自己注册的开发公司进行建设,一部分村民自住,一部分出售。[1] 在村级组织参与的这些项目中,村集体迅速达成一致,具有无可比拟的组织优势,村干部们运用熟人社会中的关系网络,快速、高效地做村民的思想工作,进而促使全村达成统一认识、进行统一行动。村集体进行高效动员,同时利用信息不对称的特点,有选择地“截留”一些关于“小产权房”的负面信息,对“小产权房”能够带来的收益进行重点强调,甚至还给予某些物质承诺,以煽动性话语、行动鼓励村民积极参与开发“小产权房”。基于共同的利益将不同参与主体聚集进行土地增值收益分配。村级组织的参与、合谋使宅基地的财产属性不断增强,随之而来的是农民的产权观念得以塑造,问题积重难返。

此外,各级政府的利益目标存在张力。基层政府的核心目标是促进当地经济发展、加快城镇建设、提高人民生活水平。由于预算有限,基层政府会通过各种方式增加收入来源。在此背景下的“小产权房”缓解了乡镇发展的资金压力,基层政府通过建设“小产权房”获得直接利益,因此支持“小产权房”的开

---

〔1〕 参见天则经济研究所课题组:《中国“小产权房”问题与对策研究报告》。

发。同时,"小产权房"开发建成,使农民获利的同时聚集了周边人口,进一步推动乡镇整体经济发展。因此,基层政府并不阻止和打压"小产权房"的出现。但由于"小产权房"并未经过招、拍、挂程序,缺乏产权证,截留了地方政府可以获得的巨额土地财政,从而引起各级政府强烈抵制"小产权房"。

由此可见,在市场导向型村庄中,宅基地管理产生的问题根本上是由于"土地的财产属性增强"。将宅基地转化为可资利用的资源,并由此产生争夺与博弈。

三、政策导向型村庄宅基地管理所面临问题的成因

农民"被上楼"现象产生的原因,在于政策的刚性无法适配农民多样的生活诉求、科层组织下"增减挂钩"制度异化、村级组织和熟人关系的消解,无法有效动员村民。

面对"撤村并居、农民上楼",不同的农民想法不一,形成政策的刚性无法适配农民多样生活诉求的问题。有的村民希望"拆迁上楼",这样一套房子可以置换几套,解决了子女结婚的新房问题,也可以将房屋出租赚取租金。对于那些早早辍学外出打工的农民而言,他们不像父母一样掌握务农技巧,也习惯在外的生活方式,能够"上楼"可以满足他们的生活需求。但大部分农民不愿意"上楼",如老人难以改变自己的生活习惯,不适应楼房的居住格局,对"上楼"表现出抵触情绪。

但为了实现政策预期目的,需要统一、刚性的执行政策。地方发展的建设用地指标本身就已受到严格控制,不能超出上级所分配的实际指标。与此同时,地方政府为了地方经济的发展,建立了城乡建设用地指标交易市场。许多地方政府将宅基地看作一种资源,以建设新农村的名义搞"农民上楼、集中居住"。其中,撤村并居的目的在于:一是农民集中居住能够实现宅基地的有效利用,从而节约土地,增加耕地;二是将减少的农村建设用地置换为城市建设用地指标,从而增加城市建设用地的指标供给。为了不使政策执行效果折损,部分地方政府采取"一刀切"的管理方式,这使不想"上楼"的农民也必须"上楼"。

在此背景之下,政策执行带来了诸多负面效应。第一,新村建设的拆迁补偿不够村民重新买房。在苏北裴村,第一批新农村项目的安置房分为楼房和老人房,价格为 898 元/平方米,老人房面积为 62 平方米,总价约 5 万元。楼房面积包括 137 平方米和 173 平方米两种,总价分别约为 13 万元和 15 万元。拆迁补偿费由专业的拆迁公司评估,折算下来拆迁补偿费约 11.8 万元,尚不足以购买安置房,而装修费又是另一笔开支。第二,高楼安置房无法满足农户对土地使用价值的需求。原本的自建房不仅能用于居住,还用来满足生产生活需求,而公寓式的安置房只能满足基本的居住条件,楼房与农业生产的形态无法

适配,更无法像以前一样利用庭院等空间满足小农生计。第三,搬新居无法满足村民对宅基地保障价值的需求。对于城镇化进程的居民而言,宅基地是支持其城镇化的后方力量,此时的宅基地发挥的是生存保障功能。在现行土地政策下,农民失去了向农村回流的“迁徙自由”,也失去了降低城镇化成本的兜底保障。

“增减挂钩”政策没有服务于人口城市化的目标以及相匹配的保障制度,形成科层体制下“增减挂钩”政策执行偏差。“增减挂钩”原本是为了缓和城市建设用地指标短缺现象,通过退出并复垦部分农村的闲置宅基地,来控制建设用地规模、同时保护耕地,实现整体用地平衡,其实质是在建设用地总量保持不变的前提下进行土地结构调整。但实践中,“增减挂钩”政策为地方政府搞土地开发提供了名义与便利,却并未考虑外出务工农民群体的生存保障权。[1] 对于被动城镇化的本地城郊农民而言,现行政策给予了他们丰厚的优惠;对于本地的非郊区农民而言,城乡建设用地“增减挂钩”的对象仅指宅基地,并不包括农民本身,“农民上楼”失去了宅基地长期使用的居住福利,农民又不具有在城镇落户的资格,这为他们将来的生活带来了一定的社会保障风险。

农村建设用地指标移动到城市可以进行房地产开发,很多政府和开发商用尽一切手段让农民撤村并居,甚至“威逼利诱”,而农民的复杂现实需求不在政府的首要考虑范围。[2] 有的县乡为了政绩,盲目规划,将建设指标规划在城郊附近,而基本农田指标放在偏远农村,造成了政府与农民之间的激烈冲突。由政府主导的建设规划模式因规划编制和实施成本较高,并且倾向于建设高层住宅提高容积率,这不仅加大了普通农民的经济负担,也使过度集中的居住状态带来新的问题。

而村级组织和熟人关系的消解,导致村级组织现在无法有效动员村民。在农民“被上楼”的过程中,村级组织为了获得上级政府更多的资金倾斜,成为上级政府青睐的“示范点”,“积极主动”地展开拆迁动员工作。但这个过程中存在很多不规范之处。以胡村为例,胡村的集中居住项目分为两期,第一期规划6排,每排8户,联排式2层楼建筑,这种规划符合农民的居住习惯,相对而言,能够较容易地开展动员工作。但对地方政府的建设用地指标增加、地方官员的形象政绩、地方新农村建设点的打造并不一定有利。村集体为了获得政府资金,做了大量前期工作,最后由县委书记亲自给各部门下派任务。新村的电网设施、道路硬化、花木绿化等基础设施工程由县政府牵头、各部门配合完成。为了继续获得上级政府的资金支持,胡村开始筹措规划第二期工程。布局变成南

〔1〕 参见华生:《城市化转型与土地陷阱》,东方出版社2013年版,第148-149页。

〔2〕 参见贺雪峰:《城市化的中国道路》,东方出版社2014年版,第86-87页。

边靠近惠宅子自然村的几排是别墅(独院),随后东侧是复式楼(1+3 模式),西侧是6层的居民楼。这种集中居住模式是为了节约用地、腾出指标、投资方获利,但动员工作极其难做。于是胡村开始了一系列拆迁工作,先将村民分为四类:支持者、观望者、钉子户、贫困户。针对持不同态度的村民,村委采用不同的方式。为了让所有村民"上楼",胡村村委想了很多办法:第一,在村民建房时与村民签订"迁入新居必须拆除旧房、复垦旧宅基地"的协议;第二,给予各种补贴费用;第三,由先建后拆变为先拆后建;第四,对于不拆的农民采取强硬手段。面对拆建的庞大工程,村组织并不能发挥有效的动员能力,让村民自发"上楼",而是采取各种迂回手段,与村民周旋方能实现目的。

通过对一般农业型村庄、市场导向型村庄、政策导向型村庄宅基地管理的分析,我们发现不同村庄的管理问题存在各自的原因。一般农业型村庄,宅基地财产价值低,地价浮动小。随着城市化、工业化的发展,农村的人财物大量流失,政府缺乏行政监管动力的同时集体权能虚化严重,农村宅基地利用走向"放任自流",宅基地闲置、乱占乱建的现象日益增多。市场导向型村庄,宅基地经济价值提升,农民对宅基地具有更多的经济层面预期,在利益驱使下,农民、村集体、开发商合谋,通过"小产权房"的形式过度分享土地利益。各种历史遗留因素、利益关系的牵扯、地方政府的消极管理等都使宅基地管理陷入危机,土地增值收益分配失衡又产生了诸多不利的社会影响。而在政策导向型村庄,政策执行的刚性无法与村民多样的诉求对接、增减挂钩政策的执行偏差、村级组织缺乏有效的动员能力带来农民"被上楼"问题,使得原有村庄秩序下的宅基地利用形态被打破。

打破一般村庄中宅基地原有的利用形态,在一般农业型村庄表现为土地的低效利用,它一方面浪费了土地资源,宅基地与耕地的比重逐渐失衡,也增加了村庄的整治难度。宅基地的低效利用增加了某些风险产生的可能性,例如许多废弃的老宅基多年不住人,受天气、地理环境以及房屋结构、房屋材质的影响,容易发生火灾、坍塌等事故。另一方面,人们的居住环境被恶化,基础设施建设难以更新,尤其是在山地、丘陵较多的村庄,基础设施配置匮乏,也容易带来宅基地权属纠纷。

打破一般村庄中宅基地原有的利用形态,在市场导向型村庄表现为土地增值收益分配失衡,由此带来的结果是土地使用效率降低、形成宅基地私下交易、产生"土地食利阶层"。而在政策导向型村庄,打破一般村庄中宅基地原有的利用形态产生了农民"被上楼"、非自愿退出的问题,改变了宅基地的价值属性和利用形态。在原有的村庄里,宅基地的利用形态与使用价值相一致,满足农民农业生产和生活需求,而在"撤村并居"的实践中,为了实现宅基地的财产价值,开发商在最低成本核算下最大化开发宅基地的利用效率,却忽视了农民农业生产的需要,可循环“庭院式”宅基地利用形态被打破。此外,对宅基地利用形态的改变,打散了原有的“熟人社会”,农民的生产生活方式发生巨大变化,消解了熟人关系,不利于基层动员工作、纠纷调解工作的展开,加大了社会治理成本,同时也加大了政府的财政负担。

虽然不同类型的村庄面临不同的宅基地问题,但它们存在如下共性,这也是当前宅基地管理制度存在的根本性问题。在当前城镇化进程加快导致社会剧烈变动的背景下,无法平衡宅基地财产属性和生活保障属性将是宅基地管理的主要制约因素。从宅基地相关制度的变迁过程来看,宅基地管理制度的总体趋势是强化管制、确保宅基地的基本功能,虽经过多次补充和调整,[1]但均体现了稳定宅基地的居住保障功能。以前宅基地所有权和使用权分离,1998 年《土地管理法》修订时,明确规定宅基地使用权的主体为本集体成员,对宅基地使用权的身份属性进行了多项规定,这是为了实现宅基地所负载的居住保障价值。尽管之后不少农民随着城市化、工业化的潮流进城务工,在城市定居买房,但农村宅基地仍起着居住保障作用,当前的宅基地制度改革试点主要任务也凸显了对居住保障功能的强调:一是完善宅基地配给方式,维护农民的基本居住权益。通过实行“一户一宅”、相对集中统建、多户联建等方式实现农民户有所居。二是加强宅基地监管,针对历史遗留问题、监管力量薄弱等造成的超标占用和一户多宅现象,实施有效的执法监管机制。三是探索宅基地退出方式,对存量宅基地实行有偿退出,对增量宅基地实行集约利用。随着市场经济的不断发展和国家治理体系的逐步完善,宅基地制度改革的重心移向宅基地的财产功能。在农民房屋所有权受到承认、保护的前提下,宅基地使用权的制度安排须将农民的财产性权利考虑在内。《关于实施乡村振兴战略的意见》(2018 年中央一号文件)提出,完善农民闲置宅基地和闲置农房政策,探索宅基地所有权、资格权、使用权“三权分置”。一方面,资格权体现了宅基地的身份属性,肯定并坚持宅基地的保障功能;另一方面,使用权体现了宅基地的财产属性,强调了宅基地在市场上的功能与定位。若能“盘活”宅基地使用权,既能增加农民的财产性收入,又能充分利用闲置宅基地,还能为非本集体成员和城镇居民利用宅基地提供可靠的制度支持。[2] 但当前各种类型的村庄,宅基地管理问题的通病在于并未协调好宅基地的财产属性和生活保障属性,难免面临顾此失彼的困境,因此未能有效地对宅基地进行利用。

村庄内部自发的、内生的、集体性的力量与监管机制过弱乃至失效也是三种类型村庄宅基地管理不力的重要原因。村组织扎根于基层社会,了解各个村

---

〔1〕 参见董祚继:《“三权分置”——农村宅基地制度的重大创新》,载《中国土地》2018 年第 3 期。
〔2〕 参见宋志红:《宅基地“三权分置”的法律内涵和制度设计》,载《法学评论》2018 年第 4 期。

庄的特性与风土人情，本该发挥强大的动员力量。但村庄熟人社会的性质趋于瓦解，村组织或共谋参与对宅基地的趋利性改造，或无法动员村庄力量，使宅基地管理制度的运行不畅，难以发挥预期效果。

因此，对宅基地管理的法治化保障，离不开对不同类型村庄问题的宏观把握与具体调整。应该注重将宅基地的财产属性与生活保障属性结合，并竭力发挥村庄内生力量的凝聚力、动员力，以便更好地将宅基地管理制度落于实处，并在最大限度发挥土地价值的同时取得良好的社会效果。

第四节　农村宅基地管理的法治保障

通过对上述三类宅基地管理实践的分析，可以发现不同类型宅基地面临的问题各异，因此需要分类管理，对症下药。总体而言，国家需要用法治手段平衡宅基地的财产属性与生活保障属性。对于一般农业型村庄来说，管理的重点是提高宅基地资源利用效率；对于市场导向型村庄来说，管理的重点是依法合理分配土地增值收益；对于政策导向型村庄来说，管理的重点是依法构建自愿有序的退出机制。

一、一般农业型村庄：以法治手段提高宅基地资源利用效率

一般农业型村庄的宅基地管理问题主要为宅基地的低效利用，因此需要用法治手段提高宅基地资源利用效率。

（一）强化集体规划管理职能

土地所有制以及与之相配套的法律制度是各国根据本国国情制定并实行的。对于我国中西部的大多数农业村庄而言，实现宅基地管理的集体自治是一个实际有效的办法。因此，我国应坚持维护农村土地集体所有制。[1] 政府应当加强集体管理规范建设，保障集体管理权利，调动集体管理积极性。

关于加强集体管理，需要进一步明确两方面的内容。一方面，须强化集体规划管理权能。集体土地所有权人应当按照土地用途管制制度要求，在规划管理、计划控制和相关的审批管理之下，根据本集体经济组织的发展需要和市场需求，以村民为主体，尊重农民意愿，合法、合理地配置宅基地。尤其是对于申请并使用宅基地的，本集体经济组织的村民均有权参与表决、监督，依法行使自己的权利。在当前农村宅基地管理的过程中，地方政府责任处于不断被过度强化的状态，政府管理权能过大。例如《土地管理法》规定，农民建房须依据政府

---

〔1〕 参见孟勤国、黄莹：《中国农村土地法律政策的三个前置性问题》，载《西南民族大学学报（人文社科版）》2010 年第 7 期。

对宅基地的规划进行。这就意味着集体土地所有权人没有自主配置宅基地的决策权。但对于集体而言,他们才是最了解农民宅基地需求的人,能够制订出切合实际的规划、计划。因此,应当加强集体管理权能,由集体根据村庄内部的实际情况,因地制宜地制定适合本村发展的土地利用规划,引导部分闲置宅基地自愿退出,合理安排房屋规模与布局,这样才能真正做到农民“户有所居”。[1] 而政府需要通过行政手段坚持村庄主位、保障村民自治空间、强化程序监管,通过资源输入提高宅基地利用效率。

另一方面,须加强程序建设和监管力度。村干部“权力”过大,可能出现缺位或越位管理宅基地的现象,对村庄土地利用与后续建设发展不利。因此,在强化集体权能的同时要建立相关的监督制度体系。但是,激活宅基地管理中的农民参与是一项长期工作,这依赖基层政府规划管理职能强化、基层治理能力重塑和村民自治完善等方面的推进。当前,可以从程序建设方面着手,例如制订的规划须由本村村民经过多数决投票决定是否实行。若有村民反映实际诉求,相关部门应当组织工作人员倾听、记录,并对此进行及时反馈。通过加强程序建设和监管力度,将村治权力关进“制度的笼子”,使体制授权与社会授权相统一,充分发挥集体自治的积极作用。

(二)严格执行宅基地审批管理规定

提高一般农业型村庄的宅基地资源利用率应当依法规范宅基地审批和建房规划许可管理。首先,严格遵照宅基地申请程序进行申请资格及附带材料审查。虽然宅基地具有福利性质,是农民凭借身份可获得的一项权利,但其并非天然所得,宅基地的获得资格必须以符合条件的农民依法申请为前提。若农民有建房需求,可向其所在的村民小组或村委会提交书面申请及有关材料。(村庄分设村民小组的,经小组审查后村委会二次审查;村庄规模较小,未分设村民小组的,统一由村委会负责审查)村民小组及村委会应当依法按照上级文件中规定的批地、建房要求进行书面审查,例如建房事由,拟用地与房屋的位置、规模,建房是否有碍其他相邻权人的合法权益等。当资格审查通过时,必须将有关宅基地申请内容在本小组或本村范围内公示,公示通过的由村级组织签署意见,报送乡镇政府。

其次,实行多部门联合审核批准机制。上级政府有关部门应当加强宅基地审核批准工作的指导与监督,通过建立专门的窗口负责受理并跟进批地建房的审核程序,明确农业、自然资源、电力等多个部门在现场勘查、走访确认、书面审核、批准环节的办公职责、完成期限,以保证以人为本,服务为民。例如自然资源部门应当在审查工作中,重点审查该宅基地以及地上房屋是否符合国家土地

---

[1] 参见郑振源:《农村宅基地制度改革刍议》,载《中国法律评论》2019年第5期。

利用规划、地方土地规划，是否符合土地用途等。如若有占用耕地的，还应当先办理农用地转用的审批手续。这些内容应当随时记录、归档整理，并报上级部门备案。

最后，严格监督用地建房全过程，加强实时追踪与“痕迹管理”。一是当农户完成宅基地建房申请，经有关部门审核通过后，在正式动工之前，基层政府应当组织原办理审核程序的各部门工作人员前往实地核实相关位置、规模是否符合书面申请、是否符合用地规划、是否经周边的相邻权人同意。经查验符合要求，再划定动工范围，确定动工时间。二是当农户完成建房后，应当再由基层政府牵头组织有关部门前往实地进行验收。验收工作完成后，应当向农户进行必要的土地普法宣传，并告知农户有权办理不动产登记。同时，应将每次实地勘查的内容记录在册，方便日后查询、管理。三是房屋经验收工作完成后，将其纳入日常监督管理范围。基层可以根据分包片区成立在村的违法用地建房监督巡查小组，以不定期追踪的方式及时监督和上报各种乱占乱建的土地违法行为。

（三）落实宅基地登记发证工作

宅基地确权工作是当前宅基地制度改革中的重要环节，有利于维护农民的宅基地使用权，帮助农民树立法律意识；有利于解决土地纠纷，化解矛盾，真正落实宅基地管理。

第一，应开展宅基地普查，加强宅基地登记管理。宅基地确权、登记有利于快速摸清宅基地底数、掌握宅基地当前的使用现状，是进行宅基地确权登记发证的基础。因此，建立健全各地的宅基地确权登记发证制度，积极建立农村宅基地动态管理信息系统，加强电子化地籍档案管理，实现宅基地申请、审批、使用信息上下联通、动态查询，为农村宅基地管理提供便利。另外，可以建立农民不动产统一登记制度。通过改变实行房屋与土地分别登记的管理方式，提高农村宅基地登记管理效率，提升农民登记办证的积极性。

第二，明确宅基地登记生效制度。实行宅基地登记制度，有利于提升农民的法律意识，维护自身与土地相关的合法权益，减少村庄内的土地纠纷；有利于基层政府对于宅基地使用、继承、流转等情况的实时掌握，明确宅基地权属问题，便于对土地违法行为的日常监管。根据目前现存的法律制度来看，原《物权法》第 139 条（现《民法典》第 349 条）只对建设用地使用权作出了登记生效的法律规定，并未明确宅基地登记生效制度，应当根据土地使用权登记制度加快建立宅基地登记生效制度。

二、市场导向型村庄：依法合理分配土地增值收益

（一）坚持土地发展权国有模式

针对市场导向型村庄，应当依法合理分配土地增值收益。一方面，应当继

续坚持土地发展权的国有模式;另一方面,也应当保障其他失地农民分享土地增值收益。目前,我国土地开发由国家控制,土地发展增益也由国家占有。如若任由沿海经济发达地区、城郊地区的土地享有无限制的发展权,会使国家通过土地用途管制等制度产生的土地巨额收益失衡,而通过土地发展权的国有模式对土地发展增益分配进行干预,可以平衡并重构土地利益结构。[1] 因此,土地发展权的国有模式能体现社会公平,充分发挥土地效能,应当继续坚持。

然而,我国在实行土地发展权的国有模式时仍存在以下不足,需要加以完善。首先,应在法律中明确征地发展所实现的公共利益范围。法律明文规定国家征地是为了实现公共利益,但又没有法律条文对公共利益进行具体概括。这就使得有的地方政府以维护并发展公共利益为名滥用土地征用权,从中截取大量土地利益。因此,必须明晰土地发展权的边界,发挥其优势作用。其次,促进土地增值收益分配改革。目前,国家虽仍然通过土地征收制度收归土地发展增值收益。但随着土地市场的不断流通与扩大,越来越多的利益主体挖掘并利用土地发展权的价值,产生利益分配失衡的问题。因此,可以对土地征收补偿制度的收益分配方式进行改革。例如,可以通过分期分批的形式发放已改变土地用途的土地所产生的土地增益,同时探索建立长期性的收益分配保障机制。

(二)完善征地补偿机制

现有实践中的另一个棘手问题是部分农民尚未得到合理的土地增值收益。当前我国实行土地发展权的国有模式,理想状态是将土地上所附着的发展权利集中收归国家,再由国家对全民进行利益分配。但在利益分配的过程中,部分利益主体剥夺了一部分失地农民的土地利益,造成不公。周诚对此提出“公私兼顾论”和“农地全面产权观”,指出农地自然增值的公平分配应当全面顾及失地农民和国家。[2] 采取公私兼顾的方法可以使得利益分配再次回到平衡状态,这种平衡需要通过提高大部分农业型村庄所在的中西部地区的征地补偿标准来完成,并且应当将补偿标准纳入制度规范。目前,这一点在《土地管理法》中有所强调,即把原有的“保障被征地农民生活水平不降低、长远生计有保障”的补偿原则确定为法律条文,并不再使用年产值倍数法,根据当地情况综合地价进行商榷。除此之外,在原有的各项基本补偿费用的基础上增加住房补偿费、社会保障费。完善征地补偿机制应从以下两方面入手:

一方面,制定适当的补偿标准。目前已有的补偿只考虑到土地本身的基本地价或以耕地标准按照年产值进行核算,价格较低。许多地方给的补偿价款远远不足以支撑农民的日常生活与基本保障。许多失地农民失去唯一的生存保

---

〔1〕 参见陈柏峰:《土地发展权的理论基础与制度前景》,载《法学研究》2012年第4期。

〔2〕 参见周诚:《论我国农地自然增值公平分配的全面产权观》,载《中国地产市场》2006年第8期。

障,因文化水平较低只能外出做体力活,但随着自然年龄增长、突发事件等,其自身具有极大的生存保障风险,同时还会带来许多社会风险问题。因此,就补偿金额而言,政府可以通过聘请专业程度较高的第三方评估机构进行评估,评估机构可根据土地潜在的财产价值、原有土地创收、农民失地后的各种风险等多重影响因素对宅基地进行全面、综合估价,最后制定较适当的征地补偿标准。

另一方面,实行多元化的安置措施,降低失地农民的生存发展风险。目前诸多地方采取的方式是一次性给予失地农民安置补偿费用。虽然短期内明显改善了他们的生活并获得了不少农民的认同,但为农民日后谋生存、谋发展埋下了巨大隐患。不少农民文化水平低下,就业能力不足,缺乏长期稳定的生存保障。因而,政府不能忽视农民拆迁后的生存发展能力问题,应当考虑为农民提供更多的就业机会与社会保障。例如完善农村社会保障体系,实行多样化的安置措施,普及各项知识技能教育,使农民即使面临失地,也能够在教育、医疗、养老、就业等方面有所保障。

三、政策导向型村庄:依法构建自愿有序宅基地退出机制

政策导向型村庄面临的主要问题是农民“被上楼”和非自愿退出宅基地,因此需要对农民的宅基地自愿退出机制进行改进。

(一)畅通利益表达机制

引发农民非自愿退出问题的根本原因在于“增减挂钩”政策的设计并未以农民的现实需求为出发点。农村宅基地的有效退出,建立在充分保障农民权益的基础上,需要通过多种方式和手段满足农民合理且不同的现实需求。因此,首先应建立多种信息渠道,让农民真正表达自身的利益诉求,减少对农民的利益损害,在农民与政府之间建立沟通渠道,避免激化矛盾,提高制度的可操作性。

建立农民利益表达机制,可以从如下两方面着手:其一,保障农民的知情权、参与权、表达权。就保障知情权而言,可通过集中宣传、上门解释等方法让农民了解宅基地退出带来的影响。参与权、表达权则是农民以平等的身份通过村小组会议、村民大会提出自己的问题、意见,尤其是涉及新建房选址地点、具体补偿方案等农民切身利益的关键性问题时应当充分保证农民的话语权、监督权。其二,按照农户的核心诉求分类,制定具有针对性的退出方案和补偿标准。“一户一宅”蕴含的是一种朴素的公平分配理念,着重强调保障农民住有所居。但是,不同区域的资源条件各异,农民诉求多样,应当探索除“一户一宅”形式之外的多元宅基地使用权分配模式,例如集中统建、多户联建、农村社区等。例如,在义乌市的“城中村”改造中,政府结合当地的经济发展水平、农民需求等实际对村民的宅基地资格权进行确认,把宅基地使用权按一定比例置换成新社区

房屋所有权，并准许该面积指标入市交易，较为顺利地实现了281个村的宅基地征收任务、55个社区的集中安置活动。四川省泸县对城镇郊区的农户采用的是一户一房、户有所居的分配模式，开发建设农民公寓。〔1〕

（二）优化退出补偿机制

对宅基地的退出补偿机制进行优化包括以下内容：

第一，明确补偿范围。目前，《民法典》中的宅基地定义与农民现实认知存在偏差，导致政府与农民在宅基地退出过程中对于宅基地占有面积以及相应补偿存在矛盾。因此，在确定宅基地退出补偿范围时，不应当只考虑房屋本身的占有面积，还应当将与房屋紧密相连的空间适当纳入。此外，还应当对过渡安置费、装修费、折损费等进行适当补偿。

第二，合理提高宅基地退出的补偿标准，提高农民在土地增值收益中的分配比例。补偿标准是影响农民宅基地退出意愿的核心因素，因此必须建立以宅基地功能价值补偿为前提的宅基地退出价值补偿体系和量化评估标准，来保障农民的宅基地权益。政府应当参考第三方专业评估机构给出的市场价格予以补偿，确保农民能够分享城市发展带来的增益。

第三，探索多样化的补偿方式。以服务为民为原则制定具体的补偿方案，对接农民的真实诉求，尊重农民意愿，坚持平等协商。在做拆迁动员工作时，应先了解、调查并记录农民的退出意愿、偏好的补偿方案，事后进行整理分类，最后制定货币型补偿、实物型补偿、住房型补偿等多样化的补偿方案。就时间的维度来说，可以采取一次性补偿或多次补偿方式，或是土地入股获取永久性收益补偿制度。

（三）建立退出约束机制

我国在宅基地配给方式和利用途径的背景下，缺乏高效利用宅基地的运作机制。目前宅基地退出制度处于尝试期，存在一定的社会风险和其他方面的不足，因此需要建立退出约束机制，缓和现实问题。而建立宅基地退出约束机制包含三点内容：

一是制定宅基地退出资格标准，组织有关部门进行资格审查。由于村民已经分化，经济水平不一，有些村民完全脱离村庄，融入城市生活，有长期稳定的收入、固定的住所以及相应的福利待遇，即使退出宅基地也不会损害其基本生活，可以鼓励这部分农民优先退出宅基地；而对于长期生活在村庄、以种田为主的农民来说，宅基地是不可或缺的生存保障，因此不应强制退出，而应对这部分村民进行妥善安置。对于那些在外打工、处在城市化过程中的村民，宅基地是

〔1〕 参见孙宪忠：《推进我国农村土地权利制度改革若干问题的思考》，载《比较法研究》2018年第1期。

他们的退路,也不应强制其退出。

二是统筹制定宅基地退出的补偿标准范围。宅基地退出补偿标准应当根据各地的实际情况使之处于合理区间,实现同地同价,避免社会矛盾的发生。

三是应当加强制定拆迁补偿过程的监督监管制度。政府定价不仅应参考市场价,还应当保证责任主体权责明晰,制定过程公开透明,及时对村民提出的意见和建议予以反馈,避免"权力寻租"等行为带来的不良后果。

四、农民宅基地管理之法治保障的核心要义

综上所述,宅基地管理法治保障的核心要义在于,针对不同类型村庄所处的社会环境,需要以法治手段平衡好宅基地的财产属性和生活保障属性,以及用法治手段重建、补充自发的、内生的、社会的、集体性力量与监管机制,增强其动员能力。

宅基地作为我国建设用地的重要组成部分、农民的安身之本,是当前农村制度改革中的重要一环。基于此,笔者认为宅基地制度改革在总体上要以保护广大农民群体的利益为目标,提高土地利用效率,推动生态可持续发展。

从资源的视角看,宅基地作为一种土地资源,具有多重属性。政府管理作为"资源"的宅基地,意图实现土地的财产价值最大化,而农民使用作为"资源"的宅基地,不仅包括宅基地的财产性,还包括它的生活保障性。于是政府与农民基于土地的不同属性产生了不同诉求,不同诉求之间形成张力,产生诸多问题。因此宅基地管理的法治化方向,需要在遵循《土地管理法》精神的前提下,既要保障农民的居住权,增加农民的财产性收入,又要提高农村宅基地配置和利用效率,因此需要考虑不同的现实情况,满足不同村庄的具体需求。根据上述对村庄类型的划分,对于一般农业型村庄来说,宅基地管理法治化面临的难题是执法不严、执法缺位,这与国家法治政权的渗透能力息息相关。因此,应当依法规范农民的宅基地利用行为,建立健全宅基地登记制度等,加强农民的法律意识,提高宅基地资源利用效率。对于市场导向型村庄来说,宅基地管理法治化面临的难题是多主体间的土地利益分配问题,土地增值收益分配失衡反映了我国土地制度所预设的"涨价归公"的利益秩序未能实现。因此,应当坚持土地发展权的国有模式,合理分配土地增值收益。对于政策导向型村庄来说,宅基地管理法治化面临的难题是现有制度缺乏对农民诉求的回应性,政策执行虽应以国家权力的渗透为前提,但需要加强管理中的回应性,且应当考虑回应的边界。因此,必须坚持自愿有序退出宅基地,对于有退出意愿的,应当依法保障其土地权益;对于没有退出意愿的,也应当维持现有状态。

从宅基地管理的力量上看,村集体作为宅基地的所有者、村庄的核心组织力量,具有天然的优越性。但城市化进程加快,村庄内部大量人口外流,社会关

系日益松散,且农民的生产生活方式发生巨大改变,村集体对村民的约束与动员能力日渐式微。宅基地管理乱象横生,若不由村集体和村组织作为管理中介,上级政府对于宅基地信息的获取、管理与筹划需要花费巨大成本,也难以在维护农民原有生活习性的同时最大限度地利用土地。因此,宅基地管理的法治化保障仍需激发村庄内生力量作为宅基地管理的媒介,在降低管理成本的同时最大化地维护农民的切实需求,让制度运行效果更加符合农民意愿,获得良好反馈。因此,作为城镇化进程中非常重要的环节,我们应以法治化手段约束宅基地管理中产生的问题,并力图实现良好的法律效果、社会效果。

第十一章　农业规模经营过程中的农民土地权益保障

农民土地权益的保障是我国农地制度设计与实践过程中必须重视的问题。而在当前的农业规模经营中,农民土地权益的保障问题较为凸显。规模经营是一个复杂的系统工程,其重要前提在于土地流转。土地流转是推动农业现代化转型的关键举措之一,中央及地方各级政府积极采取多种措施推动土地流转。据统计,1999 年我国耕地流转面积仅仅占家庭承包耕地总面积的 2.53%,但截至 2016 年年底,全国土地经营权流转面积已达到 4.7 亿亩,占整个二轮承包面积的 35.1%。土地流转促进了规模经营主体的迅速发展,在此基础上,“三权分置”的农地政策应运而生。它通过流转土地经营权来盘活土地,发展规模经营,从而保障农民土地权益。

规模经营的实践形态可以分为村庄内生型和资本下乡型,资本下乡型规模经营中农民出现阶层分化,不同阶层的农民有着不同的地权诉求。而当前农地制度与农民的地权诉求之间产生的张力导致规模经营中出现损害农民土地权益的现象,解决此问题的有效手段之一就是用法治化的方式保障农民对土地的基本需求,并在此基础上恢复农民家计模式的自体循环。

本章以湖北省农业重地江汉平原 S 县为个案,从 S 县近年来整合土地,推进资本下乡大规模流转土地的实践切入,讨论在大规模土地流转中,农民土地诉求的具体含义以及资本下乡推进的土地流转对农民土地权益的影响,以及如何用法治化手段保障农民的土地诉求。经验材料来自笔者的调研团队在 2017 年 5 月通过对 S 县经管部门、资本下乡经营主体和 S 县下辖乡镇进行的结构和半结构式访谈。

第一节　我国农地制度与土地规模经营实践

现行农地制度以“三权分置”的基本形式确立,“三权分置”是在过去“两权分离”的基础上将土地经营权独立出来,实现土地所有权、土地承包经营权、土地经营权的分离,这一制度变革的原因在于顺应土地流转趋势。而规模经营作为土地流转的结果,可以分为村庄内生型规模经营和资本下乡型规模经营两种形态。

一、我国当前的主要农地制度

土地制度是中国农村制度的根基。传统的农业生产模式以小农化经营为主,过去的历史背景下形成的土地呈细碎零散形态,与当时落后的生产力相匹配。但随着社会生产力的进步、农业生产方式的进步,过去的土地形态与农业的现代化发展逐渐不相适应。在这种情况下,农村无法更好地承接农田水利设施等国家供给的公共品,也难以实现机械化的现代种植方式来提高生产力。

此外,在城镇化的进程中,农民之间产生分化。因城镇化成功而脱离农业生产的农民,闲置乃至荒废了原有的土地;城镇化尚未实现或城镇化水平不高的农民需要土地作为他们城镇化过程中的支撑和城镇化失败的退路来发挥保障作用;仍然处在城镇化进程中的农民则需要借助土地的生产功能以更加高效的家庭劳动力资源配置实现城镇化。在此背景之下,农地“三权分置”制度应运而生。

(一)“三权分置”的权利配置

为了应对新形势下的“三农”问题,2014 年中央一号文件提出了推动农地“三权分置”的改革;2018 年《农村土地承包法》修改通过,基本形成了“三权分置”的法律规范体系。主持《农村土地承包法》修改工作的全国人大常委会委员刘振伟提出,修改农村土地承包法的目的在于界定农村土地集体所有权、土地承包权、土地经营权的权能,界定发包方、承包方和土地流转受让方中的权利义务,把“三权分置”法制化。[1]

“三权分置”是在过去“两权分离”体制的基础上将土地经营权从土地承包经营权中分离出来,实现土地所有权、土地承包经营权、土地经营权的分离。这一转变使土地流转更加灵活,在“两权分离”的制度设计之下,土地承包经营权的流转对象往往为集体经济组织内部成员;而“三权分置”之下,土地经营权的流转对象可以是一切具有农业经营能力的个人或组织,没有了身份上和资本条件上的限制。这也进一步保证了土地经营流转合同的长期稳定性,让经营者更加稳定地从事农业生产,放心投入经济成本。与此同时,因流转而从土地中释放出来的农村劳动力,可以向第二、三产业转移获得更多非农业经营收入,他们放弃农业生产还能获得一定的土地流转收益,农民的整体收入结构多元化、收入水平也有所提升,城镇化发展得以推进。从制度目的上看,“三权分置”是为了土地资源能够向利用效率更高的主体流动,避免土地荒废的情形出现,在满足不同城镇化水平农民需求的同时,更好地保证国家粮食安全、维护国家稳定。

---

〔1〕 参见刘振伟:《关于“三权”分置的法律表达》,载《中国人大》2019 年第 3 期。

关于土地所有权,依据法律规定土地归集体所有。但集体对土地的所有权并不具有全部权能,而是对集体土地的使用权、收益权和处分权有严格限制。农村土地的使用主要是以承包的方式由集体经济组织内部的家庭进行承包,而收益和处分上的限制包括发包土地、监督土地使用方式、制止土地与农业资源的损害行为。高圣平将这种情况解释为集体土地所有权的使用权被集体经济组织成员的承包经营权所限制,而国家为了减轻农民负担,取消了原本设定土地承包经营权之后依照所有权可以向承包农户收取对价的收益权。因此对集体土地所有权的限制,是集体作为土地所有权人基于国家政策和自主意愿处分土地所有权的结果。[1]

土地承包经营权是具有使用、流转、抵押、退出承包地等各项权能的财产权。在过去"两权分离"的模式下,土地承包经营权兼具财产属性和保障属性。为了防止农民因失地而失去生活保障,法律对承包经营权的多项处分权能进行了不同程度的限制。在"三权分置"模式下,流转、抵押、入股等模式仅仅对土地经营权生效,不论土地经营权如何流转,集体土地承包权仍是农户的保障。

土地经营权则是"三权分置"改革中的新型权利,是将承包地转化为农业生产经营要素的关键。在"三权分置"改革中,土地经营权的本质是通过土地经营权人和土地承包经营权人以合同形式在承包地上设立的权利,权利内容被限制为农业生产。"三权分置"改革对土地经营权的核心要求在于放活土地流转的方式,使流转行为的发生基于主体之间的意思自由,同时要实现提高土地资源利用效率的改革目标,因此《农村土地承包法》规定允许更多的经营主体取得土地经营权,包括集体经济内外的自然人、法人和法人组织;将土地经营权视为市场化的权利,当事人可按照自己的意思自由处分,但土地经营权的行使仅限于农业用途。

为了降低土地经营权流转的制度成本,现行法律规范对土地所有权的权能进行了限制。虽然农村土地所有权归集体所有,但集体享有的对集体土地的使用权、收益权和处分权均受到严格限制,其不具有所有权的全部权能。民法上将土地所有权的限缩称为所有权的虚化。[2] 之所以对所有权进行限制,让集体经济组织成员的土地承包经营权限制集体所有权的使用,是因为想通过这种形态使得土地承包经营权的权能更加饱满丰富,促进土地经营权的流转在"三权分置"背景下更加高效和灵活。

土地承包经营权具有使用、流转、抵押、退出承包地等多项权能,现行法律将这种权利的性质界定为用益物权。基于推动土地流转的考虑,法律将土地承

---

〔1〕 参见高圣平:《承包地三权分置的法律表达》,载《中国法学》2018 年第 4 期。

〔2〕 参见韩松:《坚持农村土地集体所有权》,载《法学家》2014 年第 2 期。

包经营权确立为不动产物权,但采取债权意思主义模式即依当事人之间的合意设定。[1] 流转、抵押、入股等模式仅仅对土地经营权生效,在土地经营权流转的同时,将承包权设定为农户的保障权利。这种设置规定了仅在本集体经济成员间转让土地承包经营权才需要发包方同意,跳脱了“两权分离”模式下因强调土地承包经营权的保障功能而限制其财产功能的局限,扩大了承包经营权人自由处分的权利,有利于土地生产要素的盘活,在一定程度上缓解了部分农村融资难的问题。

土地经营权的核心要求在于放活土地流转的方式、内容,使流转主体之间具有更多的意思自由。《农村土地承包法》允许更多的经营主体取得土地经营权,将土地经营权作为市场化的权利允许当事人按照其意思自由处分。纵览“三权分置”改革,其目的在于确保土地流转的灵活性、稳定性、独立性,对集体土地所有权的权能进行限制,在土地承包经营权和经营权的规定中扩大了经营者流转土地的范围和权限,减少了过去土地流转需面临的诸多限制。

(二)土地流转的促进

“三权分置”的制度目标主要包括两方面:一方面是在当前城镇化不断发展的趋势下,巩固和完善农村基本经营制度以维护各方权益;另一方面是优化土地资源配置、推动农业现代化转型、发展现代农业。而在当前的制度推动下,土地的规模经营既是土地流转的实践形态,又是农业现代化进程中的发展趋势,因此探索规模经营的实际模式、将农民地权诉求放在规模经营下考察具有重要意义:它既能回应土地流转时农民面临的具体问题,又可以分析规模经营对农民土地权利的影响机制,从而扎根于现实提出针对地权问题的对策。

由于过去的小农经济形态使得全国普遍形成土地细碎化特点,随着土地确权和土地资本化程度的提高,土地产权逐步固化,阻碍了新型农业经营主体扩大生产的需求。根据经济学理论,土地生产效率与经营者的投资积极性有关。土地稳定可以提高经营者的投资预期,而土地不稳定会降低经营者对农地收益的合理预期,经营者会减少甚至停止对土地的投入,倾向于掠夺性使用。[2] 不稳定的土地流转导致农业经营者无法建立长期生产预期,降低经营者对土地投入资本的意愿。因此,土地流转的巨大交易成本和不稳定性对于农业现代化的发展产生了负面影响,妨碍了新型农业经营主体的培育,导致农业经营的规模效益难以实现。

在应对城镇化发展趋势上,“三权分置”的制度设计不仅适应了新时期社会

---

〔1〕 参见陈小君等:《田野、实证与法理——中国农村土地制度体系构建》,北京大学出版社 2012 年版,第 103 页。

〔2〕 参见赵阳:《对农地再分配制度的重新认识》,载《中国农村观察》2004 年第 4 期。

发展与农业发展的趋势,通过灵活配置土地权利巩固和完善了农村基本经营制度,还成为农民城镇化过程中的重要保障。农民实现城镇化的过程并非一蹴而就,通常需要代际接力实现,代际接力很可能因为一些风险而失败。不同于城市居民所享有的相对完善的社会保障体系,农民面临户籍、教育、医疗等方面的门槛设置,即使完成城镇化,初期也只能将生活维持在较低水平。此时,土地的社会保障功能就至关重要。而"三权分置"制度允许尚未城镇化或城镇化水平较低的农户保留土地承包经营权并根据自身实际需要决定是否流转其土地经营权,兼顾了农民城镇化进程中的生存保障问题,防范了其城镇化过程面临的失败风险。

在推动农业现代化转型的过程中,"三权分置"针对土地的稀缺性特点,通过对土地配置方式的适应性调整,提高了土地生产效率。这种土地配置方式基于不同农民的不同需求,致力于将土地资源配置流向资源利用率最大化的经营者。对于脱离农业、进城务工的农民,将其土地经营权流转但保留土地的承包经营权;对于想进行规模种地的农民,鼓励他们通过多渠道流转土地以实现经济再生产的目的。不同能力的农民在新发展形式下可以对传统农业生产方式自主调整,由此推动农业现代化转型。

为了满足复杂的农民需求,在保障农民土地权利的基础上降低土地流转的交易成本,促进流转的稳定性,需要灵活的农村土地制度。依靠"三权分置"制度的弹性可以允许农户保持自己的土地经营权,或将对其土地的耕种交给更加专业的服务主体。土地流转的灵活度提高,激发了很多新型农业经营方式。现在各地大量农户从传统农业的经营方式转变为家庭农场的生产经营方式,即以家庭为单位,根据自身条件与市场需求调整经营模式,积极采取现代农业技术,主要通过使用家庭劳动力、必要时雇佣工人作为补充劳动力,根据自身需求提高农业生产效率、获得农业收益。而随着农业发展、机械化程度提高,若想实现农业的进一步发展则需要稳定的土地经营权持续向土地投资,此时"三权分置"模式下的土地流转就有利于重新整合零散的土地经营权。

二、作为土地流转实践形态的规模经营

本书基于对湖北省农业重地江汉平原 S 县的经验研究形成以下论述。S 县近年来整合土地,进行大规模的土地流转实践。在此过程中农民产生了不同的土地诉求。S 县自然条件优越,水资源十分丰富,拥有大小河流 25 条、湖泊 24 处。农业作物以水稻种植为主,一般为双季稻或水稻油菜两季,部分农户采用中稻加再生稻的方式,粮食亩产量较高,属于重要的产粮区。近年来,在国家农地制度不断改革的探索过程中,S 县将按户集中连片作为农业的中心工作,通过土地调整,以"连片耕种"的方式较好地解决了部分土地分散化、细碎化

的问题。2015年起,S县进行大规模的土地整理和农田改造,通过国家基本农田建设和农业综合开发等项目集中推进土地按户连片。整理和改造的重点集中在两方面:一方面重新划分地块,将小块农田合并整改为连片田块,按照农户家庭承包面积重新分配,根据S县按户集中连片工作的要求,农户地块数原则上不得超过两块;另一方面,对大片田块的标准建设,包括土地平整和机耕道、水渠的规划建设。

在基本完成土地连片工作后,S县希望利用连片土地的优势推动规模经营的发展。虽然经过基本农田建设项目改造后的土地连片及基础设施有所改善,但土地肥力和存水性依旧较差,大型机械无法进入耕作。根据农民的估算,改造后农田种植的机械费、肥料成本和人工投入将翻倍,但产量至少下降30%,田基至少需要三年的恢复期才能达到正常水平。因此,农户自身缺乏扩大种植规模的积极性。自2016年起,S县开始采取行政措施,将对新型农业经营主体的培育作为乡镇的重点工作任务,列入年度工作目标考核,并鼓励村级组织领办合作社,以“党支部+合作社+农户”的方式推动土地规模经营。[1] 党支部合作社空有形式,农业种植仍是以农户为单位的生产模式,难以实现新型农业经营主体的目标要求。因此,各乡镇只能通过招商引资,吸引外来资本进入村庄流转土地。以S县金溪村为例,全村耕地面积约3660亩,流转面积为2310亩,流转率为63%,其中80%的土地流转发生在2016年后。总的来说,S县规模经营的主要形态分为两种,第一种是村庄内经营一定规模土地的种植大户,没有越出村庄边界进行土地规模经营,即“村庄内生型规模经营”;另一种是社会资本注入村庄,土地经营人员超出村庄边界进行土地规模经营,即“资本下乡型规模经营”。

(一)村庄内生型规模经营

自20世纪80年代起,村庄中的青壮年劳动力陆续外出务工,到20世纪90年代初期,打工现象已较为普遍。在外出务工的趋势下,农民在村庄内自发流转土地,以低价或免费的方式将土地给本组或本村村民耕种,由此形成村庄内的农业经营大户。

案例1:张港村八组的张某才开办家庭农场,经营面积110亩,其中自家土地面积为25亩,流转土地85亩,来源于同组内的4个农户,流转价格为300元/亩,并未签订书面合同,只是口头协议。这些农户之所以愿意将土地低价流转给张某才,是因为他们举家在外务工,农田无人耕种。到了2016年,其中有

[1] 根据《S县Z镇2017年度工作目标责任书》和《S县Z镇2016年度工作目标责任书》重点工作目标任务的规定,每村(居)新增一家农业经营主体或“大户”(3分),由村(居)“两委”领办的另奖5分,新型农业经营主体或“大户”为村集体经济增收5万元以上的再奖5分。其中楚玉小龙虾基地建设作为特色工作,与干部工资挂钩。

两家的老人重新回村务农,于是将土地收回,张某才的面积变成 70 亩。

张某才家中 4 口人,主要的农业劳动力为他和妻子 2 人,去年的家庭收入为 24 万元,其中 10.5 万元来源于土地收益,其余的为农机收入。1998 年之前张某才在外务工做建筑,2002 年回村任小组长,现在是村里的会计,年薪为 1.6 万元,但相比农业收入而言较少。该大户主要从事粮食种植,2015 年投资了 13 万元购买农机,家中现在有收割机 1 台,7 万元;耕整机 1 台,3 万元;插秧机 1 台,1.1 万元。

目前主要的种植作物为水稻和油菜,水稻的亩均种植成本为 700 元,产量为 2000 斤(双季稻),均价为 1.3 元,纯利润为 1900 元。油菜的亩均成本为 170 元,产量为 500 斤,均价为 2.7 元,纯利润为 1200 元。张每年会把所有的田地用来种水稻,但是到了种油菜的季节,每年会播种 20 亩,油菜价格较高,但近些年整个区域的种植情况不好,面积过多就忙不过来。农业生产主要是家庭经营的方式,临时雇工一年最多需要 40 个工时,价格为 200 元/天,主要是自家有机械比较方便,利用自家机械收割旋耕使得种植成本比普通农户低 400 元左右。同时,张某才的农机还会向周边提供服务,价格皆为 100 元/天。在种植模式上,张某才之所以选择种植稻谷主要是两个原因:一方面是自己种植的大部分田地是别人的田地,别人随时可能要回,因此不方便改造为虾稻连作的田地等种植方式;另一方面,自己在村中担任会计,家中没有更多的劳动力可以投入土地上。

张某才认为,夫妻二人在现有的种植模式下,将经营的面积扩大到 100 亩,收益会比较高。但是现在,想要流转土地是很困难的,一方面是大家都愿意种地;另一方面是外来老板来包地,土地的市场价格达到 750 元,村里很难再找到低价流转土地。2016 年,张某才的农业种植收支情况为:土地租金为 13,500 元,生产资料购置为 56,000 元(农资+农机燃料),人力支出为 8000 元,总投入成本为 77,500 元,农业总产值为 183,000 元,纯利润为 105,500 元。

案例 2:简某家庭农场,共有土地 75 亩(667 平方米的标准亩)。土地来源主要是自家承包地、同姓兄弟和本村村民土地。其中自有土地 22 亩,同姓兄弟土地共有 24 亩,分别是堂弟简某 115 亩,简某生 9 亩,均在外地务工;剩余土地来自本村村民廖某海和简某易,廖某海共有 11 亩地,简某易共有 18 亩地,由于外出做泥瓦匠,就将土地流转给了简某。

简某流转土地并没有签订书面合同,以口头形式约定。支付土地流转费的方式分为两种,对于自己的兄弟采取现金(150—200 元/亩)和支付口粮的方式,对于邻居则是直接给予现金 150—200 元/亩左右。兄弟间之所以采取这样的交易方式,主要是顾虑弟媳和嫂子的感受,如果不给,自己的嫂子或者弟媳会有意见,为了避免这种矛盾,采取给予谷物或者现金的方式。

简家的种植规模一直维持在30亩左右,2014年其弟希望将土地流转给简家耕种,由于简某的妻子是种地能手,夫妇2人经过核算认为种植更大面积效益更好,因此投资4万元(自有资金仅有2万元,向信用社贷款2万元)流转土地50亩,并购买了3台抽水机。简家土地主要是夫妻两个人在种植,自家购买了一台旋耕机,偶尔还会和邻居、亲戚换工,基本无雇工开支。

根据去年的种植情况,普通农户的平均亩产为2000—2200斤/亩(双季稻),自家产量为1800—2000斤/亩,产量差别不大,但相对来说成本要高一些。由于面积较大,简家无法插秧或抛秧,人工插秧价格较高,因此选择周边提供的育秧插秧农技服务,价格在170元左右一亩。去年简家农场的农业纯利润在5万—6万元,但是今年由于刚开始气温高,暑假阴雨天气时间长,导致稻谷产量减少,种田亏了不少。再加上家庭情况,体力、精力有限,只种自家的承包地,其他土地又转包给了别人,同样是按照原来的流转费用,但并未签订书面合同,过了这段时间还会要回来继续耕种。

村庄内生型规模经营的特点如下:

1. 土地流转没有超出村庄范围

从以上两个案例可以看出,内生型规模经营以小范围的村民自发流转为主要形式,在流转方式、目的和价格上更多遵循村庄社会的逻辑。土地流转一般有两种途径:一是以自家土地为中心,向周边土地扩展。这种方式讲求方便耕种的原则,相对而言土地较为集中,流转对象一般是邻居或同组不种地的农户。二是将自家兄弟或近亲属的土地流转耕种。在流转中讲究差序原则,以父子、兄弟关系为起点按照血缘的亲疏向外扩散。此种方式流转的土地相对分散,有时甚至会跨组。村庄内生型规模经营的土地流转更多依赖村民的亲缘和地缘关系,因而流转是在村民的关系网络内实现,流转的范围基本维持在村庄共同体的边界内。

内生型规模经营扩展规模的速度较慢,土地相对不连片,较为细碎化,耕作上较为困难。在经营中其具有独立性和保守性的双重特征:一方面内生型规模经营作为规模较为适中的独立农户,不需如大资本一般,寻求稳定的上下游关系,也不需受到政府行政指令的限制(如在种植品种、农资购买、机械使用等方面),因而在生产经营上具有相对的独立性;另一方面,其所流转的土地租期短,也难以对土地进行改造,更倾向保守传统的农业种植。

对于转入土地的农户而言,基于血缘和地缘关系形成的流转关系能够跳过流转双方谈判环节,同时以低成本的方式实现生产规模的扩大。对于转出农户而言,将自己的土地交给同村农户管理,既保证地力又能获得一定的收益,更重要的是能维持弹性的土地流转关系,保证随时收回土地,实现土地的保障功能。因而,双方能在低水平地租的条件下维持土地流转。

2. 家庭经营的理性选择

就张某才的耕作情况来看，其规模经营同样以货币化的方式支付地租、产生雇佣关系，具有一定的资本主义式农业经营的特征，但其与资本下乡型规模经营有着较为明显的差异。在动力机制上，张某才、简某二人从普通农户转变为具有一定规模的家庭农场并不是受到资本或政策力量的影响（虽然二人是在农业政策的引导下注册的家庭农场），而是依据家庭资源禀赋对农业经营方式进行的理性选择，是内生于村庄的规模经营。这种内生性的资本主义式的家庭农场，具有三个重要的特征：

第一，在种植方式上与村内的普通农户差别较小。一般而言，内生的规模经营不会打破村庄的种植传统，仍然从事传统粮食作物的种植。由于村民间的土地流转期限较短且随时可能收回，土地的改造和投入也会受到限制，因而在农业耕种中很少采用新品种和技术，更多依赖村庄的农业耕作经验，从而保证种植的低风险，维持较为稳定的农业收益。由于需要支付地租，且在高劳动投入环节如插秧、收割等依赖购买农业服务，因而种植成本上内生型规模经营略高于普通农户。

第二，内生型规模经营以家庭劳动力为基础性条件，少量使用短期雇工。传统农业资本主义理论认为，雇佣劳动是农业资本主义发展的一个重要指标。但在内生型规模经营中，规模经营的利润主要来源种植环节（通过劳动力投入生成收益），而非在农业加工、销售等上下游环节获得资本增值，因此，农业收益与普通农户差别不大（甚至在家庭劳动力水平的限制下还有可能低于普通农户）。尽管内生型规模经营也出现了雇佣劳动，但受到农业收益的限制，经营者更倾向于以依赖家庭劳动力为主，最优化地配置家庭劳动力和雇佣劳动力，以实现规模经营的效益最大化。

第三，以家庭为经营核算单位。与普通农户相比，内生型规模经营不仅是满足家庭内部基本生产和消费需求的小农性质农业，更是要追求农业利润最大化的经营性质农业。因而内生型规模经营往往精确核算雇工、生产资料投入与产出效益，对可变资本、农用机械等固定资产都依据家庭经济水平作出较为合适的投入。在流转规模上，内生型规模经营往往不会盲目扩大规模，而是依据家庭劳动力状况作出最优配置选择。如在地势平坦、农业社会化服务较好的江汉平原，普通农户可在不雇工的情况下耕种 50 亩左右的土地，因而村庄内生的规模经营一般也在 50—100 亩的规模；而在耕种条件较差的重庆山区，农户多从事劳动密集的蔬菜种植，普通农户种植能力在 10 亩左右，因而村庄内生的规模经营一般也维持在 10—20 亩的规模。

总体而言，村庄内生型规模经营主要是在村庄大户基础上的发展与扩大，动力机制是家庭经营方式的理性选择。土地流转以亲缘和地缘关系为前提,且受村民关系网络的限制,一般不会超出村庄边界。在生产经营上同普通农户的差别较小,经营的规模受到村庄的土地状况和家庭劳动力水平的制约。这种类型的规模经营在村庄内部发展,同村庄融合共生。

(二)资本下乡型规模经营

本质上,“三权分置”设定的农地权利结构是希望不需要土地的农民将土地经营权流转给经济实力更加雄厚的社会资本,通过社会资本注入形成适度规模的土地经营,进而整合地权。资本下乡型规模经营主要是通过村庄外部力量,溢出了村庄边界,由资本和政府推动形成。这种经营模式与村庄内生型经营的土地流转方式存在差异,在农地权属配置上也有较大不同。

案例3:安仓集团通过S县政府的招商引资,于2016年进入。安仓集团看准国家土地流转的形势,希望利用江汉平原的农业基础,拓展中部市场,计划在一期投资2000万元。安仓集团作为招商引资的项目进入后,S县在优惠条件的基础上,承诺给予安仓集团农田基本建设投入和农业优惠政策上的倾斜。

经过与县政府的商讨,安仓集团计划流转土地2万亩,以A镇为中心,向外辐射进行土地的流转与整合。之所以选在A镇,是因为县里经过了诸多考量,首先A镇的区位优势明显,属于重点发展区域,周边2000亩土地不仅左右连片,而且不乏水源,流转这片土地之后能够建成基地,产生辐散周边的效果;其次,A镇是易地扶贫搬迁项目的重点实施区域,部分村庄的村民住宅已经统一规划和分配,形成农民集中居住的单元楼社区。农民“上楼”后农业生产管理成本增加,部分农户甚至需要骑上半个小时的摩托车才能到达自家承包地,农民种田的积极性不断降低,这也就降低了流转难度。

2016年,A镇向村级传达流转任务,由村委作为与村民协商的中介,达成协议后安仓集团与村民签订合同。A镇下辖11个村,1800户,土地面积达到23,000亩,流转给安仓集团的有13,000亩,基本上实现了按组连片、整个村民组流转的目标。根据土地二轮延保时间,合同上规定的流转期限为12年,租金为667元/亩。租金由经管局下发,经乡镇财政所核算,支付到农民惠农卡上,3个月完成了流转工作。流转土地之后,安仓集团投资200多万元推平了土地,改造成为符合标准化种植的标准田,追投400多万元建设了育秧工厂,占地面积200亩。建成这个基地之后,安仓集团依托于育秧工厂可供流转的2万多亩耕地,统一种植了再生稻。同时安仓集团成立合作社并申请了自主品牌,计划将再生稻统一加工上市,延长产业链。

由上述案例可以看出,资本下乡型规模经营有如下特点:

1. 社会资本强势注入

安仓集团是社会资本的典型代表,能以较大的资金量投入村庄土地流转,并且调动其他资源来改造村庄。从资本下乡的动力来看,这是政府鼓励和资本逐利本性双重驱动形成的结果。一方面,国家政策直接或间接地引导地方政府推动农业转型,各级政府为了获得较好的绩效,就需要快速实现经营方式的转变。而且在具体执行国家农业政策的过程中,与种植规模较小的散户进行沟通的治理成本很高,若能由规模经营主体代理国家农业政策的执行,将是一种更加高效的选择。[1] 在培育规模经营的过程中,政府呈现出“重资本、轻小农”的趋势。另一方面,资本具有天然的逐利性。体现在农业生产领域,小农户对农业生产投入劳动力,仅占有少量生产环节的利润,用劳动力置换货币。而社会资本在农业生产领域的投入是以货币的形式,其生产环节对市场和政策利益的依赖程度更高,因此获取利润更加依赖规模效益。在政府政策和资本自身两种因素的驱动下,资本下乡型规模经营以较大规模的土地流转为主要形态,且需要土地连片来降低生产成本。

从流转方式上看,社会资本注入土地流转的方式会转化为高额地租,农民个体无法抗衡。此前,A 镇的村庄土地流转市场规模较小,且没有溢出村庄范围,主要发生在村民群体之间,没有高额租金,一般奉行村庄内部的熟人逻辑无偿或低价流转。安仓集团给予村民的流转价格为 667 元/亩,在不投入生产要素的条件下,土地可以直接实现货币收益。之所以出价高,一方面是安仓集团希望通过高额地租吸引农民流转,另一方面是为了维持流转关系的稳定,获得更大的经营自主权。按照安仓集团的预期,667 元的流转费用加上每年 120 元的农业补贴,农民每年的土地收益为 787 元/亩,与农民自己耕种所获得的收入相差不大。农民对土地流转的价格比较满意,因此不会随意要回土地,企业能够快速扎根,在流转期限内实现收益。在高水平地租的激励下,农民纷纷和安仓集团签订流转合同,土地流转突破了原本高度嵌入乡土社会中的自发流转利益结构,迅速实现土地的集中效应。

2. 村集体作为代理

对社会资本来说,大规模土地流转面临一个结构性的问题,即如何与乡村社会融合来进行农业经营。[2] 资本下乡后面临的第一重困境为如何降低与个体农户之间的谈判成本。资本自身具有的外来性,决定资本无法像村庄内生型规模经营一样具有村庄基础,因此与个体农户对接会受到限制。第二重困境则是流转的土地面积过大,需要对接的农户数量较多,情形较为复杂。为了解决这一问题,资本通常采用两种方式降低谈判成本、简化谈判复杂程度:一是直接与作为发包方的村集体签订合同;二是由村组织作为中介和农户谈判,谈判达

[1] 参见龚为纲、张谦:《国家干预与农业转型》,载《开放时代》2016 年第 5 期。

[2] 参见徐宗阳:《资本下乡的社会基础——基于华北地区一个公司型农场的经验研究》,载《社会学研究》2016 年第 5 期。

成协议后再由公司与农户作为合同双方签订合同。不管是哪种方式,都需要村级组织作为代理人。

此外,资本下乡后面临的第三重困境是农业生产经营时的监督管理问题。在雇佣工人方面,将土地流转出去的村民,成了空闲的劳动力。虽然集团能通过资本雇佣本地劳动力,但难以对劳动力进行筛选和组织。劳力直接影响生产效率、村庄稳定和利益平衡。由于农业生产的特殊性,在监督生产层面,劳动力的质量难以通过量化指标评价,农业经营中普遍存在工作懈怠问题。安仓集团负责此项目的人对自身作为外来资本进入村庄生产的难度心知肚明,所以借助村委会的组织基础,聘任村干部对某一范围内的雇工和生产进行监督。

安仓集团之所以选择村委会,一方面基于村委会扎根村庄拥有的绝对信息优势,资本选取村委作为获取和传递信息的中介,通过村委不仅可以获取与土地有关的信息,影响规模经营的生产与管理,还可以获取农户信息进行目标瞄准。另一方面,村委作为基层组织能够利用乡土社会内的治理资源,较为便利地同农户进行协商,组织雇工生产。

总而言之,资本下乡型规模经营形态是在政府鼓励、资本驱动下,对村庄土地进行吸纳,整村或整组流转,以高成本地租迅速实现土地规模的扩大与集中。由村委会作为代理人,借助村委会拥有的信息优势和组织基础,把与农户对接的交易成本转移给村组织解决,从而实现资本“外来性”与村庄“社会性”之间的融合。

(三)规模经营的差异比较

对比两种土地流转模式,我们可以看出资本下乡的土地流转更具法理型特点,而村庄内生的土地流转则更具社会型特点。

首先,在合同形式上,资本下乡型土地流转主要是按照法律规定签订规范的书面合同,保障农户和资本之间的流转关系,形式上较为规范。而村庄内生的规模经营多采取口头约定的方式,其依赖熟人社会的乡土逻辑,对流转双方产生较强的约束力。虽不具有法律规范效应,但具有实质上的规范作用。

其次,在流转期限上,资本下乡型土地流转的合同期限较长,经过资本统一改造生产后,农户难以在合同期内收回土地独立耕种。即使合同期结束,基层政府基于典型效应的考量,仍会积极推动新的规模经营。农民能否收回土地,要看政府与外来资本的态度。村庄内生的土地流转则具有灵活的期限,由于流转后的土地变动较小,流出方随时收回耕地也较为容易。

再次,在流转协商方式上,资本和基层政府基于盈利与政绩的考量,极易形成共谋关系。通过村级组织为代理人的方式,资本能够迅速集中土地,大部分村民被动转出土地。因而,农户在与强势资本发生流转关系时难以协商或对抗,始终处于弱势地位,且资本常常通过表面平等的合同掩盖双方的权利差异。

在内生型规模经营中,农户之间的权利差异较小,流转基于自身土地需求通过自愿协商的方式完成流转,双方利益共赢,处于较为平等的地位。

最后,在地租方式上,资本下乡的土地租金以货币形式支付,农户除领取国家种粮补贴外,与土地生产脱离。土地更具资本性质,农户流转的目的不再是村庄层面上的互惠,而是获取高额地租收益,流转目的更倾向盈利性。在村庄内生的规模经营中,转入方会以粮食或货币的方式适当支付租金,甚至兄弟间的流转,还会出现代行养老义务等方式。在流转中,转出方为防止撂荒在村庄内部寻找农户代管,转入方在流转期间耕种取得收益,流转双方并非纯粹的市场交易关系,更兼顾了村庄内部的人情互惠,因而地租价格也较为低廉,支付方式更加灵活,更符合村庄礼俗性的特点。礼俗性支付的地租具有重要的象征意义,对维系村庄内部成员之间的关系和增强村庄的凝聚力有不可替代的作用。[1]

第二节　资本下乡型规模经营中的地权诉求

虽然规模经营存在村庄内生型、资本下乡型两种形态,但村庄内生型规模经营更多的是以家庭为单位的种田大户,为了实现土地经营的规模效益,扩大土地经营权的范围。而"三权分置"的权利结构更希望将土地经营权释放给社会资本,以此克服农户个体土地产权较为分散的弊端,从而提高土地的利用效率。在资本注入村庄进行土地流转的过程中,农民也产生了分化,由此产生不同的权利诉求。

在集体所有制下,我国农地制度始终围绕农地产权制度和农地利用制度演进。[2] 宪法确定了农地生产资料的地位,其作为集体公共资源被集体经济组织或村民自治组织管理;《民法典》规定了农地为农户从集体获得的物质财产对象;农业法律法规也确定了农业作为生产要素的具体性质。而农地利用制度主要将土地作为生产要素,以农业生产经营为核心,通过调整农户与集体两大权利主体间的权利分配方式提高农地经营效率。因而,农地的多重属性、权利主体的多样性以及在不同权利主体间的多种分配方式使农村土地问题十分复杂。当前学界的讨论主要集中在地权结构细分的制度设计上,通过细化农地的使用、收益和处分权利,实现和完善农地的"三权配置",从而保障农民土地效益最大化。然而,农地权利的进一步细分能否保障农民利益,其基础性的前提是如何从农民土地诉求角度理解农地含义。

---

〔1〕 参见马流辉:《由礼而法:土地流转的社会分析——基于皖南祁村的调查》,载《中国研究》2011年第2期。

〔2〕 参见桂华:《农民地权诉求与农地制度供给——湖北沙洋县"按户连片"做法与启示》,载《经济学家》2017年第3期。

一、土地流转中的农民分化

（一）土地流转时的态度分化

以S县W村安仓集团流转土地的事件为例：2016年安仓集团计划到W村十五组流转土地，主要看中北方片区的土地，因为这些土地的质量较好，水源便利，15组共24户，其中涉及北片区土地的共14户。10月，安仓集团委托村委会对组内14户农户进行流转动员。其中赵某斌、赵某松、赵某林和赵某4户村民表现出积极流转意愿，4人于2017年1月与安仓集团签订了5年的流转合同并获得了1元/平方米的土地租金（换算成标准亩地租为667元/亩）和400元/亩的青苗补偿费。

在村委会看来，这是一次千载难逢的致富机会；但在村民看来，流转给安仓集团对于大多数人来说并不是个划算的买卖。其实村民自己都算过账，同样1000平方米的土地（当地农民土地计量单位为习惯亩，1习惯亩=1000平方米），流转给村委然后再给安仓，能拿1000元；但是自己耕种，不仅能自保粮油，还能收入近1500元。更重要的是，附近村落曾经有流转土地来养殖黄鳝的，亏损之后付不了租金，然后就跑了，本村也出现过类似的情况，二组的许某流转土地养虾，后来亏损退租后，留下的土地很难耕种。虽然村委会一再强调“这个老板跑了，自会有其他老板过来流转，况且安仓集团也交了押金”，但押金具体有多少村民也不知晓，钱不在村民手中显然稳不住民心。但此时村民也出现了不同的想法，他们认为，“老百姓还是要经常与村里镇上打交道”，何况“各人家里的情况不一样，虽然土地自己种收益高些，但要从家里总体盘算”。通过镇干部和村委会坚持不懈地做动员工作，反复强调“土地流转是大势所趋，是国家政策导向，引进企业搞开发，是国家政策”，2017年3月初8户农户被说服，相继签订合同。

最终，小组内只剩下赵某华和赵某伦2户坚决不同意土地流转，村里做了多次工作，镇村干部表示，如果两户愿意流转，可以考虑给他们在安仓公司的基地里找两块地返包，但是赵某华坚决不同意。由于北片土地的连片率不高，存下非常明显的插花田，赵某华和赵某伦2户的土地恰好夹在已经签约的这12户流转田亩之间。在谈判无果的情况下，最终安仓公司放弃了流转这块土地。2017年3月过后，村委正式通知15组已经签约的村民，宣布放弃流转，并向最早流转的4家农户追回已经支付的租金。

在镇政府看来，这是一次因“钉子户”而错过规模流转的致富机会。之所以说是致富机会，主要是因为在安仓集团进入前地租水平稳定在0.5元/平方米的价格，而安仓集团的地租已达到当前周边土地流转市场中最高地租水平。然而，在整个流转过程中，村民对于流转的态度并不统一，表现出积极主动流转、经过动员后的消极流转和坚决反对流转三种鲜明态度。在此，笔者对 15 组的农户做了一个关于土地流转态度和家庭生产情况的不完全统计。

1. 积极主动流转

赵某斌，44 岁，家中一共有 16,000 平方米耕地。之前一家三口都在外打工，老婆做保洁，女儿和自己在厂里打工，自己收入 2400 元/月，回来种地收入也是两三万元。去年一个人在家种地，但有些种不过来，喊老婆回家两人一起种又不划算。因此想把土地流转给安仓，每年有 1 万多元地租，自己外出务工收入更高。

赵某林，60 多岁，土地面积为 9000 平方米，儿子在外做生意，买房结婚定居荆门，妻子帮儿子带小孩，只有自己在家中。虽然种田收益不错，但赵某林认为安仓集团地租比较高，将土地流转能进城帮儿子做生意，也较为划算。

赵某松，80 岁，村里的低保户，2014 年 8 月在家摔倒，现在要拄拐行走，老伴儿有脑血栓。家中有两个儿子，均在外地务工无土地。2015 年开始拿低保，目前生活来源主要是低保（90 元/（人・月））+土地流转费（550 元/（亩・年））+养老金（70 元/（人・月）），加上孩子平时给的赡养费，总计 8000 元左右。家中有耕地 4200 平方米。从腰椎摔断后开始就租给付某军种水稻了，合同 3 年一签，2016 年到期之后，又续签了 3 年，租金为 0.55 元/平方米，年底结账。

对于此三人而言，他们对农业生产的依赖性不高。赵某斌的家庭成员均能投入劳动力市场获得一定的打工收入，通过全家的货币收入维持在城市的基本开销，如果将劳动力大部分投入农业生产中并不划算；赵某林随着子代稳定地向城市转移，而不需依赖土地种植产生的农业收益；赵某松无疑最依赖农业收入，但由于自身年龄和劳动力的限制无法直接从事农业生产，因而只能通过流转土地获得货币收入，从而实现生存保障。

2. 经动员后的消极流转

赵某，44 岁，因其是小组长难以抵抗村镇压力，第一批签订流转合同，但其并不倾向流转。家中土地 9300 平方米，5 口人，父母年纪较大，女儿在读高中。家庭收入主要来源于农业和养殖业。去年，常年在浙江打工的堂哥赵某化将自家 12,000 平方米土地流转给赵某，农业收入为 3 万多元，后赵某化儿子结婚后留在村中，将土地要回自己耕种。除种田外，赵某还承包了鱼塘，并养殖了 1000 只鸭子，由于今年行情不好，没有多少收入。

赵某武，47 岁，家中 4 口人，女儿出嫁到江苏，儿子未婚在外务工。土地面积 10,000 平方米，夫妻二人均不务工，平时主要是妻子负责农田管理，赵某武利用自己水塘养殖鳖和鱼，养殖年收入为 3 万元左右。

实际上，赵某和赵某武等大部分村民并不赞成流转。尤其是安仓集团对于土地有一定的挑选，部分边角地并不流转，村民仍需投入劳动力从事农业生产或将剩下的土地低价流转给本村大户。但这部分农户大多有养殖等副业，且以中年为主，流转后可投入劳动力市场获得部分收入。因此，对于他们而言，这种土地流转并不必要，但他们倾向一次性出高价买断农民的土地，例如修路开发征地，完全解放劳动力，使得农民脱离农业生产外出打工。

3. 坚决反对流转

赵某华，55 岁，家有 3 口人，土地面积为 12,000 平方米。儿子大学毕业之后在外打工，现在和老婆一起在家种地，闲时就去打零工，当瓦工师傅，一天收入 200 元，全年零工时间为 3 个月。家庭年收入 3 万—4 万元，其中农业收入占 60%左右。

赵某伦，56 岁，家有土地面积 10,000 平方米（包括其父亲的土地），都是离水源很近的、靠近公路、田又集中的好田，耕种较为方便。赵某伦的两个儿子皆在外务工，其家中有农机，种田较为便利。而且有一门修理家电的手艺，平时妻子负责在镇上的修理店，农忙时二人回来种地，并向周边农户提供农机服务，农闲时修电器，年收入 4 万—5 万元，其中农业和农机收入占一半左右。赵某伦之所以种田，一方面是占了土地和农机的优势，另一方面，其父亲年纪大，大哥和三弟都在外务工，父母养老的口粮需要自己提供。

赵某华和赵某伦也是兼业农民，农业收入是其家庭总收入的重要部分，但由于年龄劣势，难以进入劳动力市场，同时依靠农业和打工等副业使其在村中维持相对较好的生活水平，因而缺乏脱离农业生产的动力。

总体上看，小组中唯一一户无论如何都要流转的是赵某松。对于他而言，自己确实种不动地，如果不能以 1 元的价格流转给安仓，就要以 0.55 元的价格把地流转给本村大户，这个差价是比较大的。而赵某松年老多病，是个扶贫对象，地租是土地能够提供的重要生活保障。但农业收益对于赵某伦和赵某华以及那些已经签约但又不太情愿的农户来说，也是重要的。赵某松由于没有劳动能力只能依靠土地租金来维持生活，而其余农户则更愿意依靠从土地的直接耕种来收益。村民经过核算后的共识是流转之后的效益会低于不流转的效益，但关键在于虽然同为农民身份，但具体农户家庭间的生产经营方式存在较大差异，农户以家计模式理性核算不同土地经营方式带来的效益，因此难以产生一致意见。

（二）态度分化体现出的农民阶层分化

从上述讨论中不难看出的是，在农民普遍外出务工的背景下，农村阶层轮廓渐显。学界对于农民分化主要从两个方向展开：一是以职业为主的水平分化，二是以经济收入为主的垂直分化。[1] 从职业角度农民可以分为农业劳动

---

〔1〕 参见刘洪仁、杨学成、陈淑婷：《我国农民分化的测度与影响因素分析》，载《山东农业大学学报（社会科学版）》2007 年第 2 期。

者、农民工、雇工、农民知识分子、个体劳动者和个体工商户、私营企业主、乡镇企业管理者、农民管理者八大阶层。[1] 从农民家庭对农业收入的依赖程度上农民可分为脱离土地的农民阶层、半工半农阶层、在乡兼业农民阶层、普通农业经营者阶层、农村贫弱阶层。[2] 但由于农民分化仍具有边界不固定,阶层界限模糊,行业分化不平衡,区域不平衡等过渡性特点。[3] 因此,仅以农民横向职业或纵向收入水平区分不足以把握村庄的阶层性质。本章结合阶层分化与家庭生产的关系,从家计模式、收入结构、与土地关系等因素对农民进行区分,将农户划分为进城离土阶层、脱离农业阶层、半工半耕阶层、小农兼业阶层、村庄贫弱阶层,[4] 以此讨论其阶层特点和土地诉求。

1. 进城离土阶层。该阶层基本完成城镇化进程,生存方式脱离土地,从事非农业经营,能够在城镇具有可观收入,对土地没有需求和依赖。一般来讲,该阶层多数在城镇居住,与村庄联系较少,对村庄事务并不关心。仅有少部分人因有父母在村或乡土情怀,对村庄存有精神依恋和情感寄托,土地对该阶层来讲,不具备耕种价值。该阶层不关心土地以怎样的方式流转,也不在意土地如何被改造,相对而言更青睐资本流转土地时给予的高额租金。

2. 脱离农业阶层。该阶层常年外出,虽然没有十分赚钱的技能,但胜在劳动力充足,通过务工或做小生意,全家通力合作维系城镇生活开支。但城镇生活花销较农村大,他们可以满足一般生活需求,但也难以留有结余,更没有在城市购房定居的能力。该基层一般有中青两代劳动力,父代退出劳动力市场后,则需要回到村里,进行农业生产。所以该阶层与土地联系较为密切,虽不依靠务农作为主要生活来源,但难以从根本上与土地脱离。村庄仍然是其重要的生存空间和交往场域。在土地流转过程中,该阶层流转的功利性较强,希望得到土地流转的高额地租来作为城市生活的补贴,另一方面顾及土地耕种能力的后续发展,会将土地流转的风险纳入考量,在流转土地时会提出禁止改造、合约期满恢复原状等要求。

3. 半工半耕阶层。该阶层收入来源包括打工收入和务农收入,土地收益作为家庭日常开支,经济水平相对富裕。该阶层的一般农户,家庭分工明确:一是代际分工,老人从事农业生产,通过粮食作物、蔬菜等种植保障大家庭的基本开

---

[1] 参见陆学艺:《重新认识农民问题——十年来中国农民的变化》,载《社会学研究》1989 年第 6 期。

[2] 参见贺雪峰:《取消农业税后农村的阶层及其分析》,载《文史博览(理论)》2011 年第 4 期。

[3] 参见卢福营:《转型时期的大陆农民分化——以浙江四个村为典型案例分析》,载《中国社会科学季刊》(香港)2000 年春季卷。

[4] 参见本书对农民阶层的划分参考了刘锐在《土地流转、阶层分化与乡村治理——基于湖北省京山 J 村的调查》一文中的分类。

支,同时在家照顾孙辈,子代外出务工,获得打工收益;二是性别分工,妇女在农村种植,照顾老人小孩,操持家务,丈夫外出打工。明确的家庭分工使农户在保障家庭基本生活所需的同时获得可观的货币收益,维持稳定的村庄生活。家庭结构和劳动力水平的限制,使他们无法举家进城,土地对他们而言具有生存保障性功能。在当前农业社会化服务水平日益提高的背景下,农业生产机械化程度越来越高,与此相应地,劳动力投入减少,农业收益较为稳定,该阶层甚至希望通过打工积累的资金承包更多的土地。

4. 小农兼业阶层。该阶层主要收入来源于农业生产,打工收入占比较小。经济水平一般,以中老年农民家庭居多。该阶层是农业生产的主力,倾向于精耕细作,一般由夫妻共同对土地进行管理,并耗费大量的时间,对化肥、种子等农资投入精打细算,关注土地的灌溉水利、机耕道等基础设施建设。为节约成本,通常会参与到村庄农业生产的互助合作中。除种植粮食外,他们也会种植蔬菜或小规模养殖,以节省货币开支满足日常生活所需。在务工生产上,该阶层一般不具有手艺,农闲时在周边劳动市场从事零工或季节性雇工,务工收入较低且不稳定。虽然资本下乡土地流转出的价格较高,但也难以达到该阶层精耕细作的农业收益水平,土地转出更意味着失去主要的家庭收入。因此,该阶层强烈反对土地流转。

5. 村庄贫弱阶层。该阶层没有农业耕种之外的收入来源,耕种面积不大,经济实力薄弱,村庄社会地位较低。主要有两大群体:一是老人核心家庭,他们从事小规模农业种植;二是缺乏劳动能力的农户,这类农户由于身体原因(疾病、残疾)或家庭原因(单身、离婚)等无法进入劳动力市场,只能长期依靠农业维持基本的家庭收入。贫弱阶层希望多种地或开展副业以增加收入,但却碍于家庭经济和劳动能力的限制难以改变现状。总体说来,该阶层劳动能力的劣势地位使其被迫依附农业生产,土地是他们仰赖的生活保障,此外土地对他们而言还具有价值性需求。他们对土地流转持反对态度,若将土地流转则丧失了基本口粮和唯一职业,家庭开支货币化,难以维持生活。只有当流转价格与耕种收入相差不大时,部分丧失耕种能力的老年核心家庭才会选择流转土地养老。

二、农民分化后的地权诉求

农民的地权诉求基于土地具备的功能。作为重要的生产要素,土地具有农民所需的生产性功能、保障功能和财产功能。生产功能是指在农业生产活动中,农户通过将土地与劳动投入结合,获得生产性收益,是土地最基础的功能。社会保障功能依托生产功能,温铁军认为,土地之所以具有生产与保障双重功能,源于国家在农业投入和公共品领域的退出,农民社会保障转由村社通过向成员分配集体所有土地的方式承担。且伴随人口增长,土地双重功能正演变为"保障重于生产"。[1] 具体来看,我国农村土地的保障功能主要体现在两方面:一是劳动就业保障,对农民尤其是村庄中的贫弱阶层而言,土地为他们提供了基本的生活保障,也为他们提供了限制条件低的职业通道。二是风险兜底保障,伴随城镇化进程的深入,农民普遍外出务工,但就业并不稳定,职业更换速度过快,没有稳定的职业在某种程度上意味着农民抗风险的能力较弱,土地为他们提供了最后的屏障,即使从城市回到农村也不用忧愁生存问题。

除生存和保障功能外,土地还可以发挥财产功能,各种权益可以分割、流转、交易。[2] 一般而言,作为财产的土地产生收益主要通过两种途径,一是土地流转获得的地租;二是城镇化进程中,农地性质转变,进行非农化使用,如被征收、股份化等方式产生的收益。由于土地财产性收益远大于生产性收益,农地财产性功能对农民家庭的作用日益明显。

根据上述提及的土地流转过程中的农民分化,不同阶层的农民对土地流转所持的态度不同。这是因为各阶层拥有不同的家庭资源禀赋,根据自身实际情况,对土地的不同功能产生了差异性偏好。进城离土阶层与土地没有密切联系,土地对他们而言所具有的归属性价值较弱,因此他们较为重视土地的财产功能,生产功能和保障功能则退居二线。而脱离农业阶层,对土地有一定的依赖性,土地经营收益可以作为日常生活的补贴性来源,作为兜底性保障,对他们来说,土地的保障功能和财产功能更为重要。对半工半耕阶层而言,土地经营收益在收入来源中占据较大比重,他们对土地的生产功能和保障功能需求程度较强。小农兼业阶层对土地的依赖程度更高,以农业收入为主,经济水平一般,且这个阶层的人多为中老年人,他们借助土地经营收益满足日常生活开支,对土地有强烈的生产和保障性需求。农村社会没有完善的社会保障制度,对村庄贫弱阶层而言,土地是他们的兜底保障。他们并不希望通过流转、征地、转卖等方式获取土地收益,而是希望通过持续不断的耕种,维持生活。总体上看,大部分阶层对土地的生产功能和保障功能都是需求性较强的,对那些进城离土阶层来说,他们的生活越出村庄范围,对土地没有了生产和保障性需求,财产性需求凸显,依靠经济优势把土地资本化,通过流转的方式实现土地增值。

总而言之,不同农民对土地流转的态度各异,这种差异源于各自家庭的实际所需和所持有的资源禀赋,由此也造成了农民的分化。分化后的农民产生了不一致的地权诉求,有的阶层青睐土地的生产功能和保障功能,有的阶层则更

---

[1] 参见温铁军:《农民社会保障与土地制度改革》,载《学习月刊》2006年第19期。

[2] 参见陈剑波:《农地制度:所有权问题还是委托—代理问题?》,载《经济研究》2006年第7期。

希望土地能够变现为资本。

第三节 农地制度与农民地权诉求的张力

当前我国农民的地权诉求十分复杂,而农地制度的设计倡导产权整合,将零散、细碎化的土地加以整合,以此来提高土地利用效率的目标与之并不相契合。党的十七大之后,国家积极提倡并推进规模经营,用全新的标准来要求农村土地集中耕种。党的十八届三中全会提出的“加快构建新型农业经营体系”,目的就是要解决“谁种地”“如何种”的问题。[1] “三权分置”更是将土地经营权独立出来,将土地经营权的配置开放给广阔的市场。理想的制度目标是巩固和完善农村基本经营制度以维护各方权益、优化土地资源配置以实现农业现代化转型。但在实践经验中,农民复杂的地权诉求与农地制度之间产生张力,导致制度的预期目标并未顺利实现。

一、农民地权诉求的复杂性

因农民在村庄结构中位置的差异,其产生稳定地权、保障地权、变现地权等多方面的地权诉求,且不同诉求处于同一表达结构中。这种复杂性体现在以下几个方面:

第一,地权诉求的分化性。随着工业化、城镇化进程的加快,当前农民获取非农务工的机会虽好于历史上任何时期,不再仅仅依赖土地并以内卷化方式获得收入来源,因而在经济收入和社会阶层上发生了显著分化,农村社会已非铁板一块。农户在从业性质、收入来源等方面的差异,直接影响了其对土地的依赖程度,表现出差异性的土地需求偏好。那些进城成功的农民,生产生活依托城市,他们不在乎土地的好坏,只期待土地流转或增值。一些农民举家搬进城镇,但无法获得稳定的收入来源,希望依赖土地经营收益当作部分生活支出,或者必要时借助资本化力量将土地变现从而帮助其立足,但他们会考虑到土地的兜底保障作用。大部分从事小农生产的农民,土地经营收益是他们最主要的生活来源,其对土地仍有强烈的保障性需求。总体上而言,大部分农民仍然与土地保持密切的联系,对土地的生产性功能和保障功能需求较强,少部分农民希望土地能够变现,期待土地的财产性价值。在土地流转中,农民分化是其实施的社会基础,也是农村制度推行所必须考虑的现实情况。[2]

---

〔1〕 参见陈锡文:《中国农村改革研究文集》,中国言实出版社 2019 年版,第 516-522 页。

〔2〕 参见孙新华:《土地流转与农户家计:两种流转模式的比较——基于江西省 T 村的实证调查》,载《贵州社会科学》2012 年第 4 期。

第二，地权诉求的动态化。农民在地权诉求的表达上，不仅会因所处的村庄阶层不同产生差异，受家庭周期的影响，同一农户的地权诉求也存在动态变化。在中青年阶段，其处于负担较小的核心家庭时期，因而能充分发挥自身劳动力优势赚取货币收入，在条件允许的情况下，希望最大化获得土地收益或变现土地以补贴城市生活。在50岁左右，子女成家后，则产生明确的代际分工，子代外出务工，父代逐渐退出劳动力市场，在村内经营土地照顾孙辈，维持较低的家庭生活成本。在老年时期，由于劳动力的限制，仅耕种少量土地获得口粮，其他土地由子代代耕或流转出去，获得少量货币收入作为养老的基本保障。因而，在理性计算家庭收益的前提下，农民根据家庭发展阶段调整土地利用方式，产生不同的土地需求。

第三，地权诉求的多元性。土地利用方式以农民耕种为主，在此基础上延伸出保障和财产功能，且土地保障、财产功能的实现往往以耕种为前提条件。因而，此时的农地功能依附于农民的农业生产活动，难以单独从土地中分离出来。二轮延包后，国家为提高农业经济效率，通过赋权的方式建构一整套服务于土地承包经营权流转和土地商品化的正式地权制度，农地的商品属性显现。[1] 通过土地商品化的多种方式，隐含在农地中的多重土地功能得以单独实现。因而农民依据家庭所需表达出更加独立多元的地权诉求。

二、农地制度难以回应农民地权诉求

S县按照“三权分置”的制度模式完成土地流转、实现土地的规模经营后，土地所有权仍归集体所有、农户享有土地承包经营权、资本取得土地经营权。但这一过程，并没有出现“三权分置”的预期结果。理论设想中通过土地流转整合了细碎化的土地，引入资本实力相对雄厚的经营主体就可以实现相应的规模效益，但不应忽视此过程中农民对于地权的诉求。资本下乡型规模经营导致的土地流转，并未切实保障农户的土地承包经营权。

虽然在“三权分置”制度下，农户家庭取得土地承包经营权后可以自主决定是否以及如何向他人流转土地经营权，但在资本下乡型规模经营中这一保障缺失。由于传统小农缺乏自身的权利保护能力，在整村或整组流转的潮流驱使下，或在村集体“软磨硬泡”的消耗中，农户会放弃对自己承包田地的种植。在村庄推动整村流转的过程中，有一些坚持要自己种植几亩地的农民，他们既不愿意通过流转获得他人的土地，也不愿意流转出自己的土地，若不同意流转，则会将自己的耕地独立出来，为插秧、灌溉、收割等制造了障碍。这部分农民大多属于对土地的生产功能和保障功能依赖程度高的阶层，土地经营收益是他们的

---

[1] 参见宁夏：《农民地权的国家建构：赋权还是推动农地商品化》，载《求索》2014年第10期。

生存来源,也是他们抵抗风险的长久保障。虽然将土地流转出去也能获得一定的地租,甚至是较为可观的地租收益,但他们也失去了对土地的经营权以及依赖土地可以获得的生存性来源和心理性安全机制。此后农民对生产性和保障功能的获得,只有依赖确切的租金数额。

资本对土地进行统一的改造后,可以自行决定是否在上面建立相应的农业建筑设施,对“怎么种植、种植什么”有着自主决定权。而对土地形态的改变与规划,对农民而言是不可逆的。即使资本经营者退出经营,土地也无法恢复原状。有的村干部认为“农民在流转了自己的经营权之后,他就只有承包权了,我们只有保证每年按时按份地发放地租,他就管不了土地是怎么样”。这反映出地方对“三权分置”的简单理解,村干部将“三权”理解为所有权、承包权、经营权,促使了他们对农民土地承包经营权的误解,即资本对农民的土地承包经营权的保护仅限于支付地租,而不将土地承包经营权的可持续发展性考虑在内,这种认知忽视了农民对土地保障功能的需求。

在“三权分置”的制度实施中,各级政府和社会资本理解了“三权分置”流转土地实现规模经营的含义,却难以将土地权利的长远发展考虑在内。又或者说,土地权利的长远发展与当前的规模经营是存在偏差的,当前的规模经营是回应政策、推动资本盈利的理性选择,且流转中的农民对自己的土地是否流转态度不一,在这种情况下资本流转土地统一规划的行为无可厚非,但同样受制于不同阶层村民的地权诉求,难以使这种规模经营产生预期效果,“三权分置”政策在执行中的效果不可避免地发生了折损。

第四节　农民土地权利的法治保障

“三权分置”政策的执行、规模经营的良性发展、农民地权诉求的满足都离不开法治化保障。作为社会治理方式,法治是实现政策实施、资本盈利、农民权利保障的必要途径。尤其是农民的地权诉求,是决定资本流转土地的结构性原因,是关系“三权分置”实效的决定性因素。以法治保障完善农民的地权诉求,具有理论和现实的双重意义。

一、农民地权法治保障的必要性

农民地权法治保障的前提在于规模经营过程中农民地权诉求并未得到满足,具体体现为规模经营对农民流转土地后的家计模式产生了不利影响,这种影响在不同阶层体现为不同内容,甚至导致农民原有的生计安排自体循环失效。在村庄层面,资本下乡的规模经营影响了农民的土地经营效益,使农民退出生产环节,也捆绑了基层政府,因此运用法治手段,保障农民的基本生计、以农村集体组织为单位获取经营效益、使农民参与生产环节具有现实的必要性。

(一)规模经营对农民地权的不利影响

首先规模经营影响了不同阶层的农民土地流转后的家计模式。进城离土阶层的家庭收入与土地关联性较低,在外来资本流转土地前,其家庭土地主要有两种处理方式:一是免费给父母或兄弟等人耕种,在家族内部将土地再次“分配”,象征性地获得口粮或以土地收益代行对父母的义务;二是低价流转给在村种田的农民,由其代为管理土地,获得较少的土地租金。无论是哪种方式,其基于土地的经济收入较少,更多体现为社会性的回报,即通过免费或低价的土地流转,与家庭内部和村庄社会维持较为密切的互动,实现村庄内部人际关系的维持。资本下乡大规模流转将其土地流转方式从较具人情关系的礼俗型流转变为市场化的行为,虽然地租价格上涨,但对于这部分已在城市立足的农户而言,地租收入并不会对其家庭经济水平产生重要作用。因而土地流转后,其与村庄社会微弱的关联被彻底切断。最重要的是,在较高地租的诱导下,这部分农户是积极推动大规模土地流转的“领头人”。正是其在流转中“推波助澜”的带动作用,使得农民组织十分松散,难以形成强有力的共同体对抗流转趋势。

脱离农业阶层则因土地流转失去兜底保障。虽然该阶层家庭劳动力一般较为充足,全家脱离农业进入城市一方面维持了家庭状态的完整性,另一方面家庭成员共居降低了在城市的生活成本。但农民进城务工在劳动收入上存在着明显的年龄分化:一是年轻一代农民工,以做小生意或者进厂务工为主,从事劳动强度相对较轻的工作,年务工收入在 3 万元左右;二是中年一代农民工,一般从事建筑、装潢、搬运等行业,属于“下苦力”的劳动力,这一部分劳动力年龄均在 40 岁以上,是第一代农民工的典型代表,劳动强度较大工资也较高,部分有手艺的劳动力年务工收入 5 万—8 万元;三是中老年一代农民工,即将从劳动力市场退出,一般没有手艺,主要从事建筑、搬运行业的帮工等,工作较不稳定,年务工收入为 1 万—2 万元。从农民务工的特点上看,其务工收入与市场状况密切关联,具有极强的不稳定性,面临较高的市场风险和行业风险。且高收入通过出卖苦力的高劳动力投入来实现,对身体和年龄的要求较高。因而,随着农民年龄阶段的变化,最终中老年农民工将退出劳动力市场,不得不面临回乡种地的宿命。

大规模的土地流转使其无法通过土地获得保障,这种保障有两重功能,一是在老年劳动力被务工市场“驱逐”后仍能通过土地耕种维持基本生活,获得相对稳定的农业收入,并向家庭中在城务工的年轻劳动力输入资源。二是在市场风险较大或者家庭中出现难以预料的风险时仍能发挥兜底作用,保证其基本生活,平稳过渡风险期,实现再次进入劳动市场的可能。换句话说,大规模土地流转使这部分农民获得了一定的货币收入,能够为其高成本的城市生活带来一定的补贴,但却无法发挥土地的失业保障功能,一旦劳动力市场出现波动、家庭成员出现伤病或老年劳动力被市场淘汰后,其将面临生活困境。

半工半耕阶层则是丧失了口粮,虽然在家庭货币收入上变化并不明显,但土地承载的非货币化功能无法实现。这部分农户之所以选择从事农业生产而非举家外出务工,是因为其家庭存在无法或难以投入劳动力市场的次级劳动力。通过代际分工或性别分工的方式,老弱妇经营农业保证家庭生活开支,实现子代和父代的日常照料,青壮年投入劳动力市场可获得可观的货币收入。两者的作用有所区别,土地经营收益作为日常生活的保障,货币收入供家庭储蓄。土地转出后,此类农户的家庭劳动力安排有两种结果:一是次级劳动力进入城市劳动力市场,从事劳动要求和工资水平低的工作,且劳动机会有限,举家进城后面临住房、子女就学等家庭生活成本提高问题。二是次级劳动力赋闲在家,以务工收入供养家庭总开支,家庭生活水平受劳动力市场波动影响较大,难以获得稳定的生活保障。

小农兼业阶层作为村庄土地经营的主力军,以中年夫妇为主要劳动力,农业收入为其主要谋生手段,为了产生更大的农业收益,还会流转其他农户的土地来扩大自家耕种的土地面积。农业种植上,劳动投入较为紧密,农业生产经验丰富。这部分农户的家庭收入水平并不低于打工农户,在资本下乡的大规模土地流转中是最严重也最直接的利益受损者。在资本下乡的高地租冲击下,他们无法继续以低价或无偿流转土地维持较高水平的家庭农业收益,其他农户向大资本的地租水平靠拢,挤压了他们的生存空间。

村庄贫弱阶层是村中经济水平的底层。虽然劳动力最为弱势,但在当前农业耕种便利化,高强度劳动生产环节可由社会化服务替代的情况下仍能够维持自我耕种。同时,这部分农户以土地生产为全部生活来源,在生产中更注重精耕细作。一般以立体化的庭院经济为主要生产方式,其农业收益的获得并不需要横向扩大生产规模,农户通过充分利用家庭土地资源,从事粮食种植、蔬菜种植、养殖业等综合经营,以纵向上的多元经营产生农业效益。农业收益不仅可以投入生活中,保证日常生活的口粮,节省日常货币开支,同时能够将剩余部分投入市场获得少量货币收入。土地流转后的收益远远低于立体经营土地所获得的收益。村庄贫弱农户难以单纯依靠地租生存,只能通过基层政府以低保或贫困户等保障性的方式“置换”土地,从而推进土地流转。

即使土地经营收入不再是大部分农户的主要家庭来源,但土地对农户家庭而言仍然是重要的生产资料,农户依靠土地从事农业生产是降低家庭生活成本的主要方式。农民家庭依靠农业生产和打工收入两种方式共同维持家庭生计,在村务农的主体多是老人和妇女,在外务工的以青壮年男性劳动力为主,真正需要将土地全部流转出去而全家从事非农收入的农户非常少。因此农户家庭生计模式的劳动力配置,出现明显的代际或夫妻分工。这不仅是为了最大化地实现家庭经济收入,还是为了家庭福利最大化,即家庭分工有助于子女抚养和老人赡养。而农民依靠土地进行农业生产不仅能够调整不同阶段的家庭需求,还能够在此基础上实现半工半耕的生产方式,从而使自体循环良性运转。〔1〕但土地流转破坏了这种家庭生计自体循环,没有了土地经营权,农户无法依托土地种植进行劳动力的合理分配。

此外,资本下乡型规模经营对地方政府的农业治理而言,并未增加农业经营的效率和收益。其效益依赖自身的资本投入或政府资源,具有封闭性和排斥性,除产生少量就业机会外,难以带来农民收入和福利的增长。因而,土地大规模集中流转后,农民和企业间的关联机制普遍表现为土地租金和少量就业机会,缺乏企业和农民间的利益连带机制。〔2〕资本下乡大规模土地流转后,村民除户口和居住外,与农业生产和村庄的关系变得疏远。土地的农业生产、保证和财产功能均以地租收益的形式表现,与土地脱离关联后,普通农户难以凭借土地分享国家在农业生产上的优惠、项目、资金补贴等,小农被农业资源体系边缘化,难以获取地租以外的土地收益。

规模经营中的土地流转具有牵一发而动全身的力量,将农户、政府、资本都嵌入其中,若无法形成一个良性运转的循环模式,就会与“三权分置”的制度目标背离。在上述情况下,需要用法治的有力武器对土地流转过程进行保障,最根本的是对农民地权诉求的保障。保障好农民对土地权益的需求,就能协调好土地流转中出现的种种问题,资本也可以通过各种方式吸纳农户作为规模经营中的劳动力,由村民自发创收,以此实现规模经营的预期效益。

(二)法治保障农民地权诉求的优越性

法治建设要求对农民地权进行法治化保障。首先,解决农民诉权问题需要法治“在场”,尽管“三权分置”在制度设计上完成了对土地所有权、土地承包经营权、土地经营权的规定,但其运行并未体现出与农村实际情况的适配性。其不适配主要体现在规模经营模式与农民分化后的地权诉求之间的张力。在土地流转过程中,农民根据自己的现实情况定位对土地的具体需求,规模经营能够在一定程度上实现土地的财产功能,但难以实现土地对农民而言的生产功能和保障功能。法治的根本目标是保障最广大人民的根本利益,一切为了人民、一切依靠人民。由法治为农民地权诉求保驾护航,势必要将那些对农民而言至关重要的权益考虑到农地制度设计中。

其次,法治是提升村集体自治水平的重要机制。社会资本进入村庄对土地

---

〔1〕参见王德福:《半耕半工与乡村社会的自循环体系》,载《经济导刊》2014年第10期。

〔2〕参见焦长权、周飞舟:《“资本下乡”与村庄的再造》,载《中国社会科学》2016年第1期。

进行流转,要以村集体组织为中介,以更好地对接农户,降低与农户之间的谈判成本,并且社会资本能够利用村集体组织的信息优势,解决其"外来性"与村庄的"社会性"之间的矛盾。而对农民来说,村集体组织同样是降低他们与外来资本谈判、交易的媒介,如果村集体组织能够站在他们的利益上与外来资本进行协商,那么对农民的地权保障具有重要意义。村集体组织若能在法治的轨道上实践自己的"中介"角色,将会最大限度地实现资本与农户的共赢局面。

再次,法治对于合理设计土地流转过程中各级政府的职能具有监督作用。行政力量在土地流转的过程中往往起着不可替代的作用。政府在农村土地流转中常常扮演推动者、管理者等角色,但同时也可能为了满足自身利益而置农民的合法权益于不顾。这时就需要用法治化手段对其进行约束、监督,引导行政力量合理介入土地流转,确立其作为土地流转中的"管理者"而非"主导者"。

最后,法治是规制资本下乡流转土地进行规模经营的重要手段。"三权分置"为土地流转设定了很大的自主性,给了任意一方较大的操作空间,虽然充分尊重了各方自由意志,但也意味着不管是农户还是资本都拥有了破坏公平交易规则的机会,为了保证制度合理运行,这种现象必须加以避免。而当前土地流转市场中并没有外在强力约束交易秩序,也需要法治保障来使社会资本在一个规范的空间内完成土地流转。

因此,强化"三权分置"政策下规模经营的法治化保障,不仅能够切实保障农民的地权,回应不同阶层农民的不同诉求,更能够保障村集体组织在规范的轨道上实现自治、社会资本在规范的范围内完成土地流转。

二、保障农民地权的主要方式

农村土地承包经营权流转,本质上是土地产权和农民土地利益的调整。农村地权问题重大,涉及人口较多,且农民在国家治理体系中处于关键位置,是相对的"弱势群体",处理不善会直接影响农村社会的稳定,因此将农民地权问题纳入法治化轨道势在必行。法治保障农民地权的核心在于保障农民基本土地需求、保障农民家庭依靠土地实现稳定自我循环的权利。

(一)保障农民基本土地需求

在城镇化进程中,大量农村劳动力进入城市获得就业机会。为盘活农村土地,提高农业生产效率,政府积极推动土地产权明晰,鼓励资本下乡流转土地,实现具有农业现代化特征的规模经营。资本下乡使农民能够顺利分享劳动力市场和土地市场带来的双重收益。但我们应当明晰,在此过程中,农民依托土地分享发展成果主要是哪部分农民收益,保护农民土地权益又是保护哪部分农民的哪些土地权益。换句话说,农地制度和农地经营制度应该以哪些农民的哪些土地权益为基础。

由S县资本下乡过程中的农民土地流转态度可以看出，由于农民劳动力资源禀赋的差异，当前农村社会对于土地流转的态度呈现出差异性。大规模土地流转以一致的土地租金回应具有多元土地诉求的分化农民，但土地租金对不同农民所产生的效益是不同的。总体上看，资本下乡大规模土地流转中受益最大的为经济条件较好的离土离乡阶层，他们无农业生产需求，对土地的生存依附性最弱，流转后无须投入任何生产资料就可以将地权高价变现，获得和其他村民同样的土地收益。而这部分收益对其家庭收入而言并不占据较大的比例，属于“锦上添花”的额外收入。而对于大部分具有较强农业生产能力的兼业农户，大规模土地流转仅仅意味着获得一定量的货币收入，无法通过土地耕种实现家庭基本生活保障和部分次级劳动就业，其农地权属中的基本土地需求被压缩。对于村庄贫弱阶层而言，大规模土地流转使其失去了唯一的生存手段，依靠固定的地租难以维持家庭基本生活，更无法获得就业途径，缺乏基本生活保障，从而陷入贫困处境。因而，在资本下乡的大规模土地流转中，除收入水平最高的离土离乡阶层依靠土地资本属性获得收益外，其他阶层依附土地产生的农业生产需求、次级劳动力就业需求、生活保障需求等基本的土地需求都难以实现。

因此，对于农地制度而言，不能只看到其生产功能，还要重视其在农村所具有的福利功能。[1] 作为福利制度，其更应从公平性角度出发，保证农民在农业收益、弱势劳动力就业和基本家庭生活等基本土地需求上的保障，尤其是对于村庄贫弱阶层而言，其对土地的基本需求是生存兜底。在城镇化进程中，农村劳动力不断外流，农民依靠自身资源禀赋进入劳动力市场，产生了收入上的分化和差异。资本下乡的大规模土地流转迅速活跃了农村土地市场，使得原本具有经济优势的离土离乡阶层能够较为便利地实现土地资本化，将固定的土地资源转换为流动的地租收入，实现农村资产向城市的流入和补充。对于难以离开村庄的弱势农民而言，其生存与土地高度关联，却缺乏抵御大资本流转强势力量的能力，只能被迫从农业生产转移。因而，对农地制度而言，第一要务是坚持集体享有土地所有权，农民享有承包经营权，一旦集体所有制出现松动，土地出现了所谓的农民完全所有的私有化产权，则难以在土地市场迅速发育的背景下实现对农民尤其是弱势农民基本土地需求的保障，原本依靠农业生产能够发挥生存和生活兜底作用的土地即可能抛弃大多数弱势农民，而倾向资本化，从而引发巨大的农村社会危机。

（二）保障农民家庭依靠土地实现稳定自我循环的权利

在城镇化进程中，虽然大量农民进城是以单个劳动力的形式投入劳动力市

〔1〕 参见陈柏峰：《对我国农地承包权物权化的反思》，载《清华法律评论》2006年第1辑。

场,但其仍保持小农以家庭为基本生产单位的特点。在市场机制的调节和筛选下,农民家庭中的大部分次级劳动力仍以从事土地经营为主的方式生存。在家庭生产为基本生产单位和次级劳动力与土地结合的前提下,农民在家庭的不同阶段具有不同的土地诉求。通过村庄范围内的内生性土地流转,虽然地租空间未被完全释放,但农民家庭自体能够依靠其对土地资源的配置实现灵活的土地经营,较为稳定地实现不同家庭周期的顺利过渡。在资本下乡的大规模土地流转进入后,虽然地租水平高于以务农为主的兼业农户在村庄范围内的内生型土地流转,但其以较长的土地流转期限和较为彻底的经营权流转,打乱了农民依据家庭生产力状况调整土地经营方式的稳定配置,进而切断了农民家庭的自我循环。

因而,在城镇化引发农村大量青壮年劳动力外流的过程中,部分地区的农村土地因人口的释放剩余或抛荒,土地规模经营存在一定的必要性和合理性。但国家在农业法律法规政策的制定中,将大量的资源投入以资本下乡为主体的大规模经营形式,通过“垒大户”的方式推动农业转型治理目标的实现。在这一过程中,忽视了小农以家庭为生产单位产生的动态的土地需求,片面地以地租支付的方式回应不同阶层农民群体的土地诉求,“均平”的地租使得农村社会因非农收入产生的阶层分化愈加固化。大部分农民难以通过土地来实现家庭生产模式的灵活调整,以适应不同家庭周期的土地需求。因而,在规模经营的必然前提下,国家在农地和农业政策中应当尊重农民家庭生产的客观规律,而非以激进的方式推动土地大规模流转。通过鼓励和培养以在村务农兼业农民阶层为主体的村庄内生型规模经营,吸纳村庄范围内的“剩余土地”,从而实现村庄土地资源温和地再分配。

另外,在农村产权制度改革,尤其是农业规模经营的推进中,涉及大资本、农村集体、基层政府、农民等多个主体,应如何配置集体所有权,规制村级组织、基层政府与资本的合谋现象,保障农民的土地权益也是问题所在。在资本下乡与基层政府双重动力机制下的大规模土地流转中,主要以村级组织作为代理人的方式推进整体流转,流转以较为规范的“土地经营权流转合同”的形式。在具体的流转合同中,村级组织依靠集体土地所有权同资本下乡签订“大合同”,再依托对土地承包经营权的发包方主体地位,与农户签订“小合同”,在“大小合同”的流转方式中,单个农户的土地流转意愿难以与村级组织的所有权相抗衡,则容易出现以村级组织意志强制代替农民流转的现象。因而,法治化保障也需考虑此种情况,一方面,在资本下乡的土地流转中,虽然村集体具有土地所有权,但仍要依照严格的村民民主制度,流转合同也应明确合同主体,防止“大小合同”现象;另一方面,合同中流转双方的权利和义务需经由村民会议民主讨论协商,从而限制村级组织“代行”流转。

第十二章　新型城镇化进程中的土地增值收益分配

城镇化建设带来了巨大的土地增值收益,为个体与社会的发展提供了重要的资源。合理的土地收益分配秩序是以保障土地权利为核心、兼顾分配效果、实现公平与效率的分配秩序。由于法治能够在价值与制度层面回应"人的城镇化"需求,是解决土地增值收益分配冲突,保障农民权益的重要途径。在实现"人的城镇化"的背景下,我们也需要通过法治手段来建立健全相关制度体系,引导并规范土地增值收益分配实践,维持土地增值收益分配的良性秩序。

第一节　新型城镇化与土地增值收益分配的关系

土地增值收益是新型城镇化进程中的重要资源。土地增值收益既是地方财政的保障,也是农民在城镇化进程中的重要经济来源。而在土地增值收益的分配过程中,中央政府与地方政府的利益冲突、村民与村集体的利益冲突、农民和地方政府的利益冲突、失地农民之间的利益冲突对于土地增值收益分配的秩序产生了不同程度的负面影响。为了发挥土地在新型城镇化进程中生存资源与发展资源的功能,保障新型城镇化进程的稳定,就需要正确认识新型城镇化与土地增值收益分配的关系。实践中,土地增值收益能否合理分配,与新型城镇化的进程息息相关:新型城镇化土地增值收益及其合理分配是城镇化的重要物质保障;土地增值收益关涉的问题是城镇化必须解决的问题。因此,推动新型城镇化必须以合理分配土地增值收益作为前提条件。

一、土地增值收益合理分配是城镇化的重要物质保障

土地是人的生存资源,也是人的发展资源。土地作为资源具有财产属性,能够在物质层面满足社会发展的需求。因此,土地增值收益是"人的城镇化"的重要物质保障。一般来说,土地增值收益对于"人的城镇化"的保障作用主要体现在两方面:一是为"人的城镇化"提供发展基础,二是为"人的城镇化"提供发展动力。

首先,土地增值收益为"人的城镇化"提供发展基础,直接改变了城镇化的

走向。中国的城镇化建设经历了由“物的城镇化”到“人的城镇化”的转变。“物的城镇化”是“人的城镇化”的背景阶段与发展基础，而土地资源是“物的城镇化”高速发展最为核心的助推。因此，农地非农化是城镇化外延扩张的主要表现形式，也是“人的城镇化”的必要发展前提。土地二元所有制与土地征收补偿制度以土地增值收益为重要规范内容，为中国经济高速发展提供了制度动力。

1986年实施《土地管理法》以来，我国政府便完全垄断了土地的一级交易市场，所有的农用地用途发生转变必须先经过国家的征收，才能从集体用地转变为国有土地。在这一制度背景下，大量国有土地进入流转领域。地方政府通过垄断土地与控制土地供应，利用土地出让和土地抵押为城市化的发展融资，形成了中国特有的“以地谋发展”的经济发展模式。[1] 这种土地资源的配置方式，刺激了地方经济，为地方经济发展起到了巨大的推动作用，不仅让我国的城市化得以快速推进，也让地方政府在短时间内积累了庞大的财政能力。[2] 由此，土地财政成为地方政府主导城镇化建设的重要经济资源，为新型城镇化建设提供了宽广的融资平台和融资渠道。

其次，土地增值收益直接为“人的城镇化”提供发展动力。“人的城镇化”在于实现人的全面发展，涵盖经济、民生与文化等多方位领域。土地增值收益既能为“人的城镇化”建设提供财政动力，也能够为个体提供生存发展的经济动力。在土地征收问题中，土地增值收益既是政府进行基础设施建设的重要财政来源，也是农民实现市民化的重要保障。在“人的城镇化”的背景下，土地增值的主要因素不再是农业生产条件的改良，而是土地性质的改变。因此，在农村人口进入城镇化的过程中，征地补偿成为他们适应城镇化的首要物质来源。进城农民面临生活生产环境的变化，而基于土地增值收益的经济补偿就为他们适应城镇化生活提供了生活保障与发展保障。“人的城镇化”之所以区别于以往的城镇化阶段，就在于对于“人”的关注与保障。而保障农业转移人口的土地增值收益，正是适应了“人”在城镇化进程中的生存需求与发展需求。因此，建立公平有效的土地收益分配秩序，是回应“人的城镇化”发展需求的必要内容与核心环节。

土地收益分配问题的缘起是土地价值的变化与归属。在土地价值的问题上，城镇化带来的土地供需关系变化是影响土地价值的重要因素。由于社会各方对土地具有不同程度的需求，土地价值发生了区域性变化，土地发展收益的

---

〔1〕 参见刘守英、王志锋等：《“以地谋发展”模式的衰竭——基于门槛回归模型的实证研究》，载《管理世界》2020年第6期。

〔2〕 参见王克稳：《论我国经营性土地征收制度改革》，载《法律适用》2019年第7期。

分配也因此出现了争议。一项合理的土地收益分配秩序,应当符合“人的城镇化”的资源配置逻辑,能够解决土地发展收益的分配争议。这种配置逻辑需要兼具经济性与人本性:核心是以人为本,目的是实现人的全面发展。土地是城镇化建设的核心资源,其收益分配是城镇化资源配置中的重要内容。土地收益分配秩序的合理标准,应当以人的权利为核心,以土地权利的实现情况为依据。

合理的土地收益分配秩序,是以保障土地权利为核心,兼顾分配效果,追求公平与效率的分配秩序。公平与效率的概念并不是抽象的,而是基于我国城镇化发展背景,服务于“人的城镇化”价值目标的。土地收益分配秩序的合理标准也是具体的,需要结合我国社会结构与城乡发展结构,考虑社会风险承受能力与范围,从而为社会发展提供多方面的支持与助力。而土地收益被合理分配,也意味着土地能够在城镇化建设中发挥其最优效用,普惠城镇化中的相关主体,促进实现“人的城镇化”。因此,公平合理的土地收益分配秩序是“人的城镇化”发展的必然要求。

二、土地增值收益关涉的问题是城镇化必须解决的问题

土地征收的实质是对土地分布利用格局的调整,这也是我国城镇化建设中最为首要的资源整合途径。之所以如此,原因主要有二。

一是土地格局与城镇化的兼容需要。受历史与现实因素的影响,土地形成了特定的分布与利用格局,然而土地的自然分布格局往往无法满足社会发展建设的需要,这一点在实现“人的城镇化”的问题上尤其突出。国家需要进行组织建设与制度建设来调整原有的土地分布与利用格局,以满足城镇化建设的需要。而土地征收正是国家调整土地分布与利用格局的直接手段,是整合土地资源的首要方式。

二是土地资源的划分背景。在土地资源的划分上,我国实行的是“国有—集体”二元模式。根据我国《土地管理法》第9条的规定,土地资源按照不同的性质,可以分为国有土地和集体所有土地。国有土地包括城市市区的土地,除由法律规定为国有土地以外,农村和城市郊区的土地以及宅基地和自留地、自留山属于农民集体所有。由于城镇化建设的区位特点,土地资源的整合空间主要在于城郊农村,整合的对象主要是位于城郊农村的集体土地。因此,国家需要在保持制度正当性的前提下,在“国家—集体”土地二元划分的基础上进行土地配置。土地征收是这一制度背景与实践背景下的产物,也成为国家在城镇化建设中的首要资源整合途径。

在城镇化建设中,土地征收往往会伴随征地拆迁纠纷,这成为我国城镇化进程中最主要的利益冲突问题。征地拆迁是国家征收农村集体土地引起的房屋拆迁,属于城镇化进程中土地资源整合的具体手段。国家依其职权,按照法

定程序,基于公共利益的需要,将农村集体所有的土地依法变为国有土地之后强制拆迁原集体土地上的建筑物、构筑物并给予补偿。征地拆迁的过程,实际上是土地利益在不同主体之间重新调整的过程。参与土地利益调整关系的相关主体主要包括中央政府、地方政府、农村集体经济组织、农民个人和用地单位。由于各方利益主体相对独立,都有追求自身利益最大化的要求,而征地拆迁所能享受到的利益却是相对确定的,土地征收过程中便极易产生利益冲突,出现征地拆迁纠纷。

在城镇化建设的背景下,征地拆迁存在四组代表性利益冲突。一是中央政府与地方政府的利益冲突,二是村民与村集体的利益冲突,三是农民和地方政府的利益冲突,四是失地农民之间的利益冲突。

首先,在中央与地方政府方面,其利益冲突分别有三项,一是中央对地方的维稳要求和相关项目顺利落地需求的冲突,二是中央的宏观调控和地方政府财政需求的冲突,三是中央对强拆行为的禁止和地方官员激励机制的冲突。我国是行政性分权的单一制国家,在征地拆迁中,地方政府的征收权来源于中央政府。为实现社会和谐,中央要求地方在维持社会稳定的同时进行征地拆迁。地方政府的事权与财权呈现不平衡的特点,为了增加地方财政收入,地方政府对于征地拆迁顺利进行的需求增大。[1] 科层化的行政体制将任务压力向下传导,地方政府承受着较大的项目落地压力,容易采取非正式手段来保障征地拆迁活动的顺利开展。[2] 在非经济指标的政绩考核体制中,中央政府则是以民生、环境、和谐社会等指标来考核政府绩效的。受其影响,地方政府谋利动机发生改变,其行为目的愈发偏向风险规避而非解决问题。

其次,村民与村集体的利益冲突,既包括村委会与村民关于拆迁补偿的分配冲突,也包括村委执行基层政府的政策与村民利益需求之间的矛盾。当前我国实行的产权制度,将土地所有权和承包经营权割裂,分别对应的权利主体为集体经济组织与农民。由于征地补偿费用的性质在法律定性上并不明确,“集体经济组织”的概念又相对模糊,村民委员会便多以“集体经济组织”自居,成为补偿费用的实质管理者与分享者。在村级治理行政化的趋势下,村委工作及财政都受到基层政府的监管,村委也受到基层政府行政压力的影响。因此在征地拆迁工作中,它们必然无法完全站在村庄的立场上,为村民争取利益。

再次,农民和地方政府的利益冲突,具体体现为两类:一是地方政府与支持征地农民、征地态度摇摆农民之间的利益冲突,二是地方政府与“钉子户”之间

---

〔1〕 参见景跃进、陈明明、肖滨主编:《当代中国政府与政治》,中国人民大学出版社 2016 年版,第 191 页。

〔2〕 参见何艳玲、汪广龙:《不可退出的谈判:对中国科层组织“有效治理”现象的一种解释》,载《管理世界》2012 年第 12 期。

的利益冲突。但不论何种情况,农民都可以在法律规定的范围内寻求自己的最大化利益,与政府进行讨价还价。不过,由于这个过程反复无常,它极易引发集体性抗争事件。珠江三角洲地区就因征地历史遗留问题而导致农村的集体性抗争事件高发。[1] 此外,土地征收补偿和集体建设用地直接入市之间存在巨大的利益鸿沟,导致农民在土地农转非的过程中会趋利避害地选择获利较高的集体经营性建设用地入市而不是土地征收。地方政府为了城市化进程而不断进行妥协,让利于农民,也会导致土地征收成本不断增加。

最后,失地农民之间的利益冲突。这主要体现为支持征地农民与“钉子户”之间的利益冲突。支持征地的农民往往是直接或间接掌握村庄和再分配主体地位的公职人员、拥有较强人脉资本、盼望征地拆迁的人。村干部作为征地拆迁任务的执行者,同时也是征地拆迁中土地利益的受益者,其作为农民的主体地位也需要受到关注。对于依然生活在农村的村民而言,土地是重要的生存保障,只有在征地拆迁的补偿金额消除其对未来生活的不安感时,“钉子户”才会同意征地拆迁。因此,不同利益诉求的村民无法就征地达成一致时,容易产生冲突与纠纷。

第二节　我国的土地增值收益分配制度

我国的土地增值收益分配制度经历了计划经济时期、改革开放初期、市场经济时期三个主要时期,到如今建立起以国家为主导的土地增值收益模式。在该模式下,土地增值收益由国家占有和支配,征地补偿方式变得更为多元,它为我国城镇化建设提供了充足的财政资源。在现有的实践当中,这一模式又逐步形成了苏南模式和珠三角模式,苏南地区通过建立统跨“基层政府—行政村—农户”的利益共享机制提高了集体资产收益,带来良好的社会效益。珠三角模式增加了土地增值收益空间,分配机制也更加多元。

一、我国土地增值收益分配制度的历史沿革

土地增值收益分配制度模式是结合背景条件对土地增值收益分配制度进行的宏观总结,具体表现为征地补偿制度。征地补偿方式是征地补偿制度的重要内容,它一方面受经济发展目标的约束和规制,另一方面深刻影响着社会经济发展的方向。我国的土地增值收益分配制度模式是在长期的实践基础上逐渐形成并发展起来的。该制度模式的每一个阶段都与我国相应时期的发展目

---

[1] 参见田先红:《地利分配秩序中的农民维权及政府回应研究——以珠三角地区征地农民上访为例》,载《政治学研究》2020年第2期。

标相适应。我国土地增值收益分配制度模式的演变可以分为三个阶段,计划经济时期、转型时期与市场经济时期。

第一,计划经济时期。从新中国成立初期到初级合作化时期,我国以土地改革与初级农业合作化阶段的征地补偿制度进行土地增值收益分配。1953年,政务院出台了《国家建设征用土地办法》(已失效,以下简称《征用办法》)。由于当时土地为私有,国家特别将征地安置问题作为土地征收的前置条件,并以3到5年的土地产值作为征地补偿标准。从高级合作化时期到改革开放前期,土地征收的补偿不再要求安置在前,征收在后。农村土地转为公社集体所有。1958年,国家对1953年《征用办法》进行了修正,该规定调整了土地征收制度:土地征收以农民集体作为征收对象,土地补偿标准降低至2至4年总产值,安置也不再是土地征收的必备条件。1958年《征用办法》一直沿用到1986年第一部土地管理法出台前,到高级农业合作时期再到改革开放初期,该办法一直是中国土地征收问题的主要依据。

第二,转型时期。1982年国务院出台了《国家建设征用土地条例》(已失效,以下简称《征用条例》)。《征用条例》提高了土地征收补偿的金额,规定了补偿款归属集体,并且要求将补偿款用于农业生产。1986年颁布的《土地管理法》(已修改)对征地补偿制度进行了一定的调整,主要有两个方面的变化:一是征地补偿有了明显强制性。该法规定了国家的强制征收权,征地被认定为是被征地集体对国家所尽的义务。二是在人员安置上,该法提出创办乡镇企业这一途径。此外,地方政府开始通过垄断和控制土地供应,利用土地出让和土地抵押来为城市化的发展融资,形成了中国特有的“以地谋发展”的经济发展模式。[1]

第三,市场经济时期。由于城镇化发展需要土地资源,同时征地纠纷不断增多,1998年《土地管理法》(已修改)应运而生。该法的主要特点是确立了国家对土地的三项管制制度,分别是土地用途管制制度、国家垄断建设用地供应制度和禁止集体经营性建设用地入市制度。该制度确立了我国土地增值收益分配国有的法律制度模式,国家完全垄断了土地交易,限制了集体的自主开发权。2004年《土地管理法》(已修改)规定土地征收补偿是征收的法定条件。2007年的《物权法》(已失效)规定对被征地农民要进行足额补偿,对失地农民要提供充足的社会保障。2020年实施的《土地管理法》在平衡社会经济的发展和农民的权益之间作出了新的规定,界定了土地征收的范围,并且规定集体经

---

〔1〕 参见刘守英、王志锋等:《“以地谋发展”模式的衰竭——基于门槛回归模型的实证研究》,载《管理世界》2020年第6期。

营性建设用地可以入市流转。[1] 这一阶段的土地征收制度进入改革实践期。土地增值收益分配完全国有的法律制度模式开始松动。保障失地农民的土地增值收益和建立多元保障机制开始成为土地制度改革的重点内容。

二、我国土地增值收益分配制度的现行规定

我国现行的土地增值收益分配制度属于国家主导模式,即由政府主导土地一级市场,以“涨价归公”作为主要分配思想。土地发展权国有理论是这一模式的理论基础。土地发展权国有理论认为,土地发展权作为与所有权分离的可处分权利,应当归属国家。土地增值的本质来源是全体社会成员的共同努力,应当由全社会成员共享。失地农民不能独享全部的土地增值收益,但至少他们可以参与分享一定的土地增值收益,甚至应当具有优先获取地位。毕竟,土地增值收益的实现有赖于集体土地所有权,他们又是集体的一分子,有权以所有权为依据要求分享土地增值收益。[2] 同时,土地的交易要符合国家的发展规划,要充分发挥土地的价值。在此基础上产生的土地增值收益应该“涨价归公”。

目前,我国土地增值收益分配模式呈现“放权赋能”的特征。2020 年实施的《土地管理法》确定了土地增值收益的分配目标在于实现社会经济发展与保障农民权益。其中,保障失地农民的土地增值收益和建立多元性保障机制是土地制度的重点。根据《土地管理法》第 48 条的规定,土地征收的补偿款除了固定标准的土地补偿费与安置补助费外,可以依据被安置农民的生活情况增加安置补助费。这意味着国家在主导土地增值收益时,以农民的生活标准为重要分配导向。

政府征收的集体土地溢价部分主要由国家占有和支配,同时通过建立多元征地补偿方式,使得失地农民获得土地增值收益的分配。国有分配模式的依据是认定国家的用途管制是土地增值收益的关键。正是在国家对土地的用途管制下,建设用地资源因市场供需矛盾而呈现短缺状态,土地增值才随之产生。相对而言,集体和集体成员并未直接贡献土地增值,因此并不能直接享有土地的自然增值。而之所以国家需要对集体与集体成员进行补偿,主要是因为他们是土地的直接提供者。土地增值收益分配国有的法律制度模式在我国具有社会基础。城市化的发展是土地产生增值收益的重要时代背景和主要的动力来源。该模式能防止少数人占有土地增值收益,同时也为我国城镇化建设提供充足的财政资源。

---

[1] 参见高飞:《土地征收中公共利益条款适用的困境及其对策》,载《学术月刊》2020 年第 4 期。

[2] 参见陈柏峰:《土地发展权的理论基础与制度前景》,载《法学研究》2012 年第 4 期。

三、我国土地增值收益分配制度的制度实践

城镇化是土地增值的产生背景，影响着我国土地增值收益分配的制度实践。目前，由于我国的城镇化建设呈现区域性差异，不同地区的土地增值收益分配制度也有所区别。其中，苏南地区与珠三角地区最为典型，形成了我国土地增值收益分配制度实践的苏南模式与珠三角模式。

在城乡融合发展背景下，苏南地区基于“三置换”的土地利用模式，形成了土地增值收益分配的多元化模式。“三置换”，一是指集体资产所有权与分配权置换为社区股份合作社股权；二是将土地承包权与土地经营权进行征地置换，转化为基本社会保障或者入股置换权；三是将宅基地使用权置换为城镇住房，二、三产业用房，股份合作社股权或者货币。在此基础上，苏南地区形成了土地增值收益分配的多元化模式，建立了统跨“基层政府—行政村—农户”的利益共享机制。首先，在主导分配的主体层面，苏南地区由政府主导转为政府与跨村社集体共同主导。其次，在土地增值收益的分配基础上，由原有的土地所有权、土地使用权与承包权转为土地所有权、土地使用权、土地承包权与土地经营权。最后，在土地增值收益的分配手段上，原有的产权与货币补偿手段转为产权、股份、社会保障与货币的多元补偿手段。

其中，以居住集中为代表的土地利用模式成为苏南地区城乡融合发展的实践范例。集中居住模式的核心在于重整农村土地利用格局，依托的是集体建设用地发展权转移与宅基地置换跨村集居机制。在维持农民宅基地使用权的前提下，改善生活基础建设，并以货币与集体资产分红作为拆迁征地补偿。与此同时，村集体通过转换土地性质，使得优势区位的土地为规划所利用，这提高了土地利用效率，实现了集体资产的增值。〔1〕 这项将农村宅基地置换为集体非农建设用地的实践，以保障农民的土地权利为基础，即在保障农民的宅基地使用权、集体用地收益权与处分权的基础上，实现集体建设用地流转。同时，它通过设立交易空间，进一步保障了农民的土地增值收益，即允许农民与基层政府进行土地发展权的交易，这使得农民成为土地增值收益分配的直接主体。最终，通过提高集体资产收益，实现农户、村集体与政府的互利共赢。

在城镇化发展的新背景下，珠三角地区的土地增值收益分配模式以其土地利用模式为基础，形成了从土地增量扩张到存量用地再开发的转型。〔2〕 存量用地再开发是指对建设用的土地再利用与开发，既包括对国有土地的再开

---

〔1〕 参见李广斌、王勇、谷人旭：《农地制度变革与乡村集中居住模式演进——以苏南为例》，载《城市规划》2019年第1期。

〔2〕 参见郭旭、严雅琦、田莉：《产权重构、土地租金与珠三角存量建设用地再开发——一个理论分析框架与实证》，载《城市规划》2020年第6期。

发,也包括农村集体建设用地的更新改造。区别于苏南地区,珠三角地区的“三旧”改造对象是历史非正式建设用地。这种改造模式的原理在于对非法建设用地进行合法化,重新配置土地产权,从而对城镇化建设空间进行再配置与升级。旧有非正式用地的相关土地权利人可以凭借置换土地或缴纳出让金,取得合法的土地使用权。这样,原土地权利人能够与政府共同支配土地开发权和收益权,这将增加他们对土地配置的主动性。这种存量用地改造模式提高了土地资源配置的效率与保障性,推动了珠三角地区城镇化建设的进程。

在土地增值收益的分配问题上,珠三角模式具有两方面的特点。一是增加了土地增值收益空间。二是实现了多元主体分配机制。两者都统合于珠三角城镇化背景下的制度建设之下。首先,在土地增值收益空间上,珠三角模式提高了土地的潜在增值收益。它以法律制度先行,以空间治理为手段来进行存量用地再开发,确立了地方政府、原土地权利人、开发方三者对土地开发权与收益权的享有,激发土地权利人对存量建设用地再开发的主动性与积极性,使得可开发土地空间增加,促进土地增值总量提升。其次,在土地增值收益的分配问题上,珠三角模式通过确立协商性的合意与非正式协议制度,促进土地增值收益分配主体多元化。其中,土地租金是代表性的土地增值收益形式。珠三角模式确立了地方政府、存量土地权利人、开发者的地租共享资格,重新构建了土地租金分配的格局。同时,珠三角模式赋予村集体建设用地开发权,提高了农村土地建设的开发效率,作为集体成员的农民能够直接通过集体收益获得土地增值收益。

存量用地再开发的土地模式下,珠三角的土地征收工作遇阻颇多,出现了土地增值收益分配冲突。根据《广东省人民政府关于试行农村集体建设用地使用权流转的通知》(已失效),农村集体建设用地允许流转入市。珠三角的大量农业集体建设用地经由村集体流转入建设开发方,一方面为村集体与农民直接带来了土地增值收益,另一方面也同时提高了农民对于土地增值收益的预期,尤其是对非建设性集体土地的增值分配预期。[1] 因此,当城镇化建设需要征收集体土地时,农民就会对土地增值收益的分配进行利益衡量。相对于土地征收的补偿,直接通过流转集体土地进行非农化建设显然获益更多。即使土地征收是服务于城镇化建设,能够实现公共利益,农民仍然会将此视为一次永久性的土地增值损失。这样,他们往往会在征地补偿中“漫天要价”,甚至拒绝征地而成为“钉子户”。

---

〔1〕 参见贺雪峰:《如何理解征地冲突——兼论〈土地管理法〉的修改》,载《思想战线》2018 年第 3 期。

第三节 土地增值收益分配制度存在的问题及其法治改进

当前的土地增值收益分配存在农民的土地增值收益得不到有效保障、土地征收补偿不公、土地征收中纠纷难以有效解决等问题,对新型城镇化的进程和质量产生了负面影响。为解决这些问题,需要改进现有的土地增值收益分配制度,建立土地增值收益的经济辅助制度,完善土地增值收益分配的配套监管制度,进而以完善的法律制度来回应上述问题。

一、土地增值收益分配制度存在的问题

(一)农民的土地增值收益得不到有效保障

“人的城镇化”是以人为本,实现人的发展的城镇化。农民是“人的城镇化”的核心主体,应当被重视与保障。土地增值收益分配是“人的城镇化”的重要发展资源。土地征收的过程中土地增值收益的分配是农民实现市民化的重要保障,也是政府进行基础设施建设的重要财政来源,这就导致决策者面临一个主要的实践难题:应该如何平衡政府和失地农民对土地增值收益的分享。

在城镇化建设的背景下,农民的土地发展权益没有得到充分的保障。征地拆迁中的征地补偿是土地增值收益分配的形式之一。在土地收益分配的历史中,国家对农民的土地征收补偿主要以“年产值倍数”为依据,形式往往是一次性补偿。然而,土地不仅是中国农民利益的载体,也是他们社会保障权的载体。失地农民为土地城镇化的发展提供了最宝贵的资源,但土地增值收益大部分却由国家投入城市的建设中,失地农民没有获得充足的补偿和长期保障。农民失去土地,同时意味着他们失去了生活保障的依托。如果这一问题无法解决,农民的发展权利将无法实现,“人的城镇化”的速度将无法跟上“土地城镇化”的速度。

(二)土地征收补偿不公

土地征收后的增值收益分配是城镇化背景下土地增值收益分配的重要部分,需要在形式与实质层面实现分配公平。然而实践中,土地增值收益难以被公平分配,加大了贫富差距、城乡差距,甚至是区域性差距。

首先,在形式层面,土地征收补偿的标准往往模糊。虽然《土地管理法》规定了基本的补偿限度,各地区的政府却仍然有权按照地方的实际情况制定相关的实施细则。由于地区发展情况与科层压力,地方政府在征地补偿的问题上往往存在各自的标准。因此土地征收标准在落实的过程中存在巨大的差异。实践中,这种征地补偿的模糊标准往往被“按闹分配”的逻辑所裹挟,征地补偿问

题中的“讨价还价”者往往能够在同等条件下获得比其他人更多的补偿。被征地的农民看准了政府想要征地和发展的迫切,要求政府超额补偿,政府为了实现顺利征地,也时常会妥协,这就导致土地征收的标准没办法严格执行,产生了一批“土地食利阶层”,造成了社会财富的分配不公。近年来媒体不时报道的拆迁“暴富村”“土豪村”新闻引起了网络的围观。[1]

其次,在实质层面,土地征收补偿并未彻底实现城乡范围内的分配公平。即使有统一的补偿标准,土地征收的补偿对象仍然主要限于城镇近郊的村集体与农民,而远郊的农民则无法得到有效补偿。在大城市近郊,失地农民往往获得了超额补偿,造就了一批“土地食利阶层”。每个地区的经济发展水平和经济发展潜力都是不同的,东部大城市郊区由于城市化发展水平较快,用地需求量比较大,在国家规划管制的制度背景下,城市发展出现了严重的土地短缺问题,在土地供需极度不平衡的状态下,该地区的土地往往可以拥有较高的土地增值潜力。相对而言,远郊农民所获的土地增值收益分配相对不足。我国区域之间的发展水平存在巨大的差距,东部沿海地区,具有较好的发展优势,西部内陆偏远地区,由于资源和交通条件的限制,发展机会较少。土地增值的多少取决于地方经济发展水平,偏远地区被征地农民所在地区的经济发展水平较低,财政的支付能力有限,失地农民无法得到足额补偿,生活没有保障。这种征地标准执行不彻底,大城市近郊农民的超额补偿和远郊农民补偿不足形成张力,造成了社会新一轮的贫富分化。

(三)土地征收纠纷难以解决

征地纠纷实质是各方利益主体对土地增值收益的争夺。目前反映在我国城镇化建设的土地征收纠纷主要在两方面。一是征地矛盾与纠纷频发,二是土地征收成本的增加。

首先,在征地矛盾层面,土地征收影响着失地农民的既得利益,容易导致激烈的社会纠纷。在城郊地区,由于城市化的快速发展,一些农民在集体土地上建造房屋用于出租给在城市工作而没有条件购置房产的人居住。或者是将村里的闲置土地出租给企业建仓库、停车场等。显然,上述行为是违法的,但由于国家的行政资源和行政能力有限,未能做到依法查处,这些农民也就因此长期享有非法利益。城市的发展节奏快,城市的居住条件不能满足所有进城工作的人的需要,违法建造的房屋成为城市“打工人”的廉价住处,屋主因此获益。他们已经习惯了这种利益获取方式,一旦国家决定为了城市的发展进行土地征收,就将导致他们这种利益获取方式被剥夺。因此,他们内心产生强烈的被剥

[1] 参见董祚继:《增值收益归“公”还是归“私”——关于土地增值收益分配问题的思考》,载《中国土地》2016 年第 12 期。

夺感，进而引发激烈的抗争，导致大量纠纷的产生。

其次，土地征收成本呈现不断增加的趋势。当前中国正处在快速城市化的进程中，中央政府也一再强调要在土地征收的过程中对失地农民进行足额补偿，不允许强征强拆。然而，部分农民为了获得更多的征地拆迁补偿与地方不断抗衡，索要超过法律规定的利益补偿，这也就造成地方政府两难的局面。土地征收补偿和集体建设用地直接入市之间存在巨大的利益鸿沟，导致农民在土地农转非的过程中会趋利避害地选择获利较高的集体经营性建设用地入市而不是土地征收，地方政府可能为了城市化进程，不断进行妥协，让利农民，导致土地征收的成本不断增加。

二、土地增值收益分配的法治改革路径

（一）健全土地增值收益分配制度

“人的城镇化”是以人为本的城镇化，其重点在于保障农民等相关主体的土地发展权利，实现土地增值收益分配的公平高效分配。因此，完善现有的土地增值收益分配制度是“人的城镇化”的必经发展路径。健全土地增值收益分配制度，首先需要对现有的相关制度进行梳理和整合，对相关规定中存在矛盾的部分以及在实践中存在困境的部分进行修改和优化，形成统一完备的制度体系。比如，土地增值收益分配相关的法律规定是分散在《民法典》《土地管理法》等法律中的，没有形成系统的法律规范体系。对于土地增值收益的分配，同一层级的立法规定也不一致：征地补偿分配的决策程序，《民法典》和《村民委员会组织法》不一致，《村民委员会组织法》缩小了集体经济组织的范围，把村民小组和村混为一谈。而按照《民法典》的相关规定，合村并组不会导致土地原来的所有权主体发生变化。这就导致上述制度在实践的过程中容易出现混乱，村民利益无法得到充分的保障。

健全土地增值收益分配制度，关键是完善现行土地增值收益分配制度的漏洞。在实践中，这主要表现为对补偿标准和补偿方式的优化，要完善土地征收补偿制度，首先要改变现有征地补偿“一刀切”的现状。[1] 当前，我国法律规定的农民获得土地征收补偿的渠道是十分单一的，农民只能在土地征收环节获得土地增值收益，在土地出让环节的土地增值农民和村集体没有参与分配。[2] 这导致农民的土地权益受损。为解决这一问题，国家除了关注对失地农民在土地征收环节的一次性补偿外，还要将应补偿价值放在整个土地增值收益环节进

---

〔1〕 参见刘春湘、虞莎莎、刘峰：《农村集体土地征收纠纷的解决机制探究》，载《湖南社会科学》2019年第4期。

〔2〕 参见钱凤魁：《基于发展权理论的土地增值收益分配研究》，载《现代城市研究》2015年第6期。

行衡量，形成一个更加合理和比较统一的标准，并对失地农民的社会保障措施和条件进行细化。此外，在土地征收的过程中也要确定合理的征收范围。目前《土地管理法》是以“列举+抽象概括”的方式规定了土地征收的范围，但如何在个案中识别、判断某一申请征收项目是否符合这一范围，却是一直没有解决的问题。[1] 对此，相关的立法也应当进行补足。

（二）建立土地增值收益的经济辅助制度

构建土地增值收益分配的辅助性制度，是优化土地增值收益制度不可或缺的一部分，是实现“人的城镇化”的重要策略。一般来说，土地增值收益分配的辅助制度主要包括两项内容：土地增值收益税收制度与土地增值收益专项基金制度。

土地增值收益税收制度是利用税收调节土地增值收益的分配额度、实现社会公平的制度。一般来说，土地征收是实现社会收入平衡的初始分配方式，是在未明确界定私人财产利益时的基础调节。而税收调节制度，则是实现社会收入平衡的再分配方式，是外部调节、财产外调节。两者相比，后者的调节更彻底，分配正义实现得更充分。[2] 所以，在土地增值收益改革的过程中要合理利用税收制度作为调节工具，对土地征收和集体经营性建设用地之间的收入差距进行调节，使土地征收和集体经营性建设用地流转的增值保持在一个平衡的水平。

土地增值收益专项基金制度能够为失地农民提供稳定的社会保障。专项基金除了用于远郊农村和农业的发展外，还应该成为失地农民社会保障金的来源，为被征地农民的生活提供长效保障。《土地管理法》把土地征收的安置方式和社会保障方式进行公告作为土地征收的前置程序，并且以“区片综合地价”的方式规定了征地补偿的标准，但该定价方式的参照标准依旧是片区内的“年产值”，从根本上来看并没有对失地农民的生活水平有实质性的改善。课题组认为可以建立土地增值收益分配专项基金，作为一项独立的资金来源对失地农民的生活进行长远保障。也可以利用这项基金鼓励失地农民进行创业，提高其生活水平和发展水平。

（三）完善土地增值收益分配的配套监管制度

在坚持农村土地集体所有制不变的语境下，完善土地增值收益分配配套的法律制度，对实现社会公正，保证长远的发展目标具有重要意义。农村土地产权制度的改革和完善是减少土地增值收益分配争议，制定合理征地补偿标准的

---

[1] 参见王克稳：《〈土地管理法〉〈城市房地产管理法〉修改与经营性建设用集体土地征收制度改革》，载《苏州大学学报（法学版）》2019年第4期。

[2] 参见赵红梅：《我国土地征收制度的政府、社会联动模式之构想》，载《法商研究》2006年第2期。

前提和重要基础。以我国的土地公有制为前提,对土地增值收益配套法律制度的完善主要包括完善农村所有制的行使机制和土地增值收益分配配套机制两个方面的内容。

首先,是完善农村集体所有权行使机制,对各项法律中农村集体土地所有权主体的表述和范围进行统一规范,确保立法的一致性。当前,相关立法表述容易导致实践中村委会轻易代表村集体经济组织行使土地所有权的权能,以所有权主体的名义分配集体土地征收补偿款。而厘清集体经济组织与村委会之间的关系,则有利于防止村委会越权成为实质性的集体所有权人,侵害集体成员的法定利益。另外,土地征收的过程要充分尊重集体成员的参与权。在制定具体的土地征收规定时,要充分尊重集体成员参与民主决策的权利。在政策的制定过程中,政府要积极主动地征求集体成员的意见,做好充分的社会调查和情况说明,提高公众的参与度和主人翁意识,充分听取公众在土地征收方案制定过程中的意见和诉求,合理平衡各方主体的利益,经过严格的程序后再进行土地征收行为。

其次,是建立土地增值收益分配监管机制。由于只有严格监管政府的行政行为,严格规范征地过程中以及征地补偿的合法性与合理性,才能防止政府在征地过程中出现行为偏差,妨害失地农民的合法权益。结合我国的实际情况,建立征地纠纷的行政裁决与土地监察制度相结合的征地监管制度,对土地征收有序进行具有重要意义。[1] 类似地,在土地增值收益的村庄内部分配中,同样要建立对村委会的监督制约机制,严格监督村干部的行为。此外,为了防止村委会对村民利益的侵占,应该以法律的形式对村委会和村民的土地征收补偿款分配比例加以明确,建立村庄内专门的资金管理基金,规范村委会对村庄共同资产的支配。

---

〔1〕 参见刘春湘、虞莎莎、刘峰:《农村集体土地征收纠纷的解决机制探究》,载《湖南社会科学》2019年第4期。

第十三章　新型城镇化进程中的土地财政

土地财政是地方政府以土地为资源获取财政收入并经营城市的财政发展模式。城镇化建设需求与分税制改革是土地财政的产生背景。在土地财政的运行过程中,不同利益主体之间出现了利益的博弈与冲突,带来了一些不良效应。法治能够在价值与制度层面回应土地财政带来的系列问题,规范土地财政各环节的秩序。土地财政的法治化改革,既包括对土地财政法律制度的健全,也包括对相关配套制度的改革。只有在法治保障下,土地财政才能实现公平与效率,为中国的城镇化建设发挥良性作用。

第一节　我国土地财政的产生与发展

土地财政是我国地方政府获得收入的重要来源,伴随城镇化进程,它从20世纪90年代至今经历了萌芽、初步形成、高速发展三个阶段。正确认识土地财政的产生与发展,可以使其更好地服务于我国城镇化进程。

一、土地财政的概念

土地财政出现于20世纪80年代末,是地方政府以土地为资产和资本来获取财政收入并经营城市的财政模式:地方政府垄断土地供应一级市场,掌握征收、开发和出让土地的权力,并通过低价征地、储备土地后高价出让,或者将储备土地抵押的方式来获取收益,并将其投入城市基础设施建设。土地财政为地方政府提供了重要收入,充实了地方城镇化建设的资金,促进了地方城镇化的快速发展。

土地财政的内容,既包括地方政府通过土地出让所获得的土地出让金与相关税费,也包括地方政府通过"土地金融"所获得的可支配收入。土地出让是指国家以土地所有者的身份将土地使用权在一定年限内让与土地使用者,由土地使用者向国家支付土地使用权出让金的行为。"土地金融"是指地方政府通过地方融资平台如城市投资公司、城市建设公司等,将土地储备中心收储的土地进行抵押,向银行融资的行为。经由这些行为,地方政府获取巨量资金投入城市基础设施建设和开发区建设,推动工业化和城镇化高速发展。土地财政是我国进行城镇化建设,推动地方发展的重要工具。地方政府不仅通过垄断土地征收权和土地出让权获取了大量土地财政收入,还将此类财政收入投放到基础设施建设、开发区建设与招商引资活动之中。地方政府将土地征收、土地出让、基础设施建设与招商引资结合起来使用,推动了城市经济增长,改善了地方政府财政状况,形成了土地财政这一经济发展模式。

二、土地财政的产生原因

(一)城镇化建设的资金需求

城镇化建设背景下地方政府的资金需求是土地财政产生的现实背景。在我国城镇化建设初期,城市基础设施建设非常落后,产业经济发展不能满足建设需要。因此,地方政府需要财政资金以供给城市基础建设与城乡统筹发展。

在我国城镇化建设历史中,城镇基础设施建设资金存在投入性短缺情形。新中国成立以来,我国的发展建设都以国防和重工业为主。国家通过计划经济体制和城乡二元体制提取农业剩余,发展重工业,以农业积累供养重工业体系建设。虽然在 20 世纪 70 年代,我国最终建立了完备的工业体系,但这一过程也带来了一个不利后果,即城市基础设施建设资金投入长期不足,基础设施严重滞后于工业化水平,城镇化建设与乡村发展长期处于低水平。即使到改革开放初期,我国的基础设施建设仍然相当落后。

随着改革开放的发展,建设和更新城市基础设施成为城市发展的必然要求。完善基础设施是政府的职能,政府需要投入财政资金以供建设。然而在改革开放初期,由于物资匮乏、产业落后、居民收入水平低,国家的税收收入非常有限,政府很难通过正常的税收渠道获取大量资金来投入基础设施建设。在这一背景下,我国东部地区开始学习当时的香港政府的土地批租制,通过土地来解决城镇建设的资金难题。当时的香港政府采用的土地批租制以土地使用权的有偿转让为内容,带来了大量的城市建设资金。[1] 我国在局部地区借鉴了土地批租制,这种土地财政的实践带来了显著的政策效果,证明了土地财政的可行性。1988 年,我国先后对《宪法》和《土地管理法》进行了修改,在制度层面正式开启土地财政。

(二)制度改革下的实践可能

分税制度与土地征收制度的改革为土地财政的产生提供了实践可能。1988 年我国修改《宪法》和《土地管理法》,建立起土地有偿出让制度,开启了土地财政在全国范围内的实践。

首先,分税制改革带来的地方财政困境,是土地财政产生的重要背景。通

〔1〕 参见赵燕菁:《“土地财政”让中国崛起完成了原始积累!》,载《房地产导刊》2019 年第 12 期。

过改变中央和地方税收分配方案，分税制制造了地方政府财政收入的“饥渴效应”，这构成了土地开发和城市化浪潮的核心推动力量。[1] 可以说，土地财政是在分税制改革背景下产生的一个非预期后果。分税制的改革压缩了地方财权，中央政府在税收上占比75%，地方政府财政收入锐减。与此同时，地方政府的事权，尤其是财政支出责任并未降低：省级以下的政府承担着65%的财政支出责任。地方政府财政收入和支出责任难以匹配，亟须开发新的财政来源来填补支出，土地财政由此备受关注。事实证明，土地财政的出现及其规模的迅速扩大，解决了分税制改革给地方政府带来的财政困境，并且成为城镇化发展的主要推动力。

其次，土地征收制度的改革为土地财政提供了制度便利。土地制度的改革确立了国家在土地征收工作中的主导地位，规定了“农村集体用地只有经过征收才能转为城市建设用地”这一约束条件。不过，土地征收制度为土地财政的发展提供了两方面的机遇，一是土地征收补偿的标准偏低，二是土地征收公共利益原则的虚化。

其一，在地方财权减弱的背景下，征地补偿的低标准拉大了土地收入的区间，政府能够通过高价出让土地来获得大量财政收入。土地财政的实效刺激了地方政府的征地需求，进一步推动了土地财政的迅速发展。在2019年《土地管理法》修正之前，我国都是沿用土地原产值的数倍标准来确定补偿数额的，其间有所调整的只是原产值的倍数而已，补偿标准一直以“被征地人群生活水平不下降”为基准。按照原产值数倍的补偿方式，征地补偿金远远低于农地转为建设用地的价格，政府从中获得的财政收入尤为可观，这进一步提高了地方政府推行土地财政的积极性。

其二，从土地征收用途标准上看，政府作为土地征收的主体，应当以公共利益为前提进行土地征收与出让。在城镇化建设的背景下，政府需要土地资源来建设城市基础设施，包括工业、商业、住宅以及其他基础设施。但现实中，由于公共基础设施与非公共性基础设施在用地上难以精确区分，土地征收工作往往是为非公共性基础设施建设服务的。政府通过“招拍挂”制度，公开出让商业、住宅用地，获取了大量土地出让金。其出让商业用地的收入，远甚于公共基础设施用地建设的投入。更何况，由于公共利益原则并未得到制度层面的细化规定，土地征收中的公共利益在实践中被虚化。这样，政府将征收的土地投入非公共性设施建设，并不会受到公共利益原则的制度阻碍，它也进一步推动了地方政府实行土地财政的积极性。

---

〔1〕 参见孙秀林、周飞舟：《土地财政与分税制：一个实证解释》，载《中国社会科学》2013年第4期。

三、土地财政的发展过程

(一)土地财政的萌芽阶段

在城镇化建设的背景下,我国土地财政的发展经历了三个阶段,第一个阶段是20世纪80年代末至90年代初的萌芽阶段。在城市基础设施资金匮乏的情况下,我国选择学习土地批租制,以土地为媒介获取基础设施建设资金,以此推动工业化和城镇化的发展。1988年,我国对土地出让问题进行了制度修改,允许土地使用权的有偿出让,为土地财政的开启提供了法律制度基础。首先,1988年《宪法》第10条增设了“土地的使用权可以依照法律的规定转让”的规定,打开了土地出让的宪法大门。从此,我国放开了土地出租市场,土地的使用权能被依法转让。其次,《土地管理法》分离了土地所有权与土地使用权,并在土地公有制下建立了国有土地有偿使用制度。经过《宪法》和《土地管理法》的修改,土地市场化发生了改革,城市土地可以像商品一样流入市场。这标志着土地使用权有偿出让制度在土地公有制的基础上建立。

在城镇化背景下,国家一方面需要为工业建设与城镇发展供应土地,另一方面又需要严格保护耕地,防止城市的无序扩张和耕地的非法占用。土地财政在这一时期刚刚产生,土地管理制度还存在明显的漏洞,土地出让价格低、暗箱操作与贪污腐败等问题不在少数,地方政府也并未从土地财政中获得足够的城镇建设资金。在此阶段,土地出让的主要形式为多方主体的协议出让。由于国家仅禁止农民和村集体直接向土地受让方出让土地,并没有规定只能通过国家或地方政府来出让土地,因此在实践中,城市土地常常是多头出让,地方政府、国有企业均可出让土地。这种多头协议出让的方式存在很大问题:土地出让市场不透明、受让市场没有竞争、出让价格过低,造成了较为普遍的权力寻租问题。

(二)土地财政的初步形成阶段

20世纪90年代中期,土地财政初步形成。在这一时期,土地储备制度被推广至全国各县域和地市,地方政府配置土地的能动性大大加强。1998年住房政策改革释放了大量住房需求,吸引房地产商投资地产,进一步开阔了土地需求市场。此时,土地财政才真正为地方政府带来了明显的收入,土地财政在全国范围内初步形成。

在此阶段初期,土地出让的方式包括协议出让、拍卖与招标,其中协议出让的土地面积占总出让面积的95%以上。这种出让方式对受让方要求较高,受让方首先需要获取土地出让信息,其次需要承担较高的交易费用,以及协商多种附着性责任。土地的协议出让往往伴随权力寻租,土地被低价出让,贪污腐败问题与国有资产流失现象时有发生。此时,土地市场管理面临失控,土地资源配置效率低下,城镇化的建设规划也难以落实。

为维持土地市场秩序,2004 年国家出台了“招拍挂”制度。“招拍挂”制度以“土地招标、土地拍卖与挂牌出售”的方式规范了土地出让行为。自此,地方政府垄断了土地一级交易市场,地产商只有经过公开竞争才能获得土地受让资格。这一制度导致了一个现实效果,即只有资金雄厚的主体才能获取土地受让资格,进一步推动了土地价格的提升。由此,地方政府开始获取较多的土地增值收益,土地财政收入才成为城市基础设施建设的重要资金来源。

“招拍挂”制度实施以来,我国逐步建立起了较为完整的土地财政制度,包含征地制度、城市土地储备制度和土地出让制度。这一阶段,地方政府主要通过土地征收、开发和出让来获取出让金以及相关税费收入。其中,土地出让金收入在地方财政收入中占比很大,地方政府主要通过获取土地出让金来建设城市基础设施,促进城市经济发展。

(三)土地财政的快速扩张阶段

21 世纪初,土地财政进入快速扩张阶段。2008 年开始,“土地金融”成为地方政府进行土地财政融资的主要方式。地方政府通过“土地金融”快速获取财政资金,以优惠的土地税收政策吸引投资,发展城市的基础设施与产业经济,推动了城镇化的发展。[1]

城镇化的发展带动了人口和资源向城市的集聚,工业的发展以及大量人口生产和生活消费又进一步促进了城镇化。在城镇发展的循环效应下,城市的土地资源需求进一步扩大,地方政府的土地财政持续扩张。尤其是“土地金融”的大规模使用,加速了城镇化进程,地方政府对土地财政的依赖加剧。为了保持经济增长,国家放宽了信贷政策。地方政府通过融资平台进行大规模土地抵押,进而在银行中获取大量资金。在城市迅速扩张、经济高速发展的同时,土地财政制度的利益联盟也导致了一系列的问题。例如,农民权益受损,引发恶性上访问题与群体性事件。

第二节　土地财政实践所导致的社会问题

土地财政在我国的城镇化进程中发挥了重要的作用,但同时引发了一系列的社会问题。其中,中央政府与地方政府之间、地方政府与农民之间、地方政府与土地开发商之间的利益冲突在实践中互相碰撞,造成了农民权益保障缺失、土地收益分配不均,地方政府面临债务风险、法治风险,“土地和资金先行、人口和产业滞后”等一系列社会问题。

---

[1] 参见赵燕菁:《“土地财政”让中国崛起完成了原始积累!》,载《房地产导刊》2019 年第 12 期。

一、土地财政引发利益冲突

(一)土地财政实践中的增值收益

在我国土地财政实践中,土地增值收益主要受三个因素的影响。

一是国家发展战略的影响。国家发展左右了区域经济发展,带动了特定区域内土地的价值提升,产生了大量的土地增益。改革开放后,东南沿海地区的大量农业用地变成城镇建设用地,土地增值收益由于经济发展而显著提升。此后,国家进行区域战略平衡,给予中西部地区土地政策倾斜,下放了更多的建设用地指标,这些地区的城镇化发展由此加速,相应区域的土地随之增值。

二是城市规划对城市内部土地价值的影响。一方面,城市规划决定着哪些土地从农业用地变为新增建设用地,而只有被划分为新增建设用地的土地价值才会提升;另一方面,城市规划对城市土地进行内部功能分区,不同区域的土地所获得的发展机会不同,土地增值也就不同。比如,被规划为城市基础设施建设用地和工业用地的区域所获得的土地增值,一般远小于被规划为商业、住宅用地的土地。

三是非农用地政策的影响,主要指建设用地指标控制制度的影响。基于我国人多地少的国情以及耕地保护的战略需要,国家通过控制新增城镇建设用地供应量,来影响地方的土地资源管理。一方面,我国严格控制城镇建设用地供应;另一方面,地方政府需要大量的土地资源来供应城镇化建设。尤其是在城镇化进程较快的地区,因为这类地区对建设用地的需求量较高,产生了非农用土地的供需张力,[1]它们的土地价格和土地增值收益也就更高。

(二)土地财政实践中的利益冲突

土地财政实践中的利益冲突主要是由土地增值收益的归属争议造成的。在土地财政实践中,主要存在三大利益主体,分别是政府、开发商与农民。其中,政府既是土地征收方,也是土地的出让方;地产开发商是土地的受让方;农民既是土地被征收方,也是土地权利人。其中,政府的利益诉求在于土地发展权的国有化。在城镇化背景下,土地增值收益源于社会的发展与国家的规划,那么土地增值收益也应当归为国有。之后,国家再通过财政等方式来实现社会共享。而地产开发商的利益诉求,则在于通过有偿受让土地来实现经济效果。村集体与农民的利益诉求,在于获取更多的土地增值收益,以维护其原有的土地权利。基于不同的利益诉求,各方利益主体之间的关系呈现错综复杂的

---

〔1〕 参见陈柏峰、王裕根:《新型城镇化建设的法治保障:一个研究框架》,载《求是学刊》2018 年第 2 期。

特征,并呈现三对利益关系:中央政府与地方政府之间的关系,地方政府与农民之间的关系,以及地方政府与土地开发商之间的关系。

首先,是中央政府与地方政府之间的关系。中央政府与地方政府在土地问题上互相牵制与妥协。一方面,中央政府出于可持续发展目的,对土地严格管理,通过制度规范地方政府的“卖地”举措。另一方面,中央政府为了发展城镇化,又需要地方政府进行经济建设。地方政府出于建设需要,往往优先选择出让土地,以获得财政资金供地方建设。这导致中央政府对土地利用的严格控制效果有限,地方违法用地的实践现象频发。

其次,是地方政府与农民之间的土地征收关系。地方政府为了实现土地财政收入最大化,对土地征收成本尤其重视,倾向以低征地成本来实现高出让收入。对于农民而言,土地征收意味着无法获得土地增值收益,因此他们会对土地价值进行审慎的利益衡量,并倾向于获得更多的征地补偿款,这就与政府的利益之间形成矛盾。如果全然以地方政府利益为先,容易出现征地拆迁暴力执法、地方政府违法批地用地等问题。而如果全然以农民的分配需求为先,“钉子户”等现象又会频发,人的城镇化建设无法实现。

最后,是地方政府与土地开发商之间的关系,它主要表现为土地出让与受让的关系。其中,地方政府是土地财政的主导力量,它意图通过控制管理土地一级市场运作流程,获得土地财政收入。土地开发商是土地市场的买方与投资方,它意图通过相对低的成本受让特定区域的土地,以实现投资开发收益的最大化。在利益驱动下,土地开发商与地方政府共同争夺土地一级市场的支配力。

错综复杂的利益诉求在土地财政实践中汇聚,产生了各种形式的利益冲突,并表现在土地的征收环节、出让环节与土地财政配置环节。在土地征收环节,利益冲突的形式主要包括征地补偿款项矛盾、征地拆迁矛盾。在土地出让环节,招投标违法案件频发是主要的问题特征。在土地财政配置环节,则出现了违规违法或者低效率的配置问题。

二、利益冲突造成负面社会影响

(一)短期负面影响

土地征收是土地财政实践的重要一环,国家先从农民手中征得土地,然后对土地进行性质转换并投入市场。在城镇化建设的背景下,土地财政的短期负面实践后果主要体现在土地征收环节,表现为“失地农民保障不足”和“远郊农民未能分享土地增值收益”。

首先,失地农民保障不足。从长期看,我国的征地补偿标准过低:除了一少部分经济比较发达的东南沿海地区和城郊地区的农民能获得较多的补偿，其他地区的大部分农民往往要面临失去土地后的征地补偿不足、生活保障不充分的困境。这主要是由城镇化发展水平不足导致的。我国大部分地区的地方政府财政能力弱，土地价格较低，失地农民能够得到的征地补偿往往很少。对大部分农民以及进城务工农民而言，这种落差显然不符合他们心中的公平正义。虽然中央政府有转移支付手段进行调节，但从近 20 年的土地财政实践来看，中央政府的转移支付还无法支持足够的征地补偿。

在城乡二元结构下，城市与乡村的生活成本存在巨大差异。市民需要大量的货币来满足城市生活，农民则只需要相对低的货币成本满足基本生活——土地为他们直接提供经济资源。但是，土地征收分离了农民与土地，未经职业训练的失地农民只能在城市从事高难度、最不稳定、最没有保障并且待遇不好的工作，所获取的补偿费很难维持家庭在城市的长远生活。[1] 尽管 2019 年修正的《土地管理法》加强了对被征地农民的保障措施，要求“长远生计有保障”，但这些规定还需要进一步落实。近 30 年的土地财政已经造就一大批保障不足的失地农民，作为城镇化中的弱势群体，其权益保障应当得到法治的关注与回应。

其次，远郊农民未能分享土地增值收益。当前我国的土地财政主要运用在城市中，投入到城市的基础设施建设上。因此，城市土地进一步得到增值，土地价格进一步攀升。同时，地方政府、金融机构、房地产开发商以及城市购房者在土地问题上有着共同利益：房地产开发商的土地受让成本高，能在土地二级市场中获得更高的利润；金融机构从地方政府和开发商甚至城市购房者手中三处得利；城市购房者凭借城市房产，拉开了与城市无房群体的资产差距。在其影响下，城市土地面积不断扩展，扩张的土地主要用于工业、商业、住宅与基础设施建设。其中工业用地占地最多，住宅用地较少。城市房价在供需关系效应下进一步攀升，流动人口进城安家成本进一步提高，以农民工为代表的流动人口的收入很难支付高昂的商品房价格。同时由于户籍制度，他们也没有资格申请城市廉租房等保障性住房。可以说，在我国城市化的进程中提供大量劳动力和土地的农民，成了在经济发展中被抛下的人，他们的土地发展权被长期忽视，土地利益也难以进入人们的视野。

（二）长期负面影响

在城镇化建设的背景下，土地财政实践不仅产生了上述问题，还为地方政府带来了风险。由于地方政府对土地财政的依赖，土地财政已经成为支撑城镇

---

〔1〕 参见陈柏峰：《土地发展权的理论基础与制度前景》，载《法学研究》2012 年第 4 期。

化建设的必要资源。在此背景下,地方政府在债务层面与法治层面,都面临长期风险。

一是地方政府债务风险。土地财政持续运转下去的前提是土地征用规模扩大和土地出让价格持续走高。一旦土地不能继续征用,或者土地出让价格下跌,政府的土地出让收入就会缩水,偿还巨额的土地抵押贷款便成为不可能。[1] 为了降低这种债务风险,地方政府必须保持高地价和高房价,保持城市经济增长的持续性。但长远来看,这种风险不可避免。无论是中部地区还是中西部地区,多数地方的房价已经非常高,以我国多数人的收入水平以及预期收入增长水平,难以负担这样的高房价。在土地开发规模扩大的情况下,继续将土地价格和房价维持在高位也基本不可能。这样一来,地方政府就很难偿还巨额土地抵押贷款。

地方政府在土地财政中过于追求财政收入,过度使用金融杠杆,超出了地方经济能力,也导致地方政府债务风险较大。东部地区经济发展水平高,土地价值增长快,地方政府土地债务规模也很高。但是,土地财政收益增长快、土地升值空间大的地区,城市政府债务规模的膨胀速度也相对较快。地方政府通过土地抵押进行的债务融资规模必须要与可支付财政能力相匹配,但是现实中很多地方政府土地抵押规模过大,超出了偿还能力。根据国家审计署 2013 年 6 月公布的《36 个地方政府本级政府性债务审计结果》,当前我国地方政府债务风险较大,其中,地方政府的土地抵押是重要内容。因此,土地财政的超负荷运行给地方政府带来了很大的债务风险。

二是地方政府法治风险。在土地财政的运行中,一直存在中央政府与地方政府之间的土地问题博弈。“土地城镇化”阶段,中央与地方在土地上的博弈实际构成了城镇化发展的决定性力量。[2] 中央政府与地方政府在土地问题上的目标冲突,导致中央政府对土地利用的严格控制效果有限,地方政府出现了比较普遍的土地违法行为。出于耕地保护的目的,中央政府实行严格的土地管理制度,通过新增建设用地指标控制地方的土地利用,但这种举措在实践中并没有遏制住地方政府、土地权利人和开发商违法用地的冲动。征地拆迁过程中的粗暴执法和地方政府违法批地用地是最为常见的问题。此外,面对征地拆迁产生的问题,地方政府可能会为了安抚“钉子户”而放弃依规执法行事,违法违规提高对农民的补偿。这都是对法定征地拆迁补偿标准的违背,损害法律权威。

---

〔1〕 参见周飞舟:《生财有道:土地开发和转让中的政府和农民》,载《社会学研究》2007 年第 1 期。

〔2〕 参见周飞舟、吴柳财等:《从工业城镇化、土地城镇化到人口城镇化:中国特色城镇化道路的社会学考察》,载《社会发展研究》2018 年第 1 期。

并且，地方政府的这种妥协往往引发更多人的效仿，形成执法难题和地方政府法治风险。

实践中，地方政府为了地方经济水平和财政收入的增长，往往通过土地复垦或建设用地的增减挂钩指标，规避中央政府的征地指标控制。这是一种合法的行为，但其执行容易出现许多问题。2008年后，在中央扩大内需、促进经济增长的“一揽子”计划的带动下，地方政府需要更多的土地指标和抵押贷款来加速推进城镇化，“增减挂钩指标”就变成这一时期“土地城镇化”的核心目标。[1]获取新增建设用地指标往往需要地方政府推动“合村并居”和“农民上楼”。地方政府通过这种方式，整理出更多的土地指标并加以出售，获取了大量财政收入。如果地方政府能给予农民合理的补偿，推动农民市民化，这种做法未尝不可。但实践中，先拆后建与强制上楼的问题非常普遍，与“农民上楼”相伴的往往是农民利益受损，同时这也给地方政府造成了极大的信誉损害。地方政府推动“合村并居”和“农民上楼”时的粗暴执法，不但使农民利益受损，还降低了政府自身的公信力，给社会造成了不良影响。

（三）对城镇化进程的影响

受上述问题影响，随着城镇化建设的发展，我国土地财政并未实现土地资源的高效配置。从发展角度看，土地财政并未加速“人的城镇化”进程。“人的城镇化”的关键在于保障人的生活质量，尤其是让农民能够分享到城镇化的利益。在“人的城镇化”背景下，城乡关系的核心就是让农民平等参与现代化过程，共同分享现代化成果。[2] 长期以来，农民为中国的工业化和城镇化发展做出了特殊的贡献：改革开放前通过工农业产品“剪刀差”支援国家重工业建设，改革开放后经由土地财政将大量农业用地转为城市建设用地，为经济发展和城市建设提供大量土地、资金和劳动力。然而近20年来，在土地财政实践背景下，一个规模巨大的失地农民群体出现。他们没有稳定和有保障的城市就业，面对土地财政异化所造成的房价高企，他们难以在城市安居乐业。这也导致我国人口城镇化远远落后于土地城镇化。

“人的城镇化”之所以滞后于“土地城镇化”，原因在于进城人口安居成本高，土地制度与户籍制度、住房制度之间没有建立起良好的制度连接和配套。在土地财政的实践中，地方政府对城市的经营受经济因素主导。地方政府只注重城市经济发展，造成了“土地城镇化”，忽视了“人的城镇化”。“土地城镇化”

---

〔1〕 参见周飞舟、吴柳财等：《从工业城镇化、土地城镇化到人口城镇化：中国特色城镇化道路的社会学考察》，载《社会发展研究》2018年第1期。

〔2〕 参见甘藏春、朱道林：《论土地善治》，载《中国土地科学》2020年第1期。

和“人的城镇化”之间也缺乏相应的制度连接。无论是政治上还是经济上，我国都没有促使地方政府将人口城市化视为城市发展重要内容的制度设计；对土地和资金的关注过多，缺乏对人的生存保障的关注。一方面，土地财政提高了商业与住宅的用地成本，推高了房产价格，提高了农民进城安居的成本；另一方面，土地财政的运行以土地和资金运作为核心，只要具备土地、财政和金融三个条件即可。即使缺少人口与产业的集中，城市也可以被迅速地建设起来。[1]这造成了土地和资金先行，人口和产业滞后的发展后果。[2]

第三节　土地财政问题发生的内在机理

土地财政引发了一系列社会问题，解决这一系列社会问题需要厘清问题发生的内在机理，有针对性地进行法治化改革。从实践看，土地财政问题发生的内在机理可以归结为：(1)土地征收和土地招投标之间顺序倒置；(2)“土地金融”使地方政府获得过高收益；(3)土地财政中中央政府与地方政府之间、地方政府与农民之间、地方政府与土地开发商之间的利益博弈难以化解。

一、土地征收和土地招投标之间顺序倒置

在土地财政的初期阶段，地方政府获取的财政收入主要源于土地出让金。城市土地储备制度建立后，地方政府成为城市唯一的土地供应者，开始稳定地获取土地出让金。当前城市土地储备制度的运作流程主要分为四项步骤。第一步，各级政府编制土地利用总体规划，在规划中，根据新增建设用地指标规划一部分农业用地转化为城市建设用地。第二步，从农村集体征地，将征用的土地收集至城市土地储备库。城市土地储备库由城市土地储备委员会管理。城市土地储备委员会一般由地方政府主要领导干部组织成立，负责政策指导、计划、协调城市土地储备。第三步，将征收的土地收入城市土地储备库以后，城市土地储备委员会需要委托土地拆迁整理公司负责土地平整、复垦、“三通一平”等工作，再将土地储备起来。第四步，根据城市规划，通过“招、拍、挂”程序将土地投入市场。这就是地方政府控制和管理的土地一级市场运作流程(见图13-1)。以上是土地财政比较理想化的运行状况。地方政府通过这一程序出让商业、住宅用地、工业用地，尤其是工业用地。

---

[1] 参见周飞舟、吴柳财等：《从工业城镇化、土地城镇化到人口城镇化：中国特色城镇化道路的社会学考察》，载《社会发展研究》2018年第1期。

[2] 参见周飞舟、吴柳财等：《从工业城镇化、土地城镇化到人口城镇化：中国特色城镇化道路的社会学考察》，载《社会发展研究》2018年第1期。

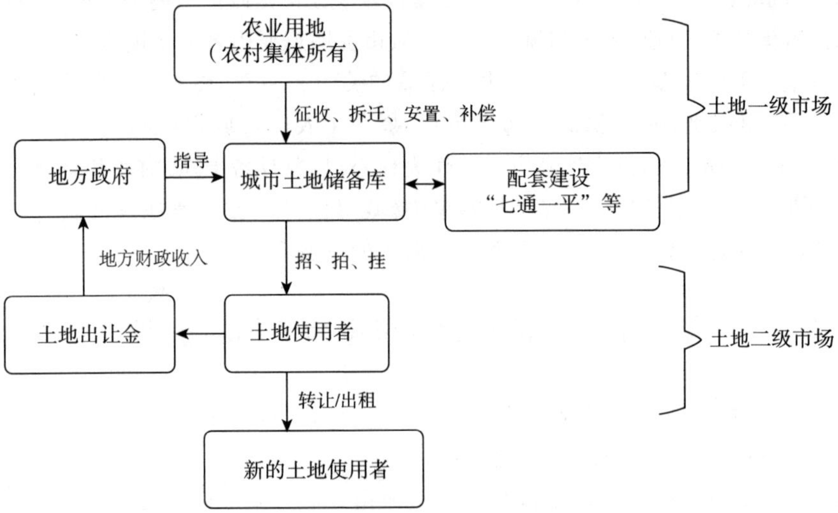

图 13-1 土地出让金的获取流程

实践中,征地拆迁矛盾突出、招投标违法案件频发,问题就在于土地征收和土地招投标之间的顺序倒置。理论上,土地的征收出让应该先由国家规划,再由地方政府征地,最后通过“招拍挂”程序将土地出让给地产开发商。而现实中往往是开发商先择选特定土地,再由政府负责征地拆迁与补偿,这时,政府的土地规划是虚置的,政府变成为开发商服务的角色。那么,因为农民能从政府手中拿到的征地拆迁补偿不管多高,都始终远低于开发商在房地产开发中获取的高额收益,所以被征地拆迁的农民不同意征地拆迁。

二、“土地金融”使地方政府获得过高收益

“土地金融”产生以后,土地财政问题更为复杂化。“土地金融”需要依托地方融资平台。一般来说,地方融资平台[1]是地方政府国资委下设或控股的国有公司,如城市建设投资公司、城市交通公司、城市水利集团等,它们往往通过土地抵押贷款为地方政府融资。“土地金融”时期,地方政府通过控制土地一级市场获取土地,并将土地注入融资平台,使其能够以土地为抵押物向银行贷款。地方融资平台则借助土地抵押贷款来投资城市基础设施、偿付征地费用与以往贷款利息(见图 13-2)。这样,地方政府获取了土地财政收入,将其投入城市建设与招商引资活动中,实现城市经济增长。

---

〔1〕 国发[2010]19 号文件国务院《关于加强地方融资平台管理有关问题的通知》为地方融资平台做出定义:地方融资平台公司是指“由地方政府及其部门和机构等通过财政拨款或注入土地、股权等资产设立、承担政府投资项目融资功能、并拥有独立法人资格的经济实体”。

但问题在于,在这样由地方政府权力+金融杠杆共同作用的模式下,土地完全成为地方政府、金融平台、融资集团和开发商"加杠杆"的物质基础,土地融资获益远远高于土地本身的价值。这一方面导致在土地利益分配上,政府、金融平台、开发商等主体获取了极高的收益,而将风险都转移到了农民手中。另一方面,一旦土地金融杠杆出现问题,融资链条中的某一环断裂,链条中所有主体都担负不起已经高企的土地贷款,就极易引发系统性的金融问题和社会问题。

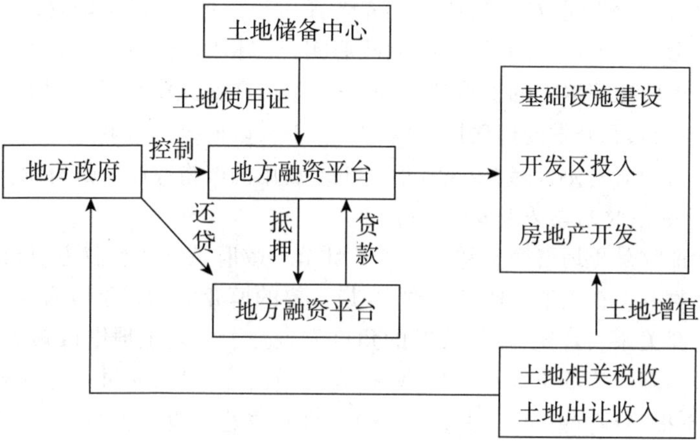

图 13-2　地方融资平台土地抵押与融资流程[1]

三、土地财政造成难以化解的利益博弈

(一)中央政府与地方政府的利益博弈

在土地财政的运行中,一直存在中央政府与地方政府之间的博弈。在"土地城镇化"阶段,中央与地方在土地上的博弈实际构成了城镇化发展的决定性力量。[2] 财权与事权是中央政府与地方政府的博弈核心。为了国家发展与社会建设,中央政府与地方政府都需要依靠财政收入来进行不同范围的建设。尤其是在城镇化建设阶段,中央政府与地方政府对于财政收入的分配博弈更为激烈。分税制的改革就是这一博弈的制度产物。分税制的改革压缩了地方财权,但是并未降低地方事权。分税制改革后,中央政府在税收上占比 75%,地方政府财政收入锐减。地方政府拥有很少的财权,但支出责任没有减少。省以下地方政府承担 65%的财政支出责任。在财政收入分配的博弈中,地方政府并未

〔1〕 参见王瑞民、陶然、刘明兴:《中国地方财政体制演变的逻辑与转型》,载《国际经济评论》2016 年第 2 期。

〔2〕 参见周飞舟、吴柳财等:《从工业城镇化、土地城镇化到人口城镇化:中国特色城镇化道路的社会学考察》,载《社会发展研究》2018 年第 1 期。

取得胜利。分税制改变了中央和地方税收分配方案，导致了地方政府财政收入的“饥渴效应”。于是地方政府开始实行土地财政，将土地收益转为地方政府财政的主要来源。

土地问题是中央政府与地方政府的博弈重点。中央政府与地方政府在土地问题上的目标存在冲突。中央政府出于社会可持续发展的考虑，坚持在土地性质与用途上实行严格管理，并且通过制度建设规范地方政府的“卖地”举措。而地方政府则出于建设需要，往往优先选择出让土地，获得土地财政资金来投入建设。出于耕地保护的目的，中央政府实行严格的土地管理制度，通过新增建设用地指标控制地方的土地利用，但这种举措在实践中并没有遏制住地方政府、土地权利人和开发商违法用地的冲动。中央政府与地方政府在土地问题上互相牵制与相对妥协，导致中央政府对土地利用的严格控制效果有限。

（二）地方政府与农民的利益博弈

土地征收是土地财政实践的前置性环节。政府是土地征收方，村集体与农民是被征收方。在土地征收的实践中，最主要的博弈关系就是政府与农民之间的利益博弈关系。首先，是从政府的角度看。为了实现土地财政最大化，地方政府一方面倾向压低土地征收价格，提高土地出让价格，通过地方融资平台抵押贷款，来提高地方财政能力；另一方面，地方政府又投入大量资金，用于基础设施和开发区建设，增强本地招商引资吸引力，以促使地方财政能力长远改善。这就造成了地方政府对征地补偿价格的重视。其次，是从农民的角度看。土地是农民赖以生存与发展的重要资源。即使农民的生产方式发生了变化，土地仍然是农民的生活保障。土地征收意味着农民失去了土地使用权，无法再从土地增值中获得收益。因此，农民会对土地价值进行审慎的利益衡量。实践中，农民更看重土地出让金的生活保障功能。相对于城镇化建设带来的基础设施福利，眼前的土地征收补偿款才能直接保障农民的生活，为其提供稳定的生活预期。在与土地开发商的收益比较的过程中，许多农民都无法接受政府给出的拆迁补偿数额。因此作为被征收方，农民倾向获得更多的征地补偿款。

由此，地方政府与农民群体都将利益焦点投向土地征收补偿问题。地方政府的补偿机制既需要为土地财政服务，同时需要照顾农民的土地增值收益的分配需求。在具体的实践中，农民群体的分配需求在补偿方式与补偿数量上呈现出多元性。如果地方政府全然依照其利益需求，就容易出现征地拆迁暴力执法、地方政府违法批地用地等问题。而如果全然依照农民的分配需求，“钉子户”现象又会层出不穷。在政府与农民的土地征收利益博弈中，利益的动态平衡和利益的冲突得以同时发生。

（三）地方政府与土地开发商的利益博弈

土地出让是实现土地财政的关键环节。地方政府与地产开发商分别作为土地出让方与受让方,是土地财政中的主要利益博弈主体。地方政府是土地财政的主导力量,为了保证土地财政收入,政府需要占据土地出让的主导权来控制管理土地一级市场的运作:国家首先进行整体土地规划,其次由地方政府主导土地征收,最后通过“招拍挂”程序,将土地“卖”给开发商。土地开发商则是土地市场的买方与投资方,它意图通过付出相对低的成本,受让特定区域的土地,以实现投资开发收益的最大化。在利益驱动下,土地开发商与地方政府共同争夺土地一级市场的支配力。由于开发商为地方政府贡献了很多财政收入,地方财政对房地产相关税收有了很强的依赖,这就造成了土地出让流程的实践差异。

在土地财政的实践中,土地出让并未按照应然流程进行。相反,房地产开发商招投标获取土地的顺序往往先于土地征收。分税制改革后,地方政府的财政收入结构中建筑业所产生的税收和土地出让金起到了决定性作用。这推动了地方政府行为的转变。地方政府为了尽快拿到土地出让金及建筑业相关税收,与房地产开发商的利益一致。大量的征地拆迁现象反映,土地开发商先选中一块土地,然后政府才负责组织土地征收,进行征地拆迁与征地补偿。由此,政府的土地规划成了虚置的形式环节,政府成为土地开发商的服务者。为了改变上述的利益妥协问题,政府通过高价出让第三产业用地,建立“招拍挂”制度,引入土地需求方的竞争。由此,政府获得了相对稳定的高出让收入,增强了地方财政能力。而开发商正是这一地方政府财政重要收入的提供者。因此,土地财政的运行始终需要政府与地产开发商之间的利益配合。

第四节　以法治方式改进土地财政的路径

土地财政问题的解决,需要依靠有效的法治进路。首先,要认识到法治对于解决土地财政问题的重要性。其次,建立健全土地财政制度体系,建立土地发展权国有制度,同时完善土地收益分配制度。最后,需要完善土地财政配套制度,建立税费、户籍、财政、土地等方面的一系列配套制度,以法治进路有效地改进土地财政。

一、厘清法治对于解决土地财政问题的重要性

首先,在价值层面,法治能够以公平正义来回应土地财政中的核心问题,即土地增值收益的分配问题。公平正义是法治追求的终极价值,也是法治背景下土地财政实践的价值准则。法治能够以分配正义来回应土地增值收益的分配争议。而只有厘清了各方利益主体的关系,才能够保障相关权益,达成分配正义。

在土地增值收益分配中,法治能够界定政府、村集体与农民在土地增值收

益问题中的关系。在城镇化背景下，土地的性质与利用方式的转变是导致土地增值的最主要因素。村集体与农民分别作为农业用地的所有者与使用者，并不是土地增值的直接推动者。政府作为城镇规划建设的领导方与公共资源的提供者，应当掌握土地增值收益的主要部分。与此同时，农民的生存权益与发展权益需要得到分配保障，否则就无法实现实质层面的分配公平。如果按照理性经济人的逻辑，这种实质的分配正义是无法实现的。只有依靠法治逻辑，才能促进公平正义的分配秩序，保障弱势群体的权益。在新时代背景下，我国的社会主要矛盾已经转化为人民日益增长的美好生活需要和不平衡不充分的发展之间的矛盾。分配上的公平正义是城镇化建设需要贯彻的公平正义。法治能够在价值与制度层面回应土地财政实践中出现的利益分配争议，并通过规范各方主体的行为来实现公平与正义，因此需要得到践行。

其次，在制度层面，法治能够通过规范土地财政流程的各项环节，维护土地财政的实践秩序。土地财政的流程是地方政府控制和管理土地一级市场运作的流程，包括规划环节、征地拆迁环节、“招标、拍卖、挂牌”等出让环节等。在这些环节中，土地财政实践带来了征地补偿争议问题、征地拆迁纠纷、招投标违法等问题。其中，有的问题来源于土地增值收益分配，有的则来源于土地一级市场的管理失序，例如土地征收与招投标程序之间的顺序倒置等。对于这些实践中的具体问题，法治能够在制度层面进行回应，以规范土地财政各个环节的秩序。法治能够建立相关制度厘清土地问题中的权利义务关系，规范土地财政环节的政府行为，并且设立救济制度来维护受损害的权益。法治能够将具体的制度落到实处，能够发挥土地制度、财税制度、住房制度与户籍制度在土地财政实践中的规范作用，使得土地财政的作用得以良性发挥，系统促进“土地城镇化”向“人的城镇化”的平稳转型。

二、健全土地财政的制度体系

（一）建立土地发展权国有制度

为解决土地财政的实践问题，我国应当首先建立土地发展权国有制度。土地发展权制度的建立源于人们对土地资源的分配需求。由于人多地少，我国的土地分配矛盾一直是国家治理的重要问题。当前，我国亟需一项既符合国情，又科学完备的土地发展权制度来保护农地。[1] 根据我国的国情和现有的制度建设，我国应坚持现有的土地发展权归于国家的制度安排，并针对我国目前制度安排中的问题加以修正。而由于土地财政的理论基础是土地发展权国

---

〔1〕 参见臧俊梅、张文方等：《土地发展权制度国际比较及对我国的借鉴》，载《农村经济》2010年第1期。

有理论,土地财政的合理性也源于此。所以完善土地财政,应当从土地发展权国有理论开始,以此为指引,建立土地发展权国有制度。

土地发展权兼具公法和私法性质。一方面,因为土地发展权源于国家管制权,与土地规划和土地用途管制密切相关,所以,土地发展权高于民法上的所有权和用益物权;另一方面,土地发展权的实现高度依赖土地所有权。因此,土地发展权的配置应当采取土地发展权国有模式,国家获取大部分土地增值收益,原土地所有者获取少部分土地增值收益。在我国土地财政的运行过程中,土地发展权确实是如此配置的。由于我国的征地补偿制度、土地用途管制制度和"招拍挂"制度使得地方政府获取了大量土地增值收益,这些收益又通过公共财政用于公共建设,使全民受益,我们也应当坚持这样的土地发展权国有模式。

目前,我国的法律法规仅仅规定了地方政府对土地增值收益的主导权,并未对资金的用途进行严格约束,这导致了我国大田农民与土地发展权之间的制度断层。[1] 虽然国家通过转移支付制度将大量土地发展增益投入中西部地区,但我国最近几十年的发展依然以城市为主,远郊农民分享到的土地增值收益非常有限。对此,我国的土地发展权制度应当从以下三方面作出规定:

首先,建立大田农民与土地发展权之间的制度联系。由于发展战略、城市规划、非农用地政策、城市化速度等原因,现实中只有部分土地会被建设开发。因此,土地发展增益应当由全民共同享有。尽管国家设立了转移支付制度来支援农业农村,通过精准扶贫政策对农村投入了很多资源,但是转移支付制度本身仍然存在许多问题,例如精准扶贫工作与大田农民关系不紧密等。为此,2020年国家出台了相关政策,从保障大田农民的土地发展权出发,将土地出让收入中的部分资金用于乡村振兴。[2] 但这一政策仍然需要法治的落实,才能真正保障远郊大田农民的土地发展权。

其次,征地拆迁补偿中应坚持公平补偿的原则,保证既不减损失地农民合法权益,也不给农民过多的征地补偿,合理保障失地农民的土地发展权。这要求政府适当提高征地补偿标准,并严格执行。一方面,地方政府常常在过度追求财政增长的动机下降低对失地农民的补偿;另一方面,在维稳要求下,很多地方政府出于对"钉子户"上访的顾虑,不得不进行按"闹"分配,罔顾了大部分守法公民的利益。在这种背景下,征地拆迁补偿既不能因"闹"分配,也不能因过

---

〔1〕 参见陈柏峰:《土地发展权的理论基础与制度前景》,载《法学研究》2012年第4期。

〔2〕 2020年9月,中共中央办公厅、国务院办公厅印发《关于调整完善土地出让收入适用范围优先支持乡村振兴的意见》,明确提出要从"十四五"第一年开始,各省(自治区、直辖市)要分年度稳步提高土地出让收入用于农业农村的比例;到"十四五"期末,以省(自治区、直辖市)为单位核算,土地出让收益用于农业农村的比例要达到50%以上。

于追求土地财政而降低补偿标准,侵害失地农民利益。而是应当根据公平补偿原则,建立公平合理的补偿方案。

最后,合理配置进城务工农民的土地发展权。当前我国还处于快速城镇化阶段,农村青壮年绝大部分都在外务工。在这种局面下,对远郊农民土地发展权的关注应当从促进他们进城就业和安居入手。为此,我们可以从土地财政资金中抽取一部分用于农村人口职业培训、住房保障和社会保障。此外,在土地发展权制度建设上,我国除了应当补贴远郊大田农民外,也应该对进城农民工的就业和居住进行保障。

(二)完善土地收益分配机制

土地收益分配机制是落实土地发展权国有制度土地收益机制的配套制度,也是解决土地财政问题的关键。要完善土地收益分配机制,重点就在于厘清土地收益分配关系,如中央与地方的收益分配关系、政府与农民之间的分配关系以及不同地区农民之间的分配关系。

首先,在中央与地方的收益分配关系方面,应当提高中央在土地收益方面的分成比例。土地财政运行中的一大问题就是地方政府对土地出让收益的过度追求。这源于分税制改革后的制度设计,地方政府是土地收益的最主要获利者。为了防止地方政府过度追求土地财政,可以适当提高中央财政参与土地收益分成的比例。这样做具有三方面的意义:一是能够使各地区的财力差异得到均衡;二是通过对地方政府收益动机的弱化,减少短期的土地出让行为以及对土地收益的依赖;三是对于加强中央宏观调控能力具有重要作用。[1]

其次,在政府与农民之间的收益分配关系方面,我国不仅需要增强对失地农民的基本权益保障,使其生活水平不降低、长远生计有保障,还应当扩宽农民参与土地管理决策的渠道,落实相应的公告与听证程序,保障农民对土地管理事务的参与权、知情权和监督权,压缩地方政府在土地经营管理中非正式权力的运作空间,[2]增强地方政府土地行政管理行为的公信力。

最后,在不同地区农民之间的收益分配关系方面,应当突破现有行政区划的限制,在全国范围内建立土地发展权制度。要充分考虑土地增值收益分配历史中的地区差异,重点保障诸如不发达地区农村农民、远郊农村农民、职业农民等弱势群体的土地发展权利。由于发达地区农民、欠发达地区农民与不发达地区农民之间,城郊农村农民与远郊农村农民之间,职业农民、农业经营者与农民工之间存在收益分配差异,农民工的市民化能力和市民化程度也有所不同,[3]

---

〔1〕 参见张立彦:《中国政府土地收益制度研究》,中国财政经济出版社 2010 年版,第 180 页。

〔2〕 参见郭亮:《“土地财政”中的地方政府权力运作机制研究》,载《华中科技大学学报(社会科学版)》2017 年第 1 期。

〔3〕 参见王全兴:《当前我国社会法若干问题的思考》,载《阅江学刊》2011 年第 2 期。

土地发展权的配置设计需要区分不同地区、不同农民群体,实现土地收益分配的因地制宜与因人制宜。

三、推进土地财政配套制度的法治改革

(一)税费制度的法治改革

近年来,地方政府已经逐渐对土地财政形成路径依赖,土地财政的实践动机从弥补财政缺口变成对财政收入增长的过度追逐。因此,土地财政的法治化改革不仅需要在土地财政的体系层面进行完善,还需要对现行的配套制度进行法治改革。税费制度是土地财政的重要配套制度,它调整了土地财政的财政运行环节。因此,应当推进税费制度的法治改革,以此优化土地财政,减少地方政府对土地财政的高度依赖。

首先,拓宽财政来源。面对土地财政的不可持续发展,应当从增加地方政府稳定财源入手,减弱地方政府的土地收益动机。例如,对"土地食利者"征收高额房产税,补充地方政府财政收入。对此,政府需要在审慎衡量的基础上,进行税费制度的改革设计。在房产税问题上,既要考虑具体的税费计算标准,也要考虑制度本身的实施效果是否能够兼顾公平与效率。

其次,应当弱化土地房产税收的一次性特征。通过推进土地房产税的改革,使地方财政收入体系以保有环节房地产税为重要的收入来源。[1] 其中最直接的就是征收财产税,如房地产保有税。这一方面可以增加经常性政府财政收入,弱化地方政府对土地出让金收入的"财政饥渴";另一方面也有助于提升土地的使用效率,避免土地及其相关的财产沉淀在低效率的使用者手中,[2]减少土地和房产的投机需求。而用稳定可持续的房地产税代替土地财政的土地出让收入,既是税收公平、实现社会财富再分配公平的必要举措,又有助于弱化地方政府的利益驱动,增强地方政府土地经营的理性。

最后,建立财产税相关制度。由于财产税涉及相关主体的利益,土地征收阻力大,我国应当建立全国统一的房屋住宅登记平台,策略性地针对少数在大城市拥有众多房产的"土地食利者"。这有助于弥补地方政府的财政缺口,减少对土地财政的依赖,实现社会资源的公平再分配。

(二)户籍、土地、财税制度的综合改革

土地财政造成了"土地和资金先行,人口和产业滞后"的后果,加剧了流动人口的规模问题与进城农民难以市民化的问题,"人的城镇化"和"土地城镇化"难以匹配。土地财政造成的综合性问题,需要法治通过综合性制度体系来

---

〔1〕 参见王全兴:《当前我国社会法若干问题的思考》,载《阅江学刊》2011 年第 2 期。

〔2〕 参见赵燕菁、庄淑亭:《基于税收制度的政府行为解释》,载《城市规划》2008 年第 4 期。

回应。其中不仅涉及财税制度的问题,还涉及城乡户籍制度壁垒与现行的土地制度。因此,土地财政的法治改革应当系统推进户籍制度、住房制度与财税制度的综合性改革,以解决土地财政运作背景下的综合性问题。

在户籍制度方面,由于城市保障性住房往往只供应给有户口的本城市居民,户籍制度因此成为“人的城镇化”匹配“土地城镇化”的阻碍。在土地制度层面,大量流动人口的住房问题需要土地制度配套解决。如果仅改革这两项制度,放开保障性住房用地,建设大量保障性住房,也会同样产生相关问题。一方面,它容易戳破房地产泡沫,导致房价下跌,给城市房地产业和金融业带来巨大风险;另一方面,它也给地方政府带来金融债务和财政收入暴跌的风险。因此,还需要财税制度的配套改革来平衡地方政府的财权与事权,降低地方政府的土地谋利动机,在多制度联动下解决土地财政问题,推动“人的城镇化”进程。

单纯的户籍制度改革、土地制度改革或财税制度改革均不能有效推动流动人口安居,更不能实现“土地城镇化”向“人的城镇化”平稳转型。一项既能稳妥推进城市转型,又能推动流动人口市民化的土地财政配套制度体系,是法治以制度回应土地财政问题的重要内容。因此,在配套体系的综合改革上,应当综合土地、财税、户籍制度的改革方案,推进改革旧土地财政模式,最后形成一套符合“人的城镇化”目标的配套制度体系。

可能的具体方案有三:一是将户籍人口与城市新增建设用地供应量之间建立联系,推动地方政府在建设用地需求下,带动城市户籍人口增长。二是将保障房与商品房规模挂钩,使城市土地融资规模得以锁定在需求范围内,使土地供给与真实人口增加挂钩。[1] 这既能保持房地产业和金融业的稳定,又能推动增加的户籍人口拥有保障性住房,实现“人的城镇化”有序推进。三是推广先租后售的保障房制度,通过补贴流动人口家庭,推动“人的城镇化”。[2] 综上,土地财政的法治化改进,不仅需要对土地制度本身进行改革,还应当将土地制度与财税、住房、户籍等配套制度相结合,系统推进“土地城镇化”向“人的城镇化”平稳转型,保障流动人口与失地农民的权益,使现代化成果能为社会全体所共享。

---

〔1〕 参见赵燕菁:《土地财政:历史、逻辑与抉择》,载《城市发展研究》2014年第1期。

〔2〕 参见赵燕菁:《土地财政:历史、逻辑与抉择》,载《城市发展研究》2014年第1期。

第四篇　社会治理法治保障篇

在城镇化的过程中,人口在城乡之间的大规模流动引发了基层社会的一系列变动,城乡社会空间发生巨大变革,社会关系得到重塑,多元化的意识观念不断涌现。面对不断出现的新问题和新现象,社会治理模式必然要与时俱进。基层是解决这些问题的最终着力点,也是治理创新的实践场域。从我国基层社会治理的实践语境来看,社会治理包括社会管理和社会自治两个方面,二者的有机结合构成了社会治理的全貌。因而,社会治理的法治保障既需要从社会管理的层面着手,关注行政主体在基层社会中的运作,为其实现法治化运行提供具体依据,还需要为社会自治创造良好的外部空间,以法治的方式规范社会自治的具体实践。

实践中,以往行政力量为主导的治理模式,已经难以应对基层社会治理所面对具体事项的复杂性、日常性和琐碎性。因此,我国需要社会自治力量作有效补充,引导社会组织参加社会治理,充分发挥基层民间组织整合利益分歧以及秩序构建的功能,在基层治理中形成一种国家、社会、市场多中心的治理格局。

在城镇化转型期间,社会治理还需要解决居住问题。随着人口在城镇的不断集中,陌生化、高密度、集中式的居住方式为城镇基层的社会治理带来了极大的挑战,"拥挤社会"的特征更为明显。城镇居民小区中存在物业纠纷频发、管理水平低下,国家、社会和市场三者之间没有形成有效合作等问题。为了解决以上问题,需要根据小区的类型划分,对不同类型小区的业主自治功能进行重新定位,并发挥社区的指导和监督作用,通过法治进路强化物业、业主委员会、居委会多元主体的有效衔接机制,完善业主自治内部监督制度,以此实现小区的有效治理。

网格化管理是城市管理领域的政策创新,是各地政府回应基层社会治理复杂化的关键举措。网格化管理已经在不同管理事项的实践中发展出不同的样态,同样是我们理解社会治理转型的一个重要窗口。通过信息治理和身体治理的结合,网格化管理将城市划分为治理边界、治理事项、治理责任清晰的治理空间,避免管理或者服务的空白地带出现。与此同时,随着治理重心的不断下移,网格化的管理方式同样出现了“内卷化”倾向,表现为层级压力不断增加、管理成本不断上升等科层困境。对此,需要通过增强信息认证能力,厘清治理主体上下级和同级各部门之间信息资源、信息能力的配置,保障财政供给等方式来打破上述困境,实现模糊社会的清晰治理。

城乡基层一线执法活动是保障我国新型城镇化建设进程的重要方式和手段,但由于当前执法权配置现状呈现纵向“重心过高”,横向“分布过散”的特征,执法的实际效果其实并未达到预期:常规执法力度不够,执法专项行动、综合治理又难以保持稳定效果。同时,执法队伍管理、执法机关的财政保障、执法机关依法执政问题也暴露出来。为了实现城乡基层一线执法的改进,确保新型城镇化建设的稳定有序,需要从执法权配置的优化、执法体制的改革、执法保障的加强、执法互动的改良等方面,对基层执法权配置作出有效改进。

第十四章　基层民间组织的功能定位与法治保障

改革开放之前，国家对社会资源是全面管控的，社会对资源的调节无自主性。随着工业化和现代化对社会自主活力的需求，改革逐渐放宽了对社会的限制。社会自主性的生长要求国家控制社会的权力上收，留给社会足余的自我发展、自我管理空间。但与此同时，国家权力"收缩"也带来了国家秩序供给的减弱。例如，城市"单位制"的瓦解和农村"人民公社"制度的取消，原有的组织秩序在改革推动的变迁下难以为继，社会对秩序维持的需求增加。法律作为国家维持社会秩序的手段之一，在人际交往逐渐陌生化的社会中，变得越来越重要，"然而法律从本质意义上来说，是国家建构秩序的一种手段，新生的法律秩序很多时候被需要，但并不一定合适需要，急剧的社会变迁所可能引发的最大危险在于非正式控制和正式规则的双重无效"〔1〕。

在这样的背景下，研究民间组织的学者们看到了社会中间层参与社会秩序建构的力量。社会组织基于自愿组织产生，是公民利益诉求表达的渠道，是具有一定的社会权力，能够代替政府实行公共管理职能，提供公共服务，维持社会秩序的组织载体。对于当前中国来说，真正意义上的民间组织还没有完全成长起来，虽然根据民政部门的统计，我国民间组织到目前为止数量达到八十多万，登记注册在案的有两千多，但受到社会自治发展状况、国家管理体制等因素的影响，民间组织的功能发挥依旧面临诸多困境。

对于基层民间组织秩序建构功能的研究，是理解社会自治的开端。社会自治，简单来说，就是人民群众的自我管理，〔2〕自我管理的实现，需要有组织地进行。民间组织作为整合社会资源的组织载体，在其成长和发育的过程中，能够逐步形成社会自我约束和自我组织的机制，一方面，民间组织能在内部形成有效规范，构建内部的自我管理秩序，规制成员的行为方式；另一方面，民间组织也可以通过吸纳原子化的个体加入组织，完成组织秩序引导。

---

〔1〕 参见王启梁：《法治的社会基础——兼对"本土资源论"的新阐释》，载《学术月刊》2019年第10期。

〔2〕 参见俞可平：《社会自治与社会治理现代化》，载《社会政策研究》2016年第1期。

对基层民间组织秩序建构功能的研究，是完善法治社会建设理论的一环。“法治国家、法治政府、法治社会一体化建设”的提出，使得学者们的研究开始关注法治社会建设。改革开放虽然使得社会和国家分离，社会得到了发展的空间，但在目前，社会自身的调节机制还不够完善，需要国家加以引导，也就是说在国家和社会的关系当中，国家是居于主导地位的。在这一背景下，要构建实质意义上的法治社会，国家主导是必不可少的，但同时也不能忽视社会力量的作用，法治社会以社会自治为基础，社会自治的重要形式就是民间组织，对民间组织功能的研究对于完善法治社会建设理论具有重要意义。

第一节　基层民间组织的基础理论

本书之所以选取“民间组织”一词作为研究概念的定义，是因为相比非政府组织来说，本书所研究民间组织的重点不在于其成立主体，而在于对其秩序建构功能的分析，使用民间组织的概念更为恰当。相比非营利组织来说，本书的研究并未涉及经济领域内的分析，使用民间组织也更为合适。从社会领域的研究来说，社会组织是一个更为恰当的词，但广义的社会组织所涵盖的范围过于广泛，民间组织是包含在社会组织所指称的范围之内的，所以本书使用民间组织一词，相比社会组织更为具体。

一、基层民间组织的概念内涵

（一）基层民间组织的基础理论

西方研究民间组织的起始是关于对公民社会的讨论，亚里士多德的政治哲学首次明确了公民社会起源于政治社会的组建，在他之后，洛克以全体公民所形成的“公共人格”来作为赋予和限制国家权力的基础，早期的公民社会都是从政治社会的意义上说明的，其所对应的概念是“自然社会”。而近代对于公民社会的讨论则以黑格尔和马克思为代表，黑格尔将公民社会从早期的政治社会理论中剥离出来，认为公民社会是处于家庭和国家之间的阶段，其生存需要依靠具有“绝对精神”的国家，而马克思认为公民社会才是国家的前提，其本质是一种“交往形式”，在交往的基础上产生各种关系，这也是其他一切意识形态的基础，通过这种批判，马克思进一步将公民社会与政治国家分离。[1] 哈贝马斯沿此路径继续将公民社会划分为私人领域和公共领域，认为“公民社会由那些在不同程度上自发出现的社团、组织和运动所形成，这些社团和组织，将私域中的

---

〔1〕 参见仰海峰：《市民社会批判：从黑格尔到马克思》，载《哲学研究》2018 年第 4 期。

问题放大并集中反映到公域中,从而成为个人和国家之间的缓冲地带”[1]。对于公民社会的讨论逐渐精确了其概念和含义,在明确其作为独立领域的基础上,公民社会与国家的共生、合作关系受到重视。

第三部门理论的产生则与发达国家的市场体制危机和福利危机密不可分。自由市场和福利国家的部分失灵促使人们探索社会领域的新机制,于是“第三部门”应运而生,这个概念最早由美国学者莱维特于 1973 年提出,他认为由志愿精神组成的社会组织存在于传统公私部门划分之间,发挥着社会功能。对于第三部门存在的理由,西方学者从不同角度予以解释,韦斯布罗德从传统经济学的“供需”角度分析,提出在公共产品领域,政府职能满足大部分“中位选民”的需求,而小部分群体的需求则由第三部门满足。汉斯曼的“委托—代理”理论以生产者和消费者之间的信息不对称作为基础,因此需要委托非营利性质的第三部门作为代理方和营利机构交涉。萨拉蒙更为全面和深入地研究了第三部门,提出志愿失灵和第三方治理两个假设,志愿失灵首先说明了在政府和市场运作良好的领域也会出现第三部门,其次第三部门自身在发挥社会功能时也会出现运行不足而失灵的情况。第三方治理则是从政府和第三部门的关系角度分析,萨拉蒙通过研究不同组织的机构和功能,比较他们在社会领域内的不同作用,说明了第三部门在社会中的治理作用,以及和政府的内在合作关系。

无论是公民社会的理论基础还是第三部门的社会实践,都说明了从民间自发形成的组织对于政治和社会生活的不可或缺,其作为个人和国家之间的缓冲地带,使得分散的个人得以整合,通过组织的方式有序表达需求和参与社会生活,并在与国家的合作中实现了提供公共产品、进行社会治理等功能。民间组织的出现与发展,正说明现代社会向多元主体治理迈进。

(二)法治社会视角下的基层民间组织定义

西方的法治社会是作为与法治政府相对立的概念提出来的,是一种社会与国家的二元结构,而中国则在新时期全面法治建设的大背景下,由习近平总书记于 2012 年年底提出“法治国家、法治政府、法治社会一体化建设”的政治命题,确立了理解法治社会的出发点。法治社会的核心内涵是公权力运作体系之外社会生活的法治化,包括社会成员自我约束的法治化、社会成员之间关系的法治化以及社会管理者与被管理者关系的法治化。法治社会的建设必然要落到基层这一主要场域,基层治理的法治化和基层群众社会生活的法治化决定着整个社会的法治化进程,然而基层法治基础薄弱,其有许多特质制约着法治社会建设进程:在社会关系上,基层仍带有许多前现代色彩,人际关系密度较高;在社会资源上,基层属于拥挤型社会,权利界限较为模糊;在社会事务上,基层

---

[1] 王志立:《西方“公民社会”的历史嬗变及评述》,载《湖南科技学院学报》2012 年第 7 期。

具有较多的不规则性琐碎事务,因此也难以被纳入科层管理体系。[1]

理解基层社会特质是进行法治社会建设的前提,这些特质决定了基层法治社会的实现不能仅依靠国家和政府等正式力量,而是需要社会自治来组织和管理基层事务,实现社会秩序的有效建构,这其中就以各种民间组织为主要形式。分散的个体因自身局限性而难以发挥建构自主秩序的作用,恰恰是民间组织才能有效填补相应的秩序建构空间。民间组织本身具有自我秩序化的功能,组织的功能在于社会成员按照某种形式、准则形成联系并产生行动,组织本身就是对成员的约束,它能生成和维护规则。[2] 民间组织也是社会权力的载体之一,国家体制改革以后社会组织的兴起形成了良性的社会分权,[3]民间组织内部个体化的利益表达经过组织整合以后就具有了自主自治的社会权力,[4]能够通过社会权力的发挥制约国家权力的滥用,形成国家与社会良好的对话沟通机制,从而以法治的规则框架和正当程序来解决纠纷,达至理性平衡的社会秩序。[5]

因此本章是在法治社会建设的理论视角上对基层民间组织进行研究,就概念的使用来说,此处关注的是基层民间组织的秩序建构功能,因此未选择从成立主体角度使用“非政府组织”或以运行模式角度使用“非营利组织”,同时也避免使用“社会组织”这一内涵和外延过于宽泛的概念。基层“民间组织”这一概念将本章的重点锁定在了基层社会中自发形成和建立的各种自治组织,并与体制内的基层民主自治组织——村民委员会和居民委员会相区分。下文将进一步通过对基层民间组织不同的形成机制分类来细化对民间组织的认识,作为后续分析基层民间组织秩序建构功能的前提。

二、基层民间组织的种类划分

(一)基层民间组织种类划分的依据

对基层民间组织的分类是研究其功能的基础。由于民间组织的多样性和现有学术概念定位的模糊性,学界对民间组织的分类,也有各种不同的标准,形成了多种多样的分类方法。我国对民间组织的分类整体上可以从三个方面概括:一是按照国家的分类标准,即民政部所规定的三大类包括社会团体、民办非企业以及基金会,其中对社会团体民政部又划分为四类,包括三类团体(学术

---

〔1〕 参见陈柏峰:《中国法治社会的结构及其运行机制》,载《中国社会科学》2019 年第 1 期。

〔2〕 参见王启梁:《法治的社会基础——兼对“本土资源论”的新阐释》,载《学术月刊》2019 年第 10 期。

〔3〕 参见马长山:《全球社团革命与当代法治秩序变革》,载《法学研究》2003 年第 4 期。

〔4〕 参见马金芳:《社会组织多元社会治理中的自治与法治》,载《法学》2014 年第 11 期。

〔5〕 参见马长山:《“法治中国”建设的问题与出路》,载《法制与社会发展》2014 年第 3 期。

性、行业性、专业性)以及一类联合体;二是借用国外的分类标准,有的以联合国制定的产业分类标准,即ISIC(国际标准产业分类体系)作为划分依据,有的则以国外研究机构的分类标准作为依据,如采用美国霍普金斯大学的分类方式;三是由国内学者提出的各种标准,但至今为止尚未有完全统一的分类方式,例如有学者以社会功能为标准将民间组织分为“资源动员型”“公益服务型”“社会协调型”“政策倡导型”等,其出发点在于为公共管理提供便利。[1] 也有的学者从两种角度入手对民间组织进行分类,一种是从行政化的角度可以分为:官办、民办和草根三类;另一种则是将民间组织分为公益性组织和互益性组织,其中对公益性组织可再次划分为服务型和倡导型。[2]

以上三种分类方式基本涵盖了我国现有的民间组织类型,其分类标准各有所长,官方分类以管理需要为目的,但所涵盖的民间组织类型略有不足,对于一部分不在登记范围内的民间组织并没有概括进去。借用国外分类标准进行的类型划分较为全面且细致,但其多是就民间组织的分类而谈分类,忽视了我国民间组织生成的基层社会环境对其的影响。国内学者的分类方式受到研究目的和研究方式的限制,具有一定的局限性。由于本书对民间组织研究的落脚点在于法治社会建设,所以对其分类更加注重民间组织形成所需要的社会环境,因此本书以组织的形成机制为核心将民间组织分为外生型民间组织和内生型民间组织。

(二)外生型基层民间组织

外生型的基层民间组织是指对接具有广泛意义外生需求的民间组织,这种需求难以靠局部力量来满足,因而需要依赖外部资源。以环保为例,环境问题在现代社会中普遍存在,环境损害具有扩散性,侵害的区域广泛,解决环境问题所涉及的主体众多,需要全社会的力量共同行动。在我国,具有社会影响力的民间环保组织大多数都是由政府主导成立的,其回应的是国家建设发展过程中出现的解决环境问题的需求。同时,这些组织对政府提供的体制性资源依赖性强。按照我国政府的有关规定,民间环保组织运作所需经费原则上由自己筹集,但事实上国内凡是有影响力的民间环保组织的活动经费都来自政府的财政拨款,除了财政资源以外,半官方的性质还使得民间环保组织受制于政府政策目标的限制,一些“草根性”的民间环保组织在发展中容易因为得不到政府支持而举步维艰。

外生型基层民间组织以倡导宣传、推动政策为主要目标。中国的非营利部

---

〔1〕 参见王名:《非营利组织的社会功能及其分类》,载《学术月刊》2006年第9期。

〔2〕 参见王诗宗、宋程成:《独立抑或自主:中国社会组织特征问题重思》,载《中国社会科学》2013年第5期。

门向来有严格的管理制度，由于现有登记制度的规定，民间组织的活动受到政府意志的控制，其活动的边界要求是不得直接损害政府利益，否则其合法性身份将被剥夺。由于外生型民间组织的资源来自外部，相对于内生型民间组织来说，具有不稳定性，与政府进行合作是外生型民间组织获得生存资源的有利选择，为了保证政府资源的提供，外生型民间组织通过宣传和倡导政策，获得与政府机构之间的良好关系，所以外生型民间组织更多发展成为政府助理或政府延伸机构的角色，帮助政府宣传推动政策实施，而不仅仅是政府的合作伙伴或是民间的维权力量。

（三）内生型民间基层组织

对于内生型基层民间组织的形成机制，学者们把讨论的重点放在农村社会或者城市社区。虽然选择的案例各不相同，但是都强调了内生型组织形成过程中社区居民的自主性。社区内能够产生民间组织是具有一定社会原因的，组织的存在和发展，是其自身运行机制和社区内生需求吻合的结果。

姜流、叶宏在对河村腰鼓队的形成原因进行分析时认为，村民对公共文化产品的需求，是腰鼓队产生的起点，地方“文化精英”对组织成立起到推动作用，“熟人社会”所产生的社会资本是组织发展的关键，基于“凑热闹”心态前来参与的村民，是组织发展壮大的动力来源，而来自村委会的支持和认可，带给组织的是物质上的支持以及地方“合法性”认同，为参与成员提供了心理上的认可和权威保障。[1] 冯波在分析浙江省 X 市村嫂志愿服务动机机制时指出正是对“五水共治”的用水需求以及平安建设的安全需求，产生了组织形成的驱动力。[2] 而张良在对桔村修路中的农民合作研究中也发现，税费改革后，出于对公共物品的需求，农村社会开始实现“内生型”合作。[3] 也有学者在分析乡村治理转型时提出，“简单的制度输入并不一定能输出相应的制度结果”，当前村民原子化，社会共识消失，传统权威衰落对内生型组织的需求促成了组织的产生。[4]

综合学者们的研究，可以认为内生型基层民间组织是指“以社区内的村民或居民为发展和受益主体，基于群众自我组织的意愿从内部产生，对接内生需

---

〔1〕 参见姜流、叶宏：《农村内生型民间组织生成机制研究——以“河村秧歌腰鼓队”为案例》，载《社会主义研究》2016 年第 2 期。

〔2〕 参见冯波：《内生型农村志愿服务组织动力机制研究——基于浙江×市“村嫂”志愿服务队伍的实证分析》，载《太原城市职业技术学院学报》2017 年第 4 期。

〔3〕 参见张良：《“内生型”农民合作的有效因素分析——以鄂西南桔村修路为例》，载《华中农业大学学报（社会科学版）》2017 年第 2 期。

〔4〕 参见李传喜、张红阳：《内生型乡村治理的机制与路径研究》，载《江汉大学学报（社会科学版）》2017 年第 2 期。

求，由内生精英主导，内生社会资本驱动，获得的支持也来自社区内部的民间组织”[1]。

三、基层民间组织产生的社会根源

（一）市场经济改革释放社会活力

市场经济的实施首先打破的是计划经济下的资源分配制度，资源能够自主流动，基层的民间组织因此获取了发展必要的物质条件。市场经济解放了生产力，使得物质资料的生产获得极大发展。在以往的分配制度下，物质资料的生产由国家统一分配，但由于政府科层制对市场信息应对的延迟性，很容易出现效率低下、把控不足等弊端。而市场经济下，资源实现自主流通，生产者能够根据市场情况进行生产调节，追求收益和效率，所以在市场经济下，物质资料的生产得到充分的发展。市场经济创造了社会中多元的资源拥有者，使民间组织的建立能够获得社会各方面的支持，并为其发展提供较为充足的资源保障。

其次，市场经济改革为民间组织的发展提供了空间条件。民间组织来源于社会，其产生和发展的前提就是社会要有能够自主活动的空间。经济改革不单是经济方式的改变，对经济的管理方式也同时需要改变，所以市场经济要求政府转变全面控制的管理方式，放宽对市场的限制，为市场的活动留存空间，这也在客观上为民间组织的出现提供了空间条件。市场经济的改革同时塑造了具有平等、自主、自由等意识的个体和团体，为民间组织的成立提供了良好的思想条件。市场经济下的理性行为促进了平等、自由等意识在社会中的传播和普遍认同，在这样的思想条件下，以公益性为目的，服务他人的民间组织，才得以产生。

在我国，民间组织的迅速增长出现在20世纪80年代，反映出经济改革对民间组织的产生和发展具有直接的、关键性的作用。作为“社会主义制度的重大创新”，市场经济改革影响着社会的方方面面，政府和国家权力逐渐撤退和收缩，社会和个人的权利迅速发展增加，这就是我国民间组织得以产生并蓬勃发展最为深刻的根源。

（二）政治体制改革催生组织需求

“政治体制是指政权的组织形式，表现为一整套关于政权组织方式、运行方式的政治制度体系。”[2]我国的政治体制改革是配合经济体制改革进行的，政治体制改革中最主要的部分是对政府行政管理体制的改革。

政治体制改革促进了个体对组织化的需求。传统行政管理体制下，政府权

---

[1] 参见陈柏峰：《中国法治社会的结构及其运行机制》，载《中国社会科学》2019年第1期。

[2] 李正华：《新中国政治体制改革和政治文明建设》，载《当代中国史研究》2019年第5期。

力过于集中,社会活动掌控在政府手中,所以社会对组织形成完成自我服务没有多大的需求。为了配合自由的市场经济发展,体制改革的重点就是放松对社会的控制,个人能够在社会中得到更自由的活动和发展空间,从而解放生产力,推动经济建设。但与自由同时来临的还有风险,在城市的单位制和农村的人民公社制解体后,作为个体的城乡居民需要独自面对市场风险及政府的行政管理,因此又有了进行社会自组织的需求。

政治体制改革对社会主义民主建设的要求,为民间组织的发展提供政治基础。政治体制改革中的重点就是实现权力下放,为社会赋权,以调动民主参与的热情。而民间组织作为社会资源的集合,能够将分散的个体组织起来,形成集体性的利益表达,为民主的实现提供组织方式。民主建设的发展,对民间组织来说,是其扩宽利益表达和民主参与的基础。

我国的政治体制改革是配合市场改革进行的,市场经济的发展最重要的是为民间组织提供了物质资源,而政治体制改革则放宽了民间组织的活动空间,使得民间组织能够具有更大的活动范围。随着我国政治体制改革的深入,国家退出社会生活领域的空间逐步扩大,民间组织将成为国家能力所不及领域的重要补充力量。

(三)社会互助传统提供内核支撑

社会资本理论脱胎于社会网络理论,社会网络理论认为社会是由各种关系网结成的,社会成员根据在关系网上所占据的位置来分配社会资源。布迪厄认为社会资本是“资源的集合体”;科尔曼认为社会资本“存在于人际关系的结构当中”,社会结构资源就是个人拥有的社会资本;普特南则从公民参与的角度出发,将社会资本定义为“社会组织的特征,如信任、规范以及网络”,社会资本能够通过合作行为提高效率。[1] 研究者们对社会资本的定义虽然都不相同,但“他们观点中的共同取向,就是将社会资本定位于以合作、信任和相互期待为基础的社会行动和社会关系”。[2] 也就是说,社会资本是包含合作、信任以及期待三种要素的一种行动和关系。在中国,传统的关系网络由血缘和地缘组成,是承载社会资本的主要形式,互助传统是在此关系网上具有的社会资本的集中表现。

互助是合作的一种形式,在互助的过程中人们逐渐熟悉产生信任感,并由此产生对彼此的相互期待。费孝通在《乡土中国》中将传统中国的社会关系定义为“守望相扶、疾病相助”,这其中就蕴含成立组织所需要的社会资本。传统中国社会关系是由血缘和地缘关系形成的“差序格局”网络,在乡村社会人们以

---

〔1〕 参见庄渝霞:《社会资本理论的演进及跨域运用》,载《国外社会科学前沿》2019年第5期。

〔2〕 参见马长山:《社会资本、民间社会组织与法治秩序》,载《环球法律评论》2004年第3期。

此来构建宗族和互助组织，应对生产与生活风险。血缘和地缘关系带来的信任感和熟悉感是熟人社会中互助的社会资本，传统中国虽未发展出西方所定义的社会组织，但其中的互助观念一直延续至今。

改革开放虽然使“乡土中国”发生了变化，乡村中熟人社会转变为半熟人社会，城市中单位制解体，交往范围扩大，人们之间的社会关系趋向陌生化，但社会互助的传统并未消失。无论是在农村地区还是在城市地区，以血缘和地缘关系为基础的互助形式依旧提供着合作、信任等社会资本条件。中国本质上“差序格局”的社会关系并未完全转化为西方“团体格局”式的社会关系，由血缘和地缘关系形成的互助传统，依然为民间组织的形成提供着信任感、熟悉感等社会资本。

第二节　基层民间组织的秩序构建功能

研究民间组织的秩序建构功能，首先需要讨论什么是秩序的问题。秩序是生活的必要条件，“失序”状态下，任何产业都无法生存，人们处于对暴力死亡的恐惧与危险中，人的生活孤独、贫困、卑污、残忍而短寿。[1] 对秩序概念的经典表述，来自哈耶克，他认为“所谓社会的秩序，在本质上便意味着个人的行动是由成功的预见所指导的，这也即是说，人民不仅可以有效地运用他们的知识，而且还能够极有信心地预见到他们能从其他人那里所获得的合作”，昂格尔对社会秩序也有自己的一番评价，他所认为的社会秩序是由个人和群体作为构成要素，各要素组成的社会系统协调一致，运行有序。社会秩序在人类生活中的展现需要依靠一定的方式，早期宗教和道德是社会秩序建构的主要方式，但随着科学的进步和人类生活的日益复杂化，宗教秩序的领域收缩，道德秩序的约束力减弱，法律开始成为社会秩序建构的主要手段。在现代社会，我们依然保留宗教、道德以及法律对社会秩序的建构，但我们开始向着社会秩序更高形态——法治秩序进步。

一、法治秩序视野中的基层民间组织

（一）法治中的自发秩序与建构秩序

法治的建设意味着通过法律秩序对社会生活进行调整和规制，需要将分散的社会秩序以法律的形式进一步整合形成体系，以规范其内容和功能，在法治建设的过程中，社会生活中自发形成的秩序和法律建构的秩序都试图按照自己的逻辑调整社会关系，因此自发秩序与建构秩序总是处于一种相互具有张力的

---

〔1〕 参见［英］霍布斯：《利维坦》，黎思复、黎延弼译，商务印书馆 1985 年版，第 95 页。

状态之中。

自发秩序是基于人们的天然联系、价值共识和行为规范，在一定场域自发生成的秩序。〔1〕 哈耶克通过有限理性与特定时空知识的分散性特点来阐明自发秩序的形成过程，即人们通过各种实践性知识来进行社会交往，调整自己的行为并期望他人的行为，但由于知识的分散性和主观性，社会规则实际上需要不断地互动和试错来保持有效性，这种形成和发展过程也就决定了自发秩序的特质。首先自发秩序不具有目的性，它的功能仅是调整社会中的交往行为，为人们提供社会活动空间；其次自发秩序具有抽象性，一是其内容并没有明确的表示形式，而是分散在社会成员的共识中，二是其内容处于不断变动中，并非长期稳定的不变规则。

因此，自发秩序本身不足以整合和组织社会生活，仍需要依赖建构秩序来保障社会生活整体的有序和发展。建构秩序即一种为了某种目的而依据组织或治理者的意志而建立的外部规则，其产生具有权威意志色彩，并有着统合社会运行规则的明确目的，以强制性的外部权力作为其支撑。〔2〕 建构秩序是对自发秩序的规制和补充，然而由于其制定和运行是以自上而下的方式进行，又不可避免地与基层社会产生脱节和不适问题，想要调试社会中自发的零散秩序，充分保障立法部门构建的法律秩序，就需要有特定主体来承接两种秩序的整合功能。

（二）基层民间组织的秩序建构功能

法治秩序的形成路径与一国的社会条件密切相关，在早期中国的法治建设中建构主义占领上风，“立法先行”是治理社会的主要理念，国家希望通过制定正式法律并以执法部门的实施作为调整社会秩序的主要方式。因此对于社会中的自发秩序，采取的是忽视或将其纳入法律建构秩序的方式对待。随着市场经济和社会的发展，社会生活释放出极大活力，社会关系开始多元化，这使得国家一元化主导的秩序显现出局限性：一方面难以调整社会中新出现的事物及关系，另一方面社会自发秩序日益增多，但其并未促进社会秩序的稳定，反而因为其零散或相互冲突加剧了社会关系调整的困难。

因此社会治理的转向需要强调基层多主体自治、共治，以此来弥合国家主导的建构秩序与基层社会自发秩序之间的断裂面，法治社会秩序的实现，不仅需要建构秩序在基层落实和稳固，还需要自发秩序能够被有效整合并发挥在特定领域的作用，这就要依赖基层民间组织作为协调国家与社会的中间体，成为连接建构秩序与自发秩序的桥梁。

---

〔1〕 参见丁胜：《乡村振兴战略下的自发秩序与乡村治理》，载《东岳论丛》2018 年第 6 期。

〔2〕 参见梁峰：《规则与自发秩序：哈耶克社会理论的构建》，载《学海》2004 年第 2 期。

基层民间组织的秩序建构功能有两层含义，首先其作为特定的自治性组织，为成员和自身的社会活动提供规则指引，使得模糊抽象的自发秩序上升到特定团体的明确秩序，以自治规则的形式建构稳定的内部秩序；其次基层民间组织通过遵守有关法律实现对国家建构秩序的贯彻，通过开展活动和对成员的引导使外部建构秩序融入基层社会生活，协助国家进行法律实施和社会管理。通过民间组织对自发秩序与建构秩序的断裂在基层场域的弥合，不仅可以实现缓解基层利益冲突的社会治理效果，还可进一步推进法治精神在社会中的生根发芽。

二、秩序建构功能的具体体现

（一）提供自治规则

自治规则是基层民间组织用以维持内部秩序的方式。民间组织的成立首先需要一个预设目标，其次需要一定数量的成员能够为实现目标进行活动，但集体行动毕竟存在缺陷，可能导致“搭便车”等行动困境的产生，所以为保证集体行动的有效进行，就需要组织设定规则，以避免个别成员的越界行动，“任何一个团体，为了能够进行正常的运行从而达到各自的目标，都会制定一定的规章制度来约束其成员的行为，这就是团体的法律”[1]。自治规则的效力来源于其契约性和自律性，契约性是指自治规则的产生是基于全体成员一致的意思表示或经过多数成员的意思表示同意，自律性指自治规则的成立是为了实现共同目标或利益，成员自觉接受规则的约束。据此自治规则就具有了管理成员的权力，并以此划定组织成员的行为界限，保证集体行动的有效进行。

组织内的自治规则还会在不断的实践中逐渐成为具有一般性的自治规则，成为国家法律的补充。法律是国家建构秩序的手段，但一国的法律不可能完善到方方面面，所以在国家成文法调整之外，就需要那些非正式规则填补制度空白。在具体领域实践与运作的自治规则，会在法律的基础上进一步补充其内容，实现对微观社会秩序的建构。

民间组织所制定的自治规则，既满足了内部秩序化的需要，也在一定程度上为国家法律提供来源，实现对法律空白领域的秩序建构。这些非正式规则的广泛适用，使得每一个进入这个领域的人在不知不觉中被有效规制着，补充了国家法律无法触及的领域，共同构建了社会所需要的理性秩序。

（二）协助法律实施

法的实施，是指“法律的贯彻和实现”，是“书本上的法律变成生活中的法

---

〔1〕 参见邹永贤等：《现代西方国家学说》，福建人民出版社1993年版，第322页。

律”〔1〕。一般来说,法的实施被认为包括法的执行、遵守、适用以及法律监督四种方式,从这种划分方式上来看,其内在地隐含国家是法律实施的主体这一观点,但从另一方面来看,私人运用法律保障自身利益的方式,同样推动了法律的实施。对于社会法这样公法和私法交错的领域,〔2〕其所保护的社会利益中,既有个人利益也有公共利益。作为一种特殊存在,社会利益的保障既可以通过国家实施法律,也可以通过私人利用法律的方式进行。

社会的良好运行,不能单纯依靠公权力的运作,私人对法律的运用同样是进行社会管理的一种有效方式。社会成员协助法律实施,是对国家实施法律的有效补充。社会成员实现社会管理,组织社会秩序的形式就是成立各类民间组织,以达到资源的集合,形成一定的社会权力。

基层民间组织协助法律实施主要通过法律适用。法律适用以参与诉讼为主。我国法律赋予民间组织以提起公益诉讼的原告资格,在《民事诉讼法》中确定了有关组织可以提起公益诉讼,新环保法中也确认符合条件的民间组织有权提起环境公益诉讼。发生于2016年的“泰州市环保联合会与锦江、常隆等公司环境污染纠纷案”是新环保法实施以来,环保组织提出的首个公益诉讼,该案为之后的环境诉讼提供了良好的司法范例。案件中涉及的对环境修复等问题的讨论,也在之后由最高人民通过制定一系列解释确定了恢复原状与环境修复责任的关系。〔3〕该案例表明环保民间组织通过参与环境公益诉讼达成了协助法律实施的效果,并推动之后有关公益诉讼标准的制定。

(三)协调利益冲突

“利益”是一个重要的表现社会关系的概念。马克思主义认为,“每一个社会的经济关系首先是作为利益表现出来”〔4〕,而对冲突的研究则论述道,“当一个人被他自己的利益所驱使的行动影响他人利益的时候就出现冲突”〔5〕,存在利益纠纷时不可避免地存在冲突,如何解决冲突是维持社会秩序需要解决的问题之一,国家提供了法律等手段作为调解冲突的方式,但个人通过正式制度来解决冲突往往会遇到解决成本过高、耗费时间以至于冲突升级等问题,因此尚需要其他社会力量对冲突进行调解。

〔1〕参见李龙主编:《法理学》,武汉大学出版社2011年版,第217页。

〔2〕参见董保华等:《社会法原论》,中国政法大学出版社2001年版,第9-12页。

〔3〕参见吕忠梅:《环境司法理性不能止于“天价”赔偿:泰州环境公益诉讼案评析》,载《中国法学》2016年第3期。

〔4〕[德]马克思、[德]恩格斯:《马克思恩格斯选集》(第2卷),中共中央马克思恩格斯列宁斯大林著作编译局译,人民出版社1972年版,第537页。

〔5〕[美]布坎南:《自由、市场与国家:20世纪80年代的政治经济学》,吴良健、桑伍、曾获译,北京经济学院出版社1988年版,第49页。

在广大农村地区,利益冲突依靠村庄内生的民间组织能够比国家强制力介入得到更有效的解决。农村地区的民间组织大多数带有内生性的特点,血缘和地缘关系是其产生的关键,也是其解决利益冲突的有效方式。产生于村庄内部的民间组织,更懂得如何利用地方性道德规范和人情运作的方式沟通冲突双方,调解利益冲突,维持村庄内部秩序。

农村中的利益冲突能够通过内生型民间组织解决,对城市地区来说,没有农村这种"熟人社会"的关系背景,大部分的城市居民利益纠纷的解决就只能依靠法律途径或者选择妥协。但目前城市中存在较多的集体维权困境,数量众多却分散的个体拥有同样的利益诉求但又难以进行整合,如何促使分散主体最大范围地聚集在一起并将个体利益诉求上升为群体表达,民间组织提供了这样一种主体聚集和利益表达机制,维权组织能够通过内部规则约束组织内成员,防止过激的集体行为,从而促进利益和权利诉求的理性化。同时,不同的民间组织也代表了不同领域、不同目标的利益表达者,使得对立的社会意见能够在公共领域进行充分的传递和交锋,不同的意见争论逐步趋向实现共同的价值和目标,"满足各自的需要和实现各自的愿望,实现社会自律管理"〔1〕,最终建立合理竞争和信任互利的社会自律秩序。

(四)培养法治精神

作为调节社会关系的重要组织载体,基层民间组织在法治精神培养方面起到重要作用。国家的法治建设不仅包括制度建设,还有精神建设。过去在"建构主义"思想的影响下,我国对制度建设的重视要大于精神建设。国家转向对法治社会的讨论后,法治精神的建设同样成为主题之一。民间组织对法治精神的培养体现在对权利、义务以及规则意识的塑造上。

基层民间组织能够成为权利表达的平台,能够在实践中培育权利意识。权利和义务是不可分离的,权利意识的培养同样能够促进义务意识的增长。规则意识是民间组织在对规则的反复适用中不断形成的,民间组织作为社会资源的集合体,为了有效运行,其内部必须制定规则以规范成员行为,而在外部,民间组织在实现目标的过程当中,也会受到社会规则的制约,至少形式上也要以社会规则能够接受的方式运作,这也就在不断的实践中加强了组织内部成员对于社会正式规则的认知和运用。并且,利益的争夺难免出现冲突,在利益博弈的过程中,民间组织会不断强化对自身权益的认知,也同时会意识到自身所受到的社会规则限制。这些意识的培养,是法律意识形成的前提。而对法律信仰的培养则是一个长时期的累积过程。伯尔曼认为源自生活的"一个生生不息的传

〔1〕 马长山:《法治进程中的"民间治理"——民间社会组织与法治秩序关系的研究》,法律出版社 2006 年版,第 75 页。

统”是法律信仰构建的根基，[1]传统和现代体制的融会贯通，需要有意识的活动来实现。作为生于社会的民间组织，其本身就是各种社会资源的集合，包括传统资源，同时民间组织也是社会和国家沟通的渠道之一，搭建了传统和正式制度交流的桥梁。在民间组织传统资源赋予法治合理性基础的同时，正式的法律制度也被组织吸收，从而使法律信仰被内化为日常行动准则。

民间组织对法治精神的培养起到的是对精神秩序的建构功能。民间组织的成立和运行体现的是传统精神秩序的变革，平等、自由意义上的公民主体成长，权利意识、义务意识和规则意识深入人心，法律信仰被内化为日常行动，在精神层面实现了秩序建构。

三、实现秩序建构功能的条件要素

（一）实现秩序建构功能的外部条件

1. 合法性要素

基层民间组织存在和发展的前提是满足合法性的需求。合法性从概念上可以有两种解读，一种是指“合法律性”，也就是民间组织的存在和发展满足法律规定的条件；另一种是指“正当性”与“合理性”。[2] 尽管正当性与合理性是民间组织生成的道义基础，但合法律性是民间组织存在的规范前提。

我国《宪法》规定了“中华人民共和国公民有结社的自由”，其为民间组织提供了合法律性的基础保障。但从下位法律规定来看，其仍缺少具体的操作细则和操作方案，相关法律法规制度还有待进一步完善。国务院所颁布的三大登记管理条例，条例中规定开展社会团体活动需要经过“批准”或者“登记”，没有取得批准和登记的组织或者被撤销登记的组织进行活动的，将要被予以取缔并且没收非法财产，并给予治安管理处罚，构成犯罪的还要追究刑事责任。其在一定程度上限制了基层民间组织的发展，需要进一步优化和改善。

“合法律性”是民间组织得以进行社会活动并获取资源的前提。登记制度的存在，对一些基层民间组织的功能发挥造成了一定的影响。同时，因为未获得批准、未取得登记的民间组织都被视为非法组织，一定程度上压缩了部分民间组织的生存空间。目前来看，我国出台的有关基层民间组织的相关法律法规依然有待完善，数量还比较少，针对性不强，使得民间组织缺少相应的法律层面的规范和指导。[3]

---

[1] 参见[美]伯尔曼：《法律与宗教》，梁治平译，中国政法大学出版社 2003 年版，第 4 页。

[2] [美]约翰·罗尔斯：《正义论》，何怀宏、何包钢、廖申白译，中国社会科学出版社 1988 年版，第 210 页。

[3] 参见武春荣：《基层民间组织的大作为》，载《人民论坛》2018 年第 25 期。

2. 体制性要素

政府的管理体制是影响基层民间组织秩序建构功能发挥的重要原因之一。目前在我国民间组织的管理体制可以总结为“多头管理”、“双重登记”以及“限制竞争”三个方面。多头管理形成于社会团体挂靠各种政府单位的历史格局之中,而双重登记则是因为对民间组织实行业务部门批准,民政部门登记的双重成立限制,同时限制竞争表现为禁止“一业多会”或“一地多会”,除此之外还有各类分散的政策文件对民间组织进行限制和管理。

现有的管理体制实际上限制了民间组织的发展。多头管理和双重登记两个制度为民间组织的准入设置了多层障碍,多头管理不仅使民间组织需要挂靠政府部门才能获得合法性基础,还造成了管理效率低下和混乱的局面,双重登记则与之相配合,在成立之初就使民间组织被掌握在政府相关职能部门的权力下。另外,限制竞争虽然原意是为防止民间组织无序竞争,但过度的限制却导致民间组织丧失了优胜劣汰的发展活力。

体制性要素对民间组织来说,是发展的外部保障。政府对民间组织的管理体制影响着民间组织的成立和发展,对于我国民间组织来说,管理体制的限制是其获得合法性身份以及发展空间的阻碍,保证民间组织的功能发挥,在外部条件上需要考虑体制性因素的影响。

3. 信任要素

信任要素涉及组织内外两个方面,从组织内部来说,信任是合作达成的必要条件,一个组织的成立和运行需要组织成员之间的相互信任,[1]从组织外部来说,信任来源于两个方向,一个是政府的信任,另一个则是社会公众的信任。本节主要讨论民间组织对外部信任的获取。

取得政府信任的标志是民间组织具有合法性,此处的合法性既包括上文所指的法律合法性还包括政治合法性。政治合法性的取得在于民间组织对政治标准的满足,通常来说国家作为民间组织政治合法性的认定者,通常以建立在社会主义一元政治价值基础之上的政治标准,如是否危害国家、民族团结,来检验一个民间组织是否遵守政治秩序,从而肯定或否定其政治合法性,以达成社会控制这一主要治理目标。[2] 政府的信任还影响民间组织对资源的获取,尤其是体制内的资源,其更能帮助民间组织实现其功能。

社会的信任是民间组织生存的活力和保障。“任何建构社会秩序和互动的社会架构连续性的长期努力都必须建立在社会行动者之间相互信任的稳定关

[1] 参见张康之:《论信任、合作以及合作制组织》,载《人文杂志》2008 年第 2 期。

[2] 参见梁昆、夏学銮:《中国民间组织的政治合法性问题——一个结构——制度分析》,载《湖北社会科学》2009 年第 3 期。

系的发展基础之上。”[1]体现在组织活动中,只有组织和社会之间具有信任关系,才会引起自愿合作行为,组织才能够得到来自社会的支持和保障,并且信任关系的深度也决定着合作的强度,信任关系能够扩大到的范围,也是合作触角能够延伸至的界限。社会信任也是民间组织获取社会资源的重要因素。政府在资源提供方面总是有限的,民间组织的运作和功能发挥离不开对社会资源的获取,组织和社会之间普遍信任关系的生成,在直接意义上能促成社会合作,增加了从社会汲取资源的可能性。

(二)秩序建构功能实现的内部条件

1. 自治性要素

基层民间组织通过自身掌握的资源实现对社会权力的行使,在此过程中自治性要素是不可缺少的。“只有当组织是自愿的并扎根于自由的领域的时候,它们才可能产生助益和具有效率。”[2]自治保障社会权力的行使能够符合民间组织的设立目的。民间组织来源于社会,其发展和运行必然受到社会环境的制约,尤其是政府的管理约束,会对组织目标的实现和内部运行形成阻碍。所以为保障民间组织能够充分行使社会权力,需要独立于外部的内部自治。

另外,民间组织所行使的社会权力是一种集体性权力,集体行动本身会出现“搭便车”等困境,为保证行动的一致、有序和效率性,组织内部就必须形成一定的秩序,制定制度保障内部有序运行,这也就存在权力内部的分工协作,这些内部的分工行为同样需要对外的独立,应当由组织成员自主行使,不允许其他任何外力的强制或干涉。当然,独立与自治本身是存在限度的,当自治的行为出现了破坏“政府应当维护的公共秩序的合理期望时”,民间组织的行为就要受到限制。

2. 自律性要素

自律性要素是基层民间组织能力建设的重要内容。自治性强调对外的独立,自律性强调对内部成员的约束。民间组织制定的自律规范是自律性要素的集中体现。首先,民间组织自身的规章制度是保障组织有序运行和稳定内部秩序的基础。其次,这种自律规范还会在具有相同目的或者同一领域的民间组织内形成必须遵守的道德标准和社会习惯。此外还有第三种自律,其来自民间评估组织的外部监督,从整体来看其性质属于民间组织之间的互律。[3]

自律所强调的是自我约束,然而自我是一个非常主观的范围,自律行为成

---

[1] [波兰]彼得·什托姆普卡:《信任:一种社会学理论》,程胜利译,中华书局2005年版,第132页。

[2] [美]约翰·罗尔斯:《正义论》,何怀宏、何包钢、廖申白译,中国社会科学出版社1988年版,第210页。

[3] 参见朱传一:《中国民间公益组织自律与互律之路》,载《学会》2004年第12期。

立的背后往往存在不同的动机，高层次的自律表现为无需外力的自我约束，[1]第二层次的自律是舆论和道德约束的结果，而最低层次的自律则是强制力约束的结果。无论是从理论还是实践来看，单纯的内部自我约束是无法得到有效实现的，自律习惯形成并内化为日常行为需要一个漫长而复杂的过程，对多数人和团体而言，必要的外部监督是达成内部自律的有效途径。由于道德和舆论的主观价值性，其形成的自律往往缺乏稳定性，因此自律意识的发展还需要借助法律制度的建设，与道德和舆论驱动的自律不同，制度化的自律建立在多元约束的基础上，强调正式制度和非正式制度的共同约束。制度化的自律不仅能够使自律成为少数高尚者的自觉行动，更能使自律成为多数"理性经济人"在外界约束下唯一理性的选择。

民间组织内部自律性要素的实现，需要外部环境的共同努力。从法治建设中来看，自律性要素的实现，还是需要借助外部力量，政府主管部门对民间组织的监督，能够推动民间组织从道德驱动的自律向制度化的自律转化。

第三节　基层民间组织的运作状况与困境

对我国的民间组织来说，其秩序建构功能的发挥并不理想。首先从实现其功能的各种要素中分析，合法性要素要求民间组织的成立符合法律规定，但现实中法律制度的缺失导致多数民间组织从一开始就难以具有合法性的身份和地位。其次从资源获取的角度来看，制度性资源是民间组织秩序建构功能发挥的必要保障，但资源获取的有限性影响组织活动以及目标的实现。并且，多数民间组织在发展过程中出现的商业化倾向，严重背离了组织的公益性目标，影响组织整体形象的建设和社会信任的取得，致使组织在信任要素的获取上面临双重障碍，同时，组织自身建设能力的欠缺也阻碍着民间组织秩序建构功能的发挥。透过现象看本质，民间组织问题出现的根本还是在于整体法治社会的发展处于起步阶段，有效的社会自治没有完全生成，传统的科层制管理方式对新生问题的回应性不足，部分组织生存于合法与非法的边缘，而作为拥有社会权力的民间组织，由权力带来的潜在威胁也是国家对民间组织发展的顾虑，我国自古形成的传统文化至今影响着人们的思想观念，社会成员在寻求权利保障时还存留"权威意识"，缺少独立与民主的现代公民权利意识。

---

[1] 参见陈秀峰：《走向他律与自律：大学教育基金会的社会监督机制探析——以社会互构理论为视角》，载《湖北社会科学》2009 年第 4 期。

一、基层民间组织的整体运作概述

(一)基层民间组织的建立与成员吸纳

改革开放以来,基层民间组织的数量随着社会政治生活变革与社会活动多元化而迅速增长,一方面随着单位制和人民公社的解体,基层群众的松散状态需要通过再次组织来实现联合,进行公共活动,另一方面社会需求多样化,需要政府外的主体提供公共产品,在现实需求刺激和活动空间扩大的背景下,民间组织呈现数量激增和类型多样化的状态。

一方面,内生型基层民间组织的建立与城乡居民的社区生活紧密相连,脱离集体制后的社区生活因为新时期日益丰富的公共活动,如民主议事、文化娱乐等,居民们又有了组织在一起的动力。除了明确的公共目的作为建立支撑,社区精英为首的领导作用以及社会资本对社区成员的整合都促进了内生型民间组织的形成。另一方面,正式的政治力量基于治理目的,也会通过政策整合基层民间资源,推动建立一定类型的民间组织,如红白理事会、社区志愿队等。内生型民间组织由于其建立主要围绕社区事务,因此也主要吸纳社区内部成员,规模较小,平均在几十人,且根据组织性质吸收的成员类型也较不相同,一些文娱组织主要以社区中老年人为主,而志愿服务组织则主要吸收年轻力量。

外生型基层民间组织的建立则源自社会公共服务需求及专业领域事务的社会化管理,对于更广范围内的公共事务,需要以集体行动的方式,通过发起民间组织获得既有体制及其单位成员的认同,[1]因此这部分民间组织在建立时就需要获得政府部门的支持,也不可避免地会受到相应的管理。根据《社会团体登记管理条例》确立的“双重登记”制度,其建立需要主管业务部门的批准和民政部门的登记,导致在实际中有大量民间组织因未获得登记确认而处于非法状态。在成员吸纳上,外生型民间组织由于其专业性质,核心成员主要是领域内精英或者政府挂职人员,而普通人员常处于一种边缘地位。

(二)基层民间组织的运行与活动开展

基层民间组织的运行及相关活动的开展是其组织生命力的体现,也是发挥社会功能的具体形式,从内部来说,其通过组织化运行整合了成员的社会活动,通过自治规则建构了相对稳定的社区或群体秩序;从外部来说,其通过集体性活动进行了社会管理,通过协助法律实施和参与社会治理的方式巩固了法律秩序。

基层民间组织在社区内的活动开展围绕成员的公共生活,其活动包括文体

---

〔1〕 参见王名、孙伟林:《我国社会组织发展的趋势和特点》,载《中国非营利评论》2010年第1期。

活动、社区服务、社区维权等涉及居民生活或权益保障的内容，通过社区精英进行组织管理与活动安排，动员其他居民参与。精英管理保证了活动开展的有序性和规范性，而成员参与则维持了组织运作和活力，使得民间组织能够长久稳定地在社区环境中发展。但不同类型的民间组织由于活动性质差异，容易出现结构性的发展差异，文体类组织由于有广泛的认同基础和简易的运作管理模式，发展较为顺利，而维权类组织或志愿类组织因为需要较为成熟系统的运作管理，且要求成员参与的积极性和明确意识，难以有效组织和维持。〔1〕

基层民间组织在与外界交往时主要注重合法性身份与资源获取两方面。正式的政治力量支持是民间组织获取正当性并能持续发展的基础，不仅社区内的民间组织需要村委会/居委会的权威支持，更广范围的维权或公益组织也有赖于相关政府部门的认可，因此民间组织的运作都不同程度地引入了一定政治权威作为组织支撑，如由官方背景人员担任组织管理职务，或以国家政治话语作为组织活动原则。〔2〕另一个重大问题是如何获取组织运行所需的资源，目前各种民间组织的内部自筹能力都较弱，难以仅靠成员筹款获取运行所需的全部资金，大部分的资源获取仍是外向的。除了政府通过政策扶持给予财政补贴或以项目制方式购买服务的正式化渠道外，由于缺乏相应的规范，民间组织向社会筹资的方式都较为混乱，普遍存在捐款信息公开度不足、依靠私人关系筹资等问题，且资源获取不畅还将民间组织引向商业化发展，使其和建立目的发生偏离。

（三）基层民间组织的监督与法律规制

基层民间组织虽然主要依靠自治规则进行自律性管理，但接受内外部监督以保证与社会的良性互动仍是必要措施，同时也需要法律规范对民间组织整体的运行和活动进行指引和管理，规制一些可能出现的不良行为。民间组织秩序建构功能的发挥，就需要与更广泛的社会秩序相连接，并统合在正式的法律秩序之下。

现阶段对民间组织的监督方式较为零散，就内部监督来说，由于组织运行管理主要由核心成员负责，其他成员被动参与且难以获得较为全面的信息，因此难有意识和动力进行主动监督。外部监督则更依赖民间组织信息公开的程度，只有在公众了解民间组织的宗旨、活动范围和活动内容时才可能进行有效监督，但目前公众最为关注的慈善民间组织也普遍存在信息透明度不够、缺乏信息反馈等问题，近年来新闻媒体的发展使得公众对于各类民间组织活动的关

〔1〕 参见崔月琴、袁泉：《社会管理的组织化路径——社区民间组织的"均衡化"发展》，载《社会科学战线》2011 年第 10 期。

〔2〕 参见郁建兴、吴宇：《中国民间组织的兴起与国家——社会关系理论的转型》，载《人文杂志》2003 年第 4 期。

注度上升,一定程度上倒逼了信息公开并形成一种公众监督环境。[1] 另一个特殊的监督机制是发展专门的民间组织评估机构,建立民间组织间的互律监督机制,但由于不同类型不同领域的民间组织缺乏统一性,这种较为成熟的组织互律监督尚还难以成型。

体系性的民间组织监督机制难以建立与目前法律规范的不完善也有较大关系,在现行“双重登记”的管理制度下,政府部门更重视对民间组织建立时的登记管理和非法组织的取缔工作,而对其日常运行的管理却缺乏系统性的法规依据,这不仅导致对民间组织重大活动的请示报告制度和年度检查制度流于形式,还存在对其事后惩罚自由度过大的问题。同时,对于民间组织的财政税收、信息公开制度等我国也未有专门立法规制,[2]使得民间组织的发展和运行较为无序。

二、基层民间组织秩序建构功能受阻的现实困境

(一)合法性要素供给不足

合法性要素对基层民间组织秩序建构功能的影响在于正式制度的提供。民间组织要获得法律合法性的地位,就要求有相应的制度予以保障。尽管民间组织在社会上的发展空间扩大,国家也不断出台政策为其参与法治社会建设提供政策基础。但在民间组织发展的过程中,始终面临正式制度供给不足的问题,国家对于民间组织的管理法律体系难以为民间组织的功能发挥提供保障。

我国民间组织的正式制度供给以法律和行政法规为主。正式制度总体上呈现出来的问题有:一是具体操作上的“一视同仁”,不仅未对不同功能类型的民间组织进行具体的区分管理,并且缺少可行性的监管操作规范。二是登记要求高,权利义务规定少。双重管理的方式增加了民间组织合法设立的条件,且在制度上倾向管控而较少赋权。三是现行法律涵盖面较窄,无法适应新情况。对于许多新类型的民间组织调整目前没有可适用的法律,导致出现管理乱象或组织非法化,最终阻碍民间组织的多样化发展。

法律合法性要素的不足,同样对民间组织行使功能的“正当性”产生动摇。自律规范的完善不仅需要民间组织内部的道德义务发挥作用,还需要依靠外部环境的推动。民间组织自律规范的形成,政府的监督和社会的监督是其中必不可少的。然而,我国目前将管理重点放在了对民间组织登记条件的要求上,造成其他方面正式规定的缺位,尤其是社会监管的缺位,使民间组织的社会合法

---

[1] 参见李树海、丁渠:《论对社会组织的社会监督》,载《河北法学》2013年第8期。

[2] 参见周红云:《中国社会组织管理体制改革:基于治理与善治的视角》,载《马克思主义与现实》2010年第5期。

性受到质疑。

（二）制度性资源获取有限

基层民间组织获取发展资源有三种途径。一是获得政府资助；二是寻求社会捐款；三是通过提供有偿服务获得收入。多种资源获得途径使得民间组织打破了过去单纯依靠政府财政拨款的方式，但从总体上来说国家依旧是社会资源的主要掌控者，政府的供给情况很大程度上影响着民间组织的发展和成长。然而，民间组织谋求政府资源并不是一件容易的事情。政府资助民间组织，通常是以合作模式，例如民间组织承包政府项目或者帮助政府提供服务等，但有时候项目或者服务的结束，也就意味着资源供给的结束，资源获取具有短期性。再加上民间组织自身募集和创造资源的能力较弱，对政府资源过度依赖，容易由"为社会服务"变为"为政府服务"，丧失了其应有的独立性和自主性。

民间组织的生存和发展，离不开对社会资源的索取，向外获取资源是得不到体制内资源民间组织的生存方式。但向外的资源获取同时会产生另一个问题，就是资金供给的不稳定性。与政府资源供给不同，社会资源供给通常不是持续的也不是一次就能完成的。因为社会资源的掌握者是个人，会受到更多非理性因素的影响。向社会寻求资源是民间组织进行活动所必需的，但社会资源的供给是有限的，并且时常受到个人因素的影响，民间组织获取社会资源的数量无法满足自身生存和发展的基本需求。体制性资源依旧是民间组织生存及功能发挥的关键影响因素。

（三）商业化发展的错误倾向

公益性是民间组织的基本特征体现在民间组织的行为上，就是组织活动的非营利性。但制度性资源获取的困难以及社会资源获取的不稳定性，将民间组织自我生存引向另一条道路，营利行为逐渐成为民间组织获取资源的方式之一。从我国法律规定来看，《慈善法》第 3 条："本法所称慈善活动，是指自然人、法人和其他组织以捐赠财产或者提供服务等方式，自愿开展的下列公益活动……"也就是说在公益的概念认定上，公益和慈善是具有一致性的，说明判断"公益"需要满足两个条件，即活动领域的公共性和目的的非营利性。〔1〕而民间组织的营利行为本身是背离公益性的，营利行为会造成民间组织的商业化，以追求利润为目的的商业行为与公益的"非营利性"是不相容的。

民间组织的营利行为会造成组织目标的偏离，从公益性走向营利性，最终影响民间组织社会公信力的获取。民间组织的设立都是建立在"公共性"基础上的，以服务社会为主要目的，但由于生存压力，不少民间组织开始进行营利活

〔1〕参见张思强：《营利性行为、公益绩效与民间组织财务政策选择》，中国矿业大学 2018 年博士学位论文。

动,将公益变成一门“生意”,发生在2011年的“郭美美与红十字会”事件,致使公众对慈善组织的公益性产生怀疑,认为公益变成某些群体敛财的工具,同样发生在浙江“乐施会”的向救助者收取费用的事情,也不难让人怀疑民间组织通过其公益实现营利。尤其是法律还对部分民间组织实行税收优惠,就更使得民间组织成为洗钱避税的工具。

（四）组织自身建设能力欠缺

基层民间组织自身能力建设是回应社会需求的重要体现,虽然民间组织整体的建设能力已有长足发展,但具体仍存在很多问题。首先是民间组织内部结构的问题,现有民间组织管理条例对其内部组织结构的规定大部分参考原《民法总则》中对法人机构的设置,但民间组织所具有的本质特征是其志愿性以及非营利性,且民间组织的成立依靠共同意愿或者需求,具有强烈的目标导向。以法人机构设置的方式来组建民间组织,则是以营利组织的行为逻辑来思考非营利组织的机构建设,容易产生法律上的认定混乱,影响民间组织秩序建构功能的发挥。其次是财务监管上的缺失。财务是民间组织有效发挥功能的重要保障,实行财务监管的主要目的是防止诈骗、挪用资金、浪费等行为,保护利益相关者的权益。然而,大部分民间组织难以有能力以国家要求的财务管理制度进行财务监管。年检制度和公众监督虽然在一定程度上有效制约了民间组织的资金私用,但是在实践中由于外部监管的缺乏,民间组织内部财务自律无法得到保障,财务监管依旧存在漏洞,以至于出现捐赠者受到欺骗等情况。最后是民间组织内部人力资源管理上的问题。无论是“自上而下”来自政府的民间组织,还是“自下而上”来自民间的组织,都普遍存在人才缺乏、管理效率低下等问题,阻碍着民间组织的健康发展。

三、基层民间组织秩序建构功能受阻的原因

（一）法治建设尚处于初级阶段

对法治社会概念的讨论,建立在对法治社会的理解上。对于法治社会,有学者认为,法治社会是社会的“民主化、法治化、自治化”;〔1〕有学者认为,法治社会仅指“行使社会公权力的法治化”。〔2〕在剖析法治的社会内涵时,有学者从三个方面入手,包括“制度面”上完备的正式制度和非正式制度形成的规则系统,“心理面”上对规则之治的认同以及“秩序面”上多元主体形成的共治秩序。〔3〕也有学者认为,法治社会的内涵包括:社会成员自我约束的法治化,形

〔1〕参见郭道晖:《法治新思维:法治中国与法治社会》,载《社会科学战线》2014年第6期。

〔2〕参见姜明安:《论法治国家、法治政府、法治社会建设的相互关系》,载《法学杂志》2013年第6期。

〔3〕参见江必新、王红霞:《法治社会建设论纲》,载《中国社会科学》2014年第1期。

成普遍意义上的相信法治;社会成员之间关系的法治化,不仅个体权利义务得到平等重视,个体之间形成的自治关系也受到法律保护;社会管理者与社会被管理者之间关系的法治化,要求社会管理者的行为处在法治框架下,并为社会自治预留空间。总结学者们对法治社会建设的构想,我国法治社会建设一方面需要国家从整体层面完成制度建设,加强对社会的回应和引导,另一方面需要充分发挥社会自治的效果,实现自下而上的法治发展,最后在国家和社会的互动中形成全面的法治共识,并使得法治内化为心理层面上的法治信仰,实现法治社会。

社会自治是法治社会的基础,而民间组织是社会自治的重要组织载体。学者们对法治社会建设的思考,实际上反映出对法治社会建设道路的探索,尤其在社会自治形成的过程中更加重视探索民间组织的行为空间以及功能发挥,然而法治社会的建设毕竟处于起步阶段,无论是制度面上的规则系统,心理面上的法治认同,还是秩序面上的多元主体共治都还在发展之中。

(二)管理制度僵化与政治顾虑

一方面,政府的管理以合理分层、上下级权属明确的科层制为标志,但这种依赖现有规则和上级决策的管理模式,在面对基层民间组织的发展时就显得回应性不足。民间组织的发展问题并不是新时代的产物,我国自改革开放时期,民间组织的生长就一直随着经济的发展而逐渐走向成熟,但在对民间组织问题的管理上,由于有科层制的决策和落实过程,对民间组织的法律法规建设进展缓慢,对口登记下“双重管理”模式出现的问题,多年并未有过真正意义上的修改。国家虽然在宏观上确定了鼓励民间组织发展,重视民间组织社会功能的战略方针,但在微观领域的管理上,现有的制度供给无法回应民间组织发展的需求。

另一方面,民间组织的迅速发展也带来了政府对其功能偏离和脱离管控的顾虑。民间组织的社会活动,虽然填补了政府的功能空缺,但从占据资源和活动范围角度又可能对政府治理权威产生威胁,因此政府在对待不同类型的民间组织时采取了“分类控制”的管理方式。对于可能对政治权威构成挑战的,如工会和社区服务组织,政府通常将其收归为“准政府组织”,对于一般非正式组织,政府一般不干预不管理,而一些能够提供公共服务产品的组织,政府则持鼓励态度并提供资源倾斜。政府对于民间组织的政治顾虑和现实考量始终贯穿于民间组织建立和发展的过程中,以至于民间组织随时面临被取缔的飘摇命运,难以获得稳定的合法性支撑。

(三)组织成员主体意识缺乏

萨拉蒙认为,促进民间组织发展的根本动力是一种强烈的“担负起对我们自己生活的责任”的自主意识,而这种自主意识在中国社会是普遍欠缺的。传统文化形成的社会环境依旧深刻地影响着当代人的政治生活观念,“文化心理结构有如一座冰山,其露出水面的是‘显意识’层面,潜藏在水下的是‘无意识’层面”〔1〕。

区别于西方社会经历启蒙运动、文艺复兴等思想变革,中国自古形成的伦理规范在近代国家建设中并未被彻底推翻,人们心理的“无意识”层面仍然受到传统“权威意识”的影响。权威是国人思考个人与国家、个人与其他个体关系的重要向度,因此,民众对权威有内在的深刻认同和崇拜。虽然我国社会制度本质上否定了传统官僚体制的延续,但多数民间组织的形成根源却与我国传统社会文化不可分割。民众对政治权力的崇拜,容易形成对权威的依附和臣属,造成独立自主意识的缺乏,民主政治观念、公民权利观念以及政治参与观念不强,不善于通过自我组织来实现和保障自己的权利。同时,公私混杂的道德信念,导致私人领域边界的不清,所谓“没有私人领域的地方,也就没有公共领域”〔2〕,公私领域界限不明,致使公共领域孕育的社会理性失去存在基础,民间组织的生长不是自生自发的,多数时候需要依靠政府推动,也就容易对政府形成依赖。

第四节 基层民间组织秩序建构功能的法治保障

基层民间组织秩序建构功能的有效发挥需要内部要素和外部要素共同发力,法治保障的着力点也在于此。首先就是要保障外部要素的法治化,具体来说,就是要明确基层民间组织的法律地位,解决法律适用的主体问题;要完善法律法规对于民间组织的规定,当前我国还没有一部法律对民间组织的定义、特征、权利义务及其责任等方面有明确规定;要优化民间组织的生存环境,将“行政管控”转变为“行政协管”。其次是内部要素的法治化,就是民间组织自治规范的制度化与内部治理的有序化。

一、功能发挥的外部因素法治化

(一)明确基层民间组织的法律地位

在法治社会中,基层民间组织作为法律拟制的主体,其身份首先需要得到法律的认可,进而被赋予权利和义务,才能规范其成立、发展及功能运行。法律主体的性质界定首先是公私属性的界定,尤其在公私法相互渗透影响的“社会法”领域更应明确其适用规则,以确立民间组织的法律地位并保障其权利行

〔1〕 参见关海庭:《当代中国政治文化构建的一种历史审视》,载《当代中国史研究》2001年第5期。

〔2〕 参见马长山:《法治的平衡取向与渐进主义法治道路》,载《法学研究》2008年第4期。

使,这也是对民间组织进行法治化保障的基础。

从民间组织的性质上来说,民间组织应当属于私法主体。民间组织成立的基础是来自组织成员的初始协议,组织成立之后,通过成员大会同意的组织章程是组织活动的准则,成员的加入或者退出都基于平等自由的意志,从这个方面来看,民间组织的形成是依据私法的意思行为。承认民间组织作为私法主体是一件非常重要的事情,尤其对于民间组织的法律规定设置来说。作为私法人,法律上需要为民间组织设置组织法,来规范其设立行为、法人机关、活动章程等,因为这些事项都具有民事法律的性质,所以在救济途径上,也应当从民事诉讼法入手。但除了私法性质的组织法之外,民间组织也需要公法上的限制规定,以现有登记管理条例为蓝本,我国在管理和登记民间组织的法律设定上,还需要增加对民间组织进行监管的方法、范围和执行手段,其目的主要是弥补民间组织私法设置上的不足。

(二)完善法律法规有关管理规定

完备的法治规范对基层民间组织的发展来说是必不可少的,其不仅可以规制商业化等错误倾向,还可以为民间组织发挥功能提供指引和保障。

我国在民间组织的法律规定上还存在缺陷。目前"法律大多对民间组织登记管理的行政程序作出规定,而对民间组织的权利、义务等实体内容则较少地涉及"[1],除了对民间组织登记进行管理的三大条例以外,《公益事业捐赠法》对民间组织的捐赠财产有所规定,《信托法》对公益信托也作出了规定。同时,国务院和相关部委还制定了一系列有关规范民间组织的具体法规,内容涉及宗教类组织的登记、会费收取规定、印章的使用限制、年检制度、分支机构的设立限制和登记要求、非法组织的取缔等。这些规定在一定程度上完善了我国对民间组织管理的法律法规,但还没有一部法律对民间组织从定义、特性、权利与义务以及责任等方面进行规定。所以为实现民间组织的功能应当立足于我国民间组织发展的实际状况,思考我国民间组织成长背后深刻的社会根源,同时借鉴国外对非营利部门的管理制度,形成与我国民间组织发展相匹配的法律规范管理体系,明确民间组织所具有的权利和需要承担的义务,使民间组织尽快走上法治化轨道。

(三)优化民间组织运行发展的社会环境

基层民间组织作为社会的中间力量,在现代化治理中分担着社会管理的职责,但目前国家理想化的政治倡导和实际中严格控制的管理模式为民间组织功能的发挥带来了较大压力。国家试图通过法律法规对民间组织进行治理和改

---

[1] 参见杨伟伟:《法治社会视阈下社会组织立法体系的建构路向》,载《广州社会主义学院学报》2017年第2期。

造,规范其运行,提高民间组织参与治理的能力,但严苛的登记管理制度又给民间组织生存带来了负面影响,使其受到社会需求和生存限制的双重压力,容易导致民间组织出现背离公益性的道德危机。因此政府应当认识民间组织的社会发展情况,通过政策体系优化民间组织的生存环境,使其在法律引导下更好地完成自身使命。

优化民间组织生存环境的方式应当是改变现有的管理模式。对民间慈善组织的研究认为,民间慈善组织受到政府的过度干预,在走向所谓“专业化”的过程中会发生异变,容易走向官僚化或者商业化的道路,最终失去与社会交流的途径,更会导致人们参与志愿的积极性下降。[1] 民间组织的良好发展,需要政府在对待民间组织的问题上由“控制管理”变为“培育发展”,政府试图在现有框架内寻求对民间组织管理的突破,但在治理思维上却总是将民间组织看作被管理者的角色,实际上无视了社会自身发展的需求和社会发展的多样性。推动民间组织的发展,政府应当改变以掌控合法性资源来管制民间组织的方式,尊重民间组织的生存逻辑,将“行政管控”转变为“行政协管”,发挥民间组织的社会功能,推动多元共治的法治社会建设。

二、功能发挥的内部因素法治化

(一)自治规范的制度化

基层民间组织的自治规范是实现组织内部秩序的保障。自治规范在组织自治系统内担任治理的角色,承载着组织公权力的运行和实施,能够有效规制组织行为和组织内成员的行为,实现对多元利益诉求的调试整合,保障组织内秩序的形成。单一的国家立法无法在社会需求多元化的时代建立起完善的法律秩序。自治规范形成的自治秩序有效填补了法治秩序,但自治规范在发挥秩序治理的作用时,始终面临保障性因素不足的问题。

与国家制定的正式规范不同,自治规范实施的保障来自民间组织的内部自律。自律是值得鼓励的,但自律具有不稳定性,因为自律背后的成因是多种多样的,自律形成并内化为行动是一个复杂的过程,很少有个人或者团体能够在无外部约束的情况下形成自律。无论是理论还是实践都证明,凡是法律规范完善的,自治规范就会相对完善,也就是说规范组织的法律和组织的自律意识是相辅相成的。自治规范有效实施的核心就是摆脱对自律的依赖,实现自治规范的制度化。制度化的自治规范与自治规范的自律不同,其约束是建立在多元基础上的,既有正式制度的规制又有非正式制度的约束,不仅能够使自治规范有

---

[1] 参见陈静:《民间慈善组织参与孤贫儿童救助研究——以 H 省 HD 家园为例》,吉林大学 2014 年博士学位论文。

效实施,还能使遵守行为规范成为组织成员理性思考下的唯一选择。通过法治化协助民间组织的自我规范实现,是保障民间组织功能发挥的重要方式。

(二)内部治理的有序化

健全完善的内部治理结构是基层民间组织良性运作的前提。按照民法所确定的法人种类,社会团体法人属于其中一种,《民法典》按照法人设立的目的和功能将法人分为营利法人、非营利法人和特别法人,基层民间组织由于其公益性属于非营利法人。因此按照《民法典》的规定,民间组织的内部治理结构应当包括决策机构、执行机构和监督机构,要有章程并依照章程开展活动,这对于促进民间组织法治化建设具有十分重要的意义。

民间组织应当按照法律法规的规定,建立和健全法人治理结构和运行机制。民间组织内部治理结构主要通过组织权力的合理配置促进组织的健康发展,所以首先应当将组织内的权力进行划分,设立决策机构、执行机构和监督机构,落实民主协商和民主管理,并完善内部的监督机制,成为权责分明有效运转的法人主体。其次要完善组织章程的规定,在对内规范上以章程为核心形成自我约束机制。最后要对组织的财产归属进行规范,保证资产不被侵占、私分或者挪用。

(三)使组织成员形成主体意识

培育成员清晰的权利义务主体意识是基层民间组织发展的基石。民间组织的发起和建立是实现结社权的具体形式,因此要强调民间组织的本质是公民结社权行使的结果及其成员集体意志的体现,成员因其建立和加入而具有当然和完整的权利义务。成员通过在组织内部行使权利和履行义务发挥自身作用,逐渐形成主体意识,以内部成员的民主共治促进基层民间组织的自治秩序形成,实现多元化的法治秩序建设。

一方面,成员的权利义务意识需要通过积极参与民间组织管理和活动来培养,作为组织的构成主体,成员要将松散的个人表达凝聚成组织集体意识,因此成员具有选举组织内部管理人员,制定和修改组织活动章程的权利,在组织的日常运行中,成员具有参与组织管理和决策,获取相关信息的权利,明确成员在组织各项活动中的权利是其发挥主体性作用的前提。另一方面,成员也要通过积极履行对组织的义务来贯彻组织的集体意志,其需要遵循组织规章、服从组织的管理决策。

基层民间组织成员的权利义务不仅由内部的自治规则予以规定,还需要上升到统一的基层民间组织管理法律予以保障,通过更高层次的法治秩序形成对成员权利义务的确认,建立外部监督和救济渠道,使成员的主体意识超越组织内部,而作为法律权利得到确认,在社会上树立以成员主体性为核心的民间组织发展理念。

第十五章　城镇社区（小区）治理法治化研究

党的十九大以来，中央提出法治国家、法治政府、法治社会一体建设的战略布局，法治社会建设成为法治中国建设的主要内容之一。法治社会建设旨在提升民众法律意识和观念，激发社会组织活力，援引社会非正式规范，动员民间内生力量，实现社会自我管理。〔1〕 业主自治是城市社区居民自治的重要制度构成，是基于建筑物区分所有权，依据法律法规的规定和民主原则建立自治组织、确立自治规范、管理一定区域内物业的一种民主化物业管理模式。这种民主化物业管理模式是城镇住房商品化、物业公共品供给市场化的制度设置，也符合现代城市社区治理理念，已在很多国家推行并取得良好的物业管理效果。

1994 年国务院颁布《关于深化城镇住房制度改革的决定》（已失效）首次提出城镇房屋物业管理市场化、社会化以来，国家已经相继颁布《城市新建住宅小区管理办法》（原建设部，1994，已失效）、《物业管理条例》（国务院，2003，已修改）、《业主大会规程》（原建设部，2003，已失效）、《物权法》（已失效）、《业主大会和业主委员会指导规则》（住房和城乡建设部，2009）等法律法规，确定了新型城镇化住房体制下的物业管理体制以及业主自治体制，具体而言，包括物业管理合同订立，业主大会、业委会的权利和义务、组织与运行规则等一系列法律问题。时至今日，我国已经建立了相对完善的业主自治法律规范体系，在业主自治领域初步实现了有法可依。

以业主自治为核心的民主化物业管理体制在一定程度上满足了城镇住房市场化改革的需求，有效避免了因为国家退出而出现大规模物业管理失序的后果，并且也顺应了单位、企业退出物业管理的趋势。在城市社区中，业主民主协商、组织业委会、主动参与社区公共事务、维护自身合法权益的实践已经较为普遍。〔2〕 一方面，业主委员会作为一种市民组织，为民众参与社区政治、影响基层治理提供了平台，〔3〕在社区层面初步形成一种国家、社会、市场多中心的治

---

〔1〕 参见《中共中央关于全面推进依法治国若干重大问题的决定》，载新华网，http://news.xinhuanet.com/2014-10/28/c_1113015330.htm。

〔2〕 参见夏建中：《中国公民社会的先声——以业主委员会为例》，载《文史哲》2003 年第 3 期。

〔3〕 参见张静：《公共空间的社会基础——一个社区纠纷案例的分析》，载《社会转型与社区发展——社区建设研讨会论文集》，《现代领导》杂志社 2001 年版。

理格局。另一方面,民主化物业管理模式内部所形成的契约性规则、自治能力和利益格局可以构成社会稳定的保险机制和控制机制。整体来看,这种物业管理模式有利于培育业主的团结意识、契约精神和公民理念,为法治社会建设奠定基础。

第一节　小区的不同类型及其结构性特征

城镇住房商品化改革以来,城市商品房体制逐渐替代单位房体制,多数城市同时并存几种不同类型的小区,这些不同类型的小区虽然从外观上看起来大同小异,但实际上相互之间差别很大。不同类型的小区之间的建筑规模、业主群体的构成、利益的密集程度等方面都有着较大差异。其中利益密度是影响物业管理水平的核心要素,因而可以将小区划分为资源匮乏型和资源密集型两大类,其中资源匮乏型小区包括老旧小区、安置房小区,资源密集型主要指商品房小区和单位或企业家属房。

一、资源匮乏型小区

城市中的老旧小区规划较为落后,不少小区的房龄在30年以上,小区内各项设施已经十分老旧。许多老旧小区居民所属的单位已经在国企改制过程中破产,小区早已经无人问津,是城市小区中“脏、乱、差”的代表。老旧小区业主之间社会关联程度介于商品房和企业家属房之间,大多不是封闭的小区,且基础设施老旧。

城市不断扩张和发展中催生的安置房小区也具有极为鲜明的特点。安置房小区内的居民多是城郊村的农民,居住形态虽然从平面化转向立体化,但仍保留了一部分熟人社会的特征。小区物业的管理人员和社区工作人员的组织构架,仍是以先前行政村的村干部为基础。在调研中发现,此类小区也多由专业物业管理企业负责管理,小区管理的费用多由政府承担。这类社区缺乏集体资源,包括车位、广告位等。因此,业委会运作、物业服务主要通过业主自主筹资。这类小区可以概括为“资源匮乏型小区”。这两种类型的小区普遍建成时间较久,设备老化,公共设施维修成本高,在物业服务市场上处于弱势地位,很难通过市场化方式获取专业性的物业服务,因而一方面需要依靠业主自主动员、集体行动,来实现物业公共品的有效供给,诸如楼梯清扫、公用设施维修等,另一方面需要依靠政府,引入物业服务企业。

二、资源密集型小区

商品房小区和单位房可以划分为资源密集型小区。对于商品房小区来说,业主共有的公共空间往往具有较高的利益属性,因而小区的公共收益较为充沛,不缺乏治理资源,但是却容易因利益分配产生纠纷。而带有福利性质的单位或企业家属房小区,业主之间的差异化程度更小、社会联系较为紧密,再加上单位具有较强动员职工的能力,因而此类小区并不缺乏治理资源,所以将此两类小区归为“资源密集型小区”。

商品房小区普遍规模较大,建筑面积一般在10万至30万平方米不等,占据了当前城市小区中的多数,而且往往具有以下特点:这种小区是由房地产开发商进行规划和建设的,小区内的居住环境较为优越,配套设施相对完善。从社会结构上来看,商品房小区中的业主相互之间没有较多的联系和关联,刚入住的业主处于原子化状态,有着鲜明的陌生人社会的特征,且物业管理的专业化程度较高、规模大。

单位和企业家属房小区特点是建设规模一般不大,居住环境和配套设施能够满足居民日常的生活需求。小区内的业主往往是同一个单位内的同事,他们的生活空间和工作空间高度融合。此类小区的管理往往由单位负责,或者聘请专业的物业公司进行管理,由单位承担小区管理以及住房维护和保养的各项费用,还带有较强的福利性质。

第二节　不同类型小区的自治困境及生成原因

不同类型小区业主自治困境的表现与生成原因差别很大。对于资源匮乏型小区来说,缺少足够的治理资源是制约其管理水平的主要原因。城市中,不同的居住空间本身就意味着明显的经济分层,老旧小区居民群体的特点是参与公共事务的意愿较低且经济能力不足。业主群体的经济状况普遍不太好,且缺乏经济精英和政治精英。而资源密集型小区业主自治的困境更为复杂,原子化、陌生化社区中居民的集体行动难以达成。由于小区本身利益密度较高,各方主体围绕利益分配极易产生矛盾和冲突。对于不同类型小区业主自治困境生成原因的深度考察,便于我们深刻理解当前城市中业主自治的实践机制与所面对的主要问题。

一、资源匮乏型:小区业主自治的成立困境及其成因

按照权利理论,赋予业主房屋所有权,业主就会有参与物业管理的积极性。尤其是公共型的业主自治对业主来说具有实现权利的外部性,物业管理失序会损害业主的权益。很多学者受科斯定理影响,认为产权制度是优化资源配置的基础,不同的权利界定和分配,会带来不同效益的资源配置。[1] 业主动员是业

---

〔1〕 这可能也是误解了科斯定理的意思,是对科斯定理的教条性使用。参见凌斌:《法治的代价:法律经济学原理批判》,法律出版社2012年版。

主自治的前提性要件,产权制度构成动员业主的基础性变量,但并非决定性因素。仅仅依靠明晰的产权,无法形成业主的有效动员。有学者提出:拥有房屋产权与参与社区集会的积极性没有明显关联。[1] 与社区归属感和业主参与公共事务最相关的因素是年龄、社会经济地位、居住年限、家庭结构和邻里网络,而非房屋产权。[2] 在调研中笔者发现,业主参与程度和社区类型存在很大的相关性。在资源匮乏型小区,普遍存在业主参与不足,物业公共品供给不足的情况。

(一)困境表现

资源匮乏型小区业主自治的困境最直接的反映为业主参与不足,导致业委会成立困难。

案例1:H小区隶属W街道办事处,位于D市中心地带,1996年建成,属于老旧小区,由之前的单位职工住房改制而来。小区内有480户居民。由于建成时间较久,房屋设施、设备老化,维修成本高,且物业费难以足额征收,小区物业管理公司于2001年弃管。弃管之前两个月物业公司通知H社区居委会。居委会干部在小区内张贴通知,召集小区居民来居委会商讨成立业委会,以及招募新的物业服务公司入驻事宜。通知张贴之后,居民并未有大的响应。居委会于是第二次张贴通知,到期后只来了7位居民,未达到法定人数。社区干部被迫直接向居民发放意见征求书,但是征求书收上之后发现大家意见都不一致。如此反复,在两个月之内,业主大会没有召集成功,新的物业公司也未入驻。原有物业服务公司退出之后,小区内垃圾成堆,无人清运,严重影响小区环境。部分居民为此拨打市长热线,居委会只能再次介入,在春节时联系政府疾控中心去小区喷洒消毒,代为联系物业公司,先服务,然后再征求居民意见,最终有2/3居民同意该物业公司入驻,小区物业管理秩序得以恢复。但是,由于居民物业费承受能力差,物业公司只负责小区保卫和楼道外垃圾清运工作,对于楼体内部的公用设施清洁、房屋维修则不予负责。

(二)困境生成的直接原因

业主难以动员现象的出现与多种因素相关。首先,较大的集体行动规模带来了较高的一致行动成本。以成立业委会为例,其成立需要执行一套严格的民主程序。先要在街道和居委会的指导下先成立业主大会筹备组。由筹备组组织召开业主大会,并确定业主委员会委员候选人名单。再由全体业主民主投票

---

[1] See Role, William M. & Michael A. Stegman, *The Effects of Homeownership on the Eelf-esteem, Perceived Control and Life Satisfaction of Low-income People*, Journal of the American Planning Association 60(1994).

[2] See Grange, Adrienne la & Ngai Ming Yip, *Social Belonging, Social Captial, and Promotion of Home Ownership*, Housing Studies 16(2001).

选举正式的业委会成员。业委会以物业管理区为单位,管理区内拥有建筑物区分所有权的业主都拥有选举权与被选举权。因而成立业委会实际上是以小区为单位的业主动员、集体行动。这一层面的集体行动规模大,涉及户数多。在D市老旧小区、一般商品房小区中,每个小区平均有200—500户居民。这一层面集体行动的达成,需要部分业主发挥积极性,主动站出来参与、组织、协调集体行动。

其次,缺乏支撑集体行动的物质性资源。物业管理所代表的公共利益具有潜在性、抽象性的特点,业主自治的前提是有积极分子将这种公共利益现实化、具象化;另外,小区范围的集体行动需要花费大量的组织成本,在国家退出物业管理活动,只担任指导角色的情况下,这一组织成本也必须由业主内部的积极分子来承担。业主是否愿意成为积极分子,首先源于是否可以获取组织收益。在老旧小区、一般商品房小区内部,由于缺乏车位出租、电梯广告出租、居民活动室经营等一系列集体收入,积极分子很难从组织集体行动中获取物质性收益。

最后,缺乏具有资源优势的社会精英。下岗职工是老旧小区最主要的居住群体,他们的经济状况和政治效能感普遍不高,而且多数人并没有足够的闲暇时间参与公共事务。2014年,M小区因为物业费征收难,物业服务公司退出。居委会主任暗中动员小区积极分子老张、老白,让他们在小区内找到8个相互熟识的业主,作为业主代表,另外引进一家物业公司。后来,居委会主任劝说他们出来组织业委会,但是他们都推脱了。在新物业公司入驻之后,也都不再涉足小区公共事务。

(三)困境生成的结构性原因

上述主要构成影响业主参与,阻碍业主集体一致行动的直接因素。在社区内部,由于居住位置、生活环境等多种因素的影响,不同的业主对于物业服务的需求存在很大差异,与物业服务之间的关联也具有极大的异质性,这构成业主参与不足,动员困难的结构性原因。

小区居民流动性高,业主利益分化。W街道地处D市中心地带,外来居民在附近从事小商品经营。业主将房屋外租给外来居民。H小区某单元12户居民中,有4户为外来租客,分别是周边公司职工、摊贩主和小门面主。从20世纪90年代房屋改制之后,二三十年时间里,很多老住户搬离小区,部分老住户将房屋出租出去。据T社区居委会主任统计,外来租户占到小区总人口20%—40%。在一般商品房小区比较低,可达10%—20%。很多住户拥有两套到三套房子,大多将老旧小区内比较差的房子租出去,获取租金收入。L街道办所属B小区,周边有两所重点小学,一所重点中学。小区为学区房,里面有50%左右是“空挂户”。

虽然业主间的产权形态相互一致,但是由于不同业主对房屋使用方式的差异,物业管理失序对每位业主的影响并不相同。小区内的老住户拥有强烈的参与愿望,但租户的愿望相对较低。在小区物业管理中,很多老住户的参与愿望被租户截留,业主之间难以形成一致行动。不仅流动性会造成物业管理与业主关联的异质性,业主居住区位也会造成这种异质性,侵蚀业主间的一致行动能力。这一点在小区公用设施维修、管理中表现得十分明显。老旧小区由于建造时间长,普遍存在管道老化,经常性堵塞,“跑冒滴漏”问题。但是由于管道堵塞对单元内每位业主的影响不同,只是居住一楼的业主切身体会到管道堵塞的影响,而二楼以上住户所受影响小,参与积极性低。在单元内部公用设施维修层面,不同楼层业主之间关系不对称,对于物业服务的敏感性也不同。

案例 2:F 社区下的一个老旧小区,一栋楼一侧的一楼老是漏水,一楼住的是老户,起初是同一个单位的职工,彼此很熟悉,让其中一个老户出来负责牵头,其余的愿意出钱。因为水管老是堵塞和漏水,需要经常疏通,牵头的那户就想大家集资买个管道疏通器,但住在楼上的几户不表态给不给钱。管道已经堵塞了,正在疏通,一楼的呼吁楼上的暂时先不要用水,但是楼上的不听,导致一楼的住户在疏通的过程中污水外溢。后一楼的住户自己花钱买了管道疏通器,就控制阀门,不让楼上用水,有 6 天都未给水。楼上的居民打市长热线求助,但矛盾的化解还是在基层,市长将问题的解决任务层层下移,最终还是要社区介入协助解决。社区干部介入后,给双方做工作,搭建一个沟通的平台,双方的不满情绪都表达出来后,不给钱的住户给了钱,一楼的住户也放水了,问题就得到了解决。

正因为业主与物业管理之间关联的异质性,所以每位业主对物业管理、公共事务的敏感性就不同。敏感性是一个主观变量,也是影响业主一致行动能力的重要因素。房屋利用格局、居住区位的差异等客观因素都有可能造成业主对物业管理敏感性的差异。甚至极具个人化的主观因素也会影响业主对物业公共事务的敏感性,从而造成集体行动的失败。

案例 3:F 社区另外一个老旧小区,一单元内住 4 户,本单元的供暖设施出了点问题,需要 4 户集资维修。他们向社区居委会反映,希望社区帮忙解决。这是因为他们信任社区,加之上班没有时间去找水暖工。社区干部帮忙找来水暖工,这次水暖维修连料和工加起来需要 2000 元。有 3 户愿意出钱,但是有 1 户不愿给,社区干部前去做工作,也做不通,最后也未修成。居委会主任说不愿交钱的居民一般认为自己对公共设施需求不大或与自己无关。社区干部去做工作,晓之以理,动之以情。但最终还是没能说动,这件事也就卡在那里,一直未能办成。

业主对物业管理的感知度不同,物业管理服务的非均等化提高了业主合作、协商成本,降低了业主间的一致行动能力。业主集体行动越来越困难,之前敏感性较强的业主也会被不断打压,逐渐丧失信心和动力。面对巨大的协商成本,很多业主会望而却步;面对稀少的成功案例,很多业主最终也会选择无动于衷,由此形成一种恶性循环,最终导致业主整体参与不足,动员困难,自治难以实现。物业服务实际上是一种公共品,在消费层面具有不可排他性与非竞争性。集体行动的成败取决于少部分业主,这个层面上的业主自治遵循一种少数决定多数的规则。搭便车者的存在很可能会导致集体行动失败,从而使再次合作变得困难,甚至不再可能。最终业主只能独自承受物业管理失序、物业公共品供给不足所带来的负外部性,或者采取“打市长热线”等方式,借用行政力量,不再借助业主自治这一组织化的维权方式。

二、资源密集型:小区业主自治的运作困境及其成因

(一)困境表现

在治理资源丰沛、利益密集的高档小区,业主自治并没有出现精英匮乏、业主集体行动困难、业委会难以产生的现象。社区精英主动参与业主自治,但是在业委会运作中容易出现委员寻租行为,导致社区派性斗争的发生。笔者将这类社区称为“资源密集型社区”。一般来说,社区建成初期,刚入住的业主处于原子化状态,相互陌生,很难实现自我管理集体资源。而物业公司先于业主入住,代为管理集体资源,并从其中获取收益。社区集体资源包括停车位,电梯、楼体广告、居民活动室、会所等。业主的权利基础是建筑物区分所有权,既包括建筑物专有部分的专有持份权,也包括建筑物共有部分的共有持份权和成员权。基于全体业主共有产权而产生的经营收益应归属全体业主,物业服务公司代为管理、获取收益的行为严重侵犯了业主合法权益,这会激发业主对集体利益的敏感性,使他们积极投入到维权活动中。

1. 业主参与的差序格局

不同于资源匮乏型小区,资源密集型小区中存在一定数量的社会精英,他们普遍拥有超越其他业主的优势资源,包括广泛深厚的人际关系网络、充沛的物质资源、丰富的管理经验和政治经验等。高档小区并未出现老旧小区、一般商品房小区那样的精英匮乏困境。业主精英主动组织业主维权活动大多是出于不满物业服务公司的侵权行为,希望业主重新获得集体资源的管理权和收益权。但也有少量业主精英希望由此获得支配集体资源的寻租空间。高档小区的业主自治因而出现一种精英动员的形态。小区部分居民相互不熟知,很难自主协商,个体对于公共利益的认同、敏感度都存在差异。借助业主精英的组织活动,公共利益拥有表达平台,从潜在利益变为维系、动员业主的纽带。[1] 精

---

〔1〕 仝志辉认为,在村庄选举中,精英将没有排他性的共同利益转变为不同个体的私人利益,为村庄选举提供心理基础。参见仝志辉:《农民选举参与中的精英动员》,载《社会学研究》2002年第1期。

英动员下,业主参与情况受关系格局影响,呈现出高度参与—低度参与—无参与三种形态共存的差序格局。[1]

第一,部分业主同业主精英关系距离较远,且对社区集体资源敏感性低,面对业主精英的维权动员无动于衷。这部分业主会占到全体业主的40%—50%。第二,对于部分业主来说,他们对社区集体资源较为关注,不满物业服务,经过业主精英动员,会参与到维权运行中。但他们只是参与业委会委员的选举活动,是一种低度参与。这部分业主占全体业主的30%—40%。第三,对于剩余业主来说,他们可能与业主精英拥有一定社会关系,或是希望借助维权行动,进入业主委员会。他们大多是业主大会筹备组成员,不仅参与投票、选举活动,而且响应维权精英号召,积极动员其他业主参与维权活动。这部分业主占全体业主的5%—10%。业主差序参与的格局说明业主参与受关系格局影响,也意味着不同业主对社区集体利益敏感程度不同。而且,处于不同序列中的业主对维权行动的期望和欲求也存在很大差异。低度参与的业主希望提高物业服务,高度参与的业主希望进入业委会。

在业主的差序性参与之下,业主精英以及部分高度参与的业主最终获得业主支持,成立业主委员会。但是,业主大会需要整个物业管理区的业主参加,差序性业主参与无法满足这一需求,小区业主大会—业主委员会二元权力格局很难平稳建立。业主自治成为业主委员会自治,业主委员治理社区。业主大会虚置导致业主委员与业主之间代表性链条缺失。业主委员会成立之后,先解除与物业服务公司的合约,收回对小区集体资源的管理、收益权,招募新的物业服务公司。在这一阶段,业主委员与物业服务公司关系发生转变,与其他普通业主利益产生分化。一方面,高档小区在物业服务市场具有优势地位,物业服务公司要成功入驻,需要与拥有决定权的业主委员搞好关系。另外,高档小区有一大块集体资金是业主的公共维修基金,按照购房款的3%缴纳。公共维修基金一般在房产局托管,物业服务公司要使用基金,需要经业主委员会签字盖章。另一方面,物业服务公司会采取免交物业费、安排工作等一系列方式收买、分化业主委员。由于业主大会监督的缺失,业主委员会与物业公司形成互惠合作关系,面对集体资产管理过程中的巨额利益流量,形成分利秩序。

2. 社区的派性斗争

业主委员会的“异化”会导致派性斗争。[2] 首先,物业服务公司分化收买业主委员,不同业主委员因为分利不均相互内斗,未参与分利的业主委员不满

---

〔1〕 冯仕政提出,中国城镇居民面对环境危害时的行为反应深受差序格局的影响。参见冯仕政:《沉默的大多数:差序格局与环境抗争》,载《中国人民大学学报》2007年第1期。

〔2〕 在村庄自治中,也存在严重的派性斗争问题。参见陈柏峰:《北方村庄的派性政治与日常生活》,载《开发研究》2008年第1期。

参与分利的委员。例如S小区修2台电梯,花了40万元。业主委员会内7个委员分成四派内斗,3个委员一气之下辞职,一走了之。其次,业主委员会与物业服务公司形成利益共同体,不再履行监督职能,甚至进行权力寻租。这引起小区业主的不满,非业委业主精英利用物质资源、人际关系网络,动员业主参与抗争。小区内部派性斗争大多围绕业主精英展开,以业主精英的人际关系网络为维系纽带。派性斗争的结果既可能是非业委精英成功动员大部分业主,将现有业主委员赶下台,也可能是非业委精英退出,派性斗争归于沉寂。派性斗争中,两派争相动员普通业主,援引各种资源。派性斗争一方面会对业主委员的寻租行为产生制约,但也可能引发物业管理的无序。非业委精英参与斗争,既可能是出于公心,对业主委员会的寻租行为不满,也可能是出于私心,眼红业主委员获取的巨额利益。

案例4:B小区2003年建成,小区有2135户,常住居民6000人左右,在册党员50余人。社区干部8名。小区居民多为政府领导干部、企事业单位管理人员,以及其他高端知识人群。小区建成之后,房屋质量存在问题,下雨漏水,门窗松动,物业服务公司将问题归为开发商,对业主进行推脱。物业公司与部分业主之间的矛盾越来越大。业主精英梁某与物业公司就轿车损毁赔偿产生纠纷,加入业主维权行动中。在梁某与部分业主的积极努力之下,获得近半数业主的同意,成立业主委员会。梁某通过私人关系掌握到物业公司存在偷税漏税情况,向税务机关举报,税务机关查了3个月之后,物业公司在合同未到期的情况下主动退出。业主委员会通过招投标方式招募新的物业公司入驻。在业委会运行一段时间之后,业主发现新的业委会在资金使用上存在很大问题。在业委会公开的账目中,业主发现业委会存在以下三个问题。第一,有些事项重复入账;第二,小区消防通道已改装成停车位,但是车位费并未入账,资金不知去向;第三,之前小区摄像头出现问题,经过更换之后,仍有一半摄像头依然无法正常发挥作用。业主们怀疑这些收益被业委会贪污,并将矛头直接指向梁某。部分业主主动站出来,要求罢免现任业委会,成立新业委会。其中,以老李、老何、老吴3人为核心。3人都刚从国家机关退休,在工作期间,经常在一起开会。退休之后,也常常一块散步,相互熟识。他们成立了一个由20多人组成的小区居民代表组织,成员多是从国家机关退休,在工作期间,相互熟悉,平时也经常相互交流。这构成小区“倒梁派”的主要力量。为对抗“倒梁派”,业委会委员动员部分业主,成立“拥梁派”。之后,公安机关以涉嫌职务侵占将梁某依法逮捕,“倒梁派”开始占据上风。“倒梁派”组织人力,在楼栋大厅向业主拜票,最终收集到1100多张赞成票,刚好达到半数,新一届业委会成立。

资源密集型社区的派性斗争往往由多种因素导致,如业主未能充分参与,而是差序化参与。其中,业主大会虚化,无法形成对业主委员会的有效制约是主要原因。从这个角度讲,高档小区业主自治依然面临业主参与不足的问题。只不过由于精英动员,并没有出现老旧小区、一般商品房小区那样业委会“难产”的情况。另一方面,业委会运作存在很多监督不到的地方,仅仅依靠国家法律或者业主大会,也很难防止业委会“异化”。S 小区选举成立业主委员会后,为分散业主委员的巨大权力,居委会要求小区同时成立监委会、执委会。但最后因为各种原因执委会没有成立起来。成立的监委会也未能有效发挥监督作用。不同物业服务公司利用免收物业费的条件收买业委会委员,7 个委员之间分成两伙,一伙要求引入这个物业服务公司,另一伙要求引入另外一个物业公司。两伙内斗,数量少的一伙人退出业委会,业委会权力掌握在另一伙委员手中。社区居委会主任说,实际中,只要业委会同意,物业公司就能引进。由业主委员会达致小区善治只能依赖零星出于公心的业主出现。F 小区业委会主任老李有公心,穿小区而过发现护城河脏了。他认识人多,就自己去找人清理河道。小区绿化,也是自己去找园林局的人。F 小区是目前 D 市为数不多业主委员会运作良好的小区。B 小区新成立的业委会,委员大多是“倒梁派”的骨干,都刚从单位退休下来,责任心很强,目前社区运转良好,一直未出现问题。

3. 自治组织面临的信任危机

即便自治组织越过了成立难这一关,还需要面对各方质疑。许多业委会成员都会抱怨“不怕和物业打交道,不害怕和政府机关打交道,就害怕和业主打交道”,业主的不信任给业委会成员带来的苦恼可见一斑。

业主大会的召开和业委会的成立要耗费筹备人员大量的时间和精力,而且业委会成员名义上没有任何报酬。即便他们没有任何私心杂念为了小区全体业主的利益甘愿奉献,其他业主也会质疑他们的动机。在规模动辄几百上千户的城市小区当中,业主之间本来就存在信息交流不畅的问题,一般业主对积极人士的个人信息不了解,即使了解也不全面不充分,缺乏通过相互交往产生信任的途径,这些都由城市小区的业主构成和社会结构所决定。对于广大业主而言,只有自己利益切实受损时才会开始关心公共事务,所以一般在业委会成立之初信任危机并不凸显,只有在业委会真正开始着手办事,利益开始显化时矛盾才会集中爆发。小区内的消极分子在此时略微煽风点火,就足以把小区内的积极人士污名化。

业委会难以获得其他业主的信任是普遍现象,仅仅通过召开业主大会设立业主监事会来监督业委会的运行,则又造成了新的委托—代理关系产生的信任问题。正是由于业主间普遍存在的不信任,小区内的积极人士和业委会成员在小区内的处境艰难,在处理业主和物业公司之间的矛盾时表现得尤为明显。当业主和物业公司发生纠纷时,业委会的成员即使抱着公正的态度去协调,只要业主的诉求没有得到满足或者自身利益受损,业主就会认为他们帮物业公司说话,肯定收取了物业公司的好处。正是在这样的背景之下,业主委员会的决议也不被认可。L 小区的业委会在为业主争取地下停车场的使用权时,得到了许多业主的支持。但在更换物业一事上,许多业主就强烈反对,认为是业主委员会赶走了原来开发商的物业公司,在新老物业公司交接的过程中业委会成员牟利不少。实际上是因为物业公司收费率太低,连年亏损,开发商在住房销售一空后不愿再给物业公司补贴,物业公司正常的经营已经难以为继,小区环境持续恶化。在这个背景之下,业委会选取了 4 家物业公司作为备选,并且提出了清理垃圾、粉刷楼道墙面、交纳 50 万元保证金、配置垃圾桶等多项条件,最终 PD 公司从 4 家公司中脱颖而出。

不仅业主对业委会不信任,物业公司作为小区管理最重要的主体对业委会也不信任。在访谈过的所有物业公司的工作人员当中,几乎没有工作人员认为业委会有存在的必要,反而普遍认为业委会是破坏小区管理的“罪魁祸首”。因为实践当中业委会不全是为了维护和增进小区业主共同的利益成立,而是夹杂着各种不同目的而成立的。作为连接业主和物业公司双方之间纽带的业委会,在实践中反而在双方处都得不到信任,业委会制度预设的功能自然难以实现。

(二)生成原因

1. 业主利益诉求的分化

城市小区中的居民不同于农村中的居民具有高度的同质性,居民之间的经济分化、受教育程度、兴趣爱好等差别十分之大,因此即使是居住在同一个小区内的居民也有着极为不同的诉求,业主对于不同诉求的要求必然会引起冲突。诉求之间的分化,严重影响了集体行动的效率。

业主间经济分层引起的分化最为普遍。笔者在调研 Z 市期间了解到,在所有小区当中,只有两个规模较小的小区业主自治制度运行良好。其中 Y 小区有 193 户居民,业委会在 2014 年成立,成员共有 9 人,5 年来运行状况不错。在新一次业委会换届选举时,小区内早已经开始暗流涌动。小区内的居民分为三派,一派是当地的回迁户,一派是以经商为主的业主,另一派则是现在业委会的成员。回迁户认为,当时兴建小区的时候占了他们的地,而且他们本身都是下岗职工,与其他住户比起来经济条件很差,因此他们不愿意分摊物业费。以经商为主的一派业主则认为,现任业委会只是为了自己的利益,完全不考虑别的业主。小区停车位十分紧张,但是自从 5 年前以抽签的方式划定停车位置之后就再也没有变动过。业委会一派的业主,或者仍在体制内工作,或者之前在体制内工作,他们经济状况相对较好,因此对物业服务水平的要求更高,积极推动物业费的上涨,但是对物业公司的监督也很有力,而且普遍已经分到了车位,因此态度也很坚决。据物业公司经理介绍,因为这三派现在相互之间水火不容,小区业委会马上就面临瘫痪的危险,可能再也组织不起来。

除了经济分层所引起的分化之外,各个群体对小区物业管理的不同诉求都会带来群体之间的分化甚至对立。以公共空间的使用为例,Z小区内有一处小广场,不少居民晚上喜欢来此处跳广场舞,早上也有晨练的居民在此打太极。但在广场附近几栋楼居住的业主意见很大,双方甚至还因此起过冲突。小区内不同群体之间的利益分化很多,养宠物的业主与不养宠物的业主之间有分歧;居住在高层和小高层之间的业主对于物业费标准的制定也有分歧;家里有汽车的业主和有三轮车的业主对于停车位的划分也有分歧;等等。在对小区管理有着普遍且明确对立诉求的业主之间实行自治的组织成本和协商成本十分高昂,实践中很难平衡各方主体的利益诉求,因此自治成功的小区少,完全没有自治的多。

2. 制度要求与社会基础之间的张力

业主自治得以顺利展开,自治组织得以发挥作用,离不开业主的支持与业委会成员的无私奉献,如针对业主大会召开、自治决议通过、维修基金的使用等问题都设置了需要绝对多数业主通过的要求。前文已经分析过,业主之间本身就存在分化,而且又受到集体行动能力不足的限制,实际上即便成立起来自治组织也难以达到法律规定的各种要求。首先,城市居民小区高密度的居住方式,就决定了日常性越轨行为的高危害性,在缺少产生内生秩序能力的情况下,就导致了居民越轨行为的普遍性,并且这些日常越轨行为难以制约,给物业管理带来极大不便。其次,缺少产生内生秩序的能力还会导致自治决议难以落实,"搭便车"的行为难以制止等后果。进而导致在大型的居民小区中,无法产生有利于积极人士的社会舆论。积极人士难以在参与公共事务的过程中获得选择性激励,反而会被消极分子的谣言中伤,并且消解参与公共事务的意愿。另外,业主普遍无法参与、不愿意参与公众事务的现状,与法律提出的各种要求之间还存在巨大张力。

3. 物业服务市场机制的失灵

我国现行法律制度所规定的物业管理模式是市场型专业化的管理模式,业主通过选聘物业服务企业来实现对小区的管理。此种管理模式最大的好处在于便于对整个小区统一管理,而且更为专业化和精细化。因此物业公司作为业主自治对接的市场主体,就深刻影响着业主自治在实践中运行的好坏。理想状态下,物业服务市场可以形成完全竞争市场,进而达到业主福利的最大化。[1]但从实践中的情况来看,物业服务远远没有达到完全竞争市场的状态,反而处

---

〔1〕 参见黄安永、朱新贵:《我国保障性住房管理机制的研究与分析——对加快落实保障性住房政策的思考》,载《现代城市研究》2010年第10期。

处体现“市场失灵”。

有学者认为,市场失灵的主要原因在于垄断。一方面是因为业主和物业服务企业之间的“不完全信息”造成的垄断,另一方面则是因为业主无法组织起有效的谈判机构,而且原物业服务企业会采取各种措施阻碍其他企业进入。[1]但在实践中,物业管理当中的市场失灵远比这两个成因复杂得多。

开发商为了适应房地产行业的快速发展,商品房小区的前期物业管理大多由开发商自己的物业公司负责。以往的研究关注到了物业管理中“父子兵”体制是业主维权以及实现自治的一大阻碍,但那是相对大城市而言。因为在大城市中经济剩余量比较高,物业公司才可以通过收取广告费、停车费、物业用房使用费甚至电信部门的通讯运营管理费等方式来实现盈利。但是在小城市中,这些支撑物业公司盈利的条件并不存在,物业公司与业主不牵涉这些利益纷争。

第三节 业主自治困境与基层政权的介入

在城市中,各类小区不仅是居民的基本生活单位,还构成了城市基层的治理单元。所以当小区的物业管理因业主自治失败陷入困境之后,基层政权就要积极介入小区管理,避免问题进一步发展和扩散。基层政权的介入具有一定的被动性和偶然性,当业主自治没有影响到小区的稳定时,基层政权往往采取听之任之的态度。基层政权通过发动党员,引领党建的方式介入小区管理,不仅可以发动小区内的积极人士,更为其介入行为提供了合法性基础。

一、基层政权介入业主自治的特征

业主自治的主要目的即在于实现国家与社会的良性互动,形成国家、社会、市场多中心治理格局。我国推行的城镇住房市场化改革也是希望国家从房屋投资、管理、维修中退出,留给业主采取自治方式实现物业公共品的有效供给。按照《业主大会和业主委员会指导规则》规定,城市基层区、县房管部门、街道办事处、乡镇人民政府的职责限于负责、指导成立首次业主大会会议筹备组;业委会成立之后向物业所在地的区、县房地产行政主管部门和街道办事处、乡镇人民政府办理备案手续等。从法律层面讲,国家在业主自治中的角色是消极性的。但是,在实践中,面对社区自治和物业公共品供给不足困境,基层街道办事处、居委会、乡镇政府积极参与业主自治,超越了法律所界定的消极角色。

业主自治中基层政府的介入具有被动性。很多时候,业主不愿承担组织成本,通过信访体制,或是拨打“市长热线”,援引行政力量。B 小区两名业主不想

[1] 参见朱新贵、黄安永:《关于物业管理的几个基本问题的解释》,载《城市问题》2015 年第 12 期。

成立业委会,到区信访局告社区居委会主任说不让成立业委会。J小区几名业主想成立业委会,并不按照法定程序来发动,而是打市长热线说社区居委会不让成立业委会,市长指示下级办理此事,街道和社区不得不帮助成立业委会,由街道办和社区干部承担动员业主投票的任务。另外,在资源匮乏型小区,业主难以动员,物业公司退管之后,小区垃圾成堆。业主或是拨打市长热线,或是去信访,或是直接找居委会、街道办事处要求解决垃圾清运问题。小区管道堵塞,污水横流,楼上住户不愿出钱,其他住户直接向媒体、信访部门反映社区干部、基层职能部门不作为。部分社区为了防止此类事情的发生,只能在物业公司弃管前或是暗中动员业主积极人士,或是直接成立物业公司。政府介入受多种因素的影响,包括业主的关系网络、媒体报道等一系列因素。

基层政权积极参与业主自治表现为两个层面:一是协调、组织业主行动。此类活动一般由业主自行开展,但是实践中很多此类活动由政府承担。例如上文提到,M小区物业服务公司退出之后,居委会主任暗中动员小区积极人士老张、老白,引进新的物业公司。二是成立物业公司,接管物业服务公司弃管小区。D市先后成立HF、GD物业服务公司。HF公司隶属D市HG区环保部门。不同于市场化运营的物业服务公司,HF物业公司物业费低,2014年物业费每户每年36元,只负责小区垃圾清运工作。与HF公司类似,GD物业服务公司隶属G街道办事处,管理人员、工人由社区干部兼任,也只负责楼体外小区清扫、垃圾清运,物业费低于市场上的物业服务公司。目前,物业公司已成功入驻HQ、SL小区。在HF、GD物业公司入驻过程中,街道办事处、社区居委会发挥主要作用。

二、业主自治的党政基础

在业主自治当中,社区居委会发挥重要作用。这与当前我国行政化的街区体制相关。从文本层面来讲,社区居委会是社区居民自治组织。但在实践中,社区居委会实际上成为街道办事处的下属机构,成为国家权力在基层社区的"触角"。2003年,D市进行街区体制改革,将原以自然小区为单位的居委会设置打破,建立包含数个自然小区的"大社区"居委会,并由区党委组织部协调,向社会公开招聘事业编社区干部,进一步充实基层干部队伍。街区体制改革实际上是应对基层社会治理日趋复杂、社会管理职能不断增加的结果。改革之后的社区居委会、街道办事处开始承担大量行政管理职能,从一开始的计生、纠纷调解到现在食品安全、招商引资、社区文化建设、劳动保障、信访维稳、安全生产等多达30大项、200小项职能。在社区物业管理中,居委会承担主要责任。组织、协调业主集体行动、解决业主之间的矛盾,社区干部都处于一线。

在行政化的街区体制下，社区基层政权同时具备自治性与行政性。[1] 社区基层政权嵌入压力型体制，被迫完成上级下达的维稳任务。[2] 基层政权介入业主自治，主要面临的是维稳压力，以稳定社区秩序、消弭矛盾、减少上访为目标。在城市基层维稳体制下，基层政府在业主自治、物业管理中承担属地责任，这种责任具有无限性，基层政府的管辖范围具有模糊性。只要进入维稳渠道的诉求，基层政府都有回应、满足的责任和义务。但是，基层政府在承担属地责任时，面临资源约束与规范约束。一方面，街道办事处、社区居委会承担了大量行政事务，缺乏足够的人力、财力解决业主自治出现的问题。在老旧小区，由于业主参与不足、集体行动难以达成，物业公共品无法有效供给，街道办事处、居委会缺乏足够的资源替代市场，所采取的措施作用十分有限，很难从根本上解决当前老旧小区出现的物业管理难题。另一方面，受制于现行法律的规定，街道办事处、社区居委会的很多介入都处于后台，很多措施，如成立隶属政府的物业服务公司、暗中动员业主积极人士，都很难进一步推广。

基层政党管理制度构成基层政权介入的另外一项基础。通过动员社区内部的老党员参与社区治理，组织、协调业主维修公用设施。并通过党员带动其他业主，这在一定程度上缓解了业主集体行动难题。

案例 5：Q 社区 8 栋魏叔是他所在单元的网格信息员，今年 70 岁，已经退休 15 年了，是一个有 30 多年党龄的退休老党员，生活上有退休金，平日也有闲暇。他在本单元是个有公心的积极人士。单元内的公共设施维修需要集资的都是他出面组织。魏叔还积极管理本单元，发现有陌生人进出时，就要过问两句，防止小偷以及乱贴小广告者进入，平时看到公共楼道内有垃圾或乱摆乱放的，他也会捡起来或者让相应的住户负责清理，告诉住户楼道不准乱摆乱放等。他在之前组织本单元的 12 户业主修建了一个大门，每户出 500 多元，并在一楼和二楼的公共窗户上安装了防盗窗。魏叔早就提过安装单元门和防盗窗，但一直没有实施。究其原因，主要是面临集资难的困境。本单元内的住户不都是业主，有部分是租客，房东不住在这，房屋用于出租，租客是短期居住，不愿出资，房东也不愿出资。本次集资修门，刚开始也是本单元内有住户跟魏叔提起，让他张罗的，说他张罗这事大家都支持，愿意出钱。本单元现在住的 12 户，只有 4 户是租客，其余的都是业主，彼此之间都留有电话和通讯录。修门窗集资，是让 12 户业主出的，租客不出，魏叔找到把房屋租出去的 3 户业主，做工作，说门窗修好了，治安与居住环境改善，也有利于房屋出租。

---

[1] 自治组织的行政化是当前街区改革的突出问题。参见桂勇、崔之余：《行政化进程中的城市居委会体制变迁——对上海市的个案研究》，载《华中理工大学学报（社会科学版）》2000 年第 3 期。

[2] 压力型体制的研究，参见杨雪冬：《压力型体制：一个概念的简明史》，载《社会科学》2012 年第 11 期。

像魏叔这样的人在其他社区也存在,他们基本是老党员、老干部。社区居委会每个月都将辖区内的老党员组织在一起开党会。开会之余,也会向大家布置一些任务,包括留意小区的外来人员、清扫小区道路、管理本单元内的物业事务等。老干部、老党员之所以可以发挥作用,与老旧小区的居住情况相关。这些老党员、老干部都是社区老住户,对小区有一定认同感,在退休生活中愿意为社区奉献。他们与同一个单元内的老住户相互熟识,关系较为紧密,他们在楼栋单元内部有一些威望,在一定程度上可以制约“搭便车”者。这些群体构成社区治理依靠的主要力量。

第四节　小区业主自治的完善路径

业主自治已经经历了20多年的实践,但效果并不尽如人意,往往从需要启动业主自治的那一刻起困难就接踵而至。还原到具体的场景与个案中,业主群体需要面对的问题也不尽相同。无论是地域差异还是小区类型差异,都使得在特定的场景下业主自治需要面对的问题千差万别。大城市业主自治面对的问题和小城市业主自治面临的问题不同,老旧小区和新建商品房遇到的问题也不相同。但无论是理论研究还是制度设计都认为小区管理应该采用多元共治的方式,其本身就具有很强的包容性和适应性,但如果业主作为最为关键的主体无法动员起来团结起来,一切的制度设计都没了抓手。我们需要思考的是,业主自治在十分复杂的社会环境中运行,在其运行的过程中必然牵涉各方主体之间的利益博弈。如何为业主自治创造良好的运行环境?如何在多方利益主体的博弈之间为业主实现利益的最大化?又如何在缺乏自治基础的复杂社会环境之下培育业主自治的能力?

一、业主自治的再定位

在进一步思考之前,首先,要回答的是城市小区到底需要怎样的业主自治问题。现实中暴露出来的问题为我们指明了思考的方向,小区类型的差异化是讨论业主自治基本的出发点。因为不同类型的小区有着绝不相同的社会基础,有着大小不一的规模,业主之间经济分层的情况也各不相同,因此即使是同样的制度在落实的过程中也会根据现实情况进行调试。其次,还要认识到对于小区管理来说业主自治的有限性。只有认识清楚业主自治的有限性,才能更好地廓清多元共治体系中各个主体定位、权利、责任、功能的边界。

(一)实现业主自治的不同路径

1. 资源匮乏型小区需要启动自治

所谓老旧小区主要指的是城市中那些规模较小,基础设施老旧甚至严重不足,且大多没有封闭起来的老式居民区。这部分居民区长久以来就处于无人管理的状态,其中居住的大多是原单位在国企改制的过程中倒闭留下来的下岗职工,因此这部分居民的经济状况也相对较差。开放的区域以及较差的经济条件,就决定了单个的老旧小区很难自发采用聘用物业公司的方式进行管理。对于这部分小区来说,实践中存在两种不同的解决方式。第一种方式是积极推动业主自治,成立业主大会并且选举出业主委员会,再由业主委员会选聘物业服务企业。第二种方式则是在无法实施业主自治的前提下,由社区居委会组织提供保洁、绿化、保安、消防等基础服务。在一些规模更小的小区中,只能由社区居委会成立物业服务中心,收取适当费用对这些小区进行集中管理。

无论采用哪种方式,这部分老旧小区的业主对于实现业主自治有着更为急迫、更为现实的需求。首先,老旧小区是存在各种问题最多的小区,这些问题不可能仅通过外力干涉来解决。仅以消防安全为例,狭窄的楼道内往往被居民堆积大量杂物,楼栋门口更是停满了各式老年代步车和电动车;楼外各种线路乱如麻花,电线都缠绕在一起,不仅不美观,还有很大的安全隐患,更不必说这些小区中的安全和卫生状况了。而这些问题远不是通过外力提供基础公共服务就可以解决的,如果不发动业主参与老旧小区的管理来改变他们本身的生活习惯,很难“治标又治本”。例如,在Z市创建卫生文明城市期间,为改造居住环境为许多老旧小区添置了垃圾桶,但是业主仍然把垃圾倒在垃圾箱外。由于老旧小区往往没有封闭起来,对其进行管理的难度也比较大,因此更离不开业主自发的监管行为。

其次,老旧小区的业主需要通过业主自治的有效实践,提高对接各类资源的能力。仅凭居民自身的能力,已经无法与市场主体对接,因此老旧小区改造早已被提上日程,国务院公开的文件中多次提到要对老旧小区进行改造,提出“要大力进行改造提升,更新水电路气等配套设施,支持加装电梯和无障碍环境建设,健全便民市场、便利店、步行街、停车场等生活服务设施”〔1〕。在可预见的将来,大量的资源将会通过各种方式输送到老旧小区当中。而且维修基金的启用也需要有效的业主自治实践作为前提。但“项目制”在村庄社会中遇到的阻碍也为老旧小区的改造敲响了警钟。在农村中如果村庄承接上级资源的能力较差,自上而下的资源输送很容易出现“少数人决定”、资源耗散、“政绩景观”等问题。在老旧小区的改造中自然也会面临这些问题。Z市创建卫生文明城市的过程中已经遇到了同样的问题。XH小区是一处在改制中破产国企的家

〔1〕 李克强:《政府工作报告——2019年3月5日在第十三届全国人民代表大会第二次会议上》,载中华人民共和国中央人民政府网,http://www.gov.nc/gongbao/content/2019/content_5377101.htm。

属区,南城办事处负责对小区内的居住环境进行整改,重修了小区内的道路、绿化并且修建了小广场,前前后后投入了近100万元,但该区域的业主并不满意,认为放着房屋漏水这些更应该及时解决的问题不处理,偏偏要去做一些面子工程。实际上正是因为业主内部不能达成一致,所以这些整治的项目只能由办事处的工作人员决定。

而通过自治培育集体行动的能力在老旧小区改造的过程中至关重要,在目前正在实施老旧小区改造的试点城市中,已经暴露出了不少问题。[1] 老旧小区加装电梯无疑是当前关注的焦点,但是真正落实起来却困难重重。根本原因在于不同楼层和不同业主对于电梯的需求是不同的,业主之间产生了利益分歧。居住在高楼层的业主对装电梯的需求和收益最大,但是低楼层的业主对装电梯不仅需求不大而且要占据很多公共空间,还会带来噪声问题,因此普遍持反对态度。还有些业主把房子租出去了,没有居住的需求也不会愿意在加装电梯一事上出钱。但显然这部分巨大的开支不可能全部由政府来承担,因此在实践中运行效果并不好。除了关键的电梯改造之外,老旧小区通过各种基础设施的改造之后,实现长期有效的管理也需要经过业主广泛的参与和讨论。在各项基础设施已经改造完成的小区中,还没有探索出一套实现长期有效管理的机制。正是因为缺少软件配套,即使完成了硬件设施的更新,过了一段时间之后也会失效。

2. 资源密集型小区需要重塑自治

商品房小区亟须改变当前业主自治普遍失效的局面。新建商品房小区由于大多具备较大的规模,更完善也更为复杂的配套设施,因此需要更为专业的物业服务,业主自治并不适合直接通过业主自我管理物业的方式来实现。由全体业主作为一个整体向物业服务企业购买服务,由选举出来的自治组织代表全体业主与其交涉并对其监管,这是商品房小区实现业主自治最为可行的方式。

不同于老旧小区和单位小区,在商品房小区中推行自治的难点在于无法破除陌生人社会中因信任缺失导致的一系列问题。传统的熟人社会具有信息共享的优越性,由于人际关系无间隔、稀薄和简单,某些信息的传播具有“长波”效应,能够以较小的失真度迅速传遍生活圈子。[2] 但是在陌生人社会中,缺乏这种信息传递机制,这是业委会成员经常觉得不被业主理解感到委屈的原因所在。另外,商品房小区中也不存在费孝通所说的“乡土社会是从熟悉得到信

---

〔1〕 参见《17万个老旧小区改造,难题岂止“装不装电梯”》,http://finance.ifeng.com/c/7pjK8xZf2yu,2019年12月20日访问。

〔2〕 参见张康之:《在历史的坐标中看信任——论信任的三种历史类型》,载《社会科学研究》2005年第1期。

任”[1],但业主自治的实行又离不开业主对自治组织的信任与支持,有学者认为可以通过改变小区陌生人社会的基础,通过增强相互之间的关联使业主之间产生信任。[2]

在城市的陌生人社会中,人与人之间产生信任的方式和熟人社会有了极大的差别。传统社会的信任是一种“身份信任”,强调的是对他人所托付的义务及责任的承担,而陌生人社会的信任主要是对种种制度、规范、规则以及人们认同和遵守制度和规则的信任,即“制度信任”。[3] 业委会遭遇信任危机正是因为业主难以对决策过程进行监管,因此出现了“委托—代理”关系中的信任缺失。陌生人社会中人与人之间产生的社会关系具有片面性、间断性的特点,只有在产生联系的必要时才会有所接触,因此对方的身份象征是第一印象产生的基础。这时相互之间产生的信任,是基于对身份所代表的群体产生的信任,所以本质上是对象征身份的各种符号、标签的信任。一个有着体面工作或者较好经济条件的业主参加业委会,不太会引起业主对他参与公共事务动机的怀疑。

因此,在加强监管的同时,要广泛动员并且吸收具有较高社会资本的业主参与到公共事务的处理中来,这在很大程度上可以避免其他业主对其无关的指责和不信任。

(二)认清业主自治的局限性

业主自治之所以在实践中面临众多困境,必然也要从其制度设计层面去反思。快速的城镇化给城市的基层治理带来了许多新问题,过去近 20 年失败的实践已经证明了在管理小区一事上,业主群体越来越难以自发应对来自内部与外部的各类问题,尤其是在小区有大量的公共收入时更容易引起各方主体对利益的争夺,稍有不慎小区就会陷入无人管理、冲突与纠纷不断的局面。前文的分析已经全方位展开了业主自治在实践中陷入困境的原因,接下来要从制度层面反思,这些困境的深层次原因在制度层面是如何产生的,业主自治制度天然存在的不足有哪些。

1. 自治决议法律的定位不清

业主自治制度的局限性首先体现在治理事项复杂与治理能力不足之间的矛盾上。进一步来看,自治规约的法律定位不明并且缺乏强制力保障,是业主自治制度存在的先天缺陷。信息技术的升级和即时通讯软件的广泛采用,已经在逐步解决业主自治中组织成本高的问题。在一些小区中,需要业主决议的事项都可以通过关注第三方的微信公众号,通过网上投票的方式解决。但是,业

---

[1] 费孝通:《乡土中国 生育制度 乡土重建》,商务印书馆 2015 年版,“序言”。

[2] 参见何绍辉:《场共同体:陌生人社区建设的本位取向》,载《人文杂志》2015 年第 4 期。

[3] 参见龚长宇、郑杭生:《陌生人社会秩序的价值基础》,载《科学社会主义》2011 年第 1 期。

主自治决议的法律性质仍然存在争议,严重影响了自治决议的约束力。

学界对管理规约的定位存在不同观点,“共同行为”说认为业主大会的决议和业主管理规约的法律性质不同,主张业主管理规约属于民事行为中的共同行为。〔1〕“决议说”认为业主会通过多数决达成的决议和通过的管理规约对全体业主都具有法律约束力,属于多方民事行为中的决议行为。〔2〕实际上,如果认定管理规约的性质是共同行为有以下几点不妥。首先,共同行为表示的是两个以上当事人内容相同、方向并行的意思表示达成一致方能成立的民事行为。如果是把业主管理规约认定为共同行为,对于一致性的要求显著提高了沟通和协商成本。其次,业主作为一个团体存在的时候,其成员具有流动性。商品房的买卖就足以改变团体成员的构成。而共同行为的约束力是建立在全体一致同意和一致表决之上的,因此如果认定制定业主规约为是共同行为,就失去了约束力。一般认为,所谓决议就是指数个当事人之间以多数决形式达成合意的法律行为。例如业主大会的决议、股东大会的决议等。决议和共同行为的区别在于对成员一致性通过的要求不同。决议行为的根本特征在于其根据程序正义的要求采取多数决的意思表示形成机制,决议结果对团体全体成员都具有法律约束力。自治决议不适宜被认定为共同行为的另一个原因在于,共同行为往往是在志同道合的小团体中达成,成立的前提就是个体之间的意思表示是明确且一致的。但是自治决议的形成不是建立在明确的意识表示之上,个体之间只是有着抽象的模糊的一致。具体到需要讨论细节时,诸如停车位的管理、物业费的标准等都不可能达成明确一致的合意。而且业主自治和一般意义上作出共同行为的场景也大有不同,业主自治牵涉的业主数量远远高于一般合伙企业的股东数量,因此为了兼顾公平和效率两种价值,也不应当视业主自治的决议为共同行为。

正是因为业主规约的性质悬而未决,实践当中业主管理规约的约束作用有限,业主委员会虽有监督管理规约实施的职责,但是往往流于形式。

2. 业主自治实践的试错成本过高

奥斯特罗姆曾提出,除了市场化和政府管控方式之外,在一定的条件下经过反复博弈有可能在一封闭社群内部达到对公共品的自我供给与管理。〔3〕但业主自治落实的过程中各项成本很高,耗费了许多资源,其中有些却具有“不可再生”的性质,导致业主自治在实践中只能“毕其功于一役”,很难通过反复的

---

〔1〕参见陈华彬:《业主的建筑物区分所有权》,载《中国不动产法研究》2006年第0期。

〔2〕参见王雷:《论民法中的决议行为从农民集体决议、业主管理规约到公司决议》,载《中外法学》2015年第1期。

〔3〕参见[美]埃莉诺·奥斯特罗姆:《公共事物的治理之道:集体行动制度的演进》,余逊达、陈旭东译,上海译文出版社2012年版,“序言”。

试错之后以较小的成本达到良好的运行状态。

普通业主对积极人士的信任与参与公共事务的兴趣是小区中具备“不可再生”性质的资源。一旦业主自治的实践在某个小区失败之后——无论是出于何种原因——事实上就已经浪费了业主的注意力和热情。而在一个异质化严重的陌生人社会中,这就会导致积极人士的努力付诸东流,热心受到打压。普通居民会觉得浪费时间,会丧失参加公共事务的热情和兴趣。

最坏的情况则是因为缺少争端解决机制,小区业主之间产生派性斗争。不同于村庄当中的派性斗争,小区内的派性斗争影响更为深远而且更为恶劣。小区是有着明确边界的独立空间,不可能在业主存在派性斗争的时候实现善治。而且,小区内存在派性斗争会给全体业主带来直接的经济损失,因此不同派别之间的矛盾容易激化却不容易缓和。通常情况是部分业主对物业公司不满意,开始以各种方式要求更换物业服务公司。在新老物业交替的时候往往不会返还另一部分业主预交的物业费。因此,另一部分业主非常不满,认为之前他们多交了物业费,但其在搭顺风车,现在预交的物业费也退不回来,因此这部分业主现在拒不交纳物业费。新物业公司也面临难收物业费的局面。经过这样的斗争之后,小区通常已经完全陷入管理僵局,持续的时间越长则恢复正常管理的成本越高。在此过程中,业主的居住环境将持续恶化,人身和财产安全受到极大威胁。

3. 业主自治成功经验不具备普遍性

学界对于业主自治的研究可谓汗牛充栋,切入的视角各有不同。有的学者从业主维权的角度出发,关注业主自治如何异化;[1]有的学者从实证的角度,关注自治组织诉讼能力的问题;[2]有的学者关注小区治理/管理当中各主体之间究竟如何互动以及各个主体所采用的策略。[3] 以上这些研究不仅推进了业主自治的研究,更说明了一个问题,实践中影响业主自治实践效果的因素很多。因此,业主自治制度的实施从宏观上来说是一个系统性的工程,我们不

---

〔1〕 参见黄佳鹏:《从维权到谋利:城市小区自治的实践困境及其对策——以业委会的过程实践为例》,载《湖北行政学院学报》2018 年第 6 期;石发勇:《业主委员会、准派系政治与基层治理——以一个上海街区为例》,载《社会学研究》2010 年第 3 期;刘安:《业委会发展的困境及其突破》,载《城市问题》2012 年第 3 期;陈鹏:《从“产权”走向“公民权”——当前中国城市业主维权研究》,载《开放时代》2009 年第 4 期。

〔2〕 参见谢增毅:《物业管理合同的当事人——兼评我国〈物业管理条例〉的相关规定》,载《法学杂志》2005 年第 3 期。

〔3〕 参见陈鹏:《国家—市场—社会三维视野下的业委会研究——以 B 市商品房社区为例》,载《公共管理学报》2013 年第 3 期;张跃松:《社区治理视角下的业主自治困境及健康发展对策》,载《工程管理学报》2017 年第 2 期;陈淑云、唐将伟:《“三方联动”视阈下城市社区治理再思考——基于武汉创新社区治理样本的分析》,载《城市发展研究》2017 年第 5 期。

仅要以切面式的视角去观察和思考，更要以历时性的、纵向的视角，把业主自治的实践放到一个纵向的不断发展的过程中理解。

笔者加入的一个由全国各地业主组成的微信群中分享了不少小区自治成功的经验。西安的XQYY小区是业主交流圈内的“明星”小区之一，该小区从物业管理一片混乱到近几年的物业收费率可以达到100%，而且近几年共有部分的收益也都投入小区管理之中，小区环境也大大改善。但分析下来不难发现，所谓“明星小区”只可能是个例，其成功的经验很难复制。该小区规模很小，只有236户，而且其中70多户的业主都和小区业委会主任周某斌一样是军队的安置人员。军人在一般人眼中刚正不阿的形象，使得周某斌并不难赢得业主的信任。而且她已经退休，本身又是高级知识分子，军人的使命感使她主动为业主奉献。她有能力、有精力，也有意愿组织业主参与公共事务，而且还能得到原单位领导的大力支持，[1]这才能打造出一个“明星小区”。

“明星小区”虽然能够成为自治的典范，但其经验不具备普适性。这些小区多出现在一、二线城市或省会城市，小区的公共收益比较多，利益密度较大，自然会提高业主参与公共事务的意愿。而且这些小区往往规模不大，多在300户以下。业主自治成功的关键在于小区内有能人参与业委会，业主群体内部没有出现分化。这样的条件是中国大多数小区所不具备的。通过前两章的分析也不难看出，业主自治涉及的人群众多，事项复杂。和业主自治有联系的任何一个环节出现问题，都会产生连锁反应，给业主自治制造障碍。因此，业主成功通过自治管理好小区需要以相关各个环节的规范化、法治化运行为基础。大多数地区都难以达到如此规范化的水平，如果没有社会资源丰富的能人牵头，业主自治很难进行下去。因此，也就导致了实践中所谓的“明星小区”不具备可复制性。而且强人或能人带领下的业主自治以动态视角来看可能只是饮鸩止渴，对积极人士缺少制度性的激励机制，难以要求他们凭借无私的精神长期付出，[2]甚至出现了作为既得利益者的业主排斥大众参与的“寡头统治”[3]。

二、业主自治法治化保障

业主自治不可能在真空中运行，反观在实践中各种法律制度以外的因素对业主自治效果的影响巨大，因此仅从制度本身去反思还远远不够。

增强业主自治的实践效果首先要从改善业主自治的外部环境开始。完善基层治理体系、加强城市综合执法能力、增强对各方利益主体的监管等方面必

---

〔1〕 经验材料来自笔者加入的由全国各地业主组成的微信群。

〔2〕 参见王德福、张雪霖：《社区动员中的精英替代及其弊端分析》，载《城市问题》2017年第1期。

〔3〕 参见石发勇：《业主委员会、准派系政治与基层治理——以一个上海街区为例》，载《社会学研究》2010年第3期。

不可少,但这些并不属于业主自治制度涉及的范围,却对业主自治的实施效果影响深远。回顾之前的分析不难发现,在城市商品房小区这种陌生人社会中缺少有效自治的社会基础,在商品房小区中改变这个结构性因素必然成本极高。但小区内积极人士的存在却使得业主自治有了落实的主体,如何激活他们并且保护他们是业主自治亟须解决的问题,也只有通过这些积极人士才有培育业主自治的可能。

小区业主自治的实践是社区自治的一种有益尝试,是社区治理单元下沉的具体实践方式。反过来看,业主自治也离不开整体基层治理体系的支持。有学者直指当前城市社区治理的困境,甚或“治理乱象”的生成,一方面与基层治理能力不够强有关,另一方面是社区治理结构的混乱,确切地说是城市社区治理中国家权力、市场逻辑和社会自治的关系不清。〔1〕 因此,完善治理体系的关键就在于理顺三者之间的关系。

(一)发挥社区的指导和监督作用

社区居委会是城镇的居民自治组织,但是在实践中往往成为基层政府的“一条腿”。〔2〕 笔者就调研了解到的情况来看,Z 市社区居委会的建设还较为落后。某街道办事处下辖的 9 个社区居委会都没有一处固定的办公地点,社区的工作人员也只把这份工作当作兼职。现在所有的工作人员以创建卫生文明城市作为中心工作,社区居委会应有的功能根本没有发挥出来。而且行政主导一切的做法,往往还适得其反。加强社区建设最主要的就是培育社区自治组织,既包括居委会层面的建设,也包括各个小区自治力量的培育。各地如火如荼开展的社区管理体制改革,充分反映了社区居委会在基层治理中大有可为。〔3〕

社区居委会的工作人员具有一定的法律常识,对于召开业主大会和成立业委会的流程相对熟悉,对业主羸弱的集体行动能力是很好的补充。社区工作人员贴近基层,便于指导和监督业主自治的运行,了解辖区内各个小区的真实情况,可以及时制止别有用心的业主把业委会变成私利性的组织,进而提升自治组织的公信力。

社区建设还应当与激活小区内部的自治力量同步进行,业主群体中的积极人士是业主自治得以顺利开展的关键少数。业主自治实践中表现出来的一大问题就是缺少有能力胜任业委会成员的业主,但小区中有能力胜任业委会成员

〔1〕 参见何绍辉:《政策演进与城市社区治理 70 年(1949—2019)》,载《求索》2019 年第 3 期。

〔2〕 参见唐娟、何立军:《社区有限性与社区积极分子激励机制创新》,载《河南社会科学》2018 年第 6 期。

〔3〕 参见郑杭生、黄家亮:《论我国社区治理的双重困境与创新之维——基于北京市社区管理体制改革实践的分析》,载《东岳论丛》2012 年第 1 期。

的业主实际上并不稀缺,由于业委会成员并没有制度性的激励措施,因此无论是业主大会的召开还是业委会的正常运行,都需要依赖这些积极人士的公益精神和奉献精神。而且小区中负向的“积极人士”和消极分子通过造谣、污蔑甚至辱骂等各种方式消解其参与公共事务的正当性,瓦解其参与公共事务处理的积极性。因此,潜在的积极人士不愿意参与也不敢参与到业主自治中来,[1]这是小区表面上缺少积极人士的原因。因此有必要通过各种方式激活并且保护小区内的积极人士,抓住关键少数带动居民共同参与。

不同类型的小区有着不同的积极人士。[2] 在单位小区和拆迁安置的小区,可以依靠组织嵌入的方式,在原有各种组织结构中寻找积极人士,继而进行业主自治组织的培育,大大降低成立业委会的组织成本。例如,单位小区可以依托工会和党组织,发动老干部和老党员参与业委会;安置房小区则可以依靠村两委,发动党员、干部、村里德高望重的老人参与到业委会中;但在商品房小区的陌生人社会中,想要建立自治组织只能通过抓住小区内的关键少数来进行。需要基层组织平衡好小区内积极人士与消极分子之间的关系,还要给予积极人士一定的社会报酬,如荣誉嘉奖、邀请其参与较高层次的会议或议政活动、推选担任公共政治职位等。通过积极人士的二级动员,可以显著提升业主群体集体行动的能力,更多的人参与到公共事务中,也能对小区内的消极分子产生压迫,更有利于业主自治的开展。

(二)强化多元主体的有效衔接机制

当前小区内各种事务的日常管理主要依靠物业公司,但物业公司负责的事务和行政管理事务之间的边界模糊不清,也为小区的管理带来很多麻烦,廓清不同主体的职能边界,是探索多元主体有效衔接的前提。

对于处在快速城镇化进程中的地区来说,许多居民还没有适应城市的生活方式,生活习惯也没有转变过来,因此导致了小区管理中出现大量的不文明甚至是违法的行为。无论是业主自治组织还是物业公司并没有执法权,对于这些不文明甚至违法的行为并没有制止和约束能力,尤其是碰到小区里不讲理的业主时更是无可奈何,[3]此时必须依靠外部力量介入才能制止这些行为。在实践中采用司法手段并不现实,一来业主和物业公司不会因为这些“鸡毛蒜皮”的

---

[1] 参见王德福:《业主自治中的消极分子及其约束机制》,载《华中农业大学学报(社会科学版)》2019 年第 3 期。

[2] 参见唐娟、何立军:《社区有限性与社区积极分子激励机制创新》,载《河南社会科学》2018 年第 6 期。

[3] 2019 年 9 月,杭州某小区地下车库两个业主之间因停车位发生纠纷,被占车位的业主用自家的车堵住了抢车位的业主,两人相互怄气,影响到了其他业主的出行,这一行为在互联网上引发热议。

事诉诸法院,要求他们“停止侵害、消除危险、排除妨碍、赔偿损失”,因为这样不仅时效性太差,而且管理的成本太高。但是也正是这些违章停车、违章建筑、违反规定饲养宠物的行为严重影响了居民的生活质量,并且事实上这些问题难以解决也是引发物业纠纷的重要原因,物业和业委会强行管理会引发被管理者不满,不管则会引发其他受影响的业主不满。这些日常生活中的小事如果持续积累总会转变成全体业主与物业公司之间的矛盾。

小区中各种乱象层出不穷,更反映出应该加强基层治理体系的建设。首先要做的就是完善城市综合执法体系,执法力量必须能进入小区。Z市城区的综合执法体系远未建立起来。要处理小区各种各样的琐事往往还牵涉不同的行政部门,甚至一件小事都要牵涉多个部门,城管部门执法的“孤岛效应”在此尤为突出。[1] 小区业主的违建问题,就在规划部门、住建部门和城管部门之间推诿,形成了“有组织地不负责任”。其次,要调整好行政部门不同层级之间的“条块关系”。街道办事处是小区物业管理的第一责任人,但存在明显的权责不对等现象。日常工作中各个行政部门的工作都压到办事处,后者的日常工作状态可以用“上面千把锤,下面一根钉”来形容。“钉”和“锤”的比喻很恰当地反映出两者之间的关系,街道办事处显然不具备执法能力与资格,在行政级别上街道办事处与区一级的部门是平级,也不具备整合各个行政部门力量协同工作的能力。办事处即使是第一责任人,也很难调动这些不同的部门。

对于中小城市来说,完善城市基层治理体系是破解业主自治难的重要举措。不同于发达地区,中西部地区的小城市整体上经济剩余总量较低,绝大多数小区中的利益密度很低,通过物业管理可能获取的利益并不高,物业管理不是各方主体争夺利益的焦点。小区管理的难题在于物业公司收费率低下,因此解决业主自治难的关键就在于如何动员并且组织业主参加到小区的公共事务当中,处理好业主与业主之间的关系。而小区内存在大量超出社会和市场解决能力之外的问题,严重影响了业主自治的开展。中小城市面临的是社会整体规范化程度不高的现状,在国家权力的空白地区就容易出现社会权力运行的“灰色地带”。小区内,在消极分子和负向的“积极人士”的双重影响下,小区内的关键少数不敢发声,沉默的大多数还是以“忍”为主。超出业主自治能力和物业服务公司管理范围的事项,必须要得到行政体系的有效回应,政府的每次介入都有助于社会公正的维护,而且也能起到很好的警示和教育作用。

(三)降低业主自治的组织成本

在现有的制度设计与社会基础之下,组织成本过高是影响业主自治实践效

---

[1] 参见陈柏峰:《城镇规划区违建执法困境及其解释——国家能力的视角》,载《法学研究》2015年第1期。

果的主要难题。较高的组织成本首先体现为召开首次业主大会成立业委会的程序十分复杂。例如,在基层治理体系相对完善的武汉市武昌区,首次业主大会的筹备前后共有12个环节,这既需要行政主管部门的配合,也需要建设单位和前期物业的配合。因此,新闻报道中商品房小区为了成立业委会奔波数年,最终仍以失败收场的现象也屡见不鲜。[1] 理想状态下,业主即便得到了街道办事处和社区居委会的配合,又得到了物业公司的全力配合,前后也要几个月的奔波才可能召开业主大会。

组织成本高的另一个原因在于在城市小区的陌生人社会中,动员业主参加公共事务的成本太高。按照法律规定,业主自治需要表决的事项需要绝对多数的业主同意。业委会成员的选举、管理规约的制定、维修基金的使用等事项,都有着“双三分之二”的要求。而在业主异质化严重的商品房小区,很难在公共事务的处理上达到如此高的一致性。好的转变已经开始,《民法典》中相关规定将就降低了决议通过的要求,实际上只要达到“双三分之二”业主自治的重要决议就可以顺利通过。这一改变有利于降低业主自治的组织成本,提高决议的效率。有学者指出,降低多数决的要求可能导致“少数人的暴政”,[2]但在当前普遍业主自治都无法组织起来的背景下,效率与公平的价值追求暂时无法兼顾,这就更需要通过内部和外部的监管来促进自治组织的正常运行。

(四)完善业主自治内部监督制度

业委会信任危机的出现,除了受陌生人社会结构性因素的影响以外,还与监管难以落实的制度设计息息相关。实践中,业主大会一旦成功召开,业主就很难再对业委会进行监管。已有的许多研究已经注意到实践中由于缺少足够的监管,业委会并没有如之前学者所期待的那样培养出团结协作、民主协商的精神,反而出现了既得利益业主排斥大众参与的“寡头统治”。[3] 这种一次性的代理—委托机制,就会导致业主一旦出现不满意或者不信任,就会要求罢免业委会,重新组织选举。业主自治的试错成本太高,重新选举往往又会引起更多的纠纷,进而影响到小区的正常管理。业主自治作为私法自治精神的体现,业主共同的参与和监管应是题中应有之义。因此完善内部监管制度,强化业主自我监管能力,及时对业委会运行中出现的问题进行纠偏具有重要意义。

业主实现自我监管需要解决的第一个问题就是单个业主无法对业委会的运行形成有效监管。组织化的监管是较为有效而且在小区中较为现实的方

[1] 参见孙春丽:《历经11年成立业委会,海口四季龙城小区经验可借鉴》,载《南国都市报》,http://www.hinews/news/system/2019/09/05/032168638.shtml。

[2] 参见高圣平:《论业主自治的边界》,载《法学论坛》2009年第6期。

[3] 参见石发勇:《业主委员会、准派系政治与基层治理——以一个上海街区为例》,载《社会学研究》2010年第3期。

式，不少小区实行的监督委员会制度就很好化解了业委会的监管困境。首先，组织化的监管方式可以吸纳小区内各种不同的群体参与，与业委会建立顺畅的信息传导和反馈机制，也有助于业主群体对业委会产生信任。其次，小区内负向的“积极人士”甚至消极分子也可以参与到监管中，这些群体的参与一方面强化了对业委会的监管，另一方面也减少了因被排斥在公共事务的管理之外所产生的怨气。实现自我监管的第二种方式就是信息公开，减少因信息不对称对自己产生的怀疑与不信任。业委会要主动向业主全面公开业委会决策过程、小区的收支状况等业主关切的信息。最后，业主自治的内部监管一定要和外部监管相互结合。

外部监管不仅指向业委会本身，而且指向业主当中的消极分子和负向的“积极人士”群体，确保业主自治得以正常展开。对积极人士的保护，实际上也是对消极分子的制衡，每一次保护和制衡都是对小区正义的伸张，也将产生积极的示范效应，激励更多潜在积极人士没有顾虑地参与到业主自治事务中。如果缺少了外部监管，无秩序的内部监管也有可能成为业主自治开展的阻碍。而且，基层组织相对小区内各个主体来说更为超脱，与各方主体都无利益牵连，基层组织的外部监管一方面可以“公”的信誉为业委会背书，另一方面也可以及时发现业委会运行过程中存在的各种问题，及时对其进行纠偏。

第十六章　基层社会网格化管理的实践机理及成效

“党的十九大报告对共建共治共享的社会治理格局提出了新要求，党的十九届四中全会提出要建设社会治理共同体。要将社区这个社会生活共同体建设成为社会治理共同体，就需要网格化治理的合理嵌入。”[1] 近年来，“网格化管理”作为城市管理领域的政策创新，已扩散至其他社会治理领域，并成为流行的政策标签。网格化管理能解决监管对象的空间模糊、监管问题的信息模糊以及监管主体的责任模糊等问题。通过对模糊空间的网格划分、对模糊信息的网格获取以及对模糊责任的网格锁定，模糊的治理情景逐渐变得清晰。有效的社会治理需要国家权力的精准运用与资源的精准投放作支撑，清晰治理的制度性需求由此形成。

然而，随着治理重心下移，网格化管理模式出现了“信息内卷化”倾向，管理压力增加，管理成本大幅上升。[2] 因此，有必要进一步对网格化管理实践背后的社会基础和制度环境进行分析，关注网格化管理在社会治理过程中的制约因素，尤其是实现有效治理所面临的信息约束。而提高信息认证能力，增加财政支持，避免信息治理被官僚化“捆绑”而成为纯粹的内控工具等方式能够较好地缓解以上难题，需要从以上方面对网格化治理进行改进。

第一节　基层社会治理中的模糊性

在组织学语境中，模糊性是指“现实、因果关系或意图性缺乏清晰度或一致性”，当一种情景具有模糊性时，人们往往会施加不同的意义和解释，这使得决策处于模糊状态时，人们无法确切地估计当前行动的未来结果。[3] 网格化管

---

[1] 訾从进、王琦：《共同体视域下社区网格化治理法治化的主体之维》，载《广西社会科学》2021年第2期。

[2] 参见田雄、曹锦清：《县域科层组织规则与农村网格化管理悖论——以长三角北翼江县为例》，载《现代城市研究》2016年第10期。

[3] 参见[美]詹姆斯·G.马奇：《决策是如何产生的》，王元歌、章爱民译，机械工业出版社2007年版，第129-130页。

理能否解决基层社会治理中的模糊性问题,以及国家权力如何通过网格化管理提高社会清晰度以实现有效治理,是本章讨论的重点。基层治理当中的模糊性,体现为监管对象的空间模糊、监管问题的信息模糊以及监管主体的责任模糊。基层治理过程中的复杂性与模糊性极大地制约了基层政权的治理能力。

一、基层治理的模糊性困境

S区位于珠三角经济发达的D县,历年位列全国综合实力百强区首位。S区大规模的企业生产活动使得基层社会的治理规模和治理内容不断扩大。如何将企业生产活动纳入治理范围,避免出现监管缝隙,改善执法权在时空上的分配,成为基层社会治理必须解决的严峻问题。以D县S区的环境监管为例,其监管任务主要包括中小型企业污染源达标排放、污水管网检测、“一村一策”工业园区整治、苏岗国控点周边空气质量监测、河涌水质监测、大中型餐饮业污染治理、桂畔海水系综合整治等。环境监管对象则包括60,700家企业和79,256家个体户,治理信息高度分散在工业企业、环境机构、属地的乡镇政府和村级组织之中。由于治理规模和监管空间广阔,监管成本相对较高。面对规模庞大的监管对象,基层政府的任务繁重,监管压力较大,有限的人员配备和技术设备使得基层环保部门始终处于“管不过来”的局面。这意味着环境监管面临模糊的治理困境,这种模糊性体现在“治理者与被治理者的关系”、“官僚制的层级关系”以及“规则与行为之间的关系”[1]。在S区的环境监管中,模糊性困境主要体现在三个方面:监管对象的空间模糊、监管问题的信息模糊以及监管主体的责任模糊。

第一是监管对象的空间模糊。监管空间内的企业密度和环境治理问题具有复杂性,监管空间具有模糊地带。而对不同地域、行业和经济效能的执法对象而言,在空间与时间上,执法人员会对日常的监管力度进行取舍,日常监管的边界是相对模糊的。例如,村级工业园区的企业具有季度环境监测的要求,其需要在季度抽查前降低生产频率,从而达到监测合格的目标。而对于区级工业园区的企业,“村企的生产排污并不在我们的眼皮子底下,我们看不见,也没有办法去管”,这使得环境监管空间被划分为中心地带与边缘地带,而村企实际上就处于环境监管空间的边缘地带,也就是监管空间的模糊地带。

第二是监管问题的信息模糊。在检测过程中,污染源和污染物排放等信息

---

[1] 孙志建:《“模糊性治理”的理论系谱及其诠释:一种崭新的公共管理叙事》,载《甘肃行政学院学报》2012年第3期。

较难测定,基层环保部门在搜寻企业排污信息时面临信息工具缺失和信息不完备的双重制约。[1] 由于企业生产活动并不确定,环境监测往往迟滞于企业排污,基层环保部门无法掌握充分而精准的治理信息,环境监管的力度和效度常常大打折扣。治理信息的模糊性最终会反映在治理绩效的模糊性上。由于无法掌握真实、清晰的信息,科层组织又需要完成组织目标,所以只能拓展其行为方式上的选择空间,通过采取专项治理手段来突破科层常规治理的局限,但是专项治理所能达到的治理绩效缺乏稳定性预期。

第三是监管主体的责任模糊。环境监管的责任多重性和问题系统性,使得基层环境治理面临责任型模糊困境。2010 年前后,D 县进行了"大部制"改革和"强镇扩权"改革,将城市管理、环境保护和交通运输等三个部门合并成环境运输和城市管理局,并把执法权委托给下设在街道办的环境运输和城市管理分局,由环境监督科承接监管任务。由于执法权的运用方式没有明确界定,相应的人财物配置也没有到位,仅仅是街道办的环境运输和城市管理分局履行监管责任,这种监管责任在日常运作中是"虚"的,具有高度模糊性。一方面,目标责任的范围很大程度上决定了执法者的行动范围,一线执法人员只需要完成目标考核的任务,只要遵循按部就班的工作逻辑就不会被追究责任。另一方面,环境监管问题并不是相互独立的,而是相互依存的,责任承担的涉及面广,实际上牵涉了多个部门,包括市场工商、安全生产监督管理、城市管理等。科层组织间形成了责任规避的利益共同体,责任承担的模糊性和科层官员之间的相互推诿使得"有组织的不负责任"时有发生,[2] 这实际上模糊了环境监管治理规则的实现边界,导致产生复杂的治理后果。

二、模糊性制约治理能力

面对高度模糊性的治理困境,"全覆盖"的监管目标对于 D 县的环保部门而言难度很大,因此 D 县的环保部门只能以"专项治理"的方式来替代日常监管的执法任务。[3] S 区环保部门的日常监管工作主要围绕专项治理行动展开,包括重金属排放企业专项治理、医疗废物专项治理、大气污染治理、燃煤锅

---

[1] 参见应飞虎、涂永前:《公共规制中的信息工具》,载《中国社会科学》2010 年第 4 期。

[2] 如乔尔·S. 米格代尔所言,"这些联合和联盟模糊了国家所试图建立的明确的领土和社会边界,也同样模糊了作为卓越的规则创制者的国家与作为这些规则接受者的社会之间的明确的界限"。参见乔尔·S. 米格代尔:《社会中的国家:国家与社会如何相互改变与相互构成》,李杨、郭一聪译,江苏人民出版社 2013 年版,第 20 页。

[3] 在食品药品监管领域,日常的执法工作以"专项治理"的形式进行,"专项治理"已成为执法机构的日常性工作内容。参见刘杨:《"专项治理"科层化的实践机制与制度前景——以鄂中 X 镇食品药品监督管理所的执法工作为个案》,载《法商研究》2017 年第 1 期。

炉和工业挥发性有机废气整治等。环境专项治理的选择对象主要为企业密度较高、环境问题较为复杂、群众投诉较为突出的工业园区。然而,由于S区辖区内工业园区的企业数量多,监管难度大,环保专项治理工作只是治标不治本。类似的现象也发生在江苏省山县。山县有大量的“小散乱污”企业,即不符合当地产业布局规划,未办理发改、经信、土地、规划、环保、市场监管、安监、消防等相关审批手续,无治污设施或治污设施不能满足稳定达标排放要求的小企业。因此山县专门发起了“小散乱污”企业专项整治行动,对具有环境污染问题的“小散乱污”企业进行关停取缔或限期整改。对基层环保部门来说,专项治理的监管方式至少能够做到“片面的清晰”,让环保部门能够在一定时期内动态掌握环境污染问题的空间分布情况,在执法效果上也能够在短期内达到地方政府的治理目标。

除此之外,环境监管问题本身具有高度相互关联性和复杂性的特征,治理信息的流通受到科层壁垒的阻隔。即便是环境运输和城市管理局内部,也被划分为环境、运输和城市管理三个板块,组织行动存在目标不一致的问题。环境运输和城市管理局的专项整治行动往往需要动员整个部门的执法人员,而环境板块要动员另外两个板块的执法人员参与行动,就会受到多重目标的制约。正如威尔逊所言:“当只需完成一个清楚的目标时,让一线人员掌握自由决定权会更容易一些。工作目标数量越多,情况越复杂,让具体操作人员拥有权威就越危险。”[1]在组织多重目标的制约下,执法人员只能依循严格的科层原则,按部就班地按照目标考核的要求来完成任务。如果要组织联合执法行动,就需要遵守各项纷繁复杂的程序,最后由上级各部门审批,科层组织繁文缛节的问题亦由此产生,使得环境监管远远滞后于环境问题的发生。而且,由于环境监管执法的专业性强,其他板块的执法人员存在环境监管信息搜集和处理能力不足的问题,在执法选择上只能进行“印象管理”,从而造成联合执法的精细化程度和治理清晰度不足的问题。更何况,基层环保部门要牵头联合执法行动,本身需要承担较高的组织成本,只有在环境治理问题十分严重,或者配合上级政府的专项行动时,才会选择联合执法。在这些因素的共同作用下,基层环境监管陷入模糊治理的困境。

---

〔1〕[美]詹姆斯·Q.威尔逊:《官僚机构:政府机构的作为及其原因》,孙艳等译,生活·读书·新知三联书店2006年版,第176页。

第二节　网格化管理的实践机制与治理效果

一、网格化管理的实践机制

基层环境监管模糊治理的问题突出，往往只能以专项治理的方式来应对日常监管不足所带来的环境问题，呈现出“混合型监管”的特征。[1] 随着中央对环境治理的要求和任务压力越来越大，2012 年，D 县将环境监管纳入“基层大治理”目标，开始实施环境监管领域的网格化管理。同一时期，运用网格化管理的还有城市管理、企业安全生产、公安消防、流动人员管理、社会纠纷排查和化解等方方面面的事务。网格化管理的实质做法是围绕清晰性治理的目标展开，其具体做法包括对模糊空间的网格划分、对模糊信息的网格获取以及对模糊责任的网格锁定。

（一）模糊空间的网格划分

受到规模治理的约束，各种类型的环境监管问题往往会叠加在监管空间上，用主管环境监管工作的人员的话来说就是“环境问题事发的可能性高，隐患潜伏点多，监管范围广”，存在风险积聚的问题。进行网格化管理，需要对监管空间进行清晰化处理，这样才能精确监测环境污染源和获取环境监管信息，以保证治理资源能够“瞄准”相应的治理对象。D 县 S 区根据属地管理、地理布局、现状管理等原则编制了网格地图，将管辖地域划分为若干个网格状的单元。以镇（街道）为基本单元，划分为 10 个主体网格，每个主体网格再划分若干个单元网格，每个单元网格形成 1 个封闭的环境监管网格。每个环境监管网格都涵盖了属地管辖范围内的各类型污染源排放企业，以年度环境统计污染源名单为基础，监管名单每年会按照“补办一批、备案一批、整改一批、取缔一批”的原则，动态更新企业淘汰清单、监管清单、准入清单，使环保部门能够及时掌握网格内各类排污企业的分布情况，并熟悉主要环境敏感区域、环境风险隐患点，从而能够有针对性地进行日常监管。

企业被纳入环境监管网格中之后，环保部门会根据污染源的排污现状、环保守法、环境风险等情况，结合 S 区环保违规建设项目清理整治工作，实施环境监管的分类治理。对环境监管模糊空间的网格划分，最为重要是对监管对象的分类治理。在原有的监管模式下，环保部门的日常监管处于“悬浮”状态，只有发生环境污染问题时才按照属地管理的原则进行环境执法，是后果主义导向。

---

〔1〕 参见刘鹏：《混合型监管：政策工具视野下的中国药品安全监管》，载《公共管理学报》2007 年第 1 期。

基层环保部门处在模糊的环境监管空间中,环境治理较为被动,环境问题的呈现杂乱无章,难以进行有效治理。而在环境监管的网格化管理模式中,分类治理是对监管对象作出区分,使环保部门采取相应的监管方式和执法手段,以达到有效治污目标的治理方式。每个环境监管网格按照企业的行业特征、排放的污染物性质和排放量,将企业划分为三类,其中Ⅰ类企业为国控企业,即国家控制管理重点污染物排放源,污染较大,需要重点控制的企业;Ⅱ类企业为省控企业和重点监管企业(包括涉重金属、纺织印染、陶瓷、电镀、医药、建材、不锈钢加工等行业和重点环境信访企业);Ⅲ类企业为常规监管企业。环境监管网格由此形成了清晰化、层次化的监管空间,这是环境监管有效治理的前提和基础。

(二)模糊信息的网格获取

有效的环境监管最重要的是能够获取真实的、清晰的和及时的污染排放信息,这就需要监控各项污染的来源渠道,其中包括工业污染、农业污染、交通运输污染、生活污染等。因此,环保部门不仅需要具备配置型需要获得企业的环保信息,而且需要村社和工业园区管委会进行协调联动,才能确保信息的真实性。但是,治理资源的缺乏一直以来制约着基层环保部门获取真实的、清晰的和及时的环境监管信息。实行环境监管的网格化管理后,由于所有重点污染源均被纳入环境监管网格,环保部门能够实时监控国控污染源、省控污染源和其他纳入环境统计的污染源的治理信息。

基层环保部门要获取治理信息的难点在于“怎么进入企业内部检查”,只有进入企业内部,才能获取企业生产工艺、企业污染物治理工艺、企业污染物排放工艺以及企业环境风险应对等方面的信息,才能掌握污染物的产生情况、污染物治理设施运行状况、污染物排放去向和达标排放情况,以及环境风险隐患排查治理情况等方面的治理信息。据一线执法人员介绍,他们在进行日常巡查监管时,企业的安保人员常常以“老板不在”为借口,拒绝执法人员入内检查。即使他们出示执法证和执法依据,也会被以各种各样的借口搪塞,这使得一线执法很难获取真实、及时、有效的信息。除此之外,有限的执法权配置也使得治理信息的获取存在体制性障碍。在S区,环境运输和城市管理局将执法权委托给镇街的分局,由分局承接监管任务,但是没有给予镇街一级分局与执法权相匹配的人员编制、经费投入和环境监管设备,在执法人员和执法资源有限的情况下,环境监管执法权无法长期有效运作。在日常监管上,尤其是要巡查重点企业,就更加需要获得上级政府的支持。环境监管网格化管理是由S区党委政府驱动实施,由S区环保部门负责牵头,对各镇街多个部门同时动员,村社主任、工业园区管委会主任、龙头企业负责人共同参与的。它通过“高位推动”的方式赋予了环境监管网格化管理在实践过程中的权威性资源,从而为基层环保部门获取治理信息带来便利。[1]

实施环境监管网格化管理后,由于获得了权威性资源的支持,对企业环境污染排放的监控也得到了技术上的支持,环保部门能够及时监控企业环保“三同时”落实情况、污染物排放情况、污染治理设施运行情况、在线监控设施运行情况、危险废物处置情况、限期整改情况、限期治理情况等治理信息。S 区的基层执法人员和外聘的网格员在日常巡查时,也会手持网络移动终端收集治理信息,这些信息能够在“基层大治理”的网格体系内流通,能够与上级综治部门和综合信息平台无缝对接,行政管理部门之间的网格信息也能无缝对接。[2] 从这个意义上来说,网格化管理的治理模式改变了环境监管的信息获取方式,治理信息能够集约出现在网格监管体系内,从而使得基层环保部门能够在有限执法权配置的约束下,实现环境监管信息从模糊到清晰的转向。

(三)模糊责任的网格锁定

经验表明,政府科层体系不是铁板一块的,上下层级或同一层级内部的政府部门存在目标冲突与利益竞争的问题。[3] 在责任承担上,政府部门也具有规避责任与回避风险的内在倾向。[4] 清晰的责任关系是推动监管体系运作的关键,在环境监管上要避免“有组织的不负责任”,同样需要在制度设计上配套目标责任制,对各个责任主体加以监督。环境监管网格化管理正是通过划分网格,每个单元网格内有不少于 2 名的县、镇街环保部门责任人,将一块块“责任田”发包给具体的监管责任人,通过实行监管网格的“三定”,即定人、定岗、定责,将监管责任锁定在特定的网格范围内。

责任落实需要清晰的目标管理和任务发包才能使治理资源得到有效配置,最后才能依靠科层内部的考核体系来完成监管目标。[5] 在 S 区的环境监管网格化管理模式中,环境监管的责任体系分为四个层级,分别是县级环保部门的监管责任、镇街环保部门的直接责任、村社组织的属地责任,以及牵涉到其

---

〔1〕“高位推动”被认为是实现政策有效执行的中国经验。参见贺东航、孔繁斌:《公共政策执行的中国经验》,载《中国社会科学》2011 年第 5 期。

〔2〕2016 年 S 区全面推广“S 区智慧环保系统”,这一系统能够对环境监管网格内出现的问题进行信息化处理,实时反馈。“手段的先进才能保证工作有效开展,才能保证工作效率。网格员的重要工具是网络移动终端,大家不仅要学会用,更要创造性地收集好信息,能够使它发挥好最大的作用。”

〔3〕参见周雪光、练宏:《政府内部上下级部门间谈判的一个分析模型——以环境政策实施为例》,载《中国社会科学》2011 年第 5 期。

〔4〕参见倪星、王锐:《从邀功到避责:基层政府官员行为变化研究》,载《政治学研究》2017 年第 2 期。

〔5〕参见黄冬娅、杨大力:《考核式监管的运行与困境:基于主要污染物总量减排考核的分析》,载《政治学研究》2016 年第 4 期。

他职能部门的监管责任，包括负责规划审批的市场工商、土地规划等部门，负责设备生产安全的安全生产监督管理、消防等部门。而更为重要的是，“任务到人、责任到人”的网格化管理能够更为精准地落实任务和明确责任，将执法人员的监管责任锁定在具体划分的网格上，避免科层官员的责任规避问题，使得责任的落实机制变得扁平化和可视化，降低了代理人监控的成本。〔1〕

在目标管理和任务分工上，县环保部门主要负责指导、督促、协调镇街环保部门的日常监管工作，对所辖网格区域内的企业进行抽查，并负责组织专项执法行动和后督察工作。镇街的环保部门则负责日常环境监管执法，对网格内企业的环境监管负直接责任。环境监管体系延伸至村社一级，由村社行政服务站和工业园区管委会承担属地责任，负责辖区内环境网格监管企业的协查管理工作。而且每一块网格都建立了“一源一档”动态监管档案，当出现环境污染问题时，能够在网格监管体系内及时调度信息，集中呈现信息，最后锁定责任人。因此，在一定程度上，这种痕迹管理的方式能够起到确立权责关系、倒逼任务落实的作用，从而使责任由“虚”的概念变成“实”的问责，使监管责任的承担从模糊变为清晰。尽管网格化管理在信息录入、信息编码和信息传递的要求上有“形式主义”倾向，例如可能会出现“象征性完成”或者“走流程”的情况。但是这种痕迹管理的方式传达了一种科层动员机制的信号，这种信号能够被监管网格内的责任人解读出来。也只有如此，环境监管的主动性才能被激发出来，才有助于实现有效治理。

二、网格化管理的治理效果

（一）治理规则普遍化

在基层治理的实践中，信息技术平台的运用实际上是重新建构了一套规则体系，使得政府的管理方式转向直接治理。信息技术平台上的信息公开，在一定程度上避免了上下级政府之间产生信息不对称的问题。上级政府可直接通过信息技术平台向下级政府和部门分配任务，以避免政策执行偏差。除此之外，信息技术平台加强了上级政府对下级政府工作的监督，利用大数据和信息技术手段对下级政府的绩效进行科学、客观的评估。这种直接治理方式减少了繁杂的行政程序，降低了治理费用，提高了工作效率，而且利于维持社会秩序的稳定。

信息技术平台改变了传统的依靠经验、感觉或记忆的基层治理方式。在大

〔1〕 从技术治理的角度而言，信息技术的魅力在于它提供了一种解决组织问题的空前巨大的弹性，它可以在重组运行机制的同时却不打破既有结构。参见黄晓春：《技术治理的运作机制研究 以上海市L街道一门式电子政务中心为案例》，载《社会》2010年第4期。

数据时代,政府利用信息技术平台中的数据分析,评估政府绩效、监督政府行为,极大地提升了信息的公开性、覆盖性、即时性和渗透性。信息技术平台的使用消除了传统治理方式的弊病,避免了上下级政府之间产生信息不对称的问题,使上层与基层的对接更加便捷、直接,进而促进政府的治理方式由经验决策转向为数据决策。

信息技术平台重塑了基层社会结构、社会关系和人文生态环境,使得信息的传达更为直接、便捷、高效。信息技术平台具有双向互动的反馈机制,其降低了“政策执行中的偏离”[1]现象,加强了国家与民众之间的联系,培养了民众对国家政策的认同感,强化了人们依法办事的观念。除此之外,信息技术打破了信息资源的空间界限,政府不再是唯一的治理主体,企业、公民、社会组织作为第三方治理主体,开始扮演重要角色,在基层的治理事务中发挥重要作用。

(二)资源分配规范化

信息技术平台的广泛应用,提高了政策执行的精准性,在此种情况下,基层治理也需要更高的要求,基层政府应具备相应的基础性资源分配能力,这样才能保证治理效能的实现。从基层政策体系的构建来看,每一项政策具有的定位和能效都是为了保证政策对象能够有效获取政策所包含的资源,降低政策执行偏差,减少基层治理事务中的模糊地带,相对应地收缩政策覆盖范围。值得注意的是,基层社会并非铁板一块,其存在纷繁复杂的社会需求。基层政策在执行中往往留有模糊地带,当基层社会的资源匮乏时,通常会利用政策模糊地带,更为弹性地执行政策,从而容纳更多面的社会利益诉求。因此,在将技术作为分配资源工具时,必须提高资源供给能力,建立更为完备的政策体系,只有这样才能包裹和覆盖基层社会的复杂需求。

同时,信息技术治理需要政府的政策资源充足。在中西部农村地区,基层政府常常因为政策资源不足而陷入治理困境,主要表现为在政策体系内难以寻找到可利用的资源去回应治理对象的合理诉求,因此,基层政府只能在政策执行中运用非常规化、非正式化的方式来回应治理对象的合理诉求。而当治理对象的需求可以在政策体系内获得满足时,政策设计的嵌套交织又使得基层政府在执行政策时难以将福利资源集中叠加在某一类人群身上。此类情况实际上降低了资源分配的有效性,使得部分群体的具体需求无法获得常态化满足,或使部分群体成为资源集中输入的汇集地,容易引发公平性和正义性问题。

以精准为目的的技术治理必然要建立在供给能力强且分配规范的资源体

---

[1] 印子:《农村低保政策“走样”及其整体性治理》,载《西北农林科技大学学报(社会科学版)》2019年第2期;李梦侠:《多重逻辑视角下的公共利益实现机制——以基层食品安全执法为例》,载《求索》2020年第1期。

系之上,这种资源分配体系能够保证基层政府具备良好的施策环境,实现政策资源的可用性、容纳度和精准性。不管发生任何社会情况,基层政府都可以依靠政策组合,在政策体系内激活相应资源,以回应复杂的社会需求。同时,其资源供给能力较强,除国家政策资源外,地方财政也能够发挥补充和兜底作用。在资源分配规范化的基础上,基层政府通过技术治理的方式识别和筛选出各类困境人群,按照具体情形将其分类投放到分属的保障政策中,并依据政策标准提供相应的救助措施,以达到很好的施政效果。

(三)国家治理能力的提升

中国社会治理事务体量巨大,国家体制调动治理资源的能力是有限的,在实践中难以对社会进行深度调控。因此,国家保留了基层社会在治理事务中的自主性,不干涉基层社会、经济发展的内在逻辑,仅对基层社会的政治、文化等表层变革进行适度调控。国家权力游离于基层社会的日常生活之外,无法产生弥散化的影响。

外在的社会规范也难以有效内化为规范体系,社会秩序的构建与人心秩序的维系缺乏有机的衔接机制。[1] 在经济社会大转型的背景下,基层治理对象流动性和碎片化程度不断增高,这对政府的治理提出了新的挑战,也对基层治理的渗入性、规范性、精准度提出了更高的要求。因此,国家需要一个载体,能够整合基层的社会资源。在组织体系上,我国的整合能力存在天然弱势。一方面,在政策执行和事务管理过程中,国家需要依靠纵向的条线部门实现具体职能,也需要依靠横向地方政府完成属地范围内的信息获取和组织服务工作。因此,实践过程中的条块往往是交叉进行组织配合,条线部门虽能完成公共服务的政策制定和资源供给,但其组织力量并不能完全落地。在政策执行方面,块块需要提供信息、接受申请、完成审批,保障事务的落地执行。这种条线的工作机制要求基层政府必须能够维持并保障与多个平行独立的条块部门进行对接。然而,在各部门各自为政的行政逻辑下,容易出现“信息孤岛”现象,因为各部门的信息相对封闭,这就对基层政府“总揽全局”的社会整合能力提出了更高的要求。另一方面,我国依旧是依靠基层政府对治理对象进行整合的。乡、村两级在基层社会中具有熟人社会的信息优势,但基层社会收集、整合信息的能力是有限的。在城镇化高速发展的现代社会,社会形态愈加复杂,国家很难对隐藏和沉淀在社会系统内的信息进行有效采集,特别是在上下级政府之间信息不对称的情况下,国家难以对基层事务进行有效调控,治理的内在统一性和政治效

---

[1] 参见唐皇凤:《社会成长与国家治理——以中国社会治安综合治理为分析对象》,载《中南大学学报(社会科学版)》2007年第2期。

果也大打折扣。[1] 此外，当国家治理目标与地方治理目标出现差距时，基层政府往往基于地方治理目标的考量，选择性地执行国家政策。[2]

信息技术的高速发展使得国家的治理能力不断增强，信息技术成为国家治理过程中的重要载体。通过信息技术的不断运用和发展，国家整合能力和信息采集能力显著提高，整合各条线内碎片化的行政资源和信息资源。科层体制内部的条块互动关系趋于良好，共同服务于国家政策目标，进行有效配合。此外，国家通过信息技术强化对基层代理人的监督，减少信息不对称的治理困境，降低政策执行的偏差，提高地方政策执行的透明度。国家还能够通过技术治理将治理事务和对象清晰化，勾勒出政策对象的具体形象，以更加精准的方式执行政策，保障政策对象的具体权利和利益诉求。因此，以技术为载体的治理方式更具直接治理特征，[3]实现国家权力与基层社会的贯通。

在国家治理能力建设的成本上，相对于其他建设而言，信息技术的发展和推广具有高度延展性和可复制性，属于可共享的非零和资源。因为信息整合并不等同于实质上的项目整合，其不需要改变条线的结构和管辖权，也不同于土地上收、财政统管等方式，不需要利用政治统合机制[4]推进众多条线部门，动员协调更广泛的社会利益（如土地规划中征地拆迁就需要同基层社会达成合约）。信息资源的采集也不直接影响和挤占地方政府的利益空间，信息采集的过程也比较平和，一般不会引发剧烈的政治、社会影响。信息技术治理作为国家治理基层事务的中间载体，在运行进入正轨后会不断自我强化，并紧密镶嵌在所有的治理领域中，以低成本和隐形的状态影响国家治理现代化的方向与进程。

（四）基层社会程式化的再生产

基层社会广泛运用技术治理，将治理的模糊地带清晰化。在实践过程中，技术治理往往会产生延伸性的治理效果，使得基层社会精准化和规范化的程度不断提高，进而促进社会程式化的再生产。在治理主体上，科层组织通过技术治理不断成长和积淀，渗入能力、提取能力增强，会形成一套强有力的控制体系。国家通过这套控制体系强势进入基层事务管理，贯彻政策，避免信息劣势，对基层社会进行有效的监督和考核。除此之外，这种政策执行方式必然会影响基层政府的执政行为。因为基层政府需要适应规范化的治理需求，在现有的制度框架下，提高治理能力，实现国家治理目标。同时，因为政策规则与社会

---

[1] 参见欧树军：《基础的基础：认证与国家基本制度建设》，载《开放时代》2011 年第 11 期。

[2] 参见陈柏峰：《基层政权与涉农法律的执行实效》，载《环球法律评论》2010 年第 5 期。

[3] 参见田先红：《乡村治理转型与基层信访治理困境》，载《古今农业》2011 年第 3 期。

[4] 参见欧阳静：《政治统合制及其运行基础——以县域治理为视角》，载《开放时代》2019 年第 2 期。

的复杂情况碰撞会产生不能被规则体系容纳的治理难题,所以基层政府需要构建较为完善的资源分配体系,回应社会的诉求,解决具体的治理问题。

在技术治理的倒逼下,基层政权不断提高治理能力,弥合与国家治理之间的差距,靠近国家的治理目标。当基层政府适应技术治理的节奏后,基层政府内部会产生规范理性的组织文化和职业准则,进而促进政策执行更加规范化。[1] 对治理对象而言,基层治理中的“简约治理”的方式使得正式规则与村的内生规范共存并行,因此,基层社会中存在大量的“人治”空间。在资源分配中,基层政府的资格认证是以严格贯彻政策规则的方式完成的,这会打破乡村社会中以人情关系为基础的资源分配逻辑。理性化的技术带来的规范治理方式会促使村民按照法治规则行事。村民若想完成政策资格的认证,就需要按照国家设定的公共规则来调整自身行为和自身认知,提高规则意识,以符合规则的行为方式获取资源。从某种意义上说,技术治理在治理体系内的持续自我强化,嵌入基层社会的资源分配和组织动员的治理过程。

第三节 网格化管理存在的问题

网格化管理是一种精细的治理术,国家依靠网格化管理重整基层社会治理的组织结构,获取基层社会治理信息,作出了避免政策执行偏差和公共资源投入的瞄准偏差等努力,但在实践中也有其局限性。为了实现全面且精准的治理目标,网格化管理依赖海量治理信息的获取和分类处理,但是信息从获取、分类到处理这个过程中的层级链条,使得网格化管理出现了信息内卷的问题。从实践来看,治理事务和治理对象的增加使得实现网格化管理基础设施建设的成本很高,而且为了实现网格化管理而打破科层体制以实现组织和资源的重新分配,在实践中也会受到外力的干涉而出现治理目标替代的问题。

一、信息内卷化严重

尽管网格化管理作为一种获取信息的技术手段,可以使信息采集更为高效便捷,但这种治理技术容易陷入信息内卷化困境。[2] 因为国家治理的技术趋

---

[1] 参见任敏:《信息技术应用与组织文化变迁——以大型国企C公司的ERP应用为例》,载《社会学研究》2012年第6期。

[2] 有学者认为,如果数字技术缺乏必要的信度与效度,则数字技术越发达,基层治理就越有可能陷入“内卷化”陷阱:政策设计者不断严密数字技术的指标体系和操作程序,而这种过密化的技术发展只会增加数字技术的形式合理性,增加治理成本,而不能增加数字技术的实质合理性,也不能对治理绩效做出更多的边际优化。参见王雨磊:《数字下乡:农村精准扶贫中的技术治理》,载《社会学研究》2016年第6期。

向于可视化，将具体的社会事实抽象为数字与图表，并以此为依据进行基层社会的治理实践。[1] 网格化管理本身是为了解决基层社会治理的组织难题，通过党政嵌入的方式建构的一种组织模式，然而它可能造成行政消解自治的局面，使党政管理与基层自治的互动不顺畅，基层自治被边缘化等。

首先，随着行政事务的下沉，城市管理部门和基层自治组织需要承载越来越多的事务，需要采集的信息也越来越多，这样极容易出现"信息超载"的问题。在调研过程中，经常有基层自治组织的工作人员抱怨称，"网格信息的采集耗费了很多工作时间，经常要做报表，但是这些数据对我们毫无意义"。信息采集成本高昂、行政考核周期紧张、基层激励性弱等因素都影响着基层工作人员的行为逻辑。因此，网格化管理虽然可以运用和采纳很多技术手段，却不一定能够实现网格化管理所预设的清晰化目标。

其次，从网格化管理的基础性工作来看，信息的生产、采集、治理这三者之间存在漫长的层级距离，信息传递过程中存在许多造成信息失真的变量，往往会发生"中间梗塞"和"信号衰减"等现象。城市社会的发展速度越来越快，基层治理事务内容庞杂，加之基层社会治理问题往往具有延伸性，复杂的社会治理事务能否被测量，能否以数字化、标准化、程式化的方式纳入网格化管理结构，都具有不确定性。

最后，信息生产、采集与治理的行政层级之间的信息不对称使得信息的生产者和采集者在这个信息场域中具有信息优势，这容易造成信息垄断。信息采集人员的自利性行为可能会利用其信息优势，利用信息设租、寻租，进而造成治理信息偏差，影响基层社会治理绩效。例如，在信息技术嵌入城市基层社会治理的过程中，会出现"为信息而信息"或"选择性关注"等现象。[2] 有研究者将网格化管理运用信息技术的实践限制分别概括为信息搜集的能力限度、信息处理的成本限度、社会事实信息化的限度和信息利用的不确定性限度。[3] 这些因素都会使网格化管理变成数字游戏，成为只具有象征性意义的制度，对于基层社会治理并没有实质上的意义。

二、组织适应性不强

网格化管理存在组织适应性的问题，具体表现为以下三个方面：制度安排与组织利益的矛盾；政策扩散与地方治理需求的矛盾；制度选择与财政供给能

---

〔1〕 参见杜月：《制图术：国家治理研究的一个新视角》，载《社会学研究》2017 年第 5 期。

〔2〕 参见陶振：《社区网格化管理的运行架构及其内生冲突——以上海 X 区 Y 街道为例》，载《社会主义研究》2015 年第 4 期。

〔3〕 参见韩志明：《城市治理的清晰化及其限制——以网格化管理为中心的分析》，载《探索与争鸣》2017 年第 9 期。

力的矛盾。理性选择理论认为,制度是由规则和行为诱导构成的各种体系,在这些体系中,个体努力将他们自身的效用实现最大化。[1] 城市管理部门属于基层社会治理的“剩余部门”,需要“承担那些看似不重要却又是组织必须承担的非常规、非专业的职能,表现为细小琐碎,难以分类、定性的剩余事务”[2]。政府推行网格化管理,在一定程度上能够将繁杂的基层社会管理事务进行技术化、信息化处理,提高基层治理的精细化程度,降低城市管理部门的识别成本和治理负担,因此,城市管理部门对网格化管理的接受度较高,并广泛运用网格化管理等信息技术。

然而在一些专业化程度较高的治理领域,如食品安全、市场监督等领域,网格化管理的接受度相对较低。按照历史制度主义的观点,制度的黏附性特征使其一旦形成就不易改变。2015 年,S 区在城市综合网格化管理的基础上,试图进行企业综合网格化管理的推广。然而在政策咨询阶段就遇到阻力,因为网格化管理给不同部门带来了不同的政治资源、财政资源和治理资源。在网格化管理中,城市管理部门能够利用技术治理减少治理压力,但其他部门并不能通过这种方式减少治理难题。而且在推广实施网格化管理时,存在下列矛盾:

首先是制度安排与组织利益的矛盾。对于一些治理部门而言,推广网格化管理可能会耗费部门的资源,推行新制度的成本较大,在网格化管理中不仅没有获得正向收益,还要承担更多的责任和风险。另外,城市基层社会治理的复杂性,往往要求城市治理主体具有一定的能动性和自主性。[3] 因此,网格化管理在一些部门中的可接受度较低。

其次是政策扩散与地方治理需求的矛盾。在城市基层社会治理领域,网格化管理具有相对较高的政策扩散效果,在具体实践中表现的政策样态也有所差异,如北京“万米单元网格化管理”、上海“数字化城市管理”、浙江省舟山市“网格化管理、组团式服务”和重庆市某区“网格化城市治安防控体系”等。[4] 政策扩散的动力机制包括各地的学习和竞争,一方面国家提倡推广实施社会治理创新的网格化管理,地方政府需要积极学习响应;另一方面各地政府需要和其他地区的同级政府进行网格化管理的竞争。但是地方政府能否应用新的制度

---

[1] 参见[美]B. 盖伊 · 彼得斯:《政治科学中的制度理论:新制度主义》,王向民、段红伟译,上海人民出版社 2016 年版,第 19 页。

[2] 吕德文:《剩余部门:理解城管工作的一个视角》,载《云南行政学院学报》2016 年第 1 期。

[3] 在许多基层社会治理领域,不单纯是执法的问题,更多的是一种利益调节的过程,需要与各方主体发生密切互动。参见刘磊、王会:《谋利空间的形成:对城管违建执法困境的分析》,载《华中科技大学学报(社会科学版)》2015 年第 4 期。

[4] 参见林雪霏:《政府间组织学习与政策再生产:政策扩散的微观机制——以“城市网格化管理”政策为例》,载《公共管理学报》2015 年第 1 期。

安排,取决于其能否适应地方治理的需求和制度安排的成本。[1] 例如,受财政供给的限制,重庆市Y区的网格化管理实践以政法综治为主,而不是城市管理的领域。

最后是制度选择与财政供给能力的矛盾。网格化管理需要运用信息化平台,需要以表单自定义引擎、工作流引擎、GIS引擎以及移动行政执法系统为支撑,其建设和运营成本需要耗费大量的财政资金。以S区的企业综合网格化管理系统为例,经费包含以下四个部分:一是人员通讯费用,平均每年需要126万元;二是人员薪酬费用,这部分费用由各镇(街道)根据所辖行政服务站工作人员年平均工资福利报酬得出,所需费用由各镇(街道)承担;三是人员绩效费用,需要区属部门和镇(街道)从专项资金中拿出来给网格员进行季度、半年度、年度绩效奖励;四是平台开发费用,巡查平台的开发依托于"数字城管"系统一并建设,约3000万元。

总体上,S区每年在企业综合网格化管理系统上的投入就需要1000万元以上,城市综合网格化管理和"数字城管"系统则需要近4000万元。S区的财政能力支撑得起网格化管理的运作,但对于许多中西部城市来说,这无疑是一笔高额的财政支出,很多政府难以承受。有研究指出,国家政权下延过程中,财政供给的不足是影响国家实现其社会控制目标方式的重要因素。[2] 当财政供给能力不足时,又要推广实施网格化管理,就容易出现"制度仪式化"、"政策走样"或"制度空转"等问题。这三个方面的局限性决定了网格化管理只是城市基层社会治理中的一种制度实践,只能解决特定社会发展阶段的特定治理目标。网格化管理作为模糊社会中清晰治理的一种方式,其局限性与模糊社会的特质紧密相连,基层社会的模糊性是更为根本的原因。在追求模糊社会的清晰治理的同时,需要关注社会治理中模糊性的来源与形成过程,并对清晰治理所运用的一系列治理工具作进一步的探索与验证。

第四节　实现模糊社会的清晰治理

模糊性是社会治理中不可避免的情景,即使国家在试图清晰化社会事实的努力之后,也容易遭遇失败。[3] 模糊性与清晰性是国家信息能力的两个向度,是理解治理失灵、政策执行偏差等问题的影响因素与发生机制的重要变量。

---

〔1〕 参见郁建兴、黄飚:《地方政府创新扩散的适用性》,载《经济社会体制比较》2015年第1期。

〔2〕 参见黄冬娅:《财政供给与国家政权建设——广州市基层市场管理机构研究(1949—1978)》,载《公共行政评论》2008年第2期。

〔3〕 参见[美]詹姆斯·C.斯科特:《国家的视角:那些试图改善人类状况的项目是如何失败的》,王晓毅译,社会科学文献出版社2012年版,第335-394页。

随着国家治理体系和治理能力现代化进程的不断推进,治理方式不断创新才能适应复杂社会的需求,模糊社会的清晰治理也因此成为现代国家治理的技术命题。清晰治理展现了广阔的社会治理空间和发展前景,也契合了当前基层社会治理中的种种制度需求,回应了社会治理中监管对象的空间模糊、监管问题的信息模糊以及监管主体的责任模糊等问题。

一、社会治理中的模糊困境

(一)“简约治理”的社会秩序

在传统社会中,国家实现基层社会治理的方式是通过动员乡村社会中的准官员,国家无须将行政组织下沉至基层,形成“简约治理”的社会秩序。[1] 这种简约性表现为两个方面:一是治理主体的简约性;二是治理规则的简约性。简约治理的模式能够使国家治理与乡村社会治理实现有效对接,庞大的国家无须直接获取基层治理信息,而是通过代理人的方式。从信息搜寻的角度而言,国家的基层代理人对社会事实和治理问题的把握依靠的是经验和直觉,基层社会的治理信息对于国家而言处于模糊状态。政府的有效运作依赖于“对信息流动的仔细掌控”,否则模糊性将对国家的社会治理能力构成制约,带来治理效率降低和治理成本增加等负面后果。

(二)国家的社会治理能力

国家权力向基层渗透实现治理目标的过程,并不意味着国家具备足够的社会控制或社会治理能力,基层社会特质也会对国家的社会治理能力构成制约,尤其是在经济社会转型过程中,生产要素的集聚效应使基层社会面貌发生巨大变化,基层社会逐渐呈现出复杂社会、拥挤社会和风险社会的三重治理特征。第一,由工业化、城镇化和市场化牵动的大规模人口流动和工业发展带来了繁重的治理任务,增加了城市社会的复杂特质。第二,由于治理规模的不断扩大,当治理资源不足以匹配治理规模时,就会出现监管空隙,在治理资源“拥挤”的背景下,产生了执法权在时空上的非均质分布现象。[2] 第三,监管空隙容易带来不确定性的风险。对于国家而言,只有掌握充分和清晰的治理信息,才能对基层社会精准配置资源实施治理,而问题的关键就在于社会事实的清晰化。获取信息是清晰治理的前提,模糊的社会事实如何反映到政策过程中是基层社会治理困境的症结之一。一方面,由于基层社会事务的空间分布具有不对称性,同时需要面对规模治理的挑战,国家实施治理的空间是模糊的。另

---

〔1〕 参见黄宗智:《集权的简约治理——中国以准官员和纠纷解决为主的半正式基层行政》,载《开放时代》2008 年第 2 期。

〔2〕 参见陈柏峰:《基层社会的弹性执法及其后果》,载《法制与社会发展》2015 年第 5 期。

一方面,由于基层社会事务较难测定,其具有非格式化和不规则性的特点,所以国家所获取的治理信息具有模糊性。

二、清晰治理的基础条件

模糊社会的清晰治理是现代国家改造社会的中心问题。[1] S区环境监管网格化管理的实践经验表明,网格化管理发挥了社会治理清晰化的功能,其核心逻辑就在于其通过识别和处理模糊的社会事实,进而将治理信息清晰地呈现在国家面前。在实践中,网格化管理被广泛应用在市场监管、安全生产监管、环境保护、消防应急、维稳综治等社会治理领域。一方面,上海市"城市网格化管理"和舟山市"网格化管理、组团式服务"的成功经验,使得网格化管理在政策扩散的过程中呈现出"政策趋同"效应,网格化管理成为政府间组织学习的一项治理工具。另一方面,网格化管理之所以能够进入地方政府的治理"工具箱",是因为网格化管理能够消除模糊空间并带来清晰性治理效应。从治理有效性的角度而言,网格化管理表明了当前社会治理的制度性需求和信息偏好,是理解清晰性治理的一个窗口。

(一)清晰性治理中的信息认证

清晰性治理的基础是信息认证,信息认证对于社会清晰性治理具有基础性意义。信息认证能力是认证能力在社会治理领域的体现,认证能力是"国家在全面事实基础上建立并执行明确、精细和统一规范的能力",其中事实的全面程度(包括真实性、准确性、唯一性、整合性)和规范的统一程度(包括分类的明确程度、规则的精细程度、标准的统一程度)是影响认证能力的两个变量。[2] 国家通过对社会事实进行信息认证,将社会事实转化为信息或形成数据,为公共行政部门提供决策参考和执法依据。因此,清晰性治理的首要环节就在于搜寻并识别出社会事实的相关信息,然后有针对性地实施治理。在此过程中,网格化管理就能够发挥技术优势,将复杂的社会事实和模糊的治理空间化繁为简。

(二)清晰性治理中的权责配置

清晰性治理的关键在于权责配置。在科层体系中,政府上下层级所获得的信息含量不同,由此形成了信息不对称的模糊格局。上级往往将责任和任务转移给下级,从而在控制权分配上获得目标设定权、检查验收权和激励分配权。而下级承受了多重任务压力,但实际获得的权力并未与所承担的责任相匹配。

---

[1] 参见[美]詹姆斯·C.斯科特:《国家的视角:那些试图改善人类状况的项目是如何失败的》,王晓毅译,社会科学文献出版社2012年版。

[2] 参见欧树军:《基础的基础:认证与国家基本制度建设》,载《开放时代》2011年第11期。

在权责配置不对称的结构下,就会出现基层执法部门避责的现象。[1] S 区环境监管的模糊困境同样表明,监管主体的责任模糊将削弱权责配置结构对基层执法部门的约束,造成治理失灵。因此,清晰性治理的关键在于厘清权责配置关系。当前的网格化管理、清单制、痕迹管理等制度实践,在很大程度上契合了社会治理过程中权责配置清晰化的需求,有助于回应责任主体的边界模糊以及责任模糊等问题。

三、清晰治理的制度约束

(一)基层社会的复杂性

网格化管理已经成为我国社会治理创新中被广泛应用的一种治理工具。作为一种技术治理手段,无论其治理绩效如何,我们都必须承认网格化管理拓展了清晰治理的界限。但是网格化管理本身所蕴含的技术治理逻辑也是其局限性所在,[2]面临多方面的制度约束。治理规模庞大、治理内容复杂的基层社会是清晰性治理的客观制约,社会事实不可避免地带有模糊性的特质,这是网格化管理需要面对的难题。网格化管理只能在“有限理性”的范围内令模糊的社会事实变得相对清晰,但是并不能保证治理信息的真实性和完整性。而且信息在传递的过程中会发生耗损,造成信息失真,组织内部同样会造成信息的模糊性,而这种模糊性“不会因为信息质量、数量的增加而得到改进”[3]。

(二)政府的财政供给能力

在超大规模的社会治理中,财政供给能力对于模糊社会的清晰治理有重要影响,有限的财政供给与超大规模社会对治理资源的需求这一矛盾将在很长一段时期内制约清晰治理的实现空间。清晰治理只能在宏观层面降低国家在社会治理中的信息成本,提高治理的精准度,避免信息不对称对国家的制约。但是,国家的信息认证能力是需要成本的。[4] 模糊社会的清晰治理需要先进的信息技术作为支撑,而信息技术依托于财政供给的不断投入。在 S 区,环境监管网格化管理的经费构成包括四个方面,分别是人员通信费用、人员薪酬费用、人员绩效费用以及平台开发费用,每年需要财政投入 4000 多万元。巨额的财政投入和经费保障,才能使国家权力的触角不断延伸到社会生活的各个领

---

[1] 有研究者发现,在多委托多任务模型下的非竞争性环境中,信息不对称和契约不完全是导致避责行为的重要原因。参见倪星、王锐:《权责分立与基层避责:一种理论解释》,载《中国社会科学》2018 年第 5 期。

[2] 参见彭亚平:《技术治理的悖论:一项民意调查的政治过程及其结果》,载《社会》2018 年第 3 期。

[3] 周雪光:《组织社会学十讲》,社会科学文献出版社 2003 年版,第 303 页。

[4] 参见欧树军:《权利的另一个成本:国家认证及其西方经验》,载《法学家》2012 年第 4 期。

域，才能使治理资源得到精准配置。可以发现，网格化管理得到有效实施的地区主要是东部、南部沿海发达地区，如上海、江苏、浙江、广东等地，这些地区的地方政府有雄厚的财政供给能力。但对于广大中西部地区的地方政府而言，其并不能承受清晰治理所要求的治理成本，网格化管理的实施过程中往往出现偏差。[1] 因此，财政供给能力不足是影响国家实现其社会控制或社会治理目标方式的重要因素，也是影响国家进行社会治理的不同形式的重要因素。

模糊性是社会治理中不可避免的情景，即使国家在试图清晰化社会事实的努力之后，也容易遭遇失败。[2] 本书以网格化管理为例，从信息的视角呈现了社会治理领域中的模糊性与清晰性。模糊性与清晰性是国家信息能力的两个向度，是理解治理失灵、政策执行偏差等问题的影响因素与发生机制的重要变量。随着国家治理体系和治理能力现代化进程的不断推进，治理方式不断创新才能适应复杂社会的需求，模糊社会的清晰治理也因此成为现代国家治理的技术命题。清晰治理展现了广阔的社会治理空间和发展前景，也契合了当前基层社会治理中的种种制度需求，回应了社会治理中监管对象的空间模糊、监管问题的信息模糊以及监管主体的责任模糊等问题。在追求模糊社会的清晰治理的同时，需要关注社会治理中模糊性的来源与形成过程，并对清晰治理所运用的一系列治理工具作进一步的探索与验证，如此才能更好地“对症下药”，这正是清晰治理的核心要义。

---

〔1〕 例如，湖北省宁县的网格化管理，只是用网格化的方式统计各项社会治安综合治理的信息，包括特殊人群信息（精神病登记表、社区矫正登记表、两外四情）、矛调登记表、流动人口登记（流入、流出、留守儿童、留守妇女）、便民服务登记表，然后将各种统计表集中起来，进行数据汇总。

〔2〕 参见［美］詹姆斯·C. 斯科特：《国家的视角：那些试图改善人类状况的项目是如何失败的》，王晓毅译，社会科学文献出版社 2012 年版，第 335-394 页。

第十七章　城乡基层一线执法的秩序、规律和改进

城乡基层一线执法活动是保障我国新型城镇化建设进程的重要方式和手段。基层执法权的配置是决定城乡基层一线执法成效的重要因素,其配置现状呈现出纵向"重心过高",横向"分布过散"的特征。城乡基层一线执法在实践中以常规执法、执法专项行动、综合治理、综合执法的方式运行,并呈现出其特有的秩序与规律,同时暴露出其在实践中面临的执法权配置、执法队伍管理、执法机关的财政保障、执法机关依法执政等问题。为了对城乡基层一线执法进行改进,以确保新型城镇化建设的稳定有序,需要在执法权配置的优化、执法体制的改革、执法保障的加强、执法互动的改良等方面实行有效的措施。

第一节　基层执法与执法权配置现状

基层执法是保障城镇化进程稳定有序实现的重要手段。能否提高基层执法的成效,关键在于如何配置基层的执法权。从制度设计和基层经验两个方面来看,基层执法事务主要可以分为三类:第一类是公共安全管理类事务,包括安全生产、乡村道路安全、农机安全、消防安全、社会治安、水政等;第二类是人口资源环境监管类事务,包括城镇管理、村镇规划、人口计生、殡葬、国土资源、林业、水利、环保等;第三类是市场监管类事务,包括医疗卫生、食品药品、农资、动植物检疫、质监等。面对这三类执法事务,相应的执法机构也有三类:第一类是乡镇政府,目前仅在计划生育、城乡规划等领域享有执法权;第二类是县级职能部门的派出机构,即通常所说的"七站八所";第三类是县级职能部门,这些职能部门对发生在城市与乡镇领域的多数执法事务享有执法权。

一、公共安全管理类执法权

(一)安全生产执法

安全生产领域的执法权配置较为复杂,县级行政职能部门享有执法权,但是乡镇政府要处理大量的安全生产管理事务。基于"综合监管与行业监管相结合"的制度设计,安全生产执法权在基层执法机关中表现出复杂的配置实践。

首先,县级地方人民政府负责组织、协调安全生产监督管理,主要的协调机构是安全生产委员会(应急管理委员会),该委员会办公室通常下设在安全生产监督管理局(应急管理局)。其次,县级各行政职能部门在其管理领域内负有行业监管的职责。通常来看,各行政职能部门都负有安全生产的监管职责,即行业监管。县级职能部门的基层工作由其设立在乡镇的站所、分局开展,通常来看,安全生产领域的基层站所、分局不具备独立的执法资格,只能进行监督检查,不能作出具体的执法决定。最后,乡镇政府不具备安全生产的执法权,但是要处理大量的安全生产管理事务。乡镇政府通常设立安全生产监督管理办公室(应急管理办公室),该机构不具备执法权,但是要代表乡镇政府组织、协调,甚至直接管理乡镇领域内的安全生产工作。

(二)乡村道路安全

道路安全的执法权配置也相对复杂,但乡村道路安全基本上由不具备执法权的乡镇政府进行管理。道路交通安全的执法权由公安机关的交通管理部门享有,通常来看,设在县级的执法机关是交警大队,设在乡镇的是交警中队。在执法权限的划分上,适用简易程序的违法行为由交警中队进行执法,适用一般程序的违法行为由交警大队进行执法。相较于其余的公共安全管理类执法,道路安全问题具有显著的复杂性,道路等级、道路所在的区域、道路建设情况、车辆情况等因素影响了执法权的配置:营运车辆的安全监管属于运政,道路交通设施的安全监管属于路政,两项事务的安全监管工作在县级层面由交通运输行政管理部门负责,具体的执法业务由设立在县局内部的道路运输稽查大队负责;乡镇层面的工作则由县局设立的基层站所负责。在实践中,乡村道路的安全管理由乡镇政府负责,乡镇政府通常在其内部设立公路办、交管办等机构管理乡村道路,或者直接由乡镇的安全生产监督管理办公室(应急管理办公室)来负责,相比前述的行政职能部门,乡镇政府对于乡村道路的管理没有执法权,但从工作量和工作难度上来看,乡镇政府对于乡村道路的管理丝毫不亚于县级的行政职能部门。

(三)社会治安与消防执法

在乡镇领域,社会治安和消防的执法权由公安部门享有,负责执法的是各基层派出所,通常情况下,设立在乡镇的公安派出所对其辖区内的治安状况、防火情况进行检查、巡查,派出所能够独立作出警告和500元以下罚款的治安处罚决定,其余的行政执法决定则须由县级以上的公安机关作出。消防执法中比较特殊的一类执法事务是森林消防,森林消防的执法权由县级林业行政管理部门享有,该部门能够以自己的名义作出执法决定。森林消防的日常火情监察、野外用火检查则由县级林业行政部门设立在基层的站所,即林业站来完成,但是林业站不具备执法权。乡镇政府虽然不具备社会治安和消防领域的执法权，但是要对其辖区内的社会治安和消防工作负领导责任，具体的组织、联络、协调工作由乡镇的综合治理办公室负责；就森林消防工作而言，各级政府采用首长负责制，乡镇通常设立森林消防指挥部来组织、联络、协调森林消防工作。

（四）水政执法

乡镇领域的水政执法权配置比较明确。水政执法的权限由县级的水行政管理部门享有，具体的执法业务由设立在县局内部的水政监察大队负责。县级的水行政管理部门在乡镇设有站所，即水利站或水务站，由其来开展基层的水政工作。水行政管理部门的基层站所能够开展水政的监督检查工作，但是不能独立作出执法决定，作出执法决定的权限通常在县级的水行政管理部门。在执法实践中，水行政管理部门所针对的违法行为主要是违法开采地下水、违法取水和涉水违法建设。

二、人口环境资源管理类执法权

（一）城镇、村镇规划执法

城镇、村镇规划的执法权由乡镇政府享有，但也存在例外。乡镇政府能够以其名义对辖区内的规划违法行为作出执法决定，并通过设立在乡镇政府的综合执法机构，即乡镇的“综合执法队”，或者有些地区称其为“综合执法大队”，来进行执法工作。乡镇政府的综合执法部门在执法实践当中需要从事多种执法工作，其执法权既有授权获得，又有委托获得，乡镇政府所具有的规划执法权通常来源于地方性法规的授权。

（二）人口与计划生育执法

人口和计划生育的执法权主要由乡镇政府享有，部分相关的执法权则由县级职能部门享有。人口和计划生育执法在很长一段时期内都是乡镇政府的“中心工作”，乡镇政府能够以其名义对计划外生育、非法收养等行为进行执法，具体负责执法业务的机构是设立在乡镇政府内部的计划生育办公室（卫生健康办公室）。针对“两非”的执法权则由县级的卫生和计划生育行政管理部门和食品药品监督管理部门（市场监管体制“三合一”改革的地区，则是市场监督管理局）享有。“两非”是指非医学需要的胎儿性别鉴定和非医学需要的选择性别的人工终止妊娠，两家县级行政职能部门的分工如下：县级卫生和计划生育行政管理部门负责针对医疗机构和医护人员的执法，涉及药品和医疗器械的执法事务则由县级食品药品监督管理部门（或市场监督管理部门）负责。

（三）殡葬行政执法

县级民政管理部门享有殡葬执法权。县级民政部门能够以其名义对殡葬违法行为作出执法决定，具体的执法业务由设立在县局内部的殡葬执法队负责，而殡葬执法队通常与殡葬管理所合署办公。殡葬执法主要针对的是违法修建殡葬设施、墓穴面积超标、违规土葬、办理丧事影响公共秩序、销售不合国家标准的殡葬用品、违规灵车经营等违法违规行为。乡镇政府虽然不具备殡葬执法的权力,但是也要对其辖区内的殡葬行为进行管理,特别是在殡葬改革的政策实践当中,乡镇政府要积极落实“推行火葬、改革土葬”的工作。

(四)自然资源行政执法

县级自然资源行政管理部门享有自然资源行政执法权。县级自然资源行政管理部门能够以自己的名义作出具体的执法决定,负责具体执法业务工作的是设立在县局内部的自然资源执法监察大队。自然资源行政管理部门在乡镇设有基层站所,也就是通常所说的自然资源所,自然资源所并不具备作出执法决定的权力,但要承担基层自然资源违法行为的监督检查工作,从调研情况来看,自然资源所的监督检查工作主要针对的是违法违规改变土地用途的行为;农田地界纠纷的调解也是自然资源行政管理部门基层站所的重要工作。

(五)林业行政执法

县级林业行政管理部门享有林业行政执法权。县级林业行政管理部门能够以自己的名义作出具体的执法决定,但是由于林业行政管理体制的内部差异,林业行政执法的权力配置又有所差别。林业行政管理部门下辖的森林公安部门,其在基层设立森林公安派出所,森林公安派出所不能独立作出执法决定,而是要以其归属的公安局或者分局的名义办理林业行政违法行为。主要针对的是盗伐滥伐林木,买卖林木采伐、木材运输等许可证,收购违法林木,毁坏林地等违法行为。没有设立森林公安派出所的地区,则由县级的林业行政管理部门进行执法,具体的执法业务由设立在县局的林政稽查大队负责。乡镇层面的日常监督检查则由林业部门的基层站所负责。

(六)环境行政执法

环境行政执法的权力一般由县级的环境保护行政管理部门享有,但也有例外。县级的环境保护行政管理部门能够以其名义开展环境执法,并对环境行政违法行为进行执法,主要监管废水、废气、固体废弃物、噪声、振动、放射性、电磁辐射等污染物的排放;对环境污染事故、生态破坏事件和环境纠纷进行调查处理;对建设项目的环境评价制度和“三同时”建设进行监督检查等。具体的执法业务由设立在县局内的环境监察执法大队负责。在乡镇层面,县局通常设立站所来负责基层的监管事务。

环境行政执法权配置的例外情形是:第一,将针对施工场所、娱乐场所夜间噪声污染、焚烧物品、烧烤摊油烟污染等事务的执法权委托给城市管理综合执法部门;第二,部分行政管理部门承担相应领域内的环境执法职责,最为典型的是针对农业污染的执法权由农业部门享有。需要注意的是,在基层工作中常见的环境卫生管理所即“环卫所”,归属住房和城乡规划建设行政管理部门或者乡镇政府,其主要的职责是街道保洁和垃圾清运,而非环境行政执法。

三、乡村市场监管类执法权

(一)医疗卫生监管

医疗卫生监管的执法权由县级的卫生和计划生育行政管理部门享有。卫生和计划生育行政管理部门的执法行为针对的是医疗机构和医护人员,具体的执法业务由设立在县局内部的执法局承担。通常情况下,县级的卫生和计划生育行政管理部门并没有设立专门的站所,其基层工作的开展由乡镇卫生院或者中心医院的卫生监督所负责。区别于其余的行政管理部门及其基层站所,卫生和计划生育行政管理部门在村庄层面有自己的组织基础——乡村医疗室,村医通常由乡镇卫生院管理,并且承担医疗卫生监管在村庄层面的具体工作。基层卫生监督主要涉及的事务是公共场所卫生监管、饮用水卫生监管和打击非法行医。

(二)食品药品监管

市场监管体制的“三合一”改革影响了食品药品监管的执法权配置。在没有实行体制改革的地区,执法权由县级食品药品监督管理部门享有,该部门能够以自己的名义作出执法决定。执法部门内部的业务分配相对复杂,食品药品监管部门本身即综合执法体制改革的产物,该部门集中了原工商行政管理部门、卫生行政管理部门的部分职责,包含了食品监督管理部门和药品监督管理部门的全部职责,因此该部门的工作兼具内容监管和环节监管:从内容上来看,该部门的监管对象是“四品一械”,即食品[1]、药品、化妆品和医疗器械;从环节上来看,该部门的监管涉及生产、加工、流通、销售和使用。基于监管工作的性质,监管的具体业务采用了分类监管的做法,由具体的业务股室来承担监管工作,股室通常划分为食品安全生产监管股、食品流通安全监管股、餐饮食品安全监管股、药品医疗器械监管股。县级的食品药品监督管理部门在乡镇设立站所,站所不具备作出执法决定的权限,但是需要承担具体的监管职责。

在进行了市场监管体制“三合一”改革的地区,食品药品监管的执法权由县级的市场监督管理部门享有。由于市场监督管理部门集中了原工商行政管理部门、食品药品监督管理部门和质量技术监督管理部门的职权,所以其内设股室进行了相应的调整,但仍旧采用了分类监管的体制,例如,笔者调研过的市场监督管理部门就将食品药品的监管业务分配到了食品安全综合协调股、食品生产监管股、食品流通监管股、食品餐饮监管股、药品医疗器械监管股、保健食品化妆品监管股。在乡镇层面,原有三个部门的基层站所也随之合并,成立新的

---

〔1〕 食品药品监督管理的部门所监管的食品不包含食用农产品。

市场监督管理所。市场监督管理所由县级的市场监督管理部门领导，在食品药品监管事务上，基层站所不具备独立作出执法决定的权限，但是要承担全部的监管工作。值得注意的是，食品安全监管属于重要的“民生”问题，各级地方政府都高度重视，并采用了“党政同责”的问责机制，这也就意味着不具备执法权的乡镇政府需要承担重要的监管责任。

（三）农资监管

农资监管是执法体制改革的重要领域，随着农业综合执法体制改革的不断深入，农资监管的执法权基本上由县级的农业行政执法部门享有。农资主要指农业机械、种子（苗）、化肥农药。在进行了农业综合执法体制改革的地区，农资市场的监管由县级的农业行政管理部门负责，该部门能够以自己的名义作出执法决定，具体的执法业务由设立在县局内部的农业行政执法大队或者农业综合行政执法大队负责。在乡镇层面的监管工作则由县局的基层站所承担。在没有进行农业综合执法体制改革的地区，农资市场的监管由多家部门负责，其中以农业行政管理为主，树苗的监管由林业行政管理部门负责，涉及商标、虚假宣传的则由市场监督管理部门负责（未实行市场监管体制改革的地区由工商行政管理部门负责），前述县级行政管理部门的基层站所负责乡镇层面的监管事务。

（四）动植物检验检疫

动植物检验检疫的执法也受到农业综合执法体制改革的影响。在实行了农业综合执法改革的地区，动植物检验检疫的执法权由县级的农业行政管理部门享有，该县级部门能够以其名义作出执法决定。检验检疫的专业事务由县级下辖的，或者内设的专业机构负责，在实践中一般称之为检验检疫中心，具体的执法业务则由农业（综合）行政执法大队负责。该部门在基层的监管工作由基层站所负责，如农产品质量检查站、畜牧兽医站。在没有进行农业综合执法体制改革的地区，植物的检验检疫由县级的农业行政管理部门负责，动物的检验检疫则由县级的畜牧兽医行政管理部门负责。县局在乡镇的站所负责基层的监管工作。

（五）质量技术监督

质量技术监督的执法权受到市场监管体制“三合一”改革的影响，因此有所差异。在实行了市场监管体制“三合一”改革的地区，质量技术监督的执法权由县级市场监督管理部门享有。质量技术监督管理部门享有针对多种事务的执法权，除了安全生产领域所涉及的特种设备安全监管之外，还有标准化计量执法和产品质量执法，相应的执法事务由不同的业务部门负责，通常情况下，标准化计量执法的业务工作由县局内的标准化计量认证认可科负责，产品质量的执法业务则由设在县局内部的质量监督管理科负责。质量技术监督在乡镇的执法工作由市场监督管理所负责。

在未实行市场监管体制"三合一"改革的地方，县级的质量技术监督部门享有该领域的执法权，可针对标准化计量、产品质量监管、特种设备安全监管进行执法。具体的执法业务则由设在县局内部的质量技术监督稽查大队或者稽查分局负责。该县级部门在乡镇的工作由其基层站所负责。值得注意的是，在基层实践当中存在其他被称为"质监站"的部门，该部门的规范称呼是工程质量监督站，属于住房和城乡规划建设行政管理部门的内部业务机构。

乡镇领域的执法权配置有极其复杂的实践，各地均有差异，且在不断地改革调整，难以完全概括。本节所提及的执法权配置现状立足于多地的经验调研，虽然难以覆盖全国的基层情况，但是有一定的普遍性。从实践出发，乡镇领域的执法权配置具有以下特征。

首先，执法权配置的重心在县级政府，主要的表现是能够作出执法决定的权限在县级政府的各职能部门，负责具体执法业务的科、股、队在县级职能部门，乡镇政府只有少部分事务的执法权。其次，职能部门的执法权力配置在纵向上体现出"查处分离"的特点，基本上所有的县级行政职能部门都能够依据其执法权对违法行为作出处理，基层站所只能进行监督检查，能够发现违法行为，但是没有权力对其进行处理。最后，执法实践中乡镇政府和行政职能部门的条块结构明显，在安全生产、森林防火、殡葬改革、食品监管等领域，乡镇政府负有基于属地关系的领导责任，近年来，环境保护加入并逐渐成为乡镇政府所需要承担的重要责任，可以说乡镇政府承担了大量的工作任务；与之相对应的是这些工作的执法权在行政职能部门，这就使得乡镇政府（块块）和行政职能部门（条条）被吸纳到相同的执法任务中。以执法权的配置为基础，乡镇领域形成了丰富的执法实践。

第二节　基层执法的运行秩序与规律

基层社会的复杂性显著地提升了基层执法的复杂性，这就意味着基层执法运行必须有不同的实践逻辑，才能在执法能力不足、权力配置混乱的基层完成各种执法实践。具体来看，执法实践方式可以概括为四种类型，分别是常规执法、专项行动、综合治理与综合执法。这些不同形态的执法实践是基层政权根据不同执法事项的需要而对治理资源进行的灵活调配。对于不同执法运行秩序的梳理和分析，有助于我们全面理解基层执法所具有的特点、基层执法所受到的制约以及基层执法的不足。

一、常规执法的实践

依据执法权的配置情况，常规执法可以进一步划分为乡镇政府的常规执法和职能部门的常规执法。在乡镇政府的常规执法中，乡镇政府具备明显的信息优势、组织资源优势，这使得行政权力能够在相应的执法领域深入基层社会。在行政执法体制当中，乡镇政府是体制的末端环节，是层级最低的一级政权，“贴近”基层社会的因素使其在治理当中能够掌握相对足够的信息，相比于县级政府，乡镇政府能够在很大程度上规避信息不对称的劣势。但同时，乡镇政府存在执法权不完备的劣势，这在很大程度上影响了乡镇政府的工作效率。[1]由于执法权不完备，对乡镇治理负有属地管辖责任的乡镇政府难以全力开展工作，这弱化了乡镇政府的执法效能。

而在职能部门的常规执法中，多数执法权由县级的行政职能部门掌握，其日常的执法工作则由基层站所承担。其优势在于行政职能部门能够凭借其专业化的行政技术应对基层社会的特定事务。随着社会经济的发展，需要通过法律调整的社会关系日益增多，基层社会的治理事务也日益复杂，政府部门需要面对复杂的基层事务，行政职能部门能够在其专业领域内为管理提供应对手段。除此之外，行政职能部门能够凭借其专业化的行政资源向基层社会提供政府服务。向社会供给公共产品是法律的主要内容之一，这也是地方政府的主要职责，凭借专业化的资源，职能部门能够在其管理的领域内向社会供给公共服务。

因此，相较于乡镇政府，行政职能部门虽然在信息和组织资源上处于劣势，但也具备乡镇政府所没有的优势：第一，行政职能部门有技术、有手段，主要表现在人员技能、专业设备、专业技能等方面；第二，行政职能部门具备很多乡镇政府缺乏的行政资源，如相关行政领域的政策、资金等。行政职能部门有自己的优势，但其不足也很明显：第一，执法工作难以完全深入基层村社；第二，“查处分离”的权力配置降低了基层站所的执法能力，让违法行为得不到及时处理。

二、专项行动的实践

乡镇政府、行政职能部门常规执法的日常实践暴露出了诸多问题。乡镇政府虽然具备明显的信息优势和组织资源，但是缺乏大量执法权，这限制了乡镇政府的治理能力。行政职能部门虽然具备专业化的执法权、行政资源，但是“查

[1] 参见朱政：《基层执法的形态、运行机理与法治径路——以 E 市控制违章建筑执法为例》，载《云南社会科学》2017 年第 4 期。

处分离”的权力配置后果和组织资源的缺乏让行政职能部门难以将执法深入基层。〔1〕为了应对执法实践中的问题，地方政府、执法部门通过执法专项行动的方式来提升执法能力。专项行动也可以根据参与的部门划分为条条推动的专项行动和条块联合的专项行动。

条条推动的专项行动一方面是由于职能部门在一线基层的执法不力。职能部门的执法行为难以完全升入基层社会，导致多数可大可小的违法现象长期存在，当这些在日常执法实践中难以被处理的行为积累到一定数量时，上级部门就会针对突出问题作出执法部署，并集合执法力量进行集中的专项整治。另一方面则是上级部门依据执法事务的规律进行提前打击，以避免严重后果的出现。

在基层执法的实践中，条条推动的运行具备相对固定的程序。首先是上级部门发文。上级部门发文是执法专项行动的起点，通常来看，系统内部的专项行动多来源于层级较高的政府职能部门，其中不乏省、市级别的部门。对于基层的执法机关来说，上级政府的发文带来的是政治和行政上的压力，这种压力从两个方面驱动执法机关的运行：一方面是带来了考核的需求；另一方面，上级的压力能够让基层的各执法部门集中执法资源，让人、财、物短暂地倾斜到专项上。其次是基层拟订方案。在接到上级发文之后，基层执法部门会结合上级的文件精神对辖区内的执法工作进行重新部署，并制定相应的执行方案。方案一般具备较强的针对性和可操作性，这使得执法更契合地方的实际状况。最后是总结表彰。条条推动的专项行动结束之后，上级部门会依据工作成效对执法人员进行表彰。系统内部的表彰嘉奖有一个显著的特点：同一系统在不同地区的工作可进行直观的比较，这就形成了工作成效上的“锦标赛”，竞争的结果将直接影响执法人员的经济待遇和晋升前途。待遇和前途激励执法人员完成工作，这是条条推动的专项行动能够产生作用的关键因素。

条块联合的专项行动的根本原因则是执法权被“块块”“条条”分割。执法权的配置现状体现了明显的“条块”结构，该结构导致执法权的运行不具备政府的整体性，同时造成了属地管辖和职能管辖之间的张力。〔2〕为了应对“条块”结构带来的问题，实现信息优势和组织资源与专业化执法权的整合，就需要条块联合的专项行动。规整、专业的执法权配置难以应对不规则的基层社会，这是生成条块联合的专项行动的主要原因。职能部门的设置突出执法权的专业化分工，从制度设计的角度来看，分工的设计有助于提升行政执法的精确度和

---

〔1〕 参见于龙刚：《基层执法中的专项行动：原因、实践及后果——以公安专项行动为例》，载《湖北社会科学》2016年第8期。

〔2〕 参见周平主编：《当代中国地方政府》，人民出版社2007年版，第93页。

效率。然而,执法行为发生在具体的经验生活中,执法机关面对的是不规则的基层社会,规整的权力同不规则的社会之间的张力影响了执法的效率。

条块联合的专项行动的运行程序一般首先是地方党委政府设有专门机构来协调条块联合执法专项行动的开展。[1] 协调的目的在于追求政府权力的整体性,其作用在于暂时弥合了属地管辖同职能管辖之间的张力。其次是多部门紧扣实际,集中执法。执法部门的联动协同带来了执法权的集中,目的在于集中权力以应对不规则的违法行为。最后是总结表彰。条块联合的专项行动结束之后,地方党委政府会通过议事协调机构对执法行动工作进行总结与表彰,目的在于总结治理中的主要问题、指正工作中的不足之处,嘉奖激励参与条块联合执法专项行动的部门和人员。

执法专项行动体现出了较高的执法效率,但是其局限性也相对突出。第一,过于依赖上级政府的压力,这不利于基层部门的主动执法,执法人员可以在日常实践中少执法或者不执法,因为总会有专项行动来集中处理违法行为。第二,对于基层社会而言,执法专项行动导致了执法强度的周期性变化,时强时弱的执法工作容易使基层社会、违法者形成错误的守法认知,认为政府执法“风头一过”就违法不究,这极其不利于基层治理工作的开展。第三,过于重视痕迹管理,行动容易流于形式。执法专项行动伴随着大量的指标下派和任务分解,其完成情况最终要以书面文书、台账、数据等形式向上汇总,这就使得材料的形成和数据的报送成为基层执法人员获得激励的关键,其结果就是基层的执法机关重视数据材料的形成,但忽视行动的实际执行。

三、综合治理的实践

综合治理指在各级党委和政府的统一领导下,动员和协调全社会各方面的力量,综合运用政治、经济、行政、法律、文化、教育等多种手段开展治理,以建立和维护良好的社会秩序。[2]

作为执法权的重要运行机制,综合治理在基层实践中发挥了重要作用。社会治安管理是较早运用综合治理模式的领域,随着时代的发展和基层事务的增多,综合治理模式的运用范围进一步扩展,从基层实践来看,公共安全管理领域是综合治理模式实践的主要领域。[3] 综合治理的范围从社会治安管理领域扩展到公共安全领域,其相应的执法内容也从打击、预防犯罪扩展到全面维护基层社会稳定,主要表现在治理事务增多和参与部门增多两个方面。首先,综合

---

[1] 参见陈柏峰:《党政体制如何塑造基层执法》,载《法学研究》2017 年第 4 期。
[2] 参见陈柏峰:《乡村基层执法的空间制约与机制再造》,载《法学研究》2020 年第 2 期。
[3] 参见黄文艺:《中国政法体制的规范性原理》,载《法学研究》2020 年第 4 期。

治理模式所要应对的执法事务增多,基本涵盖整个公共安全领域。地方党委政府就其行政辖区内的公共安全问题负主要的领导责任,通过“任务包干”的方式,地方政府“承揽”了综合治理的主要工作。其次,综合治理模式吸纳了众多的行政执法部门。例如,从纵向上来看,乡镇党委政府与县委政府的联系主要是乡镇党委政府接受县社会治安综合治理委员会的领导,具体工作的对接由乡镇的社会治安综合治理办公室负责,并且由于该办公室设立在政法委,所以其与政法委和乡镇党委构成了综合治理工作主要的领导和协调部门。从横向上来看,乡镇政府需要同县公安局、县安监局(应急管理局)、县卫计局(卫生健康委)、县司法局、县疾控中心等职能部门发生工作上的联系,并且由于信访管理、纠纷调解等工作的存在,乡镇政府还要依据个案的情况同更多的职能部门发生工作上的联系。

综合治理模式是一种极具弹性的治理模式,地方党委政府可依据具体的治理要求吸纳执法部门。但综合治理在突出其治理绩效的同时,也表现出了一定的局限性。首先,村级组织的协助存在“形式主义”的隐患,村社干部既要承担实际的工作,又要通过行政化的方式与乡镇党委政府建立正式联系,即通过文件材料、软件台账、数据报表、工作会议等方式协助地方政府的工作,科层化的协助实践虽然有助于提升综合治理的规范化程度,但也带来了村社干部“重软件资料、轻实际行动”的可能。其次,综合治理的核心在于“网格化”管理,这就要求基层“网格”要扎实牢靠,网格员要责任到位。但实际的情况是网格员并不能完全承担网格责任,协助执法机关开展工作的基层网格员并不是专职的执法人员,他们并没有协助执法机关进行治理的义务,也不会得到相应的激励,因此村社干部之外的网格员作用极为有限,这在一定程度上限制了综合治理的效度。最后,作为网格员的村社干部承担了执法的大量事务性工作,有时甚至要代替执法人员在一线作出执法行为,这容易使执法工作流于形式,并且生成了村社干部徇私谋利的空间。

四、综合执法的实践

综合执法模式指具备了综合行政执法能力的行政主体在其权限范围内独立开展行政检查、独立作出行政处理决定的执法模式。综合执法模式是制度化、长期化、综合化的模式,其能够弥补常规执法、专项执法与综合治理模式中存在的缺陷,将执法机构、人员、资源进行有效统合,提升法律转化为现实的能力。[1] 综合执法体制改革也因此得以在全国进行试点并不断推行。

---

〔1〕 参见陈柏峰:《城镇规划区违建执法困境及其解释——国家能力的视角》,载《法学研究》2015年第1期。

在我国综合执法体制改革的历史上，根据改革需要解决问题的不同，可以将综合执法体制改革分为两大类。第一类是“大部门体制”的综合执法体制改革，即“以提升行政执法工作的综合性为主要目的，通过合并行政执法部门的方式，将需要综合行使的多项执法权收归于统一的行政执法部门，以此来开展综合执法”的改革。[1] 这类改革要解决的主要是“执法工作综合性不强”，以及执法权重叠，执法部门互相推诿而造成的实质上的“行政执法剩余”这两个问题。农业综合行政执法部门、市场监督管理综合行政执法部门和应急管理综合执法部门、自然资源管理综合执法部门是较为典型的“大部门体制”综合执法体制改革的产物。

“大部门体制”的综合执法体制改革是为了应对基层执法综合性不足的问题与职权重叠却互相推诿而造成的实质行政执法剩余问题。在高度分工与专业化的执法权配置与运行模式下，基层执法工作难以很好地回应社会中复杂的、需要整体解决的问题。为此，“大部门体制”通过行政部门和行政权力的“双集中”来实现综合，弥补权力的缝隙。具体来讲，就是地方政府通过合并行政执法部门的方式，将需要综合行使的多项执法权收归于统一的行政执法部门，从而提升执法的综合性。

因此，“大部门体制”综合执法体制改革从部门集中和权力集中这“两个集中”入手，地方政府通过部门的合并，将在执法事务上相关联的行政部门进行整合，并入某一个部门或者新建一个部门，将原来分工过于细密的小部门整合成大部门；在部门合并的基础上，原有行政执法部门各自拥有的审批、监管、服务等职责权力就相应地进行了集中。通过“两个集中”，原常规执法中虽高度分工，但是相互联系密切的行政执法权得到了整合，执法综合性提高。新成立或合并其他部门建立的“大部门”据此获得了比之前更强的应对综合性问题的能力，从而提升了基层的执法效果，促进国家治理体系和治理能力的现代化。[2]

第二类是“兜底性”综合执法体制改革，即以“兜底”公共治理中的剩余事务为目的，地方政府通过设立综合执法局、综合执法队的方式，将专业化的职能部门所排斥的行政执法权收归于统一的行政执法部门，以此来开展综合执法。城市综合管理行政执法部门是典型的剩余部门，负责应对微小细碎、难以类分、定性困难、多变繁琐的剩余事务。其专业化特征不明显，综合性、地方性、随机性更加突出。对这些事务的执法需要付出较高的执法成本，其也是地方不得不回应的治理性问题。而作为归属地方事务管理的执法，如何回应这类“兜底性”

---

〔1〕 参见李雪松：《中国基层综合行政执法的改革逻辑：一个“嵌入性”的新议题》，载《学习与实践》2020年第10期。

〔2〕 参见陈柏峰：《党政体制如何塑造基层执法》，载《法学研究》2017年第4期。

的治理事务,需要综合考量地方治理的需求与能力。因此,地方政府与城管部门的关系是理解城管执法实践的核心变量。

这类改革要解决的问题是因为执法分工过细而难以被囊括到执法事务体系中的剩余执法事务的管理问题,[1]以城市管理综合执法部门为典型的各类综合执法组织均属于这一改革类型。一般而言,不同地区的行政执法活动,在“兜底性”综合执法体制改革的过程中,呈现出了职能愈发增多,更关注执法事项剩余问题,审批权与执法权逐渐分离,执法权统一行使等特征。[2]

综合执法体制改革呈现出如下特征:第一,综合执法体制改革以行政执法体制改革为基础。从执法的组织基础来看,综合执法模式以单一的行政执法部门为组织基础,而该组织基础来自体制改革的实践;从执法部门所掌握的行政权力来看,综合执法模式是行政权集中的产物,“大部门体制”的综合执法实践代表专业化的行政权力由分工走向集中,“兜底性”的综合执法实践则代表公共治理中的剩余权力从分散走向集中。第二,尽管都是以追求行政执法工作的综合性为目的,但是两种综合执法模式实现综合的机制有所区别,“大部门体制”通过行政部门和行政权力的“双集中”来实现综合,这一过程弥补了专业化的行政权力之间的缝隙,可以称之为“弥补权力缝隙的综合”;“兜底性”综合执法体制改革通过吸纳被专业化的职能部门排斥的剩余事务来实现综合,可以称之为“兜底剩余事务的综合”。第三,两种综合执法实践的法治化、规范化前景不同,“大部门体制”下的行政执法部门具备获得行政主体资格的三个要件,并且其执法人员都具有正式的行政编制,其执法行为有明确的法律依据,因此具备良好的法治化前景;“兜底性”的执法工作则缺乏明确的国家法律作为依据,且职责不固定、人员不稳定、执法程序不确定,因此其实现法治化、规范化的难度较大。第四,两种综合执法实践受地方政府的影响较大,并且通过不同的方式和机制服务于地方政府的运作。

第三节 基层执法实践问题与成因

基层执法在实践中遇到的诸多问题可以分为四类:基层执法权运行的问题、基层执法队伍管理问题、基层执法财政保障问题、基层依法执法问题。其中,基层执法权运行的问题主要体现为执法渗透能力不足、执法综合性不强与执法权责倒挂,其成因归根到底是职权配置层级过高、执法权配置较为分散、执法难度增加。基层执法队伍管理问题体现为执法人员数量不足、执法人员素质

---

[1] 参见吕德文:《剩余部门:理解城管工作的一个视角》,载《云南行政学院学报》2016年第1期。

[2] 参见王青斌:《公共治理背景下的行政执法权配置——以控烟执法为例》,载《当代法学》2014年第4期。

参差不齐、行政辅助人员队伍不稳定和人员素质较低、干部队伍老龄化和村干部协作能力弱化,其成因可归纳为事权与人员编制不匹配和年龄学历制约执法人员素质、经费保障不力和素质培训水平不高、待遇不高影响后备人才培养和治理任务过多导致执法协作能力弱化。基层执法财政保障问题体现为基层执法部门的财政保障程度相对较弱、执法事项与财政分配不匹配、执法行动因财政问题而被上级吸附导致自主性丧失、财政配置难以满足综合执法体制改革的需要,其成因可以分为税收体制和乡镇财政自主性缺失。基层依法执法问题则体现为在基层执法实践中,科层体制中的组织张力成为驱动执法的主要动力之一。在部门组织偏好的影响下,执法者的工作效率会受到一定程度的影响。同时,在管理过程中组织部门所推行的激励机制会在一定程度上改变执法的目标与选择。

一、基层执法权运行问题与成因

(一)基层执法权运行的问题

乡镇执法权运行过程中主要存在三个突出问题:执法渗透能力不足、执法综合性不强、执法权责倒挂。

第一,执法渗透能力不足。执法渗透能力不足导致执法权力难以渗透到基层社会,致使基层社会中的违法行为得不到有效处理。执法渗透能力不足可以体现在治理层级渗透不足、地理空间渗透不足、渗透可持续性不足和渗透的形式主义四个方面上。

执法权在治理层级上的渗透力不足。执法工作中最低层级的执法机关是乡镇政府和基层站所,然而从治理单元的角度来看,村社是县乡两级之下重要的治理单元,这就限缩了执法权所能够涉及的范围。

执法权在地理空间上的渗透力不足。在基层执法实践中,城镇建成区和村庄集镇的人口密度导致这两类区域容纳了大量的执法事务。但林业行政执法、自然资源行政执法和环境行政执法在这两类区域之外,其性质决定了相应的执法机关需要将工作推向更为广阔的地理空间,但执法工作在地理空间上的渗透力有限,难以完全契合此类执法工作的要求。

执法权向社会的渗透缺乏可持续性。执法机关的日常工作难见成效,因而产生了专项行动这一特殊的执法实践。执法机关需要在专项行动当中投入大量的人力和物力,然而行政资源的集中投入和使用难以长久维系,这也就意味着执法专项行动只是暂时性的:专项行动期间执法严格,执法权力能够集中深入基层社会;[1]专项行动之后,执法又回到疲软态势,执法权再次从基层社会

---

〔1〕 参见于洋:《联合执法:一种治理悖论的应对机制——以海洋环境保护联合执法为例》,载《公共管理学报》2016年第2期。

收缩抽离。随着执法专项行动的常规化,执法权向社会的渗透频次呈现出明显的周期性。

执法权在基层社会的渗透呈现出形式主义的特征,渗透的实际效果还有待提升。实践中,执法权需要借助广大基层干部(尤其是村社干部)的协助,扩展执法权在基层社会的渗透效果。这个过程在具体的工作形式上表现为村社干部与执法机关往来的文书材料。然而,在基层治理中,基层干部长期面临“权责失衡”与“人少事多”的现实困境。因此,执法协助常规事务的注意力常常会被繁杂冗余的基层治理事务所稀释,使得执法工作呈现出形式主义的色彩。

第二,执法综合性不强。首先,高度分工的行政执法权为政府分类治理社会提供了前提,但也带来了综合性不足的问题。行政执法权具有高度分工的特征,特别是在公共安全管理和市场监管领域,分工化的权力配置使地方政府的运作呈现出“碎片化”的格局,缺乏必要的综合性。

其次,联合执法与综合治理都是为了解决基层执法综合性不足的问题而推行的策略或者改革。不可否认,二者在一定程度上提高了执法的综合性,弥合了行政权力高度分工与公共治理综合性之间的张力,对增强国家治理能力有积极作用。[1] 但联合执法是一种暂时性的治理策略,而暂时性的特征导致联合执法在使执法权在一定程度上集中的情况下,对基层执法造成了负面影响。其能够使用的领域也有限,因此对于综合性不足的问题只能“治标”,不能“治本”。其一,联合执法通常只是在某个阶段对某个具体问题展开的行动,只要违法者能够“摸”到规律,或者获取到执法信息,就可以在联合执法的过程中收敛自己的行为,规避风险;等到风头一过,他们就会立刻继续进行违法活动,这样执法的效果也就被大大削弱。其二,联合执法对于日常难题的“兜底”成为基层行政执法部门消极工作的原因之一。其三,联合执法给公安、城管执法等部门带来了极大的工作压力。在联合执法中,公安是具有较强强制力的单位,城管作为具有“兜底性”作用的单位,几乎都会被要求参与执法活动。这就给警方和城管带来了许多非本职要求的工作,从而加大了其工作压力,反而不利于其本职工作的完成,降低日常执法效果。

最后,在综合治理方面,综合治理需要通过网格来进行,这也就导致它的应用领域极其受限。一方面,网格的组织是人力、物力与技术的综合产物,既需要有一定的人员、资金支持与网络技术或其他信息技术的辅助,还需要以网格化辖区内的各个机构进行统筹协调为基础。[2] 如果缺乏上述条件,网格化就难

---

〔1〕 参见于龙刚:《乡村社会警察执法“合作与冲突”二元格局及其解释——“互动—结构”的视角》,载《环球法律评论》2015年第5期。

〔2〕 参见杜广萍:《市场监督管理改革中存在的问题及其对策分析》,载《中国管理信息化》2018年第18期。

以在当地铺开，即使强行进行了网格化，也难以达到其本应达到的治理效果。另一方面，综合治理的方式只能够用在解决复杂、细碎的执法事务上，对专业性的执法事务则难以发挥其应有的效果。

第三，执法权责倒挂。乡镇政府和县级政府部门的基层站所承担了与其职权不匹配的执法责任。在执法实践当中，基层部门的权力较少，但是其所担负的责任较重，权力和责任之间的关系并不平衡，而是倒挂——具备执法权的县级职能部门承担了较少的责任，而具备少量执法权或者不具备执法权的乡镇执法机关承担了大量的责任，并且这种责任最终下沉到没有执法权的村级组织。

乡镇政府承担了属地管辖责任，但是并不具备用以履行属地管辖责任的执法权。乡镇政府承担属地管辖的责任意味着乡镇辖区内的人和事都要由乡镇政府进行管理，从治理的角度来看，乡镇政府需要对其辖区内的治理行为负责，这在工作实践中被称为领导责任。而县级政府部门的基层站所对乡镇辖区内的执法事务负有监管责任、主管责任，但是基层站所缺乏相应的执法能力来履行职责。作为县级职能部门的基层延伸，各站所需要落实上级主管部门的工作要求，并对其辖区内的执法事务负责，然而基层站所并不具备履职的能力，其面临执法权限不足、委托的权力有限、缺乏必要的人力物力财力等因素的影响，执法成效并不理想。

村级组织最后承担了兜底管理责任，在执法实践当中，村社干部需要代替执法机关在基层社会进行监督检查，劝阻、制止违法行为的发生，花费大量的精力来制作文书材料、软件档案，确保基层执法机关履职有迹。并且，乡镇政府等执法机关会通过“责任状”的方式来激励村社干部从事上述行为，并将村社干部的参与工作与村级组织的资源获得、村社干部的个人福利相挂钩，激励机制的运行紧扣村级组织所缺乏的资源和村社干部的个人利益，这进一步强化了村级组织对于执法事务的兜底。在压力型体制的作用下，执法事务被层层下放，并形成了村社组织对执法事务的“包干”执行，然而村级组织不具备相应的执法权，这致使村社干部采取多种非正式的方式，甚至采取暴力手段来完成执法事务。

执法权倒挂的问题在一定程度上迫使基层执法机关采用灵活变通的方式开展执法，但其积极效果有限。有责无权、权少责多的问题产生的更多是消极效果：一方面，缺乏权力的基层执法机关难以履行过重的责任，既难以回应来自社会层面的法治需求，又无法完成上级部门下派的工作任务；另一方面，过重的责任压力容易迫使基层执法机关、村级组织及其村社干部采取无原则的方式，甚至是暴力的方式开展落实执法任务，这有悖于法治的目标。

（二）执法权运行问题的原因

分析执法权运行问题产生的原因，可以将其概括为三个方面：职权配置层级过高、执法权配置较为分散、执法难度增加。

第一，执法权配置层级过高。执法权配置层级过高影响了权力运行的效度，直接影响了执法工作的渗透能力。首先，执法权配置的重心在县级政府，乡镇政府缺乏必要的执法权。县级政府具备相对完整的执法权，并通过县级行政职能部门开展执法工作，乡镇政府只享有少量的执法权，以县级为重心的权力配置方式使得执法权难以及时到达基层社会。〔1〕乡镇政府并不是一级完整的政权，多数的行政执法权由县级职能部门掌握，因此乡镇政府很难成为基层执法的重心。执法权的配置重心在县级层面，其所针对的公共治理事务却多发生在乡镇领域，这就使得执法权难以及时到达基层社会。

其次，职能部门内部的执法权限集中在县级层面，其基层站所缺乏必要的执法权。县级职能部门和其在乡镇的站所是领导与被领导的关系，从纵向上来看，主要的执法权限集中在县级部门，基层站所缺乏开展执法工作的必要权限。在实践中，不少地方的县级行政职能部门通过委托的方式将执法权限下放到基层站所，这虽然能在一定程度上降低基层站所的执法难度，但效度有限，原因有二：一是被委托的权力范围有限，基层站所并不能据此应对执法工作；二是县级行政职能部门能够通过立案、案件审查、行政命令等方式对基层站所进行监督、控制，这就使得基层站所难以自主地依据被委托的权限开展执法。

最后，县级行政职能部门缺乏进入基层的组织渠道。县级行政职能部门的站所虽然设置到乡镇层面，但是并不能有效地深入基层社会，有两个原因导致了这一问题。一方面是基层站所的工作人员数量有限，但是其工作量巨大，基层站所的工作人员除了要完成行政执法、公共服务供给工作之外，还要参与乡镇政府的“中心工作”，这在很大程度上稀释了执法工作中的人员投入。〔2〕另一方面是基层站所不具备乡镇党委政府在基层社会的组织资源，进而难以完全进入基层社会。〔3〕职能部门的基层站所与社区、村庄的党支部缺乏组织上的联系，所以它们缺乏进入基层社会的渠道，相应的执法工作也难以渗透到基层。

第二，执法权配置较为分散。在基层执法的实践中，之所以会出现执法综合性不强，不能够满足应对复杂性、多面性执法事务问题需要的情况，主要是因为国家建立在专业分工体系上的执法权配置过于分散，难以形成合力来啃下“硬骨头”。执法权配置分散主要体现为“形式性的分散”与“实质性的分散”，“形式性的分散”表现为“层级—分工”结构下执法权的专业性划分；“实质

〔1〕参见周平主编：《当代中国地方政府》，人民出版社2007年版，第82页。

〔2〕参见马怀德、王柱国：《城管执法的问题与挑战——北京市城市管理综合行政执法调研报告》，载《河南省政法管理干部学院学报》2007年第6期。

〔3〕参见强世功：《权力的组织网络与法律的治理化——马锡五审判方式与中国法律的新传统》，载《北大法律评论》2000年第2期。

性的分散”表现为社会的专业性与分工性执法需求相互拉扯而形成的执法权之间的互斥。

执法权的形式分散主要指在“层级—分工”结构下的执法权专业划分。“层级—分工”结构是乡镇执法权配置与运行现状的基本特征，层级结构影响执法的渗透性，分工结构影响执法的综合性。执法事项及与其配套的执法权力通过纵向层级结构向下渗透，并在各层级依据职权进行划分，形成一个个“条条”；而同属一级的部门又受到乡镇党委政府的统一领导，通过“归口管理”形成“块块”。“条条”即由不同的政府部门分管不同领域的执法事务，而这也是专业分工体系的具体体现；“块块”则是在分工的基础上，在地方党政的领导下，统一负责本区域内的各类执法工作。[1] 在此结构之上，执法权综合性不强的原因就在于，“条条”之下的专业分工体系使得执法权配置过于分散，而“块块”的体制只能在一定程度上将分散的执法权组织起来，而不能使其长久地融合在一起。

“条条”的专业分工体系所造成的执法权配置分散表现在以下几个方面：首先，因为不同领域执法事项具有专业性，且不同执法工作有不同要求，故执法权必须分散到专业的政府部门进行行使，从而导致专业部门往往只拥有和负责一个领域的执法权，造成了执法配置上的分散。执法人员应当与执法权相配套，所以执法权的部门往往是自己组织执法队伍，通过专业部门从事专业执法工作的方式推进日常执法，从而导致了执法人员的分散。执法活动需要资金与装备的支持，需要财政进行拨款。那么执法权被分配到各单位，执法权背后的财政保障也要进行专业细分，而不能统一供给，于是造成了执法经费的分散。

其次，囿于不同执法领域的专业性，执法权之间的知识壁垒相当高。执法人员往往只了解自己工作范围内的法律知识、执法策略等，对其他执法领域则不甚了解。也正因为如此，执法人员所持有的执法许可一般都是专业性的，即只能在自己了解的领域进行执法，而不能进行其他执法活动。这就导致执法人员除特殊情况外不能借调使用，也不能集中起来行使一种执法权，从而导致在执法权本身就分散的情况下，又难以进行集中。

最后，执法权的分散除了体现在针对不同领域执法事项的专业分工外，还体现在对某一专业性事务不同阶段的分段执法。如在对食品药品的监督管理与执法上，食、药从制造到出售包括多个阶段，各个阶段既有各自的特征又一以贯之。对专业性的强调突出了各阶段独立特征的一面，在分配执法权时，就会依据生产、运输、储存、销售等阶段的不同事务进行分配，每个阶段都有不同的执法队伍行使权力，导致执法权的分散。而这忽视了整个过程的连贯性，使得

---

[1] 参见王青斌：《公共治理背景下的行政执法权配置——以控烟执法为例》，载《当代法学》2014年第4期。

执法运行不畅。

“块块”虽然有统筹“条条”的作用,但不能根除执法权配置分散的问题。其一,“块块”通过党政领导推动落实“中心工作”或专项整治的方式来综合执法权,减少分散程度,这种效果往往有短期性,容易反弹。在实践上也容易造成在执法资源集中于一项事务时,违法者迫于形势会有所收敛,但专项整治过后,执法力量重新部门化,执法人员的惰性渐渐复苏,已有执法成果不易保持的后果。其二,“块块”的协同治理机制,将重要问题“中心工作”化的模式,容易使执法部门及其工作人员形成对短期效果的依赖,而放弃对长期的、制度性的解决执法权配置分散问题的追求。执法部门一旦在中心工作上大力度投入资源,在日常执法上投入的资源就相对变少,也不会有意愿去进行有风险的改革,这样难免顾此失彼,不利于长远解决执法权配置分散的问题。

而与执法权的形式分散相比,执法权的实质性分散并非一种物理性的将不同领域执法权拆分到不同执法部门的分散,而是在执法能力与资源有限的情况下,执法专业性与综合性的拉扯造成的不同领域执法权之间的互斥。在这种状态下,即使将不同的执法权综合到一个部门行使,权力之间的互斥也会导致其不能形成合力,从而形成实质上的“执法权配置分散”。〔1〕针对执法综合性不强而进行的综合执法体制改革,看似能够解决执法权配置分散的现象,但就现阶段的执法实践而言,这一点很难做到。综合性体制改革表现出的缺乏内部执法互助制度设计、执法人员知识结构与履职要求不匹配等缺陷,其本质都是执法权实质性的分散。这种执法权的实质性分散是权力与权力之间的分散,并不是将其强行组织到一起就可以解决的。而实质性分散是建立在当今国家社会正处在急剧变化、快速变革,传统性因素与现代性因素同时存在的社会基础上的。可以说,只要现在的社会状态持续下去,执法权的实质性分散就不可避免。而随着社会从传统乡土社会过渡到现代性的原子化分工社会,该问题可能就会自然消解。

第三,执法难度增加。客观上来看,执法内容、执法环境等因素加大了执法工作的难度。随着社会经济的逐渐发展,基层社会治理事务的质和量都发生了变化,这无疑提升了执法的难度;执法并非发生在“真空”当中,复杂的社会环境也对执法造成影响,进而影响执法者的行为。首先,从实践来看,执法难度的增加主要表现在治理事务激增、利益诉求多元化、执法环节复杂等方面。具体而言,当前不断增加的工作数量加大了执法的难度。基层执法机关的工作“量大面广”,各类型的执法工作中都存在执法事务增多的趋势。

---

〔1〕参见印子:《突破执法合作困境的治理模式辨析——基于“三非两违”治理经验样本的分析》,载《法商研究》2020年第2期。

其次，多元化的利益格局加大了执法工作的难度。基层执法机关面对的是不同社会群体的利益诉求，众多的利益诉求交织并存在执法实践当中，执法既是各方相互博弈的过程，也是各方寻求利益最大化的过程。[1] 执法机关代表了政府权威，作为一种权威的利益协调方式，执法主导了多元化利益的分配，这就使得执法部门必须面对复杂的利益格局和激烈的利益冲突。在众多的利益诉求当中，执法部门代表具有普遍性的公共利益，执法者要在多方利益的互动中实现公共利益。执法部门既是公共利益的代表者，又是多元利益的协调者，双重角色决定了执法部门需要在实现多方利益均衡的同时追求公共利益。在执法实践中，执法者要通过多种策略和手段同各方利益主体展开互动，多方利益主体对执法行为的掣肘加大了执法部门的工作难度。

最后，复杂的社会环境也加大了执法工作的难度。基层的执法机关位于行政执法体制的最末端，他们直面基层社会，在微观层面上的执法实践受到具体社会情景、语境的影响。从基层执法的实践中也可以看到，复杂的街头环境、乡土社会的特征、不确定的舆论环境都会加大执法工作的难度。

二、基层执法队伍管理问题与成因

（一）基层执法队伍管理问题

执法队伍管理所存在的问题可以从行政执法人员、行政辅助人员以及村社干部三类构成主体上进行分析。

首先是行政执法人员管理中的问题，其主要是执法人员数量不足、执法人员素质参差不齐。其中，执法人员数量不足是一个普遍存在的问题，行政辅助人员和村社干部在执法实践中被大量运用的事实从侧面印证了这一问题的普遍性。从实践情况来看，东中西部的执法机关都在一定程度上面临执法人员短缺的困境。第一，执法人员短缺使得执法工作的覆盖面受到限制，执法的效果因此受到影响。第二，人员数量短缺加大了基层执法人员的工作量，这在很大程度上影响了执法人员的工作状态和情绪。第三，人员数量短缺使每一名执法人员都要承担繁重的工作任务，这减少了他们参与业务培训的机会，进而影响其业务能力的提升。而执法人员素质参差不齐的问题也会影响执法工作的展开，虽然相较于行政辅助人员和村社干部，行政执法人员是素质较高的一个群体，但是从其内部来看，行政执法人员也存在素质上的分化问题。部分素质较差的执法人员在执法时，不但会影响干群关系，也会影响执法队伍的形象。

其次是行政辅助人员管理中的问题，其主要是人员队伍不稳定和人员素质

---

[1] 参见彭忠益、粟多树：《政策认同：基于我国社会利益多元化视角的分析》，载《学术论坛》2015年第1期。

较低。行政辅助人员队伍不稳定是一个普遍存在的问题,薪资收入和个人的发展前景是影响行政辅助队伍稳定性的主要原因。虽然行政辅助人员极大地提升了基层执法机关的工作能力,但是对于多数行政辅助人员而言,这始终是一项前途极为有限的工作。无论是工资收入、福利保障、社会地位还是发展前景,都决定了行政辅助工作并不是一份体面的职业,年轻人也仅会将其作为一项过渡性工作。而人员素质参差不齐是行政辅助人员管理实践中较为突出的问题。其相对微薄的工资收入和不完备的职业保障限制了岗位对人员的选拔,致使不少学历低、素质差的人员成为行政辅助人员。此类人员的素质存在一定问题,主要表现在以下几个方面:第一,学历普遍较低。第二,缺乏教育培训,对自己的岗位职责、应知应会的法律法规知识一知半解,或知之甚少。第三,缺乏群众工作能力,不懂得化解矛盾的技巧,工作方法简单,以至于出现形象不佳、工作能力不足、服务态度不好等问题。

最后是村社干部管理中存在的问题,其主要是人员队伍老龄化和某些村社干部协作能力弱化的问题。村社干部老龄化是一个普遍存在的现象,大部分地区的基层群众更愿意通过外出务工的方式来获得经济收入,缺乏外出机会和能力的中老年群众是村社干部的主要来源。而大学生村官的制度实践难以解决村社干部老龄化的问题。大学生村官是村社干部中比较特殊的一个群体,相较于传统的村社干部,他们具备良好的知识与文化素养。然而,大学生村官不会长久留守基层,其服务年限一到,便会通过参加公务员考试、事业人员编制考试,以及选调生考试等方式离开村社,这也就决定了大学生村官的制度及其实践难以改变村社干部老龄化的趋势。除此之外,基层政府的执法工作需要依赖其在基层社会所具备的治理资源。不论是对日常管理事项的常规性监管,还是协助执法者进入村(社区),村社干部在地理空间、信息获取、社会关系上都更有优势。村社干部的协助能够极大提升基层执法的执法能力。但在实践中,近些年,村社干部协助和配合基层执法的效度有所弱化。其突出表现在村社干部放松对执法事项的巡逻监管,选择性地参与和配合基层政府的执法活动。

(二)基层执法队伍管理问题的成因

针对上述问题进行分析,基层执法队伍管理问题的成因也可以根据执法队伍三类构成主体进行说明。

首先是行政执法人员管理问题的原因。可以归纳为事权与人员编制不匹配和年龄、学历制约执法人员素质。无论是公务员还是行政事业人员,其编制都受到严格的管理,各级政府对于行政编制“总量控制、层层管理”的方式使得县乡两级政府难以自主地扩大执法人员规模。[1] 与之相对应的是,当前的执

〔1〕 参见夏德峰:《综合行政执法改革的难题及其破解》,载《中国行政管理》2016年第6期。

法实践面临事务激增的问题，大量的执法事务发生在基层社会，执法人员的数量却难以增加，这极其不利于执法工作的开展。总体而言，执法人员的编制受到高层级政府的严格指标管理，大量的违法行为、执法事务则在基层社会发生，编制管理方式难以满足基层执法实践的需求。除此之外，年龄和学历是制约执法人员素质的重要因素，尽管执法人员的素质在一定程度上影响了执法行为，但是要客观看待人员素质问题。就年龄因素来看，当前部分执法人员的素质是难以提升的，20世纪60年代出生的执法人员已经接近退休，做好本职工作、不出错是这部分执法人员在工作中所遵循的逻辑。随着公务员、行政事业人员招考的日益规范化，年轻的执法人员普遍具备相对良好的文化水平和知识技能，但是这并不能满足执法实践的要求，在执法岗位上积累工作经验，并争取机会参与职业技能培训，有利于青年执法人员的素质提升，这就意味着执法部门需要足够的时间和资源来培养年轻的执法人员。

其次是行政辅助人员管理问题的原因，可以归纳为经费保障不力和素质培训水平不高。尽管采用行政辅助人员的目的之一是减少行政的成本，但是辅助人员管理仍旧面临经费不足的困局。[1] 通常情况下，行政辅助人员的工资福利并没有纳入政府预算的保障，或者保障部分较少，部门自筹经费是维系这支队伍的主要方式。行政辅助人员的经费管理实践是复杂的，统一经费保障制度的缺失影响了行政辅助人员的工资收入，进而影响了队伍的稳定。并且，除了辅警队伍之外，其余部门的行政辅助人员均难以受到相对良好的素质培训。

最后是村社干部管理问题的原因，可以归纳为待遇不高影响后备人才培养和治理任务剧增导致协作能力弱化。村社干部老龄化是一个无法回避的事实，真正值得关注的问题应该是当前的村社干部缺乏后备人才，待遇不高是后备力量缺失的主要原因。农民的收入问题是一个结构问题，当前很少有农户以种地务农为生，大多数的农村家庭属于“兼业户”：老人在家务农，子女外出务工。全家外出务工的农村家庭也不在少数。相较于担任村社干部，农民外出务工能够获得更多的收入，还能够在外出期间享受便捷的城市生活。村社干部的职业保障不足也是乡村青年不愿意加入干部队伍的重要原因。从实践来看，除了东部发达地区外，中西部的村社干部少有能够从政府部门获得养老、医疗等社会保障的。

除此之外，区别于货币、荣誉等有效的激励措施，治理任务是影响村社干部管理的另一维度。协助执法并非村社干部承担的唯一任务。除协助执法外，村社干部还需要承担经营、生产、调处矛盾、医保等日常性工作。从基层治理的整

---

〔1〕 参见应松年、潘波：《财政供养人员的范围及制度逻辑》，载《中共中央党校学报》2016年第6期。

体格局来看,村(社区)经营、公共服务供给、矛盾纠纷化解等事项与群众生活息息相关。在乡土社会中,这些事务也更不易得罪他人。不论是对村(社区)干部还是对基层群众,这些通常比执法所监管和规制的对象更加重要。因此,执法协助的任务在治理任务的位序中相对较后。近些年,随着资源下乡和资源监管的力度越来越大,基层村(社区)逐步走向了“科层治理”的形态,[1]治理任务更加精细且繁重。也正因如此,中央反复多次强调为基层工作者减负,以增强基层治理的效度和能力。例如,2023年6月,中央更是针对性地召开了整治形式主义为基层减负专项工作机制会议。在治理任务剧增的背景下,村社干部不得不对治理任务有所取舍。作为相对靠后的治理性工作,执法协作事项的重视程度便稍显弱化。如果没有专项工作、中心工作提升基层干部的重视程度,村社干部很难顾及太多。当然,从基层政府和村(社区)的关系来看,并非所有的村社干部配合程度都会降低。通常,在基层政府所辖范围内,从资源分配和工作排名的角度来看,村(社区)分为明星村(社区)、重点村(社区)、普通村(社区)以及落后村(社区)。明星和重点村(社区)由于分配到的项目资源和人手也就更多,其协作程度也相对更高。通常,治理任务的剧增导致协作程度弱化在普通村及落后的村(社区)表现得更加明显。

三、基层执法财政保障问题与成因

(一)基层执法财政保障问题

在基层执法实践过程中,财政保障机制虽然基本可以满足执法需求,但仍存在不少保障不到位之处,且或多或少地出现了对于执法部门行动逻辑的负面影响。[2] 这些问题主要表现在基层执法部门的财政保障程度相对较弱,执法事项与财政分配不匹配;执法行动因财政问题而被上级吸附,自主性丧失;财政配置难以满足综合执法体制改革的需要三个方面。

首先,在现有的财政保障机制中,基层获取财政资源的能力过弱,这导致基层执法机关的执法行动缺乏必要的经费条件来供养执法人员、更新执法装备、开展执法活动。而受压力型体制的影响,基层执法机关面临大量的执法任务与巨大的执法压力。在缺乏必要的人力物力与经费的条件下,仅凭基层执法部门自身的资源很难有效进行执法,解决纷繁复杂的社会问题,因此执法效果大打折扣。虽然人员薪资福利的保障范围与编制挂钩,无编制的工作人员难以进入财政预算的保障范围。但是,有编制的执法人员通过财政领工资,无编制的工

---

[1] 参见董磊明、欧阳杜菲:《从简约治理走向科层治理:乡村治理形态的嬗变》,载《政治学研究》2023年第1期。

[2] 参见谭宗泽、杨抒见:《综合行政执法运行保障机制建构》,载《重庆社会科学》2019年第10期。

作人员往往通过劳务派遣的方式领取工资，而与劳务派遣公司签订聘用合同，同样需要从财政拨款。因此，基层执法人员、部分辅助执法人员与行政辅助人员的薪资待遇可以说均与财政挂钩，财政供给的多少直接影响执法部门能够供养有关执法的工作人员的多少。基层财政供给的不足导致执法部门很难获得足够的且高质量的执法人员，政府对于人员数量的客观需求与严格的预算制度之间产生张力，乡镇执法上的财政困境由此表现出来。

执法工作需要执法装备的支撑，特别是像城管、公安等需要进行日常巡逻、巡查，且执法风险较大，容易发生暴力冲突的单位，更需要装备来保障执法工作顺利进行。[1] 基层财政供给不足致使执法单位没有足够的经费购置或者更新执法装备，这严重影响了执法效果。这种现象实际上是一种执法权配置与财政保障的不匹配。执法权在压力型体制之下是向下的，集中的基层；而财政制度是朝上的，绝大部分的国家财政资源通过分税制与"乡财县管"聚集在科层体制的上部。财政通过项目制、预算审批等方式向下拨款需要较长的时间与烦琐的程序，但基层的执法事项具有复杂性、即时性，因此财政很难对执法行动进行有效支援与配合，导致执法效果显现不出来。

其次，在现有的财政保障机制之下，下级执法机关财政来源受上级控制。为了获取更多的财政资金以维持正常的执法工作，下级执法机关必须依附于上级，为了上级的"中心工作"而花费更多的时间与精力，这使得某些下级执法机关执法工作的目的从"通过执法解决基层问题"变为了"通过执法完成上级任务"，偏离了执法应有的作用。基层财政保障不足，想要持续有效地进行执法工作，基层部门就需要向上级要资金。上级地方政府的财政拨款确实为下级的执法与社会公益事业的发展带来了必要的资金，但是也带来了意外后果。项目资金实行专款专用制度，其数额多是固定的，但是项目运行过程中所产生的资金需求是事先难以估计的。以滇南某县的实践为例，项目工程的设计费用、监理费用以及协调费用等花销都在项目经费的范围之外，作为项目推进工作主体的乡镇政府就需要通过本级财政来支出这些费用。简言之，项目越多，乡镇政府需要"兜底"的费用越多。

基于县乡两级政府在财政上的拨领关系，乡镇政府就需要从县级政府获得更多的资金，其结果就是乡镇政府通过"跑项目"获得来自县级财政的配套资金，乡镇政府获得的项目越多，相应的配套资金也就越多，乡镇政府在财政上的转圜余地就越大。[2] 项目资金与科层财政体制的结合在解决了经费短缺问题

---

[1] 参见赵建设：《警察执法权益及其保障体系建设》，载《中国人民公安大学学报（社会科学版）》2009 年第 4 期。

[2] 参见李祖佩、钟涨宝：《"经营村庄"：项目进村背景下的乡镇政府行为研究》，载《政治学研究》2020 年第 3 期。

的同时,也刺激了乡镇政府,生成了乡镇政府“跑项目”的动机。这种方式一方面使得基层在短期内能够获得资金,缓解财政供给不力造成的问题。但是过度寄希望于项目,就会导致基层政府花费大量时间在“跑项目”的过程当中,浪费行政资源。另一方面,项目资源与财政资源的分配逻辑决定了乡镇政府在开展工作的过程中需要更加贴合县党委政府及各职能部门的目标要求。尤其是县党委政府所安排的“中心工作”,执法者需要以聚集资源、集中整治的方式开展专项执法行动,配合完成“中心工作”。也因此,专项执法活动的开展使得日常执法的力度稍有降低,甚至对一些多发常见的问题不管不顾。

最后,综合执法体制改革是提升基层执法权执法效果的重要制度改革。在改革过程中,不仅是执法权、执法部门需要重新组织与配置,相应的执法队伍、资源以及背后的财政供给也需要进行相应的调整。但在多地的综合执法权改革中,虽然综合执法部门成立了,执法队伍的合并重组也完成了,但许多执法工作人员的工资待遇仍留在原单位,转移到新的单位还需要一段时间。此外,有的执法部门在改革中并不是完全被合并,而是将部分职能和工作人员分离出去并入新的部门。

(二)基层执法财政保障问题的成因

基层执法财政保障问题的成因可以分为税收体制和乡镇财政自主性两个方面。分税制有利于国家资源的迅速集中与合理调度,但在实践中,它为基层财政保障制度也带来了不少的问题。由于我国的财政保障机制立足于分税制、“乡财县管”两项制度安排,研究财政保障机制出现问题的原因,自然也要从“基础”上来进行挖掘。就基层执法实践来看,分税制与“乡财县管”的负面效应愈发显著是财政保障机制在运行时难以做到财政资源与执法事权相匹配,引导下级政府执法行为被上级主导,自主性丧失,以及不适应综合执法体制改革的主要原因。[1]

首先,“分税制”下财政资源难以留在基层。分税制着重解决的是中央政府与省级政府之间的财权分配问题,而对省以下各级政府之间的财权分配问题鲜有涉及,因此省以下各级政府之间的财权分配缺乏统一的制度基础。在科层体制之中,各级科层组织都希望为自身争取更多的组织资源。而在省、市、县、乡这四级组织中,层级越高的组织,其在自身能力范围内所能调动和使用的资源更加丰富。而在“乡财县管”的制度机制安排下,乡镇一级的财权则受到较大程度的限制。与此相对应的是,压力型体制下,基层政府因属地责任的压力会承担超出财权范围的事务,因此,基层政府常常会面对财政短缺的难题。

---

〔1〕 参见王振宇、司亚伟、成丹:《基层财政“三保”压力:历史演进、现实症结与长效机制构建》,载《财政研究》2020年第8期。

其次，财政收入层层上交的方式虽然提升了省市两级政府的财政收入，但是弱化了基层政府的财政能力，致使基层政府，特别是乡镇政府出现财政上的困境。分税制下财政资源的流动是向上的，由基层财政汇集起来的财政收入很难流到基层。财政跟不上，执法与其他行政活动就难以为继，基层财政困境愈发严重。

最后，缺乏制度基础的财权上收稀释了基层政府提供公共服务的能力，随着基层治理事务的日趋复杂，县级政府的职能在实践中不断下沉至乡镇政府，事权与财权之间的不匹配进一步限制了基层政府的治理能力。在财权被上级政府部门控制的情况下，基层财政能力不足，就很难有足够的资金保障基层执法人员的薪金待遇、执法物资的购置与更新，以及执法行动的必要支出。这使得基层公共服务能力大大降低，难以应对基层复杂的执法问题，基层政府通过执法来进行社会治理的效果也相应变差。

除了税收体制，"乡财县管"的制度也限制了乡镇的财政自主性。[1]"乡财县管"制度在保障了基层财政收入受到有效管控，降低贪腐、乱用财政资源情况出现概率的同时，也使基层财政能力受到了损害。从县乡关系的角度来看，"乡财县管"的实施并不符合"一级事权，一级财权"体制目标，反而将财权进一步上收至县级财政。这一制度在保证乡镇主要财权的情况下对其运作过程进行限制，使得乡镇财政的预算编制、资金存放、资金使用、核算报销等行为受到县级财政部门的全面监督。

此外，乡镇政府的一般公共预算收入来源于县级财政，县乡两级财政之间存在经费拨领的关系，因此乡镇财政无论是在收入上，还是在支出上，都受制于县级财政，其结果就是县级政府从财政上主导了乡镇政府，乡镇政府在运行上依赖县级政府。在基层政府开展综合执法工作时，县乡的层级关系也会对执法的目标有所影响。

四、基层依法执法问题与成因

（一）基层依法执法问题

依法执法的理念涵盖了治理体系和治理能力之间的辩证关系，以其为切入点进行研究，有助于对国家治理的现代化进行探索。总体来说，我国的执法机关依法执法情况还是值得肯定的，同时不免存在许多不依法执法而造成的问题。对该问题的分析，需要从"体制压力""部门利益""体制激励"三个影响依法执法的重要因素切入。

---

〔1〕 参见杨发祥、贾梦宇：《"乡财县管"与新农村建设的路径探索——基于财政社会学的视角》，载《华东理工大学学报（社会科学版）》2013年第4期。

首先,在基层执法实践中,体制压力替代法律,成为执法机关执法的主要动机之一。[1] 从基层的执法实践来看,体制压力确实能够在短时间内提升执法部门的工作积极性,大量执法成果的取得说明了在没有体制压力的情况下,违建是难以被查处的。换言之,日常的执法工作难有实效。此外,体制压力容易使执法工作出现法律瑕疵。过强的体制压力增加了执法工作的急迫性,这使得对法治的追求让位于对工作结果的追求。

其次,在部门利益的影响下,行政执法工作的效率会降低。不符合部门利益的执法工作难以得到重视,致使行政执法部门对之报以消极的态度,并减少相应行政资源的投入,从而影响执法的效率。对公安局和市场监督管理局而言,处理走私冻品的工作不但没有部门利益的增加,反而需要投入行政资源,因此该项工作被两个执法部门排斥,迟迟得不到处理。并且,部门利益不利于政府部门之间的协调。在存在利益冲突的情况下,不同行政执法部门对特定问题持有的态度是有分歧的,这既无助于问题的解决,也无助于法律目的的实现。

最后,当前的执法实践中,体制激励将执法目的引向“论功行赏”,这也导致了一些问题的出现。第一,体制激励增加了选择性执法的发生机会,致使法律的“有效”与“失效”并存。在体制激励的作用下,法律法规在能够产生政绩的领域得到很好的落实,从行政执法的过程来看,大量的人力、财力被投入特定的执法领域,执法人员的积极性也被充分调动起来,其结果就是明显的执法效果和高效的行政效率。与之相反,不容易“出政绩”的领域则难以得到地方政府的“垂青”,相应的法律法规也就会因为缺乏人力和财力的投入而得不到很好的执行,因此在基层行政执法的实践中,难以出政绩的领域,其相应的法律法规可能处于“失效”的状态。第二,体制激励可能会替代了法律法规,成为执法部门及其工作人员的工作动机。除了执法工作具有较大难度之外,很重要的一个原因是执法部门、执法人员在日常的执法活动中难以获得有效的激励,而专项整治包含了“论功行赏”的机制,这就在很大程度上解释了某些执法部门和执法人员为何在专项整治中更具积极性。因此,相较于依法履职,行政执法部门和执法人员更愿意为了获得体制激励而开展执法工作。

(二)基层依法执法问题的成因

影响基层依法执法的原因包括地方政府的自主性过强、政府层级结构的影响和政府分工结构的影响。

首先,地方政府的自主性对于法律的执行具有重要的意义,其所扮演的双重角色决定了其需要发挥一定的自主性。地方政府具有执行者和领导者的双

---

[1] 参见李梦侠:《压力型体制下的行政协助——以新镇实践为例》,载《法律和社会科学》2017年第1期。

重角色，一方面，地方政府作为中央政府和上级政府的下属机关，必须服从和执行国家法律，必须执行中央政府和上级政府的政策指令；另一方面，地方政府是其行政辖区内的领导者、决策者，它有权对其辖区内的行政事务进行管理、领导与指导，协调地方事务，管理地方区域经济的发展秩序，以保证和促进地方经济和社会的顺利发展。[1] 因此，地方政府并不是单纯的立法“传送带”，其所扮演的双重角色决定了地方政府的行政实践受到多重目标的约束，执行法律、落实上级政府的指令决策、向地方社会供给公共服务、兴办地方社会事业、发展地方经济等目标都依赖于地方政府的行政实践。更为重要的是，多重政府目标并非相互独立的，其实现过程往往相互交织、互相影响，这就需要地方政府在行政资源有限的前提下通过确定“中心工作”的方式来实现重要的政府目标，包括行政执法在内的多项政府行为需要服务于“中心工作”，此时依法执法就为“中心工作”所替代。

其次，地方政府、执法机关受层级结构的影响，层级结构所产生的作用影响依法执法的落实。在基层行政执法的经验当中，纵向上的政府权力互动主导了执法工作的开展。层级结构的存在，使得体制压力、体制激励得以发挥作用，进而影响依法执法的实践，同时带来了许多问题。在中国的政府关系中，上级政府在人事任命、工作指导和工作监督三个方面对下级政府具有主导权。故而，下级政府的行政实践也在顺从上级政府的偏好，这种态度蕴含在基层行政执法机关的工作实践中。下级对于上级偏好的顺从能够在最大限度上保证上级指令的落实，但其消极后果也是明显的，一旦上级政府的指令偏离法律的要求，基层的行政执法实践也会随之发生偏离。

体制压力和体制激励的原初目的在于推动法律的执行，使代表国家意志的法律能够在基层社会发挥实效，从这个意义上来看，体制压力和体制激励具有工具性价值，法律的实效则是行政执法体制所追求的组织目标。然而在实践中，基层的执法机关的工作意见以顺从上级偏好为主，回应体制压力、追求体制激励成为执法机关主要的行为动机和工作方向，这就可能使得作为组织目的的法律被替代。

最后，政府的分工结构产生部门区分，伴生于分工结构的部门利益影响执法的落实。政府部门所具有的分工结构使其能够以专业化的方式来高效应对现代复杂的行政事务，但是专业化的分工结构使得政府内部产生了区分，部门利益冲突降低了执法效率。韦伯的研究明确了“权力利益”的存在。部门利益降低了执法工作的效率，影响了国家目的的实现，要尽可能地降低部门利益所

---

[1] 参见[美]弗兰克·古德诺：《政治与行政——政府之研究》，丰俊功译，北京大学出版社2012年版，第41页。

产生的消极影响，就需要先厘清部门利益的产生机制。尼斯坎南的理论为部门利益的生成提供了有益的启发。他将关注的对象集中于官僚制与外部环境，结合立法机关与行政机构之间的关系来建构公共预算与公共服务之间的供求关系模型，为基层执法经验中部门利益的生成带来了讨论的基础。官僚制的分工结构带来了部门利益的问题，影响了基层行政执法机关的执法效率，但是需要注意到的是，官僚制包含了横、纵两个维度上的结构，两个维度上的结构相结合，为共同上级的统筹、协调带来了前提。

地方政府与职能部门，以及地方政府同下级政府，都是领导与被领导的关系，上级对下级的领导使得地方政府能够对全局的利益进行统筹。而对于一线的执法机关而言，这种协调尤为重要。

第一，乡镇政府相较于职能部门而言拥有信息上的优势，但是没有相应的执法权，而且乡镇政府的规格相对较低，其结果就是乡镇政府既没有相应的执法权来解决发生在基层的诸多问题，也没有能力去对各职能部门进行全面而综合的调控，只能依靠县级政府的协调来推进工作。在Y县的执法工作中，乡镇政府就其辖区内的安全生产问题负总责，但是其缺乏与安全有关的事项的行政执法权，县级政府所开展的专项整治工作在很大程度上协调了职能部门与乡镇政府的关系，使得职能管辖与属地管辖实现协调同步。

第二，职能部门在执法事务上的争夺、推诿是其利益冲突的主要表现，地方政府依托其等级权威，能够通过行政命令的方式来对职能部门的利益争夺作出裁判，这一最终决定的作出则立足于地方政府的利益。在Y县处理走私冻品的案例中，职能部门之间争执不下，最后损害的是地方政府的利益。在协调的过程中，如何利用行政手段、如何安排部门利益的秩序，全依赖地方政府领导的判断。

第四节 基层执法体制的改革与优化

基层执法体制的改革与优化，需要从执法权的配置、执法体制的改革、执法保障的加强与执法互动的改良四个方面入手。对于执法权，应当根据具体的执法事务进行优化，对于有条件的执法权进行下放。对于执法体制的改革，应当对职能融合、互助与工作流程进行重新设计，以应对执法实践中的执法权分散问题。对于执法保障的加强，目的则是减少执法过程中受到的外部因素影响。对于执法互动的改良，则是通过完善基层民主制度，使基层群众的诉求可以得到国家和政府的充分回应，增强执法工作的回应性，坚持对于“群众路线”的贯彻。

一、执法权配置的优化

有选择地降低执法权配置层级有助于缓解乡镇执法实践中的问题。针对主要的三类执法事务,可以分别具体地进行优化。

在公共安全管理类执法权中,目前暂时不具备讨论安全生产执法权下放的前提条件。应急管理部门的改革集中了多个部门在安全生产领域的执法权,其具体的运行还有待于应急管理部门在县乡两级的机构设置,有了相应的执法实践后,才能作出进一步的判断。但需要注意的是,安全生产一度是乡镇政府最为棘手的工作内容,"属地管理"原则强化了乡镇政府在该领域内的责任,导致了乡镇政府在安全监管中的"权责倒挂"。应急管理部门的改革重新整合了安全生产监管领域内的执法权,监管能力获得有效提升,基于此,应当剥离乡镇政府在安全生产监管领域的"属地管理"责任,将主要责任交由专业的监管部门,以实现"权责对等"。

乡村道路安全的执法权应当下放到乡镇政府,其内设的安全管理办公室、交通管理办公室、公路管理办公室等机构能够承担相关的执法业务。将该执法权下放到乡镇政府的理由是乡村道路偏远、绵密,交警执法部门的工作人员基本上难以将执法工作推进到这些地区,乡镇政府能够凭借其在基层社会的信息优势和组织资源来对乡村道路安全进行管理。交警执法部门应当通过委托的方式来下放执法权,但是执法权的种类只应是针对道路交通安全违法违规行为的行政处罚权,执法的范围应该严格限制在乡村道路领域。交警执法部门应该对乡镇政府进行业务上的指导。

社会治安管理的执法权在实践当中并没有出现下放的必要,权力配置维持原样较为妥当,这主要是出于以下几个方面的考虑:第一,派出所在基层执法实践当中是强势部门,乡镇政府普遍希望借助其力量来实现"维稳"目标,这就容易使基层警务人员陷入过多的非警务工作,控制基层派出所的执法权限,有助于减少乡镇政府对于派出所的依赖,避免基层警务人员参与非警务工作。第二,控制派出所的权限,有助于防止警务部门对执法权的滥用,有助于警务规范化的建设。第三,当前的基层警务工作"面广量大",不少警务人员长期处于超负荷的工作状态,控制派出所的权限,可以避免民警工作负荷的增加。

水行政执法的执法权应当下放至其基层站所,理由是基层站所能够更好地监管基层群众的取水、用水行为,能够及时发现并着手处理涉水违法行为;权力的下放方式以立法授权较为妥当,采用立法授权的原因是这种方式能够避免县级行政职能部门对于基层站所工作的干涉和控制,或者通过立法授权让基层站所在一定的范围和幅度内有权力独立作出执法决定;权力下放的种类以行政处罚权为主,审批权限可留在县级的水行政管理部门;县级的水行政管理部门可以对基层站所的执法进行合法性审查。为了能够让基层站所更好地开展工作,权力的下放应该伴随人员下派和经费的下拨。

在人口环境资源管理类执法权中,计划生育执法领域,涉及两非打击的执法权应下放至乡镇政府,理由是“两非”打击是计划生育执法工作的重要组成部分,由乡镇政府行使打击“两非”的执法权更能凸显政府的整体效应;此外,在长期的计划生育执法实践当中,乡镇政府比卫生和计划生育行政管理部门、食品药品监督管理部门(实行市场监管体制“三合一”改革的地区为市场监督管理部门)更具有信息和组织基础上的优势,更具有打击“两非”的能力。从权力下放的方式上来看,权力委托的方式较为妥当,卫生和计划生育行政管理部门、食品药品监督管理部门(实行市场监管体制“三合一”改革的地区为市场监督管理部门)只委托针对“两非”打击的行政处罚权即可,委托权力的部门应当对乡镇政府进行执法业务上的指导。

殡葬行政执法的权限也应该下放给乡镇政府,理由是乡镇政府具备良好的信息优势,能够及时发现基层社会的违法违规殡葬行为;权力以委托的方式下放较为妥当,理由是县级民政部门在乡镇没有基层站所,乡镇的民政办能够承担相应的业务工作;县级民政部门委托给乡镇的权力只应是针对违法违规殡葬行为的处罚权,其余的审批权继续由县级民政部门行使,县级民政部门应当对乡镇政府进行业务上的指导。

自然资源、林业资源的行政执法权应当下放到基层站所,理由是基层站所便于及时发现违法行为,而且基层站所能够借助乡镇政府的渠道及时进入基层社会,处理违法违规行为;权力下放的方式应采用立法授权,或者可效仿公安派出所的权限分配,让自然资源、林业的基层站所在一定幅度和范围内有权力独立作出处罚决定,县级职能部门只对案件办理的合法性进行审查,这样做的理由是避免县级职能部门对站所工作的干涉与控制;下放的执法权种类以行政处罚权为主,审批权限可保留在县级职能部门。为了能够让基层站所更好地开展工作,权力的下放应该伴随人员下派和经费的下拨。

环境行政执法的执法权也应该下放到基层站所,理由是基层站所能够凭借其位于基层的信息优势,及时对环境违法行为进行处理,下放的权力种类以形成处罚权为主,审批权限可保留在县级行政职能部门;权力下放的方式以立法授权为宜,以此来尽可能地保障执法部门的工作。环境执法部门的最佳体制设计是实行省以下垂直管理的执法体制,原因在于排污企业既是执法部门的重点监管对象,又是地方经济发展的主要推动力量,由垂直管理的部门对其进行监管,有助于法律目标的实现,避免地方保护主义对执法的影响。

在乡村市场监管类管理权中,医疗卫生监管的执法权不宜下放,继续保留在县级卫生和计划生育行政管理部门较为妥当。理由在于卫生和计划生育行政管理部门在基层并没有独立的基层站所,负有卫生监督管理职责的机构并入乡镇卫生院，该机构承担了大量的职责：既要向基层群众提供医疗服务，又要承担大量的公共卫生服务职责。基于此，不宜将医疗卫生监管的执法权下放到乡镇层面。

食品药品、农资、质量技术监督等与市场有密切关系的执法权都应下放到分局或基层站所，下放的权力主要是行政处罚权，权力下放的方式以立法授权为宜，但是要区分出一定的权限，即一般案件由分局或者基层站所进行执法，重大案件则由县级行政职能部门负责执法。市场监管领域普遍存在权力下放的必要，随着社会经济的发展，市场流动快速频繁，这要求执法部门能够高效地对违法违规行为进行处理，分局、站所需要有相应的执法权来对一般的违法行为进行快速的处理，重大违法行为由县级行政职能部门来处理较为妥当，因为县级及其以上的部门有足够的资源和技术来处理重大违法行为。

动植物检验检疫的执法权也应当通过立法授权的方式下放到基层站所。动植物检验检疫的执法事务多发生在基层社会，通过立法授权将行政处罚权下放到基层站所，有助于执法部门对违法行为的及早处置。县级的行政职能部门可以保留审批的权限，并且可以对基层站所的执法进行合法性审查。

二、执法体制的改革

基层执法事务既有专业性的一面，又有综合性的一面。基层执法部门也就应当拥有专业性与综合性两重能力，以解决各类社会问题。但囿于基层执法能力与资源的有限，专业性与综合性不可兼得，为争夺资源而相互拉扯，那么行使执法权的工作人员就难以形成稳定合作互助关系，致使执法权实质性分散。只要这种社会状态一直持续下去，执法权的实质分散就会持续下去，处于这种时代性之下的综合执法体制改革难以解决该问题也就十分正常。

虽然不能解决执法权的实质分散，但对于解决执法权的形式分散，综合执法体制改革有重要的作用。形式上的执法权配置分散本就是一个配置问题，那么将配置在不同部门中的权力、人员与资金集合起来，通过合理的融合、互助与工作机制设计组合在一起，就能够发挥合力。

首先，综合执法体制改革应当重视优化执法权集中的方式与运行模式，以提升其解决执法权形式分散的能力；同时尽量通过制度设计平衡执法综合性与专业性之间的关系，降低执法权实质分散的负面影响。

其次，应当以合法有效的方式度过综合执法体制改革"阵痛期"。就改革实践来看，综合执法体制改革中出现的多数问题都是因为处于改革"阵痛期"，执法体制没有稳定下来而形成的。[1] 例如，"下级同时受到多方领导"的问题，上

---

〔1〕 程琥：《综合行政执法体制改革的价值冲突与整合》，载《行政法学研究》2021年第2期。

级同样完成综合执法体制改革后,自然就会得到解决。又如,“工作人员知识结构与业务要求不匹配”的问题,改革初期,所有的执法人员都是从原专业性执法队伍中集中来的,其本身一直在专业性的环境中,知识体系自然难以承担综合性执法的要求。但是随着新执法人员通过考核等方式加入,他们一入职就在综合执法部门当中,面对综合执法问题,他们的知识体系培养相对来说就会更加偏向综合性。随着新职业越来越多,老职员也逐渐适应综合执法环境,知识结构的问题将会得到一定的缓解。

必须注意的是,虽然改革“阵痛期”的问题可以通过时间解决,但这不意味着综合执法体制改革中出现的问题在当下没有解决的必要性。特别是在综合执法部门刚刚建立,急需培养公信力与良好形象的这一阶段,必须解决“阵痛期”存在的问题,尽可能提升综合执法能力。其一,应建立上下级同步改革机制,基层进行执法部门合并的同时,上级部门应当作出相应的机构调整,做好领导关系的交接工作。或者通过成立共同领导办公室等方式,避免多重领导的问题发生。此外,应做好改革与法律更新相同步的工作,在改革方案确定后,就应当通过相关部门对改革涉及的法律法规和规章进行梳理,按照相应程序规范,依照改革要求查找并修改相关条文。其二,应当给执法工作人员预留时间来熟悉新环境、新工作,从而使其更好地适应工作上的调整,切实保障工作人员生活不会因改革而受到过大影响。其三,应着力加强对新综合执法部门工作人员的培训,使其在自己原有的工作知识结构的基础上,能够尽快掌握综合执法相关信息、知识与技能。建立不同领域执法人员互相帮带交流的机制,通过本领域执法人员带外领域执法人员共同执法的方式,从实践中了解各个执法事项的实际执法情况,弥补知识结构上的不足。如苏南E镇市场监督管理综合执法改革后,因为执法人员严重缺乏质监与食药监的相关知识,在上述领域执法时,市场监管部门就会安排原质监与食药监的人员带两个原工商人员去共同执法,从而在实际工作中学习相关知识。

最后,综合执法体制改革存在的最大问题在于缺乏制度化方式对职能融合、互助与工作流程进行重新设计。一方面,要将分布在不同执法部门的执法权集中在同一个部门来行使;另一方面,要在新的综合执法部门之内将这些执法权以一种稳定的方式形成互助关系,从而提供执法合力,解决复杂问题。这就需要提炼出一种能够通过制度化方式促进职能融合和同步工作流程的架构,尽可能地将各类执法权捏合成一个整体。第一,应当通过制度规定,明确具体执法人员在进行综合执法时,是选择各专业人员共同参与,各自发挥各自专业执法权能的模式,还是所有执法人员均拥有不同领域执法权能,均能够单独进行综合执法的模式。只有确定了这一点,才能够建立起整个执法权综合模式的基本结构。第二,应规定明确不同专业执法领域之间的合作模式,何时应当专业执法，何时应当综合执法；如果要综合执法，在某一领域应当由哪几个部门作出反应，如何配合。只有这样，才能在面对复杂棘手的问题时，迅速作出反应，形成综合性执法力量来进行高效解决。第三，应当磨合工作方式与流程，形成一个所有执法人员与执法事项都能够适应的工作模式，使执法人员更容易进行工作流程上的对接，执法权的互相配合更加顺畅，提升执法综合性。

除此之外，对于执法人员的管理也可以进行针对性改革。首先，基层设岗，即各级党委政府的编制管理部门在对行政编制的指标进行管理时，优先将指标向基层部门倾斜，优先保障基层岗位。其次，建立合理的人员激励机制。激励机制是政府组织实现目标的重要手段，对执法队伍进行激励，是执法工作得以开展的重要环节，从当前的执法实践来看，应针对执法队伍的不同构成来进行分类激励。最后，探索综合执法领域的人员培养机制，通过培训的方式迅速弥补相关知识不足的缺陷，提升综合执法能力。

三、执法保障的加强

执法保障的增强可以减少执法过程中受到的外部因素影响。对此，首先，可以增加执法相关的项目投放。虽然项目制具有不少问题，但其仍然是基层获得执法资金的极其重要的途径。通过上级政府的项目经费完成地方行政执法能力的建设成为了一种必然的选择。那么，想要提升基层执法能力，就需要通过项目制的机制增加项目的投放，从而使基层执法机构能够获得更多的资金。环境监管工作、市场监管领域、农资监管领域均需要大量的项目资源来建设执法的物质基础，如食品质量安全追溯设施、农产品质量安全追溯设施等。治安管理领域也需要大量的项目投入，如基层警务亭、警务岗的建设，这些都需要不菲的经费投入。

其次，提高基层政府的税收返还比例，简化“乡财县管”下的资金申请环节，为基层提供更多的财政保障空间。财权上收稀释了基层政府提供公共服务的能力，随着基层治理事务的日趋复杂，县级政府的职能在实践中不断下沉至乡镇政府，事权与财权之间的不匹配进一步限制了基层政府的治理能力。在分税制的制度实践下，转移支付的实践在很大程度上弥补了基层政府财力不足的缺陷，使得基层社会的公共服务供给能够以项目制的形式实现。因此，应当继续强调转移支付对于基层财政保障的重要性，通过分税制改革改善基层财政不足的状况，为执法提供保障。需要通过简化“乡财县管”的经费审批程序，提升基层财政自主性，降低财政资金申请难度，增加申请灵活性，保证其执法时有足够的资金与装备、技术支撑。

最后，综合运用财政手段提高基层人员待遇，将人才留在基层。对于具有正式编制的基层执法人员而言，应增加其工资收入，如通过上级政府对下级政府的财政转移支付，向基层公务人员、行政事业人员发放“基层津贴”“乡镇补贴”等,以此来激励执法人员的工作积极性。对于行政辅助人员而言,应将其工资收入纳入地方财政予以保障,并且依据实际情况为其办理职业保险。对于村社干部而言,应通过财政转移支付来增加村社干部的工资收入,并通过地方财政来对村社干部进行职业保障,重点在于养老和医疗的保障。与此同时,应当加强对项目制落实工作的监管,尽可能地缩小、杜绝地方精英“分利”的空间。

四、执法互动的改良

执法活动是在特定社会场域与执法对象互动的过程,对执法互动进行改良可以从建立健全群众诉求沟通渠道与贯彻党的群众路线着手。

由于缺乏制度化的沟通渠道,基层群众的诉求难以得到国家和政府的充分回应,在实践中造成了两方面的不利后果:第一,信访制度容纳了过多的基层诉求,“闹”成为了群众获得政府回应的有效手段,这不仅不利于问题的解决,反而加剧了基层政府的“维稳”压力;第二,作为执法对象的群众难以在立法的过程中表达其偏好,致使执法的过程成为了协商的过程,执法环节中的利益表达与回应通道一旦遭到淤塞,基层群众就很难配合政府执法,从而降低了行政执法的效率,同时影响了法律的实效。为了能够让法律成为基层群众的主要生活准则和行为规范,政府需要在制度层面为基层群众提供表达利益诉求的渠道,使得基层群众的利益诉求能够得到有效的回应。

对此,首先可以完善村级民主制度,引导基层群众参与“一事一议”“四议两公开”等基层民主管理活动,让尽可能多的基层群众能够在公共事务当中表达利益诉求。扩大参与是实现基层民主的重要步骤,“一事一议”“四议两公开”等基层治理实践为群众参与公共生活提供了渠道,基层政府应该为村级组织的民主管理提供必要的指导和保障,以此来引导基层群众在日常的基层生活中合理合法地表达利益诉求。其次,乡镇政府、县级职能部门的基层站所要完善普法机制、突出普法效果,鼓励、引导基层群众在法律的框架内开展维权活动,避免基层群众大量流入信访渠道。最后,严厉打击无理上访人员,维护基层信访秩序,无理上访在基层治理中具有极为严重的负面示范作用,一旦其得不到处理,将会引发基层社会的普遍效仿,严厉打击无理上访的目的在于改变基层社会普遍盛行的“按闹分配”的谋利逻辑,引导基层群众依法表达利益诉求、合理表达利益诉求。

除此之外,执政党与群众的联系是现代政治的一个核心议题,中国共产党在政治过程中具有密切联系群众的操作机制,这就是中国共产党人在长期革命实践中发展出来的“群众路线”的政治传统。[1] “群众路线”要求党员干部做

---

〔1〕 参见景跃进:《执政党与民众的联系:特征与机制——一个比较分析的简纲》,载《浙江社会科学》2005年第2期。

到"一切为了群众,一切依靠群众,从群众中来,到群众中去",作为一种"自下而上"的联系机制,"群众路线"具有四个支撑点:第一,该机制要求领导干部深入群众,不能脱离群众;第二,深入群众是为了培养群众观点;第三,深入群众要倾听群众呼声,了解民意;第四,深入群众是向群众汲取民智的过程。[1] 这四个支撑点使得领导干部能够随时与基层群众相联系,听取、吸纳群众在具体治理问题上的呼声与利益表达,使得公众参与成为可能。

增强执法工作的回应性、实现执法互动的良性发展离不开执法部门对于"群众路线"的贯彻。从目前的执法实践来看,在执法工作中贯彻群众路线应做到以下几点。首先,在执法的过程中,执法人员要倾听人民群众的心声。协商化是执法实践的重要特征,执法人员要正确对待与群众的协商,确实需要严格执行的法律,就算群众不理解,也要努力做好劝说、教育工作,切忌采用超出必要限度的暴力来执行法律,坚持柔性执法、人性执法。其次,在执法人员当中推行干部驻村制度,帮助执法人员深入群众、学习群众观点。在实践中,驻村的通常是乡镇政府的工作人员,执法人员极少加入驻村干部的队伍,为了进一步拉近干群关系,在有条件的情况下,县级行政职能部门的执法人员、基层站所的执法人员应该参与到驻村实践中,在实际的生活经验中了解群众的观点、呼声。最后,执法部门要严肃处理为基层群众所深恶痛绝的违法行为,如制假售假、食品安全违法行为等,紧扣百姓所想,坚决保障民生,能够满足群众需求的执法工作,才是具有回应性的执法工作。

---

[1] 参见王绍光:《国家治理》,中国人民大学出版社 2014 年版,第 256-258 页。

第五篇　法律服务与权益救济篇

新型城镇化是“人的城镇化”，其决定了城镇化不仅是有关物质方面的建设，更重要的还是将“身份转变”与对城市现代生活的适应过程作为重点内容。[1] 在这个视角下，作为城镇化的主体，其自身的生产方生活方式、文明素质行为、社会权益救济理应受到重视。法治在制度层面为他们融入城市提供了保障。一方面，法律制度以权利义务作为基本要素和主要内容，能够赋予他们用以立足于城市生活的基本权利，例如，居住权、劳动权、教育权、健康权等。与此同时，也能够通过义务约束他们融入城市的一般行为，以保障城镇化进程总体稳定、和谐有序。另一方面，法律是现代社会公民行为的基本准则，在全国范围内具有普遍的效力，并由强制力作为底线和支撑。法律的规制效力，在对社会越轨行为施以惩戒的同时，也能够作为方向标，为社会大众建立良好的行为预期。在新型城镇化的发展进程之中，制度规范能够最大限度地调解农业转移人员的行为方式，降低越轨风险，稳定社会秩序，从而保障他们对城市生活的适应过程。基层群众拥有法治意识、获取法律服务、运用法治救济渠道是实现“以人为核心”的法治保障的重要基础。

法律意识的培养是获取公共法律服务的重要前提。当前，城镇化对现代规则的需求为建设法治社会和培养公民法治意识提供了土壤，农村居民和农民工的法治意识已有显著提高。不过，这种意识更多是基于朴素的正义观而非“法理”形成的，表现出明显的趋利特性。另外，我国公民的法治意识发展还存在较大的改善空间。特别是在农村居民和农民工群体中，需要国家对疏离法律的萌芽现象以及“法律无用论”的传播现象加以关注。从实践发展来看，基层农村社会出现的“结构混乱”和农民工面临的“制度性弱势”是导致上述状况的重要原因。为此，需要增强相关职能部门依法治理“结构混乱”、缓解“制度性弱势”的基础能力。在加强法律正面信息合理宣传的同时，对相关现实权益有所保障。

司法资源的有效配置事关法律权益的最终保障。从实践来看，我国基层司法具有典型的“双二元”特征，分别包括常规意义上的司法解纷系统和由行政机

---

〔1〕 参见文军：《回到“人”的城市化：城市化的战略转型与意义重建》，载《探索与争鸣》2013年第1期。

关、人民团体组成的准司法解纷系统。两者共同构成了司法纠纷解决体系的底层架构。现阶段,造成基层司法资源配置困境的原因有多个方面,不仅是司法解纷系统资源总量上的短缺,跟系统内部未能协调好“双二元”结构有关。准司法解纷系统和常规意义上的司法解纷系统,两者之间及两内部未能形成良好的系统互动关系。为此,我国的司法系统需要更合理地配置资源,理顺准司法系统的功能定位及其内部主体之间的关系。具体来看,需要进一步协调党政体制与法院执行,通过联动机制形成资源共享,进而使整个系统步调统一、协调发力,以发挥出更好的解纷效果。

信访制度是常规法律救济途径之外的权益保障通道。优化信访等非诉纠纷解决机制对权益救济同样起着至关重要的效果。随着城镇化的推进,社会矛盾大量滋生。在传统解纷机制逐渐弱化的背景下,大量矛盾纠纷及群众诉求涌向司法救济渠道和信访等非诉通道。这不仅挤压了非诉反馈渠道,更是催生了大量非正常维权访的现象,极大损害了司法权威,影响了解纷效果。司法救济之外,信访机构等成为化解各类社会矛盾的兜底机构。为此,应该将信访纳入法治化轨道,依法分流信访事项。与此同时,通过构建信访制度的法治体系和话语体系,实现法律制度与信息制度的融通,保障合理合法诉求的有效实现。此外,在新型城镇化建设过程中,群体性事件也是一种非常规的诉求表达方式。在社会利益调整过程中,各种矛盾与冲突在所难免,群体性事件极大提升了基层治理的难度,需要谨慎对待。在理解和关心群众生活的同时,国家需要进一步依法建立并完善矛盾纠纷排查机制、信息预警机制、利益表达与反馈机制,合理有效地治理并化解社会矛盾。

第十八章　城镇化进程中农民和农民工的法治意识

意识的本质是行为倾向,能够直接决定人的行为表现。想要人民自觉尊法、守法、用法,投入法治建设,培养农业转移人口的法治意识也就势在必行。这样一来,当前我国农民和农民工的法治意识状况如何,这种状况是如何形成的,怎样有效培养他们的法治意识,就成为了研究者必须回应的关键问题。总的来说,当前我国农民和农民工的法治意识发展状况并不乐观。虽然存在法治意识生成的土壤,但法治观念呈现出利益导向和尊法、用法、守法意愿难以提升等问题仍然显著地存在于社会当中。之所以会出现这样的状况,是因为农村居民所处社会的"结构混乱"和农民工在城市中的"制度性弱势"在当前难以通过法治的方式有效化解,这造成农村居民和农民工在其意识生成的"感知—判断决策—形成图式"阶段中,接触到了大量的负面法治信息,并因此认为法律渠道不符合他们规避风险的根本性判断标准,从而使他们心中亲和法律的图式动摇,法治意识难以获得显著提升。面对上述情况,在依法解决"结构混乱"方面,国家需要加强基层公权力部门依法行使权力的能力,充分利用基层党组织的力量,依托党支部的组织力量与党员的先锋带头作用,为法律在基层的运行提供保障。而在依法解决农民工的"制度性弱势"方面,需要相关部门对《劳动法》的保护范围进行适当调整,并在一定程度上依据农民工的维权需要,推动法律救济渠道变得更加高效化。

第一节　城镇化进程中农民和农民工法治意识发展现状

根据课题组观察,我国农村居民和农民工的法治意识发展状况虽有所提升,但整体水平仍与城镇化的要求不相符。一方面,城镇化对现代规则的需求为建设法治社会和培养公民法治意识提供了土壤,且在国家的大力推进下,农村居民和农民工的法治意识已经显著提高。但在现实生活中,这种意识更多是基于朴素的正义观而非"法理"形成的,并表现出明显的趋利性,发展并不完善。另一方面,我国公民的法治意识发展存在较大隐患,特别是在农村居民和农民工群体中,疏离法律的现象开始萌芽,“法律无用论”逐渐传播,对这些群体的法治意识培养产生了极大的负面影响。

一、存在法治意识生成土壤

城市化进程的势在必行为培养农村居民与农民工的法治意识提供了土壤。意识的生成过程深受意识个体所处社会中的各类要素影响,不同的社会结构往往会产生不同的意识。在城镇化的过程中,无论是就地城镇化的农村居民,还是异地城镇化的农民工,其所处社会环境都正在由受差序格局影响的乡土社会转变为原子化的城市社会,日常生活中接触到的社会要素与资源也正在或已经发生重大变化。与农村不同,城市社会的人口数量更多,个体间的社会分工与隔阂也更加明显,因此也需要一套比地方性规则范围更广、力量更强的统一社会规则,降低不同个体间的交流和行为成本,避免城市分工协同系统的运转不顺。法律作为国家力量保障下的全国性统一规则,能够较好地承担起这个责任。建设法治社会,培养法治意识也就成了城镇化和现代化的必然要求。为了适应城市生活,减少交流成本,避免越轨行为造成的风险,人们就需要知法、守法、用法,形成法治意识。在这个层面上,城市越发展,城镇化水平越高,人们就越需要法律,法治意识也就更容易形成。在我国,城镇化与国家现代化紧密相联,是促进国家长期稳定发展的重要举措,会长期存在和保持,[1]大量农村居民和农民工涌入城市的现象也仍会持续存在。而他们为了融入城市社会,也就需要以法律为行为准则,提高法治意识。因此,城镇化也就成了培养法治意识的重要土壤。

对即将或者已经就地城镇化的农民群体来说,城镇化进程给农村带来的“结构混乱”问题为法治进入人们的生活提供了契机。在即将转化为城市的城郊村或者位于城市之内的城中村、回迁小区中,因为与城市社会和资本的关系愈发密切,农民的流动性、异质性不断增加,[2]导致以“差序格局”为核心的乡土社会逐步瓦解,趋向原子化的半熟人社会形成。在这个过程中,“结构混乱”问题开始出现和发展:原本维持村庄社会秩序稳定的地方性规则崩塌,村庄内生力量无法有效整合秩序;[3]村组织治理能力减弱,无法对村民进行有效管理;而行政力量与这些地区距离较远,乡镇对村庄的领导和管理力度下降;以灰

---

〔1〕 参见李克强:《协调推进城镇化是实现现代化的重大战略选择》,载《行政管理改革》2012年第11期。

〔2〕 参见贺雪峰:《新乡土中国》,北京大学出版社2013年版,第8页。

〔3〕 参见董磊明、陈柏峰、聂良波:《结构混乱与迎法下乡——河南宋村法律实践的解读》,载《中国社会科学》2008年第5期。

色暴力势力滋生蔓延。[1] 这些现象使村庄内部缺乏统一而稳定的秩序和长期有效的正义供给渠道，纠纷解决的不确定性增加，生活风险提高。

董磊明、陈柏峰等学者观察到，面对“结构混乱”带来的种种问题，基于稳定秩序、防范风险发生的需要，农村居民对法律的认知开始改变，[2]对法律的需求也愈发强烈。这种需求的最直接表现，就是农村居民和村组织开始自发“迎法下乡”：在传统的地方性规则和内生秩序难以恢复的情况下，法律的进入虽然不能完全解决“结构混乱”的问题，但它能够在一定程度上给乡村带来一套权威而规范的秩序体系，整合村庄内部力量，为村组织提供治理依据，促进社会和谐，[3]同时，它能为农民防范纠纷造成的风险提供依据和力量支持，降低因缺乏权威正义供给而受到损失的可能性。因此，农村居民乐于学法、用法，并开始主动将法律作为解决纠纷的评判依据和维持村庄稳定的力量支撑，法治意识逐渐形成。

对于异地城镇化的农民工来讲，他们在城镇化中面临的制度性弱势问题和城市社会融入问题为其生成法治意识提供了契机。农民进城打工，最根本的问题就在于能否在城市生活下去。但在户籍制度和城市资源分配绑定的情况下，农民工可能难以立足，在城市生活中处于弱势地位。没有城市户籍的农民工很难在就业、教育、社会保障等方面享受到一般市民的待遇，再加上其劳动收入不高，所以生活相对困难。虽然国家出台了多项政策、规定，要求保障农民工的权益，但是这些制度往往达不到效果，导致农民工既受到城市社会的制度性排斥，在就业等多方面无法获得法律和政策规定的待遇，又在面临欠薪、失业等风险时，难以获得社会保障。[4] 在这种情况下，国家出台的保障性法律和政策理论上能够为农民工应对风险提供一种较为可靠、公道的途径，因此他们更容易依赖法律，选择用法律解决纠纷，法治意识也容易形成。除此之外，农民工既然需要在城市生活甚至定居，就必须处理好与社区居民、单位同事以及其他组织中的和日常生活中遇到的市民的关系。[5] 如果法治意识薄弱，经常做出违反法律的事情，农民工就很难得到他们的认同，从而受到排挤而难以融入城市社会。同样，如果市民违法侵犯农民工的权利，法律也能够为农民工更好地保

〔1〕 参见陈柏峰：《乡村司法》，陕西人民出版社 2012 年版，第 212 页。

〔2〕 “如果中国社会乡土性的基层发生了变化，法律能够满足农民在社会上的需求，只有发生变化之后，守法意识才能在农民心里扎根。”参见费孝通：《乡土中国》，生活·读书·新知三联书店 2013 年版，第 24 页。

〔3〕 参见董磊明、陈柏峰、聂良波：《结构混乱与迎法下乡——河南宋村法律实践的解读》，载《中国社会科学》2008 年第 5 期。

〔4〕 参见陈映芳：《农民工：制度安排与身份认同》，载《社会学研究》2005 年第 3 期。

〔5〕 参见李强：《影响中国城乡流动人口的推力与拉力因素分析》，载《中国社会科学》2003 年第 1 期。

障自己的权益提供帮助。在这种情况下,亲近法律、养成法治意识就显得十分重要了。

二、利益导向的朴素法治意识逐步形成

随着城镇化进程的不断推进与普法工程的实施,我国农村居民与农民工的法治意识取得了一定的成效。相关数据显示,“七五”期间,法治文化阵地的覆盖面扩大,全国共设立法治文化主题公园3500多个、广场1.2万多个、长廊3.4万多个。3944个全国民主法治示范村(社区)的电子地图上线运行。而一项全国性的调查分析报告显示:当自己或家人遇到不公平事情时,选择“通过法律渠道解决”的居第一位,比2016年提升3.7个百分点;选择“托关系、找熟人”的比例明显下降。[1] 从实践调研的结果来看,也是如此。我国农村居民与农民工已经在一定程度上形成了知法、守法、用法的习惯。

首先,农村居民和农民工对法律条文有一定的认知。2021年,在鲁西北S镇,课题组随机抽取的50名普通村民全部对故意杀人罪、抢劫罪、强奸罪等严重刑事犯罪的犯罪构成和刑期有一定的认识和把握,虽然他们的理解和记忆不甚准确,但足够帮助他们对案件进行判断和应用,其中甚至有两名村民能够准确讲出抢夺罪升级为抢劫罪的情形。此外,他们中的绝大多数人对与其生活息息相关的劳动保障、婚姻继承、债务、土地等方面的法律有基本认知,能够做到运用法律维护权利和规范自身行为。

其次,农村居民和农民工有关心、学习和讨论法律案件的习惯。课题组在武汉市H区访谈农民工期间发现,工友在交流时常常会讨论最近发生的重要法律案件,并会互相交流自己的意见。对自己生活中遇到的法律问题,特别是工资问题、债务问题等,他们也会主动翻阅法条或者向他人咨询。在S镇农村,村民观看《今日说法》等法制节目早已成为了生活习惯,村广播也会定期播放农村常用的法律知识。

最后,农村居民和农民工主动运用法律、走法律途径解决纠纷的情况增多,通过法律规范和指导自身行为的现象较为明显。S镇法庭庭长表示,有越来越多的村民会主动选择通过法律途径解决问题。农民及农民工的法治意识发展虽然仍不够健全,但相比以往已经有了较大的进步。

仔细分析上述现象可知,当今我国农村居民与农民工的法治意识呈现出鲜明的利益导向与朴素认知的特点。利益导向的特点表现在:一方面,农村居民与农民工所擅长以及感兴趣的法律内容,均为与其日常生活和利益息息相关的

---

[1] 参见魏哲哲等:《让法治精神深入人心(法治头条)》,载《人民日报》2021年7月8日,第19版(法治)。

领域,而与其关系不甚密切的领域,他们知之甚少;另一方面,农村居民与农民工将法律作为解决纠纷的途径之一,而不一定是最优选择,是否运用法律依据自己的利益决定。朴素认知的特点表现在:农村居民与农民工对法律的认识往往是不准确、有误差的,且时常是生活性、简单化、刻板化的。

首先,在对法律条文内容的认识上,农村居民与农民工更熟悉与其生活和利益相关的部分。一方面,法律是一个复杂而庞大的体系,不说普通群众,就连法学专业的专家学者也很难说自己精通或了解所有的法律制度。农村居民与农民工本身没有接受过专业的训练,更没有充足的时间去学习法律。在这种情况下,农村居民与农民工只能在生活中遇到什么问题就去了解什么法律,依据自己的需求去学习法律。因此,他们所熟悉的法律条文也多与自己生活的领域有关。另一方面,在城镇化发展的过程中,农村居民和农民工的物质生活和利益结构发生重大变化。由于难以快速理解和适应新的环境,他们更容易被熟悉新社会规则的人侵害,利益受损风险提升。为了避免自身利益受损的风险,他们就需要利用法律这一现代性的规则,来解决现代化带来的问题。而什么法律条文有助于保护其利益,他们就会学习和了解什么法律,从而表现出对法律内容认识的趋利性。S镇秦村比同镇其他村子面临更多的征地拆迁问题。对该村村民来说,征地拆迁将会对他们的生活造成重大影响,具有较大风险性。因此在面对政府官员对征地相关政策的宣讲时,为了保证这些官员没有损害自己的利益,村民就会主动学习和了解法律,以求证政府的相关政策是否合法合规,有没有损害自己的权利。因此,S镇秦村的村民对行政法、行政诉讼法、土地管理法等相关法律的熟悉程度远远高于其他法律,也远高于S镇其他村庄村民对这些法律的了解。

其次,在对法律的应用上,农村居民与农民工在选择是否以法律为解决纠纷的依据时,考虑的是法律是否符合自身利益,而非是否正当。这种现象被裴宜理称为法律的规则意识,是一种法治意识的不完整形态:对农村居民和农民工而言,法律是规则而非必须实践的制度。学习法律和培养法治意识的作用在于能够多了解一种维护权利或预防风险的途径,而不意味着他们必须依法办事,依法解决纠纷。因此当他们面对损害自身权利的行为时,既可以选择法律,也可以选择其他纠纷解决途径。而哪种途径越便利,越能够帮助他们获得或者维护更多的利益,他们就会选择哪种途径。S镇的村民在面临纠纷时,虽然大部分人对法律的认知已经大幅提高,也了解相关法条,但如果他们认为法律难以解决问题,不能为自己赢得更多利益,就绝对不会选择依法调解或者起诉,而是私下解决。武汉市H区的农民工遇到难以解决的劳资纠纷问题时,即使《劳动法》的内容能够很好地保护他们的权利,他们也更倾向于依靠政府、舆论,或者制造群体性事件。因为“生活经验告诉他们这样更有效”[1]。上述情况下农村居民和农民工的选择都如此,那如果出现依据法律应当赔偿他人的情况,他们就更不可能选择依法解决,甚至会故意阻碍法律救济机制的运行。

最后,农村居民与农民工对法律的理解是非专业性的、朴素的、生活化的。法律虽然随着城镇化与现代化进入了这些人的生活,但是他们对于这些法律概念、文本的理解多是模糊的。遇到纠纷需要运用法律,他们往往在咨询、查阅法律条文和面对法律案件时,会用朴素的正义观与法感情去理解和评判。虽然农村居民和农民工已经很少运用地方性规则解决实际问题,但是他们在理解法治现象时,仍会带有强烈的熟人社会价值观的影响。在理解模糊的领域,人往往是从众的。对法律不规范的理解,经过逐渐地积累与传播,在没有纠正机制的情况下,就造成了对法律的理解不够准确,在应用时也容易造成误会。此外,因为法律的专业用语与农村居民和农民工接触到的日常用语和概念有差异,所以当面对一个较为难以理解的法律词汇时,他们往往会不由自主地将其转化为日常用语进行理解,使其法治意识呈现出生活化特征。如农民在依法解决纠纷时,很少会讲他在维护自己的“权利”,而是“要个说法”“争口气”;面对征地拆迁时,他们往往不能够理解“宅基”“土地的集体所有制”,而是说这是自己的“祖业”等。显然,这两种用语及其内涵是有差异的,如果持有不同理解的法院、政府等部门与农民不能够在法律实践中得出一个统一的标准,就很容易造成误会与矛盾,引起农民对法律和公权力的不信任。

综上可见,我国农村居民与农民工逐步形成了利益驱动下的朴素法治意识。虽然仍有不足和偏差,但相比以往已经有长足的进步。而追求利益与朴素化、生活化理解法律的法治意识特征,一方面,容易使农村居民和农民工对法律的理解出现偏差,过于追求自己的利益而忽视法律的严肃性、公正性。但另一方面,这种利益驱动的,生活化、简单化的理解也使得法律更加容易在不太了解法律的群体中传播,从而在整体上推动法治建设。

三、法治意识发展存在困境

虽然农村居民与农民工的法治意识在城市化与现代化的推动下逐渐发展并达到了一定的水平,越来越多的人开始自觉尊法、守法、用法。但课题组调研时发现,与刚刚认识或了解法律时不同,意识个体亲近法律行为出现的频率正在减少,越来越多的人开始对法律作出负面的评价,甚至在面对纠纷时表现出对法律的疏离。在大力普法、法治进村的背景下,人们积极学法用法的热情虽

[1] 王伦刚:《法治进程中当代中国农民工非正式的利益抗争:基于计薪现象对农民工维权的法社会学分析》,西南财经大学2009年博士学位论文,第168页。

然仍在,但热情的消退也是显而易见的,已经建立起来的法治信任正在松动。这表明,我国法治意识的发展正面临困境,甚至可能出现难以持续的情况。

在即将面临城市化的城郊农村,尽管“迎法下乡”对农民尽快适应即将到来的城市社会有积极作用,但这种自发行为似乎并没有保持下去,对法律的信任却正在逐渐被消耗。

在吕德文、贺雪峰等学者的研究中,类似现象有很多。[1] 像这样从最初的“迎法”到疏远法律的变化,似乎正在中国农村较多地发生,并遍布民事(包括刑事附带民事)、轻刑事等农村常发多见纠纷的解决机制,存在于大部分依靠法律进行治理的村组织活动中。在S镇张村,虽然村组织名义上依照法律进行调解,但实际上大多数调解结果偏向村庄中的强势群体。弱势群体知道法律规定不是这样,但也敢怒不敢言。在S镇派出所、法院执行依法调解、判决的结果的过程中,违法者通过暴力抗法或者消极应对来躲避强制执行的成功率也大大提高。在这种情况下,法律既无法合理解决纠纷,又很难对违法者起到威慑作用,村组织也难以通过法律来治理村庄秩序。所以,因“结构混乱”而利益受损的村民自然就对法律产生隔阂。对法律的疏离还表现在村民对纠纷解决途径的选择上:因为不够信任法律,发生纠纷以后,村民往往不选择法律救济渠道,而是通过堵政府大门、闹访等方式来解决问题;村级组织依法治理村庄秩序,基本上也是依靠村组织内的“强人”或者上级政府的帮助,而非法律本身的力量。

在农民工群体中,这种情况同样存在。在农民工因为户籍政策与资源分配绑定制度而处于弱势地位的情况下,法律本应帮助他们在一定程度上规避可能出现的风险,保护自身利益,从而更容易在城市中立足。但实际情况是,法律不仅难以有效缓解农民工的制度弱势,难以在他们利益受到损失的时候及时迅速地解决问题,还在一定程度上阻碍了农民工的劳动和生活,导致农民工对法律出现不信任,法治意识难以形成。

能够通过劳动获取足够的经济收入是农民工想要在城市立足的必备条件。受户籍制度和自身条件限制,农民工往往难以找到稳定的工作,而多选择从事建筑、家政等短周期的行业,或者劳动密集型产业。这类工作基本以工时或者数量计件计算工资,收入波动大,工作时间不稳定,风险高,再加上企业或雇主往往不会和劳动者签订劳动合同,一旦出现欠薪或者收入不足等情况,农民工就很容易陷入入不敷出的困境。同时,这些劳动者基本以租房为生,如果经济

---

〔1〕 参见吕德文:《〈找回群众:重塑基层治理〉》,载《云南行政学院学报》2017年第6期;吕德文:《破解农村治理法治化困境》,载《中国党政干部论坛》2015年第7期;贺雪峰:《论乡村治理内卷化——以河南省K镇调查为例》,载《开放时代》2011年第2期。

来源中断,他们就必须离开自己的住所另寻他处,甚至只能回家。随着农民工法治意识的不断提高,他们认识到可以将劳动与社会保障法律、民商事法律等作为自己维权的依据,通过法律途径解决纠纷,防止上述情况的发生。但当农民工们真正拿起法律的武器时,却往往很难起到应有的效果。

武汉市H区的农民工李某在某一建筑工地包工头手下打小工,被施工方拖欠工资半年多,最后因为家人生病需要医药费,便和同样被拖欠工资的包工头一起将施工单位告上了法庭。然而案件的取证、审理需要接近半年的时间,李某既没有劳动合同作为证据,又缺乏收集其他证据的能力,但家人的病根本拖不起,最后只能以上访的形式闹到政府,最终才调解解决了这个事件。在实践中,像这样的结果已经算是十分幸运的,更多情况下,农民工既没有组织证据打赢官司的能力,又缺乏“闹事儿”的决心,最后只能忍气吞声,并逐渐形成一种遇到纠纷不用法律,同时“不表达,不申诉”,持续沉默的氛围。[1] 在这个过程中,农民工对法律的信任也就大打折扣。

法律在实践中不仅很难帮助农民工维护权利,甚至可能使他们的弱势境遇持续加剧,从而主动疏远法律及其配套制度。农民工在无法获得正规就业机会的情况下,为了生计往往只能选择非正规的甚至违法的工作。而法律对这些工作有严格的限制和禁止措施,这导致他们经常因为法律而失去唯一的收入,难以在城市立足。对不规范就业的规制是维持劳动秩序的正当选择,但对这些农民工来讲,却成为了留在城市的鸿沟。王某原本依靠工友关系进入H区一家化工厂打工,工作具有一定的专业性与危险性。但因为其就业不规范,没有经过职业培训,不符合国家对该工种劳动的法律规定,在一次政府排查后被工厂辞退。虽然王某也知道法律的本意是保护其工作安全,但因暂时失去了工作和收入来源,他仍旧感到沮丧,对相关规定颇有微词。日常生活中我们也可以看到类似的情况,在公园、学校等人口密集的地区,常有无工商营业执照的小商贩因缺乏经营资格或违规占道而被罚款、没收经营工具。这些商贩也知道自己的行为是违反法律的,但为了生计,他们往往不得不如此。在这种情况下,他们的经营行为就与相关规定和执法对立了起来,从而产生了对法律的无奈甚至反感。

可见,法律被农村居民与农民工认识和接受后,并没有完全起到他们期望它发挥出的作用。“结构混乱”的局面并没有因法律的到来而消失,纠纷和秩序的不稳定问题仍然得不到解决,村庄依旧缺乏权威的秩序。农民工的制度性弱势地位也没有因法律的介入而根本性改变。受其影响,农村居民与农民工对法律的整体评价相应降低,甚至逐渐失去了对法律的耐心,转而去寻找其他行之有效的治理途径,法律的治理优势无法表现出来,对法的需求变得不可持续,法

---

〔1〕 参见陈映芳:《农民工:制度安排与身份认同》,载《社会学研究》2005年第3期。

治意识的发展逐渐走入困境。

第二节 当前农民和农民工法治意识状况的心理学成因

由上文可知,我国农村居民与农民工的法治意识不断发展,呈现出利益驱动、朴素理解的特征,并伴有对法律信任程度降低、疏离法律的现象,具有一定的隐患。法治意识作为意识的一个门类,属于法律心理学的研究范畴。[1] 因此法治意识的现状与问题成因的发生过程遵循意识的一般生成结构,对它们的研究也需要依照心理学的研究范式,从意识生成的"感知—判断决策—形成图式"各个阶段进行分析。

一、感知过程:司空见惯的负面法律信息

农村居民与农民工的法治意识发展情况并不乐观,首先是因为法律治理效果不佳的现象通过影响感知过程,让他们愈发感到自己身边充斥着负面法律信息。在调研期间,无论在S镇哪个村的村委门口、广场、路旁,或者H区的企业宿舍、工地上,都时常能够听到人们在讨论最近发生在身边的或者媒体上报道的案子。仔细去听这些对话就会发现,他们讨论的案子往往是"冤案""错案",语气多带有抱怨。而对于法律又解决了什么问题,他们很少提及。这样的信息越来越多地出现,村民和农民工也就司空见惯了,从而将法律难以解决问题当作一种常态,使其对于法律实际效力的判断偏向负面。

上述现象与感知过程的运作模式相契合:感知的主观心理过程分为"感觉—知觉"两个阶段,但信息能够被感知的前提在于信息已经产生。因此从广义上来讲,法律治理效果不佳这一社会现象,从出现到被感知实际上经历了"信息产生—被感觉—被知觉"三个阶段:在信息产生阶段,法律无法解决纠纷或者规制秩序的事件增多,产生更多的负面法律信息。在感觉阶段,负面法律信息随媒介传播到农村居民和农民工可以感知到的范围内,并被感觉器官接收,特别是在公共空间和商业媒体等传播速度最快的信息渠道中,负面法律信息占据大部分内容。在知觉阶段,受感觉过程中吸收的法律信息与现实有偏差的影响,农村居民和农民工对于法律实际治理效果的认知并不准确,而偏向于将法律认定为"用处不大"。经过这三个阶段的影响,法律"缺乏力量""不能解决实际问题"的认知印象就逐渐形成了。

[1] 参见马皑:《法律心理学基本理论问题探讨》,载《甘肃政法学院学报》2010年第4期。

(一)信息产生阶段:负面法律信息总量上升

法律治理效果无法满足农村居民和农民工需求的现象,制造了大量的负面法律信息。根据S镇中心法庭的统计,2007年到2017年,该法庭的年强制执行立案总量由约150起攀升至近400起,增长至2倍以上,案件执行结案率却从近50%下降到刚刚超过30%,简单计算即可得知,仅S镇一地,得不到最终解决的纠纷就在10年间增加了200多起。类似现象不仅发生在司法领域,其他纠纷解决途径的情况也不乐观:近年来,S镇派出所依法进行行政处罚时,遭遇暴力抗法或者消极躲避执法的情形大大增多,无法处罚或者处罚力度不足的情况愈发常见;村组织依法调解后当事人拒绝执行,或者表面依法,实际上偏袒强势方的情况与往年相比也是涨幅明显。同样,在农民工较为关心的劳动保障领域,H区依法处理的劳动保障案件占到总案件数的一半左右,大量欠薪、侵犯劳动权等问题是通过上访、私了的方式解决的。信息基于客观社会现象产生,[1]社会现象发生的频次越多,产生的与该社会现象相关的信息越多。上述现象表明,农村居民和农民工无法运用法律解决问题,村组织与村庄精英和工会也无法依靠法律稳定秩序、维护权利的情况越来越多。因此,大量有关法律的负面消息被制造出来,农村居民和农民工了解到类似信息后,亲法需求意识的稳定性受到影响。

除了法律实际治理效果不理想导致的法律负面信息增多外,商业媒体在趋利性导向下渲染“法律无用论”的行为,也加剧了法律负面信息的产生。现代商业媒体的影响力是巨大的,它在制造热点、吸引流量的同时,产生了大量有关法律的不实负面信息。这些信息的大范围传播严重影响受众对法律的感知和判断。公众也愈发容易受到这些信息的影响,从而产生对法律的错误感知。

(二)感觉过程:负面法律信息易被接收

负面法律信息不仅在数量上变多了,在信息传播上也更为迅速,更易被农村居民和农民工接收。在基层农村和农民工的生活场景中,公共空间的讨论交流和现代传媒是农村居民接收信息最为便利的两个途径。课题组在调研过程中观察到,相比其他有关法律的信息,负面法律信息在这两个渠道中的传播速度更快,传播范围也更广。

S镇郭村的公共空间主要包括运动广场、村支部门口空地和路边。课题组每天经过这些地方,都会听到村民在聊天,内容大多是村里发生的坏事,其中就包括大量的纠纷。S镇郭村村民表示,这些纠纷都发生在村里,跟村民的利益息息相关,因此他们更愿意谈论交流这些事情,防止类似的损失发生在自己身

---

[1] 参见[俄]Ф. П. 塔拉先柯:《关于控制论中“信息”概念的定义》,半学译,载《自然辩证法研究通讯》1963年第2期。

上。近年来,法律解决不畅的案子变多了,村民对它的讨论自然也多了,特别是每当某个农村居民觉得自己经历的纠纷没有得到法律的妥善解决时,就会用公开指责甚至骂街的方式,将纠纷的内容以及法律的执行状况提交村落舆论,引发在公共空间的传播和广泛讨论,并期待获得支持以得到心理平衡,而负面的法律信息也由此被公共空间内的村民接收。H 区农民工的公共空间主要包括工友组织、宿舍、食堂等居住地。与村民相同,工友们也表示,近年来愈发会在和同事、同乡的交流中接收到许多发生在身边的、法律没有解决的案件、纠纷,或者网络上报道的"冤案"。同时,虽然农民工处在城市之中,但他们的交际圈除了工友外,基本仍是同村的乡亲朋友。特别是随着移动互联网的普及,每个村基本都有自己的村民群、家庭群等虚拟"公共空间",在外打工的农民工们时常能够通过这些群与村里取得联系,从而仍处于村庄的信息渠道之中,与农村居民一样,感知到村庄中越来越多的法律负面信息。

而在传媒方面,负面法律信息的影响力也是显而易见的。课题组分别选择了 10 位村民和农民工进行测试:选择他们使用手机时最常用新闻类 App"今日头条"、"天天快报"和"UC 头条",分别搜索"张扣扣案"后,请他们随意点击自己想看的法治新闻,并记录下标题。根据统计,他们平均每点击 20 条搜索结果,就有 13 条的题目具有十分强烈的负面导向性。[1] 可见,传媒途径中负面法律信息远比一般的法律信息更容易被传播。有关法律的负面信息更容易落入农村居民与农民工的感知范围,也就会频繁被受众获取,而这些争议性信息通过误导与暗示,就容易使受众形成与事实情况不相符的法律感知。

之所以负面法律信息能够更快地被传播,是因为它们与农村居民和农民工的"关系性距离"更短。[2] "关系性距离"指信息进入感觉范围的难易程度。信息与人的"关系性距离"越短,则该类信息越容易进入感觉范围,并提升其在范围内的信息密度,意识个体也就能够频繁地感知这些信息,逐步形成有关的意识。信息与意识个体的物理距离越近,或者信息能够传播得更远更迅速,就更有机会落入感觉范围并被感觉器官接收。公共空间中村民、农民工的相互交谈几乎是最短的信息渠道,人们聚集在一起议事、聊天、讨论,[3]使大量信息汇集到同一个狭小的空间中,这大大增加了信息进入感觉范围的概率。而愈发普

---

〔1〕 如标题《知情人:张扣扣终于把仇报了!》《民国版张扣扣:为父报仇枪杀军阀被国家特赦》《除夕夜连杀三人,判决原文被扒出来!真相是……》等。

〔2〕 参见李娜:《守法作为一种个体性的选择——基于对建筑工人安全守法行为的实证研究》,载《思想战线》2015 年第 6 期;[美]詹姆斯·C. 斯科特:《弱者的武器》,郑广怀、张敏、何江穗译,译林出版社 2011 年版,第 4 页。

〔3〕 参见陈柏峰、郭俊霞:《农民生活及其价值世界:皖北李圩村调查》,山东人民出版社 2009 年版,第 27-30 页。

及的电视、广播和移动网络系统，则成为了信息传播距离最远、速度最快、影响力最广的信息渠道，它们将大量距离极远的信息，以数据信号的形式带入意识个体的感觉范围。有关法律的负面信息之所以能够频繁地出现在农村居民和农民工的视野里，是因为该类信息挤占了公共空间和电视、网络传媒这两个促使信息与意识个体“关系性距离”最短的信息渠道，提升了其在受众感觉范围内的信息密度：借由公共空间的迅速传播，负面法律信息频繁地出现在意识个体的感觉范围内，从而有更大概率被感受器接收，严重影响农村居民和农民工对法律信息的整体感知。同样，传播速度最快的传媒渠道投放的法律相关内容与资源大多趋向负面，这些消息也就得以充分进入人们的感觉范围，刺激其感受器官，形成消极法律认知。

（三）知觉过程：法律的负面认知形成

在感觉过程中，S 镇三村居民和 H 区农民工接收的正面、负面法律信息数量畸形悬殊明显。这种现象影响知觉过程，使得他们对法律的认知发生偏差，产生晕轮效应，并表现为对“法律无用”现象的司空见惯。

课题组在询问有关法律不能解决问题的案件时，能明显地感受到村民和农民工对这类问题完全没有忌讳。在访谈过程中，受访对象也会有意无意地透露出，这些现象存在不少，大家都知道，没必要“藏着掖着”。这种现象的形成与对法律的感觉偏离现实有关。一方面，在缺乏国家力量支撑的局面下，法律解决纠纷和稳定秩序的能力确实出现了下降，并带来了大量的负面法律信息。另一方面，这些现象随着传媒渠道和公共空间等途径大范围传播，大家一起讨论、交流，就会让他们感觉这些事情很常见，并将其当作一种常见现象，加强对“法律无用十分普遍”的认同。[1] 这种将法律的负面性当作普遍现象的认知并不符合基层法律实践的现实情况，是一种“以偏概全”。但因为负面法律信息在农村和农民工生活空间中传播得更快，所以处在其中的意识个体就容易出现认知偏差。而部分媒体等刻意制造、扭曲法律信息的行为，使记忆单元新纳入的正面、负面法律信息比例严重偏离法律现实，更使得负面法律信息在记忆单元中的占比畸形提升，导致农村居民和农民工对法律负面性的认同愈发强烈，[2] 出现认为法律几无用处的现象。

---

〔1〕“当人们相信做某种事情能够获得更好的外部认同或尊重时，其行为的积极性显著提高。”参见李娜：《守法作为一种个体性的选择——基于对建筑工人安全守法行为的实证研究》，载《思想战线》2015 年第 6 期。

〔2〕参见［美］理查德·格里格、［美］菲利普·津巴多：《心理学与生活》，王垒等译，人民邮电出版社 2003 年版，第 105 页。

内容与现实的不符和法律的认知偏差,[1]还使农村居民和农民工形成负面认知的惯性,将正常的法律行为错认为不正常,并进一步印证自己对法律的负面性认识。问及有关“同案不同判”“二审改判”等问题时,访谈到的S镇的农村居民和H区农民工几乎都表现出来对这些现象的反感。他们认为,法律的规定都是相同的,所以如果法官公正判案,就不可能出现“同案不同判”;而“二审改判”,要么是一审法官不负责任,要么是二审过程有“猫腻”——总之,二者的发生都说明法律不公正。了解法律和法学的人都知道,上述两种情况是法律实践过程中十分常见的现象,只要有充足的理由或者法定情形,这两种情形是完全合法的。但是长期受到对法律负面性认知惯性的影响,再加上懂得法律的人太少,人们就很容易将这些行为当作法律不公,并储存在记忆单元中,强化本就愈发坚固的负面认知,[2]使他们对法律过分不信任,忽视法律的积极正面作用。

无论是“以偏概全”还是“认知惯性”,本质上都是认知偏差造成的“晕轮效应”:意识个体将法律信息中的负面相似特征联系起来,并形成一个统一分类。哪怕新的法律信息不属于该分类,但只要存在与这种负面特征类似的特征,意识个体就推断其属于该分类。[3] 简单来说,就是农村居民和农民工将部分法律效力不佳的知觉套用在对整个法律的理解上。因此,当他们亲历或者听说某一次依法判决或调解因缺乏强制力而没有得到执行,公正没能得到保证时,就会受“晕轮效应”影响,形成诸如“法律途径在农村不能解决问题”“法律一直都不解决问题”的刻板印象,进一步强化对法律的消极认知。

二、判断过程:法律难助农民、农民工规避风险

农村居民与农民工接收更多的负面法律信息后,会逐渐对法治产生治理效果不佳的印象。这种印象使他们意识到,法律难以帮助他们高效地定分止争、惩罚越轨者和挽回损失,从而不能够满足他们依法规避风险的需要。因此,他们倾向于将法治评价为负面,并在面对纠纷时选择疏远法律而寻找其他途径。

(一)规避风险作为判断标准

判断过程的核心是判断标准,处于村庄“结构混乱”之中的农村居民和“制

---

[1] 参见[美]凯斯·R.桑斯坦主编:《行为法律经济学》,涂永前、成凡、康娜译,北京大学出版社2006年版,第4-9页。

[2] 知觉偏差通过强化意识个体的偏见来形成。如在美国自杀案是杀人案数量的两倍,但媒体报道杀人案件远多于自杀案件的行为强化了公众对“杀人案远多于自杀案”的错误认知。参见王晓烁、刘庆顺:《守法行为的心理因素分析》,载《河北大学学报(哲学社会科学版)》2010年第6期。

[3] 参见[美]金伯莉·J.达夫:《社会心理学:挑战你的成见》,宋文、李颖珊译,中国人民大学出版社2012年版,第61页。

度性弱势”中的农民工,会因为利益受损可能性加大而落入“高风险社会”的心理情境中,并受此种情境引导形成规避风险偏好,从而在意识过程中将规避风险作为首要判断标准。

调研过程中,了解到本课题组成员是法学专业的,受访人就会拿自己的经历的或者听说的案件来向本课题组咨询,而他们最关心的,往往离不开“赔钱”“坐监”这几个词。问及原因,他们大多表示,走法律途径的目的就在于赶快把钱要回来,或者就算要不回来,把人抓进去能“出一口气”。

这种现象表现出法治意识在纠纷中的三种倾向:第一,惧怕损失的倾向。不论是问“赔钱”还是“坐监”,农民和农民工的目的都是了解在法律解决途径中,自己能否获得赔偿,或者受到多少损失,而这意味着其能够通过法律途径挽回多少损失或付出多少代价。因此在向本课题组咨询时,会将“赔钱”挂在嘴边。哪怕不能够赔钱,如果能够让造成纠纷的人“坐监”或者受到惩罚,他们也能在精神上获得慰藉。第二,受害人倾向。农村居民和农民工极为担心对方“赔不了钱”“不能坐牢”,说明其自认为是利益受损的一方,需要对方赔钱坐牢。但在实际的纠纷中,双方当事人可能并没有明显的加害方和受害方的区分,却都会认为自己才是受害者。在这种情况下,意识个体就会更担心法律的执行效果,更加期待法律能够有效地解决纠纷。第三,担心法律解决纠纷效果的倾向。因为难以预期法律解决纠纷的效果,农民和农民工才会去主动咨询法律知识,以便在面对实际的纠纷解决情况时,心里有个评判标准。

这三种倾向不是凭空出现的,而是建立在意识个体的“高风险社会”心理情境上。心理情境是指意识个体受客观社会环境中的要素影响,在认知过程中所构建的,能够影响其行为的虚拟环境。[1] 它基于社会要素产生,而又受个人意识影响,表现为对真实情境的个性化偏见。[2] S 镇的居民和 H 区农民工出现“高风险社会”的心理情境,就意味着其在社会生活中有强烈的危机感。这种危机感影响意识过程,经由“晕轮效应”的加工,使他们产生“社会处处存在风险”的知觉偏差,从而让其更倾向于作出规避风险的行为。

农民的危机感来自“结构混乱”。在农村社会,传统农村的差序格局随着农民流动性异质性增大而逐步瓦解,宗族力量减弱,村庄内生秩序难以持续。国家行政力量撤出农村,基层公权力部门行使国家力量的能力也不足。这一方面导致村庄内部缺乏能够稳定社会秩序的力量,规则和秩序很难得到村民的遵守。村庄统一的价值观念出现分化,村民本体性价值取向缺位,行为底线越来

---

〔1〕 参见杨治良、郝兴昌主编:《心理学辞典》,上海辞书出版社 2016 年版,第 552 页。

〔2〕 See Allport G. W, *Pattern and Growth in Personality*, Holt, Rinehart & Winston, 1989.

越模糊，[1]越轨行为时常出现，村内纠纷高发，村民利益受损的可能性增大。另一方面，秩序与力量的缺失又使农村社会对于越轨行为的防控、监管和强制能力缩水。农村居民在面临纠纷时，难有可预见和长效稳定的纠纷解决机制，挽回损失的概率大大降低。纠纷增多而又难以救济，农村居民面对风险和损失的可能性就会提升，惧怕损失和担心法律治理实际效果不佳的倾向就出现了。

农民工的"高风险"来自"制度性弱势"。在户籍制度与资源分配绑定的情况下，农民工很难在城市立足：老一代农民工追随"以经济为中心"的战略，从农村来到城市，以期改变自己的生活状况。农民的转移一方面给城市带来丰富的劳动力，但另一方面，大量人口的涌入使得政府管理困难，财政吃紧，城市治理难度提高。为了缓解这一局面，国家在将户籍与社会资源分配相挂钩的情况下，把就业、教育、医疗等社会保障和公益资源的分配限制在以市民为主体的范围内。[2] 在这种情况下，农民工虽然身在城市，却既难以获得正规工作，又不能和市民享受同等的资源和机会，生活相对困难。为了获取更多的收入，他们只得选择临时工、家政、工地工人等非正规就业或者不签订劳动合同。但这类工作的利益受损风险远远高于正规就业，一旦出现被辞退、欠薪的情况，就极其容易面临经济来源中断的问题，难以继续在城市生活。在新一代农民工的生活中，这种情况仍在持续，虽然他们比老一辈农民工更熟悉城市生活，且户籍制度已经在不断松动，但长期历史性的制度、市场排斥已经在市民和农民工之间划出了难以逾越的鸿沟，农民工的境遇很难短时间内改善，[3]"制度性弱势"仍在持续。

而且，即使城市生活难以持续，农民工，特别是新生代农民工，也很难再次回到农村，从而陷入"两栖人"的不利境地。[4] 一方面，农民工外出打工时间越长，对土地和务农就越生疏，难以依靠农业生存。因此，如果因为无法在城市立足而突然回到农村，他们很容易陷入缺乏经济来源的境地。另一方面，长期在城市生活使他们对家乡产生了距离感和陌生感，农村的乡土社会中，人的联系十分重要，多年不归的农民工与村民相对生疏，缺乏必要的人际关系，在村庄生活中很容易受到歧视甚至侵犯，导致产生较高的生活风险。

意识个体在心理情境中会给定自己一个角色，并不自觉地按照该角色的行为规范作出一系列符合心理情境的举动。不同的角色在心理情境中有不同的

---

〔1〕 参见陈柏峰、郭俊霞：《农民生活及其价值世界：皖北李圩村调查》，山东人民出版社 2009 年版，第 4-5 页。

〔2〕 参见陈映芳：《"农民工"：制度安排与身份认同》，载《社会学研究》2005 年第 3 期。

〔3〕 参见刘传江：《第二代农民工市民化：现状分析与进程测度》，载《人口研究》2008 年第 5 期。

〔4〕 参见刘传江：《第二代农民工市民化：现状分析与进程测度》，载《人口研究》2008 年第 5 期。

权力与地位,而这也会直接影响意识个体在心理情境中的行为。[1] “结构混乱”和“制度性弱势”导致村民和农民工受到利益损失的可能性上升,因此他们往往会将自己摆在“高风险社会”心理情境中“受损者”的位置上,倾向于将规避风险、减少损失作为自己行事和判断信息的标准。

(二)法律难以满足判断标准

想要规避“结构混乱”和“制度性弱势”造成的风险,就需要有一种稳定的规则和秩序,既能够使越轨者惮于惩罚措施的威慑力而不敢造次,又能够使维权者依靠秩序规则获得及时的救济。农村居民和农民工亲和法律的本来目的就在于依靠法律的普遍性及其背后强大的国家力量,建立能够达到上述目的的稳定秩序。但由于难以真正显现出威慑力,法律仅成为一种被人们逐渐掌握的“知识”,而非帮助他们遏制纠纷消极影响[2]和规避风险的“制度”:它既没有足够的能力保障惩罚措施的实施,又缺乏有效的手段帮助维权者挽回损失。在这种情况下,法律的治理效果难以得到发挥,其威信也难以建立。农村居民和农民工难以依靠法律作出对风险的规避,自然就会对法律作出负面评价。

法律维持社会秩序、帮助农村居民和农民工规避风险的作用,[3]很大一部分体现在其通过强制力惩罚越轨者,增加他们制造风险的成本上。国家力量支撑下的合法暴力是法律威慑的直接来源,但如今不论在城市还是农村,只要是在基层,国家力量的供给就不够稳定,致使惩罚机制的力度大打折扣,越轨者通过暴力对抗或者消极应对的方式减轻甚至逃脱法律制裁的现象逐渐增多。因此,农村居民和农民工对法律的诟病也主要集中在法律无法兑现其应对越轨者作出的惩罚上。在这种情况下,法律难以通过惩罚增加越轨者制造风险的成本,规避风险的作用也就很难体现出来。法律不能满足需求,自然就会得到负面的评价判断。

基层公权力部门行使权力的能力难以施展,是国家力量在基层无法给予法律足够支撑的最直接原因。基层公权力部门的资源、人力不足。S 镇派出所只有 3 名民警、7 名协警和 1 辆能够正常使用的警务用车。因此他们不论出警任务有多少,都只能排队用车,甚至骑电动车去案发现场,但他们面对的是接近 5 万的基层群众和每天 30 多起的报警电话,在人力和物资严重不足的情况下,这些工作以他们的能力完全应接不暇。H 区 F 社区派出所面临的形势更加严峻,除了与 S 镇相同的问题外,他们还要管理数以万计的流动人口(主要是大学

---

[1] 参见[美]理查德·格里格、[美]菲利普·津巴多:《心理学与生活》,王垒等译,人民邮电出版社 2003 年版,第 481 页。

[2] 参见陈柏峰:《乡村司法》,陕西人民出版社 2012 年版,第 63 页。

[3] 参见董磊明、陈柏峰、聂良波:《结构混乱与迎法下乡——河南宋村法律实践的解读》,载《中国社会科学》2008 年第 5 期。

生和外来民工),管理压力更加巨大。S 镇检察室名义上有 10 名工作人员,但其中有 6 名是以镇政府名义借调的,平时根本不到 S 镇检察室工作,所以实际工作任务只有 4 名工作人员承担。巨大的任务量分给 4 名工作人员,使他们加班加点成为常事,即使是这样,也很难保障每起案件都能够充分有效解决。

为了解决基层公权力部门权力行使能力的不足,我国大力推行技术治理措施,[1]以期通过联网等信息技术手段加强公权力部门与基层的联系,并通过政府设置网格员,各个执法、司法部门设置专员的方式,缓解基层能力不足导致的国家权力行使不顺畅,加强法律和国家权力对基层的影响力。然而在实践中,工作人员仅需要用微信或者邮件即可安排专员到村内,自己完全没必要下村。但村里的专员基本上都是由村干部兼任,他们既没有执法权,又缺乏足够的法律知识和权威,很难完成基层公权力部门派给的任务。这样一来,技术治理手段非但没有使公权力更好地发挥效果,反而加剧了基层权力的悬浮,导致了更加严重的国家力量缺位,大量纠纷积压在村内而得不到公权力的介入和解决。

农村居民和农民工能够以法律为依据,通过法定救济途径挽回因秩序不稳定而造成的损失,是除惩治违法行为外,法律满足“规避风险”判断标准的另一个必然要求。依法救济本应是公权力机关和当事人均需要积极参与的过程,但在法律实践中,这些救济途径很难起到效果。在农村,这种现象主要表现为救济途径的“自助性”:在举证和执行过程中,公权力机关参与度不够,没有完全履行应尽的责任,当事人只能更多依靠自身的能力来进行救济,而他们多数又不知如何进行自我救济。在城市,这种现象则表现为农民工在许多情况下,不受劳动法等直接影响其生活的法律的保护,使得农民工立足城市的根基面临巨大风险,而难以得到救济。

“谁主张,谁举证”是我国民事诉讼法的一大核心原则,S 镇农村居民对其耳熟能详。特别是在司法改革极为强调“当事人主义”的情况下,举证义务在实践中基本都分配给了普通百姓。但问题在于,举证的“自助”意味着救济成功率与农村居民自身举证能力直接挂钩,能够获取证据,则容易获得救济;而如果无法获取证据,就要承担救济失败的风险。一般农村居民在没有国家力量帮助的情况下,难以获取对自己有利的证据:他们既缺乏保留证据的意识,不能在侵犯利益的风险行为发生时及时保留证据;又没有足够的人脉、资源和能力,无法在

---

[1] 参见陈柏峰:《纠纷解决与国家权力构成——豫南宋庄村调查》,载谢晖、陈金钊主编:《民间法》(第 8 卷),山东人民出版社 2009 年版,第 156 页。

损害发生后进行有效的自主侦查和收集证据,[1]从而陷入“规则黑洞”,[2]难以获取及时的救济。这种情形既与国家宣传的“法律的知性、体贴”形成了巨大落差,又使举证变成了完全自助、风险不可控的过程。农村居民无法稳定地依据法律寻求救济避免风险,对法律的判断也趋于负面。

救济过程“自助”、案件执行难等使得法律难以高效进行救济的情况在农民工的法律实践中同样存在,但对农民工的法治意识影响最大的,还是劳动法在多数情况下不保护他们的权利。劳动是农民工获取收入、立足城市的根本。一旦遇到欠薪、工伤等问题,如果不能得到高效的救济,他们就很容易陷入不得不离开城市的境遇。因此,劳动及其收入风险对农民工而言尤为敏感。保护、救济农民工的合法劳动、报酬权利也因此显得特别重要。然而,由于我国劳动法对“劳动者”和“劳动关系”的界定不清,农民工被排除在保护范围外,他们无法通过法律获得救济,也就形成了法律难以符合规避风险判断标准的认知。

劳动法规制的是劳动关系,而大多数农民工是劳务关系。[3] 劳动关系是指劳动者与企业、个体经济组织、民办非企业单位等组织依法签订劳动合同而形成的法律关系。大部分农民工群体与用人单位没有签订劳动合同,而像保姆、家政、学徒、小作坊工人等劳动者,即使其签订所谓的“用工合同”,也因为合同的对象是个人而非用人单位从而不属于劳动法保护的范围。[4] 在这种情况下,农民工与雇主的劳动关系大多没有落入劳动法规制的范围,遇到劳动风险时自然不能够获得法律的救济,从而导致对法律的负面评价。

大多数农民工也不属于劳动法规定的劳动者。我国语境中“劳动者”一词的含义经历了三个阶段的变化:在革命时期,劳动者的意义几乎等同于“无产阶级”,是一种革命话语,范围较广,也符合现代大众对劳动者的基本认知;新中国成立后,劳动者的含义主要是“工人”这一在当时拥有较高社会地位的劳动群体;而改革开放市场化后,劳动者的含义转变为了国家工作人员、白领、蓝领等有正规化工作的“职工”。[5] 我国劳动法对劳动者的界定基本与第三阶段的意义相同,但类似临时工、没有劳动合同的所谓的“厂仔”“厂妹”等劳动人民被排除出了劳动者的行列。特别是随着正式职工准入门槛规范化且越来越高,非正

---

〔1〕 参见常怡主编:《民事诉讼法学》,中国政法大学出版社 2005 年版,第 205-206 页。

〔2〕 参见杨华:《“政府兜底”:当前农村社会冲突管理中的现象与逻辑》,载《公共管理学报》2014 年第 2 期。

〔3〕 参见黄宗智:《重新认识中国劳动人民——劳动法规的历史演变与当前的非正规经济》,载《开放时代》2013 年第 5 期。

〔4〕 参见唐凯娥、魏炼红、李忠云:《农民工进城就业保障制度创新研究》,载《重庆工商大学学报(西部论坛)》2008 年第 1 期。

〔5〕 参见黄宗智:《重新认识中国劳动人民——劳动法规的历史演变与当前的非正规经济》,载《开放时代》2013 年第 5 期。

规就业劳动者更难跨入劳动法意义上的劳动者行列，受保护的可能性愈发减小。

在我国的农民工中，非正规就业劳动者占了绝大多数。在本课题组访谈的H区农民工中，具有职工身份、享受福利制度的只有4.4%，签订劳动合同的只有18.9%，而其他农民工均属于非正规就业。这种现象的出现，一方面是由于职工准入机制要求工人有较高的水平和素养，农民工几乎不可能达到要求。另一方面，农民工在缺乏教育、医疗和社会保障资源的情况下，其实际生活成本要高于其他市民。[1] 因此他们必须不惜冒着风险去争取就业机会，根本没有办法考虑就业的正规性。在这种情况下，大多数农民工无法得到劳动法的保障，不能享受到在劳动纠纷这一关系到安身立命的重要问题上，法律给予的救济。更为严重的是，非正规就业劳动者工作时间长、工作强度大、工作环境恶劣，[2]但收入低且不稳定，缺乏社会保护和国家福利保障，[3]遭受风险的可能性远远大于其他职工。一旦失业、被欠薪，或者受伤失去劳动能力，他们往往难以负担在城市高昂的生活成本，只能被驱赶出城市。因此，当遇到这类问题时，他们往往需要极其迅速地想尽办法来维权。但劳动法将农民工排除在救济范围之外的现实，让他们受损的利益完全无法通过法律途径进行弥补。类似的现象在农民工的生活场景中频频出现，他们就无法信任法律，从而对法律作出负面的评价。

法律既不能够惩罚越轨者，又很难有效地救济利益受损的维权者，那农村居民和农民工对它的评价自然会降低。在进行如何规避风险、减少损失的决策时，农村居民和农民工就会倾向于选择其他救济途径。其中，信访、寻求灰色暴力势力帮助和集体行动制造舆论是最主要的三个途径。这样一来，农村居民和农民工在面对日常纠纷时，愈发倾向于选择法律之外的规则和力量作为维持秩序、解决纠纷并最终规避风险的途径。意识个体的判断和行动容易受到他人行为影响，认同“别人都在做的事情”，[4]人们越来越多地选择法律之外的规则和渠道解决纠纷，这更加强化了其对于法律无法起到维持秩序、规避风险作用的认知，从而对法律作出趋向负面的判断。

---

〔1〕 如入学需要交择校费，生病不能报销，住房没有补贴等。

〔2〕 参见刘传江、周玲：《社会资本与农民工的城市融合》，载《人口研究》2004年第5期。

〔3〕 参见李强、唐壮：《城市农民工与城市中的非正规就业》，载《社会学研究》2002年第6期。

〔4〕 Cialdini. Robert. B. & Noah. J. Goldstein, *Social Influence: Compliance and Conformity*, Annual Review of Psychology, Vol. 55, p. 591-621 (2004). 转引自李娜：《守法作为一种个体性的选择——基于对建筑工人安全守法行为的实证研究》，载《思想战线》2015年第6期。

三、图式形成过程:亲和法律的图式动摇

本课题组观察到,农村居民和农民工对法律的负面评价正在“积习难返”,[1]逐渐定型,并动摇人们对法律的亲和感,甚至使他们表现出疏远法律的倾向。从心理学来讲,这是一个图式顺应新判断而发生变化的过程:图式是一种内隐式的记忆,表现为意识个体对某一事物、情境、行为等客观存在稳定判断,并以此指导自己做出最符合既有经验的行为。[2] 图式的形成基于判断的积累:意识个体对法律需求的判断结果被定型化,并储存在记忆中,每当获取与其相关的新判断时,这些记忆就会被唤醒并与新的判断叠加或者抵消,而留下来的就表现了对法律需求程度的平均水平,[3]也就是法律的图式。因此,对法律的判断如果发生改变,新判断进入记忆结构,就会动摇原有图式,表现出对新图式的顺应。而农村居民和农民工从认为法律“好”,到逐渐不将法律作为解决纠纷的依据,正说明了其亲和法律的需求图式受到了动摇,并转向疏远法律。

以往农村居民、农民工之所以乐意学习法律、运用法律,是因为他们都形成了亲和法律、需要法律的图式。据S镇张村村民讲,在法律刚刚进入村庄并不断普及的阶段,农村居民对法律的认识和评价很高。在当时,只要村里有人打架斗殴,村民就直接打电话报警,通过国家机构的介入,运用法律解决问题。这与我国改革开放以来的法治宣传和法治建设密不可分:改革开放以来,随着国家开始重视法律规则体系的制定与完善,建立相关制度与配套措施,法律开始能够起到惩治违法犯罪、维护公民权利的功能。特别是在“严打”和扫黑除恶的过程中,通过公开审判大量抢劫、杀人、爆炸等恶性案件和严厉惩处相关犯罪人员,现代法律的威慑力在中国建立起来。许多农村居民和农民工都表示,自己对之前看过的很多公开审判记忆犹新,也是因此树立了对法律的敬畏感。而通过官方渠道的弘扬和村民对案件的口耳相传,人们愈发能够感受到法律与背后国家力量的强大,也开始对法律的治理效果形成初步的印象。

在当时,人们将法律作为标准规则来解决纠纷的情况相对较少,对于法律的感知主要来自宣传渠道。官方渠道和普法活动的宣传将法律塑造成“无微不至”“服务人民”的形象,而农村居民和农民工在日常生活中又很少接触法律,没有经历过讼累,因此对法律的正面判断就逐渐形成了。几乎同时,市场经济分化了农民的价值取向,加速农民人口流动,差序格局瓦解速度加快,村庄内

---

[1] 参见李娜:《“积习难返”:日常性违规的生成机理及其后果》,载《思想战线》2018年第3期。

[2] 参见宋湘琦:《守法激励研究》,吉林大学2015年博士学位论文,第25页。

[3] 参见[美]理查德·格里格、[美]菲利普·津巴多:《心理学与生活》,王垒等译,人民邮电出版社2003年版,第215-216页。

生规则被破坏，宗族力量大不如前。而行政力量后撤与村庄自治带来的消耗性竞争也重创村级组织权威，致使村庄失序，村民生活风险增大。同时，农民工开始离开农村进入城市，在“制度性弱势”的影响下难以融入当地社会，生活风险提高，并导致他们对稳定秩序、规避风险的需求愈发强烈。在上述情况下，农村居民和农民工开始将法律及其背后的国家力量作为解决“结构混乱”和“制度性弱势”局面的首选途径，不仅他们主动学习法律，村组织、工会、企业也会定期举办普法活动，亲和法律的图式也随着对法律需求的加强而建立起来。

这种亲和法律的需求并没有持续多久。在法律实践真正进入农村居民和农民工的生活后，人们愈发感受到法律在稳定秩序和解决纠纷上能力的不足，亲和法律的图式也因此逐渐动摇，甚至有向疏远法律的图式扭转的倾向。虽然在对严重违法行为，特别是暴力犯罪问题的惩治上，人们仍能够感受到法律的治理效果和力度。但在解决农村和农民工生活场景中多发常见的民事、劳动和轻刑事纠纷，以及为农村秩序稳定提供力量保障上，法律逐渐显得心有余而力不足。这也直接导致了农村居民和农民工亲和法律的图式发生松动。一方面，在法治知识大规模普及之前，如果发生较为严重的犯罪行为，“人命关天”，影响巨大，仅靠一般内生规则秩序根本无法将问题解决。这时人们会主动报案，把案件提交国家机关，依靠法律解决问题。因此，在严重违法犯罪领域，法治意识的显著提高也很难使农村居民对法律的认知和判断发生太大的改变。另一方面，如上文张村、郭村和 H 区的各种案例描述的那样，在解决农村居民和农民工的日常生活纠纷、民事、劳动、轻刑事案件，以及村组织、村庄精英在维持村庄秩序工作中面临的治理问题时，法律无法保证其治理效果，使“结构混乱”和“制度性弱势”问题没有得到根本改善。法律无法满足人们对于规避风险的要求，也就滋生了人们对法律的不信任感，开始出现对法律的疏离和负面评价。

以 S 镇法庭和派出所的统计为例，S 镇三村日常生活领域的案件和纠纷与严重违法犯罪的比例约为 200∶1，日常纠纷在数量上远远大于严重犯罪行为。这就表明，农村居民和农民工在日常生活领域等方面对法律的负面判断远远多于在严重违法犯罪领域的正面判断，从而使疏离法律的意愿在图式对新判断的吸收中占据上风。这些判断与原有的亲和法律的图式不兼容，在被记忆编码后与之发生抵消作用，将他们对法律的需求水平拉低，原有图式开始动摇。而只要法律难以治理“结构混乱”“制度性弱势”的现象持续存在，随着法律实践的增多，农村居民和农民工会通过学习行为积累大量有关法律的负面信息，使得疏远法律的判断持续堆叠，而这种判断变量的不断加大，最终会导致图式整体倾向性的改变，将亲和法律的图式扭转为疏远法律的图式。

亲法图式扭转为疏远法律的危害已经开始显现。在 S 镇农民和 H 区农民工中,认同“法律无用论”的人越来越多,法律和国家力量的整体公信力开始下降,特别是在秩序最为混乱的S镇张村,农村居民与法律的关系已经开始陷入“不信法—不用法—强化对‘法律无用’的认同—更不信法”的恶性循环,使疏远法律的图式更加难以改变。〔1〕 这种疏远法律的图式不仅指导村民和农民工尽量避免使用法律途径,还会反过来进一步强化他们对法律的负面认知和判断。当对客观事物的信息感知不够完整时,意识个体会将图式的内容填入感知,并在对感知进行判断决策时,偏向既有图式积累起来的整体倾向。〔2〕

比如,在理解法律事件时,农村居民和农民工会不由自主地将对法律的负面情绪加入对新案件的信息中,却不能意识到这些感知已经有了倾向性。H区有许多农民工看到城管的执法行为,就理解为城管“仗势欺人”,而置执法的理由与合理性于不顾;看到二审减轻了一审的判罚,就觉得二审过程有“猫腻”等。类似的带有强烈个人倾向的信息进入判断决策阶段,也更容易得出与既有图式相符合的判断,从而通过叠加效果,对图式进行进一步强化。疏远法律的图式愈发被认同,农村居民和农民工的行为就会更加倾向于不学习、不使用、不将法律作为解决日常纠纷的依据。当这种行为成为一种习惯时,受禀赋效应影响,〔3〕他们会认为自己的做法是对的,从而更加感到法律对自己用处不大,强化“不信任法律”的认知,使其与法律的关系陷入不断疏离的恶性循环,加速学法、守法、用法行为的逐渐消失。

第三节 强化农民和农民工法治意识培养的路径

由上文可知,在法律实施效果不佳,难以解决“结构混乱”和缓解“制度性弱势”问题,信息渠道偏差性传播的情况下,农民和农民工开始对法律出现负面认识,认为其不能够满足他们运用法律规避风险的需求,从而作出负面的判断,造成由亲和法律图式向疏远法律图式的转变,为法治意识的发展埋下隐患。为了解决这一问题,国家需要从制度层面对上述现象进行干预,提高法律治理“结构混乱”和“制度性弱势”的能力,消除法律负面效应不当传播的影响,从而

---

〔1〕 参见[美]戴维·迈尔斯:《社会心理学》,侯玉波、乐国安等译,人民邮电出版社2016年版,第486页。

〔2〕 参见王晓烁、刘庆顺:《守法行为的心理因素分析》,载《河北大学学报(哲学社会科学版)》2010年第6期。

〔3〕 简单来说,禀赋效应是指:对同一件物品,拥有物品的人比购买物品的人更觉得它值钱;对同一种行为,做出行为的人比反对行为的人更觉得它正确。See Kahnemand D., Knetsch J. L. & Thaler R. H., *Experimental Tests of the Endowment Effect and the Coase Theorem*, Journal of Political Economy, Vol. 98:6, p. 1325-1348(1990).

帮助农村居民和农民工规避风险，促进其主动亲和法律，推动法治意识持续发展。

一、增强依法治理“结构混乱”的能力

法律在农村难以治理“结构混乱”的最主要原因在于国家权威力量的作用难以在基层显现，导致法律维持社会稳定、减少社会风险的功能减弱。因此，想要实现将法律“迎下来”治理社会秩序的目的，并培养农村居民亲和法律的意识，就需要设法增强国家力量的存在感，切实保障法律的基层运行。

第一，加强基层公权力部门依法行使权力的能力，是保障国家力量在基层显现出作用的关键。不论是农村居民依法解决纠纷、规避风险，还是村组织依法治理村庄秩序，都需要足够的国家力量作为保障。而基层公权力部门的行政、执法、司法行为，是国家的强制力在解决纠纷、稳定社会秩序的过程中得以具体显现的主要形式。因此，法律在基层的治理能力与基层公权力部门权力的行使直接挂钩。如今基层公权力部门权力行使的“无力”“无效”情况增多，〔1〕这直接影响了国家力量威慑效果的发挥，导致法律的权威缺乏足够的力量保障。这种情况需要得到改变。

首先，要加大对基层公权力部门的资源和人力投入。通过提高基层公权力部门行使国家权力时的人员数量、装备水平，在感官上和具体执行情况上形成法律与国家权力的威慑力。同时，加大对基层公权力部门的投入，有利于缓解基层工作人员因任务量巨大而在每一个具体案件中投入的精力过少的问题，保证权力行使能起到良好的治理效果，从而获取农村居民对法律执行效果的信任，强化亲和法律的图式。

其次，改革集权型权力运行体制，加强权力向基层流动。上级政府应在有效监管基层权力的前提下，放宽对基层部门行使权力的限制，强化其正式治理力量，发挥其在治理基层问题时的主导作用。〔2〕减少不合理地把工作和任务下压到基层的行为，减轻基层部门非职能性工作负担，将更多资源运用在法定职能的行使上。通过改革用人、财政制度，化解基层“唯上是从”的行事逻辑，增加基层公权力部门执行与民众利益密切相关，但非上级要求中心工作任务时的精力投入，〔3〕将群众的身边事办好，扩大农村居民对法律能够“办好事”“办实事”的认知和判断，建立对法律的信任，减缓疏远法律的图式形成。

最后，加强社会性力量对基层权力行使的辅助作用。法律背后的国家强制

---

〔1〕　参见张勇：《农村基层权力的弱化及应对路径》，载《理论探索》2010年第3期。

〔2〕　参见张勇：《农村基层权力的弱化及应对路径》，载《理论探索》2010年第3期。

〔3〕　参见吕德文：《基层权力失控逻辑管窥》，载《协商论坛》2017年第8期。

力依靠基层公权力部门的行使而显现,但是其工作人员并非都能够了解和熟练应用法律,这影响其对法律强制力的支撑作用,因此在加强基层权力建设的同时,可以尝试以律师、法学学者等社会资源为依托,辅之以法律相关权力的行使,促使依法治理效果更加显著。山东省推行的“一乡镇一律师团队,一村庄一法律顾问”计划,通过律师给政府、村组织提供法律知识咨询服务,并参与纠纷调解、协商和执行的方式,有效提高了基层政府和村组织依法治理行为的群众认同度,在实践中起到了较好的作用。

第二,在基层法律公权力部门行使权力的能力不足的情况下,可以充分利用基层党组织的力量,依托党支部的组织力量与党员的先锋带头作用,为法律在基层的运行提供保障。在本课题组调研的S镇三村中,秦村的秩序明显好于其他两个村。究其原因,就在于秦村形成了以村党支部为核心,以党员会议为主体,联系各个乡镇职能部门的治理体系。

首先,党反映国家人民的整体利益,在基层公权力部门能力不足的情况下,国家可以依托党的基层组织,以村党支部为落脚点,通过将党的政策方针贯彻到乡村中,实现国家意志在基层的影响力,[1]从而缓解法律因公权力能力不足而缺乏威信的问题。其次,“总揽全局,协调各方”是党的优势所在。在“结构混乱”中,基层党支部通过协调基层各方关系,将群众、村组织、乡镇凝结在一起。并在具体案件中将处理纠纷的法律规则与纠纷相关的各类权力关系相结合,[2]形成支撑法律运行的后盾,弥补基层公权力的不足。最后,相对于其他农村居民而言,党员的觉悟与行动力较高,乐意为村集体利益和村庄秩序贡献自己的力量。在村庄因村民异质性加强而难以统合的今天,这显得弥足珍贵。在秦村,党支部专门挑选德高望重的老党员,成立了一支10余人的调解小组。一方面,老党员在依法调解的过程中更容易受到村民的尊重,村民乐于接受老党员们的调解意见,纠纷能够尽快依法解决。另一方面,如果发生基层公权力力量不足导致法律无法得到遵守的情况,这支队伍会协助政府、法院的工作人员参与到案件当中,为国家力量在村庄的施展提供支持,增强法律的威慑作用。在这种情况下,法律能够依托国家公权力和党的双重力量来维持社会稳定,并提供长效正义供给。村庄秩序依法得到治理,农村居民自然就会对法律作出正面判断,从而有助于亲和法律的意识形成,促进法治意识发展的持续和深入。

二、增强依法缓解“制度性弱势”的能力

法律难以缓解“制度性弱势”给农民工带来风险的主要原因是,在户籍制度

---

〔1〕 参见强世功:《法制与治理——国家转型中的法律》,中国政法大学出版社2003年版,第10页。

〔2〕 参见陈柏峰:《乡村司法》,陕西人民出版社2012年版,第43页。

与资源分配相绑定的情况下,农民工无法获得与市民同等的自我发展和就业机会,这导致其中的大多数人不得不成为收入低、面临风险大的非正规就业劳动者。而法律在农民工面临因上述情形而造成的利益损失时,一方面出于保证财政与劳动秩序的考量,无法将他们纳入劳动法的保护范围;另一方面又不能满足农民工对救济途径简便化、高效化的要求,从而无法切实有效地帮助他们规避"制度性弱势"下可能面临的风险,使得农民工缺乏亲和法律的动机,难以形成法治意识。可见,想要解决上述问题,相关部门应当对劳动法的保护范围进行适当调整,并在一定程度上依据农民工的维权需要,推动法律救济渠道变得更加高效化。

劳动收入作为农民工立足城市的最根本要素,在遭受损失时需要得到及时有效的救济。如果法律能够帮助农民工在劳动纠纷中减少可能的风险,"制度性弱势"的问题将会被大大缓解,农民工也会做出主动亲和法律的行为,促使其法治意识得到发展。大多数农民工不在劳动法的保护范围内是阻碍农民工通过法律获得救济的最主要原因,因此应当首先解决这一问题。一方面,在正常保证劳动就业秩序的情况下,我国应当适当放宽对农民工获得职工资格的要求,将部分符合条件的农民工纳入统一的劳动保障制度,维护其劳动权利,降低其在遭遇风险时获得救济的难度。另一方面,即使无法将农民工纳入统一的劳动者保障体系,劳动法也应当基于我国大批农民工难以获得保护的实际情况,形成一套针对非正规就业劳动者的权利保护和救济制度,切实保护他们的权益。在适用劳动法,以及对"劳动者"和"劳动关系"的法律语境进行解释时,应当坚持社会主义传统,突出对我国广大劳动者、无产者和工人阶级的保护,而不应仅仅限缩在市场化的"专业职工"这一范畴内,忽视了我国绝大多数劳动者并不属于市场意义"职工"领域的现实。只有这样,农民工才能通过法律保障自身权利,规避"制度性弱势"所产生的风险,从而提升他们对法律的亲和程度,促进法治意识发展。

不仅农民工需要适应城市生活及其配套的法律制度,城市和法治也要适应农民工的到来。在保护农民工权益上,过分追求程序正义和专业性的法律无法满足农民工对迅速高效解决纠纷的需求,因此需要作出一定的改变。在长期应对侵害和纠纷的实践中,由于自身力量薄弱,缺乏专业性知识等因素的制约,农民工往往不能够高效地通过法律渠道获得救济,及时避免损失。因此他们选择抛弃法律救济渠道,并在实践中逐渐形成了自己的一套以集体行动为核心的维权模式。这种模式并不契合法治的要求,但符合农民工在长期"制度性弱势"中追求高效简便规避风险的需求。因此,为了使法治演进过程更加平等,能够反映农民工等群众的利益,法律救济渠道应当吸收农民工自发救济模式的精髓,提高救济效率,减少无谓的程序和论证,在保证公平的前提下,更快地帮助农民工解决纠纷、规避风险。只有这样,农民工才会倾向于选择法律救济渠道,提高法治意识。

三、加强对法律正面信息的合理宣传

想让农村居民和农民工更多地感知到“法律有用”,不仅需要法律能够提供长效稳定治理能力,还需要通过传媒渠道的合理宣传,缩短法律正面信息与受众的关系性距离,让更多人接收和感知到法律的正面作用,同时限制失真、扭曲的负面法律信息的传播。

首先,法律威慑越轨者的特征主要以强制力为体现,基层公权力部门依法拥有部分行使国家强制力的权力,如果缺乏这种强制力威慑,法律就很难在基层树立权威。因此官方媒体进行宣传时,除了需要弘扬法律和法律工作者的“体贴、无微不至”的一面,更要适当体现法律及背后国家力量“孔武有力”的特征,从而在感知上震慑越轨者,使其不敢轻易作出违法行为。

其次,应对有关法律及其背后国家力量的负面信息作出反应。一方面应严厉查处部分商业媒体通过夸大、扭曲甚至编造等方式抹黑法律与基层公权力部门,并以此牟利的行为。另一方面,对于正当合理的负面报道,国家宣传机构不应仅进行限制或删除,而应以官方媒体为渠道,对问题进行公开解释或者说明,形成互相探讨的舆论局面。这样既可以避免负面信息成为“唯一的声音”,让媒体受众更加清楚案件实质信息及案件各方的态度;又可以加深民众对法律的感知与理解,并提升民众对国家和公权力的信任程度,为塑造亲和法律的需求意识营造良好的舆论氛围。

最后,官方媒体虽然应当投入更多资源对法律及其背后国家力量的正面消息进行宣传,但这种宣传应当是适当的、描述性的,而非美化的。既要弘扬法律对于维持社会稳定、创建和谐社会的积极作用,也应当承认在现实条件下,法律不是万能的,法律背后的国家权力在基层的能力是有限的。[1] 避免出现现实与实际情况的割裂而造成的农村居民和农民工对法律的反感,影响亲和法律的需求意识生成。

需要说明的是,本书所描述的法治意识发展出现隐患的现象,更多是在强调一种趋势,即法治意识整体发展趋势仍是向上的,但在大量的法律实践中,农村居民和农民工对“学习法律、应用法律”的热情有所降低,向上加速度放缓,且该现象有不断发展的可能性;而非指农村居民和农民工已经完全丧失了对法律的信心,放弃了对法律的应用。与之相对应,法律实施效果不佳也是指法律的威慑力和救济能力不如从前,而不是其已经不能支撑正常的社会运行。

---

〔1〕 参见吕德文:《边缘地带的治理》,社会科学文献出版社 2017 年版,第 2-5 页。

本课题组所担心的是,虽然法治意识发展的隐患只是正在萌芽的阶段,其影响力还不足以改变农村居民和农民工对法律的需求。但正如图式的演化过程一样,随着法律的治理力度无法满足要求的情况越来越多,并不断地被意识吸收和积累,从亲和法律的意识转化为疏远法律,也并非不可能。更何况在本课题组调研的村子和农民工生活场景中,这种现象已经愈发明显了。要减少"结构混乱"和"制度性弱势"带来的社会风险,法律及其背后的国家力量仍是理想的选择,[1]甚至是唯一的选择。那么,防范法律实施效果发挥不佳有可能对法治意识造成的危害,保持农村居民和农民工对于法律的亲和倾向与长期的需求就显得尤为重要。因此,国家需要通过各种手段切实加强法律的实施,使法律及其背后的国家权力能够具有强大的威慑力和高效的救济效力,帮助农村居民和农民工避免纠纷中的风险。随着法律在解决日常纠纷和稳定秩序领域的作用越来越大,人们也会感知到更多有关法律的正面信息,并作出符合其标准的判断,形成亲和法律的图式,拉近法律与他们的距离。在这种情况下,农村居民和农民工乐于学习法律、遵守法律、应用法律,法律也能真正地发挥出促进基层社会和谐的作用,从而推动社会主义新型城镇化稳步持续发展。

---

[1] 参见董磊明、陈柏峰、聂良波:《结构混乱与迎法下乡——河南宋村法律实践的解读》,载《中国社会科学》2008年第5期。

第十九章　城镇化进程中的司法资源配置

城镇化进程改变了基层社会的面貌,导致原有的依靠基层社会内部权威性资源的传统解纷机制衰落。旧有的解纷机制难以发挥定分止争的功能,新的解纷机制——司法机制逐渐兴起。然而,由于城镇化初期,社会资源总量有限,新的解纷资源一时间难以及时满足基层纠纷解决的需要,人们的权利、利益因此难以得到保障。在这样的情况下,如何优化司法解纷系统的资源配置以有效保障人们的合法权益,便是我国在实现城镇化的进程中必须解决的问题。

实践中,基层司法具有“双二元”特征,常规意义上的司法解纷系统和由行政机关、人民团体组成的准司法解纷系统,共同构成了庞大的司法纠纷解决体系。受其影响,现阶段基层司法资源配置的困境就不仅是由司法解纷系统在资源占有总量上的短缺造成的,更与“系统内部未能协调好准司法解纷系统和常规意义上的司法解纷系统的资源配置关系,未能让两个系统之间以及两个系统内部形成良好的系统互动关系”息息相关。因此,我国的司法系统需要更合理地配置资源,从而使整个系统步调统一、协调一致,发挥出更好的解纷效果。

第一节　城镇化进程中的纠纷与解纷需求

城镇化导致社会结构和人的生产生活方式、价值观念发生了深刻变化,在此过程中出现的纠纷样态也随之改变:纠纷数量增加,纠纷类型多样化,纠纷背后的利益结构复杂化,超出了传统纠纷解决机制的作用范围。同时,由于传统纠纷解决机制所赖以存在的社会基础逐渐瓦解,其所能发挥的作用愈发有限。此时,基层迫切需要新的纠纷解决机制来有效定分止争,法治等新的机制也因此兴起。然而,由于城镇化初期,新的解纷机制所能分配到的资源总量有限,且未能被“对症下药”地运用到纠纷过程之中,新旧纠纷解决的机制衔接便出现了真空期。如何应对这些困境,便成为了司法等新型解纷机制所必须考量的问题。

一、新型城镇化进程中的纠纷样态

随着城镇化的逐步发展,基层纠纷的样态也发生了变化。首先是纠纷数量的增加,其次是纠纷类型的多样化,最后是纠纷背后利益结构的复杂化。这些都导致纠纷越来越难应对,需要国家耗费更多的人、财、物来处理。

第一,纠纷数量显著增加。城镇化加快了社会的人口流动,大量人员迁移到了城镇化发展速度较快的村镇,其生产和生活也已经脱离了偏远的传统乡村。而随着城镇人口密度的增加,人们的居住环境变得更加紧凑,社会交往更加频繁,城镇化地区的经济活动也愈发密集活跃,其中的各种摩擦和纠纷在所难免。同时,由于外来务工人员大多是来自各个地方的年轻人,成长背景和生存经历异质性强,又个性鲜明,便更容易产生矛盾。更何况,社会的分化导致利益的多元化,利益主体之间的矛盾和冲突也相应地爆发出来。矛盾增加了,年轻人接受新鲜事物的能力又较快,过去所谓耻诉、厌诉的心态在这一代人中间并不多见。所以在遭遇纠纷时,这部分人也不会再奉行传统乡村中"以和为贵,息事宁人"的态度,而是为自己的利益据理力争,表现出来的纠纷的数量便因此而急剧增加。

第二,纠纷类型呈现多样化趋势。在传统乡村社会,纠纷大多是因农业生产而起的土地纠纷、鱼塘纠纷,或是邻里间因琐事而起的盖房纠纷、面子纠纷等。这些纠纷大多围绕农业生产、生活展开,基本不会超出传统村庄的地理区域范围。但是,随着城镇化进程的推进,新的生产生活引发的纠纷不再局限于传统农业。劳资纠纷、合同纠纷、借贷纠纷、消费纠纷等现代工商业背景下的纠纷逐渐凸显出来。根据本课题组的调研情况,婚姻继承、交通事故、消费维权纠纷是当前最为常见的生活类纠纷,在生产方面,则主要以合同、借贷、劳资、环境污染纠纷居多。这些纠纷大多超出了传统村庄的地域范围和群体范围,是在过去传统村庄中并不常见的纠纷。

第三,纠纷及其内含的利益关系呈现复杂化趋势。随着城镇化的发展,纠纷本身所涉及的利益主体增多,牵涉的利益关系更加复杂。在过去,熟人社会中的人际关系相对简单,虽然有"清官难断家务事"的说法,但纠纷内容本身在内生的解纷机制面前显得并不复杂。然而,在城镇化的不断推进下,纠纷的复杂程度正越来越高。一方面,一个纠纷涉及的主体可能是多元的:纠纷背后可能牵涉多个主体,主体之间有错综复杂的关系。另一方面,纠纷当事主体的利益诉求也可能是多方面的:解决纠纷不再是简单地平息两方之间的冲突,还需要协调相关主体间的各种利益关系和千奇百怪的个体需求。此外,由于城镇化地区的人际关系和利益关系更加纷繁复杂,纠纷与纠纷之间的粘连性也更强,解决一个纠纷需要以处理另外一个纠纷为前提,所以解纷主体不但要解决表面上的问题,还需要解决其他连锁出现的纠纷。

二、新型城镇化进程中的解纷需求

由于赖以生存的社会基础因城镇化的发展而逐渐消亡,城镇化背景下的纠纷又呈现出愈发复杂、多样且井喷式增长的样态，传统解纷机制正变得愈发难以适应城镇化背景下的纠纷解决需求，所以需要新的机制诞生或进入。司法机制就是其中最为重要的一部分。

在城镇化到来之前，乡村仍然保持着熟人社会的特点，村民之间的交往具有长期性、稳定性、可预期性。一般情况下，村民会依靠村庄或家族中的长者或者村组干部来协调解决纠纷。其中，前者的威信纯粹来源于村民，是村庄中的原生型权威。后者虽然是经过村民选举产生，但是村组干部在实际工作中常常代表国家，是国家权威与乡村权威的结合，是次生型权威。〔1〕此外，传统村庄内部的人情、面子、习惯、共同认可的规则也都是可用的解纷资源，它们与权威一道，在村庄内部形成了一个庞大、完善的纠纷解决组织体系，能够基本满足一个村庄纠纷解决的需要。随着城镇化的到来，村庄内部开始发生变化，乡村原有的“秩序结构”不再，人情、面子等解决纠纷的内生资源开始流失。税费改革之后，村民与村干部之间形成了一种悬浮型的关系，这使得村社干部的权威性下降，纠纷的日益复杂化和多样化也超出村社干部的工作能力和范围。以上种种使得村庄内部的纠纷解决资源配置不能满足纠纷日益变化的需要。基层将解决纠纷的希望更多地寄托于村庄以外的权威。

当前，司法途径是人们最常选择的外在权威。“打官司”已经成为一种司空见惯的纠纷处理模式。在这一点上，法院逐年攀升的案件量就是最好的证明。不过，面对日常生活交往中因为摩擦、口角而产生的小纠纷时，人们一般不会直接向人民法院等正式的司法机构提起诉讼，而是主动寻求基层司法所、派出所、消费者协会，人民调解组织等主体的帮助。它们在广义上也属于用以司法的主体，只不过它们是非正式的。只有当这类广义司法主体的介入难以满足纠纷解决的需要时，纠纷才会被交给正式的司法机构处理，即人民法院(庭)。可以看出，由于城镇化对社会结构产生的深刻变革，传统纠纷解决机制已经难以继续承担纠纷解决的职能，其他基层多元纠纷解决机制逐渐兴起。而在其中，正式/非正式的司法主体构成了化解这些纠纷的“主力军”。

第二节　城镇化进程中的司法解纷主体及其资源配置形式

当前化解私法纠纷的主体主要包括两大类，一类是以基层法院为代表的司法机关，另一类是准司法解决主体，包括司法所、派出所等站所机关。物质资源与权威资源不同主体之间的分布并不均等，理想状态下，物质资源应当按照“按

〔1〕参见陈柏峰：《乡村司法》，陕西人民出版社2012年版，第170页。

需分配”的原则，让整个纠纷调解系统发挥出最大的功效。权威性资源的配置则与纵向间具体部门在层级之间的地位，以及横向间部门的权力配置息息相关。

一、司法解纷系统内的多元主体

按照广义司法的定义，基层司法实际上是一个由众多纠纷解决主体共同组成的系统。因此，关注司法解纷系统的实际运作效果，就必须关注系统中各个部分间相互配合的协调性，关注具体纠纷解决中各个主体采取的行动策略和权力技术。决定各个主体之间究竟是相互协调、合作还是竞争、排斥关系的是制度安排背后的资源配置体系。当前，我国的纠纷解决系统由三个子系统构成，分别是传统解纷系统，准司法解纷系统和司法解纷系统，这三个系统共同影响纠纷的解决。要分析基层司法问题，就必须将这三者纳入研究视野，如果只着重研究其中某一纠纷解决系统，就可能走入“只见树木，不见森林”的误区。总的来看，在新型城镇化背景下，传统的纠纷解决机制正逐渐衰落，基层纠纷的解决越来越依赖司法解纷机制和准司法解纷机制（见图 19-1）。

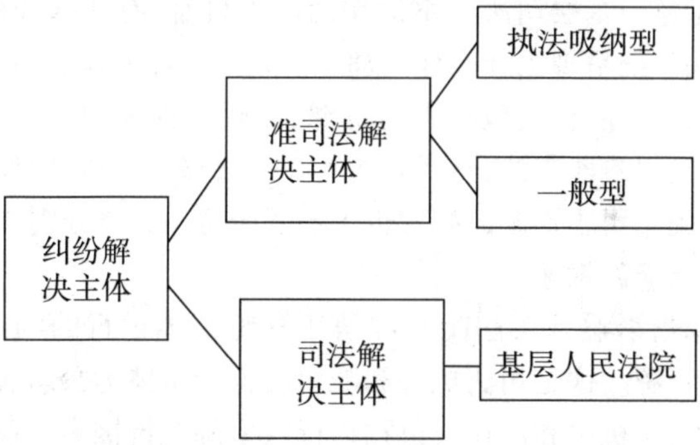

图 19-1　司法解纷主体类型

准司法解纷主体由基层派出所、司法所以及其他行政站所组成，可以细分为两类。第一类准司法解纷主体可被称为执法吸纳型解纷主体，其解纷活动常常与其行政执法活动相互勾连。具有代表性的如派出所等。第二类解纷主体的纠纷解决活动是其日常工作中的一部分，可被称为一般型解纷主体，这类纠纷解决主体的解纷活动与执法活动无关，且没有特别的纠纷类型范围限定，所有的纠纷都可以到该类机构进行解决，如官方的司法所，半官方的国家工商部门支持下的消费者协会、人民调解组织等。从逻辑上分析，执法吸纳型解纷主体解决不了的，可以由一般型解纷主体解决。当这种解纷主体的介入难以满足纠纷解决的需要时，纠纷就会被交给更专业的纠纷处理机构来处理，即基层人民法院。

基层人民法院作为正式的司法机构,位于解纷体系当中的最末端,是纠纷解决的最终环节。从理论上看,运行良好的准司法解纷主体会对法院起到一定的纠纷分流作用,减轻法院的解纷压力。但从经验现象来看,基层法院仍面临案件量逐年上升的问题。这既是社会发展导致纠纷总量逐渐增多造成的,也是准司法解纷主体资源配置的不均衡导致其内部各部门的解纷能力参差不齐,影响了其解纷效果而造成的。如果法院也没有足够的能力来应对大量案件并有效解决纠纷,纠纷解决的程序也走到了最后。这会直接导致两种后果,一是损害司法系统在人民心目中的权威地位,二是为了获得自己所期待的解纷结果,当事人双方可能会寻求私力救济手段,也可能会转变为群体性事件和上访等非法治的行为。这最终都会对法律秩序造成破坏,增加维护社会稳定的成本。因此,如何增加、优化司法资源配置,使准司法解纷主体和正式主体都有能力化解纠纷,便是亟待研究的问题。

二、司法资源配置的两种形式

资源配置是整个基层司法体系运作的动力机制,有什么样的资源配置,就会导致基层司法系统呈现出什么样的动态关系。一般来说,司法资源主要包括两种:第一种是物质性资源,包括人力资源、财政资源和物力资源等具体、可见的资源;第二种是权威性资源,包括权力(职权)资源,动员、组织与支配手段等抽象、无形的资源。司法资源的配置也主要依照这一分类分别进行。

(一)物质性资源配置

物质性资源指影响基层法院和准司法解纷主体运行的物质基础,包括人力、物力和财力资源。这是司法机关和准司法解纷主体为公众提供解纷资源的基础,也是影响司法机关和准司法机构运行效率的关键因素。物质性资源配置按照配置主体的不同,可以分为内部配置和外部配置。内部配置是机构(机关)对其内部的资源配置,包括机构(机关)内部对各项工作业务、部门科室的物质性资源配置;外部配置则是机构(机关)以外的主体对机构(机关)的配置,包括财政部门对同级别的国家机构(机关)的资源分配,编制部门对同级别的国家机构(机关)的人员编制分配,以及同一系统的上级部门对本级部门的人员、财物分配等。物质性资源通常是先通过外部配置被分配到某一机构(机关),再通过内部配置对这些资源进行再分配。因此,物质性资源的配置按照配置方式的不同,可以分为横向配置和纵向配置。横向配置讨论的是资源在同一级别层次,不同职能、部门上的分配,例如地方财政对地方各个部门机关之间的配置。而纵向配置讨论的是资源在相同职能、部门,不同级别层次上的分配,例如区县公安部门和派出所在人力资源上的分配。

物质性资源配置关系到基层司法解纷主体的运作效果。物质性资源配置并不要求均等化、等量化,而是应当针对各个部门的需要“按需调配”,合理配置。此外,基层司法是一个系统,调整物质性资源配置的目的并不是将单独某一主体的解纷能力发挥到最强状态,而是要让主体与主体之间处于相互协调的状态。

(二)权威性资源配置

安东尼·吉登斯认为:权威性资源包括社会动员能力、意识形态濡化能力、人们的认同度和信任度等。[1] 建立在这一概念基础上,本书所指权威性资源包括的也就不仅仅是狭义上的法律权力,还有组织上的支配地位、在公众心目中的权威、社会资源动员能力和调动能力等。它们均被视为可用于纠纷解决的资源,其资源供给与纠纷解决的效果密切相关。与物质性资源类似,对权威性资源配置的分析也可以从纵向关系和横向关系两个方面来看。纵向上的分析讨论的是同一机构(机关),不同层级所掌握的权威性资源。其重点分析上下级之间的权力资源配置关系,尤其是基层机构(机关)或部门在权力资源配置上的问题。横向上的分析讨论的是同一层级的不同机构(机关)或部门所掌握的权威性资源。其重点分析各个机构(机关)之间在权力配置上的差异。科层制对权力的横向和纵向安排组成了一张网状的权力系统,每一个机构(机关)在权力体系中所处的位置与其权威性资源配置有密切的关系。

权威性资源配置关系到各个机构(部门)纠纷解决的实际效果。虽然权威性资源配置并不存在客观上的稀缺性,但是权威性资源因法律对公权力的限制而形成了内在的供给限制。用系统的观念来看,一个因素的变化可能导致其他因素相继产生变化。如果单纯为了提高纠纷解决的实际效果而增加某一主体的权威性资源配置,很可能会因此危及公民的个人权利,破坏社会法治。因此,需要在两者之间寻找平衡。

第三节　城镇化进程中的司法资源配置困境及其成因

相较于海量的纠纷,当前城镇化过程中司法资源的配置还较为缺乏。第一,准司法解纷系统的物质性资源和权威性资源都不足。准司法解纷系统的中心工作和主要职能占据了较多的人、财、物等物质性资源,纠纷解决的效果和效率都较为低下。而且,准司法解纷系统部门的权力十分有限,从纵向上来看其处于权力的末梢,横向上又无法与其他部门进行协调和动员。第二,司法系统

---

〔1〕 参见[英]安东尼·吉登斯:《社会的构成》,李康、李猛译,生活·读书·新知三联书店 1998 年版,第 380 页。

的资源配置也很缺乏，主要表现为案多人少、权责不等等方面。在整个行政体制内，法院不属于中心地带，难以调动其他部门的各类资源。司法的权威在多层级、多主体的审判过程中也逐渐内部消解，社会对于司法的权威并不完全认可。

一、准司法解纷系统资源配置的不足及其成因

从经验材料看，当前准司法解纷系统效率低下、纠纷解决周期长、解纷效果不好、结果认可度不高。而这主要是因为我国准司法解纷主体所能拥有的物质性资源不充分，且权威性资源严重不足。之所以会出现这样的情况，是因为准司法解纷系统位于物质性资源配置的末梢地位，资源来源单一；位于整个司法解纷体系的从属地位，统筹资源和进行组织动员的权威性不足。

首先，准司法解纷主体的解纷效率普遍低下。一般来说，除了派出所以外，准司法解纷主体从介入解纷到解纷结束，少则几周多则几个月，有的最长达数年。执法吸纳型主体解决纠纷常与行政执法结合在一起，其解纷效率一般由行政执法的效率决定。一般型主体虽然不需要从事执法活动，但是其资源配置相对纠纷数量而言仍然是杯水车薪，因此解纷效率也不高。本课题组调研的豫东某司法所所长就坦言，其主持的最长的一次调解前前后后经历了共两年的时间。由此可见，准司法解纷主体的解纷效率相对低下。但是，与解纷效率相矛盾的是城镇化背景下人们的快节奏生活和高昂的时间成本。在传统乡村中，人们的生活节奏比较慢，时间成本较低。在纠纷解决上更多追求的是说法、面子而非效率。但是城镇化的发展让人们在纠纷解决上更追求速度和效率。由此，公众的高效解纷需求与准司法解纷主体提供的低效解纷资源形成了矛盾。

其次，准司法解纷主体的解纷效果不尽如人意。城镇化发展下的纠纷呈现出不断变化、纷繁复杂、内部矛盾纵横交错的样态。基层准司法解纷主体在处理这些与传统纠纷分殊甚大的问题时，便常显得力不从心。这就导致很多人对他们失去信心，或是觉得“找基层没有用，要找就要找领导”，跳过基层纠纷解决主体，通过上访寻求解决问题。这都显示出人们对基层准司法解纷主体解决纠纷效果的不满。

之所以会出现上述问题，是因为准司法解纷系统的物质性资源相对有限，且权威性资源极为缺乏。物质性资源不足主要体现在两个方面，首先是准司法解纷主体的人员编制不足，导致人力资源紧缺；其次是经费的不足和设备的落后，导致解纷效率和质量均不高。

（一）物质性资源的缺乏

第一，准司法解纷系统位于物质性资源配置的末梢地位，且资源来源单一。在区县一级以上，行政机构的人财物按照“分级管理，分级负担”的原则，由该行

政机构同级的地方政府负担。然而，这种人财物的分配模式到基层后，按照基层站所的性质，出现了三种单一化的资源配置路径。第一种是“垂直管理，市级统管”，区县、乡镇（街道）一级的人财物都由市级统一管理；第二种是“区县管理，区县负担”，作为区县一级行政机构派出机构的乡镇站所，其人财物一般归上级区县行政机构管理；第三种是“双重管理，乡镇负担”，作为乡镇一级政府内设的站所，其人、财、物归乡镇统管，但业务既归上级部门管理，同时对同级乡镇政府负责。前两种是最常见的路径，也是相对单一的资源配置路径。

单纯的纵向资源配置路径中，基层准司法解纷主体处于资源分配链的末端，在物质性资源配置上缺乏主导力。一般来说，物质性资源需要经过区县一级的消耗后，才会配置到基层站所。那么，一方面，在机构内部，人员结构和工作分布呈现正金字塔形，上级通过用压力性治理体制将琐碎事务传导给下级的方式减轻自己的压力，所以越到基层事务就越多；另一方面，物质性资源分配呈现倒金字塔形，资源流动自上而下，层层截留，越到基层资源越紧缺，可配置的资源越少。就如本课题组调研的豫东某司法所，经费经过一级级划拨，到最后没有可分配给司法所的经费。公车等资源也被“截留”，导致基层司法所无车可用。优秀的人才经常会被借调到上级区县部门，基层站所“有编无人”。

第二，准司法解纷主体位于整个司法解纷体系的从属地位，这导致无论是执法吸纳型主体还是一般型主体，都会面临大量其他工作与解纷工作争抢物质性资源的状况。如镇食药监所（市场监督管理所），其日常工作内容除了执法外，还有大量的宣传、文书和专项工作。大部分基层行政机构（站所）并非专职的纠纷解决机构，却实际承担了与其执法内容相关的纠纷解决职能。由于物质资源有限，他们不可能展开专门的纠纷解决活动，因此纠纷解决常常要“搭执法活动的便车”。司法所的日常工作不仅是解决纠纷，除此之外还有社区矫正、社区帮教、司法援助、法律宣传等法律规定的工作任务，以及禁烧秸秆宣传、驻村巡察等乡镇政府派下来的其他任务。尽管司法所与同级政府并没有人财物上的管理与被管理的关系，但仍被镇政府视为自己的下属部门，需要参与镇政府的治理任务。因此，司法所也并非专职解决纠纷，其在纠纷解决方面所花费的资源受到其他职务工作的影响。

第三，不同主体间的物质性资源配置不均，形成“能力差比”。以公安机关为例，在制度层面，公安机关与其他同级准司法解纷主体所属行政机关的性质不同，公安机关属于国家的政法机关，[1]国家对政法机关的人员和编制有特殊的管理。警察编制由国务院和省级人民政府保证，不受区县级政府编制的影

〔1〕　按照国家政法专项编和政法专项资金的划分，“公检法司”四家单位是国家的政法机关。

响。在财政方面,公安机关按照事权划分的原则,分别列入中央和地方财政预算。在实践层面,地方政府对公安机关的财政支持与地方经济发展水平密切相关,一方面是因为地方财政充足,所以地方政府追加对公安机关的财政投入;另一方面是因为在很多城镇化水平相对较高的地方,城乡壁垒越小,城乡之间的流动成本低,社会冲突的可能性就越大,反而需要增加公安部门的投入。

这种专项的经费保障制度以及实践层面政府基于稳定因素和经济发展因素的考虑,导致公安部门在物质资源配置上优于同级的其他机构。豫东某镇的派出所共有民警9人,协警10人。与该镇同级的司法所相比,派出所的人力资源是司法所5倍之多。在财物资源配置上,派出所有独立的两栋办公楼,制式警车3台,警用摩托车2台,而同级的司法所、市场监督管理等部门只能利用镇政府为其提供的有限场地办公。本课题组在西南某镇调研时也发现,该镇的派出所人力资源配置远远超过了同级的司法所、市场监督管理所。从人力资源配置和财物资源配置的差距上就可以推断出,派出所的行动能力远超过了其他的同级部门。这种资源配置的差异状况导致这些行政机构在其职责范围内形成了一定的“能力差比”。[1]

在执法吸纳型解纷主体中,基层派出所的纠纷处理容量要大于其他解纷机构,因为任何种类的纠纷都可以演化成为打架治安纠纷,甚至是刑事案件。也就是说,其他执法吸纳型主体职权范围内的纠纷都可以通过某种方式转化成为派出所职权范围内的纠纷。从纠纷的总量上看,派出所涉及的纠纷肯定要比其他部门多。其他机构职权内没能及时化解或者化解不好的纠纷,就极易转化为基层派出所的调解对象。

在执法吸纳型解纷主体中,基层派出所相对于其他同级行政机构(站所)而言,资源配置要充足得多。相对充足的物质性资源配置提高了基层派出所的解纷效率,降低了当事人解决纠纷的成本。“能力差比”导致了解纷成本的差比,人们解决问题的需求会像水一样流向能力更强、解纷成本更低的职能部门,这种流动就形成一种“能力差流动效应”。从外部现象来看,派出所似乎比司法所在解决纠纷的种类上更具有强大的包容性。因此,派出所实际上在准司法解纷体系中发挥主要的纠纷解决功能,甚至和司法所一样,对一些其他主体能力不足造成的剩余纠纷承担兜底解决功能,成为其他职能部门的“代履职”主体。

但是,基层派出所的解纷资源也是有限的,大量堆积的纠纷远远超出了基层派出所的承载能力。例如美国的警民比例为1∶460,英国为1∶414,法国为1∶630,日本为1∶480,我国平均为1∶1360。按照规定,城市中警民比例应当

[1] 能力差比,即不同部门在纠纷解决问题上存在的能力差异和高低。

为 1 : 3000,但是在本课题组调研的某城镇化发展程度较高的公租房社区,其警民比例为 1 : 15,000,远远低于标准值。[1] 以该公租房社区的警务室为例,仅该警务室每天的接警量就在 20 余起,平均每小时就有 1 起报警,这些报警大多是非警务警情。高峰时期,1 个小时内连续接到 3 起报警,而每天值班的民警和辅警只有 3—4 人,警车只有 1 辆,有时民警出警只能靠步行。高强度的出警模式让纠纷解决质量明显下降,基层派出所已经明显力不从心,"选择性"出警的模式悄然出现。

派出所的物质性资源丰富,为纠纷的流动提供了动力。但是这种资源丰富仅仅是横向比较的结果。如果从统筹派出所的所有的角度而言,派出所的资源也是十分紧缺的。除了解决纠纷,派出所还有更多更重要的工作需要共享物质性资源配置。因此,如果解决纠纷占用了过多资源,必将影响派出所其他工作的效果。

(二)权威性资源的严重不足

第一,职权范围过于狭窄。从横向上看,职权范围在准司法主体中是按照职能分工进行划分和配置的,因此,在执法吸纳型解纷主体中,每一个基层准司法解纷主体的解纷权限就与其执法权限密切相关。从表面上看,纠纷表现为公安机关职权范围内的冲突,应当由公安机关解决。但其实纠纷的根源多种多样,有些并不在公安机关的职权范围之内。尽管派出所接手了这些纠纷,但在法律职权方面,基层警察并不具备相应的解纷权力。同时,作为一般型解纷主体的司法所,由于缺乏执法权,其在纠纷解决的执行环节中能够发挥的作用十分有限。本课题组调研的豫东某镇司法所所长就坦言,纠纷解决还是"打包处理"好,比如派出所处理打架纠纷,双方达成调解有利于减轻对责任方的惩罚,所以一般好解决,责任方履行得很快。但司法所没有执法权,面对众多土地、家庭纠纷,没有办法满足纠纷当事人要求快速得到赔偿的需要。

第二,科层体系下协调不同部门的成本过高。横向的权力资源配置就是将执法权按照科层的分工进行分割。按照韦伯的观点,科层制的分工原本是为了提高工作效率,保障国家的行政体制循环不断地运转。但是,城市化的发展带来了社会急剧的变动,科层制下对权力的分割过细,难以应对日益增多且复杂的纠纷。良好的科层制下,分工不同的部门之间相互合作,不会互相推诿。但是,合作就会产生联系成本。基层准司法解纷主体由各个基层站所构成,这些站所的隶属关系并不一致,有些站所受乡镇政府的直接管理,有些站所受上级区县行政机构、市局的垂直管理。因此,如果在基层站所之间建立合作关系,就必须通过区县,甚至市一级的政府进行协调,两个站所之间的合作需要跨越四

〔1〕 根据本课题组调研时民警的口述整理。

到六级部门，显然协调成本过高。在这种情况下，纠纷解决的成本就会增加，效率也会变低。并且，上级的工作任务是通过下级实现的，依靠的是体制内的压力型治理体制，这是一种自上而下传导压力和工作的机制。在这种机制的影响下，基层准司法解纷主体能够将问题向上反馈并通过上级建立跨部门协调合作的可能性降低。最终导致纠纷解决的“孤岛化”效应。

第三，权威性资源纵向配置不足。在执法吸纳型解纷主体中，纠纷的解决在很大程度上依赖于纠纷解决主体的执法权，但是并非所有的机构都将其权力完全延伸到基层。这些主体可以大致分为三种类型。第一种解纷主体在机构设置上就没有设立乡镇一级的组织，因此也就缺乏与之对应的执法权限，正式的解纷权力无法渗透到基层。第二种解纷主体虽然设立了乡镇一级的站所，但是受物质性资源配置的影响，将数个乡镇化为一个行政单位进行设立，办公地点设立在其中某一个乡镇。这就导致与办公单位相距较远的乡镇处在权力辐射范围的边缘地带。第三种解纷主体虽然在乡镇一级拥有派出机构或代理机构，但是派出机构或代理机构并没有实际的执法权，仅仅为上级完成一些简单任务。这类基层准司法解纷主体还可以细分为两小类，一类是区县一级职能部门的派出机构，这类机构的执法权受纵向权力关系的影响，相对较小，能动性较差；另一类是乡镇政府的内设部门，他们在人财物的隶属上归乡镇政府，但在业务上受区县行政机关的指导。由于乡镇政府的物质性资源配置有限，这类主体常常整合了上级多个行政机构的业务。然而由于其隶属关系和机构设置存在问题，并没有真正的执法权，出现问题时他们只能将问题上报。

这些准司法解纷主体在纵向权力配置上呈现上大下小，甚至上大下无的状态。权力末梢的配置不足会导致一定程度的权力真空，纠纷要么堆积得不到解决，要么通过其他方式进入“万能”的派出所的治理视野。而进入基层派出所的纠纷又受到职权横向配置科层化的限制，终究还是得不到合理、妥善的解决。

第四，资源动员与统筹权威不足。很多纠纷虽然表现为存在于基层的矛盾与冲突，但矛盾的实际根源已经超出了基层准司法解纷主体的能力范围。例如在本课题组调研的某公租房社区，社区道路因违章停车长期堵塞，经常产生剐蹭纠纷。这一现象长久存在的原因在于小区的停车位不足且收费金额未能与业主达成一致，道路交通的管理权又迟迟没有移交给交警中队，道路停车处于无人管理的状态。这一矛盾牵涉到道路施工方、交警中队、小区业主、开发商和物业公司等多主体。小区开发商是大型国企，归市政府管理；物业公司同样是大型国企，归市公租房管理局管理；施工方与开发商是合同关系；交警中队归区公安分局管理。可见，想要从根本上解决这一问题，必须协调多部门之间的利益、责任问题，然而乡镇或街道一级的基层站所很难调动比自己行政级别更高的部门的资源，问题便得不到解决。

二、司法系统资源配置的不足及其成因

近年来，随着人们法治意识的提高和立案登记制度的建立，基层人民法院面临着越发严重的案多人少的矛盾。导致这一现象的原因有很多，其中十分重要的一个原因便是司法系统为基层人民法院配置的物质性资源和权威性资源均不足。在物质性资源配置方面，国家对基层人民法院的资源供给总量难以满足基层人民法院的实际工作需要。而有限的物质性资源在基层人民法院内部再分配时也出现了一定的问题，这导致纠纷解决功能上所能利用起来的有效资源更少，基层人民法院在纠纷解决上发挥的作用有限。在权威性资源配置方面，法院在整个国家机构体系中的地位决定了其权威性资源配置的有限性，而法律法规等对基层人民法院权限的限制进一步加剧了其权威性资源配置不足的局面。同时，法院内部在审判工作上的制度安排导致审判工作经常受到一些案外因素的左右，从内部削弱了基层人民法院的权威性资源。

案多人少是我国法院长期以来面临的难题之一。在中国社会处于城镇化的大背景下，经济转型过程中出现了诸多矛盾，由于基层准司法解纷主体的吸纳能力十分有限，大量纠纷主动或被动地纳入诉讼途径。改革开放 40 多年来，人民法院受理的一审案件数量从 1978 年的近 45 万件增加到 2021 年的 1822 余万件，案件数量增长了 40 余倍。[1] 与此相对的，法官人数从 1978 年的 6 万人增加到 2016 年的 19.88 万人。[2] 2017 年，伴随着司法责任制等基础性改革的推进，全国法官人数则是从 21 万人精简到 12 万人。[3] 案件数量增加导致的人力资源需求的增加不仅体现在审判业务部门，执行部门也遇到了类似的情况。随着案件数量的增长，执行局接手案件的数量也在不断上升。人力资源上的不足直接体现在法院执行能力被削弱，受制于人力资源，法院的执行活动常常受到一定的限制，这严重削弱了法院的执行能力。

更重要的是，由于人际关系和解决纠纷的方式发生了改变，人们对法院的依赖程度增加，对法院的解纷效率和解纷效果有了更高的期待，并在对依法治国宣传的背景下变得更加强烈，受到案多人少问题严重掣肘的基层人民法院便更加难以充分有效地回应纠纷双方正当的权利诉求。

（一）物质性资源的不足

第一，基层人民法院所能获得的物质性资源总量有限。基层人民法院在纠纷解决工作上所面对的案多人少的矛盾的根源在于人员编制始终没有随着工

---

〔1〕 国家统计局编：《中国统计年鉴 2022》，中国统计出版社 2022 年版，第 774-775 页。

〔2〕 《最高法回应“案多人少”：要通过改革完善程序机制》，载中国新闻网，https://www.chinanews.com.cn/gn/2016/09-13/8002806.shtml。

〔3〕 《最高人民法院工作报告（摘要）》，载《人民日报》2018 年 3 月 10 日，第 2 版。

作内容的增加而增加。从制度上看,这一问题源于两个方面:第一个方面是中央对人员编制的控制和地方财政的限制。中央“控编减编,调剂挖潜”的精神〔1〕和地方财政支出的压力使得中央和地方都缺乏增加地方基层人民法院编制的动力。第二个方面是员额制的影响。法官员额制改革将审判权集中于入额法官,可能造成审判岗位人员的不增反减。在编制的严格管控、地方的财政压力和员额制改革的三重压力之下,法院的人力资源成为限制法院充分发挥解纷作用的最大障碍。

第二,基层人民法院所能获得的资源与其承担的职能不相匹配。中央对法院的物质性资源配置是以法院的本职工作为基础,以法院能够维护社会公平、促进纠纷解决为目的,围绕审判、执行等司法活动进行的。中央希望通过物质性资源配置使得法院良好运转,从而向基层群众提供他们所需要的司法资源。这是物质性资源配置的原本意图。但实际上,司法资源除了要满足群众的需求外,还会被各种程序性、辅助性的事务消耗,在城镇化相对发达的地方,司法资源还要为地方经济发展和政府中心工作服务。这些对司法资源进行消耗的事项均不在中央为各级法院提供物质性资源的原本意图中。

具体实践中的程序性事务占用了司法人员大量的工作精力和工作时间。司法人员的工作量不仅由于案件的增多而增加,还因为办理案件的程序复杂化而增加。而且上级法院经常将各种琐碎的程序性工作下发给下级法院去做,例如委托送达。委托送达工作需要耗费受托法院的人力、财力和物力。而目前全国法院普遍存在案多人少、工作任务繁重的矛盾,一些法院还存在经费紧张、装备落后的问题。另外,由于委托送达工作并未被纳入受托法院的日常工作量,所以自然没有相应的办案经费预算及人力安排,这样一来,受托法院自身司法资源匮乏与完成委托送达所需人力、物力之间的矛盾就凸显出来了。并且,政府司法资源的需求不断增加。在城镇化的过程中,政府面临越来越多的拆迁、招商引资等工作。在这些工作中,政府既需要法院为其提供法律知识和技术上的咨询服务,又需要法院为其提供纠纷解决等维护稳定上的权威支持。而完成这些工作均需要消耗法院的资源。

第三,法院内部物质性资源分配不均。这种不均可以从法院系统内部纵向的层级关系以及横向的部门关系两个维度进行分析。纵向上,法院内部的领导与层级关系影响案件和法官员额的分配,案件数量呈倒金字塔形,员额却呈现正金字塔形,资源配置与实际需要之间出现了矛盾。本课题组调研的江苏某基

---

〔1〕 按照中共中央《关于全面深化改革若干重大问题的决定》中的规定,今后要严格控制机构编制,严格按规定职数配备领导干部,减少机构数量和领导职数,严格控制财政供养人员总量。推进机构编制管理科学化、规范化、法制化。

层人民法院员额制改革之前,大部分案件交由副庭长和审判员负责。在推行院庭长办案制度改革之前,各级人民法院的院庭长办案数量少,庭长特别是正庭长的工作量仅有法官平均工作量的10%,司法改革后,这一比例有所提升,庭长办案量可达法官平均工作量的50%。[1] 在绩效考评制度上,针对普通法官与法院的领导干部,各地各级人民法院基本上都实施两种考核标准,造成"同一法院内共同拥有审判权的两类法官面临不一样的制约和激励"[2]。但是,层级越高、工龄越长的法官获得的待遇可能越高,刚刚入职的年轻法官则可能待遇最低。这样不均衡的资源配置很难激发基层法官的工作热情,更难提高基层法官的工作效率。

员额制改革之后,从总体上看,法院内部具有审判资格的法官数量变少,居于领导职位的法官由于资历、经验和地位上的优势可以相对容易地转为员额法官,相比较而言,年轻的法官由于在资历、经验等方面的不足,只能等待入额。从资源配置的合理性角度来说,审判员额本身就是一种稀缺资源,该资源只有在被充分利用的情况下,才能发挥司法裁判的最大效能。因此,将审判员额分配给没有足够精力承担审判业务的法官,很容易造成对资源的一种不合理配置,这就减少了司法资源在有效解纷上的供给,降低了解纷效率。

横向上,法院内部一线部门与非一线部门的资源配置不均。法院内部有诸多部门,包括立案业务部门、审判业务部门、执行业务部门、审监业务部门以及负责行政管理的政治处等科室和部门,其中既有与纠纷解决相关的一线部门,也有负责法院行政管理和后勤保障的非一线部门,这些部门在资源分配上也存在比较严重的不均。例如,本课题组调研的河北某基层人民法院的执行庭,其人员总量与同级别的其他法庭相较而言更多。但实际上,全院38.12%的案件需要进入执行庭,每个执行庭法官所负担的案件平均数量比民庭法官负担的还多。从对物质性资源的实际需求状况来看,资源分配存在严重不均。基层人民法院在人力资源的安排上不是"因需配置"而是"因编配置",这就导致一部分人力资源并没有被安排到一线工作,使得纠纷解决的效率低下,机构内部人员冗杂。

(二)权威性资源的不足

第一,法院在国家机构中处于非中心的地位,其调动、控制其他资源的能力和权力相对较小,这影响了法院纠纷解决和判决执行活动的效果。从国家权力结构的角度来看,基层人民法院与政府相互独立,不存在隶属关系,但实际

---

[1] 参见左卫民:《强化院庭长办案的"量、质、责"》,载《人民法院报》2017年4月10日,第2版。

[2] 方乐:《司法供给侧改革与需求侧管理——从司法的供需结构切入》,载《法制与社会发展》2017年第5期。

上,地方人民法院的人员编制需要地方编制办的支持,财政经费则需要地方财政的支持,从而形成了实际上的地方政府供养地方人民法院的状况。司法由此受制于政府的弊端早已被诸多学者诟病。从“权力—支配”的视角来看,在这样的财政和人员编制机制下,法院实际上缺乏对政府机关的控制技术和控制手段,缺乏能够推动政府或事业单位积极行为的压力传导机制,因而缺乏调配政府资源的能力,在纠纷解决上显得“势单力薄”,甚至不受当事人或被执行人的重视。权威性资源的不足严重影响到法院解决纠纷的效果,不能满足当事人合理、合法的诉求,这种权威不足最终形成向社会的消极反馈,让社会大众不再相信司法,形成破坏法治权威的恶性循环。

第二,社会缺乏对司法的基本尊重。近年来,法院裁判活动受到了更大范围的关注和评价,审判效果越来越受到广泛的社会评判。传统法文化中的消极因素,如信访不信法、信律师不信法官、打官司就是打关系、当事人不健康的诉讼心态等社会文化因素的存在,使一些人按照“有错推定”去评价法院工作。同时,现代社会舆论散发性的基本特征助推了舆论质疑。某种程度上社会中存在的“仇官仇富仇司法”心理,在网络不实舆论、恶意炒作下,致使很多个案陷入舆论旋涡,甚至是被“舆论绞杀”,严重损害了法院形象。例如在法院执行过程中,很多被执行人不服从法院的执行决定,拒不执行甚至暴力抗拒法院的执行。这种抗拒执行的行为一方面违反了法律规定,另一方面践踏了法治的尊严,体现出被执行人对法院权威的不尊重。因此,在“权力—支配”关系中,法律权威的弱化会导致法律控制能力的弱化。如果法院不能通过法律取得控制社会的能力,那么必将无法达到老百姓对司法的期待。

第三,法院的权威性资源被内部消解。我国基层人民法院内部在案件审理上存在“多主体,层级化,复合式”的特征。〔1〕多主体指从案件进入法院到作出判决,会涉及主审法官、正副庭长、正副院长甚至是审判委员会等多个主体;层级化指案件主审法官、正副庭长、正副院长和审判委员会之间存在层级高低关系及管理与被管理的内在联系;复合式则指案件需要经过基层人民法院内部多主体、多层级的决策和干预后才能作出裁判。〔2〕它们均造成了法院权威的消解。

首先,虽然从外表上看,我国法院的司法审判是主审法官作出的审判。但实际上内部经历了极为复杂的过程,是多主体集体参与的结果。由于案件复杂,仅限于某一狭窄的专业视角难以解决,或主审法官为稳妥起见,案件会诉诸院长、庭长和审委会,案件的最终决策意见难免会受到其他主体的影响,而最终意见的决策者很可能是具有更高层级和管理权限的人。关键问题在于,外部权

〔1〕参见方乐:《审判权内部运行机制改革的制度资源与模式选择》,载《法学》2015年第3期。

〔2〕参见顾培东:《人民法院内部审判运行机制的构建》,载《法学研究》2011年第4期。

力介入得越多,判决结果的不确定性和多变性也就越强,不同法官所受影响不同,因而造成“同案不同判”,损害司法权威。因此,司法裁判主体的多元性与裁判结果的稳定性之间必然存在一种内在张力。

其次,法院的层级制导致法院的行政化,为外部因素渗透到裁判过程中创造了条件。行政化的司法是以行政的目的、构造、方法、机理及效果取代司法自身的内容,形成以行政方式操作的司法。包括司法目标的行政化和审判活动的行政化。[1] 从管理角度而言,法院领导具有审判管理的职权,因此,法院的上级领导就有机会通过法院内部的行政管理体制干预法官判断和司法判决。

最后,目前而言,除了多主体和层级制本身的缺陷外,缺乏相关的制度规范为复合式的裁判方式提供清晰明确的运行进路才是最主要的问题。由于审判职责和审判管理职责关系暂时尚未理清,两种职权的权力边界在制度上与实践中都不够明确或统一;各个主体都具有参与审判活动、影响甚至决定裁判内容的权力依据,因此实际运行在很大程度上取决于各法院的工作习惯及其管理风格。[2]

第四节　城镇化进程中的司法资源配置优化途径

从文章上述的分析中不难看出,整个司法解纷系统的良好运转必须依靠司法资源的合理配置。而优化整个基层多元司法解纷系统的资源配置,首先就必须明确系统的功能定位,以及各个系统内主体的协作关系,避免功能上的重复和混乱。在明确功能定位后,系统就要按照其功能需要安排资源配置,制定资源配置的调整方式,通过资源配置合理调控司法和非司法解纷资源的供给,引导公众自觉按照目标设定寻求纠纷解决渠道。其次,要通过资源配置使子系统之间的纠纷解决能力更加协调,形成良好的互动关系,提高整个基层多元司法解纷系统的运作效率和运作效果。

一、理顺准司法系统的功能定位及内部主体之间的关系

想要有效优化司法系统的资源配置,需要以理顺司法系统的功能定位和司法系统内解纷主体之间的关系为前提。总的来说,准司法解纷机制作为一级解纷机制,应当对发生在基层的简单民事纠纷进行处理和过滤,将纠纷化解在这一阶段。而司法解纷机制作为二级解纷机制,应当主要负责处理基层准司法主体无法化解的疑难纠纷,并负责确认和执行一级解纷机制化解纠纷后的协

〔1〕 参见龙宗智、袁坚:《深化改革背景下对司法行政化的遏制》,载《法学研究》2014 年第 1 期。

〔2〕 参见顾培东:《再论人民法院审判权运行机制的构建》,载《中国法学》2014 年第 5 期。

议,发挥案结事了的功能和作用。

首先,基于基层民事纠纷的性质和准司法解纷系统的特点,准司法解纷体系在整个多元司法解纷系统中应当处于基础的位置,负责基层纠纷的初步解决和筛除工作,将简单民事纠纷化解在诉前阶段,尽量达成协商协议或调解协议。所谓简单纠纷,就是案件性质并不复杂,标的额较小,当事人数量在一定比例以下的纠纷。具体标准可以按照《民事诉讼法》有关简易程序和独任制审理的相关标准具体制定。

从本课题组的调研经验来看,除了知识产权类的案件需要一定的专业知识外,目前基层人民法院处理较多的婚姻家庭继承纠纷、交通事故赔偿纠纷、人身损害侵权纠纷、借贷纠纷类等。这些均是复杂程度相对较小,标的额相对较低的一般民事案件。从纠纷性质来看,这些纠纷并非严重到必须通过司法程序解决。并且,这些纠纷的化解并不完全依赖于极高的法律素养和法律专业知识。凡是具有是非观念,具有一定生活阅历和法律常识的主体都可以良好地化解这些纠纷,通过准司法解纷系统解决纠纷,可以节约社会成本。从解纷的效率和成本上来看,司法解纷途径也并非最理想的选择,例如在交通事故纠纷和人身损害侵权纠纷中,受害者一方需要以最高效的方式获得经济赔偿以支付后续的治疗费用,但是这样的诉求在正常的法律诉讼中是无法实现的。相反,准司法解纷系统内所包含的主体数量更多,具有更为专业的知识和技能。除此以外,准司法解纷途径还可以打破程序的制约,实现效率第一。基于上述原因,简单民事纠纷的化解完全可以交由一级解纷主体,也就是准司法解纷主体来解决,引导纠纷从基层人民法院分流。总而言之,准司法解纷系统中主体数量众多,分工更为精细化,就应当承担起与其相对应数量的纠纷解决功能。

其次,常规意义上的司法系统作为二级解纷机制,同时是纠纷解决的最后一道机制,应当主要解决超出准司法解纷机制能力以外的纠纷,有针对性地集中优质司法资源攻克具有一定难度的案件。除此以外,基层人民法院还需要承担起确认和执行一级解纷主体在化解纠纷后所达成的解纷协议的职能,通过司法的强制力保证一级解纷主体的权威性,从而间接增加准司法解纷机制的权威性资源。

与准司法解纷系统相比,司法系统的主体数量、人员数量和分工精细化程度都相对有限,诉讼案件所耗费的资源和成本要高出很多,但合法性、规范性、准确性更强。因此,它所需要解决的应当是在事实上具有一定复杂性或在法律上具有一定疑难性的纠纷。而在系统的功能安排上,也应当排除简单民事案件对司法解纷资源的过度消耗,以便司法系统能够“集中力量办大事”。在纠纷前期化解的功能上,准司法解纷系统则可以为司法系统分流部分纠纷。但是在调解协议的强制执行问题上,仍然必须由司法解纷系统承担起这一功能。在这方面,法院依靠其所独有的权威,能够确保和解协议、调解协议顺利履行,准司法解纷系统则为前者分担大量简单民事纠纷的解纷工作,二者能够形成一种功能上的互补。这样一来,两层解纷系统发挥各自所长,也就能够更好地化解纠纷,维护社会稳定。

二、如何优化准司法解纷系统的资源配置

按照准司法解纷系统在整个多元司法解纷系统中功能定位的需要,应当加强准司法解纷系统内部在纠纷化解功能上的资源供给,其一方面是为了增强准司法解纷系统整体的解纷能力,另一方面是为了通过增强解纷能力降低纠纷双方使用准司法解纷机制的成本,从而吸引更多简单纠纷自觉流入准司法解纷系统。针对目前的系统状况,资源配置上的优化可以分两步走,第一步是整合,即整合准司法系统内部较为分散的主体和各主体所掌握的资源,实现资源利用方式的转变。第二步是协调,即协调好不同部门、不同职务之间的资源分配问题,促进系统整体的协调性。

(一)以综合执法整合分散的执法吸纳型主体

在目前的准司法解纷体系之下,解纷主体数量繁多,因此增强准司法解纷主体资源配置并促进资源配置的协调是一个巨大的工程,综合执法机构则可以简化这一问题。现实的财政状况表明,在完善资源配置的多种进路中,需要选择一种既可以以低成本运行,又可以常态化存在的机制,运动式治理和协同式解纷模式因为常态化不足所以难以从根本上解决问题,综合执法机制成为最优进路。综合执法带来的不仅是处罚权的集中,更是将物质性资源配置从分散的执法吸纳型主体简化为一家主体。这一简化减少了整个司法系统的资源配置需要面对的阻力,降低了准司法解纷系统内部协调运转的成本。

1.明确综合执法机构的工作内容和权限

从上述分析可知,仅仅将下游的部分处罚权交由综合执法机构,无论对于执法还是对于纠纷解决而言,都是不够的。在实践中,综合执法机构成为剩余执法权的“兜底者”,很多部门将自己部门内剩余、琐碎事项的处罚权像“甩包袱”一样委托给综合执法部门,却仍然将其他的处罚权留在手中。这导致综合执法机构所拥有的职权碎片化,与其他职能部门在权力上存在交叉重叠。多头执法带来解纷责任的不明确,无法消除纠纷解决主体众多的局面。因此,首先应当明确哪些工作内容属于综合执法机构的工作范围,将这些工作从其他准司法解纷主体中剥离出来。在对职权进行分割时,应当将处罚权进行整体委托,尤其是因为街面执法所吸纳的纠纷通常是最需要在现场解决的,对它也不应再作过多细分。

除了将完整的处罚权委托给综合执法机构外,处置职能和强制职能对于综

合执法主体来说也十分重要。因此,要从规范上区分综合执法机构的处罚权和处置职能。一方面,处罚权是综合执法机构有权对其职权范围内的违法行为实施行政处罚的职能。另一方面,处置职能是综合执法机构有权对不在其职权范围内的违法行为先行处置的职能。为了能够解决城镇化背景下细碎的纠纷和矛盾,应当同时赋予综合执法机构处罚权与处置职能,从法理上为综合执法机构介入复杂、琐碎的纠纷提供依据。除此以外,综合执法主体同样需要强制职能,从而有效保障处罚权的履行。

2. 强化综合执法的物质资源配置

如果想将大量的城市街面执法事项以及与此相关的纠纷解决职能划分给综合执法机构,就应强化综合执法机构的资源配置,满足综合执法机构日常运转的需要。为了保证综合执法机构的物质性资源配置,可以采用以下几种方式。首先,可以采取扁平化垂直管理的组织结构模式,简化组织内部结构,将大量的行政人员下沉到基层。其次,在财物资源配置方面,应当由地方财政优先保障,市级财政作为补充。最后,要优化信息资源的供给,完善各个职能部门与综合执法部门信息上的衔接,便利综合执法机构在执法过程中的信息获取,建立信息共享机制。

(二)以网格化破除部门壁垒,促进资源共享

网格化管理是目前城镇化基层管理中的一种管理手段,在村社内划分诸多网格,每个网格由一名网格长负责。最初,网格化管理是基层综治办出于安全稳定的需要而建立的制度,但是,随着这项制度的发展,网格化管理逐渐成为村社管理的一种普遍模式。网格化的好处在于,在一个治理单元即一个网格内可以实现资源共享,打破“条条”的限制,形成基层的“块块”协同,提高基层的治理能力。目前,网格化管理还没有大面积地应用到纠纷解决领域,但是本课题组认为,网格化制度对于整合基层纠纷解决资源,打破纵向层级和横向的资源限制具有十分重要的意义。

1. 通过网格化制度建立长效的部门协同机制

运动式治理和协同式解纷都是临时性的资源整合方式,缺乏制度性和规范性。综合执法机构虽然在宏观层面整合了大部分横向的执法权限和资源配置,但纠纷解决的资源配置依旧涉及很多主体,需要在微观上进行资源整合。因此,我国当前迫切需要建立一个长效的部门协同机制来实现这一目的,网格化是一种较为合适的方式。通过网格化管理的方式,地方政府将辖区划分为若干网格,每一网格都由专门的网格长负责,综合执法、派出所、司法所和其他在基层具有执法权的站所,同时派专人负责与网格长对接各个网格内的事务,网格内的纠纷由网格长负责收集、上报、联系相应的职权部门进行处理。如果是涉及多主体的纠纷,则由网格长负责联系相关责任单位的网格责任人,通知责

任人来处理,网格长在纠纷解决中就充当了协调人的角色,发挥桥梁的作用。这样的网格化协同机制与专项行动、工作组等模式一样打破了“条条”之间的限制,而它更具优越性:一方面,它是常规化、制度化、规范化的解纷资源整合机制。另一方面,它将这种协调通过网格化的方式局限在一定的空间和层级范围内,大大降低了过去至少需要从基层政府一级进行协调的协调成本,提高了协调效率,扩大了资源整合的空间。

2. 通过网格化制度实现信息资源的共享

在城镇化背景下,社会流动性大,社会群体的矛盾纠纷总在不断变化,因此,信息对于纠纷解决也有重要的意义。及时掌握社会流动性的信息,掌握纠纷矛盾的变化趋势,对于及时消除纠纷隐患、提高纠纷解决效率有重要的意义。在网格化的制度下,除了可以整合纠纷解决的权力资源外,还可以实现信息资源的各部门共享,减少各个部门在信息收集方面的资源耗费,提高资源利用率。例如,网格长通过走访小区居民,及时发现重点人群、发现私搭乱建、排查邻里纠纷矛盾等,并将这些信息通过信息管理平台共享给物业公司、派出所、综合执法机构等。派出所、综合执法机构等部门可以根据共享信息,及时排除违法行为和纠纷隐患,减少可能出现的纠纷和矛盾,提高资源的利用效率。

(三)平衡执法吸纳型解纷主体与一般解纷主体间的物质性资源配置

从调整准司法主体物质性资源配置的尝试中可以看出,所有对物质性资源的配置手段和调整手段都仅局限在某一部门内部进行。多元化的资源配置是我国基层站所资源配置的现实状况。然而,基层准司法解纷体系是一个由诸多基层部门构成的庞大解纷体系,在这一体系中,资源配置主体的差异限制了资源配置的协调性。此外,这种资源配置方式受地方和各级财政的影响较大,可能导致地域分配不均。因此,中央应当进一步建立统一协调的资源配置体系,根据财政转移支付制度,均衡对各个主体的资源配置,促使各个资源配置主体之间增强协调性,才能够提升基层准司法解纷主体整体的解纷能力。

在这一方面,尤其要注意协调公安派出所与司法所之间的关系和在纠纷解决事项上的资源配置。我国政府按照事权划分了各个部门,按照分税制的原则,公安派出所因为其工作的特殊性(既是刑事侦查机关,又是行政机关),其物质性资源配置按照政法专项编和政法专项资金安排。但由于资源配置难以按照具体的功能相互剥离开来,所以一般情况下,公安派出所在纠纷调解上的资源配置要优于同地区同级别的其他行政机关。尽管司法所的人、财、物也被列入政法专项编和政法专项资金保障,但从总体数量上来看,要远远少于同级的公安单位。由于城镇化背景下越来越复杂的社会治安形势,这种不均衡在某种程度上还在加剧:公安派出所处理的纠纷数量居多,警力严重不足,因此公安系统不断通过外部资源输入和组织结构扁平化的手段增加基层的物质性资源。

问题在于,这种资源配置的增加已经处于边际效率递减的状态,无限地继续增加很可能导致机构的“内卷化”。这时就需要分流因为“能力差流动效应”而流向派出所的纠纷,让纠纷按照属性原则流向对应的基层准司法解纷主体。而要完成这一任务,就需要统筹大局,从整体上对准司法解纷主体的资源进行调整。不仅要单方面增加公安的资源投入,还要全面加强其他准司法解纷主体的资源配置,尤其是加强一般型解纷主体,即司法所的资源配置。

(四)平衡解纷与其他职务活动间的物质性资源配置

在准司法解纷主体中,无论是执法吸纳型主体,还是一般型主体,他们除了纠纷解决的工作外,还承担着许多与纠纷解决无关的其他工作。在资源配置有限的情况下,能够分摊到纠纷解决功能上的资源配置数量必定是有限的,这就导致准司法解纷主体或多或少在纠纷解决功能上的资源配置相对不足。对于执法吸纳型解纷主体而言,首先应当明确其在纠纷解决问题上的责任和地位,建立相应的考核机制和工作评价体系,将基层准司法解纷主体解决民间纠纷的工作纳入工作考评。其次要建立和畅通专门的投诉、举报和求助渠道,建立快速反应和高效处理机制,满足城镇化下快速生活节奏的需要。最后在资源配置上,要考虑到执法吸纳型主体解决纠纷需要花费的成本,明确资源不仅是为了执法,也是为了纠纷解决,保证纠纷能够得到及时的接收和处理。

虽然一般型解纷主体大多以纠纷解决为主要工作内容,但是其仍然担负着一些其他的行政管理或社会管理职能。以司法所为例,除了纠纷调解外,其还担负着法制宣传、社区矫正、社区帮教、法律服务等职能。因此,如果想让司法所能够履行好纠纷解决的功能,一方面需要继续增加对司法所的资源配置的总量,另一方面必须协调好纠纷解决与其他职务活动之间的关系。这首先需要明确司法所的主要职能和在多元纠纷解决体系中的关键作用。司法所作为一般性纠纷解决主体,对任何类型的简单民事纠纷案件都有权力进行调查和调解,司法所还是各类专业化人民调解组织〔1〕的管理机构,由此,司法所在一级解纷系统中的作用可见一斑。其次在实践中,各基层司法所在纠纷调解方面的人力资源与财力资源均与其他职能工作相互分享,难以落实专人专项资金负责。在今后的资源配置中,应当考虑在基层司法所内建立相应的纠纷调解科室,通过机构分工的方式将人员和财物与其他工作独立开来。

三、如何优化司法解纷系统的资源配置

与优化准司法解纷系统资源配置的目的不同,优化司法解纷系统资源的目

〔1〕 在我国,专业的人民调解组织有医疗纠纷人民调解委员会,土地纠纷人民调解委员会等。这些机构受司法所的管理,并且有相关技术或行政部门的业务指导,能够有效分担专业性较强的纠纷。

的在于让司法解纷机制具有更强的专业性和针对性。其目的是为特定的疑难纠纷和执行问题服务。因此,需要适当提高司法解纷机制的使用成本,引导纠纷向准司法解纷系统分流。

(一)优化审判业务上的资源配置

优化审判业务上的资源配置的目的是集中资源处理复杂的纠纷,这首先需要保证审判业务在资源配置上处于优势地位,使法院内部的物质性资源能够被优先用于审判工作。其次要特别注意集中优势人力资源处理复杂案件,保证优秀人力资源被安排在一线审判岗位。

1. 保证审判业务在物质性资源配置上的优先地位

为了增加司法权威资源,要适当地保证法官意见的独立性。需要将法院的行政管理业务与诉讼业务进行适度的分离,使承担法院行政管理工作的人员减少承办案件及其他与审判相关的工作,承担审判任务的员额法官则主要从事审判工作。当然,这种模式的实行可能会存在一定的阻力,尤其是让领导干部只从事管理工作,无异于取消部分领导干部的员额。除此之外,还需要进一步分离法官其他与诉讼相关的琐碎事务,如送达、保全等工作。目前,很多辅助性业务均由司法辅助人员承担,但琐碎事务增多后,法官常常需要参与到这些琐碎事务当中。法院可以考虑成立专门的送达组、保全组等内部机构,专门负责分担这些业务。如果能够将速裁机制中送达组的经验在全院范围内进行推广,集中资源为法官分担琐碎事务,那么法官资源就可以得到更好的利用,产生更好的配置效果。

2. 合理安排不同工作经验的审判人员至不同岗位

实践中,法官的经验难以满足岗位需要的状况时有出现,尤其是在面对一些需要人生经验而非法律知识的案件时,年龄和经验作为人力资源当中特殊的要素,应当在资源配置时加以考虑。应当尽可能地将经验丰富的法官放置在一线,通过老法官带新法官的方式避免法官断层。此外,立案庭在分配案件时是按照随机原则进行分配的,这就容易导致一些疑难案件被分配给年龄较小、经验不足的法官。按照法官独立审判的原则,年轻的法官在这个时候又不应该向有经验的庭长和副庭长征求意见,这容易导致案件超期审理或纠纷难以妥善解决。所以立案庭也应当调整案件分配的规则,按照案件的标的额、影响力等因素妥善分配案件给最适合审理此类案件的法官。上述内容都属于十分细节但在实际工作中又会影响办案效率的问题,很容易在司法资源配置这样一个宏大的叙事主题中被忽略。

(二)将党政体制嵌入法院的执行环节

在权威性资源方面,由于法院与政府在机构设置和制度建构上都不存在任何隶属、依附关系,所以法院想要建立与政府之间的"支配—被支配"关系,并随时调动政府资源用于解决纠纷,就往往会面临一系列的困难。法院与其他事业单位、民间机构间的“支配—被支配”关系更为微弱,调动相关资源的能力也就更差。相应地,法院的解纷能力也就无法得到有效提升。但由于党委组织能够将法院与公民个人、事业单位、社会团体、政府联系起来,并建立“支配—被支配”的资源调动关系,党政体制对法院的嵌入就显得尤为重要。

在我国,任何行政机关、事业团体或者企业都在党的领导之下,因此,党委对各个行政机关和事业团体的支配力是不言而喻的。通过党委的组织关系,将地方法院与政府部门、社会单位和人民团体建立起组织上的联系,当法院在执行环节遇到阻力时,便能够通过党委来推动政府部门、社会单位和人民团体参与有关行动,特别是在行政诉讼类案件中,作为被诉主体的国家行政机关如果出现拒不执行法院判决的情况,就可以通过党内规章制度给予一定的处分。而在一些需要多部门联合参与才能够解决的纠纷中,上级党委的领导和统筹也有利于打破“条条”限制,将各部门的资源串联在一起。

(三)通过联动执行机制实现执行资源共享

联动执行并非一个新的概念,早在2010年,最高人民法院等部门就颁布了《关于建立和完善执行联动机制若干问题的意见》,当时的联动执行的主体除了人民法院外,还包括公安、银行、土地等可能与执行相关的行政部门或事业单位。本课题组认为,这一机制同样可以运用在司法工作尤其是司法执行上,各个法院的执行部门以及公安、银行等单位共享执行信息、互相协助,完成执行任务。首先,将全国基层人民法院的执行资源联网有助于增强执行的效率和力度,减少执行法官异地执行所耗费的成本,节约司法资源。最高人民法院可以通过建立多部门共同参与的信息共享系统,将被执行财产的最新信息反馈给财产所在地法院,由财产所在地法院负责执行。其次,地方人民法院可组建相应的联动执行工作办公室,负责信息对接和指挥协调。通过执行上的相互协助,法院一方面可以机动、迅速地查处被执行人转移的财产;另一方面这大大节约了执行法官在异地执行过程中所耗费的时间、金钱。

第二十章　城镇化进程中信访制度的功能与定位

信访制度作为党的群众路线的体现,在维护人民群众的合法权益、及时反映社情民意、促进社会和谐等方面发挥重要作用。随着城镇化的推进,新的社会矛盾大量滋生,原有的传统矛盾化解机制逐渐消解,这导致大量矛盾纠纷及群众诉求只能涌向司法救济渠道和信访渠道。而司法救济的成本相对较高,使得信访机构成为化解各类社会矛盾的兜底机构。

实践中,由于不同类型的信访呈现的特点、存在的困境有所差异,且部分信访困境没有得到及时解决,大量非正常上访现象逐渐衍生出来,包括集体上访、缠访闹访、越级上访等。究其原因,主要是社会处于转型期,城镇化进程中社会矛盾聚集但治理资源缺乏,上访行为在上访过程中异化。与此同时,地方政府出于维稳的逻辑,通过多部门协同治理、实行工作人员包案制等方式对非正常上访进行了一定的治理。为进一步提升信访治理质效,本课题组认为,应该将信访纳入法治化轨道,构建信访制度的法治体系和话语体系,用法治来改进信访制度,保障合理合法诉求的有效实现。

第一节　城镇化进程中的信访及其类型

信访作为一种利益表达的重要渠道,在社会转型期间发挥了巨大的功能。整体来看,信访可以分为有理型、商谈型和无理型,三种信访类型的合理性与合法性依次递减。其中有理型信访以维护权益或者实现利益为主要目的。商谈型信访则反映出我国转型阶段利益格局调整、人心精神安抚、政策调适与完善、公共服务职能缺位等问题,信访的具体事项不具备可诉性,寄希望于信访解决具体需求。而无理型信访是当事人诉求没有法律或政策依据,并且缺乏地方性共识基础的信访。

一、愈发受到社会关注的信访

城镇化是人口向城镇集中的过程,城镇化伴随着农业生产的比重逐渐下降,第二产业、第三产业比重逐渐上升,人口逐渐从农村流向城镇等结构性变动。在这个过程中，基层社会的面貌发生了巨大的变化，同时，中央对基层的政策也产生了一定的调整。这使得基层社会的矛盾纠纷与群众诉求都发生了一定的转变，信访制度也在这一过程中愈发受到人们的关注。

首先，与城镇化相伴的是人类社会的生产方式、生活方式和价值观念等方面的改变，这使得纠纷类型发生了变化且呈现出复杂多样的特征。传统社会中的矛盾纠纷主要是以农业生产为核心的。由于城镇化带来的产业结构的转变，纠纷也愈发超出农业的范畴，出现了各种劳资纠纷、借贷纠纷、消费纠纷。纠纷涉及的利益主体更加多元，利益勾连更加复杂。其次，与城镇化进程相伴的政策调整和改革必然涉及利益调整，这使得利益受损者产生不平感，基层社会也因此产生了新的矛盾。最后，城镇化的进程带来的改变使得基层社会的传统价值观念和社会规范逐渐消解，这导致乡村原有的解决矛盾纠纷的人情面子机制、舆论机制、地方性知识逐渐解体，传统的矛盾纠纷化解机制逐渐丧失，大量矛盾纠纷及群众诉求只能涌向司法渠道和信访渠道。而司法救济的成本相对较高，从而使得信访机构成为解决各类社会矛盾的兜底机构，大量社会矛盾涌入信访机构。

二、信访的实践类型

根据本课题组近几年的调查研究，以信访诉求、过程和结果是否符合成文法律规定为标准，信访实践可以被分为完全符合规定的有理型信访、部分符合规定或不好界定是否符合规定的商谈型信访，以及不符合规定的无理型信访。若要对信访进行有效治理，需要结合信访实践的类型划分，找到适宜的应对举措。[1]

（一）有理型信访

有理型信访是当事人合法权益受到侵犯，或者没有得到有效保障和实现时产生的信访，信访诉求有法律依据作为支撑，信访的目的是维护或实现法定权益。有理型信访突出地表现在两个方面：其一，信访人因法定权益受到侵犯而信访，期望通过信访来实现权利救济；其二，信访人因对法律、政策、部门职能等方面的信息不了解，以至于无法顺利实现法定权益，因此选择信访以了解相关信息，从而实现法定权益。这两类信访所反映的问题都是有法律和政策依据，可以在法律和政策框架内得到解决的。在实际工作中，这种信访占据较高的比例，特别是在法治化建设水平较低的地区或领域，这类信访所占比例较高。当前中国正处于社会转型期，各种社会矛盾比较突出，地方政府不作为、乱作为，甚至是侵害公民权益的现象时有发生；行政体系运行体制机制不够顺畅，一

〔1〕 参见陈柏峰：《农民上访的分类治理研究》，载《政治学研究》2012年第1期。

些具体工作流程的规范化水平较低、公开性程度不高。对于法定权益受到侵犯的问题，尽管有司法维权渠道，但是由于司法程序门槛过高，许多群众更加倾向于通过信访途径反映自己的合法诉求，实现合法权益。而且，我国不同社会阶层在权利救济方式的选择上存在显著差异，收入较高的群体相对来说更少依赖政府渠道而更多诉诸司法途径来解决纠纷，中低收入群体更多地信赖政府渠道，把纠纷诉诸政府，信访成为其重要选择。

（二）商谈型信访

商谈型信访属于合法性比较模糊的信访，信访人反映的诉求不一定有明确的法律依据，不能认为其合法权益受到侵犯或者没有得到保障，但其信访诉求有一定的合理性。有的信访人会要求党委政府"为人民服务"，帮忙解决困难或问题；有的信访事项的合理性则主要体现在有较为广泛的地方性共识（例如当地群众普遍认可的公平正义观念）；有的信访人则认为既有政策体系存在缺陷，要求党委政府推动政策调适和完善。这些有一定合理性的信访表现在很多方面，例如，农民遇到干旱会找政府信访，要求政府解决生活生产用水问题；有的人以生活压力大为由到政府信访，要求给予低保或者其他救济；有些特定利益群体（如退役军人、民办教师、下岗职工、农村电工、被征地拆迁户等）参与信访要求制定、调整或完善相应的政策；有的人基于以生存伦理和公平观念为基础的地方性共识，要求按照人口变动情况进行土地调整。近些年，这些信访占据较高比例，突出地反映出我国转型阶段利益格局调整、政策调适与完善、公共服务职能缺位等问题。信访人反映的这些问题都不具有可诉性，无法通过司法途径解决。这些信访的存在反映出形式法治存在一定的局限性，不能简单地依循形式化、程序化的法治方式来回应这些信访诉求。

（三）无理型信访

无理型信访是当事人诉求没有法律或政策依据，并且缺乏地方性共识基础的信访。从"无理"与"有理"的视角来划分信访，主要是从信访治理实践中基层干部如何有效应对信访问题做出的类型化划分方式。面对有理或者"部分有理"的信访行为，基层干部能够拿出行之有效的方案并与当事人达成合意，切实化解当事人的信访诉求。而在面对"无理"或是无法解决的问题，基层干部则难以处理。这类信访无法在法律和政策框架中得到解决，也不可能通过调整政策来解决，一些当事人甚至会遭到来自其他群众普遍的否定性评价，该类信访明显不合情理。"无理"的角度有两类：一是"人"的无理，二是"事"的无理。"人"的无理，主要是信访者较为特殊，包含精神病人信访与偏执型信访；"事"的无理一般是正常人提出的不合理诉求，典型的代表就是谋利型信访。需要注意的是，这几种信访都属于无理型信访，但每一种信访都有各自的特点，需要通过不同的举措来化解。

第二节 信访的治理困境与非正常信访的生成

有理型信访在实践中面临的困境在于难以得到科层制的回应,信访所涉及问题的解决效果高度依赖信访机关所能调动的资源。而商谈型信访较为复杂,从其成因来看,往往涉及宏观政策背景的变迁,且牵涉的人群数量极多,因而远超地方政府的能力。无理性信访则是利用层级之间的维稳压力,通过越级信访施压获取利益的一种方式,各级政府都缺乏足够的应对之道。而以上各种信访如果无法得到合适的解决,就会导致信访人采取极端手段进行集体信访、违法信访。

一、治理三类信访问题所面临的困境

不同类型的信访存在的治理困境有所差别,需要采取相应的举措来应对。除此之外,有关部门还要分清信访治理困境中的主要矛盾和次要矛盾,围绕主要矛盾的化解开展制度改革,在化解主要矛盾的同时,探寻解决次要矛盾的有效方式。

(一)有理型信访的治理困境

有理型信访反映的诉求有法律依据,但是这类信访没有得到有关部门的积极回应,以至于一些问题迟迟得不到解决。本课题组发现,其主要原因在于行政体制机制运行不顺畅,应当把落脚点放在理顺行政运行体制机制,提高政府对相关信访诉求回应的及时性和有效性上。

第一,科层制壁垒影响问题的及时解决。科层体制偏重于按照形式化的程序办事,倾向于处理能够被纳入程序环节的规则化的事务。尽管科层制试图明晰各个部门之间的权责边界,但是在实际工作中,各个部门之间的权责边界很难完全明晰,总是会存在一定的模糊空间或者交叉地带。因此,有些信访问题的解决便不得不依靠各个部门的协调配合。然而,科层制强调形式理性的作风,很容易导致出现部门壁垒,各个部门之间相互推诿塞责。这样一来,信访人反映的问题也就长期得不到解决。

第二,信访部门的协调能力较弱。信访部门的协调能力强弱直接受到信访部门主要领导在地方党政系统中所处位置、地方主要领导对信访工作的重视程度的影响。如果信访部门在地方党政系统中缺乏较强的协调能力,就会不利于信访案件的及时有效化解。

第三,部分信访工作者的业务能力不足,这突出地体现在信访工作者对法律和政策、党政系统运行环节和过程的熟悉程度不够,与相关部门的沟通协调能力欠缺。一些有理型信访案件之所以没有得到及时处理,是因为信访工作者

在业务能力方面存在明显不足,其对法律和政策的理解及解释不到位,使当事人形成误解。

第四,部分地区不健康的政治生态影响对有理型信访的有效治理。尽管有理型信访有法律依据,但是有些地方官员不作为、乱作为,很多信访诉求难以得到解决。对此,国家要从整治政治生态着手,着力化解政治生态中的消极因素。

除了以上四点,研究者还需要认识到,并非所有的有理型信访反映的问题,政府都有能力解决。例如,有些法律或者政策在制定过程中缺乏调查研究,不太符合实际情况,颁布之后往往难以顺利实施。信访人如果依据这样的法律或政策信访表达诉求,其所主张的权益也会很难真正实现。

(二)商谈型信访的治理困境

商谈型信访的具体形态很多,所面临的具体困境也会存在一些差异。其中,涉及政策调适问题的信访最为主流,本书也主要对其进行分析。从经验材料来看,政府的政策回应能力不足是这类信访之治理困境出现的主要原因。因此,虽然表面上这类信访反映的问题是个人利益导向的,但实际上,它是一个地方、一个系统、一个领域,甚至是全国性的问题,很难通过个案化的方式来解决。

具体而言,第一,许多政策的决定权并不在基层政府,而在上级政府甚至是中央政府。在上级政府或者中央政府并未对此类问题的政策取向作出明确表态之前,基层政府很难为这些问题的解决提出具体方案。例如,近些年比较突出的退役军人群体信访问题,就需要中央政府对信访的退役军人所反映的一些具有一定合理性的诉求制定相应的政策。对于中央政府而言,这类信访的存在是政策预警和调适的重要信号,不过对于地方政府而言,会带来沉重的治理负担。

第二,这类信访的稳控压力比较大,反映的问题涉及面广泛,往往带有比较明显的群体性特征,信访人员多、矛盾比较尖锐,如果处理不慎,有可能会引起甚至加剧信访人对政府的不信任,进一步激化矛盾。信访人反映的诉求尽管缺乏法律和政策依据,但是有一定的合理性,而且这种合理性同党所倡导的“为人民服务”的政治伦理、群众普遍认可的公平正义观念相联系,是需要予以回应的。然而,许多政策的制定和出台不能一蹴而就,需要较长的政策研究和调适期。在相关政策正式制定出台之前,信访人会继续信访,因此在此期间对信访人做工作就尤其需要耐心,要把工作做得细致,还要予以适当的关心和帮助。在压力型体制中,基层政府对这类信访人有较大的稳控压力。不过需要注意的是,不能采取简单粗暴的方式来机械稳控,否则很容易引起信访人不满,加剧信访人对党委和政府的不信任。

(三)无理型信访的治理困境

近些年,无理型信访的治理困境日益凸显,成为基层治理中的重要难题。

目前,在各级信访部门区分的信访类型中,几乎都有无理上访这一类。该类型信访的治理困境集中体现在两个方面:

第一,无理型信访的认定缺乏明确、清晰、可靠的标准。实践中,虽然不少被归为此类的信访案件能够被识别出来,但是实际上并没有很好的应对办法。尽管地方政府对是否“无理”有一定的界分标准,但这类界分标准很可能会包含治理者的自身立场和个人偏好。如果不加以必要的约束和规范,很容易导致对无理上访的认定扩大范围,甚至打击扩大化。而且,一些无理型信访的当事人有可能是在某个阶段有理,但在另一个阶段无理,反映的有的诉求有理,有的诉求又无理;一些可能会被归于无理的信访与有理型信访、商谈型信访之间的边界也并不清晰。这些都增加了认定的复杂性。

第二,有关部门缺乏治理此类信访的有效方式。中央政府对无理信访一方面强调的是思想教育到位,无理型信访的具体形态比较丰富,思想教育的具体方式也要更加多样;另一方面,只有思想教育是不够的,还需要将思想教育与实打实的治理手段相结合,才能够真正化解无理信访的问题。例如,一些无理信访人,尤其是谋利型信访人的行为动机就是获取额外的、更多的利益,动机极为明确。对于此类信访人,仅依靠思想教育通常很难奏效,在必要的时候必须予以严厉打击。又如,对于无理型信访中的偏执型信访者,信访部门的工作人员不仅要对其进行思想教育,还要充当心理医生或者社会工作者的角色,发挥心理安抚、精神疏导的功能。从行政逻辑的角度看,这种细致的、大量的心理安抚、疏导工作耗费了信访部门及信访工作者许多时间和精力,但从为人民服务的政治伦理的角度看,这又是他们不得不做的事情。

二、非正常信访的生成机理

实践中,上述信访中的治理问题得不到有效解决,为达到自己合理或不合理的目的,人民群众的信访行为便可能存在异化,继而衍生出大量非正常信访现象。本节对非正常信访的理解着眼于以下两个方面:一是从内容上看,非正常信访指信访诉求的非正常化,如信访诉求的超范围和谋利;二是从形式上看,非正常信访指信访行为、时间、地点、人数、次数、级别的非正常化,如信访行为的暴力化、违法化,信访时间和地点的敏感化,信访人数的集体化、信访次数的重复化、信访级别的无序化等。

信访者的信访行为是其信访诉求和行动的结合体,认定非正常信访现象也需要从这两方面加以考虑。本课题组将这两方面概括为内容和形式,内容主要指信访诉求;形式主要指信访程序(人数、次数、级别)、信访行为、信访时间和地点等。因为诉求主要考虑合理与否,行动主要考虑合法与否,所以我们可以进行如下分析(见表20-1)。

表 20-1　信访诉求和信访行动的结合关系

内容(诉求)	形式(行动)	状态
不合理	合法	非正常
	不合法	违法信访
合理	合法	正常
	不合法	非正常
模糊	合法	正常
	不合法	非正常

以下是非正常信访的几种常见样态：

第一，群体性和组织化明显的集体信访。集体信访表现为信访人数较多，有明显的人为操纵痕迹，组织化程度高。信访头目抱着“法不责众”的心态，针对同一问题拉拢、煽动他人，并且对信访时间、信访地点、信访对象、信访方式等都有相对详细的约定。集体信访人员主要包括妇女、老人、残疾人员等。集体信访具体可以分为两种：一是群体性组织信访。这种一般是信访者本身就在同一个单位或住在同一个社区、村庄等，因为共同利益受损而选择集体信访。如集资诈骗、非法吸收公众存款、企业改制、征地拆迁、环境污染、资源开发等问题引发的信访。这些人原先就生活在一起，有共同的利益，比较容易聚集。在信访一两次后，他们往往会有组织化倾向，如选拔组织领导团队、制作宣传标语、筹集信访经费、租车组团信访等。二是个体串联信访。这种主要表现为一些历史遗留问题引发的特定职业群体信访，如下岗工人、退伍军人、民办教师、政府分流人员等。他们虽然不在一个单位或地区，但有共同的利益联结，一般通过现代交流平台沟通信访经验、拉拢信访群体、制定信访计划，经常组织跨省、跨地区串联信访，严重影响社会稳定。

第二，持续性、“职业性”的重复信访。重复信访指信访者对于已经受理或正在办理的信访事项，在一定期限内再次向其他机关或受理机关的上级机关提出同一信访诉求；或者信访者对复核意见或司法判决不服，仍然以同一事实和理由向上级机关提出信访诉求。大部分重复信访者都有 10 次以上的信访经历，信访时间跨度大，持续时间长。一般情况下，大部分信访者原本是基于合法利益受损而选择信访，但当问题久拖不决时，他们会选择重复去不同的国家机关信访。在此过程中，基于环境渲染、群体数量增多、访民个人心理变化（随着信访次数、花费、经历增多，信访者怨气增大）、基层政府应对访民的态度等因素的影响，部分信访行为会趋向过激化，信访诉求也趋于无理化，进而演变成缠访、闹访，信访过程中新老问题交织在一起，信访者的诉求和信访行为在合法与违法之间游走。

非正常信访的出现主要有以下几个方面的原因：

第一，社会矛盾的积聚和治理资源的缺乏。塞缪尔·P. 亨廷顿认为，传统和现代化的社会运行是稳定有序的，而正是处在传统向现代化转轨过程中的发展中社会，注定充满各种纠纷和动荡。[1] 当前我国正处在社会转型期，原有的利益分配格局被打破，各种新旧矛盾交织在一起，错综复杂，一时难以解决。

首先，早期的群众信访大多起因于基层繁重的税费增收。有统计称，税费改革前，农民的税费负担总额为1200亿—1500亿元，其中农业税总额仅占不到1/3的部分（400亿元左右），剩余的都是各种苛捐杂税。[2] 税费改革客观上减轻了农民负担，但是也带来了一些非预期性的后果。税费改革打破了农村固有的利益分配秩序，新旧政策之间缺乏有效的衔接，部分政策甚至存在矛盾。这导致同一个社会政策对不同的利益主体产生不同的效果。如税费改革前农民土地抛荒，村集体将抛荒土地转包给其他农户耕种，税费改革后国家实行粮食直接补贴政策，原抛荒农民和接受转包的农民之间因为争夺土地承包经营权而发生纠纷。与此类似的可能引发信访的问题还有村庄宅基地分配、征地拆迁、低保名额分配、鱼塘山林承包、工程承包、道路清洁、项目指标分配（如新农村广场的安置地点、饮水工程点）、企业污染、落后企业退出等。这些问题看似微小，但对中西部欠发达地区的农村村民来说尤为重要。

其次，缺乏解决社会冲突的权威渠道。国家处在社会转型期，社会发展迅速，以至于没有与之匹配的主体制度来配合。群众的各种复杂诉求和问题在没有对应的表达渠道时，会大量涌入作为群众路线代表的信访机构，信访制度承担了国家治理转型的代价而积重难返。受制于自身体制的弊端，信访机构并不一定能有效疏导、化解矛盾，这导致群众诉求被积压、拖延，甚至应付，直至被迫通过对抗性的方式表现出来。

第二，信访体制本身存在权责不对等、效率低下等问题。首先，信访机构上下级之间缺乏隶属关系。我国信访体制结构非常复杂，包括政府专职信访工作机构、以政府专职信访工作机构为中心形成的横向机构（同级政府部门信访工作机构）和纵向机构（国、省、市、县、乡专职信访工作机构），以及人大信访、党委信访、政协信访、司法信访、国有企业和事业单位信访等外部信访机构。其中，政府专职信访机构为承担信访功能的主要机构。然而，从专职信访机构的属性来看，各级信访机构之间并没有直接的权力隶属关系，而只有业务上的指导关系。从中央到县一级，各级政府分别设立了专职的信访机构（国家信访局、省信访局、市信访局、县信访局），配备了专职的信访办理人员。而乡镇政府作为国家政权的最低层级，在信访机构的设置上有所不同。大部分乡镇政府设立了信访办公室，或设置综合治理维稳办公室来负责信访工作。在人员配置上，大部分乡镇配

---

[1] 参见[美]塞缪尔·P.亨廷顿：《变化社会中的政治秩序》，王冠华等译，三联书店1989年版。

[2] 参见周飞舟：《从汲取型政权到“悬浮型”政权——税费改革对国家与农民关系之影响》，载《社会学研究》2006年第3期。

备了专职或兼职信访工作人员。中央到地方各级信访机构之间关系松散,无权力隶属关系,每一级的信访工作机构都只对同级党委和同级政府负责。

其次,根据《信访工作条例》第 14 条规定,信访部门的职责以受理、转送、交办、协调、督促落实信访事项为主,信访机构本身并不具有解决具体事项的职权。信访机构的工作通常只是接待信访者、登记信访者诉求、向上级领导报告、转交相应职能部门办理、答复信访者、归档,具体的信访诉求由有权处理的行政机关具体负责。这意味着,信访机构只是问题的中转站,而不直接解决问题。这样一来,一个信访案件根据三级终结程序办理,时间可长达 150 天(见图 20-1)。相比之下,如果通过非正常信访,事情往往得以迅速解决,这就促使信访者通过"走捷径"来解决自己的信访诉求。

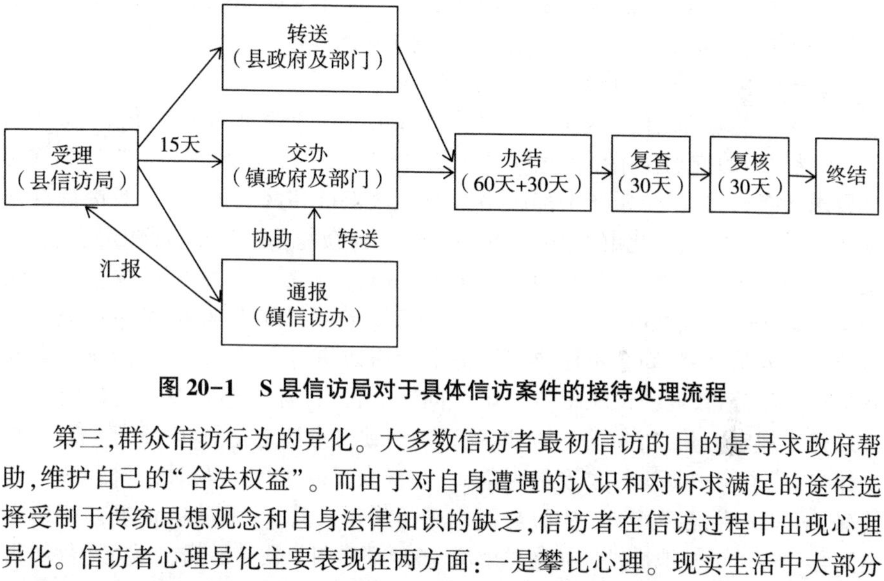

图 20-1　S 县信访局对于具体信访案件的接待处理流程

第三,群众信访行为的异化。大多数信访者最初信访的目的是寻求政府帮助,维护自己的"合法权益"。而由于对自身遭遇的认识和对诉求满足的途径选择受制于传统思想观念和自身法律知识的缺乏,信访者在信访过程中出现心理异化。信访者心理异化主要表现在两方面:一是攀比心理。现实生活中大部分信访者的诉求经常处于模糊地带,无法明确其合理与否,但当其中一个人的信访诉求得到满足时,其他人就认为自己的诉求也应该得到满足。二是投机心理。目前信访治理已经成为基层政府的一项中心工作,信访考核是基层干部考核的重要指标。一些信访者正是抓住了基层干部的心理,通过非正常信访来引起政府注意,使问题能够较快得到解决。

出现异化的原因主要有以下两个方面。首先,传统社会中"无讼"思想和"青天"观念对人民群众的影响,使得普通老百姓在认为自身合法权益受到侵害时,更倾向于找政府内部的"一把手"。其次,群众权利意识增强而法律知识缺乏,导致其对很多问题一知半解。很多村民不懂诉讼法要求的程序、证据等规则,对法律法规断章取义,常常只见权利、无视义务,通过各种非正常信访手段来给基层政府施加压力以满足自己的信访诉求。当诉求在基层政府没有得到重视时,他们还会选择去更高层级的政府信访,信访成本逐渐增高,给信访者造成了巨大的经济和心理压力。如果诉求未得到回应,信访者的怨气逐年累积,信访者的诉求也会发生转变,由合理合法转变为合理不合法、不合理不合法等,信访心理逐渐异化。

第三节 非正常信访治理的实践逻辑与存在的问题

一、政府如何治理非正常信访

非正常信访严重扰乱了社会秩序,是亟待解决的治理问题。面对复杂多样的非正常信访现象,基层政府主要是通过发挥领导权力的推动作用、实行多部门协同治理、采取工作人员包案制等措施来进行治理。

(一)发挥领导权力的推动作用

对于一些疑难信访案件和涉及多个部门、时间跨度较长的信访案件而言,领导权力的推动作用至关重要。2022 年《信访工作条例》第 18 条第 2 款明确要求各级机关、单位领导干部应当阅办群众来信和网上信访、定期接待群众来访、定期下访,包案化解群众反映强烈的突出问题。这主要表现在定点接访、主动下访和领导督办三方面。其一,定点接访,即乡镇领导每周抽取一天时间在镇信访接待室接受群众来信、来访、来电等。若当天无人来访,则可以通知镇政府工作人员、各村委会主任或书记等举行信访研讨会议,对一些信访焦点问题进行研究分析,以尝试从根本上解决问题。目前,各地都对领导坐班定点接访进行了规定。其二,主动下访,即领导定期到村走访老党员、老干部、五保户、低保户等,了解一些扶贫政策是否落实,对群众反映的问题及时到村到户了解情况、掌握实情、客观分析,从而与群众进行沟通。其三,主动负责督办信访突出问题。为了更好地推动信访案件解决,各地都强调了领导干部在督办案件解决方面的作用。如 F 镇对受理的信访问题实行“双交办、双督办、三反馈”制度,即领导现场交办、信访办发函交办,信访办电话督办、镇领导召开调度会督办,办案结果反馈信访人、反馈接待领导、反馈信访办,以确保疑难突出问题得到解决。

总而言之,发挥领导权力的推动作用,通过领导个人的接访、下访、督办来更高效地解决问题,将矛盾解决在基层。不过,通过自上而下的权力约束和依据领导意志来化解矛盾,本身也会强化“政府权威”,对信访者寻求“更高级的政府权威”来化解矛盾起到推波助澜的作用,因此,信访工作的良性运转需要将领导权力与机构日常运作有机结合,以切实高效化解信访者的合理诉求。

(二)推动多部门协同治理机制

多部门协同治理是针对疑难信访案件,尤其是非正常信访案件制定的工作机制。在实际的调研中,重复信访、越级信访、集体信访案件之所以难以解决，主要是因为信访者的诉求涉及多个部门，需要多个职能部门共同商讨解决方案。2022年《信访工作条例》第18条第3款规定："市、县级党委和政府应当建立和完善联合接访工作机制，根据工作需要组织有关机关、单位联合接待，一站式解决信访问题。"

联合接访是多部门协同治理的具体实践：在镇领导的带领下，多个相关职能部门负责人共同参与接访。基层实践中，许多信访事项是由多个部门联合作出的，将对口的信访案件交办给相关职能部门，便是解决信访问题的关键。实践中，联合接访的主要实践方式有以下两种：第一，相关部门将工作人员派驻信访办事大厅，信访者的诉求在信访局登记后立即分流给相应的一个或多个派驻部门接待、受理、批示、答复、归档。第二，由信访局牵头，会同其他部门共同解决。比如农民工讨薪引起的非正常信访问题，是由信访局组织住建局、人社局劳动仲裁员、法院执行局、工程承包方等来联合接访，提出解决方案；排污污染问题是由信访局组织市政管理处、市农业技术推广中心、市疾病预防控制中心、街道办工作人员等联合接访。这样一来，群众的诉求能够通过政府相关部门的联合接访一次性传递到上述相关的多个对口部门，减少中间环节，从而帮助信访者尽快解决问题，同时减轻信访机构的工作负担。图20-2为某S县联合接访办理流程。

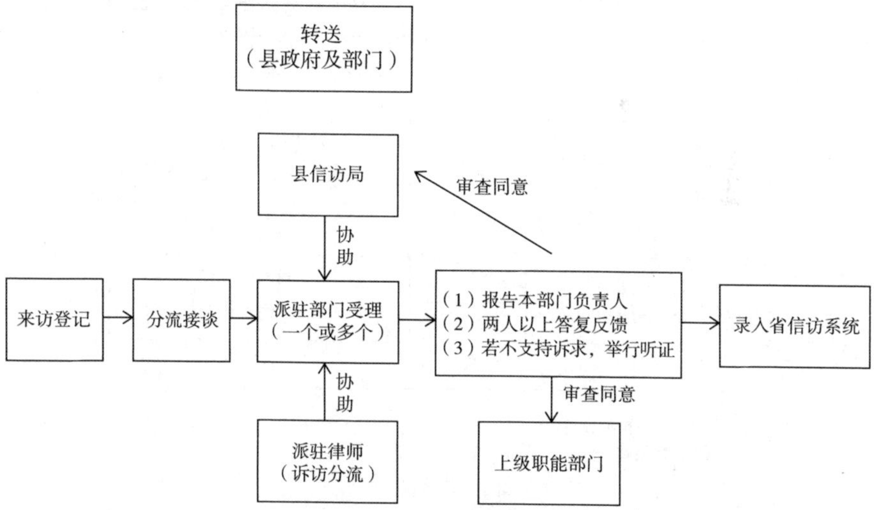

图20-2　S县联合接访办理流程

相关部门的联合接访减少了群众信访的时间成本，整合了村镇相关部门的力量，有利于信访积案的高效解决，减少非正常信访的发生。但部门联合接访仍存在一些问题，其一，联合接访往往发挥的是事后治理作用。一般对于许多初信初访问题，各个职能部门依然是模糊答复、不愿担责；只有信访者在各个职能部门之间来回奔波，找不到对应的职能部门，问题无法解决而选择越级信访或集体信访时,才能倒逼基层政府对此类问题进行联合接访。其二,联合接访能解决的问题范围有限。一些群众的信访诉求属于历史遗留问题,相关联合部门并不能给予明确答复,就算给予了明确的答复,也往往和信访者的心理预期有差距,难以让信访者满意。

(三)实行工作人员包案制

工作人员包案制也可称为岗位目标责任制,强调各个职能部门内部的负责人和具体工作人员签订“岗位责任书”,将责任落实到每一个工作人员。我们可以在目标管理责任制的基础上理解工作人员包案制。目标管理责任制指将上面下发的任务通过指标考核、奖惩的方式下发下去,[1]它不是简单的科层制运作,而是将任务和自身利益联系起来。具体实施情况可以以县级和乡镇级为例,分为以下几层(见图 20-3)。

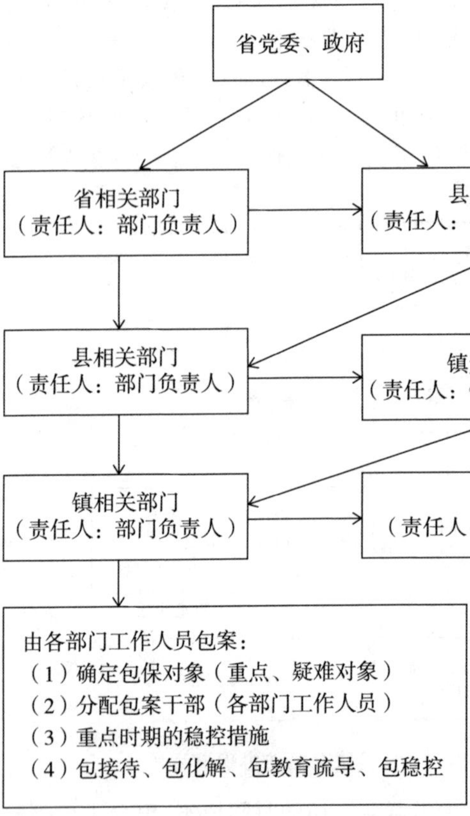

图 20-3 县乡目标管理责任制

[1] 参见王汉生、王一鸽:《目标管理责任制:农村基层政权的实践逻辑》,载《社会学研究》2009 年第 2 期。

如图 20-3 所示，目标管理责任制在最后一层才将任务具体下发到各部门的每一个工作人员手中，所以说对于最后一层，我们可以称为“工作人员包案制”或“岗位管理责任制”。

起初，工作人员包案制只是某些地方政府在信访治理过程中便于分配任务的衍生品。但随着信访考核压力的增大和信访诉求的依法解决困难，工作人员包案制日益成为应对信访困境的应急之策，许多地方政府开始通过正式文件制定包案责任书，并且在干部绩效考核方案里明确规定了包案责任制对干部考核的影响。2022 年，“领导包案”的工作方式被纳入《信访工作条例》之中，以应对群众急难愁盼的突出问题。

实践中，虽然工作人员包案责任制能够强化地方政府工作人员的信访责任意识，积极倾听群众诉求，及时就地解决信访问题，减少信访积案。但是这种机制仍需要进一步探索总结试用规律。通常，对于问题缺乏研究，机械的包案方式会导致许多信访问题“治标不治本”，严重消耗基层治理资源。

二、政府治理非正常信访的行动逻辑

(一)压力型体制下的维稳逻辑

在压力型体制下，[1]中央政府面对非正常信访的治理对策主要表现在以下两个方面：第一，调整信访治理原则，强化属地管理，将问题解决在基层、解决在源头；第二，配合推行新的信访考核评价机制，督促基层政府积极应对信访问题，认真倾听人民群众的诉求，解决人民群众的问题。但对于基层政府来说，在巨大的信访治理压力之下，“稳定压倒一切”“不出事”逻辑等占据了基层政府部门运作中的主导思想地位。

信访制度的目标从解决问题变成了维护稳定。信访治理原则的变化影响基层政府的治理责任。1957 年 11 月 19 日，国务院发布指示，[2]首次肯定了“归口办理”的信访工作原则，强调横向上的部门分工，对口负责。对信访者来说，无论是在基层信访还是越级信访，只要诉求与相关部门有关，部门原则上不能退回，应积极办理、认真解决，尤其是在赴京信访案件上，中央先后出台了四个文件来进一步明确和细化中央政府各部门面对赴京信访时的“归口”职

〔1〕 参见荣敬本：《变“零和博弈”为“双赢机制”——如何改变压力型体制》，载《人民论坛》2009 年第 2 期。

〔2〕 参见周恩来：《国务院关于加强处理人民来信和接待人民来访工作的指示》，载《中华人民共和国国务院公报》1957 年第 52 期。

责。[1] 随着信访工作压力增大,中央政府疲于应对大量的信访事件,再加上信访问题本身复杂多样,中央政府很难在短时间内有效解决,于是开始考虑对信访分流,将赴京信访案件交由地方政府办理。1995 年 10 月颁布的《信访条例》第 4 条在“归口办理”的基础上,增加了“谁主管、谁负责”和“就地依法解决”的规定,[2]这两项规定共同强化了基层治理责任,为属地管理原则的出现奠定了基础。

20 世纪 90 年代末期,“三农”问题严重,农民信访事件激增,越级信访、赴京信访明显增多。为了缓解中央政府的压力,2005 年修订的《信访条例》(已失效)对信访工作原则进行了彻底的修改,将归口管理转变成属地办理,而且强调属地在先,分级在后,即信访者户籍所在地的省市县乡政府要对信访者负责,当他们进京信访时,原则上要由当地政府负责限期接回,并解决信访者反映的问题。除了确定属地原则,国家还规定了逐级信访制度,[3]强调信访者应首先向有权处理的本级或上一级机关提出,不能越级向上级机关反映,不能进京信访,同时强调不能重复信访。

信访治理原则从“归口办理”到“属地管理”的转变,引导着信访治理主体的自身行为的调整。自此,对于赴京信访事件、越级信访事件,“属地办理”愈发被强调。中央政府及高层只承担程序上的转交功能,80%的信访诉求都在基层政府办理。但基层本身的权力和资源都比较有限,无法应对庞大的信访群体,因此信访治理的目标开始发生偏离,如何减少信访量成为基层政府最关心的问题。

1991 年 2 月 19 日,国家机关发布文件对信访的“一票否决制”进行了宏观的规定,[4]强调把工作任务与个人的荣誉、业绩、职位升迁挂钩。若工作出现差错,个人所有的业绩归零。一票否决制度在信访治理的文件中一直比较隐晦地存在,信访排名制度的存在才更直接地体现了基层信访治理责任的巨大。信访排名通报制度始于 2005 年《信访条例》的颁布,该条例第 7 条规定,若信访治理过程中领导干部出现失职、渎职行为,应当对其进行通报批评,并将信访工作绩效纳入公务员考核体系。

国家规定属地管理原则、逐级信访制度、信访考核评价机制,是希望将信访问题解决在基层,解决在源头,督促基层政府认真解决群众诉求。但从信访治

[1] 从 1960 年 11 月开始,国家先后出台了《关于中央各机关人民来访归口交办问题的几项暂时规定》《关于中央机关接待和处理人民来访的几项规定》《关于中央党政军机关各部门归口接待来访群众的几点意见》《关于中央各机关接待和处理人民来访分工的暂行规定》。

[2] 参见 1995 年《信访条例》,第一章第 4 条。

[3] 参见 2005 年《信访条例》,第 16 条、第 20 条。

[4] 1991 年 2 月 19 日,中共中央、国务院联合发布《关于加强社会治安综合治理的决定》。

理情况来看，信访治理越来越强调信访秩序的治理，制度初衷在实践中出现了偏离：由于指标监管往往容易使问题本身变成数量考核，不考虑基层政府在信访治理的实际过程中存在的困境，严格科层化的信访治理预设的是精细治理目标，但忽略社会现实中的责任下移与治理资源不足问题。这让部分基层干部开始考虑如何修改"信访数据"，导致考核结果愈加趋于"主观化"，而问题本身并没有得到解决。

（二）规则治理意识缺失下的"权益性治理"逻辑

经过信访机构的中转后，群众的诉求才能到达真正解决问题的机关。但是因为部分信访诉求的无解性、信访法治规范落地的阶段性以及干部法治思维能力及化解问题的局限性等，职能部门难以及时有效地化解信访诉求，只能以"权益性治理"的方式进行一定程度的回应。具体来看，"权益性治理"的原因包含以下三个方面：

第一，部分群众诉求无解。随着我国改革的不断深入和社会主义市场经济的逐步建立，新形势引发的新矛盾不断通过信访渠道表现出来，部分问题可以解决，但有许多问题处于无解状态。最为突出的就是环境问题引发的群体性信访事件，如垃圾焚烧厂、变电站等公共设施在建设过程中，任何一处选址都会引发附近居民的反对，但取消建设项目又违背当地政府的建设需要。还有不同地区征地补偿悬殊问题、政策前后调整引发的差额补偿问题等，这些问题并不在基层政府解决能力之内。

第二，2022年颁布实施的《信访工作条例》亟待总结经验，细化具体的实施细则。2022年，党和国家进一步优化了信访管理体制，颁布了《信访工作条例》，初步构建了"党委统一领导、政府组织落实、信访工作联席会议协调、信访部门推动、各方齐抓共管"的大信访工作格局。其中，《信访工作条例》尤其重视信访事项的程序化办理与信访诉求的分离处理。但是对于如何在基层落实推广信访在预防、受理、办理、监督追责、维护秩序等五方面程序的法治化，《信访工作条例》仍缺少具体的实践方案和落实措施。一些地方基层政府尚未能适应《信访工作条例》的程序性措施，仍依循以往的工作经验和方式方法，选择"权益性"的治理策略。新条例的实施需要进一步总结经验，细化落实操作的规范细则。

第三，基层干部运用法治思维化解问题的能力有待进一步提升。由于问题本身的复杂特性、信访法治化建设的阶段性，使得干部运用法治思维化解问题的能力尤为重要，尤其是在解决具体信访问题过程中，基层干部如何运用法治思维和法治方式疏导群众心理，尝试解决问题。但是从信访工作的实践来看，干部在处理群众的来信来访时，责任意识与法治思维仍有不足，甚至有时会违反群众工作的方式方法，引起信访人不满。这往往会在群众面前损害干部形象，引起群众的不满情绪，进而促使部分信访人通过越级信访的方式寻求更高一级的机关来化解问题、解决诉求。

三、非正常信访治理实践中存在的问题

第一，信访治理目标的偏移。在信访制度建立之初，其定位是党的群众路线的体现。但随着社会的加速转型和群众权利意识的增强，群众通过信访解决家庭纠纷、诉讼争端、基本保障等问题的诉求越来越多，基层政府应接不暇。其中，“集体信访”“越级信访”等非正常信访行为使基层政府的资源和精力捉襟见肘。尤其是面对复杂的历史遗留问题，基层干部在短期内难以实现该类信访诉求的有效化解。在信访属地管理的规范性要求与指标考核下，基层政府不得不首先面对考评要求，再力求化解信访的积案难题。因此，在日常的管理实践中，一些基层政府不得不先完成形式性的考评要件，再着手处理问题本身。这使得在信访治理实践的过程中，信访的治理目标偏离了信访管理的预设，发生了一定程度的偏移。

第二，非正常信访治理成本较高。信访是送上门的群众工作，对信访问题的积极回应能够及时了解社情民意，知晓社会普遍存在的治理问题。因此，对一般信访诉求的回应和治理，不存在治理成本耗散的问题。尤其在当下，党和国家对初信初访、案件分流、问题实质性化解等情况的十分重视，在很大程度上化解了“信访增量”，有效回应了社会需求。然而，“信访存量”问题仍较为突出，非正常信访正是“信访存量”问题的典型代表。由于非正常信访涉及的部门广、信访次数多、持续时间长，基层干部无法在短期内将其有效化解，这使得信访治理成本居高不下，严重消耗基层政府的人力和财力资源。其对于构建规范化、法治化的信访秩序存在显著的负面影响。

第三，政府的公信力受到影响。对非正常信访的治理实践，对基层政府的公信力也产生了较大的影响。部分信访诉求属于历史遗留问题，难以化解。在长期信访的过程中，信访人往往会从有理逐步演变为无理，这使得基层政府难以妥善处理。一些地方政府可能是出于维稳的考虑，选择用花钱的方式“息事宁人”，以促使信访者罢访。然而，这种方式在一定程度上削弱了法律的权威性、政策的规范性和政府的公信力，更容易使得更多矛盾涌入信访机构和“闹大现象”，[1]导致非正常信访问题难以化解。

第四节 城镇化进程中信访制度的法治改进

根据上述分析可知，信访制度与群众利益的实现和政府治理问题息息相

〔1〕 参见韩志明：《闹大现象的生产逻辑、社会效应和制度情境》，载《理论与改革》2010年第1期。

关，但目前政府对信访的治理依然存在一些问题。在压力型体制下，政府行为逻辑倾向于完成形式性指标和进行“权宜性治理”，难以真正解决问题。究其原因，在于治理规则和能力的缺乏。因此，要解决信访治理困境，就要建构信访和信访治理的规则，提升相应的能力。由于法治是具有国家能力支撑的规则治理，所以国家应该将信访纳入法治化轨道，构建信访制度的法治体系和话语体系，用法治来改进信访制度、保障合理合法诉求的有效实现。更何况，我国正处于全面推进依法治国的重要阶段，中国特色的信访制度又在法治国家、法治政府、法治社会一体建设中占据重要位置。我们也就必须在新的历史时期探索建设中国特色信访制度，加强党领导信访工作的法治化，并推进全面依法治国方略中信访体制的法治化、信访工作制度及其运行机制的法治化、法治工作话语与群众工作话语相结合、实质法治与形式法治相结合。

一、构建信访制度的法治体系

中国特色社会主义法治体系的内涵包括：在中国共产党领导下，坚持中国特色社会主义制度，贯彻中国特色社会主义法治理论，形成完备的法律规范体系、高效的法治实施体系、严密的法治监督体系、有力的法治保障体系，形成完善的党内法规体系。信访制度是一项重要的政治制度，是党的群众路线的具体实践形态，是密切党同人民群众血肉联系的制度纽带，是社会主义民主政治的重要实现形式。因此，信访制度的法治体系建构的重心在于以对当前具体的信访制度的实践状态的深入研究为基础，从全面依法治国方略切入信访体制分析，将信访制度的法治体系的建构放置于我国民主政治制度体系中展开。具体而言，主要包括以下几个方面。

（一）坚持党领导信访工作的法治化

从革命战争时期到建设有中国特色的社会主义事业时期，党历来强调共产党人的自我革命精神。党的十八大以来，党中央更是强调要以壮士断腕的决心全面从严治党，不断提升执政党的危机意识、责任意识和为人民服务的意识。做好新时期的信访工作，需要始终坚持党对信访工作的全面领导。信访工作的本质是群众工作，与人民群众关系的密切程度，能够深刻反映党的执政水平的科学性，是检验全面从严治党战略成效的重要标准。作为党同人民群众保持血肉联系的重要纽带的信访制度，能够集中体现党和政府对待人民群众表达的意见、要求的政治态度，体现党和政府解决社会矛盾的政治方向，展现夯实党执政的群众基础、促进社会和谐稳定的政治水平。

党对待信访工作的方略包含了对国家治理体系中地方政府层级链条过长的弊端的深刻洞见，认识到了地方政府在回应人民群众需求、协调社会利益、化解社会矛盾上的不足。根据西方的科层制理论，政府掌握了公共权力和公共资源,在提供公共服务的过程中,倾向于采取分工、专业、有序的方式来完成既定的行政工作。但是,由于基层社会中的很多纠纷无法进入专业的纠纷解决系统,不少引发纠纷的事由也就难以通过以职能设置为主的政府体系得到有效回应。从该角度看,信访制度一开始就是党中央协调地方和民众之间关系的重要政治通道。它最早在中央层面开始形成,然后逐步走向地方、走向基层。具体来说,中央确立信访制度,就是为了让人民群众在对地方政府和地方官员的工作不满意、有意见时,可以向中央表达和反映。中央还要主动对人民群众反映的问题进行调查,对基层反映强烈的问题,责成地方党委、政府认真对待、有效处理。

加强党领导信访工作的法治化,就要将信访工作贯穿科学民主决策的各个环节。信访工作最重要的不是直接解决信访问题,而是要从群众的切身利益、根本利益出发,从源头上预防和减少信访。这要求施政、施策者能够不断提升在民生问题、发展问题上进行决策的科学水平、民主水平、法治水平。在科学水平的提升上,需要在决策过程中纳入“信访”维度,对涉及重要社会利益调整的发展事项,要充分考虑人民群众的利益敏感点,对可能出现的信访事由做好社会风险评估,将确保社会稳定的举措融入政策体系,力争从源头上息访;在民主水平的提升上,充分发挥“从群众中来,到群众中去”的优良政治传统,善于倾听绝大多数人民群众的意见,充分吸纳多数人民群众的好的工作建议,确保在政策制定中就能获得大多数人民群众的理解、认同和支持;在法治水平的提升上,坚决杜绝权大于法的现象,让政策的酝酿、出台和实施都符合法律的规定。

就现阶段的治理形势而言,预防和减少信访的成效还有待提升,这也成了当前信访治理的一处短板。如果政府部门之间、上下级政府之间都遇事逃避、相互推诿,对人民群众的生活困难不管不顾,就容易脱离人民群众,人民群众自然就只能通过信访来表达意见和不满,就不能预防和减少信访尤其是非正常信访。为此,作为一项重要的政治制度,信访制度最大的特点是党和政府无法在人民群众的信访面前成为逃兵,只要人民群众选择信访,党和政府就必须认真对待。可以认为,这是信访制度赋予人民群众的最大的权利。在全面从严治党背景下,信访工作本身就是重要的政治工作,需要党员干部带着感情去倾听人民群众的心声,首先是了解人民群众,其次才谈得上和人民群众打成一片。如果能够在平时的工作中做到心中有人民,减少工作失误,提高人民群众的满意度,人民群众自然就会减少信访。

从为人民服务的政治高度讲,加强党对信访工作的领导、推动党领导信访工作的法治化水平,需要做到将信访工作纳入各项政治、经济、社会工作,用工作的民主化、规范化、法治化推动信访问题的解决。这意味着信访制度的法治体系应当将对人民群众的利益的考虑融入常规治理环节,用法治化的工作方式践行群众路线，促进公共权力与人民群众利益诉求对接渠道的理性化、制度化，尽可能减少信访风险，将社会不稳定因素减少到最低。在此基础上，信访工作的法治化还意味着，面对群众的来信、来访，各级干部要以高度的政治责任感来依法对待，首先是要关心群众，让群众在信访工作中感受到党的关心、党的温暖，在此基础上依法开展接访工作，而不能一开始就用冷冰冰的工作规则、工作程序应付群众。这意味着，坚持党领导信访工作的法治化，不是用法治思维来排斥人民群众的利益诉求甚至是社会不满，而是要进一步提高执政施策的政治站位，用高度的政治使命感、政治责任感去做好工作，做到将关心关爱群众和依法依规办事相结合。

（二）实施全面依法治国方略中信访体制的法治化

全面依法治国是党治国理政的基本方略。作为国家治理体系的重要构成，信访体制的法治化是实施全面依法治国方略的重要内容。长期以来，信访体制具有较高的政治动员色彩，其主要作为社会动员型政治制度而存在。改革开放以来，社会治理领域发生巨大变化，社会矛盾日益增多，党中央侧重于将信访工作的功能定位为促进社会的有效治理。1995 年《信访条例》第 4 条正式确立了“分级负责、归口办理，谁主管、谁负责，及时、就地、依法解决问题与思想疏导教育相结合的原则”。2005 年《信访条例》第 4 条对信访工作原则进行了适度调整，并确定为“属地管理、分级负责，谁主管、谁负责，依法、及时、就地解决问题与疏导教育相结合的原则”。2022 年《信访工作条例》第 5 条第 3 款将该项原则进一步表述为“坚持落实信访工作责任。党政同责、一岗双责，属地管理、分级负责，谁主管、谁负责。”这项原则凸显出我国信访体制的主要特征。实施全面依法治国方略中信访体制的法治化，需要准确把握信访工作的这项原则。

事实上，《信访工作条例》中的这项原则，与信访法治化存在一定程度的张力，它需要结合信访工作的实践规律进一步优化完善。所谓“属地管理、分级负责”，强调的是信访工作的主要阵地在地方政府尤其是基层政府，“属地管理”意味着一旦出现信访，基层政府就是事实上的责任主体。乡镇政府通常会成为信访工作最重要的责任主体，即便是县级政府成为信访工作中的责任主体，责任最后也会被层层压实到乡镇政府。在科层体制下，“属地管理”通常引领“分级负责”，使得“分级负责”在信访工作中没有被充分彰显，下级的责任总是比上级的责任要大。这就形成了工作主要在基层做，责任主要在基层的责任分配格局。

进一步，“谁主管、谁负责”也没有确定具体的责任主体，责任通常会被压实到地方。在“党政同责，一岗双责”的要求下，县级层面负主要责任的通常是县委政法委书记乃至县委书记，在乡镇层面的通常是乡镇党委书记、副书记。

2005 年《信访条例》中确定的信访工作原则实际上源于党委系统。2022 年《信访工作条例》以党内法规的形式进一步明确表述该原则,用以指导各级党政系统开展工作。因此,党政体制是信访体制机制运行的基础。而在信访工作实践中,由于信访问题关系到地方工作的总体评价,信访工作都是地方党委政府重视的“中心工作”。因此,信访问题往往是组织内关注的重点问题。又由于科层组织内部自上而下天然存在着“权责不对等”的状态,“属地管理”的基本管理模式下,地方政府对待信访问题时难免急于求成,希望尽快化解问题。在长期与信访干部打交道的过程中,这种治理方式一定程度上影响了信访者的心态和意图,形成了少量的缠访群体。因此,需要进一步改善和优化信访管理的方式方法。

从以上逻辑来看,要想真正贯彻全面依法治国方略,需要对确定信访体制的基本原则的具体构成进行细致的清理,对信访责任主体之间的关系予以法定化。第一,优化属地管理原则。尽管属地管理原则要求基层政府在应对信访工作中发挥主要作用,但不能将属地管理原则作为上级政府向下施加压力的制度通道,应该针对不同类型的信访问题设置具有针对性的“属地”治理方案,而不是只要出现了信访问题,就将问题全部导向层级最低的基层政府。第二,完善分级责任体系。目前信访体制更加突出信访行为的程序化规范,缺乏对信访责任分级责任体系的建构,殊不知很多信访问题的源头都在政策的决策和出台的过程中,而县级政府只是被动的政策执行者。因此,应当适度强化县级以上党委、政府等信访责任主体的信访责任。第三,提升责任追究机制效能。信访体制中依然存在部分相互推诿的情况,而且存在上级信访责任主体对下级信访责任主体盲目问责的情形。责任追究机制最重要的是明确信访问题的源头,需要全面扩展信访问责范围,科学、合理地开展信访问责。

(三)信访工作制度及其运行机制的法治化

信访工作制度及运行机制的法治化先后经历了两个阶段。从 1995 年出台《信访条例》到 2005 年全面修订《信访条例》,信访治理搭建并完善了基本的工作架构,初步形成了大信访的工作格局。2005 年《信访条例》到 2022 年《信访工作条例》,这段时期信访工作制度与运行机制进入了密集的建设期,信访法治化的体系更加成熟稳定,大信访的工作格局日益完善。其间,中共中央办公厅、国务院办公厅相继印发了《关于依法处理涉法涉诉信访问题的意见》《关于创新群众工作方法解决信访突出问题的意见》《信访工作责任制实施办法》等文件。总的来看,信访工作制度的法治化建设主要集中在针对做好大信访格局下的各项制度建设,主要体现在以下几个方面:

一是信访制度的法治规范体系取得了显著成绩。首先,2005 年《信访条例》在有效继承 1995 年《信访条例》的基础上全面发展,2022 年《信访工作条例》则是在既有成果之上科学设置、全面优化了法治化的体制机制。前后三部法规保持了信访工作原则的完整统一，确定了信访工作的基本原则。1995年《信访条例》类似于关于信访工作的工作办法，体系化程度低，内容较为简单；2005年的《信访条例》全面确定了县级以上人民政府及其信访工作机构的职责和信访人提出信访事项的权利，权责配置更加合理，职责体系定位更加明确，权利规定更加充分；2022年《信访工作条例》围绕工作体制与运行程序重新梳理，确立了"党委统一领导、政府组织落实、信访工作联席会议协调、信访部门推动、各方齐抓共管"的大信访工作格局，形成了围绕信访事项预防、受理、办理、追责、秩序维护等五方面的法治化工作格局，体制机制和法治化更加成熟稳定。其次，对行政信访和涉法涉诉信访的分离进行了系统的制度建构。针对1995年和2005年《信访条例》中对涉法涉诉问题的规定过于简单的不足，中央政法委结合"两办"发布《关于依法处理涉法涉诉信访问题的意见》，并出台了配套文件。最后，2022年《信访工作条例》将其有效吸收，按照类型化的方式对信访案件拟定了分流的制度规定，有效推动公检法等政法机关建立健全导入、纠错、退出机制，有效解决涉法涉诉信访案件"入口"不顺、程序"空转"、"出口"不畅等突出问题，同时极大地缓解了行政信访系统的办案压力，提升了信访制度的法治化水平。

二是信访制度的法治实施体系得以全面建立。围绕2005年《信访条例》，国家信访局开展了系统的法治实施体系的建构。随着2022年《信访工作条例》的颁布，法治实施体系日益科学完善。尤其是自建立网上信访办公系统以来，信访工作已经全面进入信息化时代，实现了信访工作的阳光化、便捷化，有针对性地在信访工作的复查考核、"三跨三分离"、引导来访人依法逐级走访、初信初访办理、信息化建设、联合接访、网上办理、依法分类处理信访诉求等方面，搭建起行政信访制度的法治实施体系。近些年，随着移动互联网的快速普及，网络信访加速发展，"一县一码"广泛实施，数据分析系统不断优化，实现了法治政府与数字政府的深度融通。2023年，党中央对新时代信访工作作出了推进信访工作法治化的重大决策部署，中央依法治国委员会将其确定为本年度五项重点专项工作之一。国家信访局围绕信访工作预防、受理、办理、监督追责、维护秩序等五个方面开展法治化的试点和探索，国家大信访工作格局在法治化轨道上纵深推进、行稳致远。

三是信访制度的法治监督体系逐步完善。信访制度的法治监督体系主要由信访工作中的督查督办（实地督查）、群众满意度评价等工作办法组成，这些内部监督、社会监督等工作办法还存在不少可以完善的空间，还需要经过一段时间的检验。比如，群众满意度评价目前很难有效发挥社会监督的效果，反而成为了人民群众表达不满情绪的端口。这说明信访制度的法治规范体系、实施体系的建设相对容易,而法治监督体系面临不少挑战。另外,党的机关、人大、政协机关、审判机关、检察机关的信访工作的监督体系目前还需要开展积极探索,以期实现与行政信访工作监督体系的有效衔接,形成全方位的信访法治监督体系。

四是信访制度的法治保障体系建设亟待提升。法治保障包括政治保障、制度保障、思想保障、组织保障、人才保障等。当前信访工作所要回应的许多事务被视为“剩余事务”,这些事务往往会被党政干部视为“苦活累活不出活”。建构信访制度的法治保障体系,应该切实加强党对信访工作的领导,不断提高党依法执政的能力和水平,尤其要切实提高在经济发展、民生事务上的决策水平。加强高素质信访工作专门队伍的建设,提升信访干部的政治激励,加强信访机构建设、人才管理和运作经费等方面的保障。加强对信访工作的制度上的系统化、法治化,革除不合时宜的制度规定,为信访工作提供坚强有力的制度保障。

五是信访制度的党内法规体系建设有了长足的发展。党的十八大以来,围绕信访法治化,党和国家先后出台了《关于建立涉法涉诉信访事项导入法律程序工作机制的意见》《关于建立涉法涉诉信访执法错误纠正和瑕疵补正机制的指导意见》《关于健全涉法涉诉信访依法终结制度的实施意见》《信访工作条例》等党内规范性文件。一系列制度化的建设措施,全面规范了党领导信访工作、党领导政法工作、党的政法系统负责的信访工作以及党的机关的信访工作,构建了党委领导下的大信访工作格局,形成了以党内法规体系建设规范信访工作的良好基础,有效提升了信访工作的法治化水平。

二、构建信访制度的话语体系

在我国,信访不仅是一项法治工作,还是一项群众工作,信访制度同时承载了法治工作话语和群众工作话语两套话语体系。信访制度的建构和运行,既要依循法治工作话语,强调法治思维和法治方式对信访工作的指引;还要依循党的群众工作话语,体现群众话语的精髓和方法。建构信访制度的话语体系,需要弥合两套话语体系的内在张力,积极应对转型社会所带来的挑战。

(一)信访制度话语体系的内涵

法治工作话语与群众工作话语的内涵存在差别。法治工作话语以法治理念和法治思维为主要内容,要求信访工作的目的、权限、内容、手段、程序都合乎法律规定。群众工作话语源于群众路线,要求信访工作人员坚持群众作风,依靠群众力量化解信访矛盾。

法治工作话语是在我国法治建设过程中逐渐形成的,以实现法治价值为目标,以法治理念和法治思维为主要内容的一套话语体系。改革开放以来,我国大力推进法治建设,将实现公平正义、推动国家治理体系和治理能力现代化作为法治建设的主要目标。法治建设不仅包含一系列具体的法律规则和法律制度,还包含一套抽象的法治工作话语。法治工作话语的核心内容是法治理念和法治思维。

首先,法治理念是中国共产党作为执政党,从社会主义现代化建设事业的现实和全局出发,借鉴世界法治经验,对近现代特别是改革开放以来中国经济、社会和法治发展的历史经验的总结。依法治国、执法为民、公平正义、服务大局、党的领导构成了法治理念的主要内容。具体到信访领域,法治理念要求信访工作坚持党的领导,通过法治的方式实现公平正义,同时,信访工作要以法治的方式服务于地方经济发展和社会稳定的大局。

其次,法治思维也是法治工作话语的核心内容。法治思维指将法律作为判断是非和处理事务的准绳,它提倡人们崇尚法治、尊重法律,善于运用法律手段解决问题和推进工作。法治思维要求信访工作人员依法化解矛盾。一方面,信访工作人员要在法定的职权范围内化解矛盾;另一方面,信访工作人员要依照法定程序化解矛盾。法治思维要求信访工作的目的、权限、内容、手段、程序都合乎法律规定。与法治思维具有一定抵牾的是简单的“维稳思维”。维稳思维忽视对法定程序和法定依据的要求,以单纯追求案结事了、摆平理顺为目标。维稳思维会对信访工作产生负面影响,如信访工作人员忽视信访人的合法权利,忽略信访工作程序,信访处理结果违反法律规定等。并且,这往往会导致信访工作人员将矛盾化解与依法接访置于对立地位,将矛盾化解摆在法律之前,以牺牲法律为代价实现摆平理顺的目标,最终反而不利于信访矛盾的有效解决。

群众工作话语是对党的群众工作价值理念的规范表达和群众工作实践的理论提升,反映和再现了中国共产党在马克思主义指导下的宣传动员群众、组织教育群众、服务团结群众的理论、路线、方针、政策的理念主张。〔1〕 群众工作话语源于群众路线,群众路线是中国共产党的根本政治路线和组织路线,主要内容是“一切为了群众,一切依靠群众,从群众中来,到群众中去”。有研究将群众路线分为群众观点和群众工作方法两个方面,前者指一切为了群众,一切依靠群众;后者指从群众中来,到群众中去。〔2〕 根据这一标准,可以将群众工作话语具体分为“服务群众”和“依靠群众”两个方面。

首先,群众工作话语要求信访工作服务群众。信访工作人员要秉持群众观念,积极为群众服务,维护群众的合法权益。与服务群众相对立的是官僚主义。官僚主义的信访工作人员往往对于群众的诉求缺乏敏感性,甚至不管不顾。信

---

〔1〕 参见潘丽文:《党的群众工作话语:历史回视、理论解码与当代建构》,载《西北民族大学学报(哲学社会科学版)》2018 年第 6 期。

〔2〕 参见吕德文:《找回群众:重塑基层治理》,生活 · 读书 · 新知三联书店 2015 年版,第 36 页。

访是人民群众表达诉求的重要方式，信访工作人员要善于倾听人民群众的各项诉求，避免采取官僚主义的态度敷衍了事。

其次，群众工作话语要求信访工作依靠群众。中国共产党历来重视人民群众的创造力，无论是在革命时期还是建设时期，都十分注重突出人民群众的主体性，发挥人民群众的创造力。信访工作人员在化解信访矛盾时，也需要突出人民群众的主体地位，注重依靠人民群众的力量来化解矛盾。信访工作人员的力量相对有限，仅仅依靠信访工作人员很难化解信访矛盾，尤其是在社会转型期，很多信访矛盾涉及国家法律、社会政策的调整，指向基层社会内部复杂、多元的利益结构，属于中国社会中的“非常规性纠纷”。[1] 要化解信访矛盾，一方面，需要充分发挥村(社)干部的力量。村(社)干部与信访当事人同处于一定程度的熟人社会内，对矛盾纠纷更加了解，与信访人存在某些社会交往，这使他们具有化解信访矛盾的社会资本。另一方面，需要充分发挥人民群众的力量。对于无理上访，要发挥人民群众的力量，在村庄或社区内部形成有利于信访工作的舆论，强大的舆论可以将无理信访消灭在萌芽状态。

(二)信访制度话语体系的内在张力

信访制度话语体系同时会对信访工作人员和信访人产生影响。法治工作话语和群众工作话语存在区别，对信访工作人员和信访人产生的影响进而也不同，这导致信访制度运行过程中存在一定的张力，主要表现为信访工作人员的职权和责任冲突与信访人的权利和义务冲突。

1. 信访工作人员职权和责任相冲突

法治工作话语要求信访工作的权限、内容、程序、手段等合乎法律规定。其中，权限合法既指信访工作人员要按照法定职权来化解矛盾，不能越权；也指信访职权设置要遵循权责一致的原则，避免出现权责不对等的现象。群众工作话语要求信访工作人员带着深厚的感情做工作，解决好人民群众最关心最直接最现实的利益问题。对于信访人的诉求，信访工作人员不能漠然视之、置之不理。信访工作是群众工作，因此信访部门不应该拒绝来访群众，不过这会导致信访部门承担实质上的无限责任。法治工作话语要求信访工作人员按照法律规定化解信访矛盾，将信访纳入法治轨道，积极引导当事人通过正式渠道表达和维护自身合法权益。对于不符合法律规定的诉求，或是按照信访程序已经终结的诉求，信访工作人员可以拒绝。群众工作话语要求信访工作人员坚持以人为本的理念，带着对人民群众的深厚感情工作，对于不符合法律规定，或是按照信访程序已经终结的诉求，也要做好解释工作，对于“法度之外、情理之中”的诉求，要积极采取救助措施。

---

〔1〕 参见顾培东：《试论我国社会中非常规性纠纷的解决机制》，载《中国法学》2007 年第 3 期。

不过,维稳体制加剧了信访工作人员的权责冲突,以至于信访矛盾是当前影响我国基层社会秩序的突出问题。信访工作人员要做好维稳工作,既要在源头化解信访矛盾,防止矛盾的激化;同时要做好信访人的稳控工作。对于合理合法的诉求,信访工作人员要依照法律规定化解矛盾;对于不合理或者不合法的诉求,信访工作人员需要承担稳控责任。对于此类信访矛盾,信访工作人员一方面缺乏回应信访人诉求的有效手段,另一方面承担了稳控信访人的责任。信访工作人员的职权与责任冲突导致了诸多负面后果,包括信访工作压力剧增、信访难以终结、信访工作人员采取非规范方式化解信访矛盾等。这样的权责配置虽然有助于充分调动信访工作人员的主观能动性,但是也给信访工作人员带来很大压力。在常规手段难以化解矛盾的情况下,一些信访工作人员会采取非规范性的方式来化解信访矛盾,包括"花钱买平安""与信访人喝酒聊天""加强打击"等。这些方法效果十分有限,极易形成负面的示范效应。

2. 信访人权利和义务相冲突

法治工作话语和群众工作话语也是针对信访人的,信访人可以"创造性"地利用两种话语。这意味着信访人可以同时享有法治工作话语和群众工作话语所赋予的权利,也可以以一种话语为依据来逃避另一种话语所要求的义务和责任。

首先,信访人同时享受两种话语所赋予的权利。当信访人的诉求符合法律规定时,信访人要求信访部门按照法律要求保障自身的合法权利。当信访部门未能回应信访人的利益诉求时,信访人会采取行政申诉、行政诉讼等方式进一步维护自身的权利,甚至会采取群众性信访、越级信访等非常规方式来表达自身诉求。信访人的诉求法律和政策尚未规定,或者与已有法律和政策规定相悖,信访人要求信访工作人员按照群众工作话语的要求倾听和回应自身诉求的,信访工作人员回应不力就会面临"不为群众服务"的责难。信访人借助群众工作话语,向信访工作人员施压,信访工作人员必须对信访人的诉求作出回应。在基层信访实践中,一些信访矛盾是由市场风险引发的,例如投资失败引发的信访,一些信访矛盾属于政策执行过程中的风险问题。信访人不愿接受现代社会的市场风险和政策风险,要求信访部门为其利益损失兜底。

其次,一些信访人会以群众工作话语为依据,为逃避法定义务和责任的行为辩护。在法治工作话语体系内,信访工作人员要依照法律规定化解矛盾,信访人也需要依照法律规定信访,这构成了信访人所承担的法律义务。目前,部分信访人会采取违法方式信访,对社会秩序造成损害。信访人要求信访工作人员按照群众工作话语的要求倾听和回应他们的诉求,当相关部门依照法律规定打击违法行为时,信访人以及其他相关人员或者旁观者则会以群众工作话语为依据指责相关工作人员。这增加了执法难度,同时执法人员面临不利的舆论，执法行为难以获得社会的普遍认可。在舆论压力下，执法人员会采取弹性执法的方式，这进一步放纵了部分信访人的违法行为，助长了他们抵抗执法的气焰。

（三）信访制度话语体系内在张力的弥合

信访工作人员的权责冲突和信访人的权利义务冲突是当前信访工作所面临的突出问题。建构信访制度的话语体系，需要弥合法治工作话语和群众工作话语的内在张力，消除信访工作人员的权责冲突和信访人的权利义务冲突。要实现这一目标，一方面需要明确不同话语的作用范围，实现两种话语的适度区隔；另一方面需要针对不同类型的信访诉求，合理确定话语体系的作用机制。

首先，需要明确不同话语的作用范围，实现两种话语的适度区隔。话语体系的内在张力源于话语适用的泛化，即对法治工作话语和群众工作话语的作用范围缺乏明确设定，导致两类话语相互融合、产生冲突。群众工作话语主要针对信访工作人员的工作作风和工作方式，信访工作人员要密切联系群众，倾听群众的各项诉求，积极依靠群众化解信访矛盾。需要注意的是，倾听和回应群众的诉求并不意味着信访工作人员具有解决信访人所有诉求的无限职责。法治工作话语主要针对信访行为模式和信访工作机制。信访人要依照法律规定合理合法信访，避免采取违法方式表达自身的诉求，也不能以群众工作话语为依据来逃避自身所应该履行的法律义务。明确不同话语的作用范围，实现群众工作话语和法治工作话语的适度区隔，可以防止信访工作人员的权责冲突和信访人的权利义务冲突的发生。

其次，需要针对不同类型的信访诉求，合理确定话语体系的作用机制。面对有理型信访，需要强化法治工作话语对信访工作的指引，要求信访工作人员依照法定职权，按照法定程序解决当事人的诉求。对于商谈型信访，需要强化群众工作话语对信访工作的指引，要求信访工作人员对群众的利益诉求保持敏感，积极倾听和回应群众的各项诉求，不能以职责为依据对群众的诉求置之不理、漠然视之，特别是对于问题涉及面比较广、关涉政策调适问题的信访事项，信访工作人员要深入调研信访事项所体现的深层次问题，积极向有关职能部门反映相关问题，并对信访人耐心做好解释、安抚、疏导工作。对于无理型信访，要兼顾群众工作话语和法治工作话语对信访工作的指引作用。一方面，对于信访人的诉求，信访工作人员需要依照法律规定予以拒绝；另一方面，要善于依靠群众，形成舆论，对无理信访人施加外部压力，在源头上消除无理信访的空间。此外，治理无理信访尤其要避免以服务群众为名义，无原则回应信访人的无理诉求。对于一些偏执型信访的当事人，信访工作人员要积极依靠村（社）干部、社会工作者，开展相应的心理疏导和安抚，引导信访人以积极、正面的态度面对生活。

第二十一章　城乡群体性事件的利益表达和应急法治

我国正处在现代化发展的关键时期,随着社会转型和体制转轨进程的深入推进,社会矛盾也日益凸显。城乡群体性事件的频繁发生正是其重要的外在表征。从调研情况看,既有的行政治理手段和策略在应对该类事件时并不尽如人意。在全面推进依法治国的背景下,需要将城乡群体性事件的治理纳入法治轨道和法治框架,对城乡群体性事件的治理策略和路径予以法治化改进,才能实现国家治理体系和治理能力现代化。当前,城乡群体性事件主要有维权型、牟利型、群体纠纷型和泄愤型四种,利益表达渠道不畅、利益诉求反馈滞缓和利益表达保障匮乏是群体性事件产生的主要原因。对此,我国需要建立矛盾纠纷排查机制、信息预警机制、利益表达与反馈机制来防范群体性事件的发生,并尽可能将事件的影响降至最低。

第一节　城乡群体性事件的特征、类型与生成过程

一、城乡群体性事件的基本特征

群体性事件是当前我国现代化建设过程中社会矛盾的一个典型缩影,是社会矛盾汇集的焦点,它也因此成了实务界与学术界长期以来高度关注的对象。一般认为,1994 年以前,国家并未创制专门的概念来命名群体性事件,而是以“突发事件”“群众性事件”“闹事”等多种称谓来指代。1994 年,“群体性事件”开始出现在官方文件中;2013 年,“群体性事件”为官方所全面接受,获得概念上的主导地位。

虽然“群体性事件”这一概念被广泛使用,但针对其内涵,学界并未达成共识。比如,中央预防和处置信访突出问题和群体性事件联席会议制定的《关于积极预防和妥善处置群体性事件的工作意见》把群体性事件定义为“由人民内部矛盾引发、群众认为自身权益受到侵害,通过非法聚集、围堵等方式,向有关机关或单位表达意愿、提出要求等事件及其酝酿、形成过程中的串联、聚集等活

动”〔1〕。于建嵘将其定义为“一定人数参加的、通过没有法定依据的行为对社会秩序产生一定影响的事件”〔2〕。陈柏峰则将其定义为“特定或不特定的多数人临时形成的耦合群体,在没有合法依据的情形下通过肢体行为或语言来表达利益诉求、发泄不满,且造成一定社会影响的事件”〔3〕等。不过学界在大体上也基本认同,群体性事件是社会转型时期的各类社会矛盾造成的,公民与公民之间的聚集性冲突或公民与权威互动中的具有对抗意义的行动,包括但不限于各类群体性的斗殴滋事、维权行为等。它具有事件起因的偶发性、诉求目标的明确性、行为方式的弱理性化三大特征。

其一,事件起因的偶发性。群体性事件常常是一些偶然因素引发的。从我国近几年发生的大量规模型的群体性事件和本课题组调研期间收集的案例来看,除了土地征用拆迁、劳动纠纷等常见利益诉求引发的群体性事件外,偶发事件引发的较大规模群体性事件呈现出日益增多的趋势。它们一般表现出以下特点:首先是诱因简单,往往具有不可预料性。比如民间械斗、治安案件等个别简单的矛盾冲突,这种事件一般事出突然,往往不可预测。其次是人数众多,成分复杂,处置难度大。最后是行为激烈,具有一定的破坏性,后果严重。

其二,诉求目标的明确性。群体性事件参与者的目标是固定且明确的。特定目的是指引当事人行为的动力,群体性事件的当事人会聚集起来并采取一定行动表达自己的诉求,究其根本是为了问题得到解决,更进一步讲则是为了求得经济上的补偿。在这种动力的驱使下,他们的目标指向十分明确。在医疗纠纷中,大部分当事人就是为了让医院赔钱;在拆迁纠纷中,大部分当事人就是为了让开发商多给一些补偿款;在一些偶发的纠纷中,当事人主要是为了迫使政府出面调停,动用政府权威使问题得到快速解决,拿到补偿。尽管群体性事件发生的事由千差万别,但是在大部分的事件中,由于是政府作为第三方对社会冲突进行管理,如果双方未能达成妥协,他们的矛头就会转向政府。更何况,在群体性事件参与者的观念中,政府代表国家权威,具有一定的政治义务。政府既然是人民的政府,就应当为人民服务。所以他们认为,只有给政府施压,迫使政府出面解决,他们的诉求才有可能实现。

其三,行为方式的弱理性化。群体性事件中的参与者往往容易丧失理智。群体性事件的当事人往往会通过采取一定行为的方式来表达自己的诉求,具体行动的选择和执行根据自己的诉求以及与相应机构的互动关系来决定。一般来说,当事人在选择行为方式时是相对理性的,他们知道通过自己采取的行动

---

〔1〕 王赐江:《冲突与治理:中国群体性事件考察分析》,人民出版社 2013 年版,第 4 页。

〔2〕 于建嵘:《抗争性政治:中国政治社会学基本问题》,人民出版社 2010 年版,第 44 页。

〔3〕 陈柏峰:《群体性事件的发生机理:权利视角》,载《法学研究》2014 年第 1 期。

会引起相关机关的重视，从而使自己的诉求得到解决。但是，这种“理性”的行为在具体实施过程中时常超出自己的预期，产生意外的后果。一方面，行为人会积极准备好前期的工作，选择合适的时间、安排相应人员，做好部署工作，在表达方式上，他们往往会选择拉横幅、喊口号、堵大门等方式。另一方面，双方没有达成合意或者矛盾被进一步激化时，行为人的表达方式就呈现出暴力倾向，比如打、砸等。这种情境下，理性（合法）行为的性质发生了质的改变，流变成一种会对各单位秩序进行冲击的违法行为。因此，这种行为呈现出一种弱理性化的表达过程。

二、城乡群体性事件的主要类型

根据群体性事件的目的和行为方式，群体性事件可以被大致分为维权型群体性事件、牟利型群体性事件、民间纠纷型群体性事件和社会泄愤型群体性事件四类。

第一，维权型群体性事件。维权型群体性事件是以维权为最终目的的群体性事件，多发生于城镇化转型社会，表现为“以法抗争”或“以理维权”，主要是利益之争，不包含任何政治诉求。这一类群体性事件的形成原因相对简单，通常是因社会弱势群体的权益遭到强势群体的侵犯而产生的。城镇化转型期间，原先的矛盾化解机制越来越难以发挥作用，很多矛盾不断堆积无法解决。人们在感到自己的权利受到侵犯，却又无法得到满意的救济时，就会产生抗争心态，希望通过进一步的“抗争”行为让问题得到政府或者相关部门的解决。在这类形式的抗争中，参与者极少质疑党组织和基层政府行为的合法性，有意识地避免触碰“政治红线”。相反，他们更加相信党和政府，并寄希望于党和政府可以履行他们的政治许诺。

第二，牟利型群体性事件。与维权型群体性事件具有相似外观的是牟利型群体性事件，参与者一般假借维权的名义组织群体性事件，但其目的已经不是维权，而是凭借群体性事件的巨大影响来获取不正当利益。维权话语在该类事件中仅是一种工具，参与人以此证明其行为的合法性，掩盖牟利的真实目的。在新型城镇化转型时期，各种矛盾层出不穷，基层政府为了完成维护稳定这一目标，必须尽可能地快速平息各类群体性事件。在这样一种压制型治理机制下，基层政府在无法协调矛盾双方利益时，通常会选择政府兜底的方式解决这一问题，导致参与人不当获利。在一些极端的情况下，群体性事件的煽动者为了牟利，会雇佣一定的人员，组织策划群体性事件，并按照明确的责任分工行动。此外，他们还会通过网络、媒体向当地政府施压。

第三，民间纠纷型群体性事件。这类案件是一般民间纠纷所引发的群体性事件，其发生的诱因往往只是普通民事主体之间的一般纠纷。此类群体性事件的发生极具偶然性，一般没有个人上访，亦没有官民冲突。从意外升级到冲突的过程非常迅速，具有很强的突发性。较前两类群体性事件而言，此类群体性事件缺乏组织者和领导者，也没有事先的预谋，而是在双方冲突不断升级的互动过程中引发的，具有较强的情绪化特点。此外，这类群体性事件也没有明显针对政府的利益诉求。从处理角度而言，这类群体性事件的应对措施较为简单。该类群体性事件的发生是由于在城镇化转型过程中，社会个体之间难免产生尖锐的矛盾和利益冲突，而传统文化相对和缓的纠纷解决习惯在陌生人社会的环境下又逐渐被消解，人们越来越倾向于将这些利益冲突表面化。

第四，社会泄愤型群体性事件。泄愤型群体性事件同样是在极短时间内发生的，其形成机制却并不单一，有些是在维权型群体性事件发生后，由于问题未能得到相关责任主体的及时处理，导致群体性事件升级为泄愤型群体性事件。还有部分是因为较小的纠纷在短时间内引发大量群体聚集，聚集在一起的人群产生共同或相似的情绪，最终情绪爆发，引发大规模群体性事件。另外一些是因为人们受到别有用心者的煽动，激起了极端的愤怒情绪。前两种机制常见于城镇化转型社会，最后一种机制常见于具有一定政治诉求或目的的群体性事件中。这类群体性事件发生的速度快，持续时间短，通常情况下冲突发生现场都是无组织的。最开始的参与者大多有共同的目的和诉求，但是后续加入的绝大多数是与事件无关的闲杂人员。这些后续参与者多数抱有群体泄愤的心态，通过参与群体性事件来表达自己对社会的不满。

三、城乡群体性事件的生成发展过程

(一)情绪酝酿期

群体性事件最初都要经历一个情绪酝酿期。这一时期是群体性事件参与者不满、困惑、愤怒不断积累并逐渐清晰的一段时期。在该时期，群体性事件的参与者通常会经过两个具体过程，即寻求说法的过程和行动筹划的过程。行为人首先需要对事情的结果有一个解释，也就是行动者要为自己或者家人不公正的遭遇寻求说法，寻求说法并不意味着冲突的实际发生。一般只是在寻求说法无果或者是这个说法偏离了行为人认知的常识时，他们才会采取下一步的行动。比如，在典型的劳务纠纷中，当行动者感知到不公正待遇或者违约事实时，他们的行动逻辑是先找相关部门反映情况，期待相关部门能重视他们的诉求。当他们的多次努力皆付诸东流时，才会筹划下一步的行动策略。

不满是行动的前提，但是这种对于不满的道义建构更基础。道义建构可以在人们的认知上形成一种所谓的“不公平框架”，通过对“不公平”的认知，形成“愤怒”的基础。愤怒与归因相对，要有愤怒就必须有对苦难的归因。[1] 换言

---

〔1〕 参见陈颀、吴毅：《群体性事件的情感逻辑以 DH 事件为核心案例及其延伸分析》，载《社会》2014 年第 1 期。

之,相关单位的行为并不是行动者心理失衡的根本原因,但是对现状不满的他们会建构自身困境与相关单位的行为之间的联系,这种关联会指引他们展开行动。在没有得到合理解释之前,行动者心中难免存在怀疑。尽管这些怀疑无法得到证实,但只要是自身困境与相关单位行为之间的因果逻辑关系得以建构,行为人心中的气愤、不满就会油然而生,行动的酝酿也就正式开始。

(二)情绪爆发期

在这一时期,群体性事件的参与人通常会经历道德震撼与诉求表达的过程。群体性事件的产生需要情感上的导火索,意外事件就是这一"导火索"。在意外事件的刺激下,人们的"气"达到了临界点,不仅不满情绪会被引爆,还可能导致诸多极端行为。在一起典型的"医闹"事件中,王某家属及其亲友围堵在医院门口,对前来了解事实的警察产生"误解",推推搡搡的过程中,王某的母亲突然摔倒在地,随后便有人喊了一声:"警察打人啦!"在这声叫喊过后,情绪激动的围观者和王某家属不约而同地对两名警察实施了围攻和拳打脚踢的行为,直到后来被其他警察分开,才得以避免更严重的后果。正是这样一句"亦真亦假"的话引发了众怒,使得围观者不约而同地配合行动者实施了集体行为。群体行动受到集体情感的控制,这些参与者坚信他们的行动存在"集体正义",并在事件中逐渐形成统一的对抗情绪。

此种情境被称作"道德震撼",是一种"令人震撼的景象使集体行动的潜在参与者受到剧烈的道德情感震撼,焕发了他们参与事件的热情"的现象。〔1〕道德震撼在群体性事件的演变过程中具有情感动员的作用,它通过调动周围人的情绪,一方面可以获取大众的行动支援,另一方面为自己表达诉求创造道德上的合理性,尽管这种表达方式往往带有违法的性质。

(三)情绪平复期

从群体性事件中行为人情感的发展轨迹来看,情绪经过酝酿、发酵演变为"气",〔2〕矛盾爆发。而"气"逐渐平息,矛盾也就相应化解。在情绪平复期,群体性事件包含理性协商与越轨责任两方面的过程。一般而言,只有经过双方甚至是多方理性协商之后,达到了行为人满意的结果,他们的"气"才算是最终释放了。在基层社会中,协商的主体主要包括行为人、涉事单位以及政府的综合治理办公室,协商的过程就是疏解气郁、达成共识的过程。涉事单位在政府维护稳定的目标和绩效考核的双重压力下,可能试图最大限度地满足当事人的要求。双方的逻辑出发是相似的,行为人通常侧重于解决问题而非无理性

---

〔1〕 参见应星:《"气"与抗争政治:当代中国乡村社会稳定问题研究》,社会科学文献出版社2011年版,第97页。

〔2〕 参见应星:《"气场"与群体性事件的发生机制——两个个案的比较》,载《社会学研究》2009年第6期。

的行动，涉事单位考量的则是如何让行为人停止行动。在理性协商的作用下，双方达成共识，行为人的气就消散了，涉事单位也得以换来和平。

但情绪的化解并不意味着整个群体性事件到此终结。在大多数群体性事件中，行为人表达诉求的方式是静坐、围堵、暴力冲击机关单位等多种多样的违法行为。针对这些违法行为，公安机关将会予以行政处罚，这个结果是当事人必须承担的越轨责任。实践中了解到的情况是双方矛盾化解后达成合意，但这并不影响公安机关进行治安处分。不过在情绪平复期，越轨责任的后果往往都处于事件当事人可预期和可接受的范围内。

第二节 城乡群体性事件中的利益表达

不同类型的群体性事件所采用的利益表达方式并不完全相同。其中，泄愤型群体性事件的利益表达具有最强烈的极端性和冲突性，它的社会危害性也最大。维权型和牟利型群体性事件虽然也会出现暴力、冲突，但其本身的目的在于表达利益诉求，维护自身利益。由于群体性事件的利益诉求各不相同，表达的场景也比较无序，极易出现失控和冲动的倾向。利益表达渠道的不畅以及利益诉求反馈回应的迟缓是引发群体性事件的关键原因，在缺乏足够利益表达保障机制的背景下，民众会采用极端的方式来表达诉求。

一、利益表达的基本特征

一般来说，群体性事件中出现的利益表达具有利益诉求的多元化、表达形式的弱理性和表达场景的无序性三个特征。第一，利益诉求的多元化。在社会转型和城镇化的时代背景下，城乡社会既有的利益格局受到冲击。社会个人之间、个人和国家之间的关系被调整和重塑，尚未得到明确界定与分配的利益无可避免地被争抢，从而引发冲突和对立。在这一过程中，群体性事件的形成中利益表达的诉求也表现出多元化的特点。如有些群体性事件是医疗纠纷中医患双方利益关系的模糊不清造成的，有些则是劳动纠纷中劳动者与用人单位的利益发生矛盾冲突导致的。受转型时期剧烈的利益变动影响，历史遗留问题也会导致矛盾的发生。一旦冲突无法得到迅速有效的解决，人们就可能寻求通过群体性事件来表达自己的利益诉求。这些利益诉求有些具备合理根据和正当性，有些则不具备基本的合理性，它们共同组成了多元的利益表达。

第二，表达形式的弱理性。群体性事件的参与者是多个主体，他们的行为共同构成了一定意义上的集体行动。当作为集体的一员采取行动时，个体受到新的心理结构的影响，原有的各种差异和自觉个性在群体中被同一化，为群体的无意识行为所取代，导致整体出现非理性的特征。一方面是由于群体性事件中独立的个人责任消失。参与群体性事件的人原本可能基于自身责任审慎地采取行动,更倾向于理性地表达自身利益诉求,而一旦个人的责任被群体的责任吸收,个人的行动便失去了有效的约束,从而可能放纵地宣泄自己的欲望和情绪。[1] 另一方面,这是因为群体性事件中集体感情的传染性,不满或者仇恨的情绪在参与者之间不断扩散和传播:它起初可能只是微小的矛盾,但很快便会因为这种情绪的感染力而扩大成为尖锐的冲突。受其影响,本来可能有序表达利益的主体也陷于冲动,进而采取打、砸等暴力的非理性表达形式。而这种非理性的利益表达形式又必然会遭到压制和对抗,从而再次加剧了群体性事件的紧张状态。

第三,表达场景的无序性。由于利益表达形式的弱理性特征,群体性事件中的参与者易表现出失控和冲动倾向,行为上也较具攻击性。再加上群体性事件本身一般具有人数多、规模大的性质,这些行为交织形成的情境便很难在短时间内得到控制。群体性事件中的行为人大多有聚集性围堵行为,如封堵进出口、堵塞道路等,这会导致一定程度的交通瘫痪或停滞,严重影响具体场景中人员的正常生活和工作。利益表达的主体也往往表现出破坏秩序的行为,进行集体性的打、砸、闹等活动。这种无序的行动很可能使得前来帮助解决群体性事件的人也无法正常采取行动,又进一步制造出无序和混乱的表达场景。这样一来,群体性事件所发生的场景就变得愈发难以控制。即便群体的利益诉求确实是理性合法的,也会因为这种混乱失控场景造成的严重后果而有损其正当性。

二、利益表达的主要类型

如前所述,在群体性事件的生成发展历程中,有一个至关重要的环节就是表达利益诉求的环节。由于群体性事件多为大众基于联合行动机制而采取的集体行动,将多元主体的利益诉求付诸公开抗争,所以一定意义上,群体性事件即一定群体的非制度化利益表达。[2] 根据参与者利益表达的诱因不同,我们可以将城乡群体性事件的利益表达划分为维权抗争型表达、牟利型表达和泄愤型表达三种。这三种利益表达在表达主体、表达对象和表达内容上均存在一定差异。

第一,维权抗争型表达。维权抗争型表达是主要发生在维权型群体性事件中的利益表达样式。在利益表达的主体上,维权抗争型表达的主体一般为具体权益人或者亲属、朋友,表达诉求和参与群体性事件的行为人范围相对较窄。

---

〔1〕 参见高春芽:《大众行动的逻辑:从勒庞到格尔——基于社会心理的研究视角》,载《中共天津市委党校学报》2014年第1期。

〔2〕 参见康枫翔:《基于利益表达制度化的群体性事件防范》,载《兰州学刊》2012年第7期。

如调研中出现的医疗纠纷,都是由死者的亲属、朋友等人组织和发起的群体性事件。在采取群体行动的过程中,死者的亲友等人向医院寻求说法,主张医院对死亡结果承担相应责任,并要求就某人受损害的生命权益得到一定的赔偿救济。与利益表达主体的特征类似,这类利益表达的表达对象也较为明确具体,其指向的对象经常是特定的医疗机构。而在劳动纠纷引发的群体性事件中,利益诉求所针对的对象通常是用人单位等应当支付劳动报酬者。

第二,牟利型表达。牟利型表达多发生在以牟利为目的的群体性事件中,事件参与者表达诉求的动机在于从中获取非正当利益。实践中,群体性事件的行为人并非不明白自己的利益诉求是缺乏合理依据的,但他们仍然希望通过组织群体性事件以实现自己取得不当利益的目标。牟利型表达的主体一般具有一定的特定性,只包含具有潜在获利可能性的主体。尽管本质上这类利益表达主体缺乏合理或者合法诉求依据,但他们通常与作为发起群体性事件借口的在先事件具有密切利益关系。牟利型表达的对象也是具体的,而非抽象和宏观意义上的国家或者社会。这是由于其利益表达的动机在于获得某种非正当利益,而只有对象具体,其利益诉求才可能被予以回应和满足。

虽然牟利型表达的本质目的是获利,但是为了使其发起群体性事件的行为得到旁人支持,他们在利益表达的内容上通常会假借维护权利的名义来要求权利救济,从而掩盖背后的不法目的,正当化自己的不法行为。也是因此,牟利型表达可能会披上维权抗争型表达的外衣,与真正的维权抗争型表达具有类似的外观。

第三,泄愤型表达。这种表达与前述两种表达存在较大差异,其诱因是愤怒或宣泄不满情绪。这种表达具有强烈的极端性和冲突性,往往容易形成极度失控的局面,并产生异常严重的后果。因此,这种表达的危害性常常比前两种利益表达的危害性更大。泄愤型表达的主体一般而言是非特定人群,且在群体性事件的演变过程中倾向于不断扩大化,参与主体可能呈现不断增多的态势。在群体性事件发生的具体情境中,围观人群可能被煽动或被利用,最初的不满和怨恨情绪将最大限度地扩散到潜在的参与者中。群体性事件的最初参与者可能只是少数人,最终却会包括许多与此无关的闲杂人员。泄愤型表达的对象更多情况下针对的是宏观意义上的国家或社会,因此并不具有明确指向性,在以政治诉求为目的的泄愤型群体性事件中尤其如此。这种利益表达对象更为模糊化,比之维权抗争型表达和牟利型表达而言更为难以确定。泄愤型表达在表达内容上也具有更大的不确定性。维权抗争型表达或者牟利型表达通常具有较为直接的表达目的,而泄愤型表达中很多参与者是出于各式各样复杂的原因和动机加入事件的。对这部分参与者而言,表达的内容是否清晰明确并不那么重要,重要的是通过群体性事件来宣泄不满情绪和制造混乱。

三、利益表达的内在困境

城乡群体性事件的形成与群体的利益表达息息相关。群体性事件是参与者用以将自己的利益主张外在化的具体手段。许多群体性事件的产生与特定群体在利益表达上所遭遇的困境密不可分，正是由于规范有序的利益表达无法实现，这部分群体才会转而寻求发动群体性事件来传达自己的利益诉求。利益表达渠道不畅、利益诉求反馈滞缓和利益表达保障匮乏是利益表达中时常表现出的三种困境，只有化解这些困境，使人们能够有效有序地表达其诉求，群体性事件才可能被真正遏制。

（一）利益表达渠道不畅

群体利益的需求多元化是现代社会的特征之一，每一个社会群体都有自己的利益和诉求，这些利益和诉求难以在短时间内全部满足。这种差距随着社会的发展不断加剧，在无法正常表达时，就会惯性地向更高层级的政府表达利益诉求，出现越级告状等情形。在通常情况下，群体性事件的组织者和行动者都想通过合理、合法的方式表达自己的诉求。可是由于缺乏通畅的表达渠道，作为表达者，他们不知道自己应该向哪个部门、哪级机构反映情况，便演变为不合规的集体行动。无法进入制度化表达渠道的诉求最终便转而寻求以群体性事件这类非制度化表达渠道倾泻。

（二）利益诉求反馈滞缓

通过分析群体性事件发生背后的原因，本课题组发现，很多群体性事件看似是偶发的，实际上却展现出个人利益诉求与体制反馈滞缓之间的张力。在社会转型过程中，各种新问题不断涌现出来，而治理体制时常未能予以及时有效的反馈和回应。这样一来，政府无法及时化解影响社会稳定的矛盾和潜在风险，当事人的诉求无法及时得到反馈或满足。在长期得不到正面回应的情形下，不断积累的消极情绪逐渐演化为怨气、怒气，当"气"积累到一定程度时，群体性事件就可能会爆发出来。事件的爆发普遍会遵循这样的发生轨迹，即出现矛盾纠纷—向有关机关反映情况—多次反映情况未果—最终采取群体性行动。其中，迟缓回应或者不予回应是群体性事件参与者行为演变轨迹中最为核心的一环。

（三）利益表达保障匮乏

如前所述，群体性事件中参与人的利益表达通常会面临滞涩不畅的状况，无法顺利地将自己的利益诉求传递给有关对象。这一方面是因为有关利益表达渠道的限制较多，另一方面是因为利益表达缺乏有效保障。参与群体性事件的群众在寻求表达时，可能并不知晓复杂精细的表达程序和准确的表达对象，也就难以有效地运用正式规范的表达途径来解决自己的问题，当表达诉求的对象是政府机关时更是如此。而且,无论是制度规范,还是在实践当中,都没有充足的利益保障机制对利益表达主体可能面对的表达困境予以消除或补救。为此,我国不仅应当建构清晰具体的表达渠道,还应当为表达诉求存在困难的人群提供一定的保障措施。例如在工人因单位拖欠薪资而陷入劳动纠纷时,为其提供相应的维权指引,告知其理性合法的利益表达方式并主动消除其可能遭遇的表达阻碍。在特定群体的表达权利由于某些行政机关不作为而遭受损害时,也要存在必要且严格的责任追究制度,以减少此种情况的发生。

第三节　城乡群体性事件的行政应急管理及其规制

一、行政应急管理的必要性

群体性事件发生后,为避免事件继续扩大并造成更为严重的社会后果,需要强有力的公权力及时介入以稳定局面和恢复秩序。行政机关在群体性事件的处置机制中无疑扮演了关键角色,公安机关和基层党委政府处于群体性事件治理工作的一线位置,在处理群体性事件的实践过程中发挥着重要作用。

群体性事件一直是基层治理的重大压力来源之一,始终被基层政府予以高度重视。首先,群体性事件具有很强的突发性。很多时候,虽然引起群体性事件的矛盾根源是长久积累形成的,但最终直接点燃参与者不满情绪的火苗可能是一次突然的意外情况,甚至是不经意的一句话或一个行为动作。在群体性事件爆发前及时发现潜在的问题和冲突当然是最好的情况,但一般来说,群体性事件的爆发还是具有很大的不确定性,难以做到事先预见。因此,群体性事件突发性较强,在短时间内需要得到快速反应和处理。其次,群体性事件中往往伴有极端行为和暴力冲突。在出现紧张尖锐对立状态的情况下,群体性事件中的参与者很有可能会采取打、砸、抢、烧等极端行为来表达自己的诉求和愤怒。最后,群体性事件通常会产生严重的社会后果和影响。由于人数较多,且行动的地点多选在人流量庞大的道路或者机构场所入口,群体性事件极其容易引起群众围观聚集,从而导致正常的交通秩序和工作生活受到不利影响。在发生暴力冲突的群体性事件中,还极有可能造成多人伤亡以及巨大的财产损失。此外,围观人数众多也会导致事件进一步发酵,产生恶劣的社会舆论影响。

上述特征要求公权力机关在应对群体性事件时必须高效而有力,且尽可能地在事件扩大化之前予以控制。因此,事件前期的应急管理至关重要,可以被看作稳定局面和恢复秩序的核心。行政机关需要在群体性事件突然发生后以较短的时间调动行政资源,组织相应的行政人员前往现场控制和稳定局面,同时对已经初步造成的不利后果予以补救。在民间纠纷型群体性事件中,双方一旦发生大规模的持械斗殴行为，就只有依靠行政力量才能迅速制止暴力冲突，避免造成更多的人员伤亡。在本课题组了解到的群体性事件中，有的事件的行为人多达几十名甚至上百名，且持有木棍、钢管，有斗殴行为，若非公安部门赶到现场控制住局面，后果不堪设想。也只有警方赶到现场并制止了参与者的暴力行为后，正常的社会秩序才得以恢复。可见，行政机关所具备的专业知识和行政资源在应对群体性事件时可以发挥巨大作用，将群体性事件的不利影响尽可能地降至最低。所以，在城乡群体性事件发生后进行行政应急管理是极为必要的。

二、行政应急管理的现行模式及存在的问题

实践中，城乡群体性事件的行政应急管理模式主要包括两部分，一是以公安机关为主的先行应急机制。它能够及时收集信息，控制现场秩序，避免出现暴力冲突，为后期的进一步处理打下基础。二是后续处置机制。主要包括疏解引导、暴力压制和利益补偿三个方面。

（一）先行应急机制

首先，公安机关要完成接处警和前期信息的研判工作。群体性事件发生后，公安机关往往会在第一时间出警。出警人员到达现场后，要尽快控制场面。如果发现警力不够，要视不同情况请求不同层级的警力支援。对公安机关而言，群体性事件的预防工作十分重要，收集情报是预防工作的前提。情报信息收集部门几乎每天都要对收集而来的信息进行汇总和初级筛选，分析是否存在风险以及是否会引发群体性事件。

其次，公安机关要建立现场指挥中心与工作小组。公安机关处理群体性事件要严格按照关于群体性事件的应急处理预案进行。按照预案的规定，要成立处置群体性事件指挥部。公安机关在实际操作中并非完全按照预案流程进行，具体的人员安排并非完全一一对应，而主要取决于案件的复杂程度和民警的处理技术。现场秩序组、交通秩序组、法制宣传组、现场取证组是每次发生群体性事件都必须出动的小组。

再次，公安机关要维护现场秩序，控制核心人物。控制现场主要以现场做工作为主，工作包括了解当事人诉求、安抚当事人情绪、调解和教育，其中教育疏导为首要原则，力争把矛盾分化、瓦解在初始形态。在采取一系列措施后仍不能有效控制现场时，公安机关就要进行强行处置，一种是警力强行分块隔离，用工具强制驱散人群。另一种是集中优势警力对核心人物进行打击。充分利用不同参与者的主观心态，灵活采取行动是公安机关在实践中探索出的一条行之有效的举措。这种策略的实质在于使纠纷的群体形成离散、弱化、淡化群

体的集聚或累积效应,减少纠纷的社会影响。[1]

最后,公安机关还要灵活有效地运用联动机制。安抚当事人的情绪、组织调解是公安机关控制现场局面、维持秩序的首要选择。对于人数众多、成因复杂的群体性事件,公安机关先要了解当事人的诉求,安抚当事人的情绪。只有在掌握事实的基础上综合现场情况才能进行预判,判断事件属于何种纠纷、将会如何发展、是否需要上报党委政府解决,以及需要联同哪些机关进行处理。这些均是公安机关的应急本能,一旦判定清楚就得迅速启动联动机制。如果当事人的诉求正当,涉事部门就要通过劝说、承诺解决的方式化解矛盾。如果诉求不正当,就由专班成员进行劝诫、疏通教育。若违法行为持续进行,导致协商失效,则只能由公安进行强制处置了。由此可见,公安机关能否快速启动联动机制,以及是否得到相关部门的联动配合,直接决定了群体性事件的发展态势。

公安机关之所以能够形成当前的应急处置行为模式,是因为其行动逻辑已经经历了两方面的转变:一为“维稳调解两手抓”到“重点维稳”的变化;二为“怕出事”到“出事也不怕”的思维转换。

其一,从“维稳调解两手抓”到“重点维稳”的逻辑变化。以往公安机关对群体性事件的应急处置是在党委政府的牵头和领导下,组织动员各方力量参与解决的。相比其他职能部门发挥的作用,公安机关是参与调解和维护稳定的主力军,不仅需要维持现场秩序,还要参与显然超出其工作范畴的调研任务。这就导致其行动既缺乏专业性又没有合法性,并且在没有其他部门配合的情况下缺乏执行力。为改变这一局面,公安机关的角色发生了转换,其重在维稳而不参与调解工作。

其二,从“怕出事”到“出事也不怕”的思维转换。“怕出事”的逻辑根源于科层制体制下的行政问责制。上级通过绩效考核监督下级的工作,因此考核结果直接关系到下级领导的升迁、工资效益等。此外,涉事部门在调解过程中消极不作为,致使公安机关在应急处置过程中“单打独斗”,这么做的直接结果就是责任自担。因此,来自绩效考核和行政问责的双重压力共同塑造了公安机关从前“怕出事”的逻辑。但是自从党委政府组织成立了调解委员会,有专人负责调解事宜后,公安机关就卸下了调解的重担。各警员严格按照紧急预案的流程办案,实行层层上报、动态管理的程序。形式上的合法使得公安机关免于承担被问责的风险,公安机关在实践过程中也就逐渐转变了行为逻辑,从“怕出事”变为“出事也不怕”。

（二）后续处置机制

群体性事件后续处置机制存在三种模式,即疏导型化解模式、暴力压制型

---

〔1〕 参见顾培东:《试论我国社会中非常规性纠纷的解决机制》,载《中国法学》2007 年第 3 期。

模式和利益补偿型模式。首先是疏导型化解模式。地方党委针对不同的纠纷种类设置了六大专业调解委员会，分别是医疗纠纷委员会、道路交通委员会、物业管理委员会、环境保护委员会，建筑施工委员会、劳动争议委员会。它们由县政法委牵头、政府各部门参与，每个委员会的组成人员为四人左右，当群体性事件发生时，作为一线执法的公安机关先行处理，矛盾纠纷遇阻时，将其转移给调解委员会。

其次是暴力压制型模式，主要方式是通过国家强制力压制矛盾。疏导式的治理模式虽然能化解大多数个案，但它在治理大规模、暴动性的群体性事件上略显乏力。党委领导暴力机关使用强力压制手段则是解决这类群体性事件的有效方式，有时甚至是唯一的选择。作为当下比较常见的群体性事件处理模式，这种处置机制具有一定的被动性和压制性。

最后是利益补偿模式。政府一般会根据冲突的不同性质、不同规模和不同诉求而采取差异化形式的补偿。其目的是通过利益补偿的形式，稳定冲突双方情绪，实现势态降级，使之进入可以对话和协商的过程，实现从对抗冲突向疏导型化解模式的转变。通过金钱或其他物质性的补助，政府能够最快恢复和稳定秩序，并能够大体上实现维护稳定与和谐的治理目标。但是，由于其是制度之外的“非常规性”选择，使用的方式较为随意。因此，从长期来看，该方式仍存在一系列潜在的不利影响。

后续处置机制之所以表现出上述样态，是因为地方党政机关秉持两种行为逻辑，分别是以“维稳”为中心开展工作的逻辑和压力型治理背后的“怕出事”的逻辑。

其一，以“维稳”为中心开展工作的逻辑。首先，群体性事件破坏了地方的稳定局面，也凸显了社会转型和社会发展过程中出现的结构性和制度性的问题。社会转型时期，各类社会问题和社会风险相互叠加。地方政府在开展工作过程中可能存在疏忽和难处。“维持稳定”是有效化解这些结构性难题的基础。其次，在群体性事件发生后，党政部门必然会承受一定的政治压力。这种压力来自群体性事件对稳定的政治价值和政治意义的破坏，所以，后续工作必然以恢复稳定所具有的政治价值和政治意义为导向。最后，群体性事件发生后，地方党政的治理行为会受到来自外界舆论的种种评价，这些舆论或多或少具有一定的政治性。地方党政部门为了在舆论评价中不处于被动地位，会以尽快恢复稳定为其工作目的。地方党政在后续工作中以“维稳”为中心，也是一种功能上的选择。

其二，压力型治理背后的“怕出事”逻辑。所谓的压力型治理体制，就是指在我国的科层体系之下，上级党委和政府为了加强对基层党委政府的控制，会通过一系列的激励和惩罚手段，要求基层完成一定的任务。“维稳”压力就是通过这种压力型治理体制进行层层传播的。在我国的各级党政系统中,“维稳”几乎都实行“一票否决制”,一旦出现稳定问题,将会直接影响对地方党政的总体考评。因此,各级政府都极力避免群体性事件产生。

(三)现行模式存在缺陷之处

公安机关先行应急机制的不足具体体现在以下两个方面:现场执法力量的不足和联动机制的失效。第一,现场处置的执法力量不足。本课题组调研的豫东C县实际警员配备比例为5‱,和上级10‱的要求相差甚远。警力配备不足严重影响了公安机关在群体性事件应急处理过程中的执法效果。首先,出警的人数不足,常常面临当事人的数量是出警人数的几倍的情形,导致了公安机关快速介入却在现场处置过程中很难快速控制场面的局面。其次,在解决纠纷时,警员既需要参与调解,又需要维持现场秩序,很多现场工作无法同时开展。最后,警力资源匮乏,采取强制措施时可选取的方法非常少。这都导致应急处置能力不足。第二,联动机制的失效,这与联动意识的欠缺紧密相关。公安机关的行政地位决定了它只能扮演调停者的角色,只有在党委政府的统一指挥下,联同其他各部门的力量才能真正化解矛盾。但是公安机关的积极行为使其他部门对其产生了依赖,进而形成了“公安机关兜底”的思维定势,使联动机制失效。

地方党政后续处置机制也存在两方面的问题,即维稳责任与资源动员能力的不匹配,以及责任主体与化解主体的错位。一是维稳责任与资源动员能力不相匹配。财政权力集中掌握在上级手中,具体的事权则下放给了最基层的政府和组织。基层不得不承担与其资源动员能力不相匹配的维稳压力。相对于上级政府而言,地方党委和政府在矛盾纠纷解决上更具有“信息优势”和“地缘优势”,但从制度设计上来看,基层党委和政府又因为权力和资源不足而处于明显的“权力劣势”,很难充分发挥作用,实现有效的社会治理。二是责任主体与化解主体的错位。在群体性事件中,制造矛盾的主体和化解矛盾的主体会出现责任错位。从横向关系上看,很多矛盾和冲突并不是政府部门引发的;从纵向关系上看,很多矛盾并非基层政府引发和造成的,但是基层政府承担着化解矛盾的压力和责任。然而,基层政府不可能调整或纠正上级政府的决策失误,也缺乏足够的资源来兜底其他部分导致的问题。这样一来,群体性事件的治理也就陷入了困境。

三、行政应急管理的规制

前文对两种行政应急处置机制的行为模式和内在逻辑作了分析,我们在其中不难发现,当前我国的行政应急管理模式存在一些内在风险,导致对群体性事件的治理无法达到理想状态,背离国家治理的根本目的和要求。为此,国家有必要通过改革等手段对行政应急管理中的不当做法予以规制。

在群体性事件的应急处置实践中，不少地方政府或者公安机关存在错误的思路，即用简单粗暴的方式摆平问题。这种简单粗暴的摆平思维可能在短期内能把问题和矛盾压制下来，却为未来矛盾的进一步激化埋下了伏笔。同样，滥用警力问题在对群体性事件的处理实践中也颇为常见。一些本来并不十分紧张激烈的冲突，也并非针对政府和社会的群体性事件，在遭遇警力的贸然压制和粗暴打击后可能转而变为政府与民众之间的对抗。

针对行政应急管理在处置群体性事件时所存在的问题，需要从如下方面加以改进和规制。其一，增强行政主体准确认识和界定群体性事件的思维能力。一方面，需要在实践中有意识地培养行政人员准确区分社会矛盾的能力，使其避免陷入政治化定性的思维定势。另一方面，需要让基层行政主体有能力在群体性事件发生后正确认识其中的关键矛盾，判断群众的利益表达属于何种性质。例如，对维权型群体性事件不能错误地用针对"敌我矛盾"的方法来处置，而是应当正视其利益表达中的合理性与合法性部分，承认群众权利诉求的正当性。这样一来，基层政府对于群体性事件的认识才能更为成熟，既避免激化群众的抵触和反抗情绪，又消减行政人员心理上的重担和压力，使其在轻装上阵的情况下稳健地处理"人民内部矛盾"。

其二，以严格的法律制度规范公安机关警察权力的行使。在群体性事件爆发后，由于地方上维护稳定的巨大压力，公安机关通常会被立即调往现场先行控制局面。出于迅速控制和平息事件的心理，警察权力可能会被粗糙滥用。行政强制性手段虽然看似快速见效，但很容易使事件进一步恶化，激起群众的强烈反抗。因此，公权力部分强制性手段的行使应遵循行政法律的基本原则，如比例原则、权责一致原则，并在法律制度的约束下严格规范自身权力运行，不得滥用警力以求摆平事件，特别是在使用暴力手段时，由于对群众人身权利影响巨大，公安人员应当十分审慎，严格依法行使自己的职权。对于行政机关在处置群体性突发事件时存在的违法行为，应当严格依照法律规定追究责任。

其三，努力实现行政治理模式从"压制型"向"回应型"转变。"压制型"治理模式在群体性事件的处置中体现为片面地贯彻行政机关的单方意志，忽视群体性事件参与者作为相对人的权利主体地位。以此种模式摆平的群体性事件所带来的是刚性稳定，看似坚固实则脆弱，其耗费的行政成本巨大。这种模式下的行政应急管理具有容易导致政府公信力下降、公民合法权益受损等弊端。"回应型"的治理模式则强调通过行政相对人有序参与，促进行政机关积极回应公众利益诉求，从而最终化解社会矛盾。[1] 在这种治理模式下，行政机关处置

---

〔1〕 参见戚建刚：《论群体性事件的行政法治理模式——从压制型到回应型的转变》，载《当代法学》2013年第2期。

群体性事件不是单纯依靠强制性手段，而是采取更为宽和克制的立场，积极主动地回应群体性事件参与者的利益表达，寻求以相对和平的方式找到解决问题的最佳方案。相比于“压制型”模式，“回应型”模式所形成的是一种韧性稳定，其更能容纳不同群体的利益诉求，有利于缓和行政机关与群众的关系，及时释放累积的不满情绪。从群体性事件的治理实效来看，“回应型”治理模式更有助于长久而根源性地化解矛盾，奠定更为坚实的社会稳定基础。

第四节　城乡群体性事件治理的法治改进

法治是均衡利益分配的重要手段，群体性事件的治理也要严格按照法治的要求进行。具体来说，首先要建立起体系完备、反应迅速的源头预防机制，及时掌握重点行业、重点人群、重大事项的动向，强化底线思维，完善利益表达机制。其次，要重塑群体性应急处置机制。构建多元主体参与的协商对话机制，灵活高效的行政联动协调机制。再次，要改善群体性事件的后续处理过程。不仅要明确各责任主体的权利和义务，压实部门责任，还要健全责任追究制度和矛盾回访制度，确保矛盾和纠纷可以得到有效处理，避免二次爆发的可能。最后，要不断在基层治理中完善多元平衡的利益分配机制，只有如此才能真正从源头上化解群体性事件的起因。

一、群体性事件的治理为何需要法治

从宏观上看，在当代中国新的历史条件下，国家发展环境、城乡结构关系、社会组织形态与社会利益分配都在发生深刻变化，完善国家治理并推动国家治理现代化的任务依然繁重。坚持全面依法治国的基本方略，是我国国家治理领域的一次深刻变革。国家治理活动需要通过正式和非正式的行为规则来调整社会关系、合理安排行为，才能确立起有利于社会平衡协调发展的国家治理秩序，使成员的行为摆脱恣意性，使国家治理活动得以有序进行。而这种行为规则体系的主干就是法律。作为上层建筑的有机组成部分，法治反映了社会经济生活条件的权益要求，并对社会经济生活产生积极能动的反作用，具有促进国家治理、维护社会公平正义的重要作用，是国家治理现代化的必然要求和应有之义。长期以来，群体性事件对我国社会治理而言都是一个较为棘手的问题，具有相当大的治理难度，也是基层政府治理压力的主要来源之一。既然国家治理现代化内在地要求治理法治化，那么对于群体性事件的处置自然也应当在法治框架下进行，努力实现群体性事件的依法治理。

群体性事件之所以令地方政府如临大敌，是因为其会对社会秩序造成强烈冲击，导致短时间内社会生产和生活陷入混乱无序状态。发生城乡群体性事件

后，基层政府需要进行的首要工作就是尽可能迅速地恢复正常秩序。无论是公安机关主导的先行应急机制还是地方党政主导的后续处置机制，本质上都以恢复良好稳定的社会秩序为基本目标。其中，行政应急管理的处置是否得当将极大地影响这一目的能否最终实现。如果行政机关介入群体性事件的策略和手段出现严重偏差，现场事态可能进一步恶化，造成更加难以控制的失序局面。而对群体性事件处置的治理予以法治化改进，便能够起到良好的效果。在严格的法治轨道内，群体性事件中各方主体的行为都将受到明确约束，极端非理性行为减少，有利于社会秩序的稳定。

此外，城镇化与转型时期的巨大社会变化为各种利益的不断涌现创造了时代土壤，这些不同性质、不同种类的利益交织缠绕，自然难以避免地可能存在对立和矛盾。要消解群体性事件发生的根源，就不得不对这些碰撞的利益予以慎重考量和细致权衡。由于明确划分社会主体之间的利益界限，实现相对均衡的利益分配，是实现群体性事件治理实效的必由之路，而法律正是各种社会利益展开博弈的决定性场域，法律规范本身就反映出利益斗争的最终结果。因此，群体性事件治理无论如何也无法离开法治手段和法治思维，法治化改进能够从根源疏导这些紧张对立的社会冲突，通过权益的合理均衡分配来减少爆发群体性事件的内在诱因和隐患。这不仅是实现群体性事件治理的需要，也是实现深层次社会公平正义的需要。

从实践来看，法治在城乡群体性事件治理中所能发挥的作用主要包括三个方面，分别是促进纠纷解决理性化、降低事件扩大化的风险、保障利益表达渠道畅通。

首先是促进纠纷解决的理性化。基层群众在面对利益冲突而引起的各类纠纷时，可能会采取过激的处理方式，形成“引爆”群体性事件的导火索。而法治框架将为矛盾双方提供理性的协商沟通平台，促使双方当事人以相对平和的手段实现自己的利益主张，避免出现可能诱发群体性事件的暴力冲突行为。

其次是降低事件扩大化的风险。群体性事件爆发后，行政力量通常会第一时间介入，这既可能为控制局面进而平息群体性事件提供机会，也可能会由于介入不当而导致事态进一步恶化。公安机关在群体性事件的应急处置中发挥着重要作用，很多时候能够迅速制止参与者的非理性行为，从而稳定现场秩序。但是实践中也存在一些滥用警力、粗暴采取强制性手段的情形，其一方面会导致群众的合法权利受损，另一方面会让原本微小的矛盾尖锐化，引发现场事态扩大化的严重后果。群体性事件应急管理的法治化则会很好地规避这一风险。法治不仅约束群体性事件参与者的非理性行为，也约束行政机关可能的权力滥用和失职行为，促使公权力机关在处置群体性事件时小心谨慎地运用暴力打击等强制性手段。法治化的应急管理通过制约行政主体违法滥用权力的行为，可以尽可能地降低事件扩大化的风险。

最后是保障利益表达渠道的畅通。通常来说,多数群众并不是一开始就依靠发动群体性事件来表达自己的利益诉求。只不过他们之中的许多人多次尝试过制度化的表达,例如投诉、举报或者信访等手段,但均未成功将其诉求传递给有关部门,或者尽管已经传达,但始终没有得到合理回应。维权型群体性事件中,参与者的目的是维护自己的权利,并非蓄意无理闹事。但是,由于其利益诉求往往未被制度化渠道予以吸收,在寻求规范途径无果后,他们便不得不转向群体性事件这一途径。法治将为这类群体表达自己的利益诉求提供理性渠道,一方面通过明确的制度规定指引当事人如何表达自己的利益主张,另一方面对非法打压和漠视当事人表达的行政失职行为予以严厉追究。这样一来,法治便能够切实保障群体充分表达利益诉求,并得到及时合理的反馈。

由于有上述三方面的作用,法治应当成为贯穿城乡群体性事件治理全过程的主基调。无论是在群体性事件的源头预防中,还是在先行应急管理和后续处置机制中,各方主体都必须严格遵循法治的基本原则。在化解可能引发群体性事件的纠纷矛盾时,基层政府或者其他组织应当始终坚持依法处理,与当事人平等协商沟通,不应采取压制或逼迫手段硬性维稳。纠纷化解要在法治框架下秉持合法、自愿的原则进行。纠纷当事人也应该增强自身的法治意识,在解决与他人的冲突时自觉运用理性合法的手段,使自己的利益诉求表达更为理性化。在先行应急机制中,公安机关应当严格依法行使警察权力,摒弃动辄使用强制性手段压制和打击群体性事件参与者的错误思维,审慎采取强制性措施。在后续处置机制中,地方政府应当始终秉持法治理念,运用法治思维和法治能力处理群体性事件中复杂的利益冲突。在此意义上,地方政府宜努力实现从压制型治理模式到回应型治理模式的转变,对偏离法治原则的传统治理模式进行及时的纠正。

二、群体性事件治理的法治改进路径

(一)构建群体性事件的源头预防机制

虽然应急处置已发生的群体性事件十分重要,但相比之下,主动作为、正视和妥善回应群众的利益诉求,做到防患于未然是更优选。有效的群体性事件源头预防机制将极大地增强后续治理的实效,将未知风险限制在可控范围内。矛盾纠纷排查机制、信息预警机制、利益表达与反馈机制是三种可能的预防方式。

1. 健全完善矛盾纠纷排查机制

政府要转变思维导向,由“维稳导向”转变为“发现矛盾导向”,完成从消极处理矛盾、积极维稳向积极发现并解决矛盾的工作思路的转变。完善这一机制不但有利于及时发现并解决矛盾、避免事态扩大,还能对可能发生的群体性事件作出紧急预警，指导各个政府部门及时作出防范，在源头上减少群体性事件的发生。目前，矛盾排查调处机制还亟待进一步完善，尤其是在风险识别、快速反应、指挥调度等方面。因此，按照“分级治理、属地管辖、谁管理谁负责”的原则，健全完善矛盾排查调处机制刻不容缓：一是要加大排查力度，调动工作人员的积极性。二是要扩充排查主体、细化排查方法。在这一过程中，地方党政要按照一定的程序和制度组织一支具有专业知识的队伍从事专门的排查和风险评估工作。同时要广泛动员社会力量，鼓励市民积极参与到此项工作中来。此外，在平时的排查工作之外，还要注重重点排查，尤其是在一些重大的节日、活动到来之前，要开展专门的排查调处工作。要组织专门力量进行排查，对一些重点人群、重点行业建立长效有效的监管。建立这样的排查机制，就能够实现从事后补救到事前发现的动态转化，有效降低群体性事件发生的概率。

2. 健全完善信息预警机制

要有效防范群体性事件，必须立足于超前预防、源头防范的情报信息收集系统和相应的预警体系。这是因为通过预警体系能够及时监测到可能发生的群体性事件，从而及早制定应对和解决方案，避免群体性事件的发生。[1] 因此，各级党政机关要尽早建立预警机制，通过预警机制及时获得各类有关群体性事件的信息，做到早知晓、早预防，及时控制住不稳定因素。历史多次证明，在中国这样一个超大规模的社会中，必须不断拓展国家治理的空间，通过组织化调控方式构建相对完整且严密的“社会控制之网”，才能够形成较好的社会治理态势。[2] 其中极为重要的组成部分，就是要建立健全全方位、多层次的情报信息收集网络。

具体来说，首先，政府要健全情报信息收集网络，监督各部门完善自己的情报收集系统，并定期组织各部门开碰头会、联席会议，将各自收集的情报信息进行交流、讨论，对不稳定群体进行重点关注，跟踪调查、加强控制。其次，要动员社会力量广泛参与，提高情报信息员业务水平。政府的情报信息收集工作要吸纳社会力量，努力把信息收集的网络伸向各个角落。国家要在情报信息收集系统的建立上做到多方参与、广泛来源。最后，要保证反馈机制的有效常态化，使得地方党政能够及时有效地发现并化解矛盾，做到未动先知、控制在先。

3. 健全完善利益诉求表达与反馈机制

群体性事件的有效解决需要以政府畅通民意诉求的反馈渠道、完善引导群众舆论的手段、建立官民之间的健康互动关系为前提。只有在真正了解基层情

---

[1] 参见宋维强：《社会转型期中国农民群体性事件研究》，华中师范大学出版社 2009 年版，第 223 页。

[2] 参见唐皇凤：《“中国式”维稳：困境与超越》，载《武汉大学学报（哲学社会科学版）》2012 年第 5 期。

势的情况下,党委政府才可能作出正确的决策,制定出相对合理的公共政策。[1] 当前,我国的利益表达机制存在渠道不畅通和表达的非均衡性等障碍:部分制度渠道堵塞,无法吸纳多种意见;强势群体的表达所能产生的效果远强于弱势群体。因此,构建畅通的利益表达机制极为关键。

想要达致这一目标,第一,要完善信访工作体系,畅通信访渠道。各级政府要重视并加强信访工作,确保信访渠道的畅通,保障民众诉求能够制度化表达的渠道,且所有群众的问题均能得到公正及时的反馈和回应。第二,要坚持落实“领导包案”制度,主要领导要亲自过问、督办长久难以解决的案子以及部分反映问题较为严重的群体性信访事件。第三,要严格按照行政法的相关规定,推行并执行听证制度。凡是涉及民生问题的事项,皆依法实施听证程序并将向群众作出明确说明和公告。第四,健全传媒的传导机制,扩大表达媒介的开放度。应充分利用新媒体等信息传媒手段,从技术上建立起满足群众需求的信息传播系统,搭建各方主体平等交流沟通的平台,从而达到缓解矛盾并有效预防群体性事件的目的。

(二)完善群体性事件的应急处置机制

群体性事件的突发性、规模性和暴力性已经超出了基层常规治理能力的范畴,不仅给基层治理带来了极大的挑战,而且严重影响到了基层社会的稳定。因而,要持续健全应急处理机制,才能够及时应对上述问题。从调研情况看,应急处理机制需要通过完善协商对话机制、多元主体参与机制及行政联动协调机制来共同完成。

1. 健全完善协商对话机制

健全完善协商对话机制,意味着政府要对公众进行公开的、直接的对话。政府应听取民意、汇集民智,群策群力地化解实际困难,解决群众遇到的难题。协商对话是政府与群众之间沟通的桥梁,能够使政府知晓群体性事件深层次的信息,掌握参与人员的真实想法和思想动态,平息怨气和消除群众的对立情绪。同时,群众可以通过这种无障碍的沟通机制来了解政府的政策意图,充分表达自己的诉求。构建协商对话机制,一方面需要政府建立与公众平等的对话地位,树立为人民服务的理念。各级政府的工作人员要讲实话、办实事、端正态度,积极听取群众的意见并及时反馈群众最关心的问题。另一方面要拓宽协商对话的各种渠道。政府及其各部门应设立接访处,保证有专职人员负责接待、引导来访群众。同时充分利用门户网站、微博、微信等新型媒体,定时对群众的疑问进行解答,保证与群众之间的互动渠道多样且畅通。对话协商机制为群体性事件的理性化解设置了缓冲带,减少了化解群体性事件的阻力,进而促成干

[1] 参见肖唐镖主编:《群体性事件研究》,学林出版社2011年版,第109页。

群之间良性互动,群体性事件被有效化解。

2. 健全完善多元主体参与机制

我们国家现阶段的群体性事件治理工作是"党政主导型"的,对应对群体性事件具有一定的积极作用。但若从发展的眼光来看,仅凭这种处理模式还不完全足够。我国应当建立一种政府为主、多元主体共同参与的群体性事件应对机制,变被动处理为主动疏导矛盾。政府要树立起多元主体参与机制的理念,并把这种理念贯穿到平息群体性事件的整个过程之中:第一,应当通过网格化管理手段在群众中打下坚实的基础,即通过网格员获取信息,发动各类民间组织,及时预测和评估有可能造成大范围动荡的公共政策,及时做好预警工作。第二,在化解群体性事件时,要坚持以党委为领导核心、不同机构协调统一的原则,在党的统一领导下,发挥各类民间组织和新媒体等机构的桥梁作用。第三,要建立起事后快速回应的机制。在群体性事件结束后将事件的过程公开,实现治理过程透明化。

3. 健全完善行政联动协调机制

群体性事件的应急处置不能仅仅依赖公安机关,而应当由有关部门联动协调、共同应对,建立长效且具备法律和制度保障的联动机制。首先,每一个部门的责任和义务都应当通过相应的制度规章加以明确,在群体性事件发生时,每一个部门都按照既定的职责发挥作用。其次,在制定联动协调机制的时候,要注意部门与部门在群体性事件的应对工作上是否具有相应的契合点,根据契合点分配,明确部门间的职责和权限,[1]避免不同部门在群体性事件的应对上出现推诿扯皮的现象。最后,要平衡部门之间的利益冲突。在一些群体性事件中,一些部门因为害怕承担责任而推脱群体性事件的处置工作,一些部门则可能为了绩效考评的目标而争抢群体性事件工作中的部分任务。这些微小问题都可能导致群体性事件的应急处置在整体上出现意外,造成"牵一发而动全身"的状况,甚至由于一两个部门的不协调导致整体的功亏一篑。因此,应当通过部门利益的有效平衡来使他们能够精诚合作,更好地解决问题。

(三)优化群体性事件的后续处理机制

1. 明确责任主体的法律义务

明确矛盾解决的责任主体实际上就是要求群体性事件的"始作俑者"真正负起责任来,而不是事事都由政府兜底。从理论上讲,很多群体性事件的根本原因并非在于政府,政府本应承担一个调停者的角色。但在实际中,政府经常不得不变成群体性事件背后矛盾的最终解决者。这显然加大了政府治理的成本,同时不利于形成规范化的群体性事件处理机制。所以,在群体性事件发生

---

[1] 参见王学辉等:《群发性事件防范机制研究》,科学出版社2010年版,第94页。

后,各个部门应当各司其职,群体性事件的“始作俑者”作为责任主体应当承担化解矛盾纠纷的主要责任。在群体性事件发生后,首先要明确群体性事件发生的原因、具体责任主体,将问题责任划分清楚。其次,要理顺政府与其他相关责任主体的关系。政府在群体性事件发生后应当督促责任主体尽快解决矛盾,化解纠纷。最后,要建立多元化的社会组织体系。重点发展公益类、慈善类和社会服务类的社会组织,这些社会组织在群体性事件的后续处理中能够为弱势群体提供一定的帮助。

2. 健全法律责任追究制度

群体性事件的法律责任追究制度是群体性事件后续处置过程中不可或缺的制度,对群体性事件背后的深层次社会问题所负有责任的主体应当进行问责。只有如此,才能消除群体性事件参与者的不满,平息众怒。政府应为其行为承担责任,这种责任不仅包括政治或行政上的责任,还包括法律上的责任。“它包含了两层深意:一是政府必须履行法律规定的职责;二是政府必须承担由于其未履行或未履行好其法定职责时引起的否定性的法律后果。”〔1〕因此,需要完善责任追究的法律制度,通过制度化的方式迫使权威切实为其行为负责,防止滥用公共权力的不端行为发生。

3. 健全矛盾回访的制度规范

矛盾回访制度是责任主体对群体性事件参与者进行回访的制度。由于群体性事件常常是一些长久以来难以解决的矛盾造成的,所以及时通过回访的方式跟进矛盾的解决情况,对于群体性事件的后续处理和维稳而言都具有非常重要的作用。建立矛盾回访的制度规范,首先,要明确回访工作的具体责任主体。一般而言,回访责任应当由对矛盾纠纷负有最主要解决义务的主体承担。例如在医疗事故引发的群体性事件中,应当由地方卫健委等卫生主管部门负责回访。其次,回访的内容主要包括矛盾的解决进度、群体性事件参与者的正当诉求保护状况、群体性事件再发可能性等几个方面。再次,在回访次数方面,应当建立灵活机动的制度,按照群体性事件的大小、所涉及矛盾的复杂程度确定回访次数。回访的时间应当持续到引发群体性事件的矛盾得到解决为止。最后,回访对象应当重点关注群体性事件的组织者和积极参与者。除此以外,在回访的过程中要注意信息的及时公开,及时通过舆论发布正面信息。避免群体性事件的参与者陷入“沉默的螺旋”,避免不断加深群体性事件参与者与政府之间的“断裂”,引起“群体极化”的情绪。上述内容不仅是相关单位在面对群体性事件时的工作方法,更应当以法律的形式明确下来。

---

〔1〕 杨海坤:《群体性事件有效化解的法治路径》,载《政治与法律》2011 年第 11 期。

结论:法治如何保障新型城镇化建设

第一节 将新型城镇化建设与法治社会建设有效结合

一、新型城镇化建设与法治社会建设结合的必要性

新型城镇化建设与法治社会建设的结合具有必然性,两者所要实现的目标、实现的路径与实现的场域具有高度的相似性、重合性。《国家新型城镇化规划(2014—2020年)》(以下简称《新型城镇化规划》)指出新型城镇化的发展目标主要包括了5个方面,城镇化水平和质量稳步提升、城镇化格局更加优化、城市发展模式科学合理、城市生活和谐宜人,以及城镇化体制机制不断完善。[1]法治社会建设的目标包括引动公众有序参与社会治理、维护良性的物质文化生活基础、调试基本公共服务资源的供求、界定社会组织的适当行为空间等方面。两者目标的达成都要以基层治理为主要抓手。

基层是国家与社会接触的一线,是民众进入国家体系的入口,是国家权力的末梢。国家政权机关的最基层与基层社会的群众性自治组织,往往结合起来治理行政区域内的基层公共事务和社会活动,[2]而社会转型期间,大量问题最终都在基层反映出来。城市对于人口的集中效应以及对于公共服务需求的不断增长,使得基层社会具有前所未有的复杂性,基层社会中的矛盾和纠纷也更为尖锐、复杂。因而无论是法治社会的建设还是新型城镇化的建设,基层治理都是最为主要的场域和实现进路,对于基层治理的效能提出了更高的要求。为了解决这一突出问题,除了要求政府自身下沉资源外,还需要引入更多的社会资源并且激发自治力量。党的二十大报告提出"健全城乡社区治理体系,及时把矛盾纠纷化解在基层、化解在萌芽状态",党中央更是提出要"改进社会治理方式。坚持系统治理,加强党委领导,发挥政府主导作用,鼓励和支持社会各方

---

[1] 参见《国家新型城镇化规划(2014—2020年)》,载中国政府网,http://www.gov.cn/zhengce/2014-03/16/content_2640075.htm。

[2] 参见陈柏峰:《基层治理在法治社会建设中的格局与布局》,载《法治现代化研究》2020年第6期。

面参与,实现政府治理和社会自我调节、居民自治良性互动。坚持依法治理,加强法治保障,运用法治思维和法治方式化解社会矛盾”〔1〕。实际上一切基层治理问题的有效化解都需要不断推进社会治理法治化,社会治理的法治化既是法治社会建设的关键举措,也是新型城镇化建设的关键一步。正是由于两者的着力点都在基层治理,所以法治社会建设与新型城镇化建设两者之间联系紧密。

新型城镇化建设既是推动法治社会建设的动力,也为法治社会的建设提供了许多新命题。随着城镇化的不断深入,农业转移人口的不断增多,改变了生计模式之后的城乡居民开始深度卷入市场经济,各类社会矛盾和社会风险不断增多,但是城镇化过程中的市场转型和社会转型降低了居民抵御各类风险的能力。自然灾害、收入风险、健康风险、意外风险等多种风险并存,食品安全问题、环境污染问题、职业疾病问题、就业保障问题等方面的问题开始高频次出现。两者联系紧密的另一点在于,新型城镇化建设要为法治社会建设提供良好的外部条件。城镇化的过程既牵涉到人口的转移,也牵涉政府对于各类发展资源整合的过程,因而在社会转型期间,矛盾频发是客观规律,如果不能处理好发展与稳定之间的关系,不能实现较高水平的城镇化,其他发展中国家在城镇化进程中存在的问题同样可能在中国出现。城镇化的具体取向、实践方式以及指导思想很大程度上决定了基层社会的基础。因而,新型城镇化的建设以“人的城镇化”为核心思想,通过“人、事、地、权”四方面的统筹推进,避免重大社会矛盾、重大社会问题、重大社会冲突的出现,为法治社会的建设打下牢固的基础。〔2〕

法治社会建设要为新型城镇化建设保驾护航,一方面要认识清楚城镇化进程中大量涌现的重点问题和新问题,另一方面要提升基层治理法治化的水平,着力改进法治手段和方式,增强法治保障机制的灵活性、高效性。“坚持系统治理,加强党委领导,发挥政府主导作用,鼓励和支持社会各方面参与,实现政府治理和社会自我调节、居民自治良性互动”,这是对中国的法治社会建设模式的总结,意味着责任主体的多元化、规则体系的多元化、方式方法的多元化,这既有利于保证执政党在各个层面的领导作用的发挥,也有利于强化政府的政治伦理责任,还有利于激发多种社会力量的积极性和主动性,有助于促使新型城镇化中的法治保障建设过程呈现出人人参与、人人创建的充满活力的局面,使得法治保障建设的目标及各项具体工作真正符合人民群众之所想所需。

---

〔1〕中共中央《关于全面深化改革若干重大问题的决定》,2013 年 11 月 12 日中国共产党第十八届中央委员会第三次全体会议通过。

〔2〕参见陈柏峰,王裕根:《新型城镇化建设的法治保障:一个研究框架》,载《求是学刊》2018 年第 2 期。

二、新型城镇化建设与法治社会建设结合的四个面向

新型城镇化建设与法治社会建设的结合，可以从“人、事、地、权”——农业转移人口市民化的法治保障、城镇化建设中的地权法治保障、城镇化进程中的社会治理法治化、城镇化进程中的多元化权益救济体系这四个基本维度切入。

从“人”的维度来看，新型城镇化最为突出的问题就在于如何推动实现农业转移人口享受与城市户籍人口均等的民生保障和公共服务。《新型城镇化规划》指出，要“合理引导人口流动，有序推进农业转移人口市民化”，这意味着农业转移人口进入城镇的目标是“市民化”。“市民化”能够让农业转移人口感受到城市的主人翁精神，积极参与到城市建设中，增强农业转移人口的归属感。要使农业转移人口市民化，最直接的举措就是让农业转移人口享受城镇化的基本公共服务，使其感受到新型城镇化建设带来的发展成果。对此，《新型城镇化规划》明确提出，要“稳步推进城镇基本公共服务常住人口全覆盖”，这既贯彻了以人为本的新型城镇化建设理念，也是“人的城镇化”建设的基本要求。这同样意味着，要在户籍制度、住房保障、劳动权益保障、城乡公共服务均等化等方面同步推进，要以系统性、综合性的手段解决这些突出问题。与此同时，实现城乡之间基本公共服务均等化是法治社会的本质要求。这一系列与人相关的问题的解决，离不开法治社会的建设，无论法律服务的供给还是公共服务的供给，本身都是建设法治社会中的重要一环。

从“地”的维度来看，新型城镇化面临的主要问题在于农业人口转移过程中土地权益得不到充分保障。《新型城镇化规划》指出，当前我国的城镇化还存在“土地城镇化”快于人口的城镇化，建设用地粗放低效的问题，不仅浪费了大量的耕地资源，威胁到国家粮食安全和生态安全，也加大了地方政府债务等财政金融风险。在我国的中西部地区，绝大多数的城市不具备发展工业的区位优势和充足的自然资源，地方政府为了实现城市的发展与扩张便选择了土地财政的方式，这就意味着城市的发展与扩张过度依赖土地。而土地财政不仅给地方政府带来了债务等金融风险，还为地方政府带来了巨大的法治风险，如征地拆迁过程中的粗暴执法问题和地方政府违法批地用地问题。这些风险又会进一步转变为地方政府的治理风险，强制征收、强拆行为与烂尾楼问题又会引发大量的群体性事件，为城乡的基层治理带来极大的挑战。在城镇化的过程中，要处理好发展与稳定之间的关系，更要处理好农业人口转移与城镇土地扩张之间基本的协同关系。应当充分认识到我国的农业人口向城市的转移是一项长期的工程，土地承包经营权和宅基地使用权对于进城农民来说不仅仅是一项财产型权利，更为部分市民化失败的农民提供了返乡生活的依托。因而，新型城镇化的过程同样离不开以人为本的土地制度。

从“事”的维度来看,新型城镇化所面临的主要问题在于农业转移人口如何有效融入城乡社区治理中。随着农业转移人口大量进城,社会流动人口增加,“拥挤社会”的诸多效应开始显现,[1]由此需要进一步完善城市基层社会治理的体制。社会治理区别于社会管理的重要方面在于,它要求政府与社会互动,强调政府与社会组织合作治理,更加尊重个体在社区建设中的积极功能。因而,就需要政府引导和发挥基层民间社会组织在城乡社会治理中的作用,还要发挥市场主体在社区治理中的重要作用。例如引导城市社区商品房小区的业主自治、化解物业纠纷等。为了有效保障农业转移人口融入社区治理,使农业转移人口积极参与社区的建设,《新型城镇化规划》明确指出,城市社会治理坚持“以人为本、服务优先”的理念,充分发挥社区自治和服务的功能,创新社会治安综合治理,逐步提高城市治理水平。基层存在的问题是城镇化进程和法治社会所共同面对的,应该意识到,现代化的社会治理会越来越强调社会公众的参与,强调发挥社会公共、社会组织的积极性。新型城镇化过程中的城乡社区治理,更需要实现国家、社会、市场的多中心有效协同治理。

从“权”的维度来看,在制度层面保证农业转移人口市民化之后,不仅要使他们融入社会建设和社会治理,更应该保证城镇化进程中的各种权益得到有效救济。随着城乡社会结构不断转型,城乡社会成员的利益格局不断调整和重构,各种利益矛盾纠纷也不断凸显,建立一套利益协调机制,保证各种合法权益得到有效救济,对于维护城乡社会基本稳定具有重大意义。通过法律手段维护自身的合法权益,是现代文明社会的基本标志,同样是法治社会建设追求的目标之一。然而在新型城镇化建设中,在肯定法律手段发挥权益救济的重要功能的同时,也应该认识到法律在维护权益方面的功能限度。一方面,我们应该看到,随着大量农业转移人口进入城市,许多农业人口法律意识不是很高,遇到权益受到侵害时,“信访不信法”的现象依然存在。农业转移人口进城,在短时期内并不能完全退却自身的“乡土性”。许多乡土性社会运行规则依然存在于部分进城人口的潜意识当中,并贯穿于农业转移人口的维权行动中。另一方面,现代纠纷解决资源的供给体系还难以回应农业转移人口的多元化权益救济需要,这导致制度供给与社会需求之间存在深刻张力。为此,在推进现代法治建设的进程中,应该从人的权益救济实际需求出发,重新理顺法律与其他权益救济手段之间的衔接机制,提供制度渠道构建多元化纠纷解决机制,有助于满足不同群体之间的纠纷解决需求。与此同时,政府在构建多元化纠纷解决制度时,应该将人力财力资源多向农村、基层、民生以及重点行业等方面倾斜,使多元化纠纷解决资源得到合理配置,以发挥最大效用。

---

〔1〕 参见陈柏峰:《拥挤社会的法治》,载《南风窗》2014 年第 25 期。

第二节 以法治手段应对新型城镇化进程中的关键问题

一、以法治手段防范农民进城所面临的重大风险

截至2020年,我国城镇化率已经达到60.08%,并且仍保持平均每年提高1%的增长速度,这意味着平均每年就有近2000万农业转移人口进入城市生活。[1] 我国城镇化的快速推进,是社会经济腾飞的一个缩影,社会经济发展是城镇化的最大助力。以出口为主的制造业吸收了大量农业转移人口的劳动力,由于他们的工作与生活已经深度卷入市场经济,外部发展状况的变化将带来巨大的影响。正是因为如此,新型城镇化的进程还面临着系统性的风险,现代社会经济发展高度的分工与协作,使得各类风险的溢出效应和传播效应急剧增加。与此同时,农业转移人口抵御风险的能力尤为不足。无论是以半工半耕式家计模式为生的农民还是以打工经济为主的农业转移人口,在脱离了乡村社会之后,依托血缘亲缘关系能获取到的社会性支持就大大减弱。与城市家庭不同的是,农业转移人口在实现城镇化的过程中要付出高额的经济成本,这进一步弱化了他们抵御各类风险的能力。对于外部发展环境的依赖以及外部发展因素的不可控,更加意味着在新型城镇化建设的过程中,要坚持底线思维,主动提升抵御各类风险的能力。

农业转移人口进城所面对的最大风险就是城镇化失败后的基本生存问题。尽管随着生计模式的彻底转型,务工收入已经替代农业收入成为家庭的主要生计来源,但农地的保障功能仍旧重要。然而,为盘活农村土地,提高农业生产效率,政府积极推动土地产权明晰,鼓励资本下行流转土地,实现具有农业现代化特征的规模经营。通过资本下乡的方式,使得农民能够顺利分享给劳动力市场和土地市场带来的双重收益。在此过程中,生存与土地高度绑定的农民和进城不如意者却难以抵御大资本流转的强势力量,失去了耕种土地的机会,基本生活的保障就会面临极大困难。

因此,为了平衡上述关系,我国土地制度的第一要务就是坚持集体享有土地所有权,农民享有承包经营权。否则,一旦集体所有制出现松动,土地出现了所谓的农民完全所有的私有化产权,就难以在土地市场迅速发育的背景下实现对农民尤其是弱势农民基本土地需求的保障,原本依靠农业生产能够发挥生存和生活兜底作用的土地即可能抛弃大多数弱势农民,而亲向资本化,从而引发

---

[1] 参见《中华人民共和国2019年国民经济和社会发展统计公报》,载国家统计局网,http://www.stats.gov.cn/tjsj/zxfb/202002/t20200228_1728913.html。

巨大的农村社会危机。还要制定严格的宅基地退出制度,慎重推进宅基地转让、抵押,保证宅基地的基本社会保障功能不变。政府在推进宅基地复垦的实践中,应该理顺相关的推进机制,遵循农民的意愿,严格按照宅基地复垦的条件,不能为了城市建设用地的需要而强制推进宅基地复垦计划。地方政府在推进宅基地复垦的过程中,应该在法律程序上保证农民知晓宅基地复垦的社会风险,让那些进城失败的农民回乡之后能够有基本的住房保障,以保证“最基础的人权”[1]。此外,平衡社会发展与社会风险还要不断完善集体所有的土地制度,在做好社会保障的基础上,尽可能地增加土地的利用效能,提升土地的利用率,使土地能够被有效运用于城镇化过程中。

除了最为关键的土地制度“兜底”,我国还需要对农业转移人口进城后生活的方方面面进行基本保障。总的来说,我国应当逐步解绑城乡身份管理制度与资源、服务分配之间的挂钩,投入更多的资源和精力来保障农业转移人口在城市的住房、教育、医疗、劳动权益,使其能够在城市安心生活。同时要尽可能缩小城乡之间的基本公共服务差距,提升乡村地区物质条件、日常生活和人的城镇化速率。此外,还需要大力提升社会治理能力,尤其是社会治理体系对农业转移人口的权益保障能力,为进城农民提供更多更便利快捷的维权渠道。要规训进城农民形成现代的规则意识、权利意识、法律意识,使其在面临进城风险导致的权益损害的时候,能够拿起法律武器积极维护自己的权益。

二、以法治手段保障社会发展与社会稳定同时实现

社会发展往往伴随着社会风险,如何“发展”与“稳定”两手抓,是我国在城镇化进程中所面临的另一重大问题。比如,大规模征地拆迁为城镇化带来了大量的发展机会,而它也可能导致政府公信力弱化、社会冲突加剧、地方债务失控等政治风险。城镇化的建设提升了人民群众的生活水平,也在基层不断搅动起巨大的利益,各类群体性事件层出不穷,社会重大矛盾的出现极易导致群体性事件和社会的不稳定。因此,在新型城镇化建设的过程中,以法治的方式平衡好发展与稳定之间的关系至关重要。

人口向城镇的自然流入,为地方政府通过土地财政经营城市的行为提供了大量的人口红利。自分税制改革之后,地方政府要承担起大部分基本公共服务的支出,但是大多数地方政府没有足够的财力,只能通过土地财政的方式补充。而随着城市的不断发展与扩张,基本公共服务的支出又变得越来越高,于是更加依靠土地财政。因而,地方政府需要采取措施不断增加城市建设用地指

[1] 贺雪峰:《回到土地是农民最基础的人权》,载《华中科技大学学报(社会科学版)》2009年第1期。

标,以维持土地财政的正常运转。由于城市建设用地资源的稀缺性,通过征收土地变更土地用途是各级地方政府惯用的方式。实践中,地方政府通过推行"撤村并点""农民上楼"等形式实行城乡建设用地增减挂钩和占补平衡,从而增加城市建设用地指标。这既满足了城市建设用地的需要,也在一定程度上促进了农村的产业结构升级。然而在此过程中,由于部分农民缺乏与工商资本谈判的能力,所以部分农业人口的土地权益在工商资本面前无法得到显现。大量的工商资本下乡挤压了部分农民土地经营权益的增长空间,部分农民的土地权益没有得到充分保障。

地方政府对于土地财政的过度依赖,导致侵犯农民的权益,是引发重大社会问题的导火索。地方政府通过推行农村宅基地复垦、撤村并点等方式可能引发更多的社会风险和治理问题。由于中央对地方政府新增城市建设用地指标实行严格控制,以保证耕地红线以及粮食安全,所以地方政府新增城市建设用地指标的配置总是有限的。地方政府为了缓解城镇化建设用地指标需求与土地资源供应之间的矛盾,推行城乡建设用地占补平衡政策,通过复垦农村宅基地出来的用地指标来弥补城市建设用地指标。在此过程中,上级政府对下级政府下达宅基地复垦的指标任务,并采用目标考核的方式促使地方政府重视宅基地复垦工作。在目标考核压力的推动下,部分地方政府为了完成考核任务,会迫使农民非自愿地退出宅基地。而农村宅基地具有一定的社会保障功能,农村宅基地复垦为耕地之后,如果地方财政没有及时把补偿费发放到农民手中,会引发相应的农民信访问题,甚至影响到农村社会的稳定。进一步而言,即使农业转移人口自愿选择宅基地复垦,但如果复垦补偿费用不能及时发放到农业转移人口手中,也会引发一定的社会风险。由此,地方政府为了完成城市建设用地的供应任务,不断推动宅基地复垦或者宅基地转让,不仅弱化了农地的保障功能,更有可能影响基层社会的稳定。

为了有效保障土地权益,让农业转移人口分享土地增值收益,同时能发挥土地的社会保障功能,让农业转移人口在城乡之间自由流动,[1]进而避免因征地拆迁而导致的重大社会问题的出现,应该健全政府权力运行机制和完善相关土地法律制度。首先,要规范政府在土地征收中的权力运行方式。土地具有重要的社会保障功能,土地征收应该坚持程序公开原则。政府在制定土地利用计划和规划时应该向社会公开。被征地农民对政府制定的征收补偿方案可以进行听证,以保证被征地农民的基本权益能够得到保障,避免大规模群体性事件的出现。其次,修订完善土地管理法律制度,进一步明晰土地发展权的性质及其权益分配的原则。随着城镇化的快速推进,城郊土地的增值收益大大增加。

---

〔1〕 参见贺雪峰:《城市化的中国道路》,东方出版社 2014 年版,第 100-130 页。

城郊土地增值收益是全体人民共同努力的结果,而不应该建立在土地所有权的基础上进行补偿。城郊土地的补偿应该建立在土地发展权国有的模式上,适当补偿失地农民,并从土地财政中拿出部分专项资金补贴偏远农村大田农户的种植收益。[1] 最后,土地财政收益应该在国家、集体和个体之间合理分配,以防止土地征收中出现食利阶层。

与此同时,为了避免重大社会矛盾向政治风险的转变,更要完善基层群体性事件的源头预防机制,要从“维稳导向”转向“发现矛盾导向”,以法治的方式化解重大矛盾。这同样是以人的城镇化为核心思想的新型城镇化建设的内在要求。人的城镇化最终要实现的是人的全面发展和社会公平正义,使全体居民共享现代化建设的成果,使农业转移人口在城市中能够幸福安定地生活。通过加大排查力度、广泛动员社会力量的参与、对重点行业和重点人员长效监控,尽量做到事前介入,避免风险的进一步传播和扩散。为了实现这一目标,就需要通过法律的方式明确各级责任主体的法律义务、健全法律责任追究制度以及建立矛盾回访的法律制度,通过纠纷的理性化解决降低重大政治风险出现的可能,维护基层社会的稳定。

综上所述,法治在新型城镇化进程中所发挥的保障作用很大一部分体现在其既以法治的方式推动城镇化的发展进程,为能够推动新型城镇化迅速发展的机制和手段增添合法性;又以法律文本、执法、司法制度和依法维权手段为新型城镇化“兜底”,在城镇化引发社会剧烈变动的情况下,保障社会秩序的基本稳定。

---

[1] 参见陈柏峰:《土地发展权的理论基础与制度前景》,载《法学研究》2012 年第 4 期。

参考文献

一、著作类

1. [法]埃米尔·涂尔干:《社会分工论》,渠东译,生活·读书·新知三联书店 2000 年版。
2. [美]埃莉诺·奥斯特罗姆:《公共事务的治理之道:集体行动制度的演进》,余逊达、陈旭东译,上海译文出版社 2012 年版。
3. [英]安东尼·吉登斯:《社会的构成》,李康、李猛译,生活·读书·新知三联书店 1998 年版。
4. [美]B. 盖伊·彼得斯:《官僚政治》,聂露、李姿姿译,中国人民大学出版社 2006 年版。
5. [美]B. 盖伊·彼得斯:《政治科学中的制度理论:新制度主义》,王向民、段红伟译,上海人民出版社 2016 年版。
6. [美]布赖恩·贝利:《比较城市化:20 世纪的不同道路》,顾朝林等译,商务印书馆 2010 年版。
7. [波兰]彼得·什托姆普卡:《信任:一种社会学理论》,程胜利译,中华书局 2005 年版。
8. [美]伯尔曼:《法律与宗教》,梁治平译,中国政法大学出版社 2003 年版。
9. [美]布赖恩·贝利:《比较城市化:20 世纪的不同道路》,顾朝林等译,商务印书馆 2010 年版。
10. 陈柏峰:《乡村司法》,陕西人民出版社 2012 年版。
11. 陈柏峰、郭俊霞:《农民生活及其价值世界:皖北李圩村调查》,山东人民出版社 2009 年版。
12. 陈柏峰:《乡村江湖:两湖平原"混混"研究》,中国政法大学出版社 2018 年版。
13. 陈柏峰:《乡村司法》,陕西人民出版社 2012 年版。
14. 常凯主编:《劳动关系学》,中国劳动社会保障出版社 2005 年版。
15. 常怡主编:《民事诉讼法学》,中国政法大学出版社 2005 年版。
16. 陈锡文:《中国农村改革研究文集》,中国言实出版社 2019 年版。
17. 陈小君等:《田野、实证与法理:中国农村土地制度体系构建》,北京大学出版社 2012 年版。
18. [美]戴维·迈尔斯:《社会心理学》,侯玉波等译,人民邮电出版社 2016 年版。
19. 董保华等:《社会法原论》,中国政法大学出版社 2001 年版。
20. [美]弗兰克·古德诺:《政治与行政——政府之研究》,丰俊功译,北京大学出版社 2012 年版。
21. 费孝通:《乡土中国》,生活·读书·新知三联书店 2013 年版。

22. 费孝通:《乡土中国　生育制度　乡土重建》,商务印书馆 2017 年版。
23. 费孝通:《小城镇四记》,新华出版社 1985 年版。
24. 傅郁林主编:《农村基层法律服务研究》,中国政法大学出版社 2006 年版。
25. 高志文、方玲主编:《微观经济学》,北京理工大学出版社 2018 年版。
26. 高培勇编著:《公共经济学》,中国人民大学出版社 2004 年版。
27. 国家统计局编:《中国统计年鉴-2020》,中国统计出版社 2020 年版。
28. 龚向和:《受教育权论》,中国人民公安大学出版社 2004 年版。
29. [美]塞缪尔·P. 亨廷顿:《变化社会中的政治秩序》,王冠华、刘为等译,三联书店 1989 年版。
30. [英]霍布斯:《利维坦》,黎思复、黎延弼译,商务印书馆 1985 年版。
31. 贺雪峰:《城市化的中国道路》,东方出版社 2014 年版。
32. 贺雪峰:《地权的逻辑:中国农村土地制度向何处去》,中国政法大学出版社 2010 年版。
33. 张路雄:《耕者有其田:中国耕地制度的现实与逻辑》,中国政法大学出版社 2012 年版。
34. 贺雪峰:《地权的逻辑Ⅱ:地权变革的真相与谬误》,东方出版社 2013 年版。
35. 贺雪峰:《新乡土中国》,北京大学出版社 2013 年版。
36. 华生:《城市化转型与土地陷阱》,东方出版社 2013 年版。
37. 华生:《新土改:土地制度改革焦点难点辨析》,东方出版社 2015 年版。
38. 姜雪梅:《中国住房社会保障:历史梳理与未来趋势》,广东经济出版社 2019 年版。
39. [美]金伯莉·达夫:《社会心理学:挑战你的成见》,宋文、李颖珊译,中国人民大学出版社 2013 年版。
40. 景跃进、陈明明、肖滨主编:《当代中国政府与政治》,中国人民大学出版社 2016 年版。
41. 强世功:《法制与治理——国家转型中的法律》,中国政法大学出版社 2003 年版。
42. [德]弗里德里希·恩格斯、[德]卡尔·马克思:《马克思恩格斯全集》(第 46 卷上册),中共中央马克思恩格斯列宁斯大林著作编译局译,人民出版社 1979 年版。
43. [德]马克思、[德]恩格斯:《马克思恩格斯选集》(第 3 卷),中共中央马克思恩格斯列宁斯大林著作编译局译,人民出版社 1995 年版。
44. [德]马克斯·霍克海默、[德]西奥多·阿道尔诺:《启蒙辩证法:哲学断片》,渠敬东、曹卫东译,上海人民出版社 2006 年版。
45. [德]韦伯:《支配社会学》,康乐、简惠美译,广西师范大学出版社 2004 年版。
46. [美]罗纳德·哈里·科斯:《论生产的制度结构》,盛洪、陈郁译校,上海三联书店 1994 年版。
47. [英]卡尔·波兰尼:《大转型:我们时代的政治与经济起源》,冯钢、刘阳译,当代世界出版社 2020 年版。
48. [英]巴里·卡林沃思、[英]文森特·纳丁:《英国城乡规划》(第 14 版),陈闽齐等译,东南大学出版社 2011 年版。
49. [美]凯斯·R. 桑斯坦主编:《行为法律经济学》,涂永前、成凡、康娜译,北京大学出版社 2006 年版。
50. [美]孔飞力:《叫魂:1768 年中国妖术大恐慌》,陈兼、刘昶译,生活 · 读书 · 新知三联书店 2012 年版。
51. [美]理查德 · 格里格、[美]菲利普 · 津巴多:《心理学与生活》,王垒等译,人民邮电出版社 2003 年版。
52. [美]路易丝 · 谢利:《犯罪与现代化——工业化与城市化对犯罪的影响》,何秉松译,群众出版社 1986 年版。
53. [美]罗伯特 · K. 默顿:《社会理论和社会结构》,唐少杰等译,译林出版社 2008 年版。
54. 李海明、白永亮编著:《劳务派遣法律规制的理论与实务》,法律出版社 2017 年版。
55. 李龙主编:《法理学》,武汉大学出版社 2011 年版。
56. 梁漱溟:《中国文化的命运》,中信出版社 2010 年版。
57. 林浩:《中国户籍制度变迁——个人权利与社会控制》,社会科学文献出版社 2016 年版。
58. 刘焯主编:《法社会学》,北京大学出版社 2008 年版。
59. 刘范一:《中国农民工经济状况及其制度改进》,经济管理出版社 2012 年版。
60. 刘林平等:《农民工权益保护理论与实践研究》,经济科学出版社 2015 年版。
61. 陆益龙:《户籍制度——控制与社会差别》,商务印书馆 2003 年版。
62. 吕德文:《边缘地带的治理》,社会科学文献出版社 2017 年版。
63. 吕德文:《大国底色:巨变时代的基层治理》,东方出版社 2021 年版。
64. 吕德文:《找回群众:重塑基层治理》,生活 · 读书 · 新知三联书店 2015 年版。
65. 吕世伦主编:《现代西方法学流派(上)》,黑龙江美术出版社 2018 年版。
66. 凌斌:《法治的代价:法律经济学原理批判》,法律出版社 2012 年版。
67. [美]刘易斯 · 芒福德:《城市发展史:起源、演变和前景》,倪文彦、宋峻岭译,中国建筑工业出版社 1989 年版。
68. 毛丰付、赵奉军:《新型城镇化与住房发展》,广东经济出版社 2014 年版。
69. 马长山:《法治进程中的"民间治理"——民间社会组织与法治秩序关系的研究》,法律出版社 2006 年版。
70. [法]皮埃尔 · 布尔迪厄:《实践理论大纲》,高振华、李恩宇译,中国人民大学出版社 2017 年版。
71. [美]乔尔 · S. 米格代尔:《社会中的国家:国家与社会如何相互改变与相互构成》,李杨、郭一聪译,江苏人民出版社 2013 年版。
72. [美]斯蒂芬 · P. 罗宾斯:《组织行为学》,孙健敏、李原等译,中国人民大学出版社 1997 年版。
73. 邵恒心、宇德良等:《土地增值收益分配制度改革研究》,中国大地出版社 2016 年版。
74. 宋维强:《社会转型期中国农民群体性事件研究》,华中师范大学出版社 2009 年版。
75. 苏力:《法治及其本土资源》,北京大学出版社 2015 年版。
76. 苏力:《送法下乡:中国基层司法制度研究》,中国政法大学出版社 2000 年版。
77. 苏燕平:《农民工权益保护研究》,中国农业出版社 2012 年版。

78. 孙大雄、徐增阳、杨正喜等:《农民工权益的法律保障研究》,知识产权出版社 2011 年版。
79. 孙立平:《失衡:断裂社会的运作逻辑》,社会科学文献出版社 2004 年版。
80. 童大焕编:《中国大城市化共识》,东方出版社 2014 年版。
81. 童大焕:《中国城市的死与生:走出费孝通陷阱》,东方出版社 2014 年版。
82. 王旭东:《中国农村宅基地制度研究》,中国建筑工业出版社 2011 年版。
83. 王学辉等:《群发性事件防范机制研究》,科学出版社 2010 年版。
84. 王绍光:《国家治理》,中国人民大学出版社 2014 年版。
85. 王美玉:《中国民生建设研究(1949—1956 版)》,知识产权出版社 2016 年版。
86. 王赐江:《冲突与治理:中国群体性事件考察分析》,人民出版社 2013 年版。
87. 温铁军等:《八次危机:中国的真实经验 1949—2009》,东方出版社 2013 年版。
88. 吴殿廷、杨春志、钱宏胜:《中国新型城镇化战略及其推进策略》,东南大学出版社 2014 年版。
89. 文贯中:《吾民无地:城市化、土地制度与户籍制度的内在逻辑》,东方出版社 2014 年版。
90. 谢晖、陈金钊主编:《民间法》(第 8 卷),山东人民出版社 2009 年版。
91. 项飚:《跨越边界的社区:北京“浙江村”的生活史》(修订版),生活 · 读书 · 新知三联书店 2018 年版。
92. 肖唐镖主编:《群体性事件研究》,学林出版社 2011 年版。
93. 徐勇:《城乡差别的中国政治》,社会科学文献出版社 2019 年版。
94. 徐勇:《中国农村村民自治》,华中师范大学出版社 1997 年版。
95. [古希腊]亚里士多德:《政治学》,吴寿彭译,商务印书馆 1965 年版。
96. [美]约翰 · 罗尔斯:《正义论》,何怀宏、何包钢、廖申白译,中国社会科学出版社 1988 年版。
97. [英]亚当 · 斯密:《国富论》,郭大力、王亚南译,商务印书馆 2015 年版。
98. 杨芳玲:《农用地征收转用过程中的土地增值收益分配研究》,华中科技大学出版社 2018 年版。
99. 杨汉平:《教师与学校权益法律保护》,西苑出版社 2001 年版。
100. 杨红朝:《城镇化进程中农村土地权利的法律保护》,法律出版社 2017 年版。
101. 杨治良、郝兴昌主编:《心理学辞典》,上海辞书出版社 2016 年版。
102. 应星:《“气”与抗争政治》,社会科学文献出版社 2011 年版。
103. 于建嵘:《抗争性政治:中国政治社会学基本问题》,人民出版社 2010 年版。
104. [美]詹姆斯 · C. 斯科特:《弱者的武器》,郑广怀、张敏、何江穗译,译林出版社 2011 年版。
105. [美]詹姆斯 · G. 马奇:《决策是如何产生的》,王元歌、章爱民译,机械工业出版社 2007 年版。
106. [美]詹姆斯 · Q. 威尔逊:《官僚机构:政府机构的作为及其原因》,孙艳等译,生活 · 读书 · 新知三联书店 2006 年版。

107. [美]詹姆斯·M. 布坎南:《自由、市场和国家——80 年代的政治经济学》,吴良健、桑伍、曾获译,北京经济学院出版社 1988 年版。
108. [美]詹姆斯·C. 斯科特:《国家的视角:那些试图改善人类状况的项目是如何失败的》,王晓毅译,社会科学文献出版社 2012 年版。
109. 张路雄:《耕者有其田:中国耕地制度的现实与逻辑》,中国政法大学出版社 2012 年版。
110. 张彩凤:《英国法治研究》,中国人民公安大学出版社 2001 年版。
111. 张鸿雁:《城市化理论重构与城市化战略研究》,经济科学出版社 2012 年版。
112. 中共中央文献研究室编:《邓小平年谱(1975—1997)》,中央文献出版社 2004 年版。
113. 中共中央文献研究室编:《习近平关于社会主义经济建设论述摘编》,中央文献出版社 2017 年版。
114. 周诚主编:《土地经济学》,农业出版社 1989 年版。
115. 周平主编:《当代中国地方政府》,人民出版社 2007 年版。
116. 周其仁:《城乡中国》,中信出版社 2013 年版。
117. 周少青:《中国的结社权问题及其解决:一种法治化的路径》,法律出版社 2008 年版。
118. 周雪光:《组织社会学十讲》,社会科学文献出版社 2003 年版。
119. 邹永贤等:《现代西方国家学说》,福建人民出版社 1993 年版。
120. 左春玲:《劳务派遣下的劳动关系》,知识产权出版社 2014 年版。
121. 张立彦:《中国政府土地收益制度研究》,中国财政经济出版社 2010 年版。
122. Allport G. W. , *Pattern and Growth in Personality*, Holt, Rinehart & Winston, 1989.
123. Barry Cullingworth & Vincent Nadin, *Town and Country Planning in the UK*, Routledge, 2006.
124. Benjamin Rooij, *Regulating Land and Pollution in China: Lawmaking, Compliance and Enforcement*, Leiden University Press, 2006.
125. Huntington S. , *The Third Wade Democracy in the Late Twentieth Century*, University of Oklahoma Press, 1991.
126. Jeffrey Prottas, *People processing: The street-level bureaucrat in public service bureaucracies*, Lexington Books, 1979.
127. Jones Lasalle, *Land and property Value Study: Assessing the Property Values Attributable to the Jbilee Line Extension*, Transport for London, 2004.
128. Michael Lipsky, *Street-level Bureaucracy: Dilemmas of the individual in public services*, Russell Sage Foundation, 2010.
129. Tony Evans, *Professional Discretion in Welfare Services*, Ashgate Publishing Group, 2010.

二、论文类

1. 蔡鹏、严荣:《新市民的住房问题及其解决路径》,载《同济大学学报(社会科学版)》2020 年第 1 期。

2. 程琥:《综合行政执法体制改革的价值冲突与整合》,载《行政法学研究》2021 年第 2 期。
3. 陈柏峰:《缠讼、信访与新中国法律传统》,载《中外法学》2004 年第 2 期。
4. 陈柏峰:《基层政权与涉农法律的执行实效》,载《环球法律评论》2010 年第 5 期。
5. 陈柏峰:《无理上访与基层法治》,载《中外法学》2011 年第 2 期。
6. 陈柏峰:《农民上访的分类治理研究》,载《政治学研究》2012 年第 1 期。
7. 陈柏峰:《土地发展权的理论基础与制度前景》,载《法学研究》2012 年第 4 期。
8. 陈柏峰:《城管执法冲突的社会情境——以〈城管来了〉为文本展开》,载《法学家》2013 年第 6 期。
9. 陈柏峰:《群体性事件的发生机理:权利视角》,载《法学研究》2014 年第 1 期。
10. 陈柏峰:《城镇规划区违建执法困境及其解释——国家能力的视角》,载《法学研究》2015 年第 1 期。
11. 陈柏峰:《基层社会的弹性执法及其后果》,载《法制与社会发展》2015 年第 5 期。
12. 陈柏峰:《征地拆迁上访的类型与机理》,载《华中科技大学学报(社会科学版)》2016 年第 1 期。
13. 陈柏峰:《信访制度的功能及其法治化改革》,载《中外法学》2016 年第 5 期。
14. 陈柏峰:《当代中国传媒的商业性和利益场》,载《人文杂志》2017 年第 1 期。
15. 陈柏峰:《党内法规的功用和定位》,载《国家检察官学院学报》2017 年第 3 期。
16. 陈柏峰:《党政体制如何塑造基层执法》,载《法学研究》2017 年第 4 期。
17. 陈柏峰、王裕根:《新型城镇化建设的法治保障:一个研究框架》,载《求是学刊》2018 年第 2 期。
18. 陈柏峰、吕健俊:《城市基层的网格化管理及其制度逻辑》,载《山东大学学报(哲学社会科学版)》2018 年第 4 期。
19. 陈柏峰:《村务民主治理的类型与机制》,载《学术月刊》2018 年第 8 期。
20. 陈柏峰:《基层重建:权责失衡的十年》,载《文化纵横》2018 年第 6 期。
21. 陈柏峰:《中国法治社会的结构及其运行机制》,载《中国社会科学》2019 年第 1 期。
22. 陈柏峰:《乡村基层执法的空间制约与机制再造》,载《法学研究》2020 年第 2 期。
23. 陈柏峰:《法律经验研究的微观过程与理论创造》,载《法制与社会发展》2021 年第 2 期。
24. 陈剑波:《农地制度:所有权问题还是委托—代理问题?》,载《经济研究》2006 年第 7 期。
25. 陈科霖、张演锋:《政社关系的理顺与法治化塑造——社会组织参与社区治理的空间与进路》,载《北京行政学院学报》2020 年第 1 期。
26. 陈朋:《权责失衡的社区治理——基于上海市的实证分析》,载《国家行政学院学报》2015 年第 5 期。
27. 陈鹏:《从“产权”走向“公民权”——当前中国城市业主维权研究》,载《开放时代》2009 年第 4 期。
28. 陈鹏:《国家—市场—社会三维视野下的业委会研究——以 B 市商品房社区为

例》,载《公共管理学报》2013 年第 3 期。
29. 陈颀、吴毅:《群体性事件的情感逻辑以 DH 事件为核心案例及其延伸分析》,载《社会》2014 年第 1 期。
30. 陈淑云、唐将伟:《“三方联动”视阈下城市社区治理再思考——基于武汉创新社区治理样本的分析》,载《城市发展研究》2017 年第 5 期。
31. 陈小君:《农村土地制度的物权法规范解析——学习〈关于推进农村改革发展若干重大问题的决定〉后的思考》,载《法商研究》2009 年第 1 期。
32. 陈小君:《我国农村土地法律制度变革的思路与框架——十八届三中全会〈决定〉相关内容解读》,载《法学研究》2014 年第 4 期。
33. 陈小君:《宅基地使用权的制度困局与破解之维》,载《法学研究》2019 年第 3 期。
34. 陈宜、张涛:《接近正义:农民工法律援助生态分析及路径建构——以 1767 个农民工法律援助案件为样本》,载《学习论坛》2017 年第 9 期。
35. 陈映芳:《农民工:制度安排与身份认同》,载《社会学研究》2005 年第 3 期。
36. 陈云良、寻健:《构建公共服务法律体系的理论逻辑及现实展开》,载《法学研究》2019 年第 3 期。
37. 程雪阳:《土地发展权与土地增值收益的分配》,载《法学研究》2014 年第 5 期。
38. 崔玲玲:《教育公益诉讼:受教育权司法保护的新途径》,载《东方法学》2019 年第 4 期。
39. 崔月琴、袁泉:《社会管理的组织化路径——社区民间组织的“均衡化”发展》,载《社会科学战线》2011 年第 10 期。
40. 崔建远:《征收制度的调整及体系效应》,载《法学研究》2014 年第 4 期。
41. 党国英、吴文媛:《土地规划管理改革:权利调整与法治构建》,载《法学研究》2014 年第 5 期。
42. 邓海峰:《城市化进程中城镇居民住房保障法律制度重构》,载《法商研究》2016 年第 4 期。
43. 邓联繁:《社会管理概念的法规范分析》,载《中国法学》2012 年第 2 期。
44. 丁胜:《乡村振兴战略下的自发秩序与乡村治理》,载《东岳论丛》2018 年第 6 期。
45. 董磊明、陈柏峰、聂良波:《结构混乱与迎法下乡——河南宋村法律实践的解读》,载《中国社会科学》2008 年第 5 期。
46. 都阳、蔡昉、屈小博、程杰:《延续中国奇迹:从户籍制度改革中收获红利》,载《经济研究》2014 年第 8 期。
47. 杜启平:《城乡融合发展中的农村人口流动》,载《宏观经济管理》2020 年第 4 期。
48. 杜月:《制图术:国家治理研究的一个新视角》,载《社会学研究》2017 年第 5 期。
49. 樊晓燕:《农民工社会保障制度的困境与出路》,载《现代经济探讨》2015 年第 2 期。
50. 范雷:《当前中国住房状况与住房不平等》,载《山东大学学报(哲学社会科学版)》2016 年第 6 期。
51. 范愉:《诉讼社会与无讼社会的辨析和启示——纠纷解决机制中的国家与社会》,载《法学家》2013 年第 1 期。

52. 方乐:《审判权内部运行机制改革的制度资源与模式选择》,载《法学》2015 年第 3 期。
53. 方乐:《司法供给侧改革与需求侧管理——从司法的供需结构切入》,载《法制与社会发展》2017 年第 5 期。
54. 房宁、丰俊功:《城市化率与亚洲政治转型》,载《文化纵横》2018 年第 5 期。
55. 冯虹、杨桂宏:《户籍制度与农民工就业歧视辨析》,载《人口与经济》2013 年第 2 期。
56. 冯虹、张玉玺:《特大城市农民工社会保障研究——基于户籍制度改革的视角》,载《山西大学学报(哲学社会科学版)》2016 年第 4 期。
57. 付昌奎、邬志辉:《居住证制度下随迁子女受教育权实现的法学分析——以权利的存在形态为视角》,载《教育科学》2017 年第 4 期。
58. 付子堂、崔燕:《民生法治视野下的法律激励功能探析》,载《法学论坛》2012 年第 6 期。
59. 甘藏春、朱道林:《论土地善治》,载《中国土地科学》2020 年第 1 期。
60. 高飞:《农村土地“三权分置”的法理阐释与制度意蕴》,载《法学研究》2016 年第 3 期。
61. 高飞:《土地征收中公共利益条款适用的困境及其对策》,载《学术月刊》2020 年第 4 期。
62. 高广春:《棚户区改造的融资模式研究——基于中国辽宁的案例分析》,载《财贸经济》2014 年第 2 期。
63. 高圣平:《论业主自治的边界》,载《法学论坛》2009 年第 6 期。
64. 高圣平:《承包地三权分置的法律表达》,载《中国法学》2018 年第 4 期。
65. 高圣平:《农村宅基地制度:从管制、赋权到盘活》,载《农业经济问题》2019 年第 1 期。
66. 高圣平:《宅基地制度改革政策的演进与走向》,载《中国人民大学学报》2019 年第 1 期。
67. 葛扬、贾春梅:《廉租房供给不足的事实、根源与突破路径——基于转型期中国地方政府行为视角的分析》,载《经济学家》2011 年第 8 期。
68. 龚为纲、张谦:《国家干预与农业转型》,载《开放时代》2016 年第 5 期。
69. 龚长宇、郑杭生:《陌生人社会秩序的价值基础》,载《科学社会主义》2011 年第 1 期。
70. 顾培东:《试论我国社会中非常规性纠纷的解决机制》,载《中国法学》2007 年第 3 期。
71. 顾培东:《人民法院内部审判运行机制的构建》,载《法学研究》2011 年第 4 期。
72. 顾培东:《再论人民法院审判权运行机制的构建》,载《中国法学》2014 年第 5 期。
73. 桂华、贺雪峰:《宅基地管理与物权法的适用限度》,载《法学研究》2014 年第 4 期。
74. 桂华:《论法治剩余的行政吸纳——关于“外嫁女”上访的体制解释》,载《开放时代》2017 年第 2 期。
75. 桂华:《农民地权诉求与农地制度供给——湖北沙洋县“按户连片”做法与启示》,载《经济学家》2017 年第 3 期。
76. 郭道晖:《法治新思维:法治中国与法治社会》,载《社会科学战线》2014 年第 6 期。
77. 郭洁、赵宁:《论保障房用地法律制度的创新》,载《法学杂志》2014 年第 1 期。
78. 郭亮:《土地征收中的“行政包干制”及其后果》,载《政治学研究》2015 年第 1 期。
79. 郭亮:《“土地财政”中的地方政府权力运作机制研究》,载《华中科技大学学报(社会科学版)》2017 年第 1 期。
80. 郭旭、严雅琦、田莉:《产权重构、土地租金与珠三角存量建设用地再开发——一个理论分析框架与实证》,载《城市规划》2020 年第 6 期。
81. 高圣平:《宅基地性质再认识》,载《中国土地》2010 年第 1 期。
82. 韩松:《集体建设用地市场配置的法律问题研究》,载《中国法学》2008 年第 3 期。
83. 韩松:《新型城镇化中公平的土地政策及其制度完善》,载《国家行政学院学报》2013 年第 6 期。
84. 韩松:《坚持农村土地集体所有权》,载《法学家》2014 年第 2 期。
85. 韩志明:《城市治理的清晰化及其限制——以网格化管理为中心的分析》,载《探索与争鸣》2017 年第 9 期。
86. 韩志明:《模糊的社会——国家治理的信息基础》,载《学海》2016 年第 4 期。
87. 韩志明:《在模糊与清晰之间——国家治理的信息逻辑》,载《中国行政管理》2017 年第 3 期。
88. 何绍辉:《场共同体:陌生人社区建设的本位取向》,载《人文杂志》2015 年第 4 期。
89. 何绍辉:《政策演进与城市社区治理 70 年(1949—2019)》,载《求索》2019 年第 3 期。
90. 何艳玲、汪广龙:《不可退出的谈判:对中国科层组织“有效治理”现象的一种解释》,载《管理世界》2012 年第 12 期。
91. 何艳玲、赵俊源:《依地而治:土地制度变迁如何影响中国城市治理》,载《社会科学》2020 年第 5 期。
92. 贺东航、孔繁斌:《公共政策执行的中国经验》,载《中国社会科学》2011 年第 5 期。
93. 贺雪峰:《回到土地是农民最基础的人权》,载《华中科技大学学报(社会科学版)》2009 年第 1 期。
94. 贺雪峰:《论乡村治理内卷化——以河南省 K 镇调查为例》,载《开放时代》2011 年第 2 期。
95. 贺雪峰:《如何理解征地冲突——兼论〈土地管理法〉的修改》,载《思想战线》2018 年第 3 期。
96. 侯力:《户籍制度改革的新突破与新课题》,载《人口学刊》2014 年第 6 期。
97. 胡建淼:《习近平新时代中国特色社会主义思想对依法治国基本方略的全面深化》,载《国家行政学院学报》2018 年第 1 期。
98. 胡荣:《农民上访与政治信任的流失》,载《社会学研究》2007 年第 3 期。
99. 胡燕:《制度环境视角下户籍制度改革的行政法治逻辑解析——兼论国内几种不同的户籍制度改革模式》,载《四川师范大学学报(社会科学版)》2012 年第 2 期。
100. 黄东东:《公共法律服务与信息技术:域外经验与中国问题——以法律援助为例》,载《电子政务》2017 年第 1 期。
101. 黄冬娅、杨大力:《考核式监管的运行与困境:基于主要污染物总量减排考核的分析》,载《政治学研究》2016 年第 4 期。
102. 黄健元、梁皓:《农村宅基地退出制度的源起、现实困境及路径选择》,载《青海社会科学》2017 年第 6 期。

103. 黄奇帆:《推进新型城镇化的思考与实践》,载《行政管理改革》2014 年第 8 期。
104. 黄文艺:《中国政法体制的规范性原理》,载《法学研究》2020 年第 4 期。
105. 黄晓春:《技术治理的运作机制研究 以上海市 L 街道—门式电子政务中心为案例》,载《社会》2010 年第 4 期。
106. 黄欣、吴遵民、杨婷:《我国〈学校教育法〉为何难以制定》,载《中国教育学刊》2017 年第 10 期。
107. 黄学贤、齐建东:《农民“被上楼”是喜还是忧——以农村城镇化进程中的依法规划为视角》,载《东方法学》2011 年第 3 期。
108. 黄忠:《城乡统一建设用地市场的构建:现状、模式与问题分析》,载《社会科学研究》2018 年第 2 期。
109. 黄宗智:《集权的简约治理——中国以准官员和纠纷解决为主的半正式基层行政》,载《开放时代》2008 年第 2 期。
110. 黄宗智:《中国的劳务派遣:从诉讼档案出发的研究(之一)》,载《开放时代》2017 年第 3 期。
111. 黄宗智:《重新认识中国劳动人民——劳动法规的历史演变与当前的非正规经济》,载《开放时代》2013 年第 5 期。
112. 贾春梅:《财政分权、晋升竞争与保障房供给——基于江苏县级面板数据的实证分析》,载《理论月刊》2014 年第 6 期。
113. 菅从进、王琦:《共同体视域下社区网格化治理法治化的主体之维》,载《广西社会科学》2021 年第 2 期。
114. 江必新、王红霞:《法治社会建设论纲》,载《中国社会科学》2014 年第 1 期。
115. 姜流、叶宏:《农村内生型民间组织生成机制研究——以“河村秧歌腰鼓队”为案例》,载《社会主义研究》2016 年第 2 期。
116. 姜明安:《论法治国家、法治政府、法治社会建设的相互关系》,载《法学杂志》2013 年第 6 期。
117. 焦长权、周飞舟:《“资本下乡”与村庄的再造》,载《中国社会科学》2016 年第 1 期。
118. 景跃进:《执政党与民众的联系:特征与机制——一个比较分析的简纲》,载《浙江社会科学》2005 年第 2 期。
119. 蒋银华:《政府角色型塑与公共法律服务体系构建——从“统治行政”到“服务行政”》,载《法学评论》2016 年第 3 期。
120. 赖静萍、刘晖:《制度化与有效性的平衡——领导小组与政府部门协调机制研究》,载《中国行政管理》2011 年第 8 期。
121. 李德国、陈振明:《公共服务的法治建构:渊源、框架与路径》,载《厦门大学学报(哲学社会科学版)》2015 年第 4 期。
122. 李广斌、王勇、谷人旭:《农地制度变革与乡村集中居住模式演进——以苏南为例》,载《城市规划》2019 年第 1 期。
123. 李海金:《城镇化进程中的基层治理:日本的经验与启示》,载《社会科学战线》2016 年第 7 期。

124. 李静:《权利视角下保障性住房建设中的政府法律责任》,载《兰州大学学报(社会科学版)》2015 年第 2 期。
125. 李俊、唐芳、聂应德:《城镇化和工业化互动视域下维稳的域外经验及对中国的启示》,载《政治学研究》2014 年第 1 期。
126. 李梦侠:《压力型体制下的行政协助——以新镇实践为例》,载《法律和社会科学》2017 年第 1 期。
127. 李娜:《积习难返:日常性违规的生成机理及其后果》,载《思想战线》2018 年第 3 期。
128. 李娜:《基层社会的秩序生产能力——从计划性与自发性秩序的关系切入》,载《学术月刊》2018 年第 8 期。
129. 李娜:《守法作为一种个体性的选择——基于对建筑工人安全守法行为的实证研究》,载《思想战线》2015 年第 6 期。
130. 李培林、崔岩:《我国 2008—2019 年间社会阶层结构的变化及其经济社会影响》,载《江苏社会科学》2020 年第 4 期。
131. 李强、陈宇琳、刘精明:《中国城镇化"推进模式"研究》,载《中国社会科学》2012 年第 7 期。
132. 李强:《主动城镇化与被动城镇化》,载《西北师大学报(社会科学版)》2013 年第 6 期。
133. 李强、陈振华、张莹:《就近城镇化与就地城镇化》,载《广东社会科学》2015 年第 1 期。
134. 李树海、丁渠:《论对社会组织的社会监督》,载《河北法学》2013 年第 8 期。
135. 李雪松:《中国基层综合行政执法的改革逻辑:一个"嵌入性"的新议题》,载《学习与实践》2020 年第 10 期。
136. 李勇辉、林森、刘孟鑫:《土地财政、地方政府行为激励与保障性住房供给》,载《湘潭大学学报(哲学社会科学版)》2020 年第 4 期。
137. 李正华:《新中国政治体制改革和政治文明建设》,载《当代中国史研究》2019 年第 5 期。
138. 李祖佩、曹晋:《精英俘获与基层治理:基于我国中部某村的实证考察》,载《探索》2012 年第 5 期。
139. 李祖佩、钟涨宝:《"经营村庄":项目进村背景下的乡镇政府行为研究》,载《政治学研究》2020 年第 3 期。
140. 李春玲:《"80 后"的教育经历与机会不平等——兼评〈无声的革命〉》,载《中国社会科学》2014 年第 4 期。
141. 李春玲:《教育不平等的年代变化趋势(1940—2010)——对城乡教育机会不平等的再考察》,载《社会学研究》2014 年第 2 期。
142. 李梦侠:《多重逻辑视角下的公共利益实现机制——以基层食品安全执法为例》,载《求索》2020 年第 1 期。
143. 连宏萍、何琳:《保障性住房政策网络的结构性问题与优化路径》,载《新视野》2020 年第 4 期。

144. 梁平:《多元化纠纷解决机制的制度构建——基于公众选择偏好的实证考察》,载《当代法学》2011 年第 3 期。
145. 林辉煌、贺雪峰:《中国城乡二元结构:从“剥削型”到“保护型”》,载《北京工业大学学报(社会科学版)》2016 年第 6 期。
146. 林辉煌、欧阳静:《土地征收中的权力博弈与制度重构》,载《当代财经》2015 年第 6 期。
147. 林雪霏:《政府间组织学习与政策再生产:政策扩散的微观机制——以“城市网格化管理”政策为例》,载《公共管理学报》2015 年第 1 期。
148. 凌维慈:《保障房租赁与买卖法律关系的性质》,载《法学研究》2017 年第 6 期。
149. 刘安:《业委会发展的困境及其突破》,载《城市问题》2012 年第 3 期。
150. 刘炳君:《当代中国公共法律服务体系建设论纲》,载《法学论坛》2016 年第 1 期。
151. 刘春湘、虞莎莎、刘峰:《农村集体土地征收纠纷的解决机制探究》,载《湖南社会科学》2019 年第 4 期。
152. 刘法杞、陈柏峰:《技术平台对科层体制的重塑及其治理效应》,载《河南大学学报(社会科学版)》2020 年第 6 期。
153. 刘磊:《街头政治的形成:城管执法困境之分析》,载《法学家》2015 年第 4 期。
154. 刘磊、王会:《谋利空间的形成:对城管违建执法困境的分析》,载《华中科技大学学报(社会科学版)》2015 年第 4 期。
155. 刘杨:《“专项治理”科层化的实践机制与制度前景——以鄂中 X 镇食品药品监督管理所的执法工作为个案》,载《法商研究》2017 年第 1 期。
156. 刘守英等:《“以地谋发展”模式的衰竭——基于门槛回归模型的实证研究》,载《管理世界》2020 年第 6 期。
157. 刘守英:《农村宅基地制度的特殊性与出路》,载《国家行政学院学报》2015 年第 3 期。
158. 刘守英:《中共十八届三中全会后的土地制度改革及其实施》,载《法商研究》2014 年第 2 期。
159. 刘同君:《新型城镇化进程中农村社会治理的法治转型——以农民权利为视角》,载《法学》2013 年第 9 期。
160. 刘旭:《信访法治化进路研究——以信访的司法分流为视角》,载《政治与法律》2013 年第 3 期。
161. 刘志林、冯叶:《住房、社区与“乡—城”移民的社会融入——基于四大城市群流动人口问卷调查的实证研究》,载《规划师》2016 年第 11 期。
162. 龙宗智、袁坚:《深化改革背景下对司法行政化的遏制》,载《法学研究》2014 年第 1 期。
163. 陆益龙:《纠纷管理、多元化解机制与秩序建构》,载《人文杂志》2011 年第 6 期。
164. 陆益龙:《快速转型期城市社会易发矛盾纠纷及其化解机制》,载《人文杂志》2013 年第 12 期。
165. 吕德文:《基层权力失控逻辑管窥》,载《协商论坛》2017 年第 8 期。

166. 吕德文:《破解农村治理法治化困境》,载《中国党政干部论坛》2015 年第 7 期。
167. 吕德文:《剩余部门:理解城管工作的一个视角》,载《云南行政学院学报》2016 年第 1 期。
168. 吕德文:《〈找回群众:重塑基层治理〉》,载《云南行政学院学报》2017 年第 6 期。
169. 吕明:《在普法与守法之间——基于意识形态“社会黏合”功能的意义探究》,载《南京农业大学学报(社会科学版)》2012 年第 3 期。
170. 马怀德:《预防化解社会矛盾的治本之策:规范公权力》,载《中国法学》2012 年第 2 期。
171. 马金芳:《社会组织多元社会治理中的自治与法治》,载《法学》2014 年第 11 期。
172. 马长山:《从国家构建到共建共享的法治转向——基于社会组织与法治建设之间关系的考察》,载《法学研究》2017 年第 3 期。
173. 马长山:《“法治中国”建设的问题与出路》,载《法制与社会发展》2014 年第 3 期。
174. 马长山:《农业转移人口公民化与城市治理秩序重建》,载《法学研究》2015 年第 1 期。
175. 马长山:《智慧社会的基层网格治理法治化》,载《清华法学》2019 年第 3 期。
176. 梅冬州、温兴春:《外部冲击、土地财政与宏观政策困境》,载《经济研究》2020 年第 5 期。
177. 孟勤国、黄莹:《中国农村土地法律政策的三个前置性问题》,载《西南民族大学学报(人文社科版)》2010 年第 7 期。
178. 牟少华、张伟:《论我国户籍制度改革的原则及路径》,载《法学杂志》2013 年第 9 期。
179. 满洪杰:《泰国〈全民健康保障法〉及其对我国医疗保障立法的启示》,载《法学论坛》2016 年第 4 期。
180. 倪星、王锐:《从邀功到避责:基层政府官员行为变化研究》,载《政治学研究》2017 年第 2 期。
181. 倪星、王锐:《权责分立与基层避责:一种理论解释》,载《中国社会科学》2018 年第 5 期。
182. 宁夏:《农民地权的国家建构:赋权还是推动农地商品化》,载《求索》2014 年第 10 期。
183. 欧树军:《权利的另一个成本:国家认证及其西方经验》,载《法学家》2012 年第 4 期。
184. 欧阳静:《政治统合制及其运行基础——以县域治理为视角》,载《开放时代》2019 年第 2 期。
185. 潘冬、刘东皇、仝群旺:《城镇化演进的时间差序及其要素匹配》,载《理论与改革》2014 年第 4 期。
186. 潘丽文:《党的群众工作话语:历史回视、理论解码与当代建构》,载《西北民族大学学报(哲学社会科学版)》2018 年第 6 期。
187. 潘在怡、罗茜、王守清:《我国棚户区改造常用开发模式比较、建议及案例应用》,载《地方财政研究》2016 年第 4 期。
188. 彭忠益、粟多树:《政策认同:基于我国社会利益多元化视角的分析》,载《学术论坛》

2015 年第 1 期。
189. 彭錞:《土地发展权与土地增值收益分配 中国问题与英国经验》,载《中外法学》2016 年第 6 期。
190. 彭旭辉、彭代彦:《中国城镇化发展的变结构协整分析:财政分权视角》,载《武汉大学学报(哲学社会科学版)》2017 年第 1 期。
191. 彭亚平:《技术治理的悖论:一项民意调查的政治过程及其结果》,载《社会》2018 年第 3 期。
192. 仇保兴:《新型城镇化:从概念到行动》,载《行政管理改革》2012 年第 11 期。
193. 仇叶:《实体主义与关系主义视角下社区治理研究的分殊与融合》,载《南京农业大学学报(社会科学版)》2016 年第 1 期。
194. 戚建刚:《论群体性事件的行政法治理模式——从压制型到回应型的转变》,载《当代法学》2013 年第 2 期。
195. 齐建东:《福利权保障背景下我国给付行政的发展趋向》,载《中共福建省委党校学报》2012 年第 11 期。
196. 祁占勇、王君妍、司晓宏:《我国西北地区义务教育均衡发展的现实困境与政策选择——基于国家教育督导〈反馈意见〉的研究》,载《中国教育学刊》2017 年第 10 期。
197. 钱蓓蓓:《日本行政法中的公众参与制度研究》,载《行政法学研究》2015 年第 2 期。
198. 钱凤魁:《基于发展权理论的土地增值收益分配研究》,载《现代城市研究》2015 年第 6 期。
199. 邱海平:《使市场在资源配置中起决定性作用和更好发挥政府作用——中国特色社会主义经济学的新发展》,载《理论学刊》2015 年第 9 期。
200. 石发勇:《业主委员会、准派系政治与基层治理——以一个上海街区为例》,载《社会学研究》2010 年第 3 期。
201. 宋志红:《宅基地“三权分置”的法律内涵和制度设计》,载《法学评论》2018 年第 4 期。
202. 孙莉:《论城镇化政府主导推进的程序规制》,载《法学》2015 年第 4 期。
203. 孙守纪、孙洁:《完善我国社会保障性住房制度:基于政府视角》,载《中国行政管理》2013 年第 10 期。
204. 孙宪忠:《推进我国农村土地权利制度改革若干问题的思考》,载《比较法研究》2018 年第 1 期。
205. 孙新华:《土地流转与农户家计:两种流转模式的比较——基于江西省 T 村的实证调查》,载《贵州社会科学》2012 年第 4 期。
206. 孙秀林、周飞舟:《土地财政与分税制:一个实证解释》,载《中国社会科学》2013 年第 4 期。
207. 孙旭宁:《基本公共服务均等化法治体系建构与民生底线保障》,载《中国行政管理》2014 年第 8 期。
208. 谭宗泽、杨抒见:《综合行政执法运行保障机制建构》,载《重庆社会科学》2019 年第 10 期。

209. 汤林弟:《论基于公民住房权的住房政策架构》,载《理论导刊》2012 年第 2 期。
210. 唐皇凤:《"中国式"维稳:困境与超越》,载《武汉大学学报(哲学社会科学版)》2012 年第 5 期。
211. 唐皇凤:《法治建设:转型中国社会治理现代化的战略路径》,载《江汉论坛》2014 年第 9 期。
212. 唐娟、何立军:《社区有限性与社区积极分子激励机制创新》,载《河南社会科学》2018 年第 6 期。
213. 唐亚林:《使命—责任体制:中国共产党新型政治形态建构论纲》,载《南京社会科学》2017 年第 7 期。
214. 陶振:《社区网格化管理的运行架构及其内生冲突——以上海 X 区 Y 街道为例》,载《社会主义研究》2015 年第 4 期。
215. 田先红:《地利分配秩序中的农民维权及政府回应研究——以珠三角地区征地农民上访为例》,载《政治学研究》2020 年第 2 期。
216. 田先红:《基层信访治理中的"包保责任制":实践逻辑与现实困境　以鄂中桥镇为例》,载《社会》2012 年第 4 期。
217. 田雄、曹锦清:《县域科层组织规则与农村网格化管理悖论——以长三角北翼江县为例》,载《现代城市研究》2016 年第 10 期。
218. 涂缦缦:《住房权适足标准的界定——城镇保障性住房制度变迁的视角》,载《江西社会科学》2015 年第 4 期。
219. 王纪文:《论社会管理体制法治化》,载《学习与实践》2013 年第 3 期。
220. 汪习根、武小川:《社会治理的法治实践模式构建——以武汉为样本的实证分析》,载《法学论坛》2014 年第 3 期。
221. 王春光、赵玉峰、王玉琪:《当代中国农民社会分层的新动向》,载《社会学研究》2018 年第 1 期。
222. 王德福、张雪霖:《社区动员中的精英替代及其弊端分析》,载《城市问题》2017 年第 1 期。
223. 王德福:《半耕半工与乡村社会的自循环体系》,载《经济导刊》2014 年第 10 期。
224. 王德福:《业主自治中的消极分子及其约束机制》,载《华中农业大学学报(社会科学版)》2019 年第 3 期。
225. 王德福:《主辅协作:社区治理的基本结构与运作机制——基于若干社区案例的讨论》,载《湖湘论坛》2019 年第 1 期。
226. 王克稳:《论我国经营性土地征收制度改革》,载《法律适用》2019 年第 7 期。
227. 王雷:《论民法中的决议行为　从农民集体决议、业主管理规约到公司决议》,载《中外法学》2015 年第 1 期。
228. 王蒙:《经适房违规出租的合同效力与法律效果——兼论比例原则在合同效力认定中的运用》,载《华东政法大学学报》2019 年第 6 期。
229. 王敏、曹润林:《分税制改革、城镇化进程与地方税体系完善研究》,载《财政研究》2015 年第 8 期。

230. 王名:《非营利组织的社会功能及其分类》,载《学术月刊》2006 年第 9 期。
231. 王启梁:《不信任背景下的权利意识生长》,载《中国法律评论》2016 年第 2 期。
232. 王启梁:《法治的社会基础——兼对“本土资源论”的新阐释》,载《学术月刊》2019 年第 10 期。
233. 王启梁:《国家治理中的多元规范:资源与挑战》,载《环球法律评论》2016 年第 2 期。
234. 王青斌:《公共治理背景下的行政执法权配置——以控烟执法为例》,载《当代法学》2014 年第 4 期。
235. 王瑞民、陶然、刘明兴:《中国地方财政体制演变的逻辑与转型》,载《国际经济评论》2016 年第 2 期。
236. 王绍光:《大转型:1980 年代以来中国的双向运动》,载《中国社会科学》2008 年第 1 期。
237. 王诗宗、宋程成:《独立抑或自主:中国社会组织特征问题重思》,载《中国社会科学》2013 年第 5 期。
238. 王西、刘维刚:《农业转移人口市民化成本测算及分担机制研究》,载《经济纵横》2016 年第 12 期。
239. 王晓峰、温馨:《劳动权益对农民工市民化意愿的影响——基于全国流动人口动态监测 8 城市融合数据的分析》,载《人口学刊》2017 年第 1 期。
240. 王振宇、司亚伟、成丹:《基层财政“三保”压力:历史演进、现实症结与长效机制构建》,载《财政研究》2020 年第 8 期。
241. 王雨磊:《数字下乡:农村精准扶贫中的技术治理》,载《社会学研究》2016 年第 6 期。
242. 文军:《回到“人”的城市化:城市化的战略转型与意义重建》,载《探索与争鸣》2013 年第 1 期。
243. 翁玉玲:《我国农民工地位弱化的制度反思——以非正规就业法律规制为视角》,载《农业经济问题》2018 年第 6 期。
244. 吴晓刚、张卓妮:《户口、职业隔离与中国城镇的收入不平等》,载《中国社会科学》2014 年第 6 期。
245. 吴莹:《新中国成立七十年来的城镇化与城乡关系:历程、变迁与反思》,载《社会学评论》2019 年第 6 期。
246. 吴愈晓:《中国城乡居民的教育机会不平等及其演变(1978—2008)》,载《中国社会科学》2013 年第 3 期。
247. 魏建国:《城市化升级转型中的社会保障与社会法》,载《法学研究》2015 年第 1 期。
248. 夏德峰:《综合行政执法改革的难题及其破解》,载《中国行政管理》2016 年第 6 期。
249. 夏建中:《中国公民社会的先声——以业主委员会为例》,载《文史哲》2003 年第 3 期。
250. 夏柱智、贺雪峰:《半工半耕与中国渐进城镇化模式》,载《中国社会科学》2017 年 12 期。
251. 徐汉明:《论现代社会治理法的法律地位——社会治理法应当是独立的法律部门》,载《社会科学家》2015 年第 9 期。

252. 徐汉明:《社会管理法治化论纲》,载《法学评论》2013 年第 6 期。
253. 徐汉明:《推进国家与社会治理法治化》,载《法学》2014 年第 11 期。
254. 徐宗阳:《资本下乡的社会基础——基于华北地区一个公司型农场的经验研究》,载《社会学研究》2016 年第 5 期。
255. 于龙刚:《法治与治理之间——基层社会警察"解纷息争"机制分析》,载《华中科技大学学报(社会科学版)》2016 年第 3 期。
256. 于龙刚:《基层执法中的专项行动:原因、实践及后果——以公安专项行动为例》,载《湖北社会科学》2016 年第 8 期。
257. 于龙刚:《乡村社会警察执法"合作与冲突"二元格局及其解释——"互动—结构"的视角》,载《环球法律评论》2015 年第 5 期。
258. 俞可平:《社会自治与社会治理现代化》,载《社会政策研究》2016 年第 1 期。
259. 郁建兴、黄飚:《地方政府创新扩散的适用性》,载《经济社会体制比较》2015 年第 1 期。
260. 喻中:《和谐秩序原理:向世界解释中国》,载《法学论坛》2010 年第 3 期。
261. 岳经纶、方珂:《从"社会身份本位"到"人类需要本位":中国社会政策的范式演进》,载《学术月刊》2019 年第 2 期。
262. 杨海坤:《群体性事件有效化解的法治路径》,载《政治与法律》2011 年第 11 期。
263. 杨华:《政府兜底:当前农村社会冲突管理中的现象与逻辑》,载《公共管理学报》2014 年第 2 期。
264. 杨华磊、何凌云:《人口迁移、城镇化与住房市场》,载《中国软科学》2016 年第 12 期。
265. 杨菊花:《浅议〈居住证暂行条例〉与户籍制度改革——兼论居住证与新型城镇化》,载《东岳论丛》2017 年第 3 期。
266. 杨乐:《家庭教育立法中国家义务的法律规制及实现路径——基于未成年人受教育权保障视角》,载《人文杂志》2021 年第 2 期。
267. 杨磊:《我国财政转移支付制度立法改革研究》,载《公共财政研究》2019 年第 6 期。
268. 仰海峰:《市民社会批判:从黑格尔到马克思》,载《哲学研究》2018 年第 4 期。
269. 杨柳:《农民工劳资关系问题研究——基于劳动过程的视角》,载《北京社会科学》2016 年第 1 期。
270. 杨雪冬:《压力型体制:一个概念的简明史》,载《社会科学》2012 年第 11 期。
271. 叶敏:《迈向网格化管理:流动社会背景下的科层制困境及其破解之道》,载《南京社会科学》2018 年第 4 期。
272. 印子:《农村低保政策"走样"及其整体性治理》,载《西北农林科技大学学报(社会科学版)》2019 年第 2 期。
273. 印子:《突破执法合作困境的治理模式辨析——基于"三非两违"治理经验样本的分析》,载《法商研究》2020 年第 2 期。
274. 应松年、潘波:《财政供养人员的范围及制度逻辑》,载《中共中央党校学报》2016 年第 6 期。
275. 应星:《"气场"与群体性事件的发生机制——两个个案的比较》,载《社会学研究》

2009 年第 6 期。
276. 应飞虎、涂永前:《公共规制中的信息工具》,载《中国社会科学》2010 年第 4 期。
277. 张华民:《理念与路径:我国社会管理法治化探析》,载《湖北社会科学》2013 年第 6 期。
278. 张国胜、陈明明:《我国新一轮户籍制度改革的价值取向、政策评估与顶层设计》,载《经济学家》2016 年第 7 期。
279. 张国胜、陈瑛:《我国户籍制度改革的演化逻辑与战略取向——以农民工为例的新政治经济学分析》,载《经济学家》2014 年第 5 期。
280. 张鸿雁:《中国新型城镇化理论与实践创新》,载《社会学研究》2013 年第 3 期。
281. 张抗私、王亚迪:《劳动权益获得对农民工城镇定居意愿的影响——基于就业质量改善视角》,载《财经问题研究》2020 年第 8 期。
282. 张黎莉、严荣:《农民工在流入地住房困难的代际差异研究——基于“中国社会状况综合调查”的数据》,载《华东师范大学学报(哲学社会科学版)》2019 年第 1 期。
283. 张良:《“内生型”农民合作的有效因素分析——以鄂西南桔村修路为例》,载《华中农业大学学报(社会科学版)》2017 年第 2 期。
284. 张冉:《践行法治:美国中小学法治教育及对我国的启示》,载《全球教育展望》2015 年第 9 期。
285. 张若恬、周敏:《我国农民工法律援助制度:意蕴、困境与优化路径——基于西安市区农民工生存状况的调查研究》,载《当代经济科学》2013 年第 6 期。
286. 张素华:《房屋强制拆迁制度存在的问题及对策——兼评〈国有土地上房屋征收与补偿条例〉》,载《法学评论》2012 年第 3 期。
287. 张文显:《法治中国建设的前沿问题》,载《中共中央党校学报》2014 年第 5 期。
288. 张文显:《民生呼唤良法善治——法治视野内的民生》,载《中国党政干部论坛》2010 年第 9 期。
289. 张勇:《农村基层权力的弱化及应对路径》,载《理论探索》2010 年第 3 期。
290. 张忠厚、卓泽渊:《人民法院司法公信现状的实证研究》,载《中国法学》2014 年第 2 期。
291. 章政:《关于我国城镇化发展的道路和方向的思考》,载《北京大学学报(哲学社会科学版)》2014 年第 3 期。
292. 赵军、祝平燕:《学校联系紧密度与未成年人犯罪因果性经验研究——以旷课、逃学、辍学为指标》,载《教育研究与实验》2012 年第 1 期。
293. 赵明仁:《从外控逻辑到内生逻辑:贫困地区义务教育控辍保学长效机制探究》,载《教育研究》2020 年第 10 期。
294. 赵燕菁:《伟大的七十年——中国城市规划演进的资本-货币视角》,载《城市规划》2019 年第 9 期。
295. 赵燕菁:《土地财政:历史、逻辑与抉择》,载《城市发展研究》2014 年第 1 期。
296. 郑尚元:《家政工纳入养老保险制度及家政工劳动权益之保护》,载《社会科学家》2020 年第 6 期。
297. 郑振源:《农村宅基地制度改革刍议》,载《中国法律评论》2019 年第 5 期。

298. 周飞舟、王绍琛:《农民上楼与资本下乡:城镇化的社会学研究》,载《中国社会科学》2015 年第 1 期。
299. 周飞舟、吴柳财等:《从工业城镇化、土地城镇化到人口城镇化:中国特色城镇化道路的社会学考察》,载《社会发展研究》2018 年第 1 期。
300. 周飞舟:《从汲取型政权到"悬浮型"政权——税费改革对国家与农民关系之影响》,载《社会学研究》2006 年第 3 期。
301. 周飞舟:《生财有道:土地开发和转让中的政府和农民》,载《社会学研究》2007 年第 1 期。
302. 周红云:《中国社会组织管理体制改革:基于治理与善治的视角》,载《马克思主义与现实》2010 年第 5 期。
303. 周雪光、练宏:《政府内部上下级部门间谈判的一个分析模型——以环境政策实施为例》,载《中国社会科学》2011 年第 5 期。
304. 周雪光:《基层政府间的"共谋现象"——一个政府行为的制度逻辑》,载《社会学研究》2008 年第 6 期。
305. 朱识义:《户籍制度改革若干思考》,载《河北法学》2014 年第 10 期。
306. 朱新贵、黄安永:《关于物业管理的几个基本问题的解释》,载《城市问题》2015 年第 12 期。
307. 朱亚鹏、丁淑娟:《政策属性与中国社会政策创新的扩散研究》,载《社会学研究》2016 年第 5 期。
308. 朱政:《基层执法的形态、运行机理与法治径路——以 E 市控制违章建筑执法为例》,载《云南社会科学》2017 年第 4 期。
309. 左卫民:《"诉讼爆炸"的中国应对:基于 W 区法院近三十年审判实践的实证分析》,载《中国法学》2018 年第 4 期。
310. Bai X. M., Shi. P. J. & Liu Y. S., *Realizing China's Urban Dream*, Nature, Vol. 509, (2014).
311. Blumin S., *Driven to the City: Urbanization and Industrialization in the Nineteenth Century*, OAH Magazine of History, Vol. 20, (2006).
312. Cialdini, Robert B. & Noah J. Goldstein, *Social Influence: Compliance and Conformity*, Review of Psychology, Vol. 55, (2004).
313. Lesley McAllister, *Dimensions of Enforcement Style*, Law & Policy, Vol. 32: 1, (2010).
314. Mitchell Polinsky & Steven Shavell, *The Economic Theory of Public Enforcement of Law*, Journal of Economic Literature, Vol. 38: 1, (2000).